Morningside

E R

Central
Park

Upper
West
Side

Upper
East
Side

Upper
Midtown

Lower
Midtown

E A S T   R I V E R

PAGES 220-231
plan
19-20

PAGES 166-181
plan
12, 13-14

0 ———— 1 km
0 ———— 0.5 mi

PAGES 150-165
plan
9, 12, 13

PAGES 210-219
plan
11-12, 15-16

PAGES 122-129
plan
8, 9

PAGES 182-203
plan
12-13, 16-17

PAGES 204-209
plan
12, 16

PAGES 116-121
plan
4, 5

GUIDES VOIR

NEW YORK

Libre Expression
QUEBECOR MEDIA

Libre Expression
QUEBECOR MEDIA

DIRECTION
Nathalie Pujo

RESPONSABLE DE PÔLE ÉDITORIAL
Cécile Petiau

RESPONSABLE DE COLLECTION
Catherine Laussucq

ÉDITION
Sophie Berger

TRADUIT ET ADAPTÉ DE L'ANGLAIS PAR
Nicolas Serpette et Christophe Watkins,
avec la collaboration de Virginie Mahieux

MISE EN PAGES (PAO)
Maogani

CE GUIDE VOIR A ÉTÉ ÉTABLI PAR
Eleanor Berman

Publié pour la première fois en Grande-Bretagne
en 1993, sous le titre :
Eyewitness Travel Guides : New York
© Dorling Kindersley Limited, Londres 2008
© Hachette Livre (Hachette Tourisme) 2008
pour la traduction et l'édition française.
Cartographie © Dorling Kindersley 2008

© Éditions Libre Expression, 2008
pour l'édition française au Canada

Tous droits de traduction, d'adaptation
et de reproduction réservés pour tous pays.
La marque Voir est une marque déposée.

Aussi soigneusement qu'il ait été établi, ce guide
n'est pas à l'abri des changements de dernière heure.
Faites-nous part de vos remarques, informez-nous de vos
découvertes personnelles : nous accordons la plus grande
attention au courrier de nos lecteurs.

IMPRIMÉ ET RELIÉ EN CHINE PAR SOUTH CHINA PRINTING COMPANY LTD.

Les Éditions Libre Expression
Groupe Librex inc.
La Tourelle
1055, boul. René-Lévesque Est, Bureau 800
Montréal (Québec) H2L 4S5

DÉPÔT LÉGAL : Bibliothèque et Archives nationales du Québec
et Bibliothèque et Archives Canada, 2008
ISBN 978-2-7648-0405-6

SOMMAIRE

COMMENT UTILISER
CE GUIDE **6**

La star du base-
ball, Babe Ruth
(1895-1948)

PRÉSENTATION
DE NEW YORK

QUATRE JOURS
À NEW YORK **10**

NEW YORK DANS SON
ENVIRONNEMENT **12**

HISTOIRE
DE NEW YORK **16**

NEW YORK
D'UN COUP D'ŒIL **34**

NEW YORK
AU JOUR LE JOUR **50**

MANHATTAN
D'UN COUP D'ŒIL **54**

La pointe sud de Manhattan

◁ Les gigantesques gratte-ciel de Manhattan

NEW YORK
QUARTIER
PAR QUARTIER

LOWER MANHATTAN **64**

SEAPORT ET
LE CIVIC CENTER **80**

LOWER EAST SIDE **92**

SOHO ET TRIBECA **102**

La boulangerie Vesuvio, SoHo

GREENWICH VILLAGE **108**

EAST VILLAGE **116**

GRAMERCY ET LE QUARTIER
DU FLATIRON **122**

CHELSEA ET LE QUARTIER
DU VÊTEMENT **130**

LE QUARTIER
DES THÉÂTRES **140**

Trump Tower, Upper Midtown

LOWER MIDTOWN **150**

UPPER MIDTOWN **166**

UPPER EAST SIDE **182**

CENTRAL PARK **204**

Le New York City Ballet

UPPER WEST SIDE **210**

MORNINGSIDE HEIGHTS
ET HARLEM **220**

EN DEHORS
DU CENTRE **232**

SEPT PROMENADES
À PIED **256**

Promenade au bord de l'eau,
à Brooklyn

BONNES
ADRESSES

HÉBERGEMENT **276**

RESTAURANTS
ET BARS **292**

BOUTIQUES ET
MARCHÉS **318**

SE DISTRAIRE
À NEW YORK **340**

LE NEW YORK
DES ENFANTS **364**

Bagel d'un *deli* de New York

RENSEIGNEMENTS
PRATIQUES

NEW YORK
MODE D'EMPLOI **368**

ALLER À NEW YORK
378

CIRCULER
À NEW YORK **384**

ATLAS ET RÉPERTOIRE
DES NOMS DE RUES **394**

INDEX **426**

REMERCIEMENTS

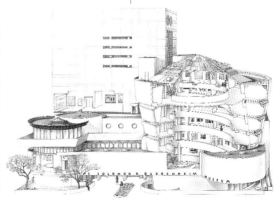
Solomon R. Guggenheim Museum, Upper East Side

COMMENT UTILISER CE GUIDE

C e guide a pour but de vous aider à profiter au mieux de votre séjour à New York. L'introduction, *Présentation de New York*, situe la ville dans son contexte géographique et historique, et explique comment la vie y évolue au fil des saisons. *New York d'un coup d'œil* offre un condensé de ses merveilles. *New York quartier par quartier* est la partie la plus importante de ce livre. Elle présente en détail tous les principaux sites et monuments. Enfin, le chapitre proposant *Sept promenades à pied* vous guident dans des endroits que vous auriez pu manquer. *Les bonnes adresses* vous fourniront des informations sur les hôtels, les marchés, les bars ou les théâtres, et les *Renseignements pratiques* vous donneront des conseils utiles, que ce soit pour poster une lettre ou prendre le métro.

NEW YORK QUARTIER PAR QUARTIER

Nous avons divisé la cité en 15 quartiers. Chaque chapitre débute par un portrait du quartier, de sa personnalité et de son histoire. Sur le *plan du quartier*, des numéros situent clairement les sites et monuments à découvrir. Un plan *pas à pas* développe ensuite la zone la plus intéressante. Le système de numérotation des monuments, constant tout au long de cette section, permet de se repérer facilement de page en page. Ils correspond à l'ordre dans lequel les sites sont décrits en détail.

Le quartier d'un coup d'œil classe par catégorie les centres d'intérêt du quartier : rues et bâtiments historiques, églises, musées, parcs et jardins.

La zone détaillée dans le *plan pas à pas* est ombrée de rouge.

Des numéros situent les monuments sur le plan. La Trump Tower, par exemple, est en ❷

1 Plan général du quartier
Un numéro signale les monuments du quartier. Sur ce plan figurent aussi les stations de métro, les héliports et les embarcadères de ferry.

Des photos d'ensemble ou de détail, permettent de reconnaître les monuments.

Des repères colorés aident à trouver le quartier dans le guide.

Vous savez comment atteindre le quartier rapidement.

2 Plan pas à pas
Il offre une vue aérienne du cœur de chaque quartier. Pour vous aider à les identifier en vous promenant, les bâtiments les plus intéressants ont une couleur plus vive.

Une carte de situation indique où se trouve le quartier dans la ville.

La Trump Tower ❷ est aussi représentée sur ce plan.

Un itinéraire de promenade emprunte les rues les plus intéressantes.

Des étoiles indiquent les sites à ne pas manquer.

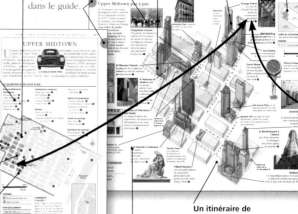

NEW YORK D'UN COUP D'ŒIL

Chaque plan de cette partie du guide est consacré à un thème : *Musées, Architecture, Diversité culturelle, Hôtes célèbres*. Les lieux les plus intéressants sont indiqués sur le plan ; d'autres sont décrits dans les deux pages suivantes.

Chaque quartier a sa couleur.

Le thème est développé dans les pages suivantes.

3 Renseignements détaillés

Cette rubrique donne des informations détaillées et des renseignements pratiques sur tous les monuments intéressants. Leur numérotation est celle du plan du quartier.

4 Principaux monuments à New York

Deux pleines pages, ou plus, leur sont réservées. La représentation des bâtiments historiques en dévoile l'intérieur. Les plans des musées, par étage, vous aident à y localiser les plus belles expositions.

INFORMATIONS PRATIQUES

Chaque rubrique donne les informations nécessaires à l'organisation d'une visite. Une table des symboles se trouve sur le rabat de la dernière page.

Adresse

Report au plan de l'atlas des rues

Numéro du site

Trump Tower ②

725 5th Ave. **Plan** 12 F3.
Tél. 832-2000. **M** 5th Ave-53rd St.
Niveau jardin, boutique ouv. lun.-sam. 10h-18h. **Bât. ouv.** t.l.j. 8h-22h. **Entrée libre.** Voir **Boutiques et marchés** p. 311.
Concerts.

Heures d'ouverture

Services et équipements disponibles

Numéros de téléphone

Station de métro

Le mode d'emploi vous aide à organiser ou simplifier votre visite.

Une photo de la façade de chaque lieu important vous permet un repérage rapide.

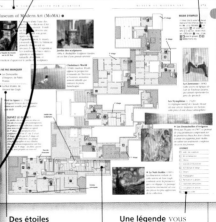

Des étoiles signalent les détails architecturaux les plus intéressants et les œuvres d'art les plus remarquables.

Une légende vous aide à trouver votre chemin parmi les collections.

Les étages sont indiqués « à l'européenne ». Notre rez-de-chaussée correspond au premier étage aux États-Unis.

PRÉSENTATION DE NEW YORK

QUATRE JOURS À NEW YORK 10-11

NEW YORK DANS SON ENVIRONNEMENT 12-15

HISTOIRE DE NEW YORK 16-33

NEW YORK D'UN COUP D'ŒIL 34-49

NEW YORK AU JOUR LE JOUR 50-53

MANHATTAN D'UN COUP D'ŒIL 54-61

QUATRE JOURS À NEW YORK

Flèche du
Chrysler

Au premier abord, New York peut paraître un peu étouffante, mais ces quatre belles journées vous feront goûter aux joies de « Big Apple », à son architecture, à ses musées, à ses commerces et à ses distractions. Chaque programme est varié et assez souple pour vous laisser le temps de prolonger certaines visites à votre guise. À chaque site, de nombreux renvois vous permettront d'obtenir plus d'informations, notamment sur le quartier où vous vous trouvez. Les prix sont prévus pour deux adultes ou pour une famille de deux adultes et deux enfants, déjeuner compris.

HAUTS LIEUX

- **Les Nations unies**
- **Les bâtiments de style moderne, Art déco et Beaux-Arts**
- **Les néons de Times Square**
- **L'Empire State Building**

POUR DEUX ADULTES, prévoir au moins 115 $

Le matin
Commencez par une visite guidée du siège ultramoderne des **Nations unies** (p. 160-163), au bord de l'East River. Remontez la 42e Rue en faisant un détour par l'enclave résidentielle de **Tudor City** (p. 158) et en entrant admirez l'intérieur Art déco du **Chrysler Building** (p. 155). Poursuivez jusqu'à **Grand Central Terminal,** chef-d'œuvre de style Beaux-Arts (p. 156-157, vis. guid. gratuites mer. et ven. à 12 h 30). Admirez le hall principal et explorez les galeries commerciales et le marché alimentaire. Pour déjeuner, faites votre choix au *food court* – sushis, cuisine sudiste ou cheesecake.

À moins que vous préfériez une soupe de palourdes ou un plateau d'huîtres au **Grand Central Oyster Bar** (p. 306).

L'après-midi
De retour sur la 42e Rue, la **New York Public Library** (p. 146, vis. guid. gratuites mar.-sam. à 11 h et 14 h) est un autre exemple de style Beaux-Arts. Ne manquez pas les voûtes de marbre, les escaliers, la grande salle de lecture et la salle des périodiques. Consultez gratuitement vos e-mails dans la Bill Blass Public Catalog Room et renseignez-vous sur les expositions. Derrière la bibliothèque, **Bryant Park** (p. 145) est une oasis de verdure. Un peu plus loin, **Times Square** (p. 147), le plus célèbre carrefour de New York, marque l'entrée de Broadway. De l'autre côté, la 42e Rue s'est offert une nouvelle jeunesse : théâtres restaurés et cinémas géants. Prenez un taxi pour l'**Empire State Building** (p. 136-137) et terminez la journée en admirant le coucher de soleil sur la ville depuis l'observatoire du 86e étage.

Statue de Prométhée et Lower Plaza, Rockefeller Center

ART ET SHOPPING

- **Une matinée art moderne**
- **Déjeuner au Rockefeller Center**
- **Shopping sur la 5e Avenue**
- **Thé à l'hôtel Pierre**

POUR DEUX ADULTES, prévoir au moins 135 $

Le matin
Le spectaculaire **Museum of Modern Art** (MoMA, p. 172-175) a été récemment agrandi. Il vous faudra certainement toute une matinée pour admirer ses chefs-d'œuvre – notamment *La Nuit étoilée* de Van Gogh, *Les Nymphéas* de Monet ou encore *Les Demoiselles d'Avignon* de Picasso – et l'exposition de design du 3e étage, qui est l'une des facettes les plus connues du MoMA. En quittant le musée, marchez jusqu'au **Rockefeller Center** (p. 144) et déjeunez au Rock Center Café, d'où vous pourrez regarder

Les néons de Times Square, le célèbre carrefour de la ville

◁ Le port de New York et la 42e Rue en 1946

les patineurs en hiver. En été, la patinoire se transforme en jardin et le Rink Bar vous accueille pour dîner.

L'après-midi
Après déjeuner, rendez-vous à **St Patrick's Cathedral** (p. 178-179). La plus grande cathédrale catholique des États-Unis est aussi l'un des plus beaux lieux de culte de la ville. Pour un après-midi de lèche-vitrine très chic, continuez sur la **5ᵉ Avenue**. En face de St Patrick, à l'angle de la 50ᵉ Rue, vous trouverez Saks Fifth Avenue, puis, en remontant la 5ᵉ Avenue, Cartier (52ᵉ Rue), Henri Bendel (55ᵉ-56ᵉ Rues), Prada, Fendi et Trump Tower (56ᵉ-57ᵉ Rues), Tiffany (57ᵉ Rue) et Bergdorf Goodman (57ᵉ-58ᵉ Rues). Terminez la journée par une dernière folie sur la 61ᵉ Rue : prenez un luxueux thé à l'anglaise au milieu des fresques du **Pierre** (p. 290).

Statue de la Liberté

NEW YORK HISTORIQUE

- **Excursion en bateau à Ellis Island et à la statue de la Liberté**
- **Déjeuner à la Fraunces Tavern**
- **Visite du Vieux New York**

POUR DEUX ADULTES, prévoir au moins 120 $

Le matin
À Battery Park, embarquez sur le ferry pour la **statue de la Liberté** (p. 74-75) et **Ellis Island** (p. 78-79), où débarquèrent les premiers immigrants. Au retour, quittez le parc par **Bowling Green,** le plus vieux parc de la ville (p. 73), et marchez vers **Fraunces Tavern Block Historic District** (p. 76), l'unique pâté de maisons du XVIIIᵉ siècle. La Fraunces Tavern a été reconstituée et abrite un musée de la période

Central Park, ses promenades, ses animaux et ses aires de jeux

révolutionnaire et un restaurant plein de charme.

L'après-midi
À un pâté de maisons de là, Stone Street Historic District a été reconstruit après un incendie en 1835. L'India House (p. 56), ancienne Bourse du coton de New York, abrite le **Harry's Café**. Prenez William Street jusqu'à Wall Street, où le **Federal Hall** (p. 68) est consacré à la Constitution américaine. Poursuivez jusqu'à la **New York Stock Exchange** (p. 70-71) et **Trinity Church** (p. 68), de 1839. Remontez Broadway jusqu'à **St Paul's Chapel** (p. 91), épargnée après la chute du World Trade Center. En face se trouve **City Hall** (p. 90). Depuis **South Street Seaport Historic District,** l'ancien port du XIXᵉ siècle (p. 82-83), on peut admirer **Brooklyn Bridge** (p. 86-89).

EN FAMILLE

- **Une matinée à Central Park**
- **Déjeuner au Boat House**
- **Dinosaures de l'American Museum of Natural History**

POUR UNE FAMILLE DE 4, prévoir au moins 175 $

Le matin
Central Park (p. 205-209) ravit les familles. Faites un tour de carrousel, regardez évoluer les maquettes de bateaux sur Conservatory Pond, visitez le zoo et assistez à la parade des animaux de l'horloge Delacorte. À chaque âge, son aire de jeux à thème : « Safari » à hauteur de la 91ᵉ Rue Ouest (2-5 ans), et « Aventure », à hauteur de la 67ᵉ Rue Ouest (6-12 ans). Le Swedish Cottage Marionette Theater, à la hauteur de 79ᵉ Rue Ouest, joue des contes traditionnels (mar.-ven. 10 h 30 et 12 h, sam. 13 h). Louez un vélo ou faites un tour en barque, puis déjeunez avec vue sur le lac au Boat House. En hiver, chaussez vos patins à glace sur la patinoire Wollman.

L'après-midi
Selon l'âge et les goûts, choisissez entre l'interactif **Children's Museum** (p. 219) et les célèbres dinosaures et dioramas de l'**American Museum of Natural History** (p. 216-217). Terminez sur la 73ᵉ Rue Ouest pour un « mini-thé » au Alice's Tea Cup.

Ellis Island accueillit les premiers immigrants à New York

New York dans son environnement

New York est une ville de huit millions d'habitants qui s'étend sur 780 km². Elle donne son nom à l'État de New York, dont la capitale est Albany, à 250 km au nord. New York est aussi une bonne base de départ pour aller visiter Boston, ou Washington, D.C, la capitale du pays.

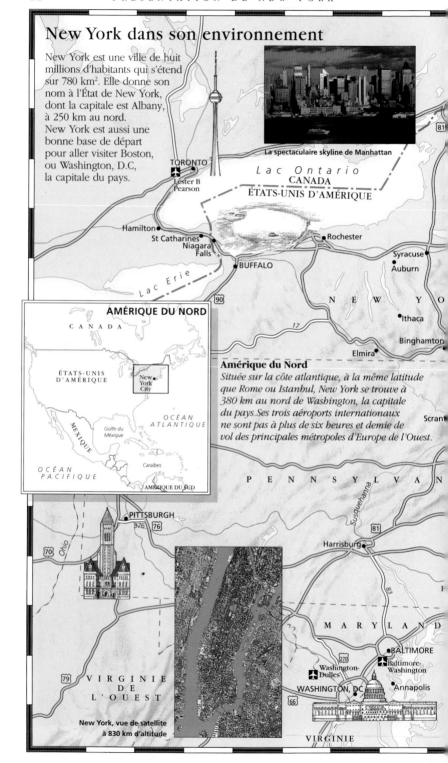

La spectaculaire skyline de Manhattan

TORONTO
Lester B Pearson

Lac Ontario
CANADA
ÉTATS-UNIS D'AMÉRIQUE

Hamilton
St Catharines
Niagara Falls

Lac Erie

BUFFALO

Rochester

Syracuse
Auburn

N E W Y O R

Ithaca

Binghamton

Elmira

AMÉRIQUE DU NORD

CANADA

ÉTATS-UNIS D'AMÉRIQUE

New York City

OCÉAN ATLANTIQUE

MEXIQUE

Golfe du Mexique

Caraïbes

OCÉAN PACIFIQUE

AMÉRIQUE DU SUD

Amérique du Nord

Située sur la côte atlantique, à la même latitude que Rome ou Istanbul, New York se trouve à 380 km au nord de Washington, la capitale du pays. Ses trois aéroports internationaux ne sont pas à plus de six heures et demie de vol des principales métropoles d'Europe de l'Ouest.

Scran

P E N N S Y L V A N

Susquehanna

PITTSBURGH

Ohio

Harrisburg

V I R G I N I E D E L'OUEST

M A R Y L A N D

BALTIMORE
Baltimore-Washington

Washington-Dulles

WASHINGTON, DC

Annapolis

New York, vue de satellite à 830 km d'altitude

VIRGINIE

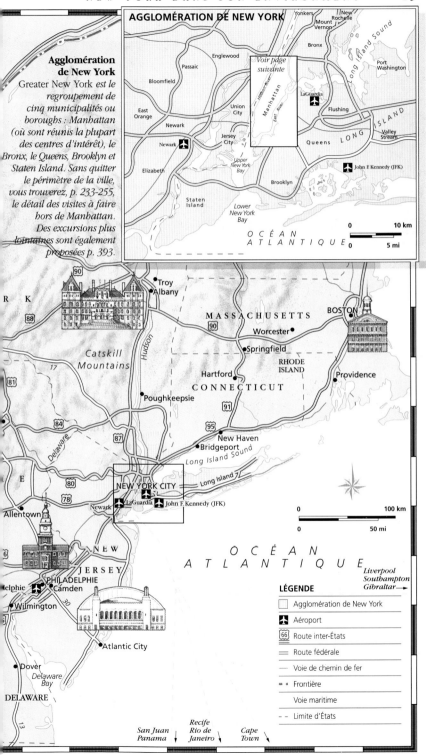

Agglomération de New York

Greater New York *est le regroupement de cinq municipalités ou boroughs : Manhattan (où sont réunis la plupart des centres d'intérêt), le Bronx, le Queens, Brooklyn et Staten Island. Sans quitter le périmètre de la ville, vous trouverez, p. 233-255, le détail des visites à faire hors de Manhattan. Des excursions plus lointaines sont également proposées p. 393.*

AGGLOMÉRATION DE NEW YORK

Yonkers
New
Rochelle
Mount
Vernon
Bronx

Voir page suivante

Englewood
Passaic
Bloomfield

Port Washington

LaGuardia

Flushing

East Orange
Newark
Union City

Valley Stream

Jersey City

Queens

LONG ISLAND

Elizabeth

Upper New York Bay

John F Kennedy (JFK)

Staten Island

Lower New York Bay

Brooklyn

O C É A N
A T L A N T I Q U E

0 ——— 10 km
0 ——— 5 mi

90
Troy
Albany

88

MASSACHUSETTS

BOSTON

90
Worcester

Catskill Mountains

17

Springfield

RHODE ISLAND

81

Hartford
CONNECTICUT

Providence

84

Poughkeepsie

91

87

95
New Haven
Bridgeport

80

Long Island Sound

78
NEW YORK CITY

Long Island

Newark
LaGuardia
John F Kennedy (JFK)

Allentown

0 ——— 100 km
0 ——— 50 mi

N E W

O C É A N
A T L A N T I Q U E

JERSEY

Liverpool
Southampton
Gibraltar →

PHILADELPHIE
delphie
Camden

LÉGENDE

Wilmington

☐ Agglomération de New York

✈ Aéroport

66 Route inter-États

═ Route fédérale

Atlantic City

—— Voie de chemin de fer

Dover
Delaware Bay

∎ ∎ Frontière

Voie maritime

DELAWARE

– – Limite d'États

San Juan
Panama ↓

Recife
Rio de
Janeiro ↓

Cape Town ↓

Manhattan

Ce guide a divisé Manhattan en 15 quartiers faisant chacun l'objet d'un chapitre. Dans Lower Manhattan, les plus vieux bâtiments côtoient les plus modernes. De là, vous pourrez embarquer pour Staten Island et la statue de la Liberté, et jouir des plus belles vues sur les gratte-ciel de la ville. Dans Midtown, le quartier des théâtres côtoie les boutiques flamboyantes de la 5ᵉ Avenue. Le long de Central Park, sur Upper East Side, le Museum Mile est un véritable paradis culturel. Au nord, Harlem accueille la plus célèbre communauté noire d'Amérique.

Grand Central Terminal
Cette gare de la période Beaux-Arts accueille les passagers depuis 1913. Son hall voûté est une vaste zone piétonne (p. 156-157).

Morgan Library & Museum
Ce bâtiment de style Renaissance présente l'une des plus belles collections du monde de manuscrits, affiches et ouvrages rares (p. 164-165).

Statue de la Liberté
Cette imposante statue offerte en 1886 par le peuple français au peuple américain est devenue un symbole de la liberté dans le monde entier (p. 74-75).

Cathedral of St John the Divine
À son achèvement, vers le milieu du XXIᵉ siècle, cette cathédrale sera la plus grande du monde. Elle héberge déjà des spectacles de théâtre et de musique (p. 226-227).

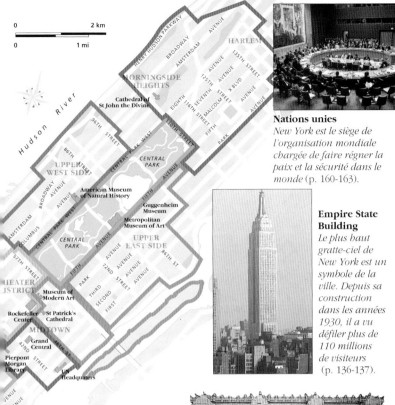

Cathedral of St John the Divine

MORNINGSIDE HEIGHTS

HARLEM

American Museum of Natural History

Guggenheim Museum

Metropolitan Museum of Art

UPPER WEST SIDE

CENTRAL PARK

UPPER EAST SIDE

THEATER DISTRICT

Museum of Modern Art

Rockefeller Center

St Patrick's Cathedral

MIDTOWN

Grand Central

Pierpont Morgan Library

UN Headquaters

LÉGENDE

Principaux sites

Nations unies
New York est le siège de l'organisation mondiale chargée de faire régner la paix et la sécurité dans le monde (p. 160-163).

Empire State Building
Le plus haut gratte-ciel de New York est un symbole de la ville. Depuis sa construction dans les années 1930, il a vu défiler plus de 110 millions de visiteurs (p. 136-137).

Metropolitan Museum
L'un des plus grands musées du monde qui présente une formidable collection d'objets allant de la préhistoire à nos jours (p. 190-197).

Brooklyn Bridge
Ce pont enjambe l'East River, reliant Manhattan et Brooklyn. À sa construction en 1883, c'était le plus grand pont suspendu et le premier pont en acier du monde (p. 86-89).

Solomon R. Guggenheim Museum
Ce chef-d'œuvre de l'architecte Frank Lloyd Wright abrite une belle collection de peintures des XIXᵉ et XXᵉ siècles (p. 188-189).

HISTOIRE DE NEW YORK

Depuis sa découverte il y a près de 500 ans par l'Italien Giovanni da Verrazano, le port de New York excite la convoitise de l'Europe entière. Les Hollandais commencent par y envoyer des trappeurs en 1621, mais leur comptoir, baptisé Nouvelle Amsterdam, passe aux Anglais en 1664. Le site est alors rebaptisé New York, nom qui a subsisté depuis, bien que l'Angleterre ait perdu la guerre d'Indépendance.

Manteau porté par un chef indien

UNE VILLE EN PLEINE EXPANSION

Au XIXᵉ siècle, New York grandit rapidement et devient un port important. Les industries s'y développent et des fortunes colossales sont constituées. En 1898, la réunion de Manhattan et des cinq municipalités de la périphérie en font la deuxième ville du monde. De 1800 à 1900, la population passe de 79 000 à trois millions d'habitants, faisant de la ville la capitale des loisirs et le centre des affaires du pays.

LE « MELTING POT »

L'arrivée massive de milliers d'immigrants entraîne une forte surpopulation et nombre d'entre eux s'entassent dans des taudis. C'est cependant ce brassage culturel qui a enrichi la ville en lui apportant sa spécificité. Aujourd'hui, les huit millions de New-Yorkais ne parlent pas moins de 100 langues ! Le paysage de Manhattan s'est formé lorsque la cité, faute de place, a dû se développer verticalement pour abriter une population toujours plus nombreuse. L'histoire de New York est faite d'une alternance de périodes de croissance et de déclin, mais dans l'euphorie comme dans l'adversité, la ville est restée une des plus dynamiques du monde.

Acte notarié signé par le dernier gouverneur hollandais, Peter Stuyvesant, en 1664

◁ La pointe sud de l'île de Manhattan et le nord de Brooklyn en 1767

New York à ses débuts

Masque indien

En 1625, lorsque des trappeurs hollandais s'installent dans un comptoir baptisé Nouvelle Amsterdam, Manhattan est un terrain boisé peuplé d'Indiens algonquins. Les premiers colons construisent leurs maisons un peu au hasard, si bien que, même aujourd'hui, les rues de Lower Manhattan sont encore sinueuses. La colonie, gouvernée d'une main de fer par Peter Stuyvesant, produit des revenus insuffisants. En 1664, les Hollandais la cèdent aux Anglais qui la rebaptisent New York. Mais comme dans Harlem ou Broadway, (« Breede Wegh » en néerlandais), la toponymie actuelle conserve beaucoup de souvenirs de la période hollandaise.

CROISSANCE DE LA MÉTROPOLE

☐ En 1664　　☐ Aujourd'hui

Sceau de la Nouvelle Hollande
La fourrure de castor et les ceintures faites de coquillages que l'on voit sur ce sceau étaient la monnaie de la Nouvelle Hollande.

PREMIER PANORAMA DE MANHATTAN (1626)
Avec son moulin à vent, la pointe sud de Manhattan ressemblait à un village de Hollande. Le fort dessiné ici n'était pas encore construit.

Navires au mouillage

Premiers New-Yorkais
Les Indiens algonquins étaient les premiers habitants de Manhattan.

Pot iroquois
Les Iroquois se rendaient fréquemment à Manhattan.

Village indien
Avant l'arrivée des Hollandais, les Algonquins vivaient à Manhattan dans ces huttes tout en longueur.

Canoë indien

CHRONOLOGIE

1524 Giovanni Da Verrazano débarque à New York

1626 Peter Minuit achète Manhattan aux Indiens

1653 Construction d'un mur d'enceinte ; la rue adjacente est baptisée Wall Street

1625 Les Hollandais établissent le premier comptoir d'échange permanent

1600	1620	1640

1609 Henry Hudson remonte Hudson River en quête d'un passage vers le nord-ouest

1643-1645 Des escarmouches avec les Indiens se terminent par un traité de paix

1654 Les premiers colons juifs arrivent

1625 Les premiers esclaves noirs arrivent d'Afrique

1647 Peter Stuyvesant devient gouverneur de la colonie

Faïence de Delft
*Les colons
apportèrent
avec eux ces
céramiques
vernissées.*

Les
membrures
du *Tigre*

OÙ VOIR LE NEW YORK HOLLANDAIS

Exhumés en 1916, ces restes d'un bateau
hollandais, brûlé en 1613, constituent les
plus vieux témoignages de cette période
et sont maintenant exposés au Museum
of the City of New York *(p. 199).*
Plusieurs salles de ce musée ainsi que
de la Morris-Jumel Mansion *(p. 235)*
et du Van Cortland House Museum
(p. 240), présentent aussi des poteries
et du mobilier de cette même époque.

Manhattan
*C'est sur le Strand (aujourd'hui
Whitehall Street) que
fut bâtie la première
maison de
briques.*

Achat de Manhattan
*En 1626, Peter Minuit acheta
l'île aux Indiens contre des
colifichets d'une valeur
de 24 dollars.*

Moulin à vent

Fort
Amsterdam

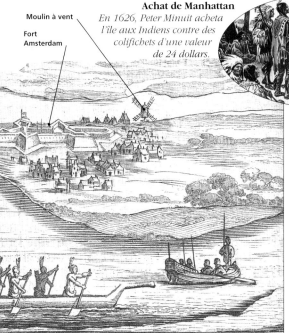

Peter Stuyvesant
*Le dernier gouverneur
hollandais était un tyran
qui imposa des lois sévères
comme la fermeture des
tavernes à 9 heures du soir.*

1660 Premier hôpital de la ville

1664 Les forces britanniques
expulsent les Hollandais sans
rencontrer de résistance. La ville
est rebaptisée New York

1676 Construction
du grand dock
sur East River

1698 Consécration
de Trinity Church

1660 | **1680** | **1700**

*La Nouvelle
Amsterdam se rend
aux Britanniques*

Vers **1680**, des lois
donnent à New York
l'exclusivité de la minoterie
et du commerce du grain

1683 Établissement de la
première charte de la ville

1689 Le marchant Jacob
Leisler conduit une révolte
contre les impôts et dirige
la ville pendant deux ans

1693 Quatre-vingt-douze
canons sont installés pour
défendre la ville; l'endroit
est nommé la Battery

1691 Leisler est condamné
à mort pour trahison

Le New York colonial

Sous pavillon anglais, New York connaît la prospérité et se développe rapidement. Avec ses 20 000 habitants c'est, avant la Révolution, la seconde ville des 13 colonies américaines. La minoterie est sa principale activité commerciale, mais la construction navale prospère également, favorisant la naissance d'une bourgeoisie pour laquelle on crée mobilier et objets d'art appliqué. Durant

Riche colon

plus d'un siècle, les Anglais qui gouvernent New York se soucient davantage des revenus qu'elle engendre que du bien-être et de la prospérité de la colonie. Le prélèvement de nouveaux impôts soulève l'hostilité de la population où l'idée d'indépendance commence à faire son chemin.

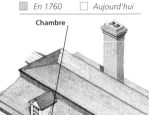

Monnaie coloniale

CROISSANCE DE LA MÉTROPOLE

En 1760 ☐ Aujourd'hui

Chambre

Salle à manger

Rue de New York à l'époque coloniale
Les chiens ou les cochons se promenaient en liberté dans les rues de New York.

Mobilier
Cette armoire en pin, de style hollandais, a été réalisée dans la vallée de l'Hudson vers 1720.

Commerce maritime
Le commerce maritime avec les Caraïbes et la Grande-Bretagne fit la prospérité de New York.

CHRONOLOGIE

1702 Lord Cornbury, nommé gouverneur colonial, s'habillait souvent en femme

1711 Le marché aux esclaves s'établit dans le bas de Wall Street

1720 Ouverture du premier chantier naval

1700	1710	1720	1730

1710 Le chef iroquois Hendrick en visite en Angleterre

1732 Inauguration du premier théâtre de la ville

1725 Lancement de la *New York Gazette*, premier journal de la ville

Capitaine Kidd
Ce célèbre pirate écossais fut un citoyen respecté qui contribua à la construction de Trinity Church (p. 68).

MAISON VAN CORTLANDT
En 1748, Frederick Van Cortlandt construisit cette maison de style classique dans un champ de blé où se trouve aujourd'hui le quartier du Bronx. Transformée en musée (p. 240), elle évoque la vie quotidienne d'une famille de colons aisés.

Salon

OÙ VOIR LE NEW YORK COLONIAL
On peut visiter des bâtiments coloniaux dans Richmond Town, sur Staten Island *(p. 254)*. De belles pièces d'argenterie et de mobilier sont exposées au Museum of the City of New York *(p. 199)*.

Le magasin de Richmond Town

Cuisine coloniale
On servait souvent un fromage blanc appelé white meat à la place de la viande. Les gaufres, introduites par les Hollandais, étaient très appréciées. On mangeait aussi des fruits au sirop.

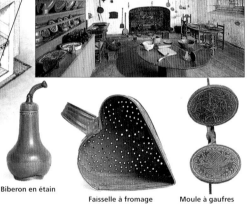

Biberon en étain

Faisselle à fromage

Moule à gaufres

Sculptures décoratives
Un visage gravé dans la pierre guette au-dessus de chaque fenêtre.

Cuiller à fruit

1734 Le procès en diffamation de J. P. Zenger permet d'instaurer la liberté de la presse

1741 Une révolte d'esclaves est matée dans le sang : 30 seront exécutés et 150 emprisonnés

1754 Début des guerres française et indienne; fondation de King's College (Columbia University)

Soldat britannique

1759 Construction de la première prison

1740

1750

1760

1733 Bowling Green devient le premier parc municipal, lancement du premier bac pour Brooklyn

King's College

1762 Création du premier corps de police

1763 Fin de la guerre : les Britanniques contrôlent l'Amérique du Nord

Le New York révolutionnaire

George Washington, général révolutionnaire

Protégée derrière ses tranchées, bombardée par les troupes britanniques et sous le feu des canons, New York souffre de la guerre d'Indépendance. Mais les New-Yorkais continuent d'assister aux matches de cricket, aux combats de boxe, aux courses et aux bals. La ville était depuis longtemps un bastion loyaliste mais, après que les Britanniques s'en soient emparé en 1776, les loyalistes des autres États viennent s'y réfugier et les troupes américaines n'entrent dans Manhattan qu'après la signature du traité de paix, en 1783.

CROISSANCE DE LA MÉTROPOLE

En 1776   Aujourd'hui

Havresac du soldat
Les soldats américains portaient leurs provisions dans des musettes comme celle-ci.

Tenue de combat
Les soldats américains étaient en habit bleu, et les Britanniques en habit rouge.

Soldat britannique

RENVERSEMENT DU ROI
Les New-Yorkais mirent à bas la statue du roi George III dans Bowling Green et la fondirent pour en faire des munitions.

Bataille de Harlem Heights
Washington remporta cette bataille le 16 septembre 1776 mais, disposant de trop peu d'hommes, il dut abandonner la ville aux Anglais.

Soldat américain

Émeutier

Mort d'un patriote
Alors qu'il travaillait derrière les lignes anglaises en 1776, Nathan Hale fut pendu pour espionnage sans autre forme de procès.

CHRONOLOGIE

1765 Les New-Yorkais protestent à la suite du Stamp Act, qui impose l'usage de timbres officiels pour toute transaction

1767 Le Townshend Act impose de nouvelles taxes, il est abrogé après force protestations

1770 Les Fils de la Liberté se battent contre les Britanniques dans la bataille de Golden Hill

1774 Pour protester contre les impôts, les rebelles jettent du thé dans le port

1760

1770

1780

St Paul's Chapel

1766 Achèvement de St Paul's Chapel ; abrogation du Stamp Act ; érection de la statue de George III dans Bowling Green

Le général William Howe, commandant en chef des troupes britanniques

1776 Début de la guerre. 500 navires aux ordres du général Howe mouillent dans le port de New York

Soldats du feu
Les incendies étaient courants à New York mais, pendant la guerre, plusieurs d'entre eux faillirent détruire la ville. Après la retraite des indépendantistes, le 21 septembre 1776, un incendie détruisit Trinity Church et un millier de maisons.

Seau à eau en cuir

Drapeaux de la révolution
L'armée de Washington arborait un drapeau portant une rayure pour chacune des treize colonies et un Union Jack dans un coin. La bannière étoilée ne fut officialisée qu'en 1777.

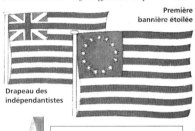

Première bannière étoilée

Drapeau des indépendantistes

Statue de George III

Retour de George Washington
À son retour à New York, le 25 novembre 1783, après le départ des troupes britanniques, Washington est accueilli en héros.

Patriotes en liesse

OÙ VOIR LE NEW YORK RÉVOLUTIONNAIRE
En 1776, George Washington établit son quartier général dans la maison Morris-Jumel (p. 235). Il dormit aussi dans la maison Van Cortland (p. 21 et p. 240). Après la guerre, il fit ses adieux à ses officiers à la taverne Fraunces (p. 76).

La maison Morris-Jumel

1783 La signature du traité de Paris donne leur indépendance aux États-Unis

1789 George Washington devient officiellement le premier président fédéral

1790 Philadelphie devient capitale des États-Unis

1794 Ouverture de l'hôpital Bellevue, sur les rives de East River

1801 Alexander Hamilton fonde le *New York Post*

1790

1800

1785 New York devient capitale des États-Unis

1784 Création de la Banque de New York

1792 Construction de la Tontine Coffee House, premier siège de la Bourse

1791 Inauguration du New York Hospital, le plus vieux de la ville

L'investiture de Washington

1804 Le vice-président Aaron Burr tue en duel son rival politique, Alexander Hamilton

New York au XIXᵉ siècle

Le gouverneur De Witt Clinton

Plus grande ville et premier port du pays, New York voit s'accroître sa richesse. L'industrie se développe grâce au commerce maritime favorisant la prospérité d'une grande bourgeoisie d'affaires. La haute société se déplace vers le nord de la ville et les transports publics suivent le mouvement. Mais cette croissance rapide multiplie les risques d'incendie et les problèmes d'insalubrité. L'arrivée d'un grand nombre d'immigrants entraîne une surpopulation et un développement des taudis. En 1846, un New-Yorkais sur sept est un pauvre.

CROISSANCE DE LA MÉTROPOLE

☐ En 1840   ☐ Aujourd'hui

Musique
Le New-Yorkais Stephen Foster écrivit de nombreuses ballades très populaires.

Le réservoir Croton fut construit en 1842 ; jusque-là les New-Yorkais n'avaient pas l'eau potable et devaient se contenter de l'eau en bouteilles.

Omnibus
C'est en 1832 que fut introduit l'omnibus hippomobile qui allait sillonner les rues de New York jusqu'à la première guerre mondiale.

Forme
Des gymnases, comme celui du Dr Rich, font leur apparition dans les années 1830 et 1840.

CHRONOLOGIE

1805 Ouverture des premières écoles publiques de New York

1811 Le plan Randel établit le quadrillage des rues de Manhattan au nord de la 14ᵉ Rue

1812-1814 Guerre de 1812 ; les Britanniques font le blocus du port

Le Constitution, *le plus célèbre bateau de la guerre de 1812*

1835 Un grand incendie détruit la vieille ville.

1810   **1820**   **1830**

1807 Robert Fulton lance son premier bateau à vapeur sur Hudson River

1822 Une épidémie de fièvre jaune oblige à évacuer Greenwich Village

1823 New York dépasse Boston et Philadelphie et devient la plus grande ville américaine

1827 New York abolit l'esclavage

1837 Samuel Morse envoie son premier message télégraphique

« Brownstones »

Ces maisons de grès brun furent construites dans la première moitié du siècle. L'entrée en était surélevée pour distinguer l'accès des maîtres de l'accès des domestiques, à l'entresol.

Crystal Palace, un bâtiment de fer et de verre, fut construit pour l'exposition Universelle de 1853.

LE PORT DE NEW YORK

L'importance du port de New York s'accroît par à-coups au début du XIXᵉ siècle. Robert Fulton y lance son premier bateau à vapeur, le *Clermont,* en 1807. Les navires à vapeur raccourcissent les distances : il ne faut plus que 72 heures pour rejoindre Albany, capitale de l'État et lieu de passage pour l'Ouest. Désormais, les bateaux à vapeur, les clippers ou les péniches relient New York au reste du monde.

Le *Clermont*

NEW YORK EN 1855

En regardant vers le sud depuis la 42ᵉ Rue, on voyait Crystal Palace et le réservoir Croton là où se trouvent aujourd'hui la Main Public Library et Bryant Park.

Crystal Palace en flammes
Le 5 octobre 1858 Crystal Palace fut détruit par les flammes.

Fêtes du grand canal

Les bateaux du port paradent à l'occasion de l'inauguration du canal de l'Érié, en 1852. En reliant les grands lacs avec Albany, ce canal ouvrait une voie navigable entre le Midwest et New York. La ville en tira d'énormes bénéfices.

1849 Émeutes d'Astor Place ; des navires se lancent vers la Californie : c'est la ruée vers l'or

1851 Première parution du *New York Times*

1853 Première exposition Universelle

1861 Début de la Guerre de Sécession

1857 Panique financière et dépression économique

1863 Violentes émeutes contre la conscription

1865 Assassinat d'Abraham Lincoln

| 1840 | | 1850 | | 1860 | |

Joueur de base-ball à l'ancienne

1845 Première équipe de base-ball officielle, The New York Knickerbockers

Publicité pour un clipper

FREE TRADE

1858 Vaux et Olmsted dessinent Central Park ; ouverture de Macy's

La foule dans Central Park

1842 Construction du réservoir Croton

Les années fastes

**L'industriel
Andrew Carnegie**

Avec l'enrichissement des rois du commerce new-yorkais, la ville entre dans un âge d'or. On construit des buildings fastueux et des millions sont investis dans la fondation d'institutions culturelles telles que le Metropolitan Museum, la Public Library ou Carnegie Hall. Des palaces comme le Plaza et le premier Waldorf-Astoria sont bâtis et de somptueux grands magasins ouvrent leurs portes à une riche clientèle. Cette période d'excès génère aussi ses personnages excentriques comme le politicien véreux William Tweed, ou le patron de cirque Phineas Barnum.

CROISSANCE DE LA MÉTROPOLE

☐ En 1890   ☐ Aujourd'hui

Vue sur le parc
Le Dakota (1880) fut le premier immeuble d'appartements de luxe dans Upper West Side (p. 218).

Vie de château
Des hôtels particuliers bordaient la 5e Avenue. Lors de sa construction en 1883, le palais à l'italienne de Vanderbilt (n° 660) était l'un des plus éloignés du centre.

Ville de la mode
Lord & Taylor ouvrirent un nouveau magasin sur le « Ladies' Mile » de Broadway ; la 6e Avenue était surnommée la « rue de la Mode ».

MÉTRO AÉRIEN
Vers 1875, le viaduc des voies ferrées court le long de plusieurs avenues. Pratiques, les transports urbains n'en sont pas moins source de nuisances.

CHRONOLOGIE

1867 Ouverture de Prospect Park, à Brooklyn

1868 Construction du premier métro aérien dans Greenwich Street

1870 John D. Rockefeller fonde la Standard Oil.

1871 Ouverture du premier dépôt de Grand Central, sur la 42e Rue ; arrestation de W. Tweed

1877 A.G. Bell fait une démonstration de son téléphone

1865   **1870**   **1875**

1869 Premier immeuble divisé en appartements sur la 18e Rue ; crise financière du « vendredi Noir » à Wall Street

Intérieur de la Bourse

1873 Faillites bancaires et panique à Wall Street

1872 Ouverture de Bloomingdale's

1879 Achèvement de St Patrick's Cathedral ; ouverture du premier standard téléphonique sur Nassau Street

Anniversaire de Mark Twain
Mark Twain, dont le roman L'Âge doré *stigmatisait le mode de vie décadent des New-Yorkais, fêta en 1873 son anniversaire chez Delmonico.*

NEW YORK DES EXTRAVAGANCES

La Gold Room des Henry Villard Houses (p. 176) évoque bien cette période. Jadis salle de concert, elle sert aujourd'hui de salon de thé. Vous pourrez visiter deux salles d'époque au Museum of the City of New York (p. 199).

Réseau de Tweed
William Tweed domina longtemps la vie politique de la ville et détourna des millions de dollars de fonds publics.

Métro aérien

Tramway

Bowery

Caricature de Tweed par Nast

Tigre des Tammany
La canne de William Tweed est conservée au Museum of the City of New York. Son pommeau est une tête de tigre en or, emblème des Tammany.

Les temps changent
Ce tableau de Ralph Blakelock montre un bidonville de la 86ᵉ Rue. C'est, aujourd'hui, l'un des quartiers les plus chic de la ville.

1880 Premières conserves d'alimentation en vente dans les boutiques ; ouverture du Metropolitan Museum of Art ; éclairage public électrique

1883 Ouverture du Metropolitan Opera sur Broadway ; inauguration du pont de Brooklyn

1886 Inauguration de la statue de la Liberté

1891 Ouverture de Carnegie Hall

1880

1885

1890

1888 Le Grand Blizzard recouvre New York de 56 cm de neige

1890 Premiers spectacles d'images animées à New York

Feux d'artifice pour l'inauguration du pont de Brooklyn (1883)

1892 Début des travaux de la Cathedral of St John the Divine ; ouverture d'Ellis Island

New York au début du XXᵉ siècle

Voiture à cheval

Dès 1900, New York est devenue le centre industriel du pays : 70 % des entreprises américaines y ont leur siège social et le port voit transiter les deux tiers des marchandises importées. Les disparités entre riches et pauvres s'accroissent. Les épidémies gagnent les taudis surpeuplés mais les immigrants continuent à s'y entasser. En 1900, le Syndicat international des femmes de l'industrie textile est fondé. Il défend les femmes et les enfants qui travaillent dans des conditions dangereuses pour des salaires de misère. Mais il faut attendre l'incendie de l'usine Triangle Shirtwaist (1911) pour que de véritables réformes soient adoptées.

CROISSANCE DE LA MÉTROPOLE
▨ *En 1914*   ☐ *Aujourd'hui*

Surpopulation
Insalubres et surpeuplés, les taudis étaient souvent dépourvus de fenêtres, d'aération ou d'installations sanitaires.

Image de la pauvreté
Cinq fois plus peuplé que le reste de New York, Lower East Side avait la densité de population la plus élevée du monde.

NEW YORK AU TOURNANT DU SIÈCLE

Le musée de Lower East Side Tenement (*p. 97*), évoque la vie quotidienne dans ce quartier déshérité.

Baignoire sabot

Ciseaux de tailleur

Dans un atelier
Dans les ateliers du quartier du textile, les ouvriers travaillaient de longues journées pour des salaires très bas. Cette vue de l'atelier de Moe Levy date de 1912.

Tramways sur Broadway

CHRONOLOGIE

1895 L'Olympia est le premier théâtre à ouvrir dans le quartier de Broadway

1898 Cinq arrondissements se rassemblent, formant ainsi la seconde plus grande ville du monde

1901 Macy ouvre son magasin de Broadway

1895

1900

1896 Vente des premiers bagels dans une boulangerie de Clinton Street

1900 Avec une pelle en argent le maire Robert Van Wyck donne le coup d'envoi des travaux du métro

1903 Ouverture du Lyceum, le plus vieux théâtre de Broadway encore utilisé de nos jours

1897 Ouverture du Waldorf-Astoria, le plus grand hôtel du monde

FLATIRON BUILDING

Dominant Madison Square à la jonction de Broadway, de la 5ᵉ Avenue et de la 23ᵉ Rue, se dresse l'un des premiers gratte-ciel de la ville (1902). Sa forme de triangle aplati lui valut le surnom de Flatiron Building, ou « fer à repasser » (p. 127).

Structure métallique

Façade en pierre de taille

La pointe du triangle ne mesure que 1,85 m de large

Soupers équestres
Les fêtes un peu folles étaient très à la mode. Le dîner à cheval donné par C.K.G. Billing au restaurant Sherry (1903) fit jaser toute la ville.

Promenade du Plaza
Le tronçon de la 5ᵉ Avenue devant l'hôtel Plaza était l'endroit le plus élégant de la ville.

Perruque ventilée

Haute couture
Au début du siècle, la mode était aux robes soutenues par des tournures et les arceaux des crinolines.

Crinoline

Tournure

1906 L'architecte Stanford White est abattu dans Madison Square Garden, qu'il avait dessiné en 1890

1909 Wilbur Wright est le premier à survoler New York

1910 Ouverture de la gare de Pennsylvania

1913 Woolworth Building est le plus haut bâtiment du monde ; ouverture du nouveau Grand Central et de l'Apollo à Harlem

1905

1910

1905 Voyage inaugural du bac de Staten Island

1907 Premiers taxis à compteurs ; premières Ziegfeld Follies

1911 146 morts dans l'incendie de l'usine Triangle Shirtwaist ; fin des travaux de la Public Library

Woolworth Building

New York entre les deux guerres

**Carte d'entrée
au Cotton Club**

Les années 1920 sont une époque faste pour les New-Yorkais. Jimmy Walker, le maire, s'affiche avec des danseuses, en buvant dans des *speakeasies* ou en assistant à des matches de base-ball. Mais les années folles prennent fin en 1929 avec le krach de Wall Street. En 1932, J. Walker, accusé de corruption, démissionne ; le chômage touche un New-Yorkais sur quatre. Après l'élection du maire de New York FiorelloLaGuardia, en 1933, la ville commence à renaître.

CROISSANCE DE LA MÉTROPOLE

■ En 1933   □ Aujourd'hui

En petite tenue
*Les danseuses du Cotton Club
étaient une attraction de choix.*

COTTON CLUB
*Cette boîte de Harlem reçut
les meilleurs musiciens de jazz,
comme Duke Ellington et
Cab Calloway. On venait de
toute la ville pour les entendre.*

Prohibition
*L'interdiction de l'alcool entraîna
la multiplication des* speakeasies,
bars illégaux semi-clandestins.

Champion de base-ball
*En 1927, Babe Ruth réussit à faire
60 home runs pour les Yankees,
une performance record.
Yankee Stadium (p. 241) fut
surnommé « la maison de Ruth ».*

**Fusil caché
dans un étui
à violon**

Gangsters
*Dutch Schultz était le chef
d'un réseau clandestin de
distribution d'alcool.*

CHRONOLOGIE

1918 Fin de la première guerre mondiale

1919 Interdiction de l'alcool par le
18ᵉ Amendement ; début de la Prohibition

1920 Droit de vote des femmes

*Ouverture de
Holland Tunnel*

1926 Jimmy Walker
est élu maire

1931 L'Empire
State Building
est le gratte-ciel
le plus haut
du monde

1920

1925

1930

1924 Naissance à
Harlem du
romancier
James Baldwin

1925 Lancement
du *New Yorker*

1927 Lindbergh
traverse l'Atlantique ;
sortie du premier
film parlant :
*Le Chanteur
de jazz* ; ouverture
de Holland Tunnel

1929 Le krach de
Wall Street marque
le début de la crise

1930 Achèvement
de Chrysler Building

Folles nuits de Harlem
*Interdits de scène dans de
nombreux clubs du centre-ville,
les artistes noirs comme
Calloway sont les vedettes du
Cotton Club.*

LA GRANDE DÉPRESSION

Les années folles sombrent
dans l'effondrement boursier
du 29 octobre 1929 qui marque
le début de la Crise. New York
est durement frappée : un
bidonville de sans-logis s'installe
dans Central Park. Dans ce
contexte, les arts sont pourtant
florissants grâce à la Works
Projects Administration qui
finance la réalisation de grands
murs peints dans toute la ville.

1931 : en attendant l'aide sociale

Broadway
*Les années 1920 furent
la grande époque
des comédies musicales
de Broadway.*

L'avion de Lindbergh,
Spirit of St Louis

Menu de gala

Traversée de Lindbergh
*Les New-Yorkais célébrèrent
la traversée de l'Atlantique sans
escale par Lindbergh, entre autres
en donnant des repas de gala en
son honneur.*

Rockefeller Center
*Le millionnaire John D.
Rockefeller enfonce le
dernier rivet avant
l'ouverture du
Rockefeller Center,
le 1er mai 1939.*

Grand succès
*L'exposition
Universelle
de 1939 attira
45 millions
de visiteurs !*

1933 Fin de la Prohibition ;
Fiorello LaGuardia entame
le premier de ses trois
mandats de maire

1940 Ouverture
du tunnel
Queens-
Midtown

1942 Black out
sur Times Square ;
ouverture de l'aéroport
Idlewild (aujourd'hui JFK)

1935

1940

1945

1936 Robert
Moses prend
la direction
du Service
des Parcs

1939
Ouverture du
Rockefeller
Center

1941
Entrée en
guerre des
États-Unis

1944
Élection au
Congrès
du leader
noir Adam
Clayton
Powell

New York après-guerre

Depuis la fin de la guerre, New York connaît le meilleur comme le pire. Capitale financière de la planète, la ville elle-même frôle la faillite dans les années 1970. Wall Street connaît un boom dans les années 1980 avant de vivre sa pire récession depuis la crise de 1929. Depuis le début des années 1990, non seulement le taux de criminalité à New York a considérablement baissé, mais la ville connaît aussi une importante campagne de restauration et de rénovation de ses bâtiments historiques, tels que Grand Central Terminal et le « nouveau » Times Square. Sa constante reconstruction est emblématique de sa position comme centre culturel et commercial des États-Unis.

BILTMORE THEATER

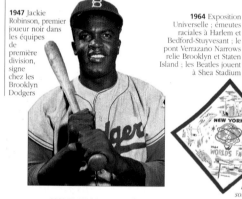

1967 Première de la comédie musicale *Hair*. 1 836 représentations seront données

1971 Rétrospective des œuvres d'Andy Warhol au Whitney Museum

1966 Grève des transports et de la presse

1953 Merce Cunningham fonde sa troupe de danse

1963 On rase la gare de Pennsylvania

1975 Un prêt fédéral sauve New York de la faillite

1959 Ouverture du musée Guggenheim

1945 Fin de la seconde guerre mondiale

1946 L'ONU s'installe à New York

1954 Fermeture d'Ellis Island

1945	1950	1955	1960	1965	1970	1975
MAIRES :	IMPELLITERI	WAGNER		LINDSAY		BEAME
1945	1950	1955	1960	1965	1970	1975

1947 Jackie Robinson, premier joueur noir dans les équipes de première division, signe chez les Brooklyn Dodgers

1964 Exposition Universelle ; émeutes raciales à Harlem et Bedford-Stuyvesant ; le pont Verrazano Narrows relie Brooklyn et Staten Island ; les Beatles jouent à Shea Stadium

1973 Achèvement du World Trade Center

Foulard souvenir

1968 20 000 hippies manifestent à Central Park ; sit-in d'étudiants à Columbia University

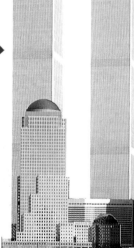

Andy Warhol avec les comédiennes Candy Darling et Ultra Violet

1983 Boom économique : l'immobilier s'envole et Donald Trump, symbole de la réussite des yuppies des années 1980, fait construire la Trump Tower

1981 La municipalité redevient solvable

1988 Un New-Yorkais sur quatre vit en-dessous du seuil de la pauvreté

1990 David Dinkins devient le premier maire noir de New York ; Ellis Island devient un musée de l'immigration

1987 Effondrement boursier

1994 Rudolph Giuliani devient maire

2001 Attaque terroriste sur le World Trade Center ; le maire R. Giuliani apporte un grand soutien aux New-Yorkais. Le président George W. Bush déclare la guerre au terrorisme

| 1980 | 1985 | | 1990 | 1995 | 2000 | | 2005 |

KOCH — DINKINS — GIULIANI — BLOOMBERG

| 1980 | 1985 | 1990 | 1995 | 2000 | 2005 |

1986 Les scandales et la corruption ébranlent l'administration du maire Koch ; centenaire de la statue de la Liberté

2000 Le nombre d'habitants atteint 8 millions

2003 Le 14 août, une gigantesque panne de courant, touchant notamment New York, laisse 50 millions de personnes sans électricité pendant 24 heures

1995 Les digues abandonnées de Chelsea sont rénovées et ouvertes sous la forme d'un gigantesque complexe sportif et de divertissements (p. 138)

2002 Les lumières se rallument dans la 42ᵉ Rue rénovée qui croise Broadway à Times Square. Avec sa voisine Chelsea et ses galeries d'avant-garde, Broadway a dépassé SoHo et est devenu le nouveau quartier branché de la ville

NEW YORK D'UN COUP D'ŒIL

e chapitre *quartier par quartier* décrit près de 300 lieux à visiter : des synagogues historiques aux gratte-ciel impressionnants, et de la fiévreuse Bourse de New York *(p. 70-71)* aux paisibles « Strawberry Fields » de Central Park *(p. 208)*. Les 14 pages qui suivent vous guideront efficacement vers les sites les plus intéressants. Les musées et l'architecture font chacun l'objet d'un chapitre indépendant, et vous trouverez aussi des informations sur un des aspects les plus caractéristiques de « Big Apple » : la diversité ethnique de ses habitants. Chacun des sites ci-dessous est traité individuellement.

LES DIX PRINCIPAUX SITES DE NEW YORK

Ellis Island
p. 78-79.

Empire State Building
p. 136-137.

South Street Seaport
p. 84.

Museum of Modern Art
p. 172-175.

Rockefeller Center
p. 144.

Central Park
p. 204-209.

Statue de la Liberté
p. 74-75.

Metropolitan Museum of Art
p. 190-197.

Brooklyn Bridge
p. 86-89.

Chinatown
p. 96-97.

◁ Sur Park Avenue, le trafic est toujours intense

Les plus beaux musées de New York

On trouve à New York des musées aussi divers que le Metropolitan ou les collections du financier J. Pierpont Morgan. Plusieurs d'entre eux mettent en valeur le patrimoine de la cité et font découvrir au visiteur les hommes ou les événements qui ont fait l'histoire de la ville. La carte ci-contre situe les musées les plus célèbres ; elle est suivie d'uneprésentation plus détaillée p. *38-39.*

Intrepid, musée de la Mer, de l'Air et de l'Espace

Ce musée naval retrace les progrès de l'aéronautique. Le porte-avions est actuellement en restauration dans le New Jersey.

Museum of Modern Art

La Chèvre *de Picasso (1950) fait partie de l'impressionnante collection exposée dans le musée d'Art moderne.*

Morgan Library & Museum

Cette collection de manuscrits, gravures et livres, l'une des plus belles du monde, comprend cette bible française de 1230.

Merchant's House Museum

Cette demeure parfaitement conservée (1832) appartenait à un riche commerçant.

Ellis Island

Ce musée nous fait revivre l'expérience de plusieurs millions de familles immigrantes.

Ellis Island

Upper West Side

Le quartier des théâtres

HUDSON RIVER

Chelsea et le quartier du vêtement

Lower Midtown

Gramercy et le quartier du Flatiron

Greenwich Village

East Village

SoHo et TriBeCa

Lower East Side

Lower Manhattan

Seaport et le Civic Center

EAST RIVER

0   2 km

0   1mi

American Museum of Natural History
Ses dinosaures, ses météorites et bien d'autres curiosités ont fasciné des générations de visiteurs.

Morningside Heights et Harlem

Museum of the City of New York
Costumes, œuvres d'art et ustensiles ménagers (tel ce plat en argent de 1725) évoquent l'histoire de New York.

Central Park

Cooper-Hewitt Museum
L'hôtel particulier d'Andrew Carnegie, dans Upper East Side, abrite une multitude d'objets d'art décoratif.

Upper East Side

Solomon R. Guggenheim Museum
Peintures et sculptures de presque tous les grands artistes d'avant-garde de la fin du XIXᵉ siècle à la fin du XXᵉ siècle ornent ce bâtiment exceptionnel de Frank Lloyd Wright.

pper town

Metropolitan Museum of Art
Parmi les millions d'œuvres exposées, cet hippopotame égyptien en faïence de la 12ᵉ dynastie est la mascotte du musée.

Frick Collection
La collection particulière du magnat du rail Henry Clay Frick est exposée dans son ancienne demeure. On y voit, entre autres, un Saint François dans le Désert, de Giovanni Bellini (vers 1480).

Whitney Museum of American Art
Cette collection exceptionnelle comprend de nombreux paysages new-yorkais. Le Brooklyn Bridge : variation sur un vieux thème, de Joseph Stella (1939), est l'un des plus réussis.

À la découverte des musées de New York

Boîte à tabac de Richmond Town

Si vous vouliez visiter tous les musées de New York, un mois entier ne suffirait pas. Rien que dans Manhattan on en compte soixante et une trentaine de plus dans les autres boroughs. Les œuvres exposées ont toutes un intérêt comparable à celles qui se trouvent dans les plus grands musées du monde, des peintures de maîtres aux vieilles voitures de pompiers, des dinosaures aux poupées, des tapisseries tibétaines aux masques africains. Renseignez-vous sur les jours de fermeture. Beaucoup de ces musées restent ouverts en nocturne une ou deux fois par semaine. Certains sont gratuits un soir par semaine, mais vos dons seront les bienvenus.

PEINTURE ET SCULPTURE

Les musées d'art de New York sont célébrissimes. Le **Metropolitan Museum of Art** (le « Met ») abrite une vaste collection d'art américain et de chefs-d'œuvre du monde entier. The **Cloisters** (les Cloîtres, une section du « Met » dans Upper Manhattan) renferment des trésors d'art et d'architecture du moyen âge. La **Frick Collection** rassemble des toiles de maîtres, tandis que certains des plus célèbres tableaux impressionnistes et modernes sont exposés au **Museum of Modern Art (MoMA)**. Le **Whitney Museum of American Art** et le **Solomon Guggenheim Museum** sont aussi spécialisés dans l'art moderne et la biennale du Whitney est l'une des meilleures expositions d'artistes contemporains. Les œuvres d'avant-garde sont exposées au **New Museum of Contemporary Art** tandis que l'**American Folk Art Museum**

(musée de l'Art populaire américain) présente des œuvres d'artistes autodidactes. La **National Academy Museum** présente une collection des XIXᵉ et XXᵉ siècles. À Harlem, le **Studio Museum** est consacré aux œuvres d'artistes noirs.

ARTS DÉCORATIFS

Si vous vous intéressez à la porcelaine, aux tissus, à la broderie, à la dentelle, au papier peint ou à la gravure, allez visiter le **Cooper-Hewitt Museum,** qui est la section new-yorkaise de la **Smithsonian Institution** de Washington. Les collections d'art appliqué du **MoMA** sont aussi réputées que ses salles de peinture et retracent l'histoire du design. Le **Museum of Arts and Design** conserve les réalisations d'artisans contemporains sur des supports différents : le cuir et le verre. L'**American Folk Art Museum** présente de l'artisanat plus traditionnel. Belles collections d'argenterie au **Museum of the City of New York,** quant au **National Museum of the American Indian,** il expose de beaux objets : tapis, bijoux, poteries.

GRAVURE ET PHOTOGRAPHIE

L'**International Center of Photography,** petit mais très riche, est le seul musée de New York entièrement consacré à cet art. Par ailleurs, d'intéressantes collections sont exposées au **Metropolitan Museum of Art** et de nombreux spécimens de la photo à ses débuts se trouvent au **Museum of the City of New York** (musée de la Ville) et sur **Ellis Island**. La **Morgan Library** expose les œuvres de grands illustrateurs tels que Kate Greenaway et Sir John Tenniel. Le **Cooper-Hewitt Museum** illustre l'emploi de la gravure dans les arts décoratifs.

MOBILIER ET VÊTEMENTS

L'exposition annuelle de l'institut du Vêtement au **Metropolitan** vaut toujours une visite. Les 24 salles de l'aile américaine du « Met », avec leur mobilier d'époque reconstituant la vie quotidienne de 1640 à nos jours sont également intéressantes.

Au **Museum of the City of New York** (musée de la Ville), les salles évoquent l'histoire de la ville, depuis la période hollandaise.

Poupée de son, American Museum of Natural History

Le **Merchant's House Museum,** une résidence bien conservée de 1832, fut habitée par la même famille pendant 98 ans. **Gracie Mansion** était la résidence du maire Archibald Gracie ; il l'avait achetée en 1798 à un commerçant de la marine marchande. Elle est parfois ouverte à la visite. On peut aussi voir la **maison natale de Théodore Roosevelt,** le 26ᵉ président des États-Unis, et le **Mount Vernon Hotel Museum,** une demeure du début du XIXᵉ siècle.

Le Royaume de la paix (env. 1840-1845) par Edward Hicks, au Brooklyn Museum

HISTOIRE

Pistolet de paume, NYC Police Museum

Au **Federal Hall,**vous verrez se dérouler l'histoire du pays depuis son indépendance : c'est de son balcon que George Washington prêta serment en avril 1789. Pour un aperçu sur le New York colonial, visitez le **Fraunces Tavern Museum. Ellis Island** et le **Lower East Side Tenement Museum** recréent les épreuves endurées par les immigrants. Le nouveau **Museum of Jewish Heritage** dans Battery City est un mémorial de l'Holocauste. Le **NYC Fire Museum** et le **New York City Police Museum** enregistrent les actes héroïques et les tragédies connus par les pompiers et la police, tandis que le **South Street Seaport Museum** retrace l'histoire navale depuis ses débuts.

TECHNOLOGIE ET HISTOIRE NATURELLE

Antilope des bois, American Museum of Natural History

Dans les musées scientifiques, la nature comme la technologie spatiale ont leur place. L'**American Museum of Natural History** (Musée américain d'Histoire naturelle) abrite de vastes collections sur la faune, la flore et les cultures du monde entier. Le Rose Center/ Hayden Planetrarium offre une vision unique de l'espace. L'**Intrepid Sea-Air-Space Museum** est le sanctuaire du progrès de la technologie

militaire. Si vous avez manqué un épisode d'un feuilleton classique ou les premiers pas de l'homme sur la Lune, au **TV and Radio Museum,** vous pourrez accéder à des documents d'archives.

CIVILISATIONS EXTRA-OCCIDENTALES

Plusieurs musées présentent des objets appartenant à d'autres cultures. L'art oriental est la spécialité de l'**Asia Society** et de la **Japan Society**. Le **Jewish Museum** (Musée juif) présente une collection d'art ainsi que des expositions temporaires sur la vie quotidienne des juifs. **El Museo del Barrio,** consacré à l'art portoricain, expose des œuvres précolombiennes. Le **Schomburg Center for Research in Black Culture** offre un panorama de l'art et de l'histoire des Noirs américains. Enfin, le **Metropolitan Museum** possède de superbes témoignages de cultures aussi différentes que l'Égypte ancienne ou l'Afrique contemporaine.

Momie égyptienne, Brooklyn Museum

BIBLIOTHÈQUES

Les grandes bibliothèques new-yorkaises, telles que la **Morgan Library & Museum,** renferment de superbes collections d'art, de manuscrits anciens et de livres rares. La **New York Public Library** possède une collection comprenant de nombreux manuscrits d'œuvres célèbres.

EN DEHORS DE MANHATTAN

À Brooklyn, visitez le **musée de Brooklyn** (plus d'un million d'œuvres) et dans le Queens

l'**American Museum of the Moving Image** et son exceptionnelle collection cinématographique. Le **Jacques Marchais Center of Tibetan Art** est l'une des perles de Staten Island, où se trouve aussi l'**Historic Richmond Town,**un village restauré datant du xviie siècle.

TROUVER LES MUSÉES

American Folk Art Museum p. 171
American Museum of Natural History p. 216-217
Asia Society p. 187
Brooklyn Museum of Art p. 250-253
Cloisters p. 236-239
Cooper-Hewitt Museum p. 186
El Museo del Barrio p. 231
Ellis Island p. 78-79
Federal Hall p. 68
Fraunces Tavern Museum p. 76
Frick Collection p. 202-203
Gracie Mansion p. 198
Guggenheim Museum p. 188-189
Historic Richmond Town p. 254
International Center of Photography p. 147
Intrepid Sea-Air-Space Museum p. 149
Jacques Marchais Museum of Tibetan Art p. 254
Japan Society p. 158-159
Jewish Museum p. 186
Lower East Side Tenement Museum p. 97
Merchant's House Museum p. 120
Metropolitan Museum of Art («Met ») p. 190-197
Morgan Library & Library p. 164-165
Mount Vernon Hotel Museum p. 198
Museum of Arts & Design p. 149
Museum of the City of NY p. 199
Museum of Jewish Heritage p. 77
Museum of Modern Art (MoMA) p. 172-175
Museum of the Moving Image p. 246-247
Museum of Television and Radio p. 171
National Academy Museum p. 186
National Museum of the American Indian p. 73
New Museum of Contemporary Art p. 100
New York City Fire Museum p. 107
New York City Police Museum p. 84
New York Public Library p. 146
Schomburg Center p.229
South Street Seaport Museum p. 84
Studio Museum p. 230
Theodore Roosevelt Birthplace p. 127
Whitney Museum p. 200-201

L'architecture à New York

Même lorsqu'elle a suivi les modes internationales, l'architecture new-yorkaise a gardé une certaine originalité, liée aux impératifs de sa géographie et de son économie. En effet, dans cette ville sur une île, l'espace coûte cher. Très tôt, les maisons ont gagné en hauteur, puis les gratte-ciel sont

apparus. On les construisait avec les matériaux les plus faciles à trouver et à utiliser : le grès brun et la fonte. Les pages 42 et 43 donnent un aperçu plus détaillé de l'architecture new-yorkaise.

Appartements
Le Majestic est l'un des cinq bâtiments Art déco surmontés de tours jumelles de Central Park Ouest.

Architecture en fonte
La fonte produite industriellement servit souvent à la réalisation de façades. C'est à SoHo qu'on en voit les meilleurs exemples, tel celui-ci, aux 28 et 30 de Greene Street.

Style post-moderne
Les formes tarabiscotées mais élégantes des bâtiments comme le World Financial Center, construits en 1985 (p. 69), innovaient par rapport aux cubes d'acier et de verre des années 1950 et 1960.

« Brownstones »
Construites dans le grès de la région, les brownstones *furent les demeures préférées de la bourgeoisie du XIXe siècle. India House, construite sur Wall Street dans le style des palais florentins, est typique des bâtiments commerciaux en* brownstones.

Le quartier des théâtres

Chelsea et le quartier du vêtement

Greenwich Village

Gramercy et le quartier du Flatiron

SoHo et TriBeCa

East Village

Lower East Side

Lower Manhattan

Manoirs du XIXᵉ siècle
Le Jewish Museum (p. 186), ancienne résidence de Felix M. Warburg, offre un bon exemple du style Renaissance française, caractéristique de ces demeures.

Style Beaux-Arts
Frick Mansion illustre parfaitement ce style opulent, le préféré des riches propriétaires.

Modernisme
Les bronzes et les verres de Seagram Building sont typiques de l'architecture de l'après-guerre (p. 177).

Gratte-ciel
Ces immeubles, où se conjuguent harmonieusement esthétique et fonctionnalisme, font la gloire de New York. On voit ici un acrotère de Chrysler Building.

Style fédéral
Style courant au XIXᵉ siècle pour les bâtiments publics. La mairie est ainsi un mélange de fédéral et de Renaissance française.

Habitations bon marché
Nombreux sont ceux pour qui le rêve américain s'est terminé dans ces immeubles construits à peu de frais. Regroupés dans Lower East Side, les appartements étaient surpeuplés et l'absence de colonnes de ventilation les rendait encore plus insalubres.

À la découverte de l'architecture new-yorkaise

Porte de style fédéral

Pendant ses deux premiers siècles d'existence, New York, comme le reste de l'Amérique, a cherché son inspiration du côté de l'Europe. Aucun immeuble hollandais ne subsiste aujourd'hui dans Manhattan : la plupart furent détruits dans l'incendie de 1776 ou abattus au début du XIXᵉ siècle pour faire place à de nouveaux édifices. C'est à partir des années 1850, avec les premières constructions en fonte, que New York commença à développer sa propre architecture. L'Art déco puis l'incessante ascension des gratte-ciel allaient ensuite affirmer cette originalité.

ARCHITECTURE FÉDÉRALE

Cette adaptation du néo-classicisme fleurit dans les premières décennies suivant l'indépendance. Elle se caractérise par des immeubles de deux ou trois étages offrant un équilibre harmonieux entre leurs toits aux arêtes basses, leurs balustrades et leurs décorations. La mairie **(City Hall)**, construite en 1811 par J. McComb et J.-F. Mangin, est un mélange de style fédéral et Renaissance. Les entrepôts de **Schermerhorn Row,** rénovés, sont aussi de style fédéral.

« BROWNSTONES »

L'abondance du grès brun dans la vallée du Connecticut et sur les rives de la Hackensack, dans le New Jersey, en fait le matériau de

Un perron conduit à la porte d'entrée d'une brownstone typique

construction le plus commun du XIXᵉ siècle. On peut voir des *brownstones* dans tous les quartiers résidentiels, mais c'est dans **Chelsea** que se

trouvent les meilleurs exemples de ces maisons souvent divisées en appartements. Les contraintes d'espace en font des immeubles profonds mais de faible largeur. On y accède généralement par un perron qui conduit au logement des maîtres, tandis que des escaliers séparés descendent à l'entresol, autrefois réservé aux domestiques.

HABITATIONS BON MARCHÉ

Ces immeubles de six étages furent construits pour loger les immigrants qui arrivèrent entre les années 1840 et la première guerre mondiale. Ils recevaient air et lumière par les conduits de ventilation et les fenêtres des murs latéraux, de sorte que les pièces du milieu étaient mal aérées et plongées dans l'obscurité. Ces minuscules appartements étaient surnommés *railroad* en raison de leur ressemblance avec des compartiments de train. On peut en voir des maquettes au **Lower East Side Tenement Museum**.

ARCHITECTURE EN FONTE

Innovation américaine en architecture, la fonte, moins chère que la pierre ou la brique, permettait la préfabrication industrielle des décorations des façades. C'est à New York que l'on trouve le plus de façades entièrement ou partiellement réalisées en fonte. Les plus beaux spécimens, construits dans les années 1870, se trouvent dans le **SoHo Cast-Iron Historic District**.

Façade en fonte des 72-76 Greene Street dans SoHo

STYLE BEAUX-ARTS

Cette école d'architecture française influença la construction des bâtiments publics et des demeures bourgeoises de l'âge d'or new-yorkais (de 1880 à 1920). Beaucoup des plus importants architectes de la ville vécurent à cette période, parmi lesquels Richard Morris Hunt (**Carnegie Hall**, 1891 ; **Metropolitan Museum**, 1895) qui, en 1845, fut le premier architecte américain à étudier à Paris ; Cass Gilbert (**Custom House,** 1907 ; **New York Life Insurance**

DÉGUISEMENTS ARCHITECTURAUX

Certaines des réalisations les plus originales sont dues à d'habiles architectes qui tentèrent de dissimuler les réservoirs d'eau, utiles mais disgracieux, placés sur les toits. En regardant en l'air, vous verrez des coupoles, des flèches et des dômes qui transforment ces banales citernes en de véritables châteaux en plein ciel. On en aperçoit facilement deux exemples sur les toits de deux hôtels de la 5ᵉ Avenue : Sherry Netherland, à l'angle de la 60ᵉ Rue, et Pierre, à l'angle de la 61ᵉ Rue.

Citerne ordinaire

Le Dakota Building (1880-1884), dans Upper West Side, en face de Central Park

marqua le début de la vague de construction du début du XXᵉ siècle dans Upper West Side. Les cinq **Twin Towers** (tours jumelles) construites à Central Park à la grande époque de l'Art déco (de 1929 à 1931), l'Eldorado, le Century, le San Remo et le Majestic qui dessinent l'horizon caractéristique de Central Park, comptent parmi les plus célèbres.

alors le plus haut du monde supplanté l'année suivante par l'**Empire State**. Tous deux sont des classiques de l'Art déco, mais c'est le **Group Health Insurance** de R. Hood (ancien McGraw-Hill Building), qui, en 1932, représenta New York dans une étude sur l'architecture internationale. Avec ses 411 m, le World Trade Center *(p. 72)* était le second plus haut bâtiment du monde jusqu'en 2001 *(p. 54)*. Illustration du modernisme, il fut supplanté par le style post-moderne (**Citigroup Center**, 1977).

Building, 1928 ; **US Courthouse**, 1936), les cabinets de Warren & Westmore (**Grand Central Terminal**, 1913 ; **Helmsley Building**, 1929) ; Carrère & Hastings (**New York Public Library**, 1911 ; **Frick Mansion**, 1914) ; et McKim, Mead & White, qui formèrent le plus célèbre cabinet d'architectes de la ville (**Villard Houses**, 1884 ; **United States General Post Office**, 1913 ; **Municipal Building**, 1914).

IMMEUBLES COLLECTIFS

La population s'accroissant, l'espace devint un luxe et les maisons particulières furent trop chères pour la plupart des New-Yorkais. Même les plus aisés finirent par s'installer dans des immeubles collectifs. Souvent construits autour d'arrière-cours invisibles de la rue, ils ressemblaient à des châteaux. En 1884, l'édification du Dakota *(p. 218)*, l'un des premiers immeubles de luxe,

GRATTE-CIEL

Si Chicago vit naître le gratte-ciel, New York apporta à ce type de construction des innovations significatives. En 1902, l'architecte de Chicago Daniel Burnham construisit le **Flatiron**, un immeuble si haut (91 m) que certains dirent alors qu'il allait s'effondrer. Dès 1913, le **Woolworth** se dressait à 241 m et très vite des règles d'urbanisme imposèrent que les derniers étages soient construits en retrait pour permettre au soleil d'atteindre la chaussée, ce qui convenait parfaitement au style Art déco. En 1930 fut édifié le **Chrysler**,

Motif Art déco sur la flèche du Chrysler Building

TROUVER CES BÂTIMENTS

Carnegie Hall *p. 148*
Chelsea *p. 130-139*
Chrysler Building *p. 155*
Citigroup Center *p. 177*
City Hall *p. 90*
Custom House *p. 73*
Empire State Building *p. 136-137*
Flatiron Building *p. 127*
Frick Mansion *p. 202-203*
Grand Central Terminal *p. 156-157*
Group Health Insurance Building *p. 147*
Helmsley Building *p. 158*
Lower East Side Tenement Museum *p. 97*
Metropolitan Museum of Art *p. 190-197*
Municipal Building *p. 85*
New York Life Insurance Building *p. 126*
New York Public Library *p. 146*
Schermerhorn Row *p. 84*
SoHo Cast-Iron Historic District *p. 104*
Twin Towers de Central Park West *p. 214*
US Courthouse *p. 85*
US General Post Office *p. 135*
Villard Houses *p. 176*
Woolworth Building *p. 91*

N° 245 Fifth Avenue (immeuble collectif)

N° 60 Gramercy Park North *(brownstone)*

Hotel Pierre (Beaux-Arts)

Sherry Netherland Hotel (Beaux-Arts)

Le New York multiculturel

Le caractère multiculturel de New York est très
sensible, même dans les quartiers les plus animés
du centre : avec un seul ticket d'autobus on va de
Madras à Moscou ou de Haïti à Hong-Kong ! New
York continue à recevoir des immigrants, mais ils
sont peu nombreux comparés aux 17 millions de
personnes qui arrivèrent entre 1880 et 1910. Dans
les années 1980, un million d'étrangers, en majorité
antillais et asiatiques, débarquèrent et fondèrent
leurs propres petites colonies. Tout au long de
l'année, chaque ethnie continue à célébrer ses
fêtes traditionnelles. Pour en savoir
plus sur ces manifestations,
reportez-vous aux
pages 50 à 53.

Hell's Kitchen
*Un temps rebaptisé « Clinton »
pour illustrer le récent
brassage social de ses
résidents, c'est le quartier
où s'établirent les premiers
immigrants italiens.*

Little Ukraine
*À T. Shevchenko Place,
on peut assister aux
cérémonies du 17 mai,
qui marquent la
conversion des Ukrai-
niens au christianisme.*

Little Korea
*Non loin de Times
Square s'est regroupée
une petite
communauté
coréenne.*

*Le qua
des
théât*

*Chelsea et
le quartier
du
vêtement*

*Gramercy
et le
quartier
du Flatiron*

*Greenwich
Village*

Little Italy
*En septembre, pendant dix jours, la
communauté italienne se rassemble
dans les rues autour de Mulberry Street
pour la Festa di San Gennaro.*

*SoHo et
TriBeCa*

East Village

Chinatown
*Tous les ans, à
la fin du mois de
janvier, une foule
de fêtards
envahit les rues
de Chinatown
pour célébrer
le Nouvel An
chinois.*

*Seaport
et le
Civic
Center*

*Lower
Manhattan*

*Lower East
Side*

Lower East Side
*Les synagogues du
quartier de Rivington
Street témoignent des
traditions religieuses de
ce vieux quartier juif.*

0   2 km

0   1 mi

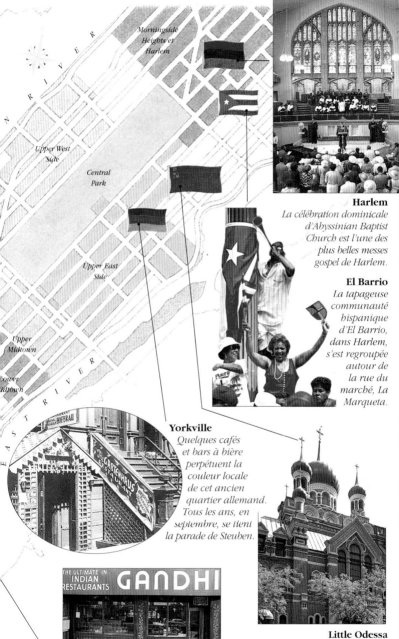

Harlem
La célébration dominicale d'Abyssinian Baptist Church est l'une des plus belles messes gospel de Harlem.

El Barrio
La tapageuse communauté hispanique d'El Barrio, dans Harlem, s'est regroupée autour de la rue du marché, La Marqueta.

Yorkville
Quelques cafés et bars à bière perpétuent la couleur locale de cet ancien quartier allemand. Tous les ans, en septembre, se tient la parade de Steuben.

Little Odessa
La magnifique St Nicholas Russian Orthodox Cathedral, sur la 79ᵉ Rue Est, témoigne de l'émigration russe blanche. Une messe en russe y est célébrée chaque dimanche.

Little India
Vous trouverez dans la 6ᵉ Rue Est une ambiance orientale et des prix abordables.

À la découverte du New York multiculturel

**Vitrail
au Cotton Club**

Tous les New-Yorkais « de souche » ont des racines dans d'autres pays. Au cours du XVIIe siècle, les Hollandais et les Anglais viennent s'installer à New York, et la ville devient un symbole d'espoir pour les Européens les plus pauvres. Ils traversent l'océan par bateaux entiers, les poches vides et souvent sans connaître un mot d'anglais. La famine des années 1840 lance sur les mers la première vague d'immigrants irlandais, bientôt suivie par des ouvriers allemands victimes de la révolution industrielle. Depuis lors, de nombreux immigrants ont quitté leur quartier d'origine pour se répandre dans toute la ville, où l'on parle aujourd'hui environ 100 langues différentes !

représentaient une population en rapide expansion et à forte mobilité sociale. Ils dépassèrent les limites de Chinatown pour aller s'établir à Brooklyn et dans le Queens. Ils formaient jadis une communauté fermée mais aujourd'hui Chinatown est envahie de touristes qui viennent explorer rues et marchés et s'attabler dans ses restaurants.

**Immigrants turcs arrivant
à Idlewild Airport en 1963**

LES JUIFS

Il y a une communauté juive à New York depuis 1654. La première synagogue, Shearith Israël, toujours utilisée, a été construite par des réfugiés venus d'une colonie hollandaise du Brésil. Ces premiers immigrants, des séfarades d'origine espagnole, comptaient des familles importantes, telles que les Baruch. Puis vinrent des juifs allemands, comme les frères Strauss, qui ouvrirent des commerces florissants. Les persécutions russes de la fin du XIXe siècle aboutirent aussi à une immigration massive. En 1914, environ 600 000 juifs vivaient dans Lower East Side. Aujourd'hui plus hispanique et asiatique, ce quartier témoigne encore de l'époque où il était le refuge des immigrants juifs.

LES ALLEMANDS

Les Allemands commencèrent à s'installer à New York au XVIIIe siècle. Depuis l'époque de John Peter Zenger *(p. 21)*, la communauté allemande a toujours défendu la liberté d'opinion. Elle a aussi produit des magnats de l'industrie, tels John Jacob Astor, le premier millionnaire new-yorkais.

LES ITALIENS

Les Italiens commencèrent à arriver entre 1830 et 1840. Ils fuyaient l'échec de leur révolution puis, dans les années 1870, certains émigrèrent pour échapper à la pauvreté du Mezzogiorno. Ils constituèrent à New York une force politique considérable, comme en atteste le succès de F. LaGuardia, l'un des meilleurs maires de la ville.

LES CHINOIS

Les Chinois n'arrivèrent que dans les années 1880 et ils n'étaient que 700 à vivre à Mott Street. Dès les années 1940, ils

**Temple chinois dans Chinatown
*(p. 96-97)***

LES HISPANO-AMÉRICAINS

**Sculptures religieuses au
Museo del Barrio *(p. 231)***

Les Portoricains arrivèrent dès 1838, puis plus massivement après la première guerre mondiale, en quête d'emplois. La plupart vivent dans El Barrio, autrefois appelé Spanish Harlem. Les Cubains des classes aisées qui avaient fui le régime castriste ont quitté la ville mais conservent une grande influence sur le commerce et la culture hispaniques. Washington Heights est le foyer dominicain et colombien.

LES IRLANDAIS

Les Irlandais arrivèrent au début des années 1840 et rencontrèrent beaucoup de difficultés. Pauvres et affamés, ils ont travaillé dur pour fuir les taudis de Five Points et Hell's Kitchen, contribuant à la modernisation de New York. Ils ont souvent rejoint la police ou les pompiers où ils ont fait de brillantes carrières. D'autres ont ouvert des commerces prospères, notamment les fameux pubs, qui servent de points de rencontre aux membres d'une communauté dispersée.

LES AFRO-AMÉRICAINS

Les ancêtres de beaucoup d'Afro-Américains sont arrivés en Amérique comme esclaves dans les plantations du sud. Ils ont commencé à émigrer vers les grandes villes du nord après l'abolition de l'esclavage, dans les années 1860. Cependant, dans les années 1920, la population de Harlem est passée de 83 000 à 204 000 habitants et la municipalité s'est affirmée comme le centre d'une certaine renaissance noire *(p. 30-31)*. Aujourd'hui le ghetto noir le plus connu du monde, Harlem, attire des visiteurs qui viennent écouter des chants religieux, le gospel, et goûter sa cuisine *soul*.

LE « MELTING POT »

D'autres cultures new-yorkaises, moins bien représentées que les précédentes, n'en sont pas moins faciles à repérer. Les Ukrainiens sont rassemblés dans East Village, autour de St George's Ukrainian Catholic Church. Les restaurants indiens sont concentrés le long de la 6ᵉ Rue. Les Coréens tiennent de nombreuses épiceries dans Manhattan mais vivent surtout dans le quartier de Flushing. Le centre islamique de Riverside Drive, la cathédrale orthodoxe

Femme participant à la parade de la fête de l'indépendance grecque

de la 97ᵉ Rue Est *(p. 199)* et le nouveau centre culturel islamique de la 96ᵉ Rue attestent tous de la diversité religieuse de la ville.

AUTRES MUNICIPALITÉS

Brooklyn est de loin le plus international des *boroughs* new-yorkais. Les nouveaux arrivants de la Jamaïque et

La police de New York, refuge des Irlando-Américains

d'Haïti y représentent l'un des groupes à l'expansion la plus rapide. Les Antillais vivent le long d'East Parkway entre Grand Army Plaza et Utica Avenue. Les juifs russes récemment arrivés vivent à Brighton Beach, qu'ils ont transformé en un petit « Odessa-sur-mer », tandis que Libanais et Scandinaves se sont installés dans Bay Ridge et les Finlandais dans Sunset Park. Les juifs orthodoxes vivent dans Borough Park et Williamsburg alors que Mid-wood accueille des juifs du Moyen-Orient. Les Italiens sont installés dans le quartier de Bensonhurst. Greenpoint est une petite Pologne et Atlantic Avenue abrite la plus importante communauté arabe d'Amérique. Les Irlandais furent parmi les premiers à franchir Harlem River pour aller dans le Bronx. Les cadres japonais préfèrent le quartier plus chic de Riverdale. Astoria, dans le Queens, est l'un des quartiers les plus typés et abrite la plus vaste communauté grecque en dehors de la Grèce. Jackson Heights comprend un grand quartier de Latino-Américains, parmi lesquels on compte 300 000 Colombiens. Les Indiens aussi affectionnent cet endroit ainsi que Flushing, non loin de là. Mais ce sont les Orientaux qui ont si bien transformé Flushing que le train local a été surnommé *l'Orient Express*.

QUELQUES IMMIGRANTS CÉLÈBRES *Voir aussi p. 48-49.*

Les dates indiquent l'année d'arrivée de ces immigrants aux États-Unis via New York.

1932 George Balanchine (Russie), chorégraphe

1906 • Lucky • Luciano (Italie), gangster (déporté en 1946)

1893 Irving Berlin (Russie), musicien

1908 Bob Hope (Angleterre), comédien

1921 Bela Lugosi (Hongrie), acteur dans *Dracula*

1933 Albert Einstein (Allemagne), scientifique

1894 Al Jolson (Lituanie), chanteur

1909 Lee Strasberg (Autriche), metteur en scène de théâtre

1890	1895	1900	1905	1910	1915	1920	1925	1930	1935	1940

1896 Samuel Goldwyn (Pologne), magnat du cinéma

1904 Hyman Rickover (Russie), inventeur du sous-marin nucléaire

1913 Rudolph Valentino (Italie), acteur

1923 Isaac Asimov (Russie), scientifique et écrivain

1912 Claudette Colbert (France), actrice

1938 Famille von Trapp (Autriche), chanteurs

1902 Joe Hill (Suède), syndicaliste

1903 Frank Capra (Italie), cinéaste

Quelques New-Yorkais d'exception

New York a porté certains des plus grands créateurs de ce siècle. Le Pop Art a vu le jour à New York, et Manhattan est toujours un des centres mondiaux de l'art moderne. Les écrivains alternatifs des années 1950 et 1960, connus sous le nom de Beat Generation, puisaient leur inspiration dans les clubs de jazz de la ville. Capitale financière, elle a attiré les plus grands capitaines d'industrie.

Andy Warhol, inventeur du Pop Art

ÉCRIVAINS

Le romancier James Baldwin

La littérature américaine est née à New York. En 1791, Suzanna Rowson publia *Charlotte Temple, A tale of Truth,* un roman retraçant l'histoire d'une rencontre dans le décor de New York, qui devait rester un best-seller pendant 50 ans.

Le premier écrivain professionnel américain fut Charles Brockden Brown (1771-1810), qui arriva à New York en 1791. Les romans d'Edgar Allan Poe (1809-1849), pionnier des histoires policières modernes, virent le développement des thrillers. Henry James (1843-1916) publia *Les Bostoniennes* en 1886 et devint le maître du roman psychologique, tandis que son amie Edith Wharton (1861-1937) se fit connaître pour ses romans satiriques. La littérature américaine reçut enfin une reconnaissance internationale grâce à l'*Histoire de New York,* une satire de Washington Irving publiée en 1809. Ce roman lui rapporta alors deux mille dollars. C'est lui qui trouva le surnom de « Gotham » pour New York et de « Knickerbockers » pour les New-Yorkais. Avec Fenimore Cooper (1789-1851), il forma l'école de roman new-yorkaise.

Greenwich Village a toujours attiré les écrivains, comme Herman Melville (1819-1891). Son chef-d'œuvre, *Moby Dick,* reçut d'abord un accueil mitigé. Jack Kerouac (1922-1969), Allen Ginsberg et William Burroughs, qui étudièrent à Columbia University, fréquentaient le San Remo Café de Greenwich Village avec d'autres hommes de lettres. Dylan Thomas (1914-1953) finit ses jours à l'hôtel Chelsea *(p. 139).* Le romancier Nathanael West (1902-1940) travailla à Gramercy Park et son ami Dashiell Hammett (1894-1961) écrivit *Le Faucon Maltais* alors qu'il résidait là-bas. James Baldwin (1924-1987), né à Harlem, écrivit *Un autre pays* en 1963 lors de son retour d'Europe.

ARTISTES

L'expressionnisme abstrait fut le premier mouvement artistique américain d'importance internationale. Il fut lancé par Hans Hofmann (1880-1966), Franz Kline et Willem de Kooning qui débuta aux États-unis comme peintre en bâtiment. Adolph Gottlieb, Mark Rothko (1903-1970) et Jackson Pollock (1912-1956) contribuèrent beaucoup à la popularité de ce style. Les ateliers de Pollock, Kooning et Kline étaient situés dans Lower East Side. Le Pop Art vit le jour à New York dans les années 1960 avec les travaux de Roy

Lichtenstein et Andy Warhol (1926-1987), qui réalisa certains de ses films-cultes au 33 Union Square. Keith Haring (1958-1990) fut un artiste prolifique dont on commence à comprendre l'importance. Robert Mapplethorpe (1946-1989) fut rendu célèbre par ses photos de jeunes homosexuels nus. Il n'est plus la bête noire de l'establishment artistique, remplacé dans ce rôle par Jeff Koons. Les peintures en trompe-l'œil de Richard Haas ornent de nombreux murs de la ville.

ACTEURS

En 1849, l'acteur britannique Charles Macready déclencha une émeute en affirmant que les Américains étaient vulgaires. Une foule fit irruption dans Astor Place Opera House, où Macready jouait *Macbeth,* la police ouvrit le feu et 22 émeutiers furent tués. En 1927, Mae West (1893-1980) passa dix jours en prison et acquitta une amende de 500 dollars pour avoir donné à Broadway un spectacle appelé *Sexe* et jugé obscène. Plus tard, un opéra de Marc Blitzstein, prenant fait et cause pour la classe ouvrière, monté par Orson Welles (1915-1985) et John Houseman (1902-1988),

L'actrice Mae West

fut interdit et le spectacle dut être produit dans une autre salle. Les acteurs parvinrent à contourner l'interdiction en chantant leurs rôles depuis la salle. Les comédies musicales sont depuis longtemps une spécialité new-yorkaise. Les *Follies* de Florenz Ziegfeld (1869-1932) furent jouées de 1907 à 1931. La première d'*Oklahoma !* en 1943, marqua le début du règne de Richard Rogers (1902-1979) et Oscar Hammerstein (1895-1960). Les Provincetown Players, au 33 McDougal Street, furent les premiers à jouer *Beyond the Horizon*, de Eugene O'Neill (1888-1953). Le deuxième grand innovateur du théâtre américain fut Edward Albee, l'auteur de *Qui a peur de Virginia Woolf ?* (1962).

Joséphine Baker

MUSICIENS ET DANSEURS

Leonard Bernstein (1918-1990) appartient à une longue lignée de chefs d'orchestre du New York Philharmonic, parmi lesquels on compte Bruno Walter (1876-1962), Arturo Toscanini (1867-1957) et Leopold Stokowski (1882-1977). Maria Callas (1923-1977) naquit à New York mais émigra en Europe. Carnegie Hall *(p.148)* a reçu Enrico Caruso (1873-1921), Bob Dylan et les Beatles. Le record du nombre de spectateurs appartient à Paul Simon qui, à Central Park, donna un concert gratuit devant un million de personnes. Les clubs de jazz légendaires des années 1930 et 1940 ont disparu de la 52ᵉ Rue, mais des plaques sur Jazz Walk à l'extérieur du CBS Building

rendent hommage à des artistes comme Charlie Parker (1920-1955) ou Joséphine Baker (1906-1975).

Entre 1940 et 1965, New York devint la capitale de la danse grâce au New York City Ballet de Georges Balanchine (1904-1983) et à l'American Ballet Theater. En 1958, le chorégraphe Alvin Ailey (1931-1989) lança l'American Dance Theater, où s'illustrait une troupe aux danseurs de multiples origines.

INDUSTRIELS ET ENTREPRENEURS

Cornelius Vanderbilt

Le mythe du *self-made-man* fait partie du rêve américain. Andrew Carnegie, le « baron de l'acier au cœur d'or », parti de rien, avait distribué plus de 350 millions de dollars lorsqu'il mourut. Parmi ses œuvres, on compte des bibliothèques et des universités dans tout le pays. De nombreuses fondations doivent beaucoup à d'autres philanthropes. Pour certains, tels Cornelius Vanderbilt (1794-1877), le mécénat était un moyen d'oublier leurs origines

modestes. Dans le monde des affaires, certains « barons voleurs » trafiquaient en toute impunité. Ainsi les financiers Jay Gould (1836-1892) et James Fisk (1834-1872) battirent Vanderbilt, en manipulant Wall Street, pendant la guerre pour le contrôle du chemin de fer de l'Érié. En septembre 1869, ils furent responsables du premier vendredi Noir en tentant d'accaparer le marché de l'or mais ils s'enfuirent lorsque leur manœuvre fut découverte. Gould mourut milliardaire et heureux tandis que Fisk fut tué par un rival. Parmi les entrepreneurs d'aujourd'hui, il faut citer Donald Trump *(p. 33)* ainsi que feu Harry Helmsley et son épouse Leona qui fut emprisonnée pour fraude fiscale *(p. 158)*.

ARCHITECTES

Cass Gilbert (1858-1934), qui construisit des immeubles néo-gothiques comme le Woolworth Building *(p. 91)* fut l'un de ceux qui façonnèrent New York. On peut voir son portrait dans le hall, serrant contre lui une maquette de son chef-d'œuvre. Stanford White fut aussi célèbre pour les scandales de sa vie privée que pour la qualité de ses constructions de style Beaux-Arts, tel le Players Club *(p. 128)*. Pendant la majeure partie de sa carrière Frank Lloyd Wright dénigra l'architecture urbaine. Lorsqu'on parvint enfin à le convaincre d'apposer sa griffe à New York, il dessina le musée Guggenheim *(p. 188-189)*. Né en Allemagne, Mies van der Rohe (1886-1969), père du Seagram Building *(p. 177)*, recherchait une architecture pure, équilibrée et défiant le temps. Certains considèrent ses œuvres comme les plus réussies de la ville.

Florenz Ziegfeld, directeur des Ziegfeld Follies

NEW YORK AU JOUR LE JOUR

A u printemps, Park Avenue est entièrement fleurie tandis que pour la Saint-Patrick, la première des grandes fêtes de l'année, la 5e Avenue se pare de vert. L'été à New York est chaud et humide, mais il ne faut pas hésiter à quitter les intérieurs climatisés pour descendre dans les parcs où l'on peut assister à des concerts en plein air. Le premier lundi de septembre est le jour de la fête du travail ; les températures se radoucissent et les arbres s'habillent des couleurs de l'automne. Puis, à l'approche de Noël, les rues et les boutiques commencent à étinceler de tous leurs feux. Les dates des événements cités dans les pages suivantes peuvent varier et il est bon de se reporter à la presse locale (p. 369). Le New York Convention and Visitors Bureau (p. 368) publie un calendrier trimestriel des principales fêtes.

PRINTEMPS

Chaque saison modifie le caractère et l'atmosphère de la ville. New York sort de l'hiver au milieu des tulipes, des cerisiers en fleurs et des collections de printemps des magasins de mode. Tout le monde fait du lèche-vitrines. La Saint-Patrick est l'occasion de grandes réjouissances et des milliers de personnes se préparent pour descendre dans la 5e Avenue.

MARS

Parade de la Saint-Patrick *(17 mars)*, 5e Ave, de la 44e à la 86e Rue. Vêtements verts, bière, fleurs et cornemuses.
Fête de l'Indépendance grecque *(25 mars)*, 5e Ave, de la 49e à la 59e Rue. Danses et buffets grecs.
Saison de printemps du New York City Opera *(mars-avr.)*, Lincoln Center *(p. 350)*.
Cirque Ringling Bros and Barnum & Bailey *(mars-avr.)*, Madison Square Garden *(p. 135)*.

La créativité des New-Yorkais se manifeste pendant le défilé de Pâques

PÂQUES

Exposition florale *(semaine avant Pâques)*, chez Macy's *(p. 134-135)*.
Easter Parade *(dim. de Pâques)*, 5e Ave, de la 44e à la 59e Rue. Déguisements extravagants autour de St Patrick's Cathedral.

AVRIL

Cherry Blossom Festival (fête des Cerisiers; *fin mars-avr.)*, jardin botanique de Brooklyn. Célèbre pour la beauté de ses cerisiers du Japon. Activités du **Earth Day Festival** *(variable)*.
Base-ball *(avr.-mai)* début de la saison des Yankees et des Mets *(p. 360)*.
Saison de printemps du New York City Ballet *(avr.-juin)*, New York State Theater et Metropolitan Opera House, au Lincoln Center *(p. 212)*.

MAI

Parade de Martin Luther King Junior, *(3e dim.)*, 5e Ave, de la 57e à la 79e Rue. Défilé en l'honneur du leader qui défendit les droits des Noirs et fut assassiné à Memphis en 1968.

Défilé en costume folklorique pour la fête nationale grecque

Ninth Avenue Street Festival *(mi-mai)* de la 37e Rue Ouest à la 57e Ouest. Cuisines, musiques et danses de toutes origines. **Washington Square Outdoor Art Exhibit** *(dern. w.-e. de mai et prem. de juin)*.
Memorial Day *(dern. w.-e.)* parade sur la 5e Ave et festivités à South Street Seaport.

Tulipes et taxis jaunes dans Park Avenue

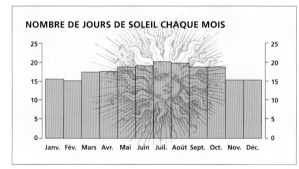

NOMBRE DE JOURS DE SOLEIL CHAQUE MOIS

Janv. Fév. Mars Avr. Mai Juin Juil. Août Sept. Oct. Nov. Déc.

Ensoleillement à New York

New York bénéficie de longues journées de soleil de juin à août, particulièrement en juillet. Les journées d'hiver sont plus courtes, mais souvent claires. Le printemps et l'automne sont agréables, même si ce dernier est moins ensoleillé.

ÉTÉ

Dès que possible les New-Yorkais vont pique-niquer, ou se promener sur les plages. Le feu d'artifice de Macy's illumine la nuit du 4 juillet et lorsque les Yankees ou les Mets jouent en ville. L'été est la saison des fêtes de rue, des concerts de plein air, des pièces de Shakespeare et des opéras gratuits dans Central Park.

Policier dansant au cours d'un défilé portoricain

JUIN

Parade du Puerto Rican Day *(déb. juin)*, 5ᵉ Avc, de la 44ᵉ à la 86ᵉ Rue. Chars et fanfares. **Museum Mile Festival** *(2ᵉ mar.)*, 5ᵉ Ave, de la 82ᵉ à la 105ᵉ Rue. Entrée gratuite dans les musées.
Central Park Summerstage *(juin-août)*, Central Park. Musiques et danses en tout genre, presque tous les jours, par tous les temps.
Concerts du Metropolitan Opera dans les parcs. Concerts gratuits dans les parcs de la ville *(p. 350-351)*.
Goldman Memorial Band Concerts *(juin-août)*, Lincoln Center *(p. 214)*. Concerts traditionnels.
Shakespeare au parc

(juin-sept.). Des acteurs célèbres se produisent au théâtre Delacorte, dans Central Park *(p. 347)*.
La parade de la Lesbian and Gay Pride *(juin)*, remonte la 5ᵉ Ave depuis Colombus Circle, jusqu'à Washington Square *(p. 115)*.
JVC Jazz Festival *(fin juin-déb. juil.)*. De grands musiciens de jazz jouent dans des salles de la ville *(p. 353)*.

JUILLET

Feux d'artifice de Macy's *(4 juil.)*, East River. Bouquet des célébrations de la fête de l'Indépendance.
Festival de l'Artisanat *(mi-juin à déb. juil.)*, Lincoln Center *(p. 214)*. Artisanat de qualité.
Mostly Mozart Festival *(fin juil.-fin août)*. Avery Fisher Hall, Lincoln Center *(p. 350-351)*.
NY Philharmonic Parks Concerts *(fin juil.-déb. août)*.

Festivités estivales à Greenwich Village

Concerts gratuits dans les parcs de la ville *(p. 351)*.
Lincoln Center Festival *(juil.)*. Danse, opéra et autres spectacles du monde entier.

AOÛT

Semaine de Harlem *(mi-août)*. Films, peinture, musique, danse, mode, sports et visites.
Out-of-Doors Festival *(août)*, Lincoln Center. Pièces de théâtre et ballets gratuits *(p. 346)*.
US Open de tennis *(fin août-déb. sept.)*, Flushing Meadows *(p. 360)*.

L'Open de Flushing Meadows attire les foules

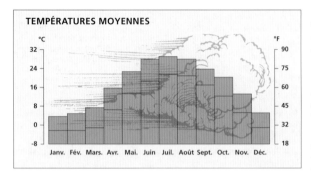

TEMPÉRATURES MOYENNES

°C / °F

32 / 90
24 / 75
16 / 60
8 / 45
0 / 32
-8 / 18

Janv. Fév. Mars. Avr. Mai. Juin Juil. Août Sept. Oct. Nov. Déc.

Températures
Ce graphique indique les minima et maxima moyens pour chaque mois. Avec un maximum moyen de 29°C, on voit que l'été peut être chaud et humide. Par contre, bien qu'il gèle rarement pendant les mois d'hiver, le froid peut alors sembler mordant.

AUTOMNE

La fête du Travail marque la fin de l'été. Les Giants et les Jets attaquent la saison de football tandis que la saison théâtrale commence. La Festa di San Gennaro est le point culminant d'une suite de fêtes de quartier hautes en couleur. Thanksgiving Day Parade de Macy's donne à tout le pays le signal de départ des fêtes de fin d'année.

SEPTEMBRE

Richmond County Fair *(w.-e. de Labor Day)*, Richmond Town *(p. 254)*. La seule vraie foire de New York.
Carnaval antillais *(w.-e. de Labor Day)*, Brooklyn. Défilé, chars, musique, cuisine.
Brazilian Festival *(déb. sept.)*, 46e Rue Est, entre Times Square et Madison Ave. Musique, nourriture et artisanat brésiliens.

Costume de carnaval antillais dans les rues de Brooklyn

New York is Book Country *(mi-sept.)*, 5eAve, de la 48e à la 59e Rue. Foire du livre.
Festa di San Gennaro *(3e sem.)*, Little Italy *(p. 96)*. Dix jours de fêtes et de processions.
Festival du film de New York *(mi-sept. à déb. oct.)*, Lincoln Center *(p. 214)*. Films américains et films d'art internationaux.
Von Steuben Day Parade *(3e sem.)*, en haut de la 5e Ave. Fêtes germano-américaines.
Football américain *(début de saison)*, Giants Stadium, territoire des Giants et des Jets *(p. 360)*.

OCTOBRE

Colombus Day Parade *(2e lun.)*, 5e Ave, de la 44e à la 86e Rue. Défilés et concerts pour fêter la découverte de l'Amérique par Christophe Colomb.
Pulaski Day Parade *(plus proche dim. du 5 oct.)* 5e Ave, de la 26e à la 52e Rue. Fête du héros américano-polonais Casimir Pulaski.
Parade d'Halloween *(31 oct.)*, Greenwich Village. Grande fête et déguisements extraordinaires.
Big Apple Circus *(oct.-janv.)*, Damrosch Park, Lincoln Center. Un thème nouveau chaque année *(p. 365)*.
Basket-ball *(déb. de la saison)*, Madison Square Garden. L'équipe new-yorkaise est celle des Knicks *(p. 360-361)*.
Marathon de New York *(déb. nov.)*. Il traverse tous les *boroughs* au départ de Staten Island.

Un Superman géant flotte au-dessus du défilé de Thanksgiving de Macy's

NOVEMBRE

Thanksgiving de Macy's *(4e jeu.)*, de l'angle de Central Park Ouest et de la 79e Rue Ouest à celui de Broadway et de la 34e Rue Ouest. Un régal pour les enfants: chars, énormes ballons et père Noël.
Rockefeller Center Ice Skating Rink *(oct.-mars)*. Ouvert au public. On patine sous le célèbre arbre de Noël.
Christmas Spectacular *(nov.-déc.)*, Radio City Music Hall. Spectacles de variété avec les Rockettes.

Greenwich Village est le haut lieu de Halloween

PRÉCIPITATIONS MOYENNES

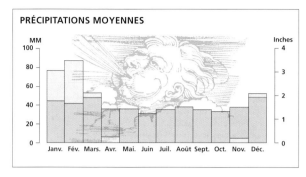

Précipitations

Mars et août sont les mois les plus pluvieux. Les pluies de printemps sont soudaines : prenez vos précautions. Les importantes chutes de neige hivernales peuvent paralyserla ville.

Pluie

Neige

HIVER

À Noël, New York est merveilleux et même les lions de pierre de la Public Library se parent de couronnes tandis que les vitrines se transforment en véritables œuvres d'art. De Times Square à Chinatown la ville s'anime et Central Park devient le théâtre de multiples jeux d'hiver.

Statue d'*Alice au Pays des Merveilles* dans Central Park

DÉCEMBRE

Tree-Lighting Ceremony *(déb. déc.)*, Rockefeller Center. Illumination de l'immense sapin devant le RCA Building.
Concert du Messie *(mi-déc.)*, Lincoln Center *(p. 214)*. Le public répète et chante sous la direction de plusieurs chefs d'orchestre.
Hannukah Menorah *(mi-fin déc.)*, Grand Army Plaza, Brooklyn. Illumination de l'immense menorah (chandelier) tous les soirs durant les huit jours de la fête.
31 décembre. Feux d'artifice à Central Park *(p. 206-207)*, fête à Times Square *(p. 147)*, course de 8 km dans Central Park et lecture de poésie à St Mark's Church.

JANVIER

National Boat Show *(janv.)*, Jacob K. Javits Convention Center *(p. 138)*.
Nouvel An chinois *(fin janv.-fév.)*, Chinatown *(p. 96-97)*. Dragons, feux d'artifice.
Winter Antiques Show *(janv.)*, Seventh Regiment Armory *(p. 187)*. La plus prestigieuse foire aux antiquités de New York.

FÉVRIER

Mois de l'Histoire noire. Événements afro-américains dans toute la ville.
Empire State Building Run-Up *(déb. fév.)*. Des coureurs montent jusqu'au 102ᵉ étage *(p. 136-137)*.
Anniversaires de Lincoln et Washington *(12-22 fév.)*. Soldes dans les grands magasins. **Exposition canine du Westminster Kennel Club** *(mi-fév.)*, Madison Square Garden *(p. 135)*. Exposition canine.

Le Nouvel An chinois dans Chinatown

JOURS FÉRIÉS

Nouvel An (1ᵉʳ janv.)
Martin Luther King Day (3ᵉ lun. de janv.)
President's Day (mi-fév.)
Memorial Day (dernier lun. de mai)
Indépendance (4 juil.)
Labor Day (fête du Travail, 1ᵉʳ lun.de sept.)
Columbus Day (2ᵉ lun. d'oct.)
Election Day (1ᵉʳ mar. de nov.)
Veterans Day (11 nov.)
Thanksgiving Day (4ᵉ jeu. de nov.) **Noël** (25 déc.)

Arbre et décorations de Noël à Rockefeller Center

La pointe sud de Manhattan

Depuis Hudson River, la vue sur le sud de Manhattan embrasse plusieurs des plus spectaculaires bâtiments du paysage new-yorkais, comme le World Financial Center. Vous pourrez aussi apercevoir des vestiges du vieux Manhattan : Castle Clinton, devant Battery Park et, derrière, l'ancien bâtiment de la Douane. De 1973 à 2001, la zone était marquée par les tours jumelles du World Trade Center, à l'époque les plus hauts bâtiments de la ville, détruits par des terroristes.

CARTE DE SITUATION

▪ *La pointe sud*

DESTRUCTION DU WORLD TRADE CENTER

Le 11 septembre 2001, deux avions à destination de Los Angeles sont détournés et précipités chacun contre l'une des tours du World Trade Center. Des centaines de personnes seront tuées lors de l'impact et des milliers par l'effondrement des tours. Deux autres avions sont détournés le même jour ; l'un s'écrasera sur le Pentagone, l'autre non loin de Pittsburgh. Cette page dramatique de l'histoire américaine a été comparée à l'attaque de Pearl Harbour. Les images du désastre seront diffusées à travers le monde, suscitant un vaste élan de révolte contre le terrorisme.

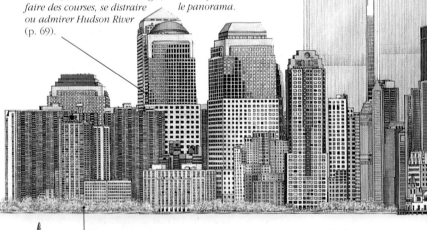

World Financial Center
Au cœur de ce complexe se trouve le jardin d'hiver (Winter Garden), un endroit où manger, faire des courses, se distraire ou admirer Hudson River (p. 69).

World Trade Center
Avant les attentats, les 110 étages de ces deux tours (p. 72) dominaient le panorama.

Détail de la *Upper Room*

Upper Room
Cette sculpture environnementale de Ned Smyth est l'une des nombreuses œuvres d'art exposées dans Battery Park (p. 72).

Manhattan au siècle dernier
Cette photo de 1898 montre à quel point le paysage a changé.

Skyscraper Museum
Situé à la pointe sud de Battery Park City, le musée du Gratte-ciel rend hommage à l'héritage architectural de la ville.

US Custom House (la douane)
Ce remarquable bâtiment Beaux-Arts (1907) abrite le National Museum of the American Indian (p. 73).

N° 26 Broadway
L'ancien building de la Standard Oil ressemble à une lampe à pétrole. L'intérieur est encore décoré des insignes de l'entreprise.

East Coast War Memorial
Dans Battery Park, un aigle de bronze d'Albino Manca honore les morts de la seconde guerre mondiale.

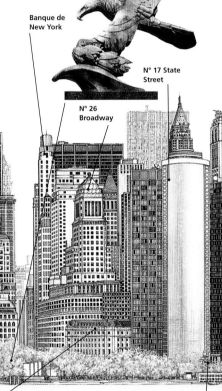

Banque de New York

N° 17 State Street

N° 26 Broadway

N° 1 Liberty Plaza

Liberty View

Castle Clinton   US Custom House

Monument à la marine marchande *(1991)*
Cette sculpture de Marisol se dresse sur le dernier des anciens quais de Manhattan. On y voit aussi une horloge qui sonne les heures sur des cloches de bateau.

Sanctuaire de Mère Seton
La première sainte née aux États-Unis vécut ici (p. 76).

Lower Manhattan depuis East River

À première vue, la partie de la berge de East River qui remonte depuis le sud de Manhattan n'est qu'une suite ininterrompue d'immeubles de bureaux sans attrait. Depuis la mer, on aperçoit cependant encore des rues et des vestiges du vieux New York, ainsi que le quartier de la finance à l'ouest. Certains gratte-ciel historiques dépassent encore des immeubles plus récents mais plus anonymes.

India House
Cette brownstone *du 1, Hanover Square est l'un des plus beaux exemples de ce style.*

Vietnam Veterans Plaza
Ce monument aux morts, en verre, de couleur verte, domine l'ancien Coenties Slip, un bassin remblayé pour faire place à un parc (p. 76).

Hanover Square
La statue d'un des maires hollandais, Abraham de Peyster, près de la maison où il naquit en 1657.

N° 1 New York Plaza

N° 55 Water Street

Barclay's Bank Building

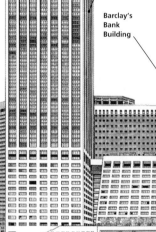

Héliport
C'est le point de départ des sauvetages en mer et des excursions aériennes.

Battery Maritime Building
Cet embarcadère ne dessert plus que Governors Island (p. 77).

Delmonico's
Il y a un siècle, la haute société y dînait.

New York Stock Exchange
Ce bâtiment, dissimulé aux regards, est toujours le centre du fiévreux quartier de la finance (p. 70-71).

N° 40 Wall Sreet
Dans les années 1940, un avion de tourisme heurta la toiture pyramidale de l'ancienne Banque de Manhattan.

N° 70 Pine Street
Près des entrées de Pine et Cedar Streets on peut voir des copies de cette élégante tour de style néo-gothique.

Bank of New York
Cet intérieur lumineux de style Art déco se trouve dans la banque fondée par Alexandre Hamilton en 1784 (p. 23).

Morgan Bank
Ce bâtiment moderne se distingue par ses colonnes qui montent du hall au toit.

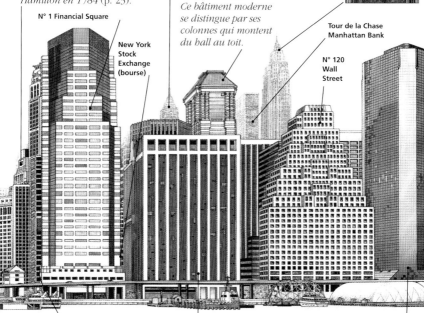

N° 1 Financial Square

New York Stock Exchange (bourse)

Tour de la Chase Manhattan Bank

N° 120 Wall Street

Citibank Building

N° 100 Old Slip
Quand il fut inauguré en 1911, ce petit commissariat de style florentin était le plus moderne de la ville. Il se tient aujourd'hui dans l'ombre du n°1 Financial Square.

Médaillon sculpté du n° 100 Old Slip

Queen Elizabeth Monument
Plaque commémorative du paquebot qui coula en 1972.

South Street Seaport

Le panorama change du tout au tout quand se termine
le quartier de la finance. Les bureaux sont alors remplacés
par des quais, des immeubles peu élevés et les
entrepôts de South Street Seaport *(p. 82-83).*
Le Civic Center n'est pas loin et l'on peut
apercevoir certains de ses impressionnants
édifices. Le pont de Brooklyn marque la fin de
ce quartier. De là jusqu'au centre-ville se
succèdent ensuite des immeubles résidentiels.

CARTE DE SITUATION

☐ *Zone de South Street*

Sculpture sur
Woolworth
Building

Woolworth Building
*Ce bâtiment, dont la
flèche ouvragée domine
le siège de l'empire de
F.W. Woolworth, est
toujours la plus belle «
cathédrale commerciale »
jamais construite (p. 91).*

Pier 17
*S'élevant sur un môle, ce pavillon
traditionnel abrite boutiques et
restaurants. Il est le centre
d'attraction du port.*

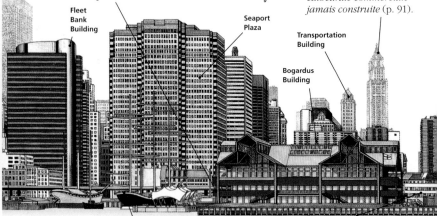

Fleet
Bank
Building

Seaport
Plaza

Transportation
Building

Bogardus
Building

Maritime Crafts Center
*Sur le quai 15, des artisans montrent
d'anciennes techniques artisanales
maritimes comme la sculpture
sur bois ou la
fabrication de
maquettes.*

Titanic Memorial
*Le phare sur Fulton Street commémore le naufrage
du Titanic, le plus grand paquebot jamais construit.*

Police Plaza
Five in One (1971-1974), *sur Police Plaza, est une sculpture de Bernard Rosenthal qui représente les cinq boroughs de New York.*

United States Courthouse
Le Civic Center se distingue par la pyramide dorée due à l'architecte Cass Gilbert (p. 85).

Municipal Building
Parmi les salles de ce vaste bâtiment se trouve la Chapelle des Mariages. La statue qui domine le paysage est le Civic Frame, œuvre d'Adolph Weinman (p. 85).

Surrogate's Court et Hall of Records
Ici sont entreposées et exposées les archives de la ville depuis 1664 (p. 85).

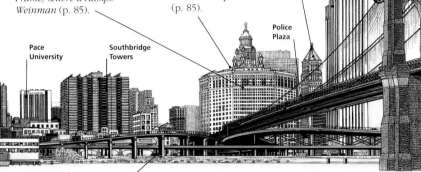

Pace University

Southbridge Towers

Police Plaza

Verizon Telephone Company

Mural Con Edison
En 1975, l'artiste Richard Haas a peint le pont de Brooklyn sur les murs d'un ancien transformateur électrique.

Brooklyn Bridge
La vue de ce pont est l'une des images les plus typiques de New York (p. 86-89).

Midtown Manhattan

On peut voir dans cette partie de la ville certaines de ses plus belles tours et des plus belles flèches, depuis l'Empire State Building et son sommet Art déco jusqu'aux angles aigus du Citigroup. En remontant vers le nord on passe ensuite dans des quartiers plus chic. Le siège des Nations Unies occupe une bonne partie du paysage avant que ne commencent les îlots résidentiels à partir de Beekman Place, où personnalités riches et célèbres peuvent se soustraire à l'agitation ambiante.

CARTE DE SITUATION

 Midtown

Chrysler Building
Qu'elle scintille au soleil ou brille de tous ses feux pendant la nuit, sa flèche en acier inoxydable est sans doute la plus réussie (p. 155).

Grand Central Terminal
Maintenant écrasé par ses voisins, ce bâtiment historique contient de remarquables décorations d'époque comme cette horloge (p. 156-157).

Empire State Building
Ses 449 m de hauteur lui valurent longtemps d'être le plus haut bâtiment du monde (p. 136-137).

The Highpoint

MetLife Building

Nations Unies
Parmi les œuvres d'art exposées figure cette sculpture de Barbara Hepworth, donnée par la Grande-Bretagne (p. 160-163).

Tudor City
Construit dans les années 1920, ce complexe néo-Tudor comprend plus de trois mille appartements (p. 158).

N° 1 et 2 U.N. Plaza
Les tours de verre de ce bâtiment abritent des bureaux et l'U.N. Millenium Plaza Hotel (p. 158).

General Electric Building
Ce bâtiment Art déco en briques (1931) est surmonté d'une haute couronne de béton dont les flèches pointues font penser à des ondes (p. 176).

Waldorf-Astoria
L'intérieur, splendide, de l'un des plus prestigieux hôtel new-yorkais s'abrite derrière ces tours jumelles couvertes de cuivre (p. 177).

Citigroup Center
St Peter's Church est nichée dans un des angles du Citigroup Center (p. 177).

Rockefeller Center
Les galeries et la patinoire extérieures de ce gigantesque ensemble d'immeubles sont un excellent endroit pour observer les New-Yorkais (p. 144).

The Nail, d'Arnoldo Pomodoro, St Peter's Church, Citigroup Center

General Electric Building

N° 100 U.N.Plaza

N° 866 U.N. Plaza

Trump World Tower

Japan Society
La culture japonaise : de l'art ancien à l'avant-garde (p. 158-159).

Beekman Tower
La tour de cet hôtel Art déco, qui n'offre que des suites, fut construite en 1928 à l'intention de femmes membres des sociétés universitaires.

St Mary's Garden
Le jardin de Holy Family Church est un havre de paix.

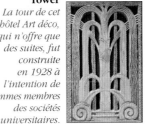

Manhattan illuminé ▷

NEW YORK
QUARTIER PAR QUARTIER

LOWER MANHATTAN 64-79
SEAPORT ET LE CIVIC CENTER 80-91
LOWER EAST SIDE 92-101
SOHO ET TRIBECA 102-107
GREENWICH VILLAGE 108-115
EAST VILLAGE 116-121
GRAMERCY ET LE QUARTIER
DU FLATIRON 122-129
CHELSEA ET LE QUARTIER
DU VÊTEMENT 130-139
LE QUARTIER DES THÉÂTRES 140-149
LOWER MIDTOWN 150-165
UPPER MIDTOWN 166-181
UPPER EAST SIDE 182-203
CENTRAL PARK 204-209
UPPER WEST SIDE 210-219
MORNINGSIDE HEIGHTS
ET HARLEM 220-231
EN DEHORS DU CENTRE 232-255
SEPT PROMENADES À PIED 256-273

LOWER MANHATTAN

Le moderne et l'ancien se côtoient à la pointe sud de Manhattan, où églises coloniales et vieux bâtiments américains sont tapis à l'ombre des gratte-ciel. C'est là que naquit New York et que se tenait la première assemblée du pays. Le commerce y fleurit aussi dès 1626, lorsque Peter Minuit fit une très

Le monument à Peter Minuit

bonne affaire en achetant l'île de *Man-a-hat-ta* aux Algonquins contre 24 $ de colifichets *(p. 19)*. Au moment où nous rédigeons ce guide, beaucoup d'édifices touchés par la destruction du World Trade Center *(p. 54)* sont encore en cours de réparation. Il est conseillé de se renseigner avant d'envisager une visite de la zone sinistrée.

La flèche néo-gothique de Trinity Church, à l'extrémité de Wall Street

LE QUARTIER D'UN COUP D'ŒIL

Bâtiments historiques et sites importants
Battery Maritime Building **16**
Federal Hall **2**
Federal Reserve Bank **1**
Fraunces Tavern Museum **13**
New York Stock Exchange p. 70-71 **3**
Site du World Trade Center **6**

Musées et galeries
Castle Clinton National Monument **20**
Ellis Island p. 78-79 **18**
Museum of Jewish Heritage **21**

Skyscraper Museum **8**
US Custom House **11**

Monuments et statues
Charging Bull **9**
Statue de la Liberté p. 74-75 **17**

Parcs et squares
Battery Park **19**
Bowling Green **10**
Vietnam Veterans' Plaza **14**

Visites en bateau
Staten Island Ferry **15**

Églises
Shrine of Saint Elizabeth Ann Seton **12**
Trinity Church **4**

Architecture moderne
Battery Park City **7**
World Financial Center **5**

COMMENT Y ALLER ?
Métro : lignes 4 et 5 de Lexington Ave vers Bowling Green ; R ou W vers Whitehall St ; 1 de la 7e Ave vers South Ferry. Pour Wall St, métro lignes 2, 3, 4 ou 5 vers Wall St, ou bien R ou W vers Rector St. Bus : M1, M6, M15 et le transversal M22 desservent aussi ce quartier.

VOIR ÉGALEMENT

• *Atlas des rues*, plans 1, 2

• *Hébergement* p. 280

• *Restaurants* p. 296

| 0 | 500 m |
| 0 | 500 yds |

LÉGENDE
Plan du quartier pas à pas
M Station de métro
Embarcadère de ferry
Héliport

Wall Street pas à pas

Aucun carrefour n'a eu plus d'importance dans l'histoire de la ville que celui de Wall et Broad Streets. On y trouve trois sites importants. Le monument du Federal Hall est l'endroit où Washington prêta serment lors de son investiture, Trinity Church est l'une des plus anciennes églises anglicanes du pays, enfin New York Stock Exchange (la Bourse), fondé en 1817, est toujours le centre nerveux de la finance, dont les fluctuations font trembler le monde entier. Les bâtiments des alentours forment le cœur même du quartier financier de New York.

Marine Midland Bank dresse fièrement ses 55 étages. Cette sombre tour de verre n'occupe que 40 pour cent de la surface de son terrain, le reste du parvis est occupé par une grosse sculpture rouge d'Isamu Noguchi, *Cube*, qui se dresse sur une pointe.

Trinity Building, un gratte-ciel néo-gothique du début du siècle, fut dessiné pour faire pendant à Trinity Church.

Equitable Building (1915) priva ses voisins de lumière et fut à l'origine d'une nouvelle loi : les gratte-ciel durent ensuite être construits en retrait de la rue.

★ Trinity Church
Construite en 1846, de style gothique, elle fut la troisième église de ce quartier. Son clocher, jadis l'un des plus hauts de New York, est aujourd'hui écrasé par les gratte-ciel avoisinants. De nombreux New-Yorkais célèbres sont enterrés dans le cimetière attenant ❹

Métro wall Stret (lignes 4, 5)

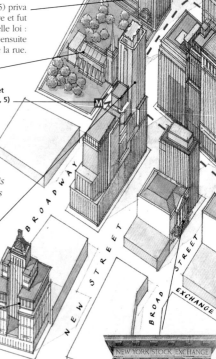

Irving Trust Company Building fut construit en 1932. L'un de ses murs extérieurs imite la texture d'un morceau de tissu. Belle mosaïque Art déco dans le hall.

Le n° 26 de Broadway fut construit pour abriter le Standard Oil Trust. Une lampe à pétrole orne son sommet.

★ New York Stock Exchange
Le cœur des marchés financiers mondiaux bat dans un bâtiment de 17 étages, construit en 1903 ❸

Liberty Tower, de style gothique, est revêtue de terre cuite blanche. On y a aménagé des appartements.

La chambre de Commerce, de style Beaux-Arts, date de 1901.

À NE PAS MANQUER

★ Federal Hall National Monument

★ Federal Reserve Bank

★ New York Stock Exchange

★ Trinity Church

CARTE DE SITUATION
Voir carte de Manhattan p. 14-15

LÉGENDE

– – – Itinéraire conseillé

0   100 m
0   100 yds

Chase Manhattan Bank
On peut y voir une sculpture de Jean Dubuffet, *Quatre Arbres*, sur la Plaza.

★ Federal Reserve Bank
De style renaissant, c'est la banque des banques. On y émet la monnaie américaine ❶

Louise Nevelson Plaza est un parc où l'on voit une sculpture de Nevelson, *Shadows and Flags.*

Wall Street, la « rue du Mur » porte le nom de l'enceinte qui protégeait Manhattan contre les Indiens algonquins. C'est aujourd'hui le centre des affaires.

Wall Street en 1920

★ Federal Hall National Monument
Autrefois le siège des US Custom, ce bâtiment classique rénové en 2006 présente d'ordinaire une exposition sur la Constitution ❷

Federal Reserve Bank ❶

33 Liberty St. **Plan** 1 C2. **Tél.** (212) 720-6130. Ⓜ Fulton St-Broadway Nassau. ◯ lun.-ven. 8h30-17h. ⬤ j.f. Ⓞ ♿ Ⓖ gratuite (sur rés. seul.). **www**.newyork.fed.org

Entrée de Federal Reserve Bank

Dessiné par York & Sawyer, le bâtiment fut achevé en 1924. Il occupe tout un pâté de maisons et s'inspire des palais florentins de la Renaissance. À l'intérieur se trouve la « banque des banques », l'une des douze réserves fédérales du pays. Ses billets sont identifiables grâce à la lettre B portée dans le sceau fédéral. Les cinq niveaux du sous-sol abritent l'une des plus importantes réserves d'or internationales. L'or de chaque État est entreposé dans son propre compartiment, le tout est protégé par des portes de 90 tonnes. Les échanges entre États se faisaient jadis par de véritables transferts. De 10 h à 16 h, on peut voir l'exposition « L'histoire de la monnaie » avec plus de 800 pièces.

Federal Hall ❷

26 Wall St. **Plan** 1 C3. **Tél.** (212) 825-6888. Ⓜ Wall St. ◯ lun.-ven. 9h-17h. ⬤ j.f. Ⓞ ♿ Ⓖ Ⓗ **www**.nps.gov/feha

Sur les marches, une statue de George Washington rappelle l'endroit où il fit son serment d'investiture en 1789. Des milliers de New-Yorkais étaient venus ce jour-là (ce qui bloqua Wall Street et Broad Street) pour acclamer le chancelier de l'État de New York lorsque celui-ci déclara : « Longue vie à George Washington, Président des États-Unis ! ». L'édifice actuel, en rénovation jusqu'en 2007, fût bâti entre 1834 et 1842 pour abriter la Douane. C'est l'un des plus beaux bâtiments de style classique de New York. Parmi les salles d'exposition on pourra voir celle de la Bill of Rights et celle où une présentation informatique interactive explique le fonctionnement de la Constitution.

New York Stock Exchange ❸

Voir p. 70-71.

Le cimetière de Trinity Church

Trinity Church ❹

À l'angle de Broadway et Wall St. **Plan** 1 C3. **Tél.** (212) 602-0800. Ⓜ Wall St, Rector St. ◯ église : lun.-ven. 7h-18h, sam. 8h-16h, dim. 7h-16h ; cimetière : lun.-ven. 7h-16h (17h en été), sam. et j.f. 8h-15h, dim. 7h-15h. Ⓗ lun.-ven. 12h05, dim. 9h et 11h15. Ⓞ sf pendant les offices. Ⓖ t.l.j. 14h, dim. après la messe de 11h15. **Concerts** jeu. 13h. ⬛ Ⓗ **www**.trinitywallstreet.org

À l'extrémité de Wall Street, cette église anglicane est la troisième à avoir été construite sur ce site. Conçue en 1846 par Richard Upjohn et très imposante en son temps, elle annonça le renouveau de l'architecture néo-gothique en Amérique. Les portes sculptées de Richard Morris Hunt s'inspirent des *Portes du Paradis*, de Ghiberti, à Florence.

La restauration a mis au jour le grès rose des murs, depuis longtemps recouvert par la crasse. Son clocher de 86 m, qui resta le plus haut édifice de New York jusque dans les années 1860, est encore très imposant en dépit des gratte-ciel voisins. De grands New-Yorkais sont enterrés dans le cimetière qui jouxte l'église : l'homme d'État, Alexander Hamilton, l'inventeur du bateau à vapeur, Robert Fulton et le fondateur du premier journal de New York en 1725, William Bradford.

Rotonde aux colonnes de marbre dans Federal Hall

World Financial Center ❺

West St. **Plan** 1 A2. **Tél.** (212) 945-2600. Ⓜ️ A, C et J, M, Z, 2, 3, 4, 5 vers Fulton St ; E vers WTC Station ; R et W vers Cortlandt St ; 1 vers Rector St. 🅿️ ♿ 🍴 💻 🅱️
www.worldfinancialcenter.com

Ce modèle d'architecture civile dû à Cesar Pelli & Associates a largement contribué à la réhabilitation de Lower Manhattan. Aussi fut-il rapidement remis en état après les dégats causés par l'attentat du World Trade Center. Quatre tours de bureaux se dressent vers le ciel. Certaines des plus importantes entreprises mondiales y ont leur siège. Au cœur du Centre, un extraordinaire jardin d'hiver (Winter Garden), vaste espace de verre et d'acier (2 000 carreaux ont été remplacés) bordé de 45 restaurants et de boutiques, s'ouvre sur la marina de Hudson River. L'escalier de marbre qui descend vers le jardin d'hiver (qui a rouvert en septembre 2002) sert souvent de gradins aux

Étage principal du jardin d'hiver

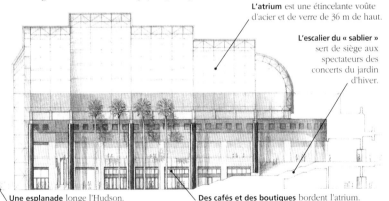

L'atrium est une étincelante voûte d'acier et de verre de 36 m de haut.

L'escalier du « sablier » sert de siège aux spectateurs des concerts du jardin d'hiver.

Une esplanade longe l'Hudson.

Des cafés et des boutiques bordent l'atrium.

spectateurs des concerts et spectacles gratuits qui s'y donnent. Soixante palmiers *Washingtonia robusta*, d'une hauteur de 60 m ont été remplacés.

Inauguré en 1988 et toujours en évolution, le World Financial Center, conçu pour l'agrément du public, est considéré comme le Rockefeller Center du XXIe siècle.

World Financial Center vu de Hudson River

New York Stock Exchange (la Bourse) ❸

En 1790, les titres s'échangeaient – de manière anarchique – aux alentours de Wall Street. En 1792, 24 courtiers qui traitaient leurs affaires au 68 Wall Street s'engagèrent à n'échanger des titres qu'entre eux : les bases du New York Stock Exchange (NYSE) étaient jetées. Place financière locale, le NYSE a peu à peu pris une dimension internationale. Son histoire est marquée par une succession de booms et de krachs. Le nombre des membres du conseil est limité. En 1817, un « siège » coûtait 25 $. Pendant les années de prospérité, ce chiffre atteint 4 millions. En 2006, le NYSE est devenu une société à but lucratif et tous ses sièges ont été échangés en numéraire et en actions. Aujourd'hui, les courtiers achètent une licence à l'année.

Téléscripteur
Introduites en 1870, ces machines imprimaient le détail des dernières cotes à l'achat sur des rubans de papier.

Des téléscripteurs informatisés affichent un flux continu de cotations qui défile à la vitesse maximum supportée par l'œil humain.

QU'EST-CE QU'UN COMPTOIR ?

Les 17 comptoirs sont constitués chacun de 22 groupes ou *sections* de courtiers s'occupant des actions d'un nombre de sociétés pouvant atteindre dix. Les agents de change, qui travaillent pour des sociétés de courtage, vont et viennent entre leur cabine et les comptoirs et effectuent des transactions pour le public. Les offres sont cotées pour eux par des « spécialistes » ; ils traitent un titre à la fois et disposent d'écrans articulés affichant les cotes. Agents et spécialistes sont aidés de « flasheurs », qui leur apportent les ordres et assurent la liaison avec le comptoir. Les négociateurs indépendants passent des ordres pour des sociétés de courtage à forte activité. Quant aux « coteurs », ils traitent les ordres arrivant *via* l'ordinateur SuperDOT et

Comptoir

enregistrent les transactions sur le système de données de la Bourse de New York. Depuis le 24 janvier 2007, les actions s'échangent aussi *via* un marché hybride électronique.

Journée de 48 heures

Lors du krach de 1929, les coteurs de la Bourse travaillèrent 48 heures d'affilée. La bonne humeur était de mise malgré la panique.

MODE D'EMPLOI

20 Broad St. **Plan** 1 C3. **Tél.** (212) 656-3000. Ⓜ 2, 3, 4, et 5 vers Wall St ; R et W vers Rector St. 🚌 M1, M6, M15. ⬤ galerie d'observation fermée pour raisons de sécurité. ⚐ dans un but éducatif seul. et à titre exceptionnel. ♿ **www.**nyse.com

Galerie
d'observation
du public

Comptoir

Parterre

Dans l'atmosphère trépidante du parterre, 200 millions de titres sont échangés chaque jour pour le compte de plus de 2 000 sociétés. Au plafond, une myriade de câbles et d'électronique alimente l'ordinateur SuperDOT.

Grand krach de 1929

Mardi 29 octobre : plus de 16 millions de titres changent de mains tandis que le marché s'effondre. Hagards, les investisseurs ruinés errent dans Wall Street, mais contrairement au mythe, les courtiers ne se jetèrent pas par les fenêtres.

Entrée des membres,
Wall Street

CHRONOLOGIE

1792 17 mai : Accord du Platane	1867 Introduction des téléscripteurs 1844 Invention du télégraphe : traitement des titres à l'échelle du pays		1903 Ouverture des locaux actuels 1976 Le système DOT remplace les téléscripteurs	1981 Les comptoirs se dotent de terminaux informatiques 1987 Lundi Noir : le 19 octobre, l'indice Dow Jones perd 508 points
1750	**1800**	**1850**	**1900**	**1950**	**2000**	**2010**

1817 Création de la Commission des échanges de titres de New York

La foule devant la Bourse lors du krach de 1929

1863 Naissance de la Bourse de New York

1869 Vendredi Noir : le 24 septembre, le cours de l'or s'effondre

1865 La Bourse emménage à l'angle de Wall St et Broad St

1929 Krach de Wall Street, 29 octobre

2001 Le marché, prospère pendant 8 ans, puis chute après les attentats du 11 septembre

2006 Le NYSE fusionne avec Archipelago Holdings et devient une société à but lucratif

Site du World Trade Center ❻

Plan 1 B2. Ⓜ Chambers St, Rector St. ◯ mur d'observation sur Church St. **www**.projectrebirth.org **www**.renewnyc.org

Immortalisées par les cinéastes et les photographes, les tours jumelles du World Trade Center ont dominé le sud de Manhattan de leurs 110 étages pendant 27 ans. Le 11 septembre 2001, elles s'écroulèrent suite à une attaque terroriste (p. 54). Leur poids énorme était supporté par un grillage métallique qui fondit quand deux avions de ligne détournés vinrent les frapper de plein fouet.

Elles faisaient partie d'un vaste ensemble d'immeubles couvrant six blocs, reliés par des galeries marchandes en sous-sol. Un pont menait au World Financial Center (p. 69), qui a résisté au désastre.

Le World Trade Center abritait 450 sociétés, et 50 000 personnes y travaillaient chaque jour. De nombreux visiteurs venaient admirer la vue du haut de la galerie d'observation, au 107e étage de la tour 2. Un ascenseur y montait en moins de 58 secondes ! Dans la tour 1, la même vertigineuse ascension transportait les visiteurs jusqu'au restaurant Windows of the World.

Le 7 août 1974 est resté dans les annales. Ce jour-là, le funambule Philippe Petit effectua la traversée d'une tour à l'autre sur un filin d'acier. L'acte de bravoure dura près d'une heure.

Le périmètre « Ground Zero » rétrécit au fur et à mesure que les immeubles reprennent leurs activités. Les plans de construction d'un nouveau gratte-ciel conçu par l'architecte Daniel Libeskind sont controversés. La construction ne sera pas achevée avant 2011. Plusieurs mémoriaux consacrés aux milliers de victimes seront également inclus dans le complexe.

Sur la corde raide…

Philippe Petit en 1974 sur le point de se lancer dans sa périlleuse traversée

Battery Park City ❼

Plan 1 A3. Ⓜ 1 vers Rector St. 📷 ♿ 🍴 🏧 **www**.batteryparkcity.org

C'est en 1983 que le gouverneur de New York,

La promenade de Battery City Park

Mario Cuomo, lance la construction de ce quartier, le plus récent de New York. Ce site ambitieux (son coût total est estimé à 4 milliards de dollars) s'étend sur 37 hectares le long de Hudson River. Ses bureaux, restaurants, appartements, sculptures et jardins sont remarquables par leur dimension humaine.

À terme, plus de 25 000 personnes vivront à Battery Park City. Le World Financial Center (p. 69) est l'élément le plus visible de l'ensemble.

Parmi les nouveautés, se trouve le Skyscraper Museum (p. 268), situé à côté de l'hôtel Ritz-Carlton.

Skyscraper Museum ❽

39 Battery Pl. **Plan** 1 A3. **Tél.** (212) 968-1961. Ⓜ 4, 5 vers Bowling Green ; 1, R, W vers Rector St. ◯ mer.-dim. 12h-18h. 📷 🏧 **www**.skyscraper.org

Jouxtant le Ritz-Carlton, ce musée est consacré à l'architecture de New York, au contexte historique et aux hommes qui ont dessiné le paysage new-yorkais. Il abrite une exposition permanente sur le World Trade Center et propose des reconstitutions numériques de Manhattan au fil de son histoire. Des expositions temporaires analysent les gratte-ciel sous tous les angles : objets de design, produits de technologie ou encore lieux de travail et de résidence…

Le lumineux Skyscraper Museum

Le taureau de bronze d'Arturo Di Modica, au nord de Bowling Green

Charging Bull ❾

Broadway à Bowling Green.
Plan 1 C4. **M** Bowling Green.

15 décembre 1989, 1 h du matin : le sculpteur Arturo di Modica et 30 de ses amis déposent devant la Bourse de New York le *Charging Bull*, une statue de bronze pesant 3 200 kg et représentant un taureau. Le groupe, qui ne dispose que de 8 minutes entre deux patrouilles de police, réussit l'exploit de l'installer en 5 minutes. Déposé sans autorisation et bloquant la circulation, le taureau fut alors enlevé. Devant le tollé général, le Parks Department lui offrit un emplacement « temporaire » sur Broadway, au nord de Bowling Green, où il se trouve encore aujourd'hui, emblème officieux de Wall Street.

Di Modica créa cette sculpture suite au krach boursier de 1987 pour symboliser la « force, la puissance et l'espoir du peuple américain dans son avenir ». Il lui en coûta deux ans de travail et 350 000 $ sur ses deniers personnels.

Bowling Green ❿

Plan 1 C4. **M** Bowling Green.

Ce lopin de terre triangulaire, au nord de Battery Park, fut l'un des premiers jardins de la ville. Il a d'abord servi de marché aux bestiaux, puis de terrain de bowling. Une statue du roi George III, symbole de la domination britannique, se dressait là avant d'être fondue lors de la déclaration d'Indépendance pour fournir des munitions *(p. 22-23)*. La clôture, dressée en 1771, est toujours là; il ne lui manque que les couronnes qui l'ornaient jadis, et qui ont connu le même sort que la statue royale. La pelouse, autrefois bordée de demeures élégantes, marque le début de Broadway, avenue qui traverse Manhattan en longueur avant de rejoindre, sous son nom officiel de « Route Nationale 9 », la capitale de l'État de New York, Albany.

Détail d'un chapiteau de l'US Custom House

La fontaine de Bowling Green

US Custom House ⓫

1 Bowling Green. **Plan** 1 C4.
M Bowling Green. **National Museum of the American Indian. Tél.** (212) 514-3700.
◯ t.l.j.10h-17h (jeu. 20h)
● 25 déc. 🦽 sauf jeu.
🖥 www.nmai.si.edu

Ce palais de granit bâti en 1907 par Cass Gilbert illustre le rôle historique prépondérant de New York en tant que port maritime. Il est décoré par les meilleurs sculpteurs et artistes de l'époque. Quarante-quatre colonnes ioniques, ornées d'une frise richement décorée, montent majestueusement la garde. Des sculptures de Daniel Chester French représentant des femmes assises symbolisent quatre continents : l'Asie (contemplative), l'Amérique (qui regarde vers l'avenir avec optimisme), l'Europe (entourée des symboles de son passé glorieux) et l'Afrique (encore endormie). À l'intérieur, des peintures murales de Reginald Marsh décorent la rotonde en marbre, illustrant l'entrée de navires dans le port de la ville. Abandonnée en 1973 par le service des douanes américaines, Custom House abrite depuis 1994, sur trois étages, le George Gustav Heyes Center, dépendant du **Smithsonian National Museum of the American Indian**. On peut y admirer près d'un million d'objets artisanaux et plusieurs milliers de photographies relatant l'histoire de la culture indienne des Amériques. Les expositions comprennent des œuvres réalisées par des Indiens. Les pièces de la collection permanente sont exposées par roulement.

La statue de la Liberté ⓱

Cette statue, conçue par Frédéric-Auguste Bartholdi et offerte par la France aux Américains, est devenue le symbole de la liberté à travers le monde. Le poème d'Emma Lazarus gravé sur le socle rappelle : « Donnez-moi vos peuples fatigués, pauvres et opprimés qui aspirent à la liberté. » La statue, installée sur Liberty Island (autrefois Bedloe's Island), fut inaugurée par le président Cleveland le 28 octobre 1886 et restaurée à l'occasion de son centenaire. Les visiteurs ne peuvent plus, depuis les attentats du 11 septembre 2001, monter dans la couronne, mais la base est toujours ouverte au public.

★ **Torche dorée**
L'ancienne torche corrodée a été remplacée en 1986 par une réplique plaquée or.

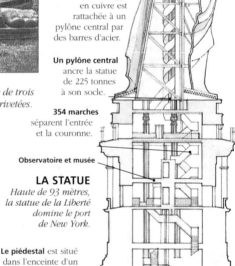

La couronne ne se visite plus.

La structure a été conçue par Gustave Eiffel. L'enveloppe en cuivre est rattachée à un pylône central par des barres d'acier.

Un pylône central ancre la statue de 225 tonnes à son socle.

354 marches séparent l'entrée et la couronne.

Observatoire et musée

LA STATUE
Haute de 93 mètres, la statue de la Liberté domine le port de New York.

Le piédestal est situé dans l'enceinte d'un fort militaire. C'était alors la plus grosse masse de béton jamais coulée.

De la tête aux pieds
La statue de la Liberté est composée de trois cents plaques de cuivre moulées et rivetées.

★ **Musée de la Statue**
Parmi les objets en vente, des affiches à l'effigie de la statue.

La torche d'origine est désormais exposée dans le hall d'entrée.

★ Ferries pour Liberty Island
De Liberty Island s'offrent quelques-unes des plus belles vues de la ville.

MODE D'EMPLOI

Liberty Island. **Plan** 1 A5.
(212) 363-3200. M *1 vers South Ferry ; 4 et 5 vers Bowling Green.* M6 et M15 vers South Ferry, puis Circle Line-Statue of Liberty Ferry depuis Battery toutes les 30-45 min, en été 9h30-15h40 (horaires variables en hiver). **Tél**. (212) 269-5755. juil-août : t.l.j. 9h-18h ; sept.-juin : t.l.j. 9h30-17h. 25 déc. le prix du ferry comprend l'entrée à Ellis Island et Liberty Island. sur rés. asc. vers observatoire seul. **www**.nps.gov/stli

Visage de la liberté
C'est la propre mère de Bartholdi qui servit de modèle à la statue. Les sept rayons de sa couronne symbolisent les sept mers et continents.

Fabrication de la main
Elle a d'abord été réalisée en plâtre puis en bois avant le moulage définitif en cuivre.

Maquettes
Une série de modèles réduits à différentes échelles a permis à Bartholdi de concevoir la plus grande statue métallique jamais construite.

FRÉDÉRIC-AUGUSTE BARTHOLDI

Sa statue est un hymne à la liberté dont manquait la France de l'époque. Il a consacré 21 ans de sa vie à ce projet. Il s'est même rendu en Amérique en 1871 afin de s'entretenir avec le président Grant du financement et de l'installation de la statue dans le port de New York : « Je veux glorifier la république et la liberté ici, dans l'espoir de la retrouver un jour dans mon pays. »

À NE PAS MANQUER

★ Ferries pour Liberty Island

★ Musée de la Statue

★ Torche dorée

Célébration du centenaire
Le 3 juillet 1986, après 100 millions de dollars de travaux, la statue fut rouverte au public. Un extraordinaire feu d'artifice fut tiré pour l'occasion.

St Elizabeth Ann Seton Shrine ⓬

7 State St. **Plan** 1 C4. **Tél.** (212) 269-6865. Ⓜ Whitehall, South Ferry. ◯ lun.-ven. 6h30-17h. ✝ lun.-ven. 8h05, 12h15, 13h05, dim. 11h. ⊚

Elizabeth Ann Seton

Elizabeth Ann Seton (1774-1821) est la première Américaine canonisée par l'église catholique. Elle a vécu ici de 1801 à 1803 et elle a fondé les Sœurs américaines de la Charité, la première communauté de religieuses aux États-Unis.

Après la guerre de Sécession, la mission Notre-Dame-du-Rosaire transforma ce bâtiment en refuge pour les femmes irlandaises immigrées – 170 000 d'entre elles y séjournèrent. Cette mission entretient de nos jours le mémorial.

Fraunces Tavern Museum ⓭

54 Pearl St. **Plan** 1 C4. **Tél.** (212) 425-1778. Ⓜ Wall St, Broad St, Bowling Green. ◯ mar.-ven. midi-17h, sam. 10h-17h. ⬤ j.f. et lendemain de Thanksgiving. Ⓥ 🎫 pour les groupes seul.

Conférences, films. 🎟 📷 www.frauncestavernmuseum.org **NYC Police Museum** 100 Old Slip, South Street. **Plan** 1 D3. **Tél.** (212) 480-3100. ◯ lun.-sam. 10h-17h, dim. 11h-17h, donation bienvenue. 🎫 pour les groupes seul. www.nycpolicemuseum.org

L'unique pâté de maisons de New York datant du XVIIIe siècle contient une réplique fidèle de la Fraunces Tavern, (1719). Au début de la guerre d'Indépendance, en 1775, un boulet tiré du navire britannique *Asia* transperça sa toiture. C'est ici que George Washington fit ses adieux à ses officiers en 1783. La restauration en 1907 est l'un des premiers efforts du pays pour la conservation de son patrimoine. Le restaurant du rez-de-chaussée est plein de charme. À l'étage, un musée propose des expositions tournantes de peintures, gravures et objets décoratifs traditionnels. Le **NYC Police Museum** (*p. 84*) contient des objets de la police new-yorkaise et des animations interactives, les visiteurs peuvent notamment simuler un exercice de tir.

Vietnam Veterans' Plaza ⓮

Entre Water St et South St. **Plan** 2 D4. Ⓜ Whitehall, South Ferry.

Au centre de cette place en briques au style dépouillé s'élève un énorme mur en verre transparent, sur lequel sont gravés des extraits de discours, de reportages et des lettres émouvantes envoyées aux familles des victimes de la guerre.

Le ferry de Staten Island : la balade en bateau la moins chère de la ville

Staten Island Ferry ⓯

Whitehall St. **Plan** 2 D5. **Tél.** 311 BOAT. Ⓜ South Ferry. ◯ t.l.j. 24h **Gratuit**. ⊚ ♿ www.siferry.com

Créé par un jeune habitant de Staten Island, Cornelius Vanderbilt, futur magnat du chemin de fer, ce ferry fonctionne depuis 1810. Il est le moyen de transport quotidien des habitants des

Fraunces Tavern Museum et son restaurant

îles voisines et offre au visiteur un panorama inoubliable sur le port, la statue de la Liberté, Ellis Island et le sud de Manhattan. Le prix du billet est la meilleure affaire de la ville : c'est gratuit !

Battery Maritime Building

11 South St.
Plan 2 D4. M *South Ferry.*
🌐 *au public.*

De 1909 à 1938, le terminal des ferries à destination de Brooklyn se trouvait sur un quai appelé Schreijers Hoek, nom qui remonte à l'époque coloniale hollandaise. Au temps glorieux des ferries, 17 lignes assuraient les traversées.

Aujourd'hui, ce bâtiment, construit en 1907, n'est utilisé que par les garde-côtes. En arrivant, les navires traversaient d'énormes arches de 91 mètres de hauteur flanquées de magnifiques colonnes ornées de moulures et de cocardes typiques de la période Beaux-Arts.

L'ensemble a été peint en vert pour imiter le cuivre, mais le revêtement est en réalité composé de plaques d'acier.

Rambarde en fer forgé du Battery Maritime Building

Statue de la Liberté ⑰

Voir p. 74-75

Ellis Island ⑱

Voir p. 78-79

Le monument national de Castle Clinton au cœur de Battery Park

Battery Park ⑲

Plan 1 B4.
M *South Ferry, Bowling Green.*

Ce parc, qui doit son nom aux canons qui protégeaient jadis le port offre une vue dégagée sur la baie de New York. Au fil des années, des travaux de terrassement ont étendu Battery Park au-delà de State Street (ancienne limite). Au milieu du parc se dressent monuments et statues : mémoriaux des Pays-Bas,

Bouche de métro de style Beaux-Arts aux abords de Battery Park

des premiers immigrés juifs new-yorkais, des pionniers wallons, de l'Armée du Salut et des garde-côtes.

The Sphere, le monumental globe de cuivre qui se trouvait sur la plaza au pied du World Trade Center, a été placé dans le parc. Il a été retrouvé intact.

Castle Clinton National Monument ⑳

Battery Park. **Plan** 1 B4. **Tél.** *(212) 344-7220.* M *Bowling Green, South Ferry.* 🕐 *t.l.j. 8h30-17h.*
🚫 *25 déc.* 📷 & 🎫 **Concerts.**
🏠 **www.**nps.gov/cacl

Castle Clinton est un fort construit en 1811. À l'époque, il est situé à 91 mètres de la rive et relié à Battery Park par

une chaussée surélevée. Des travaux de terrassement l'ont depuis intégré à la côte. Ses 28 canons n'ont jamais servi à des fins militaires. Le fort, fermé en 1824, est devenu un théâtre à la mode. En 1850, Phineas T. Barnum y produit Jenny Lind, le rossignol suédois. À partir de 1855, il sert de centre de transit à plus de huit millions d'immigrants.

L'édifice est remodelé en 1896 pour accueillir l'aquarium de New York, qui déménage en 1941 à Coney Island *(p. 249).* Castle Clinton sert désormais de centre d'information des parcs de Manhattan et expose une rétrospective historique de New York. C'est également de là que partent les ferries pour la statue de la Liberté et Ellis Island *(p. 369).*

Museum of Jewish Heritage ㉑

36 Battery Place. **Plan** 1 B4. **Tél.** *(646) 437-4200.* M *Bowling Green, South Ferry.* 🚌 *M1, 6, 9, 15 et 20.* 🕐 *dim.-mar. et jeu. 10h-17h45, mer. 10h-20h, ven. et veille de fêtes juives 10h-15h.* 🚫 *sam., fêtes juives, Thanksgiving.* 🎦 & 🔂 🎒 📱 💻 **Conférences. www.**mjhnyc.org

L'exposition permanente comprend 2 000 photos, 800 objets et 24 films documentaires sur la vie juive avant, pendant et après l'holocauste.

Agrandi, le musée possède des salles de cinéma, de conférence et de spectacle, un jardin, des salles de classe, une bibliothèque, un centre sur l'histoire de familles ; un espace d'exposition agrandi, des bureaux et un café.

Ellis Island ⑱

Près de la moitié de la population américaine a ses racines sur cette île, qui accueillit entre 1892 et 1954 environ 12 millions d'immigrants. Centré autour du hall principal, le site abrite aujourd'hui sur trois étages l'Ellis Island Immigration Museum.

Les expositions retracent quatre siècles d'immigration à l'aide de photos, d'enregistrements d'immigrants actuels, d'une base de données permettant de retrouver ses ancêtres. À l'extérieur, l'*American Immigrant Wall of Honour* est le plus vaste mur de noms au monde.

Le musée est le meilleur endroit pour comprendre le « melting pot » à l'origine de la nation américaine. Pour éviter la foule, visitez Ellis Island tôt le matin.

Bâtiment principal

Bâtiment principal
Un bureau vendait des billets de train pour la suite du voyage.

Des tarifs spéciaux
incitèrent les immigrants à partir en Californie.

★ **Dortoir**
Hommes et femmes avaient leurs quartiers respectifs.

LA RESTAURATION

En 1990, des travaux pour un montant de 156 millions de dollars ont permis de restaurer des bâtiments en ruine, de remplacer les dômes de cuivre et de rénover l'intérieur d'Ellis Island.

Ce bureau vendait des billets de ferry pour le New Jersey.

★ **Salle des bagages**
Les maigres bagages des immigrants étaient contrôlés dès leur arrivée.

★ **Hall principal**
Les familles devaient y attendre l'accomplissement des formalités. Les barrières métalliques furent remplacées par des bancs en bois en 1911.

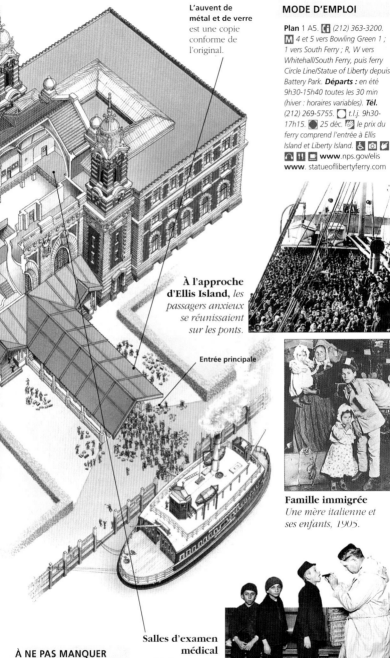

L'auvent de métal et de verre est une copie conforme de l'original.

À l'approche d'Ellis Island, *les passagers anxieux se réunissaient sur les ponts.*

Entrée principale

Salles d'examen médical
Les immigrants atteints de maladies contagieuses pouvaient être refoulés.

Famille immigrée
Une mère italienne et ses enfants, 1905.

À NE PAS MANQUER

★ Dortoir

★ Hall principal

★ Salle des bagages

SEAPORT ET
LE CIVIC CENTER

itué à Manhattan, le Civic Center comprend un ensemble de tribunaux (de la ville, de l'État de New York et de l'État fédéral), ainsi que le siège de la police de New York. Dans les années 1880, de grands journaux y avaient leur adresse. Ce quartier se caractérise par l'élégance de ses constructions, comme Woolworth Building (XXe siècle), City Hall (XIXe siècle) ou St Paul's Chapel

**Figure de proue,
South Street Seaport**

(XVIIIe siècle). À proximité se trouve South Street Seaport, baptisé « la rue de la Voile » au XIXe siècle, en raison du grand nombre de navires qui yétaient amarrés. Ce port déclina à mesure que progressait la marine à vapeur. Aujourd'hui réhabilité, le quartier abrite un musée, des boutiques et des restaurants. Le pont suspendu de Brooklyn, autrefois le plus grand du monde, s'étire jusqu'au nord.

LE QUARTIER D'UN COUP D'ŒIL

Rues et bâtiments historiques
AT&T Building **14**
Brooklyn Bridge p. 86-89 **3**
City Hall **10**
Criminal Courts Building **4**
Municipal Building **7**
New York County Courthouse **5**
Old New York County Courthouse **9**
Schermerhorn Row **2**
South Street Seaport **1**
Surrogate's Court, Hall of Records **8**
United States Courthouse **6**
Woolworth Building **12**

Églises
St Paul's Chapel **13**

Parcs et squares
City Hall Park et Park Row **11**

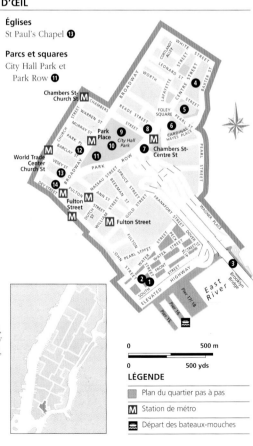

COMMENT Y ALLER ?
Le quartier est desservi par de nombreuses lignes de métro : lignes 2 et 3 (7e Ave/Broadway) vers Park Place ou Fulton St ; lignes 4, 5 et 6 (Lexington Ave) vers Brooklyn Bridge ; lignes A, C et E (8e Ave), vers Chambers St ; lignes R ou W vers City Hall. Bus : M1, M6, M9, M10, M15, M101/102 ou M22 (transversal).

VOIR ÉGALEMENT
• *Atlas des rues* plan 1-2, 4
• *Restaurants* p. 296

0 _____ 500 m
0 _____ 500 yds

LÉGENDE
Plan du quartier pas à pas
M Station de métro
Départ des bateaux-mouches

◁ **South Street Seaport**

South Street Seaport pas à pas

Le développement de South Street Seaport a fait de ce qui était au XIXᵉ siècle le haut lieu portuaire de New York un quartier animé, avec des boutiques et des cafés, où mouillent à nouveau de grands navires. South Street Seaport Museum, qui occupe des bâtiments historiques restaurés et une partie de l'ancien port, s'attache à retracer le passé maritime de New York au travers de reconstitutions, d'expositions et de visites de bateaux.

★ **South Street Seaport**
Jadis fréquenté par les marins des voiliers à quai, le port est devenu un ensemble de boutiques, de cafés et de musées ❶

Cannon's Walk, un ensemble de maisons des XIXᵉ et XXᵉ siècles, comprend un café en plein air, des boutiques et un marché animé.

Le mémorial du Titanic, phare élevé en 1913 à la mémoire des disparus du naufrage, se dresse sur Fulton Street vers la station de métro.

Vers le métro Fulton Street (à 4 *blocks*)

Schermerhorn Row
Ces anciens entrepôts construits de 1811 à 1813 pour y accueillir l'exposition World Port abritent notamment le South Street Seaport Museum et Brookstone ❷

Boat Building Shop L'on y voit des artisans construire et restaurer des maquettes de navires en bois.

Au Maritime Crafts Center, l'on peut assister à des travaux de sculpture sur bois, des constructions de maquettes de bateaux ou de figures de proue.

Bateau dans une bouteille

Pilothouse est l'ancienne timonerie d'un remorqueur construit en 1923 par la New York Central. Elle abrite aujourd'hui le bureau de renseignements du Seaport.

À NE PAS MANQUER

★ Brooklyn Bridge

★ South Street Seaport

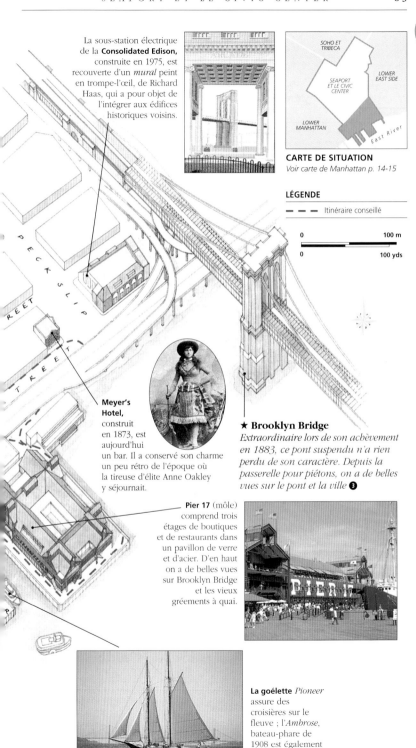

La sous-station électrique de la **Consolidated Edison,** construite en 1975, est recouverte d'un *mural* peint en trompe-l'œil, de Richard Haas, qui a pour objet de l'intégrer aux édifices historiques voisins.

CARTE DE SITUATION
Voir carte de Manhattan p. 14-15

LÉGENDE

– – – Itinéraire conseillé

| 0 | 100 m |
| 0 | 100 yds |

Meyer's Hotel, construit en 1873, est aujourd'hui un bar. Il a conservé son charme un peu rétro de l'époque où la tireuse d'élite Anne Oakley y séjournait.

★ Brooklyn Bridge
Extraordinaire lors de son achèvement en 1883, ce pont suspendu n'a rien perdu de son caractère. Depuis la passerelle pour piétons, on a de belles vues sur le pont et la ville ❸

Pier 17 (môle) comprend trois étages de boutiques et de restaurants dans un pavillon de verre et d'acier. D'en haut on a de belles vues sur Brooklyn Bridge et les vieux gréements à quai.

La goélette *Pioneer* assure des croisières sur le fleuve ; l'*Ambrose,* bateau-phare de 1908 est également amarré ici.

Le bateau-phare l'Ambrose, est amarré dans le port d'East River

South Street Seaport ❶

Fulton St. **Plan** 2 E2. *Tél.* (212) SEA-PORT. Ⓜ Fulton St. ⭕ nov.-mars : lun.-ven.10h-19h, dim. 11h-18h.
⬚ ♿ ✓ *Concerts.* 🍴 🛈
South Street Seaport Museum
12 Fulton St. 📠 (212) 748-8600.
⭕ avr.-oct. : mar.-dim. 10h-18h, nov.-mars : ven.-dim. 10h-17h.
⬤ 1ᵉʳ janv., Thanksgiving, 25 déc.
🎞⬚♿✓ *Conférences, expositions, films.* 🍴 🛈
www.southseaport.org

Le cœur du port du XIXᵉ siècle recommence à battre : boutiques et cafés y côtoient ateliers d'artisans, bâtiments historiques ou musées. Les navires anciens ancrés au long des môles vont du petit remorqueur *W.O. Decker* au grand quatre-mâts *Peking*. Les mini-croisières à bord de la goélette *Pioneer* sont un excellent moyen pour admirer le port depuis le fleuve.

Le marché aux poissons installé depuis 2006 dans le Bronx, se tenait ici depuis 1821. **South Street Seaport Museum** couvre les 12 *blocks* de ce qui fut jadis le plus grand port

américain. Il abrite la plus grande collection de navires historiques entretenus grâce à des subentions privées des États-Unis et il possède plus de 20 000 pièces, dont des œuvres d'art et des documents sur l'histoire maritime des XIXᵉ et XXᵉ siècles.

Le New york City Police Museum *(p. 76)* relate l'histoire de la mise en application de la loi à travers des expositions sur les armes, l'art de la dactyloscopie, la médecine légale et les arrestations de criminels célèbres.

Schermerhorn Row ❷

Fulton St et South St. **Plan** 2 D3. Ⓜ Fulton St.

Le plus bel ensemble architectural du Seaport fut construit en 1811 par l'armateur et marchand de fournitures pour bateaux Peter Schermerhorn sur un terrain gagné sur le fleuve. Il comprenait initialement des entrepôts et des immeubles de bureaux réservés aux comptables. L'ouverture du débarcadère du bac de Brooklyn en 1814, puis du marché aux poissons en 1822, en accrut la valeur.

Restaurés dans le cadre du South Street Seaport, les bâtiments abritent aujourd'hui 24 galeries de musée, des boutiques et des restaurants.

Bâtiments restaurés Schermerhorn Row

Brooklyn Bridge ❸

Voir p. 86-89.

Criminal Courts Building ❹

100 Centre St. **Plan** 4 F5.
Ⓜ *Canal St.* ⭕ lun.-ven. 9h-17h.
⬤ j.f. ♿

Cet édifice de 1939, de style Art déco, évoque un temple babylonien. L'entrée, haute de trois étages, est en retrait dans une cour, derrière deux énormes colonnes de granite : les accusés ne manquent pas d'en être impressionnés. Le bâtiment abrite aussi une prison pour hommes, qui se trouvait jadis de l'autre côté de la rue, dans un immeuble baptisé The Tombs (« Les Tombeaux ») en raison de son architecture de style égyptien. L'immeuble a disparu, mais l'appellation est restée. Un «pont des Soupirs» relie le building au tribunal correctionnel situé de l'autre côté de la rue.

Cet immeuble abrite également les tribunaux nocturnes, où les affaires sont jugées en semaine de 17 h à 1 h.

L'entrée de Crimina Courts Building

New York County Courthouse ❺

60 Centre St. **Plan** 2 D1.
Ⓜ *Brooklyn Bridge-City Hall.* ⭕ lun.-ven. 9h-17h ⬤ j.f. ♿

Cette cour suprême de justice du comté, construite en remplacement de Tweed Courthouse *(p. 90)* fut achevée en 1926. Le portique corinthien au sommet d'un large escalier est la caractéristique majeure de cet édifice de plan hexagonal. L'austérité de l'extérieur contraste avec la rotonde à colonnade intérieure, éclairée de lustres de Tiffany, ornée de marbres somptueux et dont le plafond peint par Attilio Pusterla illustre les thèmes de la loi et de la justice. Les salles de tribunal sont situées dans les six ailes qui partent de la rotonde. C'est ici que fut tourné le célèbre film *Douze Hommes en colère,* avec Henry Fonda.

New York County Courthouse

United States Courthouse **❻**

40 Centre St. **Plan** 2 D1. Ⓜ Brooklyn Bridge-City Hall. ⬜ lun.-ven. 9h-17h. ● j.f. ⬜

Ce palais de justice fut la dernière œuvre entreprise en 1933 par l'architecte Cass Gilbert – à qui l'on doit aussi Woolworth Building *(p. 91)* –, un an avant sa mort. La construction fut achevée par

United States Courthouse

son fils. Cet immeuble de 31 étages est constitué d'une tour surmontée d'une pyramide, appuyée sur un édifice en forme de temple classique. Le bronze ouvragé des portes est vraiment remarquable. Des passerelles relient l'édifice à son annexe de Police Plaza.

Municipal Building **❼**

1 Centre St. **Plan** 1 C1. Ⓜ Brooklyn Bridge-City Hall. ⬜ ⬜

Le Municipal Building, édifié en 1914, domine le Civic Center et enjambe Chambers Street. Premier gratte-ciel de McKim, Mead&White, il abrite des bureaux administratifs et une chapelle où sont célébrés des mariages. L'extérieur, en harmonie avec le City Hall, ne dépare pas les édifices plus anciens. La caractéristique la plus remarquable réside dans les tours surmontées d'une statue d'Adolph Wienman, *Civic Fame.*

La gare de chemin de fer (désaffectée) qui s'enfonce à la base de l'immeuble municipal et le parvis qui le relie à l'entrée d'une station de métro furent conçus pour répondre aux besoins modernes en matière de transport urbain. Ce buiding aurait inspiré la grande tour de l'université de Moscou.

Surrogate's Court, Hall of Records **❽**

31 Chambers St. **Plan** 1 C1. Ⓜ City Hall. ⬜ lun.-ven. 9h-17h. ● j.f. ⬜ ⬜ ⬜

Le Hall of Records fut construit de 1899 à 1911 pour abriter les archives de la ville. La façade à colonnes, en granite blanc du Maine, est surmontée d'un toit à la Mansard. Les sculptures de Henry K. Bush-Brown qui ornent le toit représentent les âges de la vie ; quant aux statues de Philip Martiny qui dominent la colonnade, elles figurent d'éminents New-Yorkais tels

Municipal Building

que Peter Stuyvesant. Martiny sculpta également des représentations de New York à ses origines et à l'époque révolutionnaire (entrée de Chambers Street).

L'Opéra de Paris a servi de modèle pour les escaliers de marbre et le plafond peint de l'éblouissant hall central. Le plafond en mosaïque dû à William de Leftwich Dodge représente notamment les signes du zodiaque.

Les archives conservées les plus anciennes datent de 1664. Une exposition permanente présente des documents, dessins, lettres et photographies historiques évoquant la vie à New York de 1626 à nos jours. Le bâtiment a été récemment restauré.

Surrogate's Court

Brooklyn Bridge ❸

Le pont de Brooklyn, achevé en 1883, était alors le plus grand pont suspendu du monde, et le premier de ce type à avoir été construit en acier. Alors qu'il était bloqué par les glaces sur le bac qui devait le conduire à Brooklyn, l'ingénieur John A. Roebling avait eu l'idée d'un pont enjambant East River. Outre Roebling lui-même, une vingtaine des 600 hommes qui prirent part à la construction trouvèrent la mort au cours du chantier. Après 16 ans de travaux, le pont relia définitivement Manhattan à Brooklyn, qui étaient alors deux villes distinctes.

Médaille frappée pour l'inauguration du pont

PONT DE BROOKLYN
De la conception des câbles à l'enfouissement des supports, le pont fut construit avec des techniques révolutionnaires pour l'époque.

Ancrage
Les extrémités des quatre câbles d'acier sont fixées à des barres d'ancrage maintenues par des plaques insérées dans d'énormes piliers. Les espaces intérieurs qui servaient d'entrepôts abritent aujourd'hui des expositions.

Fondations
Les tours s'élèvent sur des caissons immergés dont chacun a la taille de quatre courts de tennis. À l'intérieur on pouvait travailler sous le niveau de la rivière. Au fil des travaux, ils se sont enfoncés dans le lit de East River.

Puits

Fondations de granite

Câble

Barre d'ancrage

Plaques d'ancrage
À chacune des quatre plaques d'ancrage en fonte est fixé un câble. La maçonnerie fut construite autour des plaques après leur mise en place.

Plaques d'ancrage

Plaque d'ancrage

Fondations

Longueur de la travée centrale : 486 m

Fondations

Longueur de la chaussée d'un point d'ancrage à l'autre : 1 091 m

Première traversée

Le maître mécanicien E.F. Farrington fut le premier à traverser East River en 1876, accroché à un treuil tiré par une machine à vapeur. Sa traversée dura 22 minutes.

Câbles d'acier

Chaque câble est constitué de 5 657 km de fil d'acier zingué et galvanisé pour le protéger des intempéries.

Brooklyn Tower (1875)

Deux doubles arches néogothiques de 83 m de haut, se dressant respectivement à Brooklyn et à Manhattan, devaient constituer les portes des deux cités.

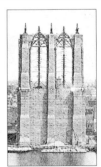

À l'intérieur des caissons

Des travailleurs immigrés cassaient des pierres.

JOHN A. ROEBLING

Cet ingénieur d'origine allemande conçut le pont. En 1869, avant même le début des travaux, il se fit écraser le pied par un ferry et mourut trois semaines plus tard. Son fils Washington Roebling acheva la construction du pont, mais il fut victime en 1872 d'un accident de décompression qui le laissa partiellement paralysé. Sous son contrôle, son épouse prit alors la direction des travaux.

FABRICATION DES CÂBLES

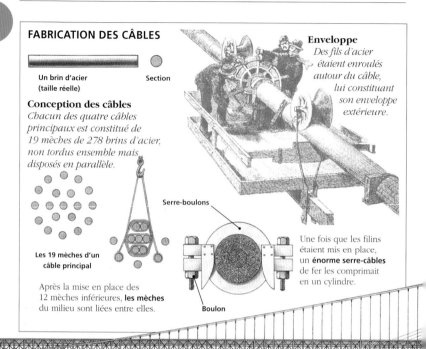

Un brin d'acier
(taille réelle)

Section

Enveloppe
*Des fils d'acier
étaient enroulés
autour du câble,
lui constituant
son enveloppe
extérieure.*

Conception des câbles
*Chacun des quatre câbles
principaux est constitué de
19 mèches de 278 brins d'acier,
non tordus ensemble mais
disposés en parallèle.*

Serre-boulons

**Les 19 mèches d'un
câble principal**

Après la mise en place des
12 mèches inférieures, **les mèches
du milieu sont liées entre elles.**

Boulon

Une fois que les filins
étaient mis en place,
un **énorme serre-câbles**
de fer les comprimait
en un cylindre.

Feux d'artifice du centenaire, en 1983, du Brooklin Bridge
La célébration donna lieu à un spectacle impressionnant.

**Pont vu
de Manhattan**
*Sur cette vue datant
de 1883, on distingue
les deux voies
extérieures initialement
destinées aux voitures
hippomobiles, les deux
voies centrales réservées
aux tramways et
la passerelle pour
piétons, surélevée.*

Panique du 30 mai 1883
*Après qu'une femme eut chuté du
pont, la foule, d'une vingtaine de
milliers de personnes, fut prise de
panique. Il y eut 12 morts.*

Ultimes travaux (1883)
Des suspensoirs verticaux fixés aux haubans assujettissent le tablier.

Fixation des câbles
est assurée au sommet de chacun des deux pylônes par des plaques d'équilibrage.

Câble

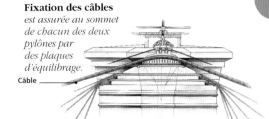

Haubans

Suspensoirs

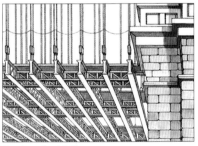

Poutres du tablier
En acier, elles pèsent chacune quatre tonnes.

Saut d'Odlum
Robert Odlum fut le premier à sauter du pont, en mai 1885, à la suite d'un pari. Il devait mourir d'une hémorragie interne.

Passerelle surélevée
Le poète Walt Whitman considérait que la vue qui s'offrait depuis la passerelle, au-dessus de la chaussée, était pour son âme « le meilleur, le plus efficace des remèdes ».

Old New York County Courthouse **9**

52 Chambers St. **Plan** 1 C1.
M *Chambers St-City Hall.*
comprise dans la visite de City Hall.

Cet édifice est surtout connu pour le scandale qui accompagna sa construction : il est surnommé « le château Tweed », du nom du politicien qui dépensa vingt fois le budget initialement prévu et empocha neuf des 14 millions de dollars que coûta ce palais de justice. Tweed acheta une carrière de marbre et fit des profits faramineux en vendant des matériaux à la Ville. Il fut finalement arrêté en 1871 : jugé dans son propre palais de justice, il mourut dans une prison new-yorkaise *(p. 27)*.

Après des travaux de restauration s'élevant à 85 millions de dollars, l'ancien palais de justice doit accueillir le Department of Education.

L'imposante façade de City Hall, datant du début du xixe siècle

City Hall **10**

City Hall Park. **Plan** 1 C1. **Tél.** *311.*
M *Brooklyn Bridge-City Hall Park Place.* ☐ *pour vis. sur rés. seul.* 📷
♿ (212) 788-2170.

City Hall, siège de l'administration municipale depuis 1812, est l'une des plus belles réalisations architecturales américaines du xixe siècle. Cet imposant édifice de style fédéral fut conçu par le

Barnum's Museum détruit devant la foule de City Hall Park

Français Joseph Mangin et l'Américain John McComb Jr. L'arrière de l'hôtel de ville ne bénéficia pas d'un revêtement de marbre, car l'on pensait alors que la ville ne se développerait jamais vers le nord. En 1954, une restauration (en calcaire et granite) remédia à ce défaut ; l'intérieur fut également remis à neuf.

On attribue habituellement à Mangin l'extérieur, et à McComb le magnifique intérieur, caractérisé par une rotonde surmontée d'un dôme entouré de dix colonnes. L'espace intérieur s'ouvre sur un élégant escalier de marbre à double volée, qui mène à la salle du Conseil et aux appartements du Gouverneur – ces derniers comprennent une galerie de portraits des premières personnalités new-yorkaises. Cette superbe entrée accueille depuis près de deux siècles les grands de ce monde. En 1865, la dépouille d'Abraham Lincoln y fut exposée. Du sommet des marches, on voit sur la droite une statue de Nathan Hale, soldat américain pendu par les Britanniques pour espionnage en septembre 1776. Ses dernières paroles (« Mon seul regret est de n'avoir pas plus d'une vie à offrir au service de mon pays ») lui ont valu de figurer en bonne place dans les manuels d'histoire américains.

City Hall Park et Park Row **11**

Plan 1 C2. **M** *Brooklyn Bidger-City Hall Park Place.*

Place gazonnée du village qu'était New York il y a deux siècles et demi, ce site fut, dans la période prérévolutionnaire, le théâtre de manifestations contre l'autorité coloniale britannique. Sur la pelouse ouest de City Hall se dresse un monument commémorant les mâts de la Liberté qui y furent érigés. George Washington y assista à une lecture de la déclaration d'Indépendance, le 9 juillet 1776. De 1842 à sa destruction par un incendie en 1865, Phineas Barnum's Museum attira les foules à l'extrémité sud du parc. Park Row Building abritait le Park Theater où, de 1798 à 1848, se produisirent les meilleurs comédiens de l'époque (dont Edmund Kean et Fanny Kemble). Park Row, qui s'étend au long de la partie est de City Hall Park, était jadis baptisé « l'avenue de la Presse ». Des journaux tels que *Sun, World, Tribune* y avaient leur siège. Printing

Statue de Benjamin Franklin, dans Printing House

House Square s'enorgueillit d'une statue de Benjamin Franklin tenant un exemplaire de sa *Pennsylvania Gazette*. En 1983, d'importants travaux ont fait de City Hall Park un endroit calme.

Woolworth Building  ⑫

233 Broadway. **Plan** 1 C2.
Ⓜ *City Hall Park Place.*

Caricature de l'architecte Gilbert, dans le hall de Woolworth Building

En 1879, Frank Woolworth ouvrit un nouveau type de commerce, où les clients pouvaient voir et toucher les marchandises proposées, et où tout était vendu au prix de cinq cents. Révolutionnant l'univers de la distribution, Woolworth fut bientôt à la tête d'une chaîne de magasins. Le siège de son empire, un édifice de style néogothique (1913), devait être jusqu'en 1930 le plus grand building du monde et il fut le modèle des gratte-ciel suivants.

Le sommet de ce bâtiment haut de 241 m dessiné par Cass Gilbert, orné de sculptures de chauves-souris et d'autres animaux, est surmonté d'un toit en pyramide, d'arcs-boutants, de pinacles et de quatre tourelles. Les intérieurs de marbre sont agrémentés d'ornements en filigrane, de bas-reliefs et de peintures, ainsi que d'un plafond en mosaïque de verre. Gilbert, dans le hall d'entrée, démontra son sens de l'humour en le dotant de caricatures en bas-relief montrant le fondateur en train de compter sa fortune en piécettes, et l'architecte tenant une maquette du building. Les 13 millions et demi de dollars que lui coûta l'immeuble furent réglés au comptant. La firme a cessé toute activité commerciale en 1997. L'édifice appartient désormais au Witkoff Group.

St Paul's Chapel ⑬

209-211 Broadway. **Plan** 1 C2.
Tél. *(212) 233-4164.* Ⓜ *Fulton St.*
🕐 *lun.-sam. 10h-18h, dim. 9h-16h.*
⬤ *j.f. sauf exception.* 🕆 *mer. 12h30, dim. 8h, 10h.* 📷
📋 *sur r.-v.* **Concerts**. *lun. 13h.*
www.saintpaulschapel.org

C'est la seule église de Manhattan construite avant l'indépendance américaine et

La nef de style colonial St Paul's Chapel

encore debout. Des concerts gratuits sont organisés dans la nef éclairée de lourds lustres. Le banc où Washington vint prier dès son accession à la présidence a été conservé. Dans le cimetière, Actor's Monument perpétue la mémoire de George Frederick Cooke, qui interpréta maints grands rôles au Park Theater avant de sombrer dans l'alcool à la Shakespeare Tavern de Fulton Street.

AT&T Building ⑭

195 Broadway. **Plan** 1 C2.
Ⓜ *Broadway-Nassau Fulton St.*
🕐 *heures de bureau.*

La profusion des colonnes caractérise cet ancien siège social de l'American Telephone & Telegraph dessiné par Welles Bosworth et achevé en 1922: la façade comprendrait plus de colonnes que tout autre édifice au monde, et l'intérieur abrite une véritable forêt de piliers de marbre. L'édifice dans son ensemble évoque une gigantesque pièce montée au sommet carré.

Divinité marine, au-dessus de la porte de AT&T Building

LOWER EAST SIDE

Le caractère cosmopolite de New York n'est nulle part aussi évident que dans Lower Manhattan, où s'établirent tant d'immigrants. Italiens, Chinois et juifs y créèrent leurs propres quartiers, où dans un pays nouveau pour eux ils surent préserver leurs langues, leurs coutumes, leurs arts culinaires et leurs religions. Si ce quartier a conservé son

Boîte ancienne au Lower East Side Tenement Museum

ambiance inimitable, il cependant s'est nettement embourgeoisé. Les restaurants pullulent ici, tout comme les commerces, où l'on peut faire les meilleures affaires de la ville, ainsi que les bars branchés. Le fameux compositeur Irving Berlin, qui grandit dans ces rues, déclarait : « Chacun devrait avoir un Lower East Side dans sa vie. »

LE QUARTIER D'UN COUP D'ŒIL

Rues et bâtiments historiques
Chinatown ❹
Delancey Street ❿
East Houston Street ⓫
Engine Company N° 31 ⓮
Home Savings of America ❶
Little Italy ❸
Orchard Street ❽
Police Headquarters Building ❷
Puck Building ⓬

Parcs
Columbus Park ❺

Musées
FusionArts Museum ⓳
Lower East Side Tenement Museum ❼
New Museum of Contemporary Art ⓰

Boutiques et marchés
Economy Candy ⓱
Essex Street Market ⓴
The Pickle Guys ⓯

Églises et synagogues
Angel Orensanz Center ⓲
Bialystoker Synagogue ❾
Eldridge Street Synagogue ❻
Old St. Patrick's Cathedral ⓭

COMMENT Y ALLER ?
Chinatown et Little Italy sont accessibles en métro (lignes N, R, Q, W, J, M ou 6 vers Canal St) ou en bus (M1 ou M103). Lower East Side est desservi par les lignes de métro B et D (vers Grand St), F (vers Delancey St) et J, M ou Z (vers Essex St) ou par les bus M9, M14A ou M15.

VOIR ÉGALEMENT
- *Atlas des rues* plans 4, 5
- *Hébergement* p. 280
- *Restaurants* p. 296-297
- *Balade dans Lower East Side* p. 258-259

LÉGENDE
Plan du quartier pas à pas
M Station de métro

◁ Effigie de dragon dans Chinatown lors du Nouvel An chinois

Little Italy et Chinatown pas à pas

Le plus grand et le plus pittoresque des quartiers « ethniques » de New York est Chinatown, dont la croissance est si rapide qu'il est en passe de submerger Little Italy et le Lower East Side juif. Ses rues regorgent d'étals de primeurs, de boutiques de souvenirs et de centaines de restaurants chinois. Les vestiges de Little Italy occupent Mulberry Street et Grand Street, où flotte le parfum de l'Ancien Monde.

★ **Little Italy**
Jadis occupée par des milliers d'immigrants, Little Italy a conservé de ses origines maints restaurants et boulangeries ❸

Le marché de Canal Street propose produits frais, vêtements neufs et d'occasion à petits prix.

Station de Canal Street (lignes R, W, N, Q, 6)

★ **Chinatown**
Ce quartier habité par une communauté prospère d'origine chinoise est célèbre pour ses restaurants et l'animation de ses rues, particulièrement intense lors du Nouvel An chinois (en janvier ou février) ❹

Le temple bouddhique du n° 64b Mott Street abrite plus de cent bouddhas dorés.

Le mur de la Démocratie a Bayard Street est couvert de journaux et de posters décrivant la situation en Chine.

Columbus Park *s'étend sur le site de ce qui fut au xixe siècle le plus misérable taudis de New York* ❺

Confucius Plaza, où se dresse le monument au Philosophe oriental du sculpteur Liu Shih.

Chatham Square, monument aux morts sino-américains.

Police Headquarters Building
*Le dôme de cet édifice baroque
domine le quartier de City
Hall. La police l'a quitté
en 1973 : il a depuis
lors été transformé en
immeuble d'habitation* ❷

CARTE DE SITUATION
voir carte de Manhattan p. 14-15

LÉGENDE

– – – Itinéraire conseillé

0　　　　　　100 m

0　　　　　　100 yds

**Home Savings
of America**
*Stanford White conçut cet
édifice en 1894 à
l'intention de la Bowery
Savings Bank* ❶

Umbertos Clam House,
célèbre pour avoir été le lieu
de l'assassinat en 1972 du
chef mafieux Joey Gallo,
était autrefois situé sur
Mulberry Street.

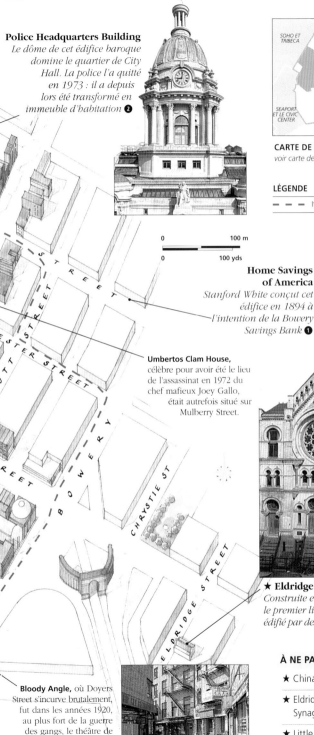

★ **Eldridge Street Synagogue**
*Construite en 1887, c'est
le premier lieu de culte de taille
édifié par des immigrants juifs* ❻

À NE PAS MANQUER

★ Chinatown

★ Eldridge Street
Synagogue

★ Little Italy

Bloody Angle, où Doyers
Street s'incurve brutalement,
fut dans les années 1920,
au plus fort de la guerre
des gangs, le théâtre de
maintes fusillades.

Home Savings of America ❶

130 Bowery. **Plan** 4 F4. Ⓜ *Grand St, Bowery.*

Aussi imposant à l'in-térieur qu'à extérieur, cet édifice de style Classical Revival fut bâti en 1894 pour la Bowery Savings Bank. L'architecte Stanford White conçut la façade de grès de manière à engloutir la banque Butchers and Drovers qui avait refusé de vendre la parcelle du coin de la rue. L'intérieur est orné de colonnes de marbre et d'un plafond parsemé de rosettes dorées. Au milieu du XXe siècle, le contraste avec la misère du quartier était saisissant. L'immeuble ne se visite qu'exceptionnellement.

Détail de l'immeuble des Home Savings

Police Headquarters Building ❷

240 Centre St. **Plan** 4 F4. Ⓜ *Canal St.* ⦿ *au public.*

Achevé en 1909, ce bâtiment surmonté d'une coupole était adapté à sa fonction de quartier général des nouvelles forces de police professionnelles de la ville. Le portique principal et les pavillons latéraux sont bordés de colonnes corinthiennes. Le manque d'espace dont souffrait le site, au cœur de Little Italy, contraignit l'architecte à adopter un plan en coin.

Fronton sculpté du Police Headquarters Building

Les « meilleurs hommes de New York » vinrent travailler ici pendant 75 ans. Durant la Prohibition, Grand Street reçut le sobriquet de « Bootleggers' Row ». On y obtenait facilement de l'alcool. Les revendeurs de contrebande versaient de fortes sommes à leurs informateurs, qui œuvraient au sein même des forces de police. Celles-ci prirent possession de nouveaux locaux en 1973. Douze ans plus tard, le bâtiment fut transformé en immeuble d'appartements luxueux.

Little Italy ❸

Rues autour de Mulberry St. **Plan** 4 F4. Ⓜ *Canal St.* www.littleitalynyc.com

Les Italiens du Sud qui émigrèrent à New York à la fin du XIXe siècle vinrent s'entasser dans de sordides appartements construits si près les uns des autres que la lumière du soleil ne parvenait jamais jusqu'aux fenêtres des étages inférieurs. Les maladies telles que la tuberculose régnaient dans ces immeubles insalubres qui abritaient plus de 40 000 habitants.

En dépit des difficultés de la vie dans Lower East Side, la communauté italienne qui s'épanouit aux alentours de Mulberry Street sut préserver l'ambiance de son pays

d'origine. Ceci est encore partiellement vrai, même si la population italienne, réduite aujourd'hui à 5 000 personnes, est de plus en plus menacée par l'extension de Chinatown.

Le moment le plus propice à une visite du quartier se situe lors des fêtes de San Gennaro. *(p. 52).* Chaque année, Mulberry Street est pendant neuf jours rebaptisée Via San Gennaro. Le 19 septembre, une grande procession accompagne les reliques du saint dans les rues. Tout au long des festivités, la foule se saoule de musique, de danse, de spectacles, de boissons et de mets variés. Les restaurants de Little Italy proposent une cuisine simple et généreuse, servie à des prix raisonnables dans un cadre sympathique.

Une rue de Little Italy

Chinatown ❹

Rues autour de Mott St. **Plan** 4 F5. Ⓜ *Canal St.* **Eastern States Buddhist Temple** 64b Mott St. ⦿ *t.l.j. 9h-18h.* www.explorechinatown.com

Le Chinatown du début du XXe siècle était avant tout une communauté masculine, constituée par des immigrants chinois venus de Californie, qui envoyaient le fruit de leur travail à leurs familles restées en Chine (les lois américaines relatives à l'immigration leur interdisant d'entrer aux États-Unis). Le mah-jong et les jeux d'argent étaient pour ces hommes leurs divertissements quotidiens. Vivant isolée du reste de la ville, cette communauté demeura financée et contrôlée par ses propres organisations secrètes, les Tongs. Si certains de ces Tongs étaient des associations familiales, d'autres (dont les On Leong et les Hip Sing) étaient des confréries criminelles.

Épicerie chinoise dans Canal Street

L'étroite Doyers Street fut qualifiée de Bloody Angle (« le Coin Sanglant »), en raison des embuscades que s'y tendaient les gangsters rivaux. Une trêve conclue en 1933 entre les Tongs amena la paix à Chinatown, qui dès 1940 était occupée par des familles bourgeoises. Après la guerre, les immigrants et les sociétés venus de Hong Kong accrurent la prospérité du quartier, où vivent actuellement plus de 80 000 Sino-Américains.

On visite souvent ce quartier pour sa cuisine, mais il possède d'autres attraits : galeries d'art, magasins d'antiquités et de souvenirs, ou fêtes orientales (p. 53). Un autre aspect de Chinatown apparaît au temple bouddhique du n° 64b Mott Street où s'amoncellent les offrandes et où plus de cent effigies dorées du Bouddha luisent à la clarté des cierges.

Columbus Park ❺

Plan 4 F5. Ⓜ *Canal St.*

La tranquillité de Columbus Park est à mille lieues des scènes qui se déroulaient dans le voisinage au début du XIXᵉ siècle. Le quartier, où régnaient des gangs, comme celui des « Lapins morts », était occupé en partie par les taudis de Five Points, dévolu à la prostitution et à la délinquance. En moyenne, un meurtre y était commis chaque jour et les policiers eux-mêmes craignaient de s'y aventurer. Par suite notamment des écrits du journaliste réformateur Jacob Riis, les taudis furent rasés en 1892. Le parc est aujourd'hui le seul espace vert de Chinatown.

Eldridge Street Synagogue ❻

12 Eldridge St. **Plan** 5 A5. **Tél.** (212) 219-0888. Ⓜ *East Broadway.* ☐ *mar.-jeu., dim. 11h-16h.* ✦ *ven. au coucher du soleil, sam. à partir de 10h.* 🎫 📷 📹 *11h, midi, 13h, 14h, 15h.* 📱 www.eldridgestreet.org

Lorsque ce lieu de culte fut construit par des ashkénazes orthodoxes en 1887, il s'agissait du temple le plus somptueux des environs. Mais de nombreux immigrants juifs, qui ne considéraient Lower East Side que comme la première étape d'une vie nouvelle, quittèrent ultérieurement l'immense synagogue. Dans les années 1930, ce sanctuaire orné de vitraux, de chandeliers de cuivre et de délicates sculptures ferma ses portes.

Trente ans plus tard, un groupe de citoyens entreprit de réunir des fonds en vue de sa restauration, actuellement en cours. La synagogue, devenue un centre culturel actif, propose concerts et autres programmes. Bien que laissée à l'abandon des années, la façade, où l'on décèle des influences romanes, gothiques et mauresques, reste impressionnante. À l'intérieur, l'arche italienne sculptée à la main et le balcon de bois ouvragé suffisent à percevoir ce qui fit la gloire de l'édifice.

Lower East Side Tenement Museum ❼

108 Orchard St. **Plan** 5 A4. **Tél.** (212) 431-0233. Ⓜ *Delancey, Grand St.* ☐ *pour vis.* 🎫 *vis. guid. sur rés. seul., mar.-ven. 13h20-16h45, sam.-dim. 11h-17h.* ⬤ *1ᵉʳ janv., Thanksgiving, 25 déc.* 🎫 📷 🛍 **Conférences, films, vidéos.** 📱 *t.l.j.* www.tenement.org

Voiture de marchand des quatre-saisons (1890), Lower East Side Tenement Museum

L'intérieur de l'édifice reconstitue les appartements à différentes époques : fin des années 1870, 1916, 1918 et 1935. Jusqu'en 1879, aucune loi ne régissait les conditions de vie des *tenements* (pièces sans fenêtres, lavabos et toilettes sur le palier, peu de conduit d'aération), et les occupants vivaient dans des conditions d'insalubrité déplorables. Le musée propose notamment une exposition récente « L'atelier » et d'excellentes visites guidées dans le quartier.

Vitrail, Eldridge Street Synagogue

Orchard Street

Plan 5 A3. Ⓜ *Delancey, Grand St.*
Voir **Shopping** p. 320.
www.lowereastsideny.com

Des immigrants juifs fondèrent
l'industrie de l'habillement à
Orchard Street, qui doit son
nom aux vergers *(orchards)*
qui s'étendaient sur le domaine
colonial de James de Lancey.
Pendant des années, la rue fut
encombrée de charrettes à
bras. Celles-ci ont disparu et
tous les commerçants ne sont
pas juifs, mais l'ambiance a
subsisté et les boutiques
ferment toujours le samedi,
jour du sabbat. Le dimanche,
jour du marché en plein air,
les acheteurs se pressent de
Houston à Canal Streets, à la
recherche de bonnes affaires.
   Orchard Street est aussi au
cœur de l'embourgeoisement
du quartier où boutiques à la
mode, bars et restaurants
branchés fleurissent.

Peinture murale à Bialystoker
Synagogue

Bialystoker Synagogue ❾

7-11 Willett St. **Plan** 5 C4. **Tél.**
(212) 475-0165. Ⓜ *Essex St.* ✦
offices fréquents. 📷 sur r.-v. seul.
📷 **www**. bialystoker.org

Ce lieu de culte de style fédéral,
édifié en 1826, était à l'origine
l'église méthodiste de Willett
Street. Rachetée en 1905 par
des immigrants juifs de la
province polonaise de
Bialystok, l'édifice fut
transformé en synagogue
(c'est pourquoi elle est
orientée vers l'ouest, et non

Le marché aux légumes de Canal Street

vers l'est, comme le voudrait
la tradition). L'intérieur,
magnifique, se signale par
ses vitraux, son arche de bois
sculpté et ses peintures
murales figurant les signes
du zodiaque et des vues
de la Terre sainte.

Delancey Street ❿

Plan 5 C4. Ⓜ *Essex St.*
Voir **Shopping** p. 320.
Bowery Ballroom, 6 Delancey St.
Tél. *(212) 533-2111. Voir le site I*
nternet pour les horaires de
spectacles. 📷 sans flash. ♿
www.boweryballroom.com

Jadis boulevard des plus
majestueux, Delancey Street
n'est aujourd'hui guère plus
qu'une voie d'accès au
Williamsburg Bridge.
Cette rue doit son nom à
James de Lancey, dont la
ferme était située dans les
environs à l'époque coloniale.
Demeuré loyal au roi

George II durant la révolution
(p. 22-23), Lancey s'enfuit
en Angleterre à la fin de
la guerre d'Indépendance,
avant que ses biens ne soient
saisis.
   Au n° 6 de Delancey, se
trouve le **Bowery Ballroom**,
un théâtre sur trois niveaux
qui fut achevé seulement
quelques semaines avant
le krach boursier de 1929
(p. 31). Abandonné durant
la Grande Dépression et la
deuxième guerre mondiale,
il servit ensuite d'espace de
vente au détail comprenant
une mercerie, un bijoutier
et la compagnie Treemark
Shoes.
   À la fin des années 1990,
le Bowery Ballroom reprend
vie sous la forme d'une salle
de concerts. On peut toujours
y admirer ses somptueux
détails décoratifs : balustrades
en laiton, plafond voûté
recouvert de cuivre du bar
de la mezzanine et façade
extérieure en fer et laiton.

Concert au Bowery Ballroom, un élégant théâtre des années 1920

East Houston Street ⓫

East Houston St. **Plan** 4 F3, 5A3.
Ⓜ *Second Avenue.*

East Houston Street, entre Forsyth et Ludlow streets marque clairement la séparation entre Lower East Side et East Village et

Bagels, East Houston Street

le mélange changeant de tradition et de modernité qui caractérise le quartier. Entre Forsyth et Eldridge se tient un nouveau petit hôtel, juste à côté de Yonah Schimmel Knish, une boulangerie qui existe depuis 90 ans et qui a gardé ses vitrines d'origine. Un peu plus loin, le Sunshine Theater, qui s'est installé dans une église hollandaise des années 1840, a changé plusieurs fois de vocation. Arène de boxe, puis théâtre de boulevard en yiddish, il projette aujourd'hui des films sur l'art.

Alors que la plupart des odeurs de cuisine yiddish ont disparu de Lower East Side, deux boutiques anciennes ont survécu à East Houston Street. Russ and Daughters est une épicerie fine réputée depuis trois générations. Le fondateur commença autour de 1900. Située à East Houston Street depuis 1914, l'épicerie est connue pour ses poissons et harengs fumés et propose de nombreuses marques de caviar. À l'angle de Ludlow street, Katz's Delicatessen a fêté ses cent ans. Ses sandwiches au corned-beef et ses hot-dogs épicés sont toujours aussi recherchés.

Puck Building ⓬

295-309 Lafayette St. **Plan** 4 F3.
Ⓜ *Lafayette.* ⬚ *aux heures de bureau.* **Tél.** *(212) 274-8900.*

Cette curiosité architecturale, construite en 1885 par Albert et Herman Wagner, est inspirée du Rundbogenstil allemand, style du xixᵉ siècle caractérisé par des bandes horizontales de fenêtres cintrées et par l'emploi habile de brique rouge moulée. De 1887 à 1916, il fut le siège de la revue satirique *Puck*. C'était alors le plus grand bâtiment du monde consacré à la lithographie et à l'édition.

Puck Building est aujourd'hui le théâtre d'élégantes soirées et de séances de photographie de mode. Les seuls liens actuels avec le mythique Puck résident dans la statue dorée qui se dresse au coin de Mulberry et Houston Streets, et dans la version réduite qui surmonte l'entrée de Lafayette Street.

La statue de Puck, dans le coin nord-est du building du même nom

Old St Patrick's Cathedral

Old St Patrick's Cathedral ⓭

263 Mulberry St. **Plan** 4 F3.
Tél. *(212) 226-8075.* Ⓜ *Prince St.*
⬚ *jeu.-mar. 8h-12h30, 15h30-18h.*
✝ *lun.-ven. 9h, 12h, sam. 17h30, dim. 9h15 et 12h45 ; en espagnol : dim. 10h30.*
www.oldsaintpatricks.com

La construction de la première cathédrale Saint-Patrick fut entreprise en 1809, ce qui en fait l'une des plus anciennes églises de la ville. Détruite par le feu dans les années 1860, elle fut relevée et prit alors un aspect très semblable à celui qui est aujourd'hui le sien. Lorsque l'archevêché prit la décision de transférer la cathédrale *uptown* (au nord) *(p. 178-179)*, elle devint simple église de quartier. Les modifications ethniques intervenues au sein des paroissiens n'ont en rien nui à sa fréquentation. Les cryptes contiennent parmi d'autres tombes celles de l'une des familles de restaurateurs new-yorkais les plus célèbres, les Delmonico. Pierre Toussaint fut inhumé dans le cimetière adjacent, avant que sa dépouille ne fût transférée (en 1990) dans une crypte de la nouvelle cathédrale. Né esclave à Haïti en 1766, Toussaint fut amené à New York, où il fut affranchi et devint un prospère perruquier. Il se consacra ensuite aux pauvres, aux victimes du choléra et aux orphelins. Sa canonisation est actuellement envisagée.

Engine Company n° 31 ⓮

87 Lafayette St. **Plan** 4 F5.
Tél. (212) 966-4510.
Ⓜ *Canal St.* ◯ *au public.*

Au XIXe siècle, l'importance des casernes de pompiers était telle qu'elles étaient jugées dignes d'avoir une belle architecture.

Cette caserne bâtie en 1895 est l'une des plus intéressantes réalisations de l'agence Le Brun, qui s'en était fait une spécialité. Le bâtiment, qui évoque lointainement un château de la Loire, est actuellement occupé par le Downtown Community Television Center ; celui-ci propose des cours et organise des ateliers pour ses membres.

The Pickle Guys ⓯

49 Essex St. **Plan** 5 B4. **Tél.** (212) 656-9739. Ⓜ *Grand St.*
◯ *ven. 9h-16h, dim.-jeu. 9h-18h.*
www.nycpickleguys.com

Le parfum des pickles envahissait déjà ce petit coin d'Essex Street dans les années 1900, lorsque la rue était pleine d'épiceries juives. Fidèle à la tradition d'Europe de l'Est, The Pickle Guys fait macérer ses condiments pendant des mois dans des tonneaux remplis de saumure, d'ail et d'épices.

Plus ou moins épicés ou aigre-doux, les condiments sont garantis sans additifs ni conservateurs et

La façade de l'Engine Company n°31

strictement casher.

Le magasin vend aussi des tomates et des céleris marinés, des olives, des champignons, des piments, des tomates séchées, du chou sucré et des harengs.

Cette épicerie familiale cultive une atmosphère chaleureuse et perpétue les traditions du quartier.

New Museum of Contemporary Art ⓰

235 Bowery St. **Plan** 4 E3.
Tél. (212) 219-1222.
Ⓜ *Spring St, Bowery.* ◯ *mar.- sam. 12h-18h, jeu. 12h-20h.* 🗓 📷
♿ 🎫 **Conférences, lectures.**
📱 **www**.newmuseum.org

Marcia Tucker quitta son poste de directrice de la section peinture et sculpture du Whitney Museum pour fonder ce musée en 1977.

Souhaitant présenter les œuvres qui manquaient à la plupart des musées traditionnels, elle créa l'un des lieux les plus modernes de New York. Elle a innové en créant le Media Lounge, un espace dédié aux médias, à l'art numérique, aux installations vidéos et aux œuvres sonores. Le musée, qui n'a pas de fond permanent, organise trois ou quatre grandes expositions chaque année.

Les premières ont compté, entre autres, des œuvres de Jeff Koons et de John Cage.

Le musée s'est installé depuis peu à sa nouvelle adresse, dans un bâtiment étonnant conçu par architectes Sejima et Nishizawa, devenant ainsi le premier musée construit dans Downtown Manhattan depuis un siècle. Un espace de 5 574 m² est consacré aux expositions. On y trouve aussi un cinéma, un café et une terrasse sur le toit offrant une vue imprenable sur la ville.

Les étagères remplies de friandises d'Economy Candy

Economy Candy ⓱

108 Rivington St. **Plan** 5 B3.
Tél. 1-800-352-4544.
Ⓜ *Second Ave-Houston St.*
◯ *sam. 10h-17h, dim.-ven. 9h-18h.*
www.economycandy.com

Cette institution de Lower East Side depuis 1937 vend des centaines de variétés de bonbons, de noix et de fruits secs. Tapissé du sol au plafond d'étagères remplies de bocaux anciens,

Deux tonneaux traditionnels encadrent l'entrée du Pickle Guys

ce confiseur est l'un des rares magasins du quartier à ne pas avoir changé d'enseigne depuis plus de 60 ans.

Jerry Cohen a su transformer le petit « Nosher's Paradise of the Lower East Side » de son père en entreprise nationale. Le magasin propose des gourmandises du monde entier ainsi que d'innombrables friandises trempées dans du chocolat, des pastilles en chocolat de 21 couleurs différentes, de délicieux thés et cafés, des bonbons avec édulcorants et des sucreries casher.

L'intérieur de l'ancienne synagogue Angel Orensanz Center

Angel Orensanz Center ⓳

172 Norfolk St. **Plan** 5 B3.
Tél. (212) 529-7194. Ⓜ Essex St, Delancey St. ◯ sur r.-v. ♿
www.orensanz.org

Cette structure néo-gothique rouge cerise de 1849 fut la plus ancienne synagogue de New York. Avec ses plafonds de 15 m de haut et ses 1 500 places assises, c'était aussi la plus grande des États-Unis. Conçue par l'architecte berlinois Alexander Saelzer dans la tradition de la Réforme allemande, elle ressemble beaucoup à la cathédrale de Cologne et à la Friedrichwerdesche Kirche de Berlin.

Après la seconde guerre mondiale et le déclin de la population juive de Lower East Side, cette synagogue ferma ses portes, comme beaucoup d'autres. En 1986, l'immeuble fut racheté par le sculpteur espagnol Angel Orensanz et transformé en atelier d'art. Il sert actuellement de centre culturel où se déroulent des événements artistiques, musicaux et littéraires.

FusionArts Museum ⓳

57 Stanton St. **Plan** 5 A3.
Tél. (212) 995-5290. Ⓜ Second Ave–Houston St. ◯ dim.-mer. 12h-18h, jeu. 12h-20h, ven. 12h-15h
◯ ♿ ▯ www.artnet.com

L'entrée du musée ne passe pas inaperçue, avec ses sculptures métalliques psychédéliques à l'image des œuvres exposées à l'intérieur. Le musée est consacré au *fusion art,* un art qui marie diverses disciplines artistiques – peinture, sculpture, photographie et vidéo – pour former un nouveau genre. Sa localisation lui donne accès à une scène artistique d'avant-garde que les musées d'art contemporain d'Uptown ont tendance à négliger, et permet à des artistes moins connus d'exposer leurs œuvres dans une galerie réputée.

De nombreux artistes, créateurs de *fusion art* à Lower East Side depuis plus de deux décennies, ont déjà exposé collectivement leurs œuvres ici.

Sculptures métalliques à l'entrée du FusionArts Museum

Essex Street Market ⓴

120 Essex St. **Plan** 5 B3.
Tél. (212) 312-3603/388-0449.
Ⓜ Essex St, Delancey St.
◯ lun.-sam. 8h-18h. ◯ ▯
▯ www.essexstreetmarket.com

Ce marché fut créé en 1938 par le maire Fiorello H. LaGuardia pour regrouper les marchands dont les charrettes à bras gênaient la circulation – notamment les voitures de police et les camions de pompiers.

Les halles, récemment rénovées, abritent une vingtaine d'étals de bouchers, fromagers, maraîchers et marchands d'épices. L'un des plus anciens, le boucher Jeffrey's, est là depuis 1939.

À côté, l'Essex Restaurant sert une cuisine latino-juive, et la galerie d'art Cuchifritos expose les artistes du quartier.

Étal de boucher, marché couvert d'Essex Street

SOHO ET TRIBECA

Les arts et l'architecture sont les deux axes majeurs de la transformation de ces anciens quartiers industriels. SoHo (South of Houston) était menacé de démolition dans les années 1960, quand les défenseurs du patrimoine

**Devanture
d'une boulangerie à SoHo**

attirèrent l'attention sur l'architecture à structure métallique *(cast-iron)* caractéristique. Dès lors, des artistes

s'installèrent dans les lofts du quartier, où bientôt s'implantèrent de nombreux cafés, galeries d'art et boutiques. L'augmentation des loyers ayant ensuite chassé les artistes, ceux-ci s'établirent à TriBeCa (Triangle Below Canal), dont les galeries d'art, les restaurants et le Tribeca Film Festival (en mai) sont aujourd'hui très en vogue.

LE QUARTIER D'UN COUP D'ŒIL

Rues et bâtiments historiques
Greene Street ❸
Harrison Street ❽
Haughwout Building ❶
St Nicholas Hotel ❷
Singer Building ❹
White Street ❾

Musées et galeries d'art
Children's Museum of
  the Arts ❺
New York City Fire Museum ❼
New York Earth Room ❻

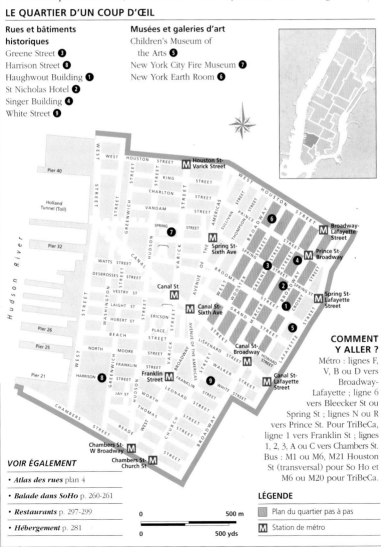

**COMMENT
Y ALLER ?**
Métro : lignes F, V, B ou D vers Broadway-Lafayette ; ligne 6 vers Bleecker St ou Spring St ; lignes N ou R vers Prince St. Pour TriBeCa, ligne 1 vers Franklin St ; lignes 1, 2, 3, A ou C vers Chambers St. Bus : M1 ou M6, M21 Houston St (transversal) pour So Ho et M6 ou M20 pour TriBeCa.

VOIR ÉGALEMENT
- *Atlas des rues* plan 4
- *Balade dans SoHo* p. 260-261
- *Restaurants* p. 297-299
- *Hébergement* p. 281

LÉGENDE
▨ Plan du quartier pas à pas
Ⓜ Station de métro

0 _____ 500 m
0 _____ 500 yds

◁ Façades métalliques de Greene Street

Le quartier de SoHo et l'architecture de fonte pas à pas

La plus grande concentration mondiale d'architecture à façade de fonte *(p. 42)* subsiste dans le quartier compris entre Canal et Houston Streets. Au cœur de ce quartier, Greene Street comprend 50 bâtiments élevés entre 1869 et 1895. Les façades richement ouvragées, produites en série dans des fonderies, sont aujourd'hui des œuvres rares d'art industriel, bien en accord avec le caractère du quartier.

West Broadway se caractérise dans la traversée de SoHo par une architecture remarquable et un nombre impressionnant de galeries d'art, de magasins d'artisanat, de boutiques de stylistes et de petits restaurants.

Au n° 72-76 Greene Street, King of Greene Street est un magnifique édifice à colonnes corinthiennes, dû à Isaac Duckworth, l'un des maîtres de l'architecture *cast-iron*.

The Broken Kilometer, au 393 West Broadway, est une installation de Walter De Maria *(p. 107)*. Cinq cents cylindres en cuivre sont disposées de manière à créer une illusion d'optique. Mises bout à bout, elles mesureraient un kilomètre.

Performing Garage est un petit théâtre expérimental, où sont montées les œuvres d'artistes d'avant-garde.

★ Greene Street
L'un des plus beaux exemples d'architecture cast-iron *de Greene Street est sans doute le* Queen, *au n° 28-30, construit en 1872 par Duckworth* ❸

Vers la station de métro Canal Street-Broadway

L'immeuble du n° 10-14 Greene Street date de 1869. Les disques de verre des contremarches de la terrasse métallique permettaient à la lumière d'atteindre le sous-sol.

Le n° 15-17 a été bâti en 1895 dans un style corinthien empreint de simplicité.

★ Singer Building
Ce superbe édifice revêtu de terre cuite fut bâti en 1904 pour le célèbre fabricant de machines à coudre ❹

Richard Haas prolifique spécialistede la peinture murale, a transformé un mur nu en façade de fonte.

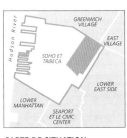

CARTE DE SITUATION
Voir carte de Manhattan p. 14-15

LÉGENDE

‑ ‑ ‑ Itinéraire conseillé

Station de métro de Prince Street (lignes N et R)

Dean & DeLuca est l'une des meilleures épiceries fines de New York, où l'on trouve notamment des cafés du monde entier *(p. 336).*

Le n° 101 de Spring Street, à la façade d'une simplicité géométrique et aux grandes fenêtres, permet de comprendre comment ce style a conduit à la naissance du gratte-ciel.

Station de métro de Spring Street

St Nicholas Hotel
Durant la guerre de Sécession, cet ancien hôtel servit de quartier général à l'armée de l'Union ❷

0   100 m
0   100 yds

À NE PAS MANQUER

★ Greene Street

★ Singer Building

Haughwout Building
En 1857, c'est dans cet ancien grand magasin que fut installé le premier ascenseur Otis ❶

Haughwout Building ❶

488-492 Broadway. **Plan** 4 E4.
Ⓜ *Canal St, Spring St.*

La façade de Haughwout Building

Cet immeuble à structure et façade de fonte fut bâti en 1857 pour le fabricant de porcelaine, fournisseur de la Maison-Blanche, E.V. Haughwout. Malgré la crasse, la façade est superbe : des rangées de fenêtres sont encadrées d'arches reposant sur des colonnes flanquées de pilastres de plus grande taille. La production industrielle se traduit par une répétition des motifs. Cet immeuble fut le premier à être doté d'un ascenseur Otis (mû par une machine à vapeur).

St Nicholas Hotel ❷

521-523 Broadway. **Plan** 4 E4.
Ⓜ *Prince St, Spring St.*

Le parlementaire anglais W.E. Baxter, qui séjourna à New York en 1854, écrivit au sujet du St Nicholas Hotel récemment inauguré : « Tous les tapis sont en velours de pure laine… les rideaux sont de soie ou de damas… les broderies des moustiquaires pourraient

St Nicholas Hotel à l'apogée de sa gloire

elles-mêmes être présentées à des membres de la famille royale. » Il n'est donc pas étonnant que la construction ait coûté plus d'un million de dollars (mais les bénéfices furent dès la première année supérieurs à cinquante mille dollars). Lors de la guerre de Sécession, l'armée de l'Union en fit un quartier général. Plus tard, les hôtels de qualité s'installèrent *uptown* (au nord) dans le quartier des théâtres. Au milieu des années 1870, il dut fermer ses portes. Il suffit aujourd'hui de lever les yeux pour distinguer dans la façade du bâtiment les vestiges

Greene Street ❸

Plan 4 E4. Ⓜ *Canal St.*

Trompe-l'œil de Haas

Au long d'une chaussée pavée, cinq pâtés de maisons construits de 1869 à 1895 constituent le cœur du quartier *cast-iron*. Le *block* qui s'étend entre Broome St et Spring St comprend 13 façades entièrement en fonte; du n° 8 au n° 34 s'étire la plus longue rangée d'immeubles à structure de fonte du monde. King of Greene Street est situé du n° 72 au n° 76, mais c'est pourtant Queen (du n° 28 au n° 30) qui est considérée comme le plus bel exemple de cette architecture *cast-iron*. Si certains immeubles sont remarquables, c'est tout l'ensemble du paysage de la rue qui vaut d'être apprécié. On pourra pénétrer dans l'une ou l'autre des galeries d'art pour admirer de superbes volumes intérieurs. Au croisement de Greene St et Prince St, le peintre Richard Haas a réalisé un magnifique trompe-l'œil, qui transforme un mur de brique en façade de fonte.

Singer Building ❹

561-563 Broadway. **Plan** 4 E3.
Ⓜ *Prince St.*

Le « petit » Singer Building, bâti en 1904, est le deuxième édifice du même nom conçu par Ernest Flagg : la plupart des critiques le considèrent comme plus réussi que la tour de 41 étages jadis située au bas de Broadway (détruite en 1967). Cet immeuble est joliment décoré de balcons de fer forgé et d'élégantes arches peintes en vert foncé. La façade de terre cuite, de verre et d'acier annonce les murailles de verre et de métal des années 1940 et 1950. Cet immeuble accueillit des bureaux et des entrepôts de la célèbre firme Singer, dont le nom est moulé dans la fonte à l'entrée du magasin de Prince Street.

Une ancienne machine à coudre électrique Singer

Children's Museum of the Arts ❺

182 Lafayette St. **Plan** 4 F3.
Tél. *(212) 941-9198.* **Ⓜ** *Prince St.*
*◯ mer., ven., sam., dim. 12h-17h,
jeu. 12h-18h.* **Cinéma goûter**
1ᵉʳ mer. du mois. 16h30-18h
🖼️ ♿ 🏠 www.cmany.org

Créé en 1988, ce musée
souhaite développer
le potentiel artistique des
enfants de 1 à 12 ans
par le biais d'activités
interactives et
d'ateliers (création,
arts de la scène).
Peinture, colle,
papier et autres
matériaux sont à la
disposition des jeunes
créateurs. Partout dans
le musée, les travaux
d'artistes locaux et d'enfants
du monde entier leur

**Les couleurs vives sont à l'honneur
au Children's Museum of the Arts**

apportent l'inspiration.
Les enfants peuvent également
se déguiser ou découvrir le
Ball Pond, un espace capitonné
imitant l'environnement
aquatique par le jeu des
couleurs. Chaque mois, le
musée organise une séance
suivie d'un goûter.

New York Earth Room ❻

141 Wooster St. **Plan** 4 E3. ***Tél.***
(212) 989-5566. **Ⓜ** *Prince St.* *◯
mer.-dim. 12h-15h et 15h30-18h.* ♿
www.earthroom.org

Des trois Earth Rooms réalisées
par l'artiste conceptuel Walter
De Maria, c'est la seule encore
existante. Commandée par la
Dia Art Foundation en 1977,
cette sculpture terrestre
intérieure consiste en

127 300 kg de terre entassés à
56 cm de profondeur dans
une pièce de 335 m². Une
autre réalisation de De Maria,
*The Broken Kilometer, au 393
West Broadway (p. 104)* est
composée de 500 cylindres en
cuivre massif disposés sur cinq
rangées parallèles.

**Pompe à
incendie hippomobile
à vapeur La France (1901)**

New York City Fire Museum ❼

278 Spring St. **Plan** 4 D4. ***Tél.*** *(212)
691-1303.* **Ⓜ** *Spring St.*
*◯ mar.-sam. 10h-17h, dim.
10h-16h.* ● *j.f.* 🖼️ 📷 ♿ 🏠
www.nycfiremuseum.org

Les collections municipales
d'équipement de lutte contre
le feu sont présentées dans
une caserne de pompiers de
style Beaux-Arts datant de
1904. À l'étage, des voitures
et des pompes sont alignées
pour un défilé très fin de
siècle. Un jeu interactif de
simulation d'incendie, accessible
uniquement pour les groupes,
donne un aperçu de ce qu'est
la lutte contre le feu.

Harrison Street ❽

Plan 4 D5. **Ⓜ** *Chambers St.*

Entouré d'immeubles élevés,
cet alignement de huit
maisons de ville de style
fédéral restaurées avec leurs
toits inclinés et leurs lucarnes
distinctives ressemble à un
décor de théâtre. Ces maisons
furent bâties à la fin du
xviiiᵉ siècle et au début
du xixᵉ siècle. Deux d'entre
elles, dessinées par John
McComb Jr., premier grand
architecte new-yorkais
d'origine américaine, ont été
transplantées depuis

Washington Street, leur
emplacement d'origine pour
des raisons de conservation.
Ces maisons employées
comme entrepôts étaient
sur le point d'être rasées
quand, en 1969, la Commission
des sites intervint afin de
trouver les fonds pour les
mettre à l'abri et les faire
restaurer. Elles appartiennent
aujourd'hui à des propriétaires
privés. Au-delà des gratte-ciel
s'étend Washington
Market Park,
qui occupe l'ancien
site d'un marché
de gros transféré
dans le Bronx
au début des
années 1970.

White Street ❾

Plan 4 E5. **Ⓜ** *Franklin St.*

Sans être aussi belle que
celle de certains des *blocks*
de SoHo, l'architecture *cast-
iron* de TriBeCa permet aux
visiteurs d'admirer une palette
de styles très étendue.
L'immeuble du n° 2 présente
des caractéristiques du style
fédéral et un toit à deux pentes
d'un genre fort rare, très
différent du toit mansardé
du n° 17. Le n° 8-10, conçu
en 1869 par Henry Fernbach,
présente des arches et colonnes
toscanes.C'est un bon exemple
d'architecture néo-Renaissance
avec des étages supérieurs de
moindres dimensions construits
pour donner l'impression que
le bâtiment est encore plus
élevé qu'il n'est réellement.
Le n° 38 abrite la galerie de
Rudi Stern, Let There Be Neon.

**La galerie de Rudi Stern Let There
Be Neon, sur White Street**

GREENWICH VILLAGE

Les New-Yorkais l'appellent simplement « le Village ». Ce fut effectivement un village rural, où les citadins vinrent se réfugier lors de l'épidémie de fièvre jaune de 1822.

Le plan tortueux de ses rues, qui reflète l'ancien tracé des parcelles et des cours d'eau, en a fait une sorte d'enclave, un havre de bohème cher à de nom-

Enseigne d'un club de jazz sur West 3rd Street

breux peintres et écrivains. Aujourd'hui apprécié des gays, il s'est cependant embourgeoisé. Près de Washington Square, règnent les étudiants de New York University. Autrefois bon marché, East Village attire aujourd'hui une foule branchée. À Meatpacking District, toujours en activité, boutiques à la mode et restaurants se succèdent.

LE QUARTIER D'UN COUP D'ŒIL

Rues et bâtiments historiques
Grove Court **4**
Isaacs-Hendricks House **3**
Jefferson Market Courthouse **7**
Meatpacking District **5**
New York University **14**
N° 75 ½ Bedford Street **2**
Patchin Place **8**

St Luke's Place **1**
Salmagundi Club **10**
Washington Mews **13**

Musées et galeries d'art
Forbes Magazine Building **9**

Églises
Church of the Ascension **12**
First Presbyterian Church **11**
Judson Memorial Church **15**

Parcs et squares
Sheridan Square **6**
Washington Square **16**

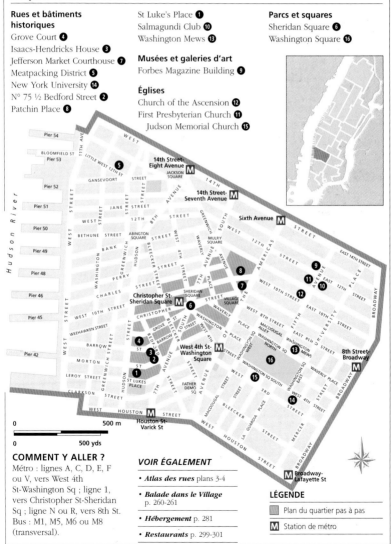

COMMENT Y ALLER ?
Métro : lignes A, C, D, E, F ou V, vers West 4th St-Washington Sq ; ligne 1, vers Christopher St-Sheridan Sq ; ligne N ou R, vers 8th St. Bus : M1, M5, M6 ou M8 (transversal).

VOIR ÉGALEMENT
• *Atlas des rues* plans 3-4
• *Balade dans le Village* p. 260-261
• *Hébergement* p. 281
• *Restaurants* p. 299-301

LÉGENDE
Plan du quartier pas à pas
M Station de métro

◁ **Terrasse de café à Greenwich Village, une ambiance bohème**

Greenwich Village pas à pas

Une promenade dans les rues du « Village » réserve toujours d'agréables surprises : jolies maisons, allées secrètes ou cours verdoyantes. L'architecture souvent désordonnée est bien en accord avec l'ambiance bohème du quartier. De nombreuses célébrités, dont le dramaturge Eugene O'Neill ou l'acteur Dustin Hoffman, se sont installées dans les maisons et les appartements qui bordent les vieilles rues étroites. C'est à la nuit tombée que le Village se réveille, pour vivre au rythme de ses cafés, de ses clubs et de ses théâtres d'avant-garde.

Le Theatre Lucille Lortel, au 121 Christopher Street, a ouvert ses portes en 1955 avec *L'Opéra de quat' sous.*

Christopher Street, point de rencontre de la communauté gay, est bordée de multiples boutiques, bars et librairies.

Twin Peaks, au n° 102 Bedford Street, fut une maison ordinaire, construite en 1830. En 1926, l'architecte Clifford Daily la transforme en résidence pour artistes, la jugeant propice à l'épanouissement de la créativité.

Grove Court
Six maisons ont été bâties en 1853-1854 au fond d'une paisible cour verdoyante ❹

Chumley's, au n° 86 Bedford Street *(p. 317),* fut un speakeasy avant d'être un restaurant. Il a conservé son goût du secret : seul le menu affiché permet de l'identifier.

Au n° 75 1/2 Bedford Street
se dresse la maison la plus étroite de la ville, bâtie en 1873 dans une allée ❷

★ St Luke's Place
Ce bel alignement de maisons de style italianisant fut édifié vers 1850 ❶

Vers la station de métrode Houston Street (à 2 *blocks*)

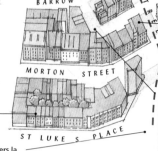

Le **Cherry Lane Theatre** fut fondé en 1924 dans ce qui était à l'origine une brasserie. Il fut l'un des premiers théâtres en dehors de Broadway.

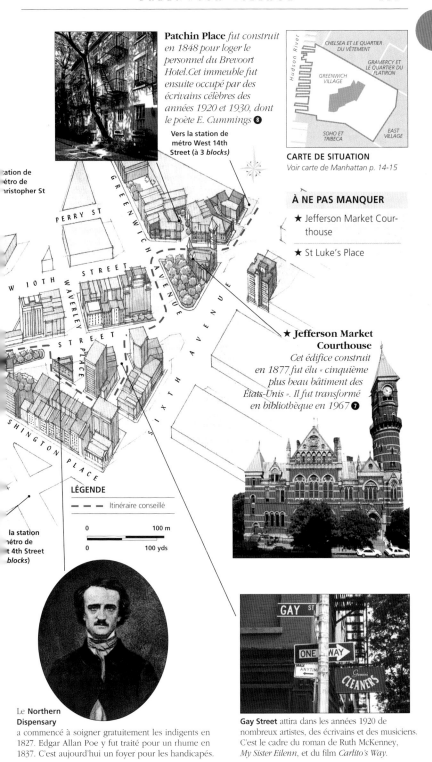

Patchin Place *fut construit en 1848 pour loger le personnel du Brevoort Hotel. Cet immeuble fut ensuite occupé par des écrivains célèbres des années 1920 et 1930, dont le poète E. Cummings* ❽

Vers la station de métro West 14th Street (à 3 blocks)

CARTE DE SITUATION
Voir carte de Manhattan p. 14-15

CHELSEA ET LE QUARTIER DU VÊTEMENT

GRAMERCY ET LE QUARTIER DU FLATIRON

GREENWICH VILLAGE

Hudson River

SOHO ET TRIBECA

EAST VILLAGE

À NE PAS MANQUER

★ Jefferson Market Courthouse

★ St Luke's Place

ation de
étro de
hristopher St

PERRY ST

GREENWICH AVENUE

W 10TH STREET

WAVERLEY PLACE

STREET PLACE

WASHINGTON PLACE

SIXTH AVENUE

★ Jefferson Market Courthouse
Cet édifice construit en 1877 fut élu « cinquième plus beau bâtiment des États-Unis ». Il fut transformé en bibliothèque en 1967 ❼

la station
métro de
t 4th Street
blocks)

LÉGENDE

– – – Itinéraire conseillé

0   100 m
0   100 yds

Le **Northern Dispensary** a commencé à soigner gratuitement les indigents en 1827. Edgar Allan Poe y fut traité pour un rhume en 1837. C'est aujourd'hui un foyer pour les handicapés.

Gay Street attira dans les années 1920 de nombreux artistes, des écrivains et des musiciens. C'est le cadre du roman de Ruth McKenney, *My Sister Eilenn*, et du film *Carlito's Way*.

Maisons sur St Luke's Place

St Luke's Place ❶

Plan 3 C3. Ⓜ *Houston St.*

Un alignement de 15 belles maisons datant des années 1850 borde le côté nord de cette rue. Le parc qui leur fait face a reçu le nom d'un ancien résident de St Luke's Place, Jimmy Walker, maire de la ville de 1926 à 1932, qui dut démissionner à la suite d'un scandale financier. Devant le n° 6 se dressent les réverbères qui à New York permettent d'identifier la demeure d'un maire de la ville. La maison la plus célèbre est celle qui porte le n° 10, présentée à la télévision, dans *The Cosby Show*, en tant que demeure de la famille Huxtable. C'est également dans cette rue que fut tourné le film *Wait Until Dark*, dans lequel Audrey Hepburn interprétait une jeune aveugle vivant au n° 4. Theodore Dreiser habitait au n° 16 lorsqu'il rédigea *An American Tragedy* (d'autres gens de lettres, dont la poétesse Marianne Moore, vécurent également dans cette rue). À un *block* de distance, vers le nord, le carrefour de Hudson et Morton Streets est situé là où se trouvait il y a trois siècles la rive de Hudson River.

Mayor's Lamp au n° 6

N° 75½ Bedford Street ❷

Plan 3 C2. Ⓜ Houston St. Ⓒ *au public.* **www.**cherrylanetheatre.com

La maison la plus étroite de New York, large de 2,90 m, fut bâtie en 1893 dans un ancien passage. La poétesse Edna Saint Vincent Millay y vécut brièvement, tout comme les acteurs John Barrymore puis Cary Grant. Cette maison sur trois niveaux, aujourd'hui rénovée, est indiquée par une plaque.

À deux pas de là, au n° 38 Commerce Street, Miss Millay fonda en 1924 le théâtre de Cherry Lane, où sont encore créées des œuvres de jeunes auteurs, et qui connut son heure de gloire dans les années 1960 avec *Godspell*.

Isaacs-Hendricks House ❸

77 Bedford St. **Plan** 3 C2. Ⓜ *Houston St.* Ⓒ *au public.*

Cette maison construite en 1799 est la plus ancienne subsistant dans le Village. Les vieux murs de bardeaux sont encore visibles sur l'arrière et les côtés ; la brique et le deuxième étage ont été ajoutés ultérieurement. Le premier propriétaire, John Isaacs, acquit le terrain en 1794 pour 295 $. Vint ensuite Harmon Hendricks, marchand de cuivre et associé du révolutionnaire Paul Revere ; il eut pour client Robert Fulton, qui utilisait le cuivre pour les chaudières de ses bateaux à vapeur.

Isaacs-Hendricks House

Grove Court ❹

Plan 3 C2. Ⓜ *Christopher St-Sheridan Sq.*

Un épicier entreprenant du nom de Samuel Cocks construisit ces six maisons de ville enchâssées dans un tournant que décrit la rue. Cocks escomptait que les habitants du terrain auparavant vacant situé entre les n⁰ˢ 10 et 12 de Grove Street viendraient grossir la clientèle de son magasin du n° 18.

Les *courts* résidentielles, aujourd'hui fort prisées, étaient en 1854 jugées peu respectables, ce qui valut à Grove Court d'être initialement fort mal fréquentée. En 1902, O. Henry fit de ce pâté de maisons le cadre de son roman *The Last Leaf*.

Meatpacking District ❺

Plan 3 B1 Ⓜ *14th St (lignes A, C et E) ; 8th av L ; Christopher St-Sheridan Sq.*

Cet ancien quartier des abattoirs où les bouchers se promenaient jadis en tabliers tachés de sang a changé de physionomie, surtout la nuit. Coincé entre la 14ᵉ Rue au sud

Maisons de ville du milieu du XIXᵉ siècle à Grove Court

et la 9ᵉ Avenue à l'ouest, il est ponctué de clubs branchés, de bars et de petits hôtels de charme où les New-Yorkais viennent s'amuser. Son renouveau date de l'installation du club privé londonien Soho House, suivi de l'élégant Hotel Gansevoort. Les restaurants branchés côtoient les couturiers tendance, dont Stella McCartney et Alexander McQueen.

Le succès du Meatpacking District tient bien sûr aux plaisirs nocturnes qu'il procure aux urbains chics, et les noctambules y retrouvent peut-être parfois le piment de l'activité qui donna son nom au quartier.

Sheridan Square ❻

Plan 3 C2. Ⓜ *Christopher St-Sheridan Sq.*

Cette place, où convergent sept rues, est le cœur du Village. Elle porte le nom du général Philip Sheridan, qui s'illustra lors de la guerre de Sécession et devint en 1883 commandant en chef de l'US Army. Sa statue se dresse dans Christopher Park.

En 1863, la place fut le théâtre d'une révolte contre le service militaire. Plus d'un siècle plus tard, un autre épisode violent eut lieu : malgré l'interdiction qui frappait les lieux de réunion homosexuels, Stonewall Inn, sur Christopher Street, un bar était resté ouvert au prix du versement de pots-de-vin à la police. Le 28 juin 1969, les clients se rebellèrent contre cet état de fait : à l'issue de la bataille rangée qui s'ensuivit, les policiers se barricadèrent pendant des heures à l'intérieur de l'établissement, sous les huées de la foule massée à l'extérieur. Cet événement fut perçu comme une victoire morale par le jeune mouvement pour la reconnaissance des droits des homosexuels. Le Village est resté un haut lieu de la communauté gay.

« Old Jeff », la tour pointue du Jefferson Market Courthouse

Jefferson Market Courthouse ❼

425 Ave of the Americas. **Plan** 4 D1. **Tél**. *(212) 243-4334.* Ⓜ *W 4th St-Washington Sq.* ◯ *lun. et mer. 12h-20h, mar. 10h-18h, jeu. 12h-18h, ven. 13h-18h, sam. 10h-17h.* ◉ *j.f.* ♿ **www**.*nypl.org*

« Old Jeff », qui est l'un des édifices fétiches du Village, a échappé aux démolisseurs pour être transformé en annexe de la New York Public Library, à la suite d'une campagne animée qui s'ouvrit lors d'une fête de Noël à la fin des années 1950.

Le site, qui devint un marché en 1833, reçut le nom de l'ancien président des États-Unis Thomas Jefferson. Sa tour abritait une énorme cloche qui retentissait en cas d'incendie pour alerter les pompiers volontaires du quartier. En 1865, la création du corps municipal des sapeurs-pompiers rendit la cloche inutile ; le palais de justice de Jefferson Market qui fut alors construit, fut désigné comme l'un des dix plus beaux édifices du pays.

La cloche fut installée dans sa tour. C'est là qu'en 1906 Harry

La statue du général Sheridan à Christopher Park

Thaw fut jugé pour le meurtre de Stanford White *(p. 126)*. En 1945, le marché avait déménagé, le tribunal était désaffecté, l'horloge était arrêtée et le bâtiment menaçait ruine. Dans les années 1950, des défenseurs du patrimoine luttèrent pour obtenir la restauration de l'horloge, puis celle de l'édifice tout entier. L'architecte Giorgio Cavalieri a préservé nombre des détails originels, dont les vitraux et un bel escalier en colimaçon.

Une façade et un ailante de Patchin Place

Patchin Place ❽

W 10th St. **Plan** 4 D1. Ⓜ *W 4th-Washington Sq.*

Ce minuscule pâté de petites demeures bordé d'ailantes plantés «pour régénérer l'atmosphère» est l'une des enclaves pleines de charme du Village. Ces maisons furent construites au milieu du XIXᵉ siècle pour loger les serveurs basques d'un grand hôtel de la 5ᵉ Avenue, Brevoort.

Plus tard, de nombreux écrivains célèbres vinrent y habiter. Le poète E. Cummings vécut au n° 4 de 1923 jusqu'à sa mort en 1962. Le poète anglais John Masefield résida également dans l'une de ces maisons, tout comme le dramaturge Eugene O'Neill, ou encore John Reed, dont le témoignage sur la Révolution russe, *Les Dix Jours qui ébranlèrent le monde*, fut porté à l'écran par Warren Beatty, sous le titre de *Reds*.

Jouet mécanique appartenant à
la Forbes Collection

Forbes Magazine Building **❾**

60 5th Ave. **Plan** 4 E1. **Tél.** (212)
206-5548. Ⓜ 14th St-Union Sq.
Musée d'art ⬜ mar.-mer.
10h-16h, ven.-sam. (horaires
variables). Poussettes interdites
🎫 ♿ ⬜ j.f.

D'aucuns jugent pompeux ce
cube de grès conçu en 1925
par Carrère & Hastings, qui fut
d'abord le siège de la maison
d'édition MacMillan. Lorsque
celle-ci déménagea uptown,
Malcom Forbes y installa sa
revue financière *Forbes*. Forbes
Magazine Galleries illustrent ici la
diversité des goûts de Forbes ;
y sont notamment exposés plus
de 500 maquettes de bateaux
anciennes, des jeux de
Monopoly, des trophées,
12 000 petits soldats, et un
exemplaire signé de la main
d'Abraham Lincoln du *Discours
de Gettysburg*, ainsi que des
tableaux français et américains,
d'inspiration militaire.

Salmagundi Club **❿**

47 5th Ave **Plan** 4 E1. **Tél.** (212)
255-7740. Ⓜ 14th St-Union Sq.
⬜ t.l.j. 13h-17h. 📷
www.salmagundi.org

Ce club d'artistes, le plus
ancien du pays, occupe le
dernier hôtel particulier du bas
de la 5ᵉ Avenue. Construit en
1853 pour Irad Hawley, il est
le siège de l'American Artists'
Professional League, celui de
l'American Watercolor Society
et celui de la Greenwich
Village Society for His-
toric Preservation. Le
club doit son nom à la
revue satirique créée
par W. Irving, *The Sal-
magundi Papers*.
Fondé en 1871, il s'installa
dans ces locaux en 1917. À
l'occasion d'expositions,
l'intérieur, datant de la fin du
XIXᵉ siècle, est ouvert au public.

Extérieur du Salmagundi Club

First Presbyterian Church **⓫**

5th Ave at 12th St. **Plan** 4 D1. **Tél.**
(212) 675-6150. Ⓜ 14th St-Union Sq.
⬜ lun., mer. et ven. 11h45-12h30,
dim. 11h-12h30. ✝ mer. 18h dans la
chapelle. **www**.fpcnyc.org

Cette église néo-gothique fut
érigée en 1846 par Joseph C.
Wells. Elle a pour caractéristique
principale une tour en grès
brun ou *brownstone*. Le nom
des pasteurs depuis 1716 est
gravé sur des plaques de bois,
sur l'autel. Le transept sud,
dû à McKim, Mead & White,
a été ajouté en 1893. La
clôture de fer et de bois,
construite en 1844, a été
restaurée en 1981.

Church of the Ascension **⓬**

5th Ave at 10th St. **Plan** 4 E1.
Tél. (212) 254-8620.
Ⓜ 14th St-Union Sq.
⬜ t.l.j. 12h-14h et 17h-19h.
✝ lun.-ven.18h, dim. 9h, 11h.
📷 sauf lors des services.
www.ascensionnyc.org

Church of the Ascension

Cette église de style néo-
gothique fut construite en
1840-1841 par Richard
Upjohn, architecte de Trinity
Church. L'intérieur fut remanié
en 1888 par Stanford White.
Une peinture murale de John
La Farge, *L'Ascension,* domine
l'autel. Le clocher est illuminé
la nuit, ce qui permet d'admirer les vitraux, dont certains
sont également l'œuvre de La
Farge. C'est dans cette église
qu'en 1844 le président John
Tyler épousa Julia Gardiner,
qui habitait Colonnade Row
(p. 120).

Washington Mews **⓭**

Entre Washington Sq N et
E 8th St. **Plan** 4 E2. Ⓜ W 4th St.

Ces anciennes écuries furent
transformées vers 1900. La
partie sud fut ajoutée en 1939.
Gertrude Vanderbilt Whitney,
fondatrice du Whitney
Museum *(p. 200-201),* y vécut.
Au nᵒ 16 se dresse la
maison de la France, rénovée
dans un style français. Elle se
consacre à la défense de la
culture française par le biais
de films, de conférences et de
cours, gratuits pour la plupart.

New York University ⑭

Washington Sq. **Plan** 4 E2.
Tél. *(212) 998-1212, (212) 998-4636.* Ⓜ *W 4th St.* ◯ *lun.-ven. 8h30-20h.* **www**.nyu.edu

Initialement baptisée University of the City of New York, NYU fut créée en 1831 pour faire pendant à Episcopalian Columbia University. Aujourd'hui, la plus grande université privée américaine occupe le quartier de Washington Square.

La construction des premiers bâtiments, à Waverly Place, provoqua les émeutes de 1833 : des entrepreneurs protestaient contre l'emploi de détenus sur le chantier. La Garde nationale rétablit l'ordre. Ce premier bâtiment n'existe plus, mais un monument comprenant un fragment de la tour a été placé à Washington Square South. Cet édifice vit naître le télégraphe de Samuel Morse, le premier portrait photographique de John W. Draper et le pistolet à six coups de Samuel Colt.

Le Buste de Sylvette **par Picasso, entre Bleecker et West Houston Street**

Brown Building (à Washington Place, près de Greene Street) était jadis occupé par la Triangle Shirtwaist Company ; en 1911, la mort de 146 ouvriers dans l'incendie du bâtiment conduisit à l'adoption d'une nouvelle législation du travail.
Le buste de Sylvette, agrandissement de 11 m d'une sculpture de Picasso, orne University Village.

Judson Memorial Church ⑮

55 Washington Sq S. **Plan** 4 D2.
Tél. *(212) 477-0351.* Ⓜ *W 4th St.* ◯ *lun.-ven. 10h-13h et 14h-18h.* ✝ *dim. 11h.* **www**.judson.org

Cette église construite en 1892 par McKim, Mead & White est un imposant édifice roman orné de vitraux de John La Farge. Conçue par Stanford White, elle doit son nom au premier missionnaire américain envoyé en terre étrangère, Adoniram Judson, qui servit en Birmanie en 1811. Une copie de sa traduction de la Bible en birman fut insérée dans la pierre angulaire lors de la consécration de l'église.

L'église est surtout remarquable par l'esprit qui y souffle. Judson Memorial joue depuis longtemps un rôle social actif, aux plans local et international, dans des domaines aussi divers que la lutte contre le sida ou l'action en faveur du désarmement mondial.

L'arc de triomphe de Washington Square

Washington Square ⑯

Plan 4 D2. Ⓜ *W 4th St.*

Washington Square, qui est aujourd'hui l'une des places les plus animées de New York, était jadis un marécage parcouru par un paisible ruisseau. À la fin du xviiie siècle, le secteur avait été transformé en cimetière : lorsque les travaux de création du parc commencèrent, 10 000 squelettes furent exhumés. La place fut un temps le pré carré des duellistes, puis des pendaisons y eurent lieu en public jusqu'en 1819. L'« orme des pendaisons » se dresse toujours dans le coin nord-ouest de la place. En 1826, le marais fut asséché et le ruisseau détourné sous terre. Il y coule toujours . son cours est indiqué par un petit panonceau apposé sur une fontaine à l'entrée du n° 2 de la 5e Avenue.

Un arc de triomphe en marbre, dû à Stanford White, achevé en 1895 et récemment rénové, remplace une arche en bois, érigé à l'occasion du centenaire de l'accession de Washington à la présidence. En 1916, un groupe d'artistes conduit par Marcel Duchamp et John Sloan gagna le sommet de l'arc pour proclamer la naissance de l'État de Nouvelle-Bohême, « République libre et indépendant de Washington Square ». De l'autre côté de la rue, The Row, aujourd'hui intégré à NYU, eut jadis pour occupants les plus éminentes familles de New York. La famille Delano, les écrivains Edith Wharton, Henry James et John Dos Passos y vécurent, tout comme le peintre Edward Hopper. Le n° 8 fut la résidence officielle du maire.

Étudiants et promeneurs fréquentent assidûment le parc, ainsi que quelques dealers – mais dans la journée la sécurité y est assurée.

Fenêtre à l'angle de 4th West Street et Washington Square

EAST VILLAGE

Peter Stuyvesant possédait un domaine campagnard dans East Village. Au XIXᵉ siècle, les Astor et les Vanderbilt y vécurent ; mais vers 1900, la haute société se déplaça vers le nord et fut remplacée par des immigrants.

Mosaïque, façade de St Georges's Ukrainian Catholic Church

Irlandais, Allemands, juifs, Polonais, Ukrainiens et Porto-Ricains y ont laissé leur empreinte sous la forme d'églises, de monuments... ou de restaurants – parmi les plus variés et

les moins chers de New York. Dans les années 1960, le niveau peu élevé des loyers attira la Beat Generation ; puis les punks succédèrent aux hippies. Quant aux clubs de musique expérimentale et aux théâtres, ils sont toujours aussi nombreux. Astor Place est le lieu de rencontre favori des étudiants de NYU et du collège Cooper Union. À l'est s'étend Alphabet City, un quartier devenu très branché, défini par les avenues A, B, C et D.

LE QUARTIER D'UN COUP D'ŒIL

Rues et bâtiments historiques
Bayard-Condict Building ❽
Colonnade Row ❸
Cooper Union ❶

Musées
Merchant's House
   Museum ❹

Églises
Grace Church ❻
St Mark's-in-the-
   Bowery
   Church ❺

Parcs
Tompkins Square ❼

Théâtres célèbres
Public Theater ❷

VOIR ÉGALEMENT
• *Atlas des rues* plans 4, 5
• *Hébergement* p. 281-282
• *Restaurants* p. 301-302

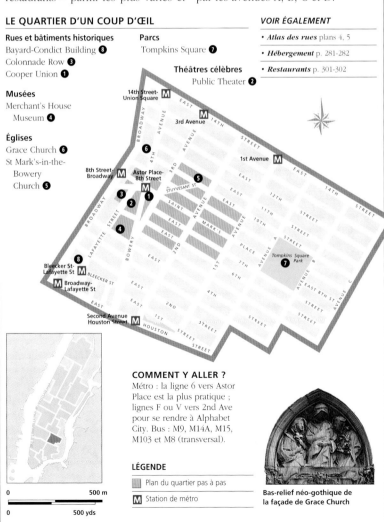

COMMENT Y ALLER ?
Métro : la ligne 6 vers Astor Place est la plus pratique ; lignes F ou V vers 2nd Ave pour se rendre à Alphabet City. Bus : M9, M14A, M15, M103 et M8 (transversal).

LÉGENDE

▨ Plan du quartier pas à pas

Ⓜ Station de métro

Bas-relief néo-gothique de la façade de Grace Church

◁ **L'intérieur de McSorley's Old Ale House**

East Village pas à pas

À l'angle des actuelles 10th St et Stuyvesant St se dressait jadis la maison de campagne de Peter Stuyvesant. Ayant hérité de la majeure partie du domaine, son petit-fils (qui portait le même nom) y fit tracer des rues en 1787. Les hauts lieux du quartier historique de St Mark sont St Mark's-in-the-Bowery Church, la maison Stuyvesant-Fish et la demeure de Nicholas Stuyvesant (1795). De nombreuses autres maisons, bâties entre 1871 et 1890, ont conservé des détails architecturaux d'origine.

Station de métro Astor Place (ligne 6)

Astor Place fut en 1849 le théâtre de graves émeutes, après que l'acteur anglais William Macready, qui jouait Hamlet à l'Astor Place Opera House, eut critiqué l'acteur américain Edwin Forrest. Les admirateurs de ce dernier s'étant soulevés, la répression qui s'ensuivit fit 34 morts.

Alamo est un cube d'acier de Bernard Rosenthal, de 4,50 m de côté, qui pivote lorsqu'on le pousse.

E 9TH ST

ASTOR PLACE

LAFAYETTE STREET

STABLE COURT

BOWERY

4TH

Colonnade Row
Aujourd'hui délabré, cet alignement jadis somptueux comptait neuf maisons (il n'en reste que quatre) unifiées par une façade unique. Le marbre des colonnes fut extrait par des détenus de Sing Sing ❸

Public Theater
En 1965, à l'instigation de Joseph Papp, la Ville racheta Astor Library (1849) pour la transformer en théâtre. À l'issue des travaux de restauration, de nombreuses pièces célèbres y furent créées ❷

À NE PAS MANQUER

★ Cooper Union

★ Merchant's House Museum

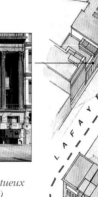

★ **Merchant's House Museum**
Ce musée abrite une intéressante collection de mobilier américain ❹

★ Cooper Union
*Fondé en 1859
par l'autodidacte
Peter Cooper, ce
collège dispense
un enseignement
gratuit* ❶

**St Mark's-in-the-
Bowery Church**
*Cette église fut
édifiée en 1799,
le clocher a été
ajouté en 1828* ❺

CARTE DE SITUATION
Voir carte de Manhattan p. 14-15

Stuyvesant-Fish House (1803-1804), construite en brique, est un exemple classique de demeure de style fédéral.

Renwick Triangle
est un ensemble
de 16 maisons
bâties en 1861
dans un style
anglo-italien.

Stuyvesant Polyclinic fut fondée en 1857 sous le nom de German Dispensary. Cette clinique se signale par sa façade ornée des bustes de médecins et savants célèbres.

St Mark's Place fut un haut lieu de la culture hippy. Des magasins « branchés » occupent nombre des sous-sols de cette rue.

0   100 m
0   100 yds

Little India,
permet de
voyager en Inde à
prix modique, au gré
des restaurants indiens du
côté sud de la 6ᵉ Rue Est.

LÉGENDE

– – – Itinéraire conseillé

Little Ukraine est peuplée par 30 000 Ukrainiens regroupés autour de St Georges' Church.

McSorley's Old Ale House continue de brasser sa propre bière, servie dans un cadre apparemment inchangé depuis 1854 (*p. 317*).

Le grand hall de Cooper Union, où s'exprima Abraham Lincoln

Cooper Union ❶

7 East 7th St. **Plan** 4 F2. **Tél.** (212) 353-4000. Ⓜ Astor Pl. ◗ lun.-ven. 11h-19h, sam. 11h-17h, ou pour conférences et concerts dans Great Hall ◕ juin-août et j.f. Ⓧ ♿ **www.**cooper.edu

Peter Cooper, riche industriel qui construisit la première locomotive à vapeur américaine, les premiers rails d'acier, et fut associé à la mise en place du premier câble transatlantique, n'avait pas fait d'études. En 1859, il fonda le premier collège privé gratuit, mixte et non-confessionnel de New York. Aujourd'hui, la concurrence est rude pour y entrer. L'immeuble de cinq étages, rénové en 1974, fut le premier à être construit autour d'une armature d'acier (faite des rails de Cooper). Le grand hall fut inauguré en 1859 par Mark Twain ; l'année suivante, Lincoln y prononça son célèbre discours « Le droit fait la Force ».

Public Theater ❷

425 Lafayette St. **Plan** 4 F2. **Tél.** (212) 239-6200 (tickets). Admin (212) 539-8500 Ⓜ Astor Pl. Voir **Se distraire** p. 344. **www.**publictheater.org

Ce grand édifice de brique rouge et de grès brun fut construit en 1849 sous le nom d'Astor Library (première

bibliothèque publique gratuite de la ville). En 1965, alors que le bâtiment était menacé de démolition, Joseph Papp, fondateur du New York Shakespeare Festival qui deviendra The Public Theater, obtint que la Ville le rachetât pour en faire le siège de sa compagnie. Les travaux de rénovation furent entrepris en 1967. Une grande partie de l'intérieur a été préservée lors de la transformation en six salles de théâtre. Les œuvres qui y sont mises en scène sont surtout à caractère expérimental, mais le Public Theater a aussi vu la création de comédies musicales telles que *Hair* ou *A Chorus Line* (qui allait ensuite remporter un succès sans précédent à Broadway).

Colonnade Row ❸

428-434 Lafayette St. **Plan** 4 F2. Ⓜ Astor Pl. ◕ au public.

Les colonnes corinthiennes alignées sur la façade de ces quatre maisons sont le seul vestige de ce qui fut une magnifique rangée de neuf maisons de ville de style néo-grec. Achevé en 1833 par le promoteur Seth Geer, Colonnade Row fut qualifié de « Folie de Geer » par les sceptiques qui jugeaient impossible que quiconque fût prêt à

s'installer aussi loin à l'est. accueillir des maisons. Ces citoyens aussi éminents que John Jacob Astor et Cornelius Vanderbilt. L'écrivain W. Irving, y vécut aussi, tout comme les grands romanciers anglais William Thackeray et Charles Dickens. Cinq maisons furent rasées au début du XXᵉ siècle pour céder la place à un garage. Celles qui ont subsisté sont hélas en ruine.

Merchant's House Museum ❹

29 E 4th St. **Plan** 4 F2. **Tél.** (212) 777-1089. Ⓜ Astor Pl., Bleecker St. ◗ lun., jeu.-dim. 12h-17h et sur r.-v. 🎥 Ⓧ (flash interdit). 🎫 📷 **www.**merchantshouse.com

Ce poêle de fonte est depuis le XIXᵉ siècle dans la cuisine de Merchant's House Museum

Cette remarquable maison de ville de style néo-grec semble presque incongrue dans son *block* de East Village. Elle a conservé son aspect d'origine, tout comme le mobilier, la décoration et les objets de la famille qui y vécut pendant près d'un siècle. Bâtie en 1832, elle fut achetée en 1835 par un riche commerçant, Seabury Tredwell, et demeura propriété familiale jusqu'à la mort de sa fille Gertrude en 1933. Celle-ci avait préservé la maison de son père en l'état, et un parent en fit un musée en 1936. Les somptueux salons du rez-de-chaussée illustrent l'aisance dans laquelle vivaient les gros commerçants new-yorkais au XIXᵉ siècle.

Public Theater, sur Lafayette Street

St Mark's-in-the-Bowery Church ❺

131 E 10th St. **Plan** 4 F1. **Tél.** (212) 674-6377. Ⓜ Astor Pl. ◯ lun.-ven. 8h30-16h sauf en cas de répétition poétique. ✝ mer. 18h, dim. 11h ; en espagnol : sam. 17h30. **www**stmarks church-in-the-bowery.org

Cette église épiscopalienne datant de 1799 fut bâtie sur le site d'une église construite en 1660 sur le domaine de la *bowerie* (ou ferme) du gouverneur Peter Stuyvesant. Celui-ci y est inhumé, aux côtés de sept générations de ses descendants et de notables new-yorkais. La mémoire du poète W.H. Auden, qui fut l'un des paroissiens, y est célébrée.

En 1878, la dépouille du magnat de la distribution A.T. Stewart fut dérobée, les ravisseurs exigeant 20 000 $ pour la restituer.

Le presbytère du 232 East 11th Street est d'Ernest Flagg, lequel doit sa notoriété au Singer Building *(p. 106)*.

Grace Church ❻

802 Broadway. **Plan** 4 F1. **Tél.** (212) 254-2000. Ⓜ Astor Pl, Union Sq. 🚌 M1. ✝ juil.-août : dim. 10h et 18h ; sept.-juin : dim. 9h, 11h et 18h. 🚫 ♿ **Concerts**. **www**.gracechurchnyc.org

Grace Church est visible de très loin, car elle est implantée dans un virage de Broadway (un propriétaire s'était opposé à ce que l'artère traverse son verger !). James Renwick Jr., architecte de St Patrick's Cathedral, n'avait que 23 ans lorsqu'il dessina cette église considérée comme sa plus grande réussite. Les gracieuses lignes néo-gothiques de cet édifice sont en accord avec son nom. L'intérieur est tout aussi beau, orné de vitraux préraphaélites et d'un superbe

Tom Pouce et son épouse à Grace Church

sol en mosaïque. On craignait que la flèche de marbre qui en 1888 remplaça le clocher de bois ne fût trop lourde pour l'édifice : elle s'est effectivement inclinée depuis lors. La paix et la sérénité qui émanent de cette église furent brièvement rompues en 1863 par le chahut qui accompagna le mariage d'un célèbre nain, le « général Tom Pouce », mariage organisé par Ph. Barnum.

L'autel et le vitrail de Grace Church

Tompkins Square ❼

Plan 5 B1. Ⓜ 2nd Ave, 1st Ave. 🚌 M9, M14A.

Ce parc à l'anglaise, d'apparence fort paisible, fut pourtant le théâtre de maints événements violents. La première manifestation ouvrière des États-Unis y fut organisée en 1874. Fréquenté par les hippies dans les années 1960, il connut des émeutes sanglantes en 1991, après que la police eut essayé d'expulser les sans-abri qui l'avaient investi. Un monument se dresse dans le parc en souvenir d'une tragédie qui frappa le quartier en 1904 :

la petite statue qui représente un garçon et une fillette observant la vapeur commémore l'incendie du *General Slocum*, survenu lors d'une excursion sur East River, qui fit plus de 1 000 morts (dont une majorité de femmes et d'enfants du voisinage). De nombreux hommes, d'origine allemande pour la plupart, qui avaient perdu toute leur famille dans cette catastrophe, quittèrent alors le quartier.

Bayard-Condict Building ❽

65 Bleecker St. **Plan** 4 F3. Ⓜ Bleecker St.

De délicates colonnes, une élégante façade en filigrane de terre cuite et de superbes corniches distinguent l'unique réalisation new-yorkaise (1898) du grand architecte de Chicago Louis Sullivan, qui eut pour disciple Frank Lloyd Wright et mourut dans la misère en 1924. Sullivan se serait opposé à l'adjonction des anges soutenant la corniche, mais il dut finalement accéder aux désirs du propriétaire. Engoncé dans un pâté d'immeubles commerciaux, Bayard-Condict Building s'apprécie mieux à distance : pour ce faire, il convient de traverser la rue et de descendre Crosby Street.

Bayard-Condict Building

GRAMERCY ET LE QUARTIER DU FLATIRON

Gramercy Park est l'un des quatre squares tracés au XIXe siècle par des promoteurs désireux de reproduire les quartiers résidentiels de nombreuses métropoles européennes

Les splendides demeures qui entourent ce parc furent construites par les meilleurs architectes du pays, comme Calvert Vaux et Stanford White, et occupées par certaines des plus éminentes personnalités de New York. Non loin de là, les boutiques de luxe, les cafés à la mode et les immeubles chic gagnent le bas de la 5e Avenue, au sud du célèbre Flatiron Building.

Lézard d'une statue d'Union Square

LE QUARTIER D'UN COUP D'ŒIL

Rues et bâtiments historiques

- Block Beautiful 11
- Con Edison Headquarters 14
- Cour d'appel de l'État de New York 3
- Flatiron Building 5
- Gramercy Park Hotel 12
- Ladies' Mile 6
- Metropolitan Life Insurance Company 4
- National Arts Club 8
- New York Life Insurance Company 2
- The Library at the Players 9

Musées

- Maison natale de Theodore Roosevelt 7

Églises

- The Little Church Around the Corner 16

Parcs et squares

- Gramercy Park 10
- Madison Square 1
- Stuyvesant Square 13
- Union Square 15

VOIR ÉGALEMENT

- ***Atlas des rues*** plans 8, 9
- ***Hébergement*** p. 282
- ***Restaurants*** p. 302-303

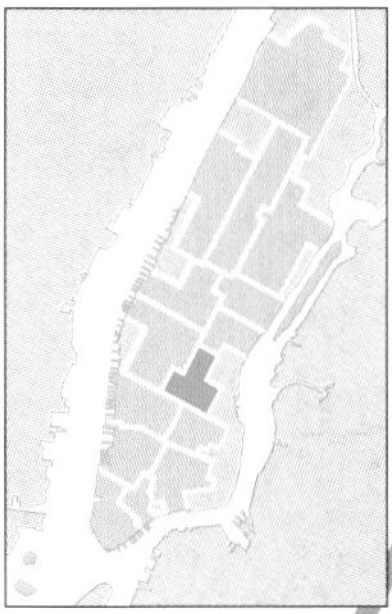

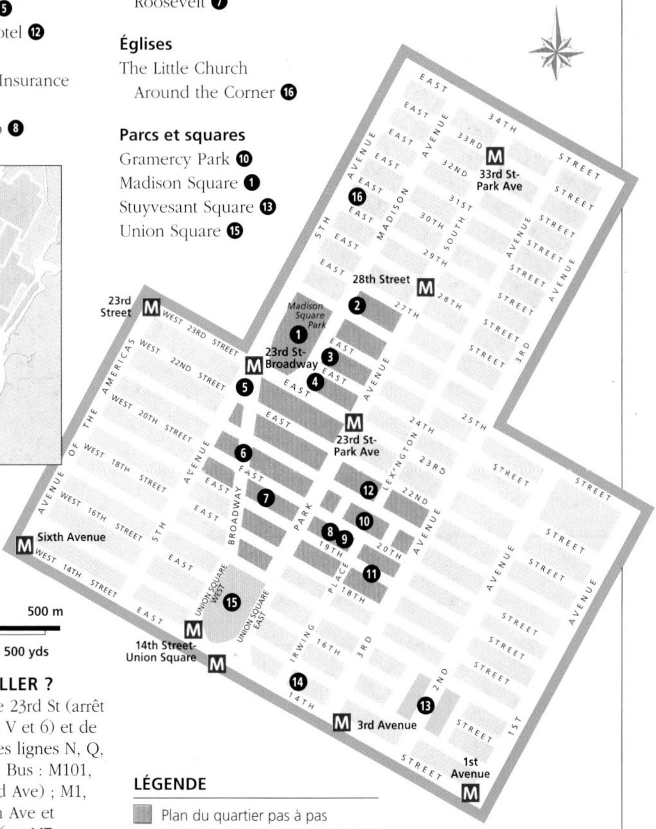

0 500 m

0 500 yds

LÉGENDE

- Plan du quartier pas à pas
- Station de métro

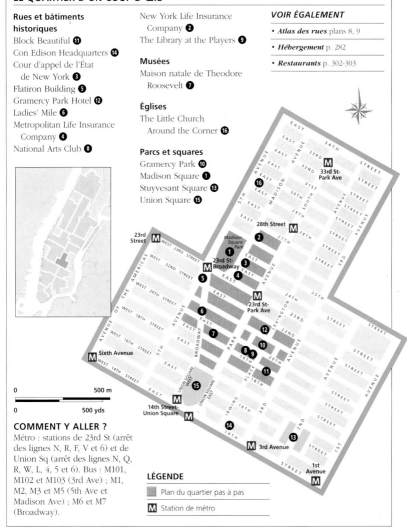

COMMENT Y ALLER ?

Métro : stations de 23rd St (arrêt des lignes N, R, F, V et 6) et de Union Sq (arrêt des lignes N, Q, R, W, L, 4, 5 et 6). Bus : M101, M102 et M103 (3rd Ave) ; M1, M2, M3 et M5 (5th Ave et Madison Ave) ; M6 et M7 (Broadway).

◁ Le siège de Con Edison, de nuit

Gramercy Park pas à pas

Bien que voisins, Gramercy Park et Madison
Square semblent appartenir à deux mondes
distincts. Le second, parcouru par une
intense circulation automobile, est entouré
d'immeubles de bureaux, mais l'architecture
et les nombreuses statues le rendent digne
d'intérêt. L'ancien Madison Square Garden
de Stanford White s'y dressait jadis,
ce qui lui valait d'être envahi par les
New-Yorkais en quête de divertissement.
Quant à Gramercy Park, il ne s'est jamais
départi de sa dignité tranquille. Les
résidences et les clubs
huppés sont demeurés
autour du dernier parc
privé de New York,
auquel seuls les
riverains ont accès.

★ **Madison Square**
*Le Knickerbocker Club, qui y
pratiquait le base-ball dans les
années 1840, fut le premier à
codifier ce sport. Aujourd'hui,
les employés de bureau
déambulent entre les
statues de grands hommes
du XIXᵉ siècle (dont celle de
l'amiral David Farragut)* ❶

Station de métro
de la 23ᵉ Rue
(lignes N et R)

La statue de Diane, au
sommet de l'ancien
Madison Square Garden

Ⓜ

★ **Flatiron Building**
*L'un des plus célèbres gratte-ciel anciens de
New York, qui détenait lors de sa construction
en 1902 le titre de plus grand building du
monde. Il se trouve à l'intersection de la
5ᵉ Ave, de Broadway et de 23rd St* ❺

Ⓜ

**Une horloge
monumentale** située
face au n° 200 de
5th Ave indique
l'extrémité d'un
secteur commerçant
jadis fort en vogue
connu sous le nom
de Ladies' Mile

BROADWAY (LADIES' MILE)

E 21st STREET

Ladies' Mile
*De Union Square
à Madison
Square, Broadway
constituait l'artère
commerçante
la plus prisée de
New York* ❻

E 20th ST

Maison de Theodore Roosevelt
*Cette maison est une reconstitution
de celle où naquit le 26ᵉ président
des États-Unis* ❼

E 19th ST

E 18th ST

LÉGENDE

 — — — Itinéraire conseillé

0	100 m
0	100 yds

E 17th ST

National Arts Club
*Le siège de ce club privé
est situé à l'extrémité
sud du parc* ❽

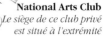

Cour d'appel
Ce petit édifice de marbre serait le palais de justice le plus actif du monde ❸

CARTE DE SITUATION
Voir plan de Manhattan p. 14-15

New York Life Insurance Company
Cette spectaculaire réalisation de Cass Gilbert porte la signature de son concepteur : un sommet en pyramide ❷

Metropolitan Life Insurance Company
De monumentales entrées voûtées marquent les angles de ce bâtiment ❹

À NE PAS MANQUER

★ Flatiron Building

★ Madison Square

Station de métro de 23rd Street (ligne 6)

Gramercy Park
Le parc n'est accessible qu'aux riverains, mais chacun peut goûter le charme paisible des environs ❿

The Library at the Players
Ce club fut fondé en 1888 par l'acteur Edwin Booth ❾

Brotherhood Synagogue fut de 1859 à 1975 un lieu de rassemblement des Quakers, avant de devenir une synagogue.

Block Beautiful
Bien qu'aucune des maisons de la rue ne soit vraiment remarquable, ce tronçon planté d'arbres de la 19e Rue Est a beaucoup de charme ⓫

Pete's Tavern fut inauguré en 1864. O. Henry, chroniqueur attitré de la vie new-yorkaise, y rédigea *The Gift of the Magi*.

Madison Square ❶

Plan 8 F4. Ⓜ *23rd St.*

Statue de Farragut, Madison Square

Conçu pour former le cœur d'un quartier résidentiel de luxe, ce parc devint après la guerre de Sécession un lieu de divertissement populaire, bordé par Madison Square Hotel, Madison Square Theater et Madison Square Garden. Le bras de la statue de la Liberté, portant sa torche, y fut exposé en 1884.

Ce parc est très fréquenté par les employés des bureaux voisins, qui viennent déjeuner sur le pouce. La statue de l'amiral David Farragut (1880), due à Augustus Saint-Gaudens, repose sur un piédestal de Stanford White. Durant la guerre de Sécession, Farragut fut le héros d'une bataille navale : des allégories du Courage et de la Loyauté surgissant des flots sont sculptées sur le socle de la statue. La statue de Roscoe Conkling honore la mémoire d'un sénateur américain qui périt lors du terrible blizzard de 1888. Le mât de la Lumière éternelle, dû à Carrère & Hastings, célèbre la mémoire des soldats tombés en France lors de la Grande Guerre.

New York Life Insurance Company ❷

51 Madison Ave. **Plan** 9 A3. Ⓜ *28th St.* ⭕ *heures de bureau.*

Dans cet imposant building, édifié en 1928 par Cass Gilbert, l'intérieur est somptueux, orné d'énormes lustres, de portes de bronze et de lambris. Un escalier monumental mène à la station de métro !

D'autres édifices célèbres se dressèrent sur ce site : Barnum's Hippodrome, en 1874, puis le premier Madison Square Garden, inauguré en 1879, où le célèbre boxeur Jack Dempsey combattit dans les années 1880. Le second Madison Square Garden, « palais des plaisirs » conçu par Stanford White, ouvrit ses portes sur le même site en 1890. Ses brillantes soirées attirèrent aussitôt l'élite new-yorkaise, qui n'hésitait pas à payer plus de cinq cents dollars le privilège de disposer d'une loge lors du prestigieux concours hippique annuel.

L'édifice présentait des arcades en rez-de-chaussée, ainsi qu'une tour inspirée de la Giralda de Séville, sur laquelle était juchée une statue dorée de Diane. La nudité de la déesse choquait les esprits vertueux, qui s'offusquèrent de la vie décadente de White et de sa mort : en 1906, alors qu'il assistait à une revue, il fut abattu par le milliardaire Harry Thaw, mari son ancienne maîtresse, la *girl* Evelyn Nesbit. La une de *Vanity Fair* résuma l'opinion générale : « Stanford White, libertin et pervers meurt comme un chien ». Le procès qui s'ensuivit fut l'occasion de révélations concernant les mœurs dépravées de la haute société de Broadway.

Toit pyramidal doré de la New York Life Insurance Company

Cour d'appel de l'État de New York ❸

E. 25th St. *(hauteur Madison Ave).* **Plan** 9 A4. Ⓜ *23rd St.* ⭕ *lun.-ven. 9h-17h (audiences mar.-jeu. à partir de 14h et ven. à partir de 10h.* ⭕ *j.f.* 🚫

Les appels relatifs aux affaires civiles et pénales de New York et du Bronx sont jugés dans ce tribunal, souvent considéré comme le plus actif du monde. Ce petit palais de marbre édifié en 1900 par James Brown Lord est décoré de nombreuses sculptures dont une

Ces statues de la *Justice* et de l'*Étude* veillent sur la Cour d'Appel

Justice de Daniel Chester French, flanquée d'allégories de la *Puissance* et de l'*Étude*. En semaine, le public est invité à admirer l'intérieur de la Cour d'Appel de l'État de New York, dû aux frères Herter, et même à visiter la salle de tribunal (lorsque celui-ci n'est pas en session). Parmi d'autres détails, mentionnons les vitraux, la coupole et les peintures murales.

Dans le vestibule, des expositions retracent fréquemment des affaires célèbres et obscures jugées ici ; parmi les célébrités jugées, on pourrait relever les noms de Babe Ruth, Charlie Chaplin, Fred Astaire, Harry Houdini, Theodore Dreiser ou Edgar Allan Poe.

L'horloge du building de la
Metropolitan Life Insurance Co.

Metropolitan Life Insurance Company ❹

1 Madison Ave. **Plan** 9 A4.
Ⓜ *23rd St.* ◯ *heures de bureau.* ⌀

En 1909, l'adjonction d'une tour de 210 m fit de cet édifice datant de 1893 l'immeuble le plus élevé du monde. L'énorme horloge à quatre cadrans (dont chacune des aiguilles des minutes pèse 45 kg) est illuminée la nuit, ce qui en fait un élément distinctif du paysage nocturne new-yorkais (la compagnie d'assurance avait pour devise : « La lumière qui jamais ne faiblit »).

Les murs de la cafétéria étaient jadis ornés de tableaux historiques du célèbre illustrateur N.C. Wyeth *(Robin des Bois, L'Île au Trésor, Robinson Crusoé)*, père du peintre Andrew Wyeth. Le bâtiment est désormais le siège de la First Boston-Crédit Suisse.

Flatiron Building ❺

175 5th Ave. **Plan** 8 F4. Ⓜ *23rd St.*
◯ *heures de bureau.*

Initialement baptisé Fuller Building, du nom de la société de travaux publics qui en était propriétaire, ce building conçu par David Burnham était, à son achèvement en 1902, le plus élevé du monde. Construit sur une armature d'acier, il annonçait l'ère des gratte-ciel.

Sa forme triangulaire lui valut d'être bientôt baptisé « Flatiron » c'est-à dire « le fer à repasser ». Parfois également appelé « Folie Burnham », d'aucuns prédisaient que les vents soulevés par ses contours le jetterait à bas. S'il a résisté à l'épreuve du temps, les vents qui soufflent dans sa 23e Rue ne furent pas sans effet. Peu après l'édification du building, les hommes se pressaient aux abords pour lorgner les chevilles des jeunes femmes, dévoilées par l'envol de leurs longues jupes. Il fallut faire appel à la police pour les disperser. La partie de la 5e Avenue qui s'étend au sud du Flatiron était jusqu'à récemment un peu à l'abandon, mais l'arrivée de boutiques chic (Emporio Armani ou Paul Smith) lui a redonné vie et le quartier y a gagné un nouveau nom : Flatiron District.

Le Flatiron Building en cours de construction

Ladies' Mile ❻

Broadway (de Union Sq. à Madison Sq.). **Plans** 8 F4-5, 9 A5. Ⓜ *14th St, 23rd St.*

Le magasin Arnold Constable

Au xixe siècle, la grande bourgeoisie new-yorkaise faisait ses courses dans des magasins de luxe tels qu'Arnold Constable (nos 881-887) et Lord & Taylor (n° 901). Si les devantures du rez-de-chaussée sont aujourd'hui méconnaissables, les étages ont conservé une partie de leur splendeur passée.

Le président « Teddy » Roosevelt

Maison de Theodore Roosevelt ❼

28 E 20th St. **Plan** 9 A5. **Tél.** (212) 260-1616. Ⓜ *14th St-Union Sq-23rd St.* ◯ *mar.-sam. 9h-17h (dernière entrée : 16h)* ● *j.f.* ▨ ◙ ▣ *toutes les heures.* **Conférences, concerts, films, vidéos.** ▯ **www.**nps.gov/thrb

La pittoresque maison où le 26e président des États-Unis naquit et passa son enfance a été reconstruite à l'identique. Y sont exposés les jouets du jeune Teddy, tout comme des badges politiques et des emblèmes du célèbre chapeau que portait Roosevelt lors de la guerre hispano-américaine.

Visages de grands écrivains, en bas-relief, National Arts Club

National Arts Club **8**

15 Gramercy Pk S. **Plan** 9 A5. **Tél.** (212) 475-3424. **M** 23rd St. ⬜ lun.-ven. midi-17h pendant les expositions **www**.nationalartsclub.org

Cette imposante *brownstone* fut la résidence du gouverneur Samuel Tilden, qui fit condamner William Tweed *(p. 27)* et créa une bibliothèque publique. Sa façade fut redessinée par Calvert Vaux en 1881-1884. En 1906, le National Arts Club fit l'acquisition de cet immeuble, dont il conserva les hauts plafonds et les vitraux. Ce club compta parmi ses membres quelques-uns des plus grands artistes américains de la fin du XIXe siècle et du début du XXe qui, en échange d'une peinture ou d'une sculpture, étaient déclarés membres à vie. Ces dons constituent la collection permanente du club, ouvert au public uniquement à l'occasion d'expositions.

The Library at the Players **9**

18 Gramercy Pk S. **Plan** 9 A5. **Tél.** (212) 228-7610. **M** 23rd St. ⬤ sauf sur rés. pour les groupes. 📷

Cette brownstone fut habitée par l'acteur Edwin Booth, frère de John Wilkes Booth, l'assassin du président Lincoln. Edwin Booth la fit transformer par Stanford White en 1888, pour accueillir son club.

Celui-ci s'adressait en priorité aux acteurs mais compta cependant parmi ses membres White lui-même, l'écrivain Mark Twain, l'éditeur Thomas Nast et Winston Churchill (dont la mère était née non loin de là). Une statue de Booth en Hamlet se dresse à l'angle de la rue, dans Gramercy Park.

Grille ouvragée de The Players

Gramercy Park **10**

Plan 9 A4. **M** 23rd St, 14th St-Union Sq.

Gramercy Park est l'un des quatre squares tracés dans les années 1830 et 1840 pour attirer de riches résidents. C'est aujourd'hui l'unique parc privé de la ville : comme leurs devanciers, les résidents des immeubles contigus possèdent des clefs leur permettant d'y accéder. À travers les grilles de l'angle sud-est, l'on peut apercevoir la fontaine de Greg Wyatt, aux girafes bondissant autour d'un soleil souriant. Les édifices qui entourent Gramercy Park furent dessinés par certains des plus célèbres

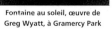

Fontaine au soleil, œuvre de Greg Wyatt, à Gramercy Park

architectes new-yorkais, dont Stanford White (sa maison se dressait sur le site actuellement occupé par le Gramercy Park Hotel). Les nos 3 et 4 sont particulièrement remarquables par leurs portiques et leurs ornements de fonte. Le n° 4 se distingue par la présence de réverbères qui signalaient la demeure d'un maire de la ville (James Harper). Au n° 34 vécurent notamment le sculpteur Daniel Chester French, l'acteur James Cagney et l'imprésario de cirque John Ringling.

Block Beautiful **11**

E 19th St. **Plan** 9 A5. **M** 14th St-Union Sq, 23rd St.

Façade de l'une des maisons du Block Beautiful (19e Rue Est)

Ce pâté de maisons des années 1920 bordées d'arbres et superbement restaurées respire la tranquillité. L'ensemble est particulièrement harmonieux. Au n° 132 vécurent deux actrices célèbres, Theda Bara, vedette du cinéma muet et premier sex symbol hollywoodien, et Mrs Patrick Campbell, shakespearienne réputée, qui créa en 1914 le rôle d'Eliza Doolittle dans le *Pygmalion* de George Bernard Shaw. Parmi les détails à observer lors d'une promenade au long du *block*, noter les poteaux d'attache devant le n° 141 et les girafes en bas-relief de céramique devant les nos 147-149.

Gramercy Park Hotel ⓬

2 Lexington Ave (hauteur de 21st St.) **Plan** 9 B4. **Tél.** (212) 475-4320. Ⓜ *14th St-Union Sq, 23rd St.* **www**.gramercyparkhotel.com

Depuis plus de 60 ans, des visiteurs du monde entier aussi bien que des New-Yorkais se sentent chez eux dans cet hôtel qui occupe l'emplacement de la maison de Stanford White et qui se situe à côté du seul parc privé de Manhattan. Son côté chic décadent attirait tous les genres, des vieilles coquettes aux jeunes stars du rock.

Ian Schrager, du Studio 54, a récemment investi 200 millions de dollars, afin que Julian Schnabel confère à ses 185 chambres leur éclectisme bohème. Cette reconversion a aussi donné naissance à 23 appartements. Deux bars et un restaurant chinois ont ouvert leurs portes au public.

Stuyvesant Square ⓭

Plan 9 B5. Ⓜ *3rd Ave, 1st Ave.*

Cette oasis de verdure de part et d'autre de la 2ᵉ Avenue était au XVIIᵉ siècle située sur le domaine de la ferme de Peter Stuyvesant. Le terrain appartenait encore à sa famille lorsque le parc fut créé, en 1836. Peter G. Stuyvesant le vendit à la ville pour la somme symbolique de 5 $ (au grand plaisir des riverains, qui virent la valeur de leur propriété grimper). Une statue de Stuyvesant due à Gertrude Vanderbilt Whitney se dresse dans le parc qui sépare le quartier Stuyvesant de Gas House District, moins huppé.

Con Edison Headquarters ⓮

145 E 14th St. **Plan** 9 A5. Ⓜ *3rd Ave, 14th St-Union Sq.* ◉ au public.

La tour de cet édifice de 1911 est célèbre pour sa grande horloge. Haute de 26 étages, elle a été conçue par Henry Hardenbergh, architecte

Les tours de Con Edison (à dr.), Metropolitan Life et Empire State Buildings

surtout connu pour le Dakota (p. 218) et le Plaza (p. 181), et construite par la même entreprise que Grand Central Terminal. Dans le haut se trouve une lanterne en bronze. C'est un hommage aux employés de Con Ed morts pendant la Première Guerre mondiale. La tour est moins haute que l'Empire State Building, mais son éclairage nocturne fait d'elle un édifice séduisant. Elle marque aussi de manière symbolique la présence de la Compagnie qui éclaire New York.

Union Square ⓯

Plan 9 A5. Ⓜ *14th St-Union Sq.* **Marché** ◯ *lun. mer., ven., sam. 8h-18h.*

Ce parc doit son nom au fait qu'il vint en 1839 relier

Le marché de Union Square

Bloomingdale Road (l'actuel Broadway) à Bowery Road (4th Avenue ou Park Avenue). Plus tard, il fut surélevé en son centre pour que les rames du métro

puissent passer en dessous. Union Square devint le point de ralliement des harangueurs de foules. En 1930, au plus fort de la Crise, plus de 35 000 chômeurs s'y rassemblèrent avant de marcher sur City Hall pour exiger un emploi. Des maraîchers de tout l'État de New-York viennent y vendre leurs produits frais et bio.

The Little Church Around the Corner ⓰

1 E 29th St. **Plan** 8 F3. **Tél.** (212) 684-6770. Ⓜ *28th St.* ◯ *t.l.j. 8h-18h.* ✝ *lun.-ven. 12h10, dim. 8h30 et 11h.* 📷 ♿ 📷 *dim. après la messe de 11h.* **Conférences, concerts, récitals**. **www**.littlechurch.org

La paisible Episcopal Church of the Transfiguration est familièrement appelée « la petite église au coin de la rue » depuis qu'en 1870 le pasteur d'une église voisine, refusant de célébrer les funérailles d'un acteur (George Holland), suggéra que le service funèbre eût lieu dans « la petite église au coin de la rue ». Le nom est resté, et depuis lors cette église est chère au cœur du monde du théâtre (Sarah Bernhardt y assista à des messes).

Le vitrail du transept sud, œuvre de John La Farge, représente Edwin Booth interprétant *Hamlet*. Un autre vitrail immortalise l'exclamation de Jefferson : « Dieu bénisse la petite église au coin de la rue ! »

CHELSEA ET
LE QUARTIER DU VÊTEMENT

Champêtre en 1750, suburbain en 1830, ce quartier devint commerçant dans les années 1870, avec l'arrivée du métro aérien *(p. 26-27)*. Music-halls et théâtres se multiplièrent le long de la 23ᵉ Rue. Dans l'ombre de l'« El », les grands magasins de Fashion Row se développèrent, pour servir les classes moyennes. Mais alors même que la mode progressait *uptown*,

Statue d'un ouvrier
du vêtement
(n° 555 7th Avenue)

Chelsea déclina pour devenir un quartier d'entrepôts, jusqu'à ce que la disparition du viaduc du métro permît aux New-Yorkais de redécouvrir ses maisons de ville. Herald Square, qui accueillit le grand magasin Macy's est devenu le cœur du quartier du vêtement. Apprécié de la communauté gay, Chelsea regorge aujourd'hui de galeries d'art et de boutiques d'antiquités.

Le bar Empire Diner, à Chelsea

LE QUARTIER D'UN COUP D'ŒIL

Rues et bâtiments historiques

Chelsea Historic District 12

Empire State Building p. 136-137 2

General Post Office 7

General Theological Seminary 11

Hugh O'Neill Dry Goods Store 14

Églises

Marble Collegiate Reformed Church 1

St John the Baptist Church 5

Architecture moderne

Chelsea Piers Complex 9

Jacob K. Javits Convention Center 8

Madison Square Garden 6

Monuments

Worth Monument 15

Parcs et squares

Herald Square 3

Hôtels et restaurants célèbres

Chelsea Hotel 13

Empire Diner 10

Magasins célèbres

Macy's 4

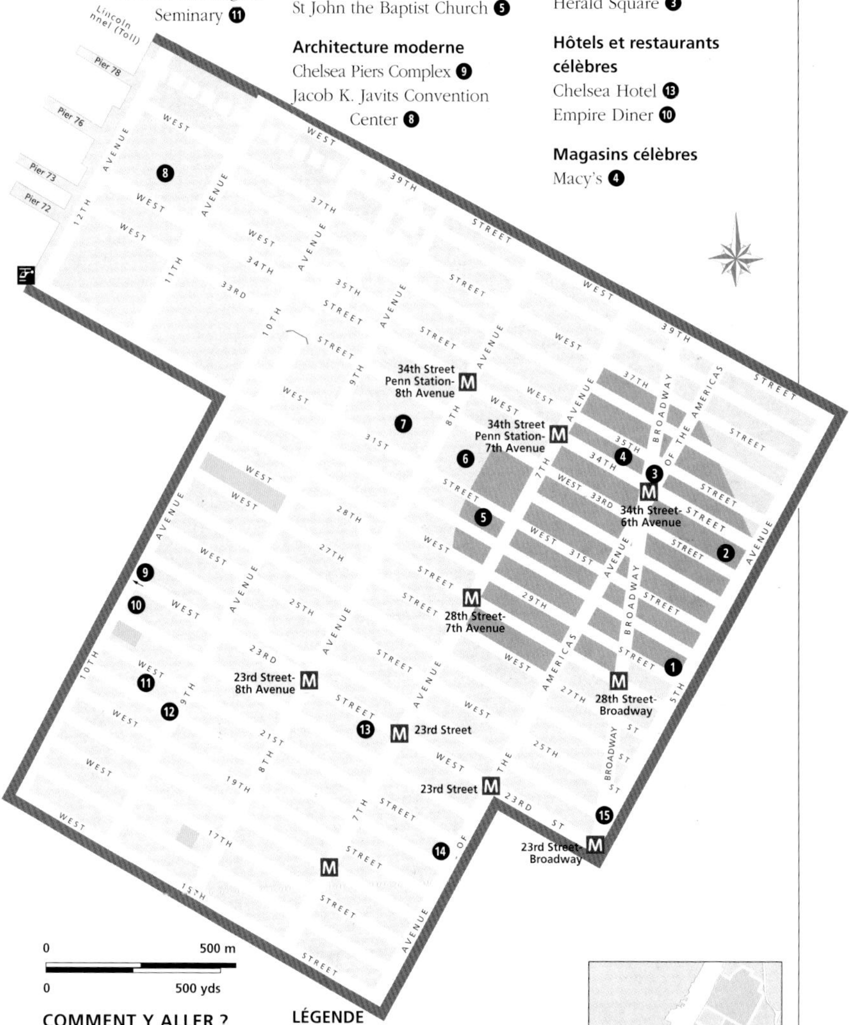

COMMENT Y ALLER ?

Pour Chelsea : métro ligne 1 vers 18th St ou 23rd St, lignes C et E vers 23rd St ; bus : M11 et M20. Pour Macy's : métro lignes express 1, 2 et 3 vers 34th St/Penn Station. Les lignes A, C et E s'arrêtent aussi 34th St ; les lignes B, D, F, V, N, R, Q et W s'arrêtent à Herald Sq.

LÉGENDE

- Plan du quartier pas à pas
- [M] Station de métro
- Héliport

VOIR ÉGALEMENT

- ***Atlas des rues*** plans 7- 8
- ***Hébergement*** p. 283-284
- ***Restaurants*** p. 304

Herald Square pas à pas

Herald Square doit son nom au journal new-yorkais *Herald*, qui y eut son siège de 1894 à 1921. Aujourd'hui dévolu au shopping, ce secteur fut à la fin du XIXe siècle l'un des plus « chauds » de New York. Après l'ouverture du grand magasin Macy's, en 1901, dancings et maisons closes furent supplantés par les entrepôts et les commerces de Garment District. Ce quartier de la confection occupe aujourd'hui les rues proches de Macy's, autour de la 7e Avenue. « l'avenue de la Mode ». À l'est, sur celle-ci, se dresse l'Empire State Building : depuis l'observatoire, un somptueux panorama s'offre sur New York et ses environs.

Manhattan Mall, qui abritait autrefois Gimbel's, le rival de Macy's, comprend 90 magasins, des restaurants et un étage consacré aux vêtements et jouets.

Fashion Avenue (avenue de la Mode) est le nom donné à la 7e Avenue dans le secteur de la 34e Rue. Cœur de l'industrie textile new-yorkaise, les rues bourdonnent d'employés poussant des chariots de vêtements et de jouets.

Station de métro 34th (lignes 1, 2 et 3)

Ramada Hotel Pennsylvania est célèbre pour les big bands qui s'y produisaient dans les années 1930. La chanson Pennsylvania 6-5000, de Glenn Miller, conféra la célébrité au numéro de téléphone de l'hôtel.

St John the Baptist Church
Un chemin de croix gravé orne les murs de marbre blanc à l'intérieur de cette église ❺

SJM Building se dresse au 130 de la 30e Rue Ouest. Une frise mésopotamienne court tout au long de la façade.

Fur District (quartier de la fourrure) est situé à l'extrémité sud du quartier du vêtement, entre les 27e et 30e Rues Ouest.

Flower District, autour de la 6e Avenue et de la 28e Rue Ouest, s'anime dès le petit matin, lorsque les fleuristes viennent remplir leurs camionnettes de fleurs et de bouquets colorés.

Station de métro de 28th St (lignes N et R)

★ Macy's
Le plus grand des grands magasins du monde ❹

Le siège de la Greenwich Savings Bank (aujourd'hui HSBC) est un temple grec aux énormes colonnes élevé à la gloire des activités bancaires.

Herald Square
L'horloge du New York Herald Building se dresse désormais au croisement de Broadway et de la 6ᵉ Avenue ❸

Station de métro de la 34th St (lignes B, D, F, N, Q, R, W et W)

★ Empire State Building
L'observatoire de ce célébrissime gratte-ciel permet d'admirer toute la ville ❷

CARTE DE SITUATION
Voir plan de Manhattan p. 14-15

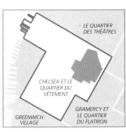

LE QUARTIER DES THÉÂTRES

CHELSEA ET LE QUARTIER DU VÊTEMENT

GREENWICH VILLAGE

GRAMERCY ET LE QUARTIER DU FLATIRON

LÉGENDE

– – – Itinéraire conseillé

0   100 m
0   100 yds

Greeley Square
est un simple carrefour dont le centre est occupé par une statue de Horace Greeley, fondateur du *New York Tribune*.

Little Korea
(31ᵉ et 32ᵉ Rues Ouest), compte des commerces, mais aussi de nombreux restaurants coréens.

Life Building bâti en 1894 par Carrère & Hastings au 19 de la 31ᵉ Rue Ouest, fut le siège du magazine *Life* (qui était alors un hebdomadaire satirique). Aujourd'hui, c'est un hôtel.

Marble Collegiate Reformed Church
Cette église construite en 1854 dans le style néogothique doit sa notoriété au fait que Norman Vincent Peale y fut pasteur ❶

À NE PAS MANQUER

★ Empire State Building

★ Macy's

Vitraux de Tiffany (Marble Collegiate Reformed Church)

Marble Collegiate Reformed Church ❶

1 W 29th St. **Plan** 8 F3. **Tél.** (212) 686-2770. Ⓜ 28th St. ◯ lun.-ven. 8h30-20h30, sam. 9h-16h, dim. 8h-15h. ● j.f. 🏠 dim. 11h15. ◢ pendant les services ♿ **Sanctuaire** 3 W 29th St. ◯ lun.-ven. 10h-12h, 14h-16h. **www**.marblechurch.org

Cette église est connue pour son ancien pasteur, Norman Vincent Peale, auteur de *La puissance de la pensée*

positive. Autre adepte de cette pensée, Richard Nixon. Il y assistait aux offices lorsqu'il était avocat (avant d'entrer à la Maison-Blanche).

Cette église de marbre fut construite en 1854 : la 5e Avenue n'était alors qu'une simple route de campagne poussiéreuse et la barrière de fonte qui entoure l'édifice empêchait le bétail d'entrer. L'intérieur d'origine, blanc et or, a été remplacé par des motifs fleurdelisés dorés sur un fond rouille. Deux vitraux de Tiffany, représentant des scènes de l'Ancien Testament, ont été mis en place en 1893.

Empire State Building ❷

Voir p. 136-137.

Herald Square ❸

6th Ave. **Plan** 8 E2. Ⓜ 34th St-Penn Station. Voir **Shopping** p. 321.

La place doit son nom au *Herald* de New York. De 1893 à 1921, il occupa un bel édifice flanqué d'arcades à l'italienne, de Stanford White. Ce fut le

centre de Tenderloin District, quartier des boîtes de nuit et de la prostitution dans les années 1870 et 1880. Des théâtres, comme le Manhattan Opera House, des dancings, hôtels et restaurants ont tenu le quartier en ébullition jusqu'à ce que les autorités prennent des mesures contre l'insalubrité. Il ne reste plus du Herald Building que l'horloge ornementale Bennett, ainsi nommée en l'honneur de James Gordon Bennett Jr, éditeur du *Herald*.

L'Opéra fut rasé en 1901 pour la construction de Macy's, suivis de près par d'autres grands magasins faisant ainsi de Herald Square la Mecque des consommateurs. Le grand magasin des frères Gimbel, le grand rival de Macy's, était installée sur la place. (Cette rivalité fut portée à l'écran dans le film de Noël *Miracle sur la 34e Rue*). En 1988, cet immeuble fut transformé en centre commercial. Malgré la disparition de la plupart des vieilles enseignes, Herald Square est toujours un secteur commercial clé.

Macy's ❹

151 W 34th St. **Plan** 8 E2. **Tél.** (212) 695-4400. Ⓜ 34th St-Penn Station. ◯ lun.-sam. 10h30-21h30, dim. 11h-20h30. ● j.f. Voir **Boutiques** p. 319. **www**.macys.com

« Le plus grand magasin du monde » occupe tout un pâté de maison, et propose d'innombrables articles dans toutes les gammes de prix.

Macy's fut fondé par un ancien pêcheur de baleine du nom de Rowland Macy, qui en 1857 ouvrit une petite boutique dans la 14e Rue Ouest. Le logo de Macy's, une étoile rouge, est inspiré du tatouage de son fondateur.

À sa mort, en 1877, le petit magasin était devenu un ensemble de onze immeubles, qui allait croître encore sous la houlette des frères Isidor et Nathan Straus, anciens dirigeants du rayon porcelaine et verrerie de Macy's. En 1902, Macy's était trop important pour ses locaux de la 14e Rue, aussi la firme prit-elle possession du site actuel.

La façade de Macy's sur la 34e Rue

La nef de St John the Baptist Church

La façade est, dotée d'une nouvelle entrée, a conservé ses fenêtres en saillie et ses colonnes corinthiennes. La façade de la 34e Rue est gardée par les caryatides d'origine. À l'intérieur, beaucoup d'escalators en bois d'époque sont toujours en bon état de marche. La mer allait de nouveau jouer un rôle dans l'histoire de Macy's, en 1912 : une plaque apposée à l'entrée principale rappelle qu'Isidor Straus et son épouse périrent dans le naufrage du *Titanic*. Macy's organise chaque année la grande parade de Thanksgiving et le feu d'artifice du 4 juillet (fête nationale). Au printemps, de grandes floralies attirent des milliers de visiteurs.

St John the Baptist Church ❺

210 W 31st St. **Plan** 8 E3. *Tél. (212) 564-9070.* Ⓜ 34th St-Penn Station. ◯ *t.l.j. 6h15-18h.* ✝ *t.l.j. 8h45, 10h30, 17h15.* 📷 ♿ 🚻

Fondée en 1840 à l'intention d'immigrants fraîchement arrivés, cette petite église catholique à flèche unique est aujourd'hui presque perdue au cœur du quartier de la fourrure. Derrière la façade de *brownstone* de la 30e Rue, noircie par la pollution, se cachent de véritables trésors. L'entrée s'effectue aujourd'hui par le couvent moderne de la 31e Rue. Le sanctuaire de Napoléon Le Brun étincelle de toute la blancheur de ses arcs néo-gothiques, que soulignent des dorures des chapiteaux qui les surmontent. Les murs inondés de lumière par des vitraux sont ornés de bas-reliefs peints. À l'extérieur de l'église, Prayer Garden est une paisible oasis de verdure agrémentée de statues.

Madison Square Garden ❻

4 Pennsylvania Plaza. **Plan** 8 D2. *Tél. (212) 465-6741.* Ⓜ 34th St-Penn Station. ◯ *lun.-dim., horaires variables selon spectacles.* 📋 *Voir Se distraire p. 360.* **www**.thegarden.com

La démolition de la magnifique gare de Pennsylvanie de McKim, Mead & White et son remplacement en 1968 par ce complexe sans grâce mit les défenseurs du patrimoine architectural new-yorkais dans une telle fureur qu'ils s'allièrent pour empêcher d'autres erreurs. Madison Square Garden proprement dit, qui se superpose à une gare désormais souterraine, est un cylindre de béton précontraint, dont la grande salle peut accueillir les 20 000 fans des New York Knickerbockers (basket-ball), des Liberty (basket féminin) ou des New York Rangers (hockey sur glace); y sont aussi organisés des concerts de rock, des tournois de tennis, des combats de boxe, des spectacles de cirque, des expositions canines et toutes sortes de manifestations. L'édifice est également doté d'une salle de théâtre de 5 600 places. Malgré les travaux de rénovation, Madison Square Garden ne possède pas le lustre de l'ancienne salle réalisée par Stanford White, où se déroulèrent d'extraordinaires spectacles *(p. 126)*.

La salle principale de Madison Square Garden

General Post Office ❼

421 8th Ave. **Plan** 8 D2. *Tél. (800) ASK-USPS.* Ⓜ 34th St-Penn Station. ◯ *t.l.j. y compris j.f. 24h/24. Voir Renseignements pratiques p. 377.*

Conçue en 1913 par McKim, Mead & White dans un style en accord avec la gare de Pennsylvanie qu'ils avaient construite trois ans plus tôt, la poste centrale est un imposant bâtiment néo-classique, qui s'étend sur deux blocs une façade corinthienne agrémentée de vingt colonnes, d'un pavillon à chaque extrémité et d'un large escalier. Au fronton une inscription longue de 85 m, inspirée d'Hérodote, affirme fièrement que « ni la neige, ni la pluie, ni la canicule, ni les ténèbres de la nuit n'empêchent ces messagers d'accomplir avec diligence leurs tournées. »

L'imposante façade de la poste centrale

Empire State Building ❷

Empire State Building

Bien qu'il ait été dépossédé dans les années 1970 de son titre de plus grand édifice du monde, l'Empire State est demeuré le plus célèbre des gratte-ciel de New York, et le symbole de la ville pour la terre entière. Sa construction commença en 1930, peu de temps après le krach boursier de 1929, de sorte qu'au moment de son inauguration en 1931, ses promoteurs connurent les pires difficultés à louer ses bureaux. Il n'évita la faillite que grâce au succès remporté par ses belvédères, qui ont depuis lors accueilli plus de 120 millions de visiteurs.

Observatoire du 102ᵉ étage

L'Empire State devait compter 86 étages, mais un mât d'amarrage pour dirigeables de 46 m fut ajouté. Une antenne (62 m) assure aujourd'hui le relais d'émissions de radio et de télévision vers la ville et quatre États voisins.

Les 30 étages supérieurs sont illuminés à certaines occasions.

CONSTRUCTION

Le bâtiment fut conçu pour être construit rapidement, d'où l'emploi d'éléments préfabriqués, mis en place au rythme de quatre étages par semaine.

Dans le hall d'entrée, des **médaillons de bronze** de style Art déco figurent des symboles de l'ère moderne.

L'ossature, constituée de 60000 tonnes d'acier, fut montée en 23 semaines.

Les encadrements des 6500 fenêtres furent réalisés en **panneaux d'aluminium,** avec une finition en acier.

Dix millions de briques entrèrent dans la construction de l'immense édifice.

Des ascenseurs ultra-rapides (22 km/h) conduisent au sommet du building.

Neuf minutes 33 secondes, tel est le record atteint lors de la course annuelle de l'« Empire State Run-Up » pour gravir les 1575 marches qui mènent du hall d'entrée au 86ᵉ étage.

Les espaces vides entre les étages sont réservés au passage des gaines et des tuyauteries.

D'un poids de 365000 tonnes, le building est soutenu par plus de **200 piliers d'acier** et de béton.

À NE PAS MANQUER

★ Hall d'entrée de la 5ᵉ Avenue

★ Vues depuis les observatoires

MODE D'EMPLOI

350 5th Ave. **Plan** 8 F2. **Tél.** (877)
NYC-VIEW . M A, B, D, E, F, N, Q,
R, 1, 2 et 3 vers 34th St. M1,
M2, M3, M4, M5, M16, M34 et
Q32. **Observatoires** t.l.j.
8h-2h (dern. adm. : 1h15), 24 déc.
9h-17h, 25 déc. et 1er janv.
11h-19h.
www.esbnyc.com

★ **Vues depuis les observatoires**
Au 86e étage, la plate-forme d'observation offre une vue
somptueuse sur Manhattan. Pour un coût supplémentaire,
on accède à l'observatoire du 102e étage (381 m). Billetterie
au Visitors' Center (2e étage). Pas de réservation Internet.

La tête dans les nuages
Lors de la construction,
les ouvriers firent souvent
preuve d'un grand courage.
Ici, l'un d'eux escalade
le crochet d'une grue.
À l'arrière-plan, le Chrysler
Building et les autres
gratte-ciel paraissent
bien petits.

Big Ben
67 m

La Grande
Pyramide
107 m

La tour
Eiffel
319 m

Empire State
442 m (avec
l'antenne)

Coup de foudre !
Chaque année l'Empire
State est frappé jusqu'à
100 fois par la foudre.
Le belvédère extérieur
est fermé en cas de
mauvais temps, mais les
visiteurs ne craignent
rien à l'intérieur.

Toujours plus haut
Les New-Yorkais sont fiers du symbole de leur ville,
qui surpasse les réalisations les plus monumentales.

★ **Hall d'entrée**
de la 5e Avenue
Dans le hall de marbre, une
représentation du gratte-ciel
se détache en relief sur une
carte de l'État de New York.

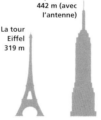

VERTIGES…

L'Empire State Building apparaît
dans de nombreux films, mais il connut
sans doute son plus grand rôle en 1933,
dans *King Kong* : on y voit le monstrueux
gorille agrippé à son sommet, aux prises
avec des avions de chasse. En 1945, un
bombardier bien réel heurta le gratte-ciel
à la hauteur du 78e étage. Plus chanceuse,
une jeune liftière fit avec sa cabine une
chute de 79 étages, avant d'être sauvée
par le frein de secours.

Jacob K. Javits Convention Center ❽

655 W 34th St. **Plan** 7 B2. **Tél.** *(212) 216-2000.* Ⓜ *34th St-Penn Station, 42nd St.* 🚌 *M34 et M42.* ⬜ *pour les expositions seul. (horaires variables).* 📷 🚫 ♿ 🍴 www.javitscenter.com

Jacob K. Javits Convention Center est un chef-d'œuvre d'architecture moderne

Avec ce building de verre d'un saisissant modernisme dû à I.M. Pei, New York s'est doté en 1986 d'un centre propre à accueillir près de Hudson River les plus grandes expositions. Les deux salles principales de cet immeuble de 18 étages constitué de 16 000 panneaux de verre peuvent accueillir des milliers de délégués, et le hall d'entrée est si vaste qu'il pourrait contenir la statue de la Liberté. L'achèvement en 1989 de Galleria River Pavilion est venu ajouter près de 4 000 m² d'espace disponible, ainsi que deux terrasses dominant le fleuve.

Chelsea Piers Complex ❾

11th Ave (17th St à 23rd St). **Plan** 7 B5. **Tél.** *(212) 336-6666.* Ⓜ *14th St, 18th St et 23rd St.* 🚌 *M14 et M23.* ⬜ *t.l.j.* 📷 www.chelseapiers.com

Ce gigantesque complexe ouvert en 1995 a reconverti quatre digues abandonnées en un centre d'activités sportives et de loisirs *(p. 33)*. Les installations comprennent des pistes de skate-board, de course, un parcours de golf, une marina et onze studios de production pour la télévision et le cinéma.

Empire Diner ❿

210 10th Ave. **Plan** 7 C4. **Tél.** *(212) 243-2736.* Ⓜ *23rd St.* ⬜ *t.l.j. 24h/24.* ● *lun. 4h-8h.* 🚌 *M11 et M23.*

Cette magnifique réalisation de style Art déco reconstitue le restaurant américain de 1929, au bar de zinc et aux décorations noires et chromées, qui aurait été l'établissement favori de Bette Davis.

Partition manuscrite du xvᵉ siècle, General Theological Seminary

General Theological Seminary ⓫

175 9th Ave. **Plan** 7 C4. **Tél.** *(212) 243-5150.* Ⓜ *23rd St.* ⬜ *lun.-ven. 12h-15h, sam. 11h-15h.* ✝ *lun. et mer.-ven. 11h45, mar. et dim. 18h.* 🚫 ♿ www.gts.edu

Ce campus fondé en 1817 prépare les promotions de 150 étudiants à la prêtrise. Clement Clarke Moore, professeur d'études bibliques, fit don de ce site qui s'étend sur tout un *block* et a pour nom officiel Chelsea Square. Le bâtiment le plus ancien qui ait subsisté date de 1836, le plus moderne (St Mark's Library), de 1960. Cette bibliothèque possède le fonds de bibles en latin le plus important du monde. L'entrée s'effectue par la 9ᵉ Avenue. Le jardin est particulièrement agréable au printemps.

Empire Diner, où les noctambules branchés viennent prendre le petit déjeuner

Chelsea Historic District ⓬

W 20th St (de 9th Ave à 10th Ave).
Plan 8 D5. Ⓜ *18th St.* 🚌 *M11.*

Plus connu comme écrivain que comme urbaniste, Clement Clarke Moore divisa en lots le domaine qu'il possédait là dans les années 1830, et où furent bâties d'élégantes rangées de maisons de ville dont bon nombre ont fait l'objet d'une soigneuse restauration.

Les plus belles d'entre elles sont sans doute les sept demeures qui constituent Cushman Row (nᵒˢ 406-418, 20ᵉ Rue Ouest), édifiées en 1839-1840 pour Don Alonzo Cushman. Ce riche commerçant, fondateur de la Greenwich Savings Bank, participa avec Moore et James Wells à la mise en valeur de Chelsea. Cushman Row est avec Washington Square Nord l'un des plus beaux exemples d'architecture néo-grecque. Des guirlandes en fonte agrémentent les fenêtres des combles, et deux de ces maisons affichent en signe d'hospitalité des ananas ornant les pilastres des rampes d'escalier.

Aux nᵒˢ 446-450 de la 20ᵉ Rue Ouest, l'on peut admirer de beaux exemples

Une maison de Cushman Row

du style italianisant pour lequel Chelsea est également réputé. Les fenêtres et impostes cintrées témoignent de l'aisance des premiers propriétaires.

Hugh O'Neill Dry Goods Store

Chelsea Hotel ⓭

222 W 23rd St. **Plan** 8 D4.
Tél. (212) 243-3700. Ⓜ *23rd St.*
www.hotelchelsea.com
Voir **Hébergement** p. 283.

Le Chelsea Hotel entretien des liens très étroits avec le monde de la littérature. Parmi les anciens clients célébrés par des plaques de cuivre apposées sur la façade, citons Tennessee

La cage d'escalier de Chelsea Hotel

Williams, Mark Twain, Jack Kerouac et Brendan Behan. Dylan Thomas passa ici les dernières années de sa vie. En 1966, Andy Warhol prit Chelsea Hotel pour cadre de son film *Chelsea Girls*, et c'est dans une de ses chambres que le musicien punk Sid Vicious tua sa compagne, en 1978. Ces événements ne font qu'ajouter à l'aura sulfureuse de cet hôtel qui attire musiciens, peintres et écrivains avec l'espoir que leur nom aussi passera à la postérité.

Hugh O'Neill Dry Goods Store ⓮

655-671 6th Ave. **Plan** 8 E4.
Ⓜ *23rd St.*

Bien que la mercerie O'Neill ait depuis longtemps disparu, la façade en fonte à pilastres, datant de 1876, illustre bien la majesté des grands magasins

jadis alignés au long de la 6ᵉ Avenue entre les 18ᵉ et 23ᵉ Rues, et qui valaient à ce secteur le nom de Fashion Row (la rue de la Mode). O'Neill, dont l'enseigne figure encore sur la façade, était un extraordinaire vendeur, et sa clientèle affluait. Sans être aussi chic que celle du Ladies' Mile *(p.127)*, cette affluence assura la prospérité de Fashion Row, jusqu'au début du siècle (le cœur du quartier commerçant en vogue reprit alors sa progression vers le nord). La plupart de ces immeubles majestueux ont été rénovés et abritent des grands magasins. Filene's Basement est devenu, entre autres, un endroit où faire des affaires.

Worth Monument ⓯

Angle 5th Ave et Broadway.
Plan 8 F4. Ⓜ *23rd St-Broadway.*

Dissimulé derrière un compteur d'eau dans un triangle situé au milieu du flot de la circulation, cet obélisque fut érigé en 1857 sur la tombe du seul personnage public inhumé sous une rue de Manhattan, le général William J. Worth, héros des guerres mexicaines du milieu du xixᵉ siècle. Une barrière de fonte figurant des épées entoure le monument.

Worth Monument

LE QUARTIER DES THÉÂTRES

L'installation du Metropolitan Opera à Broadway (40e Rue), en 1883, attira de somptueux théâtres et restaurants dans ce quartier. Dans les années 1920, de monumentales salles de cinéma y ajoutèrent le prestige du néon : les enseignes lumineuses se firent de plus en plus grandes, de plus en plus éclatantes, jusqu'à valoir à cette

**Œuvre de
Lee Lawrie au
Rockefeller Center**

artère le nom de « l'Avenue Brillante ». Après la seconde guerre mondiale, l'attrait du cinéma déclina, au chatoiement succéda la crasse. Le quartier a depuis lors retrouvé son lustre et sa fréquentation, tout en conservant de petits îlots de sérénité (Public Library, Bryant Park). Ces deux mondes se côtoient au Rockefeller Center.

Le cœur du quartier des théâtres, autour de Times Square

LE QUARTIER D'UN COUP D'ŒIL

Rues et édifices historiques
Alwyn Court Apartments 18
Group Health Insurance Building 12
New York Public Library 8
New York Yacht Club 5
Paramount Building 13
Shubert Alley 14
Times Square 10

Musées et galeries
International Center of Photography 9
Intrepid Sea-Air-Space Museum 19
Museum of Arts and Design 19

Architecture moderne
MONY Tower 15
Rockefeller Center 1

Parcs
Bryant Park 6

Salles de spectacle célèbres
Carnegie Hall 17
City Center of Music and Dance 16
Lyceum Theater 3
New Amsterdam Theater 11

Hôtels célèbres
Algonquin Hotel 4
Bryant Park Hotel 7

Magasins célèbres
Diamond Row 2

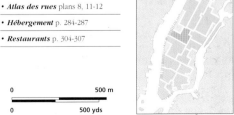

COMMENT Y ALLER ?

Métro : les lignes A, C et E vers Port Authority, puis lignes 1, 2, 3, N, Q, R, W, S et 7 vers Times Square ; les lignes B, D, F, V et 7 s'arrêtent à Bryant Park ; les lignes 1, N, R, W, C et E s'arrêtent aussi dans la partie nord de Times Square. Bus : M1, M2, M3, M4, M5, M6, M7, M10, M20, M27 et M104 et les transversaux M42, M50 et M57.

VOIR ÉGALEMENT

- ***Atlas des rues*** plans 8, 11-12
- ***Hébergement*** p. 284-287
- ***Restaurants*** p. 304-307

LÉGENDE

- Plan du quartier pas à pas
- [M] Station de métro
- Embarcadère

0 500 m
0 500 yds

Times Square pas à pas

Cœur du quartier des théâtres depuis 1899 et la construction de deux salles – le *Victoria Theatre* et le *Republic Theatre* –, Times Square a pris son nom en 1906 avec l'inauguration de l'immeuble du*New York Times,* haut de 25 étages. Depuis les années 1920, les néons, les enseignes des théâtres et les dépêches lumineuses du *Times* forment un spectacle éblouissant. Dans les années 1930, le quartier, gagné par l'industrie du sexe, connut un déclin. Sa résurrection date des années 1990 : le Broadway d'antan s'affirme de nouveau, à côté des divertissements les plus branchés.

Paramount Hotel
Le Whiskey *(p. 285),* bar de cet hôtel conçu par Philippe Starck, est le repère à la mode où prendre un verre après un spectacle.

Studios de MTV
Du lundi au vendredi, à 15 h, les badauds se pressent sous l'il de caméras guettant leurs réactions pour regarder les interviews enregistrées au premier étage.

Sardi's
Les murs de ce restaurant ouvert en 1921 sont couverts de caricatures de vedettes de Broadway, d'hier et d'aujourd'hui.

Westin Hotel
Cet hôtel impressionnant de 45 étages est un des gratte-ciel les plus récents de Manhattan. Il a la forme d'un prisme fendu par un rayon de lumière courbé.

★ E Walk
Ce complexe dédié au commerce et au divertissement abrite un cinéma multisalles, des restaurants, un hôtel et le B.B. King Blues Club.

★ Times Square
Chaque 31 décembre, à minuit, une boule en cristal tombe du haut de l'ancien immeuble du Times, ouvrant la nouvelle année ❿

★ New Victory Theater
Restauré en 1995, il est aujourd'hui réservé à des spectacles de jeunes.

W 48TH
W 4
W 45TH ST
W 43RD ST
W 41ST ST
SEVENTH AV

0   100 m

0   100 yds

Dépêches lumineuses
Le téléscripteur de Morgan Stanley n'est que l'une des multiples lumières du quartier, où des ordonnances municipales imposent aux immeubles de bureaux de porter des enseignes au néon.

PLAN DE SITUATION
Voir plan de Manhattan p.14-15

LÉGENDE

– – – Itinéraire conseillé

À NE PAS MANQUER

★ E Walk

★ New Victory Theater

★ Times Square

McGraw-Hill Building

J.P. Stevens Tower

Celanese Building

BROADWAY

AVENUE

SEVENTH

W 47TH ST

W 46TH ST

3RD ST

Office du tourisme de Times Square

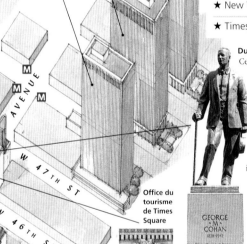

Duffy Square
Cette petite place doit son nom à Father Duffy « le Combattant », héros de la Première Guerre mondiale. Marquée par la statue de l'auteur-compositeur-interprète George M. Cohan, qui écrivit nombre des succès de Broadway, elle est connue pour son kiosque où acheter des billets à tarif réduit (**TKTS**).

GEORGE · M · COHAN
1878-1942

Lyceum Theater
Le plus ancien théâtre de Broadway possède une superbe façade baroque ❸

Belasco Theater
Construit en 1907 par le producteur David Belasco, il était l'un des théâtres les mieux équipés techniquement. L'intérieur est orné de vitraux signés Tiffany et de peintures d'Everett Shinn.

Rockefeller Center, dominé
par la masse de GE Building

En 1932, Radio City Music Hall s'installa dans le complexe et y accueille toujours les shows de Pâques et de Noël. Plus tard, la NBC y installa ses studios TV. Derniers venus, les observatoires « Top of the Rock » (67ᵉ-70ᵉ étages) offrent une vue de la ville à 360°.

Diamond Row ❷

47th St (entre 5th Ave et 6th Ave). **Plan** 12 F5. Ⓜ *47th St-50th St. Voir Boutiques et marchés p. 328.*

Presque toutes les vitrines de la 47ᵉ Rue ruissellent d'or et de pierreries. Les immeubles de ce secteur sont occupés par des magasins et des ateliers où les joailliers rivalisent pour attirer l'attention des clients. La rue du diamant naquit dans les années 1930, lorsque les diamantaires juifs d'Anvers et d'Amsterdam chassés par le nazisme immigrèrent en Amérique. Les juifs orthodoxes, reconnaissables à leur chapeau noir, leur barbe et leurs longues boucles, sont toujours nombreux dans le quartier. Si la rue se consacre au commerce de gros, les particuliers sont cependant les bienvenus (s'abstenir si l'on ignore tout de la valeur des diamants).

Un locataire de la
« rue du diamant »

Rockefeller Center ❶

Plan 12 F5. Ⓜ *47th St-50th St* **Tél.** *(212) 332-6868 (information).* 📷 ♿ 🍴 🛗 🎦 *NBC, Rockefeller Center, t.l.j.* **Tél.** *(212) 664 7174 (rés. conseillée). Radio City MusicHall, t.l.j.* **Tél.** *(212) 247 4777. Top of the Rock, t.l.j.* **Tél.** *(212) 698-2000.* **www**.rockfellercenter.com **www**.nbc.com **www**.radiocity.com **ww**.topoftherocknyc.com

Décidant d'inscrire le Rockefeller Center à l'inventaire du patrimoine new-yorkais (en 1985), la Commission municipale des sites le qualifia de « cœur de New York » et de « grande présence unificatrice au centre de Manhattan ». Ce complexe culturel et commercial, le plus vaste du genre, est tellement bien intégré dans la cité qu'il a suscité des dizaines d'imitation de par le monde. La conception du Center fut assurée dans l'esprit Art déco par une équipe d'architectes conduite par Raymond Hood. Les œuvres d'une trentaine d'artistes ornent les foyers, les

façades et les jardins. Le site, auparavant occupé par un jardin botanique appartenant à Columbia University fut loué en 1928 à John D. Rockefeller Jr., qui souhaitait y édifier un nouvel opéra. Quand la crise de 1929 survint, annulant ce projet, Rockefeller fit construire un centre d'affaires. Les 14 gratte-ciel bâtis entre 1931 et 1940 fournirent du travail à 225 000 personnes au plus fort de la dépression. En 1973, on pouvait compter 19 immeubles au total.

La Sagesse, relief de Lee Lawrie, GE Building

WISDOM AND KNOWLEDGE SHALL BE THE STABILITY OF THY TIMES

Lyceum Theater ❸

149 W 45th St. **Plan** 12 E5. **Tél.** *Télécharge (212) 239-6200.* Ⓜ *42nd, 47th St, 49th St. Voir Se distraire p. 345.*

Le plus ancien théâtre new-yorkais en activité, pièce montée baroque de 1903, fut le premier construit par Herts et Tallant, agence d'architecte réputée pour l'extravagance de ses constructions. Le Lyceum est entré dans l'histoire avec les 1 600 représentations de la comédie *Born Yesterday,* puis en étant le premier théâtre classé monument historique. Désormais à l'abri des transformations, il est cependant beaucoup moins actif maintnant que Theater District s'est déplacé vers l'ouest.

Rose Room, Algonquin Hotel

Algonquin Hotel ❹

59 W 44th St. **Plan** 12 F5. **Tél.** (212) 840-6800. Ⓜ 42nd St. Voir **Hébergement** p. 285. **www**.algonquinhotel.com

L'extérieur est quelque peu surchargé (fenêtres métalliques en saillie, brique rouge, détails tarabiscotés), mais c'est l'ambiance plus que l'architecture de cet hôtel datant de 1902 qui fait de l'Algonquin un établissement à part. Dans les années 1920, Rose Room fut le théâtre des déjeuners du célèbre club de la Table ronde, fréquentés par des gens de lettres tels qu'Alexander Woolcott, Franklin P. Adams, Dorothy Parker, Robert Benchley et Harold Ross, tous liés au *New Yorker* (dont Ross était l'un des fondateurs). Le siège du club, sis au 25 de la 43e Rue Ouest, communiquait directement avec l'hôtel.

Des travaux de renovation ont restitué l'atmosphère délicieusement surannée de Rose Room, et les lambris du confortable hall d'entrée où des habitués du monde de l'édition et des amateurs de théâtre aiment à se retrouver pour boire un verre.

Statue du poète William Cullen, Bryant Park

New York Yacht Club ❺

37 W 44th St. **Plan** 12 F5. **Tél.** (212) 382-1000. Ⓜ 42nd St. ◉ au public (rés. aux membres). **www**.nyyc.org

Le siège de ce club privé, bâti en 1899, se distingue par les poupes des gallions hollandais du XVe siècle gravées dans ses trois fenêtres en saillie. La proue de ces mêmes navires est soutenue par des dauphins et des vagues sculptées qui débordent jusque sur le trottoir. Le bâtiment a été refait à neuf pour son centenaire. C'est ici qu'est née la célèbre coupe de l'America. Le trophée nautique y fut exposé de 1857 à 1983, date de la victoire historique d'*Australia II*.

Le célèbre trophée de la coupe de l'America

Bryant Park ❻

Plan 8 F1. Ⓜ 42nd St. **www**.bryantpark.org

En 1853, alors que le site de la Public Library était encore occupé par le réservoir Croton, Bryant Park (Reservoir Park) accueillit un éblouissant Palais de Cristal, construit à l'occasion de l'exposition Universelle *(p. 25)*. Dans les années 1960, ce parc devint un repaire de dealers et autres indésirables. En 1989, la Ville le ferma pour rénovation et en fit un lieu de détente pour une population plus paisible. On peut s'y restaurer et un kiosque Music & Dance Tickets propose des billets à moitié prix pour les spectacles du jour. Sous le parc sont alignés des rayonnages pouvant recevoir plus de sept millions d'ouvrages de la Public Library.

Bryant Park Hotel ❼

40 W 40th St. **Plan** 8 F1. **Tél.** (212) 869-0100. Ⓜ 42nd St. **www**.bryantparkhotel.com

American Radiator Building qui abrite aujourd'hui le Bryant Park Hotel, fut la première œuvre new-yorkaise majeure de Raymond Hood et John Howells. Les deux architectes réalisèrent ensuite Daily News Building *(p. 155)*, McGraw-Hill Building et Rockefeller Center. La structure de 1924 rappelle celle de Chicago's Tribune Tower, gratte-ciel gothique conçu par Hood. Ici, la conception très soignée fait paraître ce building de 23 étages plus haut qu'il n'est en réalité. Les briques noires de la façade sont soulignées par des ornements de terre cuite dorée qui évoquent des charbons ardents. L'image eût ravi les propriétaires initiaux, des fabricants d'installations de chauffage. Face au parc, le gratte-ciel abrite un hôtel de luxe et le très select restaurant japonais Koi.

Ce gratte-ciel néogothique abrite le Bryant Park Hotel

New York Public Library ❽

5th Ave et 42nd St. **Plan** 8 F1. *Tél.* *(212) 930-0830.* Ⓜ *42nd St-Grand Central, 42nd St-5th Ave.* ◯ *mar.-dim. (horaires variables).* ● *j.f.* 📷 ♿ ✎ *Conférences, ateliers, lectures.* 🛍

Porte de la grande salle d'étude de la New York Public Library

En 1897, la conception de la grande bibliothèque publique de New York fut attribuée à Carrère & Hastings. Leur projet fut influencé par le premier directeur de la bibliothèque, qui souhaitait créer un lieu d'étude clair, calme et aéré, où les lecteurs pourraient disposer aisément des millions d'ouvrages. Les architectes édifièrent un chef-d'œuvre de la période Beaux-Arts new-yorkaise. Bâtie sur le site de l'ancien Croton Reservoir *(p. 24),* la bibliothèque comprend une vaste salle de lecture lambrissée, qui s'étend sur deux *blocks* et qui reçoit

L'un des deux lions de la Public Library, appelés Patience et Force d'âme par le maire LaGuardia

Les voûtes de marbre blanc de l'escalier d'Astor Hall

la lumière provenant de deux cours intérieures. Sous la salle s'étendent 140 km de rayonnages, contenant plus de sept millions de volumes. Une centaine d'employés et un système de distribution informatisé assurent la mise à disposition de tout ouvrage en moins de dix minutes. La salle des périodiques, qui contient plus de 10 000 titres provenant de 128 pays, est ornée de peintures murales de Richard Haas honorant les grandes maisons d'édition new-yorkaises. Le fonds originel de la bibliothèque réunissait les collections de John Jacob Astor et de James Lenox. Il comprend aujourd'hui aussi bien un brouillon de la déclaration d'Indépendance de la main de Jefferson qu'une bible de Gutenberg.

La grande salle d'étude a conservé ses lampes de travail en bronze

Une base de données permet de répondre aux 1 000 demandes quotidiennes. Cette bibliothèque constitue le cœur d'un réseau de 82 succursales, au service de sept millions d'usagers. Certaines annexes sont célèbres, notamment New York Public Library for the Performing Arts au Lincoln Center *(p. 212)* et Schomburg Center de Harlem *(p. 229).*

International Center of Photography ❾

1133 Avenue of the Americas (43rd St). **Plan** 8 F1. **Tél.** (212) 857-0000. Ⓜ 42nd St. ◯ mar.-jeu., sam., dim. 10h-18h, ven. 10h-20h. ● 4 juil. & ◻ mar.-dim. 10h-17h. 🖥 www.icp.org

Cornell Capa fonda ce musée en 1974 en hommage au travail des photographes de presse comme son frère Robert, tué au cours d'une mission en 1954. Parmi les 12 500 pièces de la collection figurent des œuvres d'Ansel Adams et d'Henri Cartier-Bresson. Des expositions y ont régulièrement lieu, pour montrer les œuvres du fond, ainsi que des conférences.

Times Square ❿

Plan 8 E1. Ⓜ 42nd St-Times Sq. 🛈 Times Square Information Center, 1560 Broadway (46th St) t.l.j. 8h-20h. 🎫 ven. midi, (212) 869-1890. www.timessquarenyc.org

À la fin du xixe siècle, ce lieu était occupé par des loueurs de chevaux, des bourreliers et des maréchaux-ferrants. En 1899, Oscar Hammerstein y construisit deux salles de spectacle. Bientôt, l'essor de Broadway en fit le cœur du quartier des théâtres. Lors de la crise de 1929, les guys and dolls de Broadway laissèrent la place à des personnages plus douteux. Dans les années 1990, un programme de rénovation a rendu Times Square aux amateurs de théâtre et aux touristes. On peut désormais se promener en toute sécurité dans cet endroit animé, où de nouveaux bâtiments, comme le Bertlesmann, jouxtent les théâtres. La place a pris son nom actuel en 1906, lors de l'installation de la tour du New York Times (25 étages). L'emménagement du Times, à la Saint-Sylvestre, fut marqué par un grand feu d'artifice.

Depuis lors, la chute d'une boule lumineuse au 12e coup de minuit marque le début de l'année nouvelle. Le siège du Times a désormais été transféré au sud de la place. Le building de 45 étages du Westin Hotel (p. 142), conçu par le cabinet Arquitectonica, est le nouveau centre d'intérêt des amateurs d'architecture. Parmi les attractions : une antenne de Madame Tussaud's Wax Museum (42nd St, entre 7th Ave et 8thAve), ESPN Zone, un bar, un complexe de jeux vidéo (1472 Broadway) et un magasin Toys « R » Us (1514 Broadway).

W.C. Fields (à gauche) et Eddie Cantor (à droite, tenant un haut-de-forme), dans les *Ziegfeld Follies*, en 1918, New Amsterdam Theater

New Amsterdam Theater ⓫

214 W 42nd St. **Plan** 8 E1. **Tél.** (212) 282-2900. Ⓜ 42nd St-Times Sq. 🎫 lun.-mar. 10h-15h, jeu.-sam. 10h-11h, dim. 10h, (212) 282-2907.

Ce théâtre, le plus opulent des États-Unis lors de son inauguration en 1903, fut le premier à être doté d'une décoration intérieure de style Art nouveau. Florenz Ziegfeld y produisit sa célèbre revue de 1914 à 1918. Propriétaire des murs, il aménagea sur le toit du New Amsterdam la salle de Aerial Gardens. Frappé comme tant d'autres théâtres de la 42e Rue par la crise économique, il a tiré profit de la réhabilitation de Times Square : la fortune lui sourit à nouveau, et il reste encore un lieu de spectacles.

Group Health Insurance Building ⓬

330 W 42nd St. **Plan** 8 D1. Ⓜ 42nd St-8th Ave. ◯ heures de bureau.

Cet immeuble de Raymond Hood, construit en 1931, fut le seul édifice new-yorkais sélectionné en 1932 dans le cadre de l'International Style Survey (p. 43). Sa conception inhabituelle lui confère un profil à degrés lorsqu'on le voit de l'est ou de l'ouest, mais il présente une face unie lorsqu'on l'observe depuis le nord ou le sud. Des bandes horizontales de terre cuite bleu vert lui ont valu le surnom de « Bon Géant vert ». À l'intérieur, l'on peut admirer le hall d'entrée de style Art déco, tout de verre opaque et d'acier.

Paramount Building ⓭

1501 Broadway. **Plan** 8 E1. Ⓜ 34th St.

La fabuleuse salle de cinéma du rez-de-chaussée où les bobbysoxers des années 1940 se pressaient pour acclamer Frank Sinatra a disparu, mais cet imposant édifice bâti en 1927 par Rapp & Rapp demeure très théâtral. Des degrés symétriques s'élèvent vers un sommet Art déco constitué d'une tour, d'une horloge et d'un globe. À l'âge d'or de Broadway, la tour surmontée d'une plate-forme d'observation était illuminée la nuit. À l'intérieur, il y a un Hard Rock Cafe, une boutique et une salle de concerts.

Le sommet Art déco du Paramount Building

Shubert Alley ⓮

Entre W 44th et W 45th St. **Plan** 12 E5. Ⓜ *42nd St-Times Sq.* Voir *Se distraire* p. 342.

Les salles de spectacle des rues à l'ouest de Broadway, sont souvent remarquables par leur architecture. Deux théâtres construits en 1913, Booth (222 W 45th St) et Shubert (225 W 44th St) bordent le côté ouest de Shubert Alley, où les acteurs s'assemblaient dans l'espoir de décrocher un rôle dans une pièce produite par Shubert.

A Chorus Line fit l'objet du nombre record de 6 137 représentations au Shubert, jusqu'en 1990. Katharine Hepburn y avait auparavant joué dans *The Philadelphia Story.* Face à l'extrémité de Shubert Alley donnant sur la 44ᵉ Rue se dresse le théâtre St James, où Rogers et Hammerstein firent leurs débuts en 1941 dans *Oklahoma*, qui fut suivie de *The King and I.* Au restaurant Sardi's tout proche, les acteurs venaient jadis attendre les critiques au soir de la première. À l'autre extrémité de Shubert Alley, Irving Berlin mit en scène *The Music Box Revue*, en 1921.

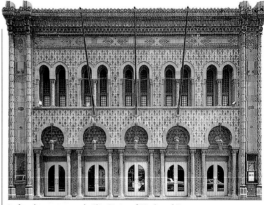

La façade mauresque de City Center of Music and Drama

MONY Tower ⓯

1740 Broadway. **Plan** 12 E4. Ⓜ *57th St.* ◐ *au public.*

Construite en 1950, MONY Tower est nantie d'une girouette particulière, qui n'indique pas la direction du vent ! Le mât devient vert lorsqu'il fait beau, orange lorsque le temps est nuageux, orange clignotant quand il pleut et blanc en cas de neige. L'amélioration ou la dégradation des conditions météorologiques sont annoncées par le mouvement de lumières au long du mât.

City Center of Music and Dance ⓰

131 W 55th St. **Plan** 12 E4. ***Tél.*** *(212) 581-1212.* Ⓜ *57th St.* ∅ ♿ Voir Se distraire p. 346. **www**.citycenter.org

Cet édifice de style mauresque surmonté d'un dôme de tuiles d'Espagne fut conçu en 1924 en tant que temple maçonnique. Sauvé de la démolition par le maire LaGuardia, il accueillit en 1943 la troupe du New York City Opera and Ballet. Lorsque celle-ci s'installa au Lincoln Center, le City Center se consacra à la danse. De récents travaux de rénovation ont préservé le caractère exotique de son architecture.

Carnegie Hall ⓱

154 W 57th Street. **Plan** 12 E3. ***Tél.*** *(212) 247-7800.* Ⓜ *57th St, 59th St.* **Musée** ◐ *t.l.j. et après les concerts* 11h-16h30. ◐ *mer.* ∅ ♿ 🎧 *lun.-ven. en saison.* 🎫 Voir *Se distraire* p. 350. **www**.carnegiehall.org

La première grande salle de concerts de New York, financée par le milliardaire et philanthrope Andrew Carnegie, ouvrit ses portes en 1891 dans ce qui était un faubourg de la ville. L'on dit de cet édifice de style néo-renaissance qu'il possède l'une des meilleures acoustiques au monde. La soirée inaugurale, au cours de laquelle Tchaïkowsky était

L'auditorium du Shubert Theater, construit en 1913 par Henry Herts

L'acoustique de Carnegie Hall est l'une des meilleures du monde

au pupitre, eut lieu en présence des familles les plus en vue, dont certaines durent pourtant patienter plus d'une heure avant de quitter leurs voitures à cheval. Le Carnegie Hall eut pendant de longues années pour orchestre le New York Philharmonic, placé sous la direction de chefs tels que Toscanini, Stokowski, Walter ou Bernstein. Le fait de se produire au Carnegie Hall devint bientôt un symbole international de réussite pour les musiciens : classiques, jazz, rock… Une campagne menée par le violoniste Isaac Stern dans les années 1950 empêcha la transformation du site, qui fut classé monument historique en 1964. La rénovation de 1986 rendit toute leur splendeur aux balcons de bronze et aux plâtres ornementaux. Depuis 1991, un musée retrace le premier siècle d'existence de cette « salle construite par la musique ». Le Judith et Arthur Zankel Hall, à l'étage inférieur, a rouvert en 2003.

Millionaire Andrew Carnegie

À Carnegie Hall, les plus grands orchestres et interprètes du monde attirent toujours le public.

Alwyn Court Apartments ⓲

180 W 58th St. **Plan** 12 E3. Ⓜ *57th St.* ⬤ *au public.*

Cet immeuble de 1909 orné de couronnes, de dragons et autres sculptures en terre cuite de style Renaissance est l'œuvre de Harde et Short. Le rez-de-chaussée a perdu sa corniche, mais le reste de l'édifice est intact.

La façade s'inspire du style François Ier, dont l'emblème, une salamandre couronnée, est visible à l'entrée du bâtiment.

Dans la cour intérieure, Richard Haas a transformé des murs nus en « sculptures de pierre ».

La salamandre, emblème de François Ier, Alwyn Court

Intrepid Sea-Air-Space Museum ⓳

Pier 86, W 46th St. **Plan** 11 A5. 🆔 *(877) 957-SHIP* Ⓜ *M42, M16, M50.* ◻ *avr.-sept. : lun.-ven. 10h-18h, sam., dim. et j.f. 10h-19h ; oct.-mars : mar.-dim. et j.f. 10h-17h.* 🖼 🏠 *www.intrepidmuseum.org*

Ce porte-avions américain de la seconde guerre mondiale abrite des avions de chasse des années 1940, l'A12, l'avion-espion le plus rapide du monde, et le *Growler*, un sous-marin lance-missiles.

Stern Hall est consacré aux supertransporteurs d'aujourd'hui. Technologies Hall s'intéresse aux fusées de demain. Mission Control permet de suivre en direct les missions des navettes de la NASA.

En révision dans le New Jersey depuis 2007, l'*Intrepid* rouvrira ses portes en 2008.

Le pont d'envol de l'*Intrepid*, avec un avion de combat et un avion-

Museum of Arts and Design ⓴

2 Columbus Circle. **Plan** 12 D3. **Tél.** *(212) 956-3535.* Ⓜ *5th Ave-53rd St.* ◻ *t.l.j. 10h-18h (jeu 20h).* ⬤ *j.f.* 🖼 📷 ♿ 📷 **Conférences, films.** 🏠 *www.madmuseum.org*

Première dans son domaine, cette institution culturelle américaine se consacre aux objets contemporains de tous matériaux : verre, bois, terre cuite, métal et fibres. Le fond permanent comprend plus de 2 000 pièces signées d'artisans et de créateurs du monde entier. La boutique offre aux visiteurs l'occasion d'acquérir les créations des plus grands designers américains.

LOWER MIDTOWN

Cette partie au centre de Manhattan s'enorgueillit de superbes réalisations architecturales, dans les styles Beaux-Arts et Art déco, notamment. Le paisible et résidentiel quartier de Murray Hill doit son nom au domaine campagnard qui s'étendait jadis sur le site. Plusieurs illustres familles new-yorkaises s'y installèrent à la fin du XIXe siècle, dont celle du financier J. P. Morgan (sa bibliothèque, aujourd'hui transformée en musée, témoigne de la splendeur de cette époque). Le secteur prend un caractère plus commercial aux alentours de la 42e Rue et de Grand Central Terminal, où les rues sont bordées de grandes tours de bureaux.

Porte en bronze de Fred F. French Building

LE QUARTIER D'UN COUP D'ŒIL

Rues et édifices historiques
Chanin Building ❹
Chrysler Building ❺
Daily News Building ❻
Fred F. French Building ⓬
Grand Central Terminal p. 156-157 ❷
Helmsley Building ❽
Home Savings of America ❸
Sniffen Court ⓯
Tudor City ❼

Musées et galeries d'art
Japan Society ⓫
Morgan Library & Museum p. 164-165 ⓮

Architecture moderne
MetLife Building ❶
Le siège des Nations unies p. 160-163 ❿
Nos 1 et 2 United Nations Plaza ❾

Églises
Church of the Incarnation ⓭

COMMENT Y ALLER ?
Métro : ligne 4, 5 ou 6 (Lexington Ave) vers 42nd St-Grand Central. Bus : M15, M101/102, M1, M2, M3 et M4 ; bus transversaux : M34 et M42.

[Carte du quartier de Lower Midtown avec stations de métro : 5th Ave-42nd Street ; Grand Central-42nd Street & Lexington Ave. Rues : East 48th Street, East 46th Street, Park Ave, East 44th Street, 42nd Street, 40th Street, 38th Street, 36th Street, 34th Street, Madison Avenue, 5th Avenue, Lexington Avenue, 3rd Avenue, 2nd Avenue, 1st Avenue, South Street, Franklin D. Roosevelt Drive, East River, Queens Midtown Tunnel.]

0   500 m
0   500 yds

VOIR ÉGALEMENT

• **Atlas des rues** plans 9, 12, 13

• **Hébergement** p. 287-288

• **Restaurants** p. 306

LÉGENDE

▦ Plan du quartier pas à pas

Ⓜ Station de métro

◁ La flèche revêtue d'acier inoxydable du Chrysler Building

Lower Midtown pas à pas

Une promenade vers Grand Central sera l'occasion d'admirer des styles architecturaux divers. Après avoir apprécié à distance la silhouette des gratte-ciel les plus élevés, on pourra découvrir leurs intérieurs magnifiques, la modernité d'atriums tels que ceux de Philip Morris Building et de Ford Foundation Building, la profusion des détails dans le siège de la Home Savings Bank, l'ampleur des volumes de Grand Central Terminal.

MetLife Building
Ce gratte-ciel construit en 1963 pour la Pan Am a obstrué la perspective de Park Avenue ❶

★ Grand Central Terminal
L'immense intérieur voûté est un somptueux monument élevé au transport ferroviaire ❷

Station de métro Grand Central/ 42ᵉ-Rue (lignes S,-4,-5,-6, 7)

Ⓜ

Philip Morris Building abrite aussi une succursale du Whitney Museum spécialisée dans l'art moderne.

À NE PAS MANQUER

★ Chrysler Building

★ Daily News Building

★ Grand Central Terminal

★ Home Savings of America

Chanin Building
Édifié dans les années 1920 pour le roi de l'immobilier Irwin Chanin, ce building possède un superbe hall d'entrée Art déco ❹

PARK AVENUE

E 1ST ST

LEXINGTON AVENUE

La façade en acier de **Mobil Building,** gratte-ciel de 1955, dotée d'un dispositif de nettoyage automatique, est ornée d'embossages de formes géométriques qui l'empêchent de se gauchir.

★ Home Savings of America
Ancien siège de la Bowery Savings Bank, ce building dû aux architectes York & Sawyer prend l'apparence d'un palais de style roman ❸

Porte en bronze (Home Savings Bank)

Helmsley Building
L'entrée richement ornementée témoigne de l'opulence de New York Central Railroad, qui fut son premier occupant 8

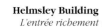

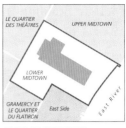

Boîte aux lettres du Chrysler Building

★ Chrysler Building
Cette merveille Art déco fut édifiée en 1930 pour le grand constructeur automobile 5

CARTE DE SITUATION
Voir carte Manhattan p. 14-15

LE QUARTIER DES THÉÂTRES — UPPER MIDTOWN
LOWER MIDTOWN
GRAMERCY ET LE QUARTIER DU FLATIRON — East Side — East River

LÉGENDE

- - - Itinéraire conseillé

0   100 m
0   100 yds

Pause en plein ciel pendant la construction du Chrysler Building

Le siège de **Ford Foundation Building** possède un charmant jardin intérieur au cœur d'un building en forme de cube, en granite, verre et acier.

Ralph J. Bunche Park

E 42ND STREET

E 43RD STREET

SECOND AVENUE

FIRST AVENUE

★ Daily News Building
Un énorme globe terrestre tourne sur son axe dans le hall d'entrée de l'ancien siège Art déco du quotidien Daily News 6

Tudor City
De belles décorations sculptées dans la pierre caractérisent cet ensemble de 3000 appartements, de style Tudor américain 7

MetLife Building ❶

200 Park Ave. **Plan** 13 A5. **M**
42nd St-Grand Central. ◯
heures de bureau. 🍴 🏛

Hall d'entrée du MetLife Building

Les sculptures du sommet
de la gare de Grand Central
Terminal se découpaient jadis
sur le ciel new-yorkais. Puis,
en 1963, la perspective de
Park Avenue fut bouchée par
ce colosse initialement baptisé Pan Am Building, œuvre
de Walter Gropius, Emery
Roth & Sons et Pietro
Belluschi. La gare fut comme
écrasée par ce qui était alors
le plus grand building
commercial au monde : la
réprobation fut générale, ce
qui explique l'abandon
ultérieur d'un projet de
construction d'une tour au-
dessus de Grand Central.

Par une ironie de
l'histoire, le ciel se trouvait
masqué par la Pan Am,
compagnie aérienne qui
avait ouvert le ciel à des
millions de personnes
(et qui à ses débuts, en
1927, comptait Charles
Lindbergh parmi ses
pilotes et consultants). La
première ligne transpacifique
(1936) et le premier tour du
monde en vol régulier (1947)
furent notamment assurés par
la Pan Am.

L'héliport qui occupait le
toit du gratte-ciel fut
désaffecté en 1977, à la suite
d'un accident (une pluie de
débris s'était abattue sur les
rues environnantes). La Pan
Am ayant disparu, le building a
été vendu à MetLife en 1981.

Grand Central Terminal ❷

Voir p. 156 -157.

Home Savings of America ❸

110 E 42nd St. **Plan** 9 A1. **M** *42nd
St- Grand Central.* ◯ *sur r.-v. seul.*
Tél. *Cipriani (212) 499 0599.*

Cet immeuble de 1923 est
considéré comme la plus belle
œuvre des meilleurs spécialistes
de l'architecture « bancaire » des
années 1920. York & Sawyer
retinrent pour les locaux de
Manhattan-Nord
de la Bowery
Savings Bank
un style évoquant
une basilique
romane. Une
entrée voûtée
conduit à une
haute salle au
plafond à poutres
apparentes, aux
sols de marbre à
mosaïques, aux
colonnes (de
marbre elles
aussi) soutenant
de grandes arches de pierre.

Entre les colonnes, des
panneaux de mosaïque en
marbre de France et d'Italie
sont ornés de motifs animaliers
(un écureuil pour l'économie,
un lion pour la puissance).

**Facade du Home Savings
of America Building**

Chanin Building ❹

122 E 42nd St. **Plan** 9 A1.
M *42nd St-Grand Central.*
◯ *heures de bureau.*

**Détail de bas-relief sur
Chanin Building**

Ancien siège de l'une des
plus importantes sociétés
de promotion immobilière
de New York, celle d'Irwin
S. Chanin, cette tour
de 56 étages fut le premier
gratte-ciel du quartier
de Grand Central.
C'est l'un des
exemples les plus
réussis d'architecture
Art déco de la ville.
Une large frise de
bronze, ornée
d'oiseaux et de
poissons, court sur
toute la longueur de
la façade ; la base en
terre cuite est décorée
d'un enchevêtrement
luxuriant de feuilles
et de fleurs stylisées.
À l'intérieur, le sculpteur
René Chambellan réalisa
toutes sortes de motifs
ornementaux en cuivre ;
les reliefs du vestibule
retracent la carrière du
self-made man Chanin.

Détail de sculpture dans le hall de Home Savings of America Building

Chrysler Building ❺

405 Lexington Ave. **Plan** 9 A1.
Tél. (212) 682-3070. Ⓜ️ *42nd St-Grand Central*. ⃝ *heures de bureau (7h-18h), hall d'entrée seul*. 📷 ♿

Gargouille de métal sur le Chrysler Building

Walter P. Chrysler entama sa carrière dans un atelier de chemin de fer de la Union Pacific, mais passionné d'automobiles, il s'éleva rapidement jusqu'au sommet de cette industrie, pour fonder en 1925 une compagnie portant son nom. Son souhait de se doter d'un siège new-yorkais qui symbolisât sa réussite allait aboutir à l'édification par William Van Alen d'un building qui resterait comme l'un des plus grands témoignages de l'âge d'or de l'automobile. La flèche Art déco en acier évoque une calandre ; les degrés de la tour sont ornés de bouchons de radiateur ailés, de roues et d'automobiles stylisées ; les gargouilles sont inspirées des emblèmes de capot de la Chrysler Plymouth de 1929.

Bien qu'il ait été dépossédé du titre de plus haut gratte-ciel du monde quelques mois après son achèvement (par l'Empire State Building), le Chrysler Building, haut de 77 étages (320 m), demeure l'un des plus prestigieux de New York. L'adjonction d'une flèche fut tenue secrète jusqu'au dernier moment ; construite à l'intérieur du building, celle-ci fut élevée par le toit, amenant ainsi le gratte-ciel à une hauteur supérieure à celle de l'immeuble de la Bank of Manhattan construit par H. Craig Severance, le grand rival de Van Alen. Celui-ci fut bien mal récompensé de ses efforts. L'accusant d'avoir accepté des pots-de-vin de la part des entrepreneurs, Chrysler refusa de le payer. Le scandale mit un terme à la carrière de l'architecte. L'étonnant hall d'entrée (où étaient exposés les modèles Chrysler), restauré en 1978, est décoré de marbre, de granite et d'acier chromé. Le plafond peint par Edward Trumball représente des scènes sur le thème des

Porte d'ascenseur, Chrysler Building

transports de la fin des années 1920. Bien que la Chrysler Corporation n'ait jamais fait son siège de ce building, le nom de la firme automobile lui est resté attaché.

Entrée du Daily News Building

Daily News Building ❻

220 E 42nd St. **Plan** 9 B1.
Ⓜ️ *42nd St-Grand Central*.
⃝ *lun.-ven. 8h-18h*.

Le quotidien *Daily News*, fondé en 1919, était dès 1925 diffusé à un million d'exemplaires. Son goût des potins et des scandales, son style et l'abondance de ses illustrations lui valurent le surnom de « bible des domestiques ». Au fil des ans, il s'est cantonné à ce domaine (il révéla par exemple l'idylle d'Édouard VIII et de Mrs. Simpson), ce qui pendant des années s'avéra fort lucratif. Ce quotidien réputé pour ses unes racoleuses continue de bénéficier de l'un des plus forts tirages de la presse américaine. Son siège, dessiné en 1930 par Raymond Hood, se caractérise par les rayures verticales alternées de la façade. Le hall d'entrée est célèbre pour avoir été celui du *Daily Planet* des films de *Superman* tournés dans les années 1980. Il contient un énorme globe terrestre. Sur le sol, des lignes en bronze indiquent la direction des grandes villes du monde et la position des planètes. La nuit, un ornement Art déco surmontant l'entrée principale est illuminé de l'intérieur par des néons. Les bureaux du journal sont maintenant situés West 33rd Street et l'avenir du building se pose.

Grand Central Terminal ❷

En 1871, Cornelius Vanderbilt inaugura sur la 42ᵉ Rue une gare qui, en dépit de maints aménagements, se révéla toujours trop exiguë et qui fut finalement démolie. La gare actuelle de style Beaux-Arts, achevée en 1913, est la porte et le symbole de la ville. Elle doit une grande partie de son prestige à son immense hall, et à la façon dont sont divisés les flux de circulation des automobiles, des piétons et des trains. Sa charpente d'acier est recouverte de plâtre et de marbres. Reed & Stern furent responsables de la planification logistique, Warren & Wetmore de la conception d'ensemble. Sa restauration entreprise par Beyer & Blinder Belle, est superbe.

La façade à colonnade de la 42ᵉ Rue

Fronton de la façade de la 42ᵉ Rue
Sculptures du français Jules-Alexis Coutan : Mercure, Hercule et Minerve couronnent l'entrée principale.

Cornelius Vanderbilt
Le magnat du chemin de fer était appelé « Le Commandeur ».

Niveau du grand hall

Route

Métro

Un demi-million de passagers transite chaque jour par Grand Central Terminal. Un escalier roulant conduit à l'intérieur de MetLife Building où se trouvent des magasins spécialisés et des restaurants.

Vanderbilt Hall, près du hall principal, est un bon exemple de style Beaux-Arts, avec ses chandeliers dorés et son marbre rose.

Grand Central Oyster Bar
Décoré des tuiles jaunes de Guastavino, il est aujourd'hui l'un des nombreux restaurants de la gare (p. 306). En plus des restaurants particuliers, il y a aussi un « espace restauration » pour satisfaire tous les goûts.

À NE PAS MANQUER

★ Bureau d'information

★ Grands escaliers

★ Hall principal

MODE D'EMPLOI

E 42nd St et Park Ave. **Plan** 13
A5. **Tél.** (212) 532-4900. M 4, 5,
6, 7 et S vers Grand Central. M1 à M5, M42, M98, M101 à
M104 et Q32. ☐ t.l.j. 5h30-
1h30. ◙ ♿ 📷 gratuite, mer.
et ven. 12h30 ; (212) 340-2347.
🍴 💻 ⓘ **Consigne ; objets
trouvés** (212) 340 2555
www.grandcentralterminal.com

★ Hall principal

*Cet immense espace
piétonnier au monumental
plafond voûté est éclairé sur
deux côtés par
trois grandes
verrières de
23 m de haut.*

Plafond voûté

*Le Français Paul
Helleu s'inspira d'un
manuscrit médiéval
pour réaliser un
firmament piqueté de
plus de 2 500 étoiles;
les constellations
majeures sont
illuminées.*

Le niveau inférieur est
relié aux autres
niveaux par des
escaliers, des rampes et
un escalator tout neuf.

★ Grands escaliers

*Deux doubles volées
de marches de
marbre, inspirées du
grand escalier de
l'Opéra de Paris,
témoignent de la
splendeur de l'âge
d'or des transports
ferroviaires.*

★ Bureau d'information

*Cette horloge à quatre
cadrans surmonte le bureau
des renseignements du hall.*

Tudor City ❼

E 41st St-43rd St (entre 1st Ave et 2nd Ave). **Plan** 9 B1. **M** *42nd St-Grand Central.* **🚌** *M15, M27, M42, M50 et M104.* **www.**tudorcity.com

Cette œuvre de remodelage résidentiel et urbain, véritable « ville dans la ville » conçue à l'intention des classes moyennes, fut entreprise entre 1925 et 1928 par la Fred F. French Company. Les douze immeubles comprenaient 3000 appartements, un hôtel, des magasins, des restaurants, un bureau de poste et deux petits parcs privés.

Aujourd'hui paisible, le quartier était au XIXe siècle un repaire de criminels, appelé Corcoran's Roost (le « Perchoir de Corcoran »), du nom de Paddy Corcoran, chef d'un gang. La rive de East River était bordée d'usines, de brasseries et d'abattoirs, dont certains existaient encore lors de la construction de Tudor City. Pour cette raison, celle-ci ne possède que peu de fenêtres donnant sur l'extérieur, alors que la vue y est aujourd'hui superbe.

Les étages supérieurs de Tudor City

Helmsley Building ❽

230 Park Ave. **Plan** 13 A5. **M** *42nd St-Grand Central.* **◯** *heures de bureau.*

L'une des plus belles vues de New York s'offre sur Park Avenue, vers le sud, jusqu'à Helmsley Building qui enjambe la chaussée où s'écoule une intense circulation. Seule tache de ce magnifique paysage urbain, MetLife Building

Représentation à la Japan Society

dresse sa masse monolithique là où s'étendait jusqu'en 1963 la toile de fond du ciel.

Édifié en 1929 par Warren & Whetmore, Helmsley Building fut conçu pour abriter le siège de la New York Central Railway Company. Il est aujourd'hui la propriété de Leona Helmsley, femme du défunt Harry Helmsley, un milliardaire qui commença sa carrière comme grouillot, payé 12 $ par semaine. Leona figurait en bonne place dans toutes les publicités de leurs chaînes d'hôtels jusqu'à son incarcération en 1989 pour fraude fiscale. On attribue à Leona le caractère tape-à-l'œil de la rénovation du building.

Nos 1 et 2 United Nations Plaza ❾

Plan 13 B5. **M** *42nd St-Grand Central.* **🚌** *M15, M27, M42, M50 et M104.*

Ces deux grandes colonnes de verre réfléchissant bleu-vert sont placées de telle façon l'une par rapport à l'autre que les jeux de lumière ainsi créés en font une gigantesque œuvre d'art sans cesse changeante. Leur intérieur, tout de marbre et de miroirs, est tout aussi saisissant. Elles abritent des bureaux d'une grande modernité. Le n° 1, Millenium United Nations Plaza Hotel, accueille de nombreux diplomates et chefs d'État. Ceux-ci peuvent profiter de la piscine sous verrière, d'où s'étend une vue imprenable sur la ville et le siège des Nations unies.

Siège des Nations unies ❿

Voir p. 160 -163.

Japan Society ⓫

333 E 47th St. **Plan** 13 B5. **Tél.** (212) 832-1155. **M** *42nd St-Grand Central.* **🚌** *M15, M27 et M50.* **Galerie** ◯ *mar.-jeu. 11h-18h, ven. 11h-21h, sam.-dim. 11h-17h.* 🚫 📷 ♿ **www.**japansociety.org

Le siège de la Japan Society, fondée en 1907 pour favoriser les échanges culturels entre le Japon et les États-Unis fut bâti avec l'aide de John D. Rockefeller III, qui donna 4,3 millions de dollars.

Des divinités à l'antique encadrent l'horloge de Helmsley Building

Ce superbe édifice noir édifié en 1971 sur les plans des architectes de Tokyo Junzo Yoshimura et George Shimamoto comprend un auditorium, un centre linguistique, une bibliothèque d'étude, un musée et des jardins orientaux traditionnels.

Les expositions temporaires ouvertes au public présentent divers arts japonais, des sabres aux kimonos et aux estampes. La société propose des représentations d'arts vivants, des conférences, des cours de langue et des séminaires destinés à des cadres et dirigeants américains et japonais.

Fred F. French Building ⓬

521 5th Ave. **Plan** 12 F5.
Ⓜ *42nd St-Grand Central.*
⭘ *heures de bureau.*

Construit en 1927 en tant que siège de la plus célèbre firme de promotion immobilière de l'époque, cet édifice somptueux fut conçu par l'architecte en chef de French, H. Douglas Ives, en collaboration avec Sloan & Robertson, auteurs de

Vitrail de Tiffany dans Church of the Incarnation

Chanin Building *(p. 154).* Les concepteurs mêlèrent des formes proche-orientales, égyptiennes et Art déco.

La façade est ornée dans sa partie supérieure de faïences multicolores. Un château d'eau se dissimule au sommet de l'immeuble, chargé de reliefs représentant un soleil levant flanqué de griffons, d'abeilles et de symboles de vertus telles que l'intégrité et l'industrie. Des monstres ailés assyriens chevauchent une frise de bronze au-dessus des entrées. Ces thèmes exotiques trouvent leur prolongement sous la voûte du hall d'entrée, au plafond polychrome et aux 25 portes en bronze doré.

La construction de ce building vit pour la première fois l'emploi d'ouvriers de la tribu canadienne des Caughnawaga ; insensibles au vertige, ils allaient participer à l'édification de nombre des plus célèbres gratte-ciel new-yorkais.

Church of the Incarnation ⓭

209 Madison Ave. **Plan** 9 A2.
Tél. *(212) 689-6350.* Ⓜ *42nd St-Grand Central, 33rd St.* ⭘ *lun.-ven. 11h30-14h (et mar. 16h-19h, mer. 17h-19h), sam. 13h-16h, dim. 8h15-12h30.* ✝ *mer. 12h15 et 18h30, ven. 12h45, dim. 8h30 et 11h.* ⬛ ♿ ✓ *sur r.-v.*
www.churchfincarnation.org

Cette église épiscopalienne et son presbytère datent de 1864. Madison Avenue était alors un lieu de résidence de l'élite new-yorkaise. Son extérieur de grès et de *brownstone* est bien représentatif de l'époque.

On peut y admirer une balustrade de l'autel en chêne, œuvre de Daniel Chester French, une *Adoration des Mages* de John La Farge ainsi que des vitraux de La Farge, Louis Comfort Tiffany, William Morris et Edward Burne-Jones.

Morgan Library ⓮

Voir p.164-165.

Sniffen Court ⓯

150-158 E 36th St. **Plan** 9 A2. Ⓜ *33rd St.*

Les dix maisons en briques de style néo-roman qui se dressent dans une cour tranquille sont parfaitement préservées au cœur d'un *block* animé du New York moderne.

La maison de l'extrémité sud servit de studio à Malvina Hoffman, dont les cavaliers grecs décorent le mur extérieur.

Le hall de Fred F. French Building

Le studio de Malvina Hoffman

Le siège des Nations unies ❿

L'ONU, qui comptait 51 États membres lors de sa fondation en 1945, en compte aujourd'hui 189. Elle se donne pour objectifs de préserver la paix internationale, de favoriser l'autodétermination des peuples et de contribuer au bien-être économique et social dans le monde.

Le drapeau des Nations unies

New York fut choisi pour abriter le siège de l'ONU, et John D. Rockefeller fit don de 8,5 millions de dollars pour l'acquisition de terrains au bord de East River. Les sept hectares du site jouissent d'un statut d'extraterritorialité. Des visites guidées quotidiennes permettent de découvrir diverses salles du palais de l'ONU, dont celle de l'Assemblée générale. En 2006, cette dernière a voté la restauration du complexe qui devrait s'étendre sur plusieurs années et coûter 1,6 milliards de dollars.

Le siège des Nations unies

Immeuble du secrétariat

Le bâtiment de l'Assemblée générale comprend les salles de réunion du Conseil de sécurité, du Conseil de tutelle et du Conseil économique et social.

Conseil de tutelle

★ **Conseil de sécurité**
Les délégués et leurs assistants se réunissent en conférence autour de la table en fer à cheval, cependant que le personnel (chargé notamment de la transcription des débats) est assis à la longue table du centre.

Conseil économique et social

À NE PAS MANQUER

★ Assemblée générale

★ Cloche de la Paix

★ Conseil de sécurité

★ Reclining Figure

★ **Cloche de la Paix**
Fondue avec les monnaies de 60 nations, elle est suspendue dans une pagode en cyprès. C'est un don du Japon.

Roseraie
Les jardins soignés situés au bord de East River sont ornés de 25 variétés de roses.

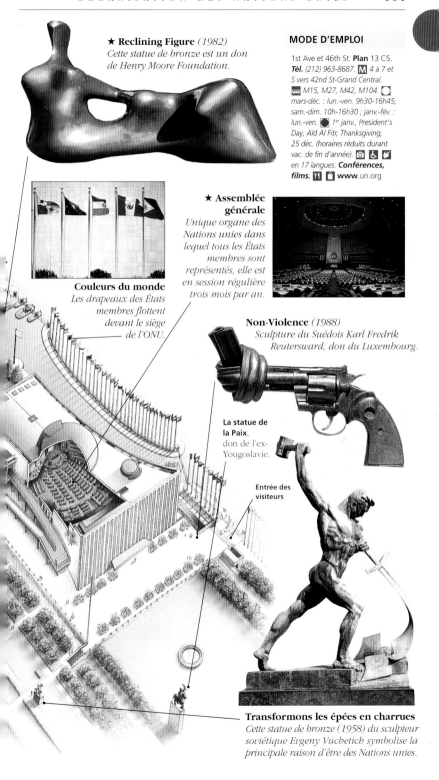

★ **Reclining Figure** (1982)
Cette statue de bronze est un don de Henry Moore Foundation.

MODE D'EMPLOI

1st Ave et 46th St. **Plan** 13 C5.
Tél. (212) 963-8687. Ⓜ 4 à 7 et
S vers 42nd St-Grand Central.
🚌 M15, M27, M42, M104. ⬚
mars-déc. : lun.-ven. 9h30-16h45,
sam.-dim. 10h-16h30 ; janv.-fév. :
lun.-ven. ● 1ᵉʳ janv., President's
Day, Aïd Al Fitr, Thanksgiving,
25 déc. (horaires réduits durant
vac. de fin d'année). 🅿 ♿ 📷
en 17 langues. **Conférences,
films.** 🍴 🏛 www.un.org

★ **Assemblée
générale**
*Unique organe des
Nations unies dans
lequel tous les États
membres sont
représentés, elle est
en session régulière
trois mois par an.*

Couleurs du monde
*Les drapeaux des États
membres flottent
devant le siège
de l'ONU.*

Non-Violence (1988)
*Sculpture du Suédois Karl Fredrik
Reutersward, don du Luxembourg.*

**La statue de
la Paix,**
don de l'ex-
Yougoslavie.

**Entrée des
visiteurs**

Transformons les épées en charrues
*Cette statue de bronze (1958) du sculpteur
soviétique Evgeny Vuchetich symbolise la
principale raison d'être des Nations unies.*

L'Organisation des Nations unies

L'ONU accomplit la mission qui lui est dévolue par le truchement de trois Conseils et d'une Assemblée générale (comprenant tous les membres de l'ONU). Le secrétariat assure l'administration de l'organisation. Des visites guidées permettent de découvrir la salle du Conseil de sécurité où l'on peut parfois assister à une réunion.

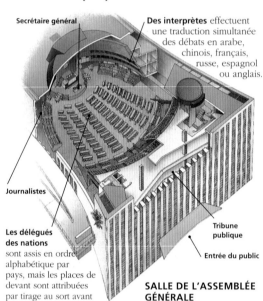

Secrétaire général

Des interprètes effectuent une traduction simultanée des débats en arabe, chinois, français, russe, espagnol ou anglais.

Journalistes

Les délégués des nations sont assis en ordre alphabétique par pays, mais les places de devant sont attribuées par tirage au sort avant chaque session.

Tribune publique

Entrée du public

SALLE DE L'ASSEMBLÉE GÉNÉRALE

ASSEMBLÉE GÉNÉRALE

L'Assemblée générale, organisme majeur de l'ONU, se réunit en sessions régulières de la mi-septembre à la mi-décembre. Des sessions extraordinaires peuvent également se tenir à la demande du Conseil de sécurité ou d'une majorité des États membres. Chacun de ceux-ci, quelle que soit sa taille, dispose d'une voix. L'Assemblée générale traite de tout problème international soulevé par les États membres ou par d'autres organismes de l'ONU. Sans avoir valeur de lois, ses recommandations, votées à la majorité des deux tiers, exercent une profonde influence sur l'opinion publique internationale.

Les 1898 sièges de la salle sont équipés d'écouteurs permettant aux délégations (placées par tirage au sort avant chaque session) de suivre les débats en traduction simultanée. L'Assemblée générale désigne le Secrétaire général (sur proposition du Conseil de sécurité), approuve les budgets de l'ONU et élit les membres

Le Pendule de Foucault: sa lente rotation prouve que la Terre tourne sur son axe

non permanents des Conseils. Conjointement avec le Conseil de sécurité, elle nomme les juges de la Cour internationale de Justice, qui siège à La Haye.

CONSEIL DE SÉCURITÉ

Ce conseil, qui s'efforce de favoriser la paix internationale et intervient en cas de crise

Cette peinture murale de Per Krohg (Norvège) symbolise la paix et la liberté

(en Irak et en Afghanistan), est le seul organisme de l'ONU dont les décisions s'imposent à tous les États membres, et le seul à siéger en permanence.

Le Conseil de sécurité compte cinq membres permanents (Chine, France, Fédération de Russie, Royaume-Uni et États-Unis), les autres membres étant élus pour deux ans par l'Assemblée générale.

En cas de conflit international, le Conseil s'efforce tout d'abord de rechercher un accord entre les parties, par la médiation. Lorsque des combats armés éclatent, il peut ordonner des cessez-le-feu et imposer des sanctions économiques ou militaires. Il peut également dépêcher des troupes chargées de maintenir la paix ou de s'interposer entre les factions rivales jusqu'à ce qu'une solution diplomatique ait pu être trouvée. L'intervention militaire ne s'effectue qu'en dernier ressort. Des forces de l'ONU peuvent être déployées de façon ponctuelle ou permanente (à Chypre, au Proche-Orient).

CONSEIL DE TUTELLE

C'est le seul organisme de l'ONU dont la tâche va diminuant. Créé en 1945 dans le but d'assurer une transition pacifique vers l'indépendance de territoires ou de colonies non encore autonomes, il a supervisé l'accession à l'indépendance de plus de 80 colonies. Les populations sous son contrôle se sont réduites de 750 millions de personnes à environ trois millions. Le Conseil de tutelle est actuellement composé des cinq membres permanents du Conseil de sécurité.

Cette peinture murale de Zanetti (République dominicaine) illustre la lutte pour la paix, bâtiment des Conférences

de Corée était celui de Corée du Sud ; deux ans plus tard, elle joua un rôle majeur dans la lutte contre l'armée d'invasion venue de Corée du Nord. En 1949, l'ONU contribua au cessez-le-feu entre l'Indonésie et les Pays-Bas, et facilita l'accès à l'indépendance de l'Indonésie. Elle y retourna en 2002 pour superviser les élections au Timor oriental.

La Chambre du Conseil de tutelle

CONSEIL ÉCONOMIQUE ET SOCIAL

Les 54 membres de ce conseil se donnent pour mission d'améliorer les conditions de vie matérielles et sociales dans le monde, ce à quoi sont consacrées 80 % des ressources de l'ONU. Le Conseil adresse des recommandations à l'Assemblée générale, à chaque nation membre et aux institutions spécialisées de l'ONU. Il est assisté par des commissions traitant de problèmes économiques régionaux, des droits de l'homme, de l'environnement… Il œuvre aussi en partenariat avec l'Organisation mondiale de la santé, l'UNICEF et d'autres organismes internationaux.

SECRÉTARIAT

Les 16000 membres du personnel du secrétariat, originaires du monde entier, assurent le fonctionnement de l'Organisation des Nations unies. Le secrétaire général, élu pour cinq ans par l'Assemblée générale, joue un rôle clef en tant que porte-

parole de l'Organisation, dans ses efforts de maintien de la paix notamment. Le 1er janvier 2007, le Sud-Coréen Ban Ki-moon est devenu secrétaire général.

GRANDES DATES DANS L'HISTOIRE DE L'ONU

En 1960, Khrouchtchev s'adresse à l'Assemblée générale

L'ONU s'en remet au soutien militaire et à l'obéissance volontaire et de ses membres. En 1948, l'ONU déclara que le gouvernement légitime

En 1964, une force militaire fut envoyée à Chypre pour préserver la paix entre Grecs et Turcs, elle y est toujours. Depuis 1974, les tensions récurrentes au Proche-Orient ont entraîné l'envoi et le maintien de forces de l'ONU dans la région, la même année, la République populaire de Chine fut enfin acceptée au sein de l'Organisation. Dans les années 1990, l'ONU s'est lourdement investie dans le conflit de l'ex-Yougoslavie, et plus récemment, dans ceux d'Iraq et d'Afghanistan. En 2004, des casques bleus en mission au Congo furent accusés d'abus sexuels.

Une douzaine de missions sont actives à tout moment dans le monde. L'ONU s'est vu attribué le prix Nobel de la Paix en 1988 et en 2001.

ŒUVRES D'ART À L'ONU

Le siège de l'ONU abrite de nombreuses œuvres d'art et reproductions, souvent offertes par les nations membres. La plupart de ces œuvres (tableaux ou sculptures, notamment) ont pour thème la paix ou la fraternité internationale. La Règle d'Or, de Norman Rockwell, a pour légende « Fais à autrui ce que tu voudrais que l'on te fasse ». Un grand vitrail de Marc Chagall est dédié à la mémoire de l'ancien secrétaire général Dag Hammarskjöld, mort accidentellement en 1961 lors d'une mission au Congo. Dans le parc, dont l'accès est restreint, se trouve une sculpture d'Henry Moore.

La Règle d'Or (1985), grande mosaïque de Norman Rockwell

Morgan Library & Museum

La bibliothèque a rouvert en 2006 après des travaux d'agrandissement. Son fonds, constitué à partir des collections privées du banquier John Pierpont Morgan, s'abrite dans un splendide palais de style Renaissance. En 1924, le fils de Morgan fit de la bibliothèque une institution publique. Elle possède aujourd'hui l'une des plus belles collections de manuscrits, livres et gravures rares au monde, présentée dans deux bâtiments, celui de 1902 et l'ancienne demeure de J.P. Morgan Jr.

L'extérieur du bâtiment initial de Morgan Library

The Song of Los *(1795)*
Le poète mystique William Blake dessina et grava cette planche pour l'une de ses œuvres les plus novatrices.

Morgan House

LÉGENDE DU PLAN

☐ Espace d'exposition

▨ Autres salles et espaces

Entrée principale

Bible de Gutenberg *(1455)*
Le volume imprimé sur papier vélin est l'un des 11 exemplaires restants.

Galerie

À NE PAS MANQUER

★ East Room

★ Rotonde

★ West Room

Alice au pays des Merveilles
Les personnages de Lewis Carroll sont immortalisés par les célèbres illustrations de John Tenniel (v. 1865).

GUIDE DE LA BIBLIOTHÈQUE

Le bureau de Morgan et la bibliothèque d'origine contiennent certains de ses objets d'art préférés. Des expositions temporaires permettent aux visiteurs d'avoir accès à des pièces d'une très grande richesse culturelle.

West Room (bureau de Morgan)

Concerto pour cor en mi bémol majeur de Mozart

Les six feuillets qui subsistent sont rédigés avec des encres de couleurs différentes.

MODE D'EMPLOI

225 Madison Av. **Plan** 9 A2.
Tél. *(212) 685-0008*
M 6 vers 33rd St ; 4 à 7 vers Grand Central ; B, D, F et V vers 42nd St. M1 à M5, M16 (transversal), M34 mar.-jeu. 10h30-17h, ven. 10h30-21h, sam. 10h-18h, dim. 11h-18h. lun.
www.themorgan.org

★ East Room
Les murs sont garnis du sol au plafond de triples rayonnages. Des peintures murales représentent des personnages historiques et leurs muses, ainsi que les signes du zodiaque.

★ Rotonde *(1504)*
Hall d'entrée du musée, elle est rythmée de colonnes et de pilastres en marbre. Son sol est inspiré de celui de la Villa Pia, au Vatican.

★ West Room
Des œuvres Renaissance sont exposées sous son plafond à l'antique.

J. P. MORGAN

J. P. Morgan (1837-1913) fut non seulement un brillant financier, mais aussi l'un des plus grands collectionneurs de son temps. C'était un grand honneur que de figurer dans la collection de ce passionné d'ouvrages rares et de manuscrits originaux. En 1909, lorsque Morgan lui demanda son manuscrit de *Pudd'nhead Wilson*, Mark Twain répondit : « L'une de mes plus grandes ambitions se trouve satisfaite. »

UPPER MIDTOWN

Upper Midtown est le cœur du New York chic, jalonné d'églises, synagogues, clubs, palaces, boutiques célèbres, gratte-ciel d'avant-gardes et appartements luxueux. C'est ici que résidèrent, au XIXe siècle, des

La Cisitalia du MoMA (1946)

dynasties aussi illustres que les Vanderbilt ou les Astor. La construction des tours Lever et Seagram dans les années 1950 marque l'histoire de la ville, transformant ce secteur résidentiel de Park Avenue en prestigieux centre d'affaires.

LE QUARTIER D'UN COUP D'ŒIL

Rues et bâtiments historiques
Beekman Place **18**
Fuller Building **21**
General Electric Building **11**
Roosevelt Island **19**
Sutton Place **17**
Villard Houses **9**

Architecture moderne
Citigroup Center **15**
IBM Building **3**
Lever House **13**
Seagram Building **14**
Trump Tower **2**

Musées
American Folk Art Museum **6**
Museum of Modern Art (MoMA) p. 172-175 **5**

Museum of Television and Radio **7**

Églises et synagogues
Central Synagogue **16**
St. Bartholomew's Church **10**
St Patrick's Cathedral p. 178-179 **8**
St. Thomas Church **4**

Hôtels de prestige
Plaza Hotel **22**
Waldorf-Astoria **12**

Boutiques de prestige
Bloomingdale's **20**
Cinquième Avenue **1**

LÉGENDE

Plan du quartier pas à pas

M Station de métro

VOIR ÉGALEMENT

- *Atlas des rues* plans 12, 13-14
- *Hébergement* p. 288-289
- *Restaurants* p. 306-308

COMMENT Y ALLER ?

Métro : ligne 6 vers la 51st St ; lignes 4, 5 ou 6 vers 59th St ; lignes N, R ou W vers 60th St ; lignes E ou V vers 53rd St-5th Ave ou 53rd St-Lexington Ave. Bus : M1, M2, M3, M4, M15 ou M101-103. ; bus transversaux : M27, M50, M31 et M57.

◁ **Cinquième Avenue**

Upper Midtown pas à pas

Les boutiques aux noms prestigieux sont le symbole de la Cinquième Avenue. En 1917, Cartier acquiert la résidence du banquier Morton F. Plant en échange d'un collier de perles. D'autres détaillants suivront son exemple. Mais le shopping de luxe n'est pas le seul atout de ce quartier : on y trouve également trois musées passionnants et un éventail surprenant de styles architecturaux.

Cinquième Avenue
Très prisée, la balade en calèche est l'occasion de marier le charme et l'élégance d'antan et la découverte des principaux sites jalonnant le parcours ❶

University Club, construit en 1899, est un cercle très privé.

W 55TH ST

St Thomas Church
La plupart des sculptures intérieures ont été réalisées par Lee Lawrie ❹

★ **Museum of Modern Art**
Le musée abrite l'une des plus belles collections d'art moderne au monde ❺

Museum of Television and Radio
Ce musée propose des expositions, des projections thématiques et un vaste choix d'enregistrements historiques ❼

Station de métro de la 5ᵉ Avenue (lignes E, V)

Saks Fifth Avenue est un modèle de bon goût pour les New-Yorkais depuis des générations *(p. 319)*.

★ **St Patrick's Cathedral**
Cet édifice néogothique est la plus grande cathédrale des États-Unis ❽

Olympic Tower est composée de bureaux et d'appartements. Son atrium est éclairé par la lumière naturelle.

Villard Houses
Cet ensemble élégant de cinq hôtels particuliers fait partie du New York Palace Hotel ❾

À NE PAS MANQUER

★ Museum of Modern Art

★ St Patrick's Cathedral

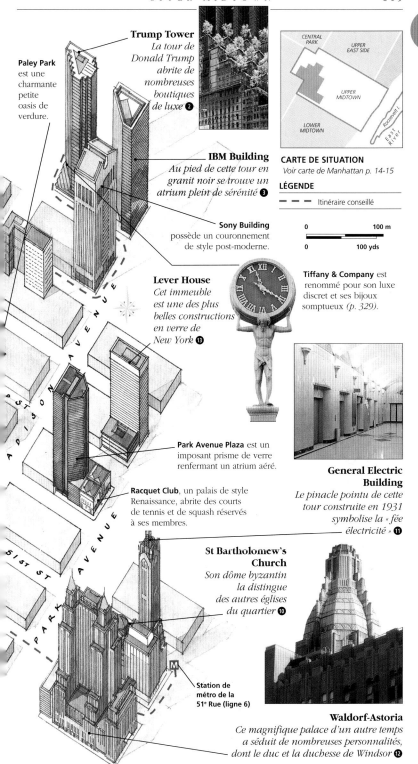

Trump Tower
La tour de Donald Trump abrite de nombreuses boutiques de luxe ❷

Paley Park est une charmante petite oasis de verdure.

IBM Building
Au pied de cette tour en granit noir se trouve un atrium plein de sérénité ❸

Sony Building possède un couronnement de style post-moderne.

CARTE DE SITUATION
Voir carte de Manhattan p. 14-15

LÉGENDE

— — — Itinéraire conseillé

| 0 | 100 m |
| 0 | 100 yds |

Lever House
Cet immeuble est une des plus belles constructions en verre de New York ❸

Tiffany & Company est renommé pour son luxe discret et ses bijoux somptueux *(p. 329)*.

Park Avenue Plaza est un imposant prisme de verre renfermant un atrium aéré.

General Electric Building
Le pinacle pointu de cette tour construite en 1931 symbolise la « fée électricité » ⓫

Racquet Club, un palais de style Renaissance, abrite des courts de tennis et de squash réservés à ses membres.

St Bartholomew's Church
Son dôme byzantin la distingue des autres églises du quartier ❿

Ⓜ **Station de métro de la 51ᵉ Rue (ligne 6)**

Waldorf-Astoria
Ce magnifique palace d'un autre temps a séduit de nombreuses personnalités, dont le duc et la duchesse de Windsor ⓬

Une vitrine du magasin de Bergdorf Goodman *(p. 319)*

5e Avenue ❶

Plan 12 F3-F4. **M** 5th Ave-53rd St, 5th Ave-59th St.

En 1883, William Henry Vanderbilt fut le premier membre de la haute société new-yorkaise à faire construire son hôtel particulier sur la 5e Avenue. Bientôt ses pairs lui emboîtèrent le pas : les Astor, les Belmont ou les Gould. Aujourd'hui, seuls quelques édifices témoignent encore du faste de cette époque.

C'est le cas de la joaillerie Cartier, au n° 651, autrefois la résidence du milliardaire Morton F. Plant. À partir de 1906, de nombreuses boutiques s'ouvrent, gagnant le nord de l'avenue et faisant refluer les riches familles vers d'autres artères du centre-ville. La légende prétend que lorsque Plant emménagea en 1917 sur 86th St, il céda son ancienne demeure à Pierre Cartier en échange d'un superbe collier de perles.

Depuis lors, 5e Avenue rime avec luxe et splendeur. Elle est bordée de boutiques chic, parmi lesquelles Cartier (52nd St), Tiffany ou Bergdorf Goodman (57th St), que fréquentaient déjà, en leur temps, les Vanderbilt ou les Astor.

Trump Tower ❷

725 5th Ave. **Plan** 12 F3. **Tél.** *(212) 832-2000.* **M** *5th Ave-53rd St, 5th Ave-59th St.* **Niveau jardin, boutiques** ◯ *lun.-sam. 10h-18h, dim. 12h-17h.* **Bâtiment** ◯ *t.l.j. 8h-22h.* ◙ & **Concerts.** ❚❚ ▯ ▯

Cette tour, dont les bureaux et les appartements coûtent des fortunes, se dresse au-dessus d'un atrium de six étages bordé de magasins chic et de luxueux cafés. Marbre rose, cascades et jeux de miroirs : ce monument tape-à-l'œil symbolisant le capitalisme triomphant et la société de consommation a été élevé par Donald Trump, dont la personnalité est à l'image de la démesure des années 1980 *(p. 33).*

En comparaison, la célèbre joaillerie Tiffany qui se trouve juste à côté fait figure de temple du bon goût. Les vitrines raffinées et l'élégance discrète des sobres écrins bleus de cette maison fondée en 1837 appartiennent au patrimoine new-yorkais depuis que l'écrivain Truman Capote les a immortalisés dans son roman *Petit déjeuner chez Tiffany*.

L'entrée de la célèbre bijouterie Tiffany

IBM Building ❸

590 Madison Ave. **Plan** 12 F3. **Tél.** *(212) 745-3500.* **M** *5th Ave.* **Garden Plaza** ◯ *t.l.j. 8h-22h.* ◙ & **Dahesh Museum of Art** ; *(212) 759-0606.* ◯ *mar.-dim. 11h-18h (premier jeu. du mois : jusqu'à 21h).* ● *j.f.* ▨ *(premier jeu. du mois : gratuit).* ▭ *www.dasheshmuseum.org*

Achevée en 1983, cette tour de 43 étages conçue par Edward Larrabee Barnes est un prisme composé de cinq faces en granit gris vert. Le **Garden Plaza** est ouvert aux visiteurs. Près du hall, une œuvre du sculpteur Michael Heizer, intitulée *Levitated Mass,* représente un réservoir en acier dans lequel un bloc de granit semble suspendu dans le vide.

Au 580 Madison Ave, le **Dahesh Museum** présente des dessins, des peintures, des gravures, des photographies et des sculptures d'artistes populaires des XIXe et XXe siècles.

Le hall pharaonique de Trump Tower

St Thomas Church ➊

1 W 53rd St. **Plan** 12 F4. **Tél.** *(212)
757-7013.* Ⓜ *5th Ave-53rd St.* ◯ *t.l.j.
7h-18h.* 🚻 *fréquentes.* 🚫 🚻 🎥
après la messe de 11h et les concerts.
www.*saintthomaschurch.org*

Bâtie entre 1909 et 1914,
St Thomas Church remplace
un premier sanctuaire détruit
par un incendie en 1905.
C'est là que se déroulaient
de nombreux mariages
de la grande bourgeoisie
new-yorkaise à la fin du siècle
dernier. Le plus sompteux
d'entre eux fut sans doute
celui de l'héritière des
Vanderbilt avec un Anglais, le
duc de Marlborough, en 1895.
    La forme originale de
ce bâtiment néogothique est
due à sa situation, sur un
terrain exigu à l'angle de la
Cinquième Avenue et de la
53ᵉ Rue. Il ne possède en effet
qu'une seule tour, asymétrique,
et sa nef est excentrée.
Derrière l'autel, le retable
richement sculpté est l'œuvre
de l'architecte Bertram
Goodhue et du sculpteur
Lee Lawrie. Dans le chœur,
des niches abritent plusieurs
statues des années 1920, dont
celles des présidents Roosevelt
et Wilson, et de Lee Lawrie
lui-même.

Museum of Modern Art (MoMA) ➎

Voir p. 172-175

American Folk Art Museum ➏

45 W 53rd St. **Plan** 12 F4. **Tél.** *(212)
265-1040.* Ⓜ *5th Ave-53rd St.*
◯ *mar.-dim. 10h30- 17h30 (19h30
ven.).* 🖼 🚻 🎥 🛍 📷
www.*folkartmuseum.org*

La vitrine et le lieu d'étude de
l'art populaire américain a
déménagé en 2001 dans un
nouvel édifice, le premier
construit à New York depuis
1966 pour être un musée.
Conçue par le cabinet
d'architectes de Tod Williams
Billie Tsien & Associates, cette
structure plaquée d'un alliage

Les Beatles lors d'une émission de télévision américaine en 1964

de bronze blanc abrite
2 787 m² d'espace d'exposition
sur huit niveaux. Le musée
a réaménagé ses anciens
locaux, la Eva and Morris Feld
Gallery, à Lincoln Square
(p. 214), en un espace
artistique complémentaire.

The American Folk Art Museum

Museum of Television and Radio ➐

25 W 52nd St. **Plan** 12 F4.
Tél. *(212) 621-6800.* Ⓜ *5th
Ave-53rd St.* ◯ *mar.-dim.
12h-18h (20h jeu.). Cinémas
et salles de projection fermés à
21h ven.* ◑ *j.f.* 🖼 🚫 🚻 🎥
🚻 **www**.*mtr.org*

Ce musée unique en
son genre vous permettra
d'écouter et de voir une
multitude de documents
audiovisuels (reportages,
variétés, journaux
télévisés, émissions
sportives,

documentaires) de toutes
les époques depuis la
création de la télévision.
Les 50 000 programmes des
archives du musée incluent
les débuts télévisés d'Elvis
ou des Beatles, des extraits
de grandes compétitions
sportives comme les jeux
Olympiques, et de
nombreuses images de la
Seconde Guerre mondiale.
Des cabines individuelles
sont à votre disposition,
ainsi qu'une salle de
projection de 200 places
destinée à des rétrospectives.
Des expositions de
photographies et d'affiches
sont aussi régulièrement
organisées.
    Le musée a ouvert ses
portes en 1975 sur la 53ᵉ Rue,
sous le patronage de l'ancien
président de CBS, William
S. Paley. C'est en 1991
qu'il a emménagé dans cet
immeuble high-tech d'un coût
de 50millions de dollars
qui, paraît-il, fait penser
à une vieille TSF.

Lucille Ball, star de la TV dans les années 1960

Museum of Modern Art (MoMA) ❺

La façade du musée sur la 54e Rue

Ce musée abrite l'une des plus belles collections d'Art moderne au monde. Fondé en 1929, il est devenu une référence dans son genre. Après des travaux d'agrandissement, le musée a rouvert en 2004. Le bâtiment possède dorénavant six niveaux d'espace d'exposition. Les nombreuses baies vitrées apportent une lumière naturelle abondante et permettent d'apprécier le jardin des sculptures.

Jardin des sculptures
Abby A. Rockefeller Sculpture Garden est un lieu d'une grande sérénité.

À NE PAS MANQUER

★ *Les Demoiselles d'Avignon*, de Pablo Picasso

★ *La Nuit étoilée*, de Vincent Van Gogh

Christina's World
(1948) Andrew Wyeth oppose la perspective écrasante de l'horizon à l'univers minutieusement détaillé qui entoure la jeune handicapée.

Bird in Space *(v. 1928)*
L'élégant bronze de Constantin Brancusi semble prêt à quitter son socle.

SUIVEZ LE GUIDE !

Le jardin des sculptures se situe au rez-de-chaussée. L'art contemporain, les gravures et la collection consacrée aux nouveaux médias occupent le 1er étage. Les peintures et les sculptures sont au 1er, au 3e et au 4e étage, tandis que le 2e étage est dédié à l'architecture, au design, à la photographie et aux dessins. Des expositions temporaires ont lieu au 2e et au 5e étage ; les films, quant à eux, sont projetés au sous-sol.

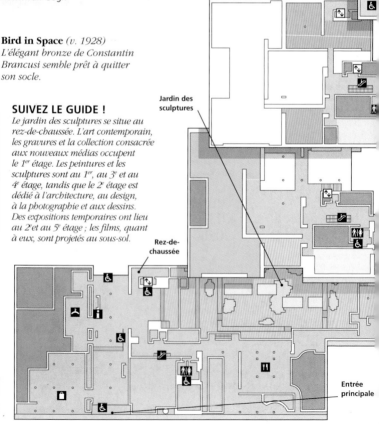

Jardin des sculptures

Rez-de-chaussée

Entrée principale

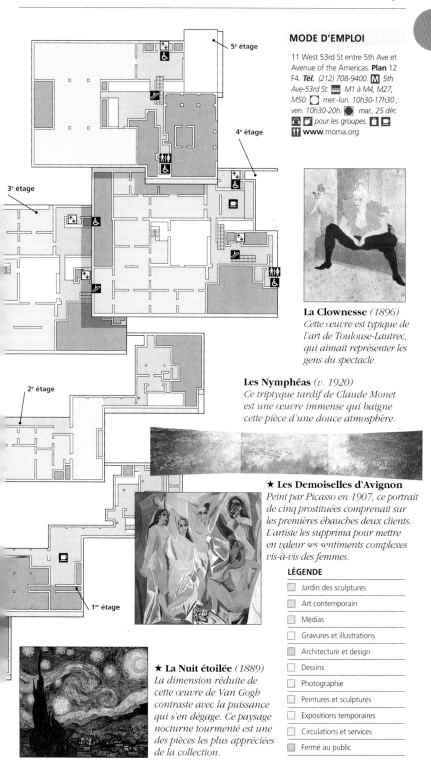

5ᵉ étage

4ᵉ étage

3ᵉ étage

2ᵉ étage

1ᵉʳ étage

MODE D'EMPLOI

11 West 53rd St entre 5th Ave et Avenue of the Americas. **Plan** 12 F4. ***Tél.*** *(212) 708-9400.* M *5th Ave-53rd St.* M1 à M4, M27, M50. *mer.-lun. 10h30-17h30 ; ven. 10h30-20h.* *mar., 25 déc. pour les groupes.* **www**.moma.org

La Clownesse *(1896)*
Cette œuvre est typique de l'art de Toulouse-Lautrec, qui aimait représenter les gens du spectacle.

Les Nymphéas *(v. 1920)*
Ce triptyque tardif de Claude Monet est une œuvre immense qui baigne cette pièce d'une douce atmosphère.

★ **Les Demoiselles d'Avignon**
Peint par Picasso en 1907, ce portrait de cinq prostituées comprenait sur les premières ébauches deux clients. L'artiste les supprima pour mettre en valeur ses sentiments complexes vis-à-vis des femmes.

LÉGENDE

	Jardin des sculptures
	Art contemporain
	Médias
	Gravures et illustrations
	Architecture et design
	Dessins
	Photographie
	Peintures et sculptures
	Expositions temporaires
	Circulations et services
	Fermé au public

★ **La Nuit étoilée** *(1889)*
La dimension réduite de cette œuvre de Van Gogh contraste avec la puissance qui s'en dégage. Ce paysage nocturne tourmenté est une des pièces les plus appréciées de la collection.

À la découverte des collections

Le Museum of Modern Art (MoMA) regroupe près de 150 000 œuvres d'art. On y trouve une collection post-impressionniste, les plus beaux échantillons de l'Art moderne et contemporain, ainsi que de superbes exemples d'objets de design, de photographies et de films anciens.

PEINTURE ET SCULPTURE DE 1820 À 1940

La Permanence de la mémoire, par le surréaliste Salvador Dalí (1931)

également illustrée au travers des peintures de Malevich, Lissitzky et Rodchenko. L'influence de De Stijl se remarque dans les toiles de Piet Mondrian comme *Broadway Boogie Woogie*. Le musée expose de nombreuses œuvres de Matisse, notamment *Danse* et le *Grand Intérieur rouge*. Ailleurs, l'étrange beauté des œuvres de Dalí, Miró et Ernst transporte le visiteur dans l'univers du surréalisme.

Le Baigneur de Paul Cézanne et *La Nuit étoilée* de Vincent Van Gogh sont deux des fleurons de la collection de peintures de la fin du xixe siècle du musée. Le fauvisme et l'expressionnisme sont illustrés par des toiles de Matisse, Derain, Kirchner et d'autres, tandis que *Les Demoiselles d'Avignon*, de Picasso, marque une transition vers un nouveau style de peinture.

Le musée possède une collection cubiste unique, témoignant d'un mouvement qui a radicalement remis en question notre perception du monde. Parmi eux, *La Fille à la mandoline* de Picasso, *L'Homme à la guitare* et *Soda* de Georges Braque, et *Guitare et fleurs* de Juan Gris. Le futurisme, qui a apporté au cubisme de la couleur et du mouvement pour décrire le dynamisme du monde moderne, est représenté par Gino Severini *(Dynamic Hieroglyphic of the Bal Tabarin)*, Umberto Boccioni *(Dynamism of a Soccer Player)*, ainsi que par des tableaux de Balla, Carrà et Villon. L'abstraction géométrique des constructivistes est

PEINTURE ET SCULPTURE D'APRÈS-GUERRE

L'éventail de l'art d'après-guerre comprend des œuvres de Bacon et Dubuffet et les artistes américains sont particulièrement bien représentés. La collection d'art abstrait expressionniste comprend l'énigmatique et étonnant *One* [n° 31, 1950], de Jackson Pollock ; *Woman, I*, de Willem de Kooning ; *Agony*, d'Arshile Gorky ; et *Red, Brown and*

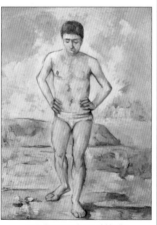

Le Baigneur, peinture à l'huile de l'impressionniste Paul Cézanne

Black, de Mark Rothko. La collection comprend aussi des œuvres telles que *Flag*, de Jasper Johns, *First Landing Jump* et *Bed*, de Robert Rauschenberg, respectivement réalisées à l'aide de détritus urbains et de draps. La collection consacrée au Pop Art présente *Girl with Ball* et *Drowning Girl*, de Roy Lichtenstein ; le célèbre *Gold Marilyn Monroe*, par Andy Warhol ; et le *Giant Soft Fan*, de Claes Oldenburg.

Les œuvres postérieures à 1965 incluent des travaux de Judd, Flavin, Serra et Beuys.

DESSINS ET AUTRES ŒUVRES SUR PAPIER

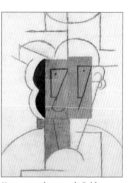

Homme au chapeau, de Pablo Picasso, collage et fusain

Le MoMA possède plus de 7 000 œuvres qui vont de toutes petites esquisses jusqu'à de grands muraux. Les dessins qui utilisent des techniques traditionnelles – crayon, fusain, plume et encre, pastel et aquarelle – sont nombreux. Mais on peut également découvrir des collages et des créations à base de matériaux divers tels que papier éphémère, produits naturels et articles synthétiques. La collection permet de s'initier à l'art moderne – de la fin du xixe siècle jusqu'à nos jours – en découvrant les mouvements cubiste, dada et surréaliste. Parmi les dessins exposés, on appréciera à la fois les œuvres d'artistes célèbres tels que Picasso, Miró et Jasper Johns et celles, de plus en plus nombreuses, d'artistes talentueux en plein essor.

GRAVURES ET LIVRES ILLUSTRÉS

American Indian Theme, de Roy Lichtenstein (1920)

Cette collection considérable de gravures donne un aperçu de tous les mouvements artistiques importants depuis les années 1880.

Le musée possède plus de 50 000 gravures anciennes et contemporaines, illustrant diverses techniques classiques (lithographie, eau-forte, sérigraphie, gravure sur bois) ou expérimentales.

On peut voir notamment certains exemples particulièrement réussis de Pablo Picasso, généralement considéré comme le plus grand graveur du xxe siècle. Il y a aussi de nombreuses illustrations et gravures d'autres artistes tels que Odilon Redon, Edvard Munch, Henri Matisse, Jean Dubuffet, Jasper Johns, Roy Lichtenstein et Andy Warhol.

Les œuvres sont présentées dans les salles par roulement.

PHOTOGRAPHIE

La collection photographique du musée débute par une rétrospective sur l'invention de cette technique, vers 1840. Elle comprend des photos d'artistes illustres, journalistes, scientifiques et entrepreneurs, ainsi que des travaux d'amateurs.

La collection abrite également des chefs-d'œuvre, notamment des photographies d'Eugène Atget, Alfred Stieglitz, George Lange, Diane Arbus, Edward Steichen, Henri Cartier-Bresson,

DÉPARTEMENT FILMS

Regroupant près de 10 000 films et 4 millions de photos, le département peut proposer un grand nombre de rétrospectives de metteurs en scène, d'acteurs, de genres particuliers et de travaux expérimentaux, ainsi qu'un vaste catalogue d'expositions diverses. L'archivage des films est une de ses activités majeures. Certains metteurs en scène célèbres offrent des copies de leurs films afin de contribuer à ce travail onéreux mais vital.

Charlie Chaplin et Jackie Coogan dans *The Kid* (1921)

André Kertesz, et un éventail de photographies contemporaines de Lee Friedlander, Cindy Sherman et Nicholas Nixon.

Les sujets abordés sont aussi divers que variés : paysages, scènes de désolation urbaine, images abstraites et portraits stylisés – dont

Un dimanche sur les bords de la Marne (1939), par Henri Cartier-Bresson

les superbes nus sur pellicule d'argent du surréaliste français Man Ray. Cette collection, l'une des plus riches au monde, forme une histoire complète de l'art photographique.

ARCHITECTURE ET DESIGN

Ce musée fut le premier à inclure des objets utilitaires dans ses collections. Appareils électroménagers, chaînes stéréo, meubles, luminaires, textiles, verrerie, roulements à billes, composants électroniques, tout y est ! L'architecture est représentée au travers de maquettes, dessins et photos d'édifices qui ont été construits ou qui auraient pu être construits. Le design graphique est illustré par des travaux typographiques et des affiches. Des objets d'art imposants comme le modèle de voiture Cisitalia, dessiné par Pinin Farina, et l'hélicoptère de Bell pourraient appartenir à un musée des transports.

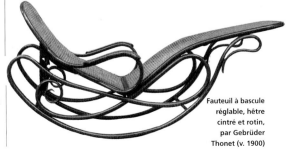

Fauteuil à bascule réglable, hêtre cintré et rotin, par Gebrüder Thonet (v. 1900)

St Patrick's Cathedral ❽

Voir p. 178-179.

Villard Houses ❾

457 Madison Ave (New York Palace Hotel). **Plan** 13 A4. **Tél.** *(800) NY PALACE.* Ⓜ *51st St.* **www.** newyorkpalace.com **Urban Center** 🕐 *lun.-jeu. 10h-19h, ven. 10h-18h, sam. 10h-17h30.* **Tél.** *(212) 935 3595.* 📷 ♿ 🏛 **www.mas.org**

Henry Villard était un immigrant bavarois. Fondateur du *New York Evening Post* et de la compagnie de chemin de fer Northern Pacific Railroad, il achète en 1881 ce lopin de terre situé en face de St Patrick's Cathedral. Il confie à McKim, Mead & White la construction d'un ensemble d'hôtels particuliers. Il y en aura six au total, autour d'une petite cour ouverte sur la rue. L'aile sud est destinée à Villard lui-même, mais des difficultés financières le poussent à vendre avant la fin des travaux.

L'archevêché catholique devient par la suite propriétaire des hôtels, qui se trouvent menacés, dans les années 1970, par l'extension de la cathédrale. C'est alors que la chaîne d'hôtels Helmsley fait construire le Helmsley (désormais New York) Palace Hotel.

L'aile centrale comprend maintenant l'entrée officielle de l'hôtel et le Villard Bar & Lounge d'où l'on peut admirer les appartements de Villard. L'**Urban Center** dont la librairie est la meilleure source d'ouvrages d'architecture de New York, occupe toute l'aile nord.

St Bartholomew's Church

St Bartholomew's Church ❿

109 E 50th St. **Plan** 13 A4. **Tél.** *(212) 378-0222.* Ⓜ *51st St.* 🕐 *t.l.j. 8h-18h (jeu. 19h30 et dim. 20h30).* ⛪ *fréquentes.* 📷 ♿ **Conférences, concerts.** 🎵 📷 *dim. après messe de 11h.* 🍴 *(212) 888-2664.* **www.stbarts.org**

Plus connu sous le nom de « St Bart's », cet édifice néobyzantin, avec ses briques roses, son parvis et son dôme polychrome, apporte depuis 1919 une note de couleur et de fantaisie sur Park Avenue.

L'architecte Bertram Goodhue a intégré à sa construction le portique extérieur et les colonnes de marbre de l'ancienne église du même nom, bâtie en 1903 par Stanford White sur Madison Avenue. Cette paroisse est réputée pour ses programmes musicaux et pour sa troupe de théâtre qui monte ici trois spectacles par an.

General Electric Building ⓫

570 Lexington Ave. **Plan** 13 A4. Ⓜ *Lexington Ave.* 🚫 *au public.*

En 1931, les architectes Cross & Cross furent chargés de dessiner un gratte-ciel en harmonie avec St Bartholomew's Church, voisine. Le résultat connut un succès unanime : les couleurs des deux édifices se mêlent, contrastent, et leurs lignes se répondent à merveille. Pour vous en persuader,

General Electric Building sur Lexington Avenue

placez-vous à l'angle de la 50ᵉ Rue et de Park Avenue ! General Electric Building, bijou de l'Art déco, est cependant un chef-d'œuvre à lui seul depuis son atrium tout de chrome et de marbre jusqu'à son sommet évoquant les ondes hertziennes.

Sur Lexington Avenue, remontez d'un bloc vers le nord et regardez rêveusement les grilles d'aération du métro au-dessus desquelles l'impudique robe blanche de Marilyn Monroe s'envolait dans *Sept Ans de Réflexion*.

Les Villard Houses sont désormais l'entrée du New York Palace Hotel

Waldorf-Astoria ⑫

301 Park Ave. **Plan** 13 A5. **Tél.** (212)
355-3000. Ⓜ Lexington Ave, 53rd
St. Voir **Hébergement** p. 289
www.waldorf.com

Conçu en 1931 par Schultze
& Weaver, ce prestigieux
hôtel Art déco, qui couvre
tout un bloc, symbolise
le passé somptueux de
la ville.

**1946 : Winston Churchill et le
philanthrope new-yorkais Grover
Whalen au Waldorf-Astoria**

Il a remplacé l'ancien hôtel
de la 34ᵉ Rue, démoli pour
laisser place à l'Empire State
Building. Ses deux tours
jumelles hautes de 190 mètres
ont hébergé nombre de
célébrités – comme le duc
et la duchesse de Windsor –
et tous les présidents
américains. L'hôtel a
également servi de cadre
à de nombreux films.
    La gigantesque horloge
de l'entrée, réalisée en 1893
à l'occasion de l'Exposition
universelle de Chicago,
provient du premier hôtel.
    Dans le salon Peacock
Alley, vous remarquerez
le piano sur lequel jouait Cole
Porter lorsqu'il résidait là.

Lever House ⑬

390 Park Ave. **Plan** 13 A4.
Ⓜ 5th Ave-53rd St.
Hall d'entrée et bâtiment
⊙ au public.
🔖 Voir **Restaurants et bars** p. 308

Premier building en verre
de New York, la Lever
House sert de miroir aux
immeubles chic de
Park Avenue, construits
en pierre de taille. Son
architecture, très dépouillée,

**Le bassin du Four Seasons,
dans Seagram Building**

se résume à deux dalles
d'acier et de verre soutenues
par des piliers métalliques.
    La dalle verticale semble
d'air et de lumière et
symbolise la pureté
des produits que
commercialisent
les frères Lever
– savons et autres
détergents.
    Le caractère d'avant-
garde du building suscita
l'intérêt général lors de
sa construction en 1952, et,
bien que souvent imité,
il a toujours une place
particulière dans le cœur
des New-Yorkais. Le
restaurant Lever House, de
très grand standing, voit
défiler nombre de VIP.

Lever House sur Park Avenue

Seagram Building ⑭

375 Park Ave. **Plan** 13 A4. Ⓜ 5th
Ave-53rd St. ⊙ lun-ven. 9h-17h. 🔖
Voir **Restaurants et bars** p. 309

Grâce à Phyllis Lambert,
architecte et fille de Samuel
Bronfman (le P.-D.G. des
distilleries Seagram), la
conception de cette tour, qui
ne devait être à l'origine qu'un
immeuble commercial ordinaire,
fut confiée à Mies van der Rohe.

Ainsi s'éleva cet édifice à la
sobriété typique des années
1950, constitué de deux rec-
tangles de bronze et de verre
qui permettent à la lumière
d'inonder l'intérieur. Le
luxueux restaurant qui s'y
trouve, le Four Seasons
(p. 289), décoré par Philip
Johnson, est composé d'un
espace remarquable : l'une
des pièces a en son centre un
bassin, et l'autre, un bar dominé
par une impressionnante
sculpture de Richard Lippold.

**Des employés de bureau déjeunent
dans le vaste atrium de Citicorp Center**

Citigroup Center ⑮

153 E 53rd St. **Plan** 13 A4. Ⓜ 53rd
St-Lexington Ave. ⊙ t.l.j. 7h-23h.
🔖 ⛪ St Peter's Lutheran Church
619 Lexington Ave. **Tél.** (212) 935-
2200. ⊙ t.l.j. 9h-21h. 🔔 lun.-ven.
12h15, mer. 18h, dim. 8h45 et 11h.
Concert de jazz dim. 17h.
Concerts mer. midi **York Theater at
St Peter's Tél.** (212) 935-5820.
www.saintpeters.org

Cette aiguille en aluminium
qui se dresse sur des
« échasses » hautes de dix
étages fit sensation lors de
son inauguration en 1978. Sa
toiture biseautée dressée
vers le ciel – à l'origine
pour capter l'énergie solaire –
n'a jamais fonctionné, mais
sa silhouette est unique…
Elle surmonte St Peter's
Lutheran Church qui
ressemble à une sculpture
en granit nichée à sa base.
Pénétrez dans son intérieur
moderne et admirez Erol
Beker Chapel, œuvre de
Louise Nevelson. La paroisse,
qui est renommée pour ses
concerts d'orgue et ses
sessions de jazz, possède
même un petit théâtre.

St Patrick's Cathedral ❽

En 1850, l'archevêque John Hugues décide de faire élever une cathédrale sur ce site prévu à l'origine pour accueillir un cimetière, malgré de nombreux détracteurs qui trouvaient ridicule de la construire à l'extérieur de la ville (à l'époque). Créé par l'architecte James Renwick et inauguré en 1879, cet impressionnant édifice néo-gothique contient près de 2 500 places assises : c'est la plus grande cathédrale du pays. Les deux flèches furent rajoutées entre 1885 et 1888.

Façade de la cathédrale sur 5th Ave

★ **Lady Chapel**
Les vitraux de cette chapelle dédiée à la Vierge représentent les mystères du rosaire.

Pietà
Réalisée en 1906 par le sculpteur américain William O. Partridge, cette Pietà se trouve à côté de Lady Chapel.

★ **Baldaquin**
Le grand dais de bronze s'étend au-dessus du maître-autel. Des statues de saints et de prophètes ornent les quatre piliers qui soutiennent la voûte.

À NE PAS MANQUER

★ Baldaquin

★ Grandes orgues et rosace

★ Lady Chapel

★ Portes de bronze

Façade
Le revêtement est en marbre blanc. Les flèches atteignent 101 mètres de hauteur.

Chemin de Croix
Ces bas-reliefs en pierre de Caen obtinrent le premier prix d'Art sacré à l'exposition Universelle de Chicago en 1893.

MODE D'EMPLOI

5th Ave et 50th St. **Plan** 12 F4.
Tél. *(212) 753-2261.* Ⓜ *6 vers 51st St ; E et V vers 5th Ave.* 🚌 *M1 à M4, M27, M50.* ◯ *t.l.j. 7h30-20h45.* ✝ *lun.-sam. fréq., dim. 7h, 8h, 9h, 10h15, 12h, 13h, 16h (en esp.), 17h30.* 📷 ♿ 🛈 ***Concerts, conférences.***
www.saintpatrickscathedral.org

Shrine of St Elizabeth Ann Seton
Le retable et la statue de bronze illustrent la vie de la fondatrice des sœurs de la Charité, première Américaine canonisée (p. 76).

★ Grandes orgues et rosace
Une somptueuse rosace de 8 mètres de diamètre surplombe les orgues monumentales constituées de plus de 7 000 tuyaux.

Entrée principale

★ Portes de bronze
Ces portes imposantes de 9 tonnes sont ornées des grandes figures religieuses de New York.

Central Synagogue ⑯

652 Lexington Ave. **Plan** 13 A4.
Tél. (212) 838-5122. Ⓜ 51st St,
Lexington Ave. ◯ mar.-mer.
12h-14h. ✦ mer. 12h45. ♿ ✿
ven. 18h, sam. 10h (juil.-août),
sam. 10h30 (sept.-juin).
www.centralsynagogue.org

Cette maison est la plus vieille synagogue de New York. Elle a été dessinée en 1870 par Henri Fernbach, le premier grand architecte américain juif originaire de Silésie. On lui doit aussi quelques-uns des plus beaux bâtiments de SoHo. Elle est considérée comme le meilleur exemple de l'influence architecturale maure et islamique de la ville. La communauté fut fondée en 1846 sous le nom d'*Ahawath Chesed* (« Amour de la Miséricorde ») par 18 émigrants venus surtout de Bohème, et s'implanta d'abord dans le modeste quartier de Ludlow Street, dans Lower Side.

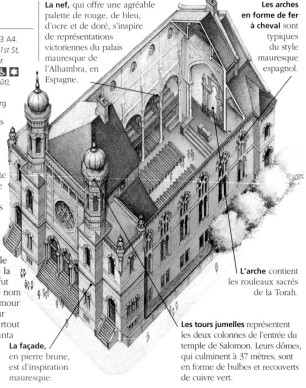

La nef, qui offre une agréable palette de rouge, de bleu, d'ocre et de doré, s'inspire de représentations victoriennes du palais mauresque de l'Alhambra, en Espagne.

Les arches en forme de fer à cheval sont typiques du style mauresque espagnol.

L'arche contient les rouleaux sacrés de la Torah.

Les tours jumelles représentent les deux colonnes de l'entrée du temple de Salomon. Leurs dômes, qui culminent à 37 mètres, sont en forme de bulbes et recouverts de cuivre vert.

La façade, en pierre brune, est d'inspiration mauresque.

Sutton Place ⑰

Plan 13 C3. Ⓜ 59th St, 51st St.
🚌 M15, M31 et M57.

Sutton Place est un quartier élégant et calme, essentiellement composé d'immeubles bas et d'hôtels particuliers conçus par des architectes de renom. Investi par la bourgeoisie new-yorkaise dans les années 1920, il était auparavant occupé par des usines et des logements modestes. Au n°3 de Sutton Square réside le secrétaire général de l'Organisation des Nations unies. Jetez un coup d'œil au-delà de Sutton Square et de la 59ᵉ Rue pour découvrir Riverview Terrace, une jolie rue privée bordée de cinq hôtels particuliers faisant face à la rivière. Les minuscules squares au bout des 55ᵉ et 57ᵉ Rues offrent un magnifique spectacle sur le fleuve et Queensboro Bridge.

Malgré l'opposition du voisinnage, Bridgemarket ouvrit en 2000. Installés entre les voûtes gigantesques sous Queensboro Bridge, on trouve une élégante boutique Conran dédiée à la maison et un supermarché Food Emporium.

Le parc de Sutton Place avec sa vue sur Queensboro Bridge et Roosevelt Island

Beekman Place ⑱

Plan 13 C5. Ⓜ 59th St, 51st St.
🚌 M15, M31 et M57.

Plus petit et encore plus tranquille que Sutton Place, le quartier de Beekman Place date des années 1920 avec ses demeures familiales et ses appartements aux dimensions réduites. Il a abrité de nombreux résidents célèbres dont Gloria Vanderbilt, Rex Harrison, Irving Berlin ainsi que certains membres de la famille Rockefeller.

Non loin de là, Turtle Bay Gardens abrite deux rangées de *brownstones* restaurées, datant des années 1860, qui dissimulent un charmant jardin à l'italienne.

Roosevelt Island ⑲

Plan 14 D2. Ⓜ *59th St. Tram, Roosevelt Island Station (F).* **www**.rioc.com

C'est un lieu de promenade amusant et inhabituel. Depuis 1976, un téléphérique suisse assure la traversée rapide de East River jusqu'à Roosevelt Island, offrant une vue imprenable sur Manhattan et Queensboro Bridge.

Vous trouverez près de la station de tramway les ruines de la ferme de Blackwell qui se tenait là de 1796 à 1804 et qui donna son nom à l'île jusque dans les années 1920, quand la spéculation immobilière commença. Dans les années 1970, elle prendra le nom de Welfare Island en raison du nombre importants d'hôpitaux, d'hospices et d'asiles implantés sur son sol. En 1927, Mae West fut incarcérée au pénitencier de l'île pour avoir joué un spectacle jugé trop osé. Les ruines des anciens hôpitaux et le phare, construit en 1872 par l'un des pensionnaires de l'asile, sont toujours visibles.

Le tramway qui part de 2nd Avenue et va jusqu'à la 60th Street offre une jolie balade.

L'enseigne de Bloomingdale's

Bloomingdale's ⑳

1000 3rd Ave. **Plan** 13 A3. **Tél.** (212) 705-2000. Ⓜ *59th St.* ◯ lun.-ven. 10h-20h30, sam. 10h-19h, dim. 11h-19h. Voir **Boutiques et marchés** p. 319.**www**.bloomingdales.com

Dans les années 1980 « Bloomies » était le symbole d'un certain savoir-vivre. Ce n'est qu'après la destruction du métro aérien de 3rd Avenue, vers 1960, que ce grand magasin populaire, fondé en 1872 par Joseph et Lyman Bloomingdale, acquit sa réputation de lieu de shopping chic.

La fin des années 1980 vit arriver un nouveau propriétaire et les soucis financiers. Moins prestigieux que par le passé, l'endroit est néanmoins toujours très bien approvisionné. Un second magasin a ouvert à SoHo (n° 504 Broadway).

Fuller Building ㉑

41 E 57th St. **Plan** 13 A3. *Peter Findlay Gallery.* **Tél.** (212) 644-4433 ; James Goodman Gallery. **Tél.** (212) 593-3737. ◯ mar.-sam. 10h-18h. Ⓜ *59th St.*

Bel exemple d'architecture Art déco, ce bâtiment de 1929, avec sa silhouette élancée, est l'œuvre des architectes Walker & Gillette. Les deux statues encadrant l'horloge de l'entrée sont d'Elie Nadelman. À l'intérieur, admirez les motifs de mosaïques sur le sol, dont l'un représente le Flatiron Building sur Fifth Avenue *(p. 127)*, ancien siège de la

Fuller Company. L'immeuble abrite aussi de prestigieuses galeries d'art comme celle de Susan Sheehan, généralement ouvertes au public tous les jours.

La façade de style Renaissance du Plaza Hotel

Plaza Hotel ㉒

5th Ave. et Central Park South. **Plan** 12 F3. Ⓜ *59th St.*

Ce bâtiment est l'œuvre d'Henry J. Hardenbergh, architecte du Dakota *(p. 218)* et du premier Waldorf-Astoria. Terminé en 1907, il fut proclamé « meilleur hôtel du monde » avec ses 800 chambres, ses 500 salles de bains, sa salle de réception et ses suites luxueuses destinées aux grandes familles comme les Vanderbilt ou les Gould *(p. 49)*.

Cet édifice grandiose de 18 étages s'inspire des châteaux français de la Renaissance. L'essentiel de sa décoration provient d'Europe. Dans le Palm Court, admirez les murs recouverts de glaces et les colonnes sculptées sur le thème des quatre saisons.

Déjà restauré à grands frais par son précédent propriétaire, Donald Trump, le Plaza a été récemment transformé. Cette rénovation, qui célèbre son centenaire en 2007, s'élève à 350 millions de dollars. L'hôtel abrite aujourd'hui 130 chambres. Le reste du bâtiment a été transformé en 6 appartements de grand luxe.

Les statues de l'horloge surplombant l'entrée de Fuller Building

UPPER EAST SIDE

C'est vers 1900 que le gratin new-yorkais s'établit dans Upper East Side. Beaucoup de résidences luxueuses de ce quartier ont depuis été transformées en musées ou ambassades, mais l'élite se sent toujours ici chez elle : on habite sur la 5ᵉ Avenue ou Park Avenue et on court les magasins chic

Urne africaine, Metropolitan Museum

et les galeries d'art de Madison. Plus à l'est, vous rencontrerez l'Europe centrale en traversant German Yorkville (entre la 80ᵉ et la 90ᵉ), puis au sud, Hungarian Yorkville et Little Bohemia. Les Allemands, Tchèques et Hongrois y sont moins nombreux de nos jours, mais églises et commerces témoignent de leur présence.

Vue générale de l'atrium du Solomon R. Guggenheim Museum

LE QUARTIER D'UN COUP D'ŒIL

Rues et bâtiments historiques
7th Regiment Armory ⑩
Gracie Mansion ⑯
Henderson Place ⑭

Musées et galeries
Asia Society ⑨
Cooper-Hewitt National Design Museum ❸
Frick Collection *p. 202-203* ❽
Jewish Museum ❷
Metropolitan Museum of Art *p. 190-197* ❻
Mount Vernon Hotel Museum and Garden ⑬
Museum of the City of New York ⑲
National Academy Museum ❹
Neue Galerie New York ❶
Society of Illustrators ⑫
Solomon R. Guggenheim Museum *p.188-189* ❺
Whitney Museum of American Art p. 200-201 ❼

Églises et synagogues
Church of the Holy Trinity ⑰
St Nicholas Russian Orthodox Cathedral ⑱
Temple Emanu-El ⑪

Parcs et squares
Carl Schurz Park ⑮

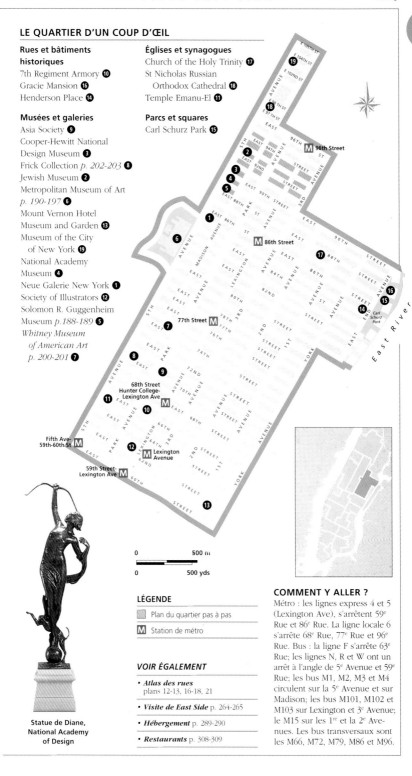

Statue de Diane,
National Academy
of Design

0 — 500 m
0 — 500 yds

LÉGENDE

▨ Plan du quartier pas à pas

Ⓜ Station de métro

VOIR ÉGALEMENT

• *Atlas des rues* plans 12-13, 16-18, 21

• *Visite de East Side* p. 264-265

• *Hébergement* p. 289-290

• *Restaurants* p. 308-309

COMMENT Y ALLER ?
Métro : les lignes express 4 et 5 (Lexington Ave), s'arrêtent 59e Rue et 86e Rue. La ligne locale 6 s'arrête 68e Rue, 77e Rue et 96e Rue. Bus : la ligne F s'arrête 63e Rue; les lignes N, R et W ont un arrêt à l'angle de 5e Avenue et 59e Rue; les bus M1, M2, M3 et M4 circulent sur la 5e Avenue et sur Madison; les bus M101, M102 et M103 sur Lexington et 3e Avenue; le M15 sur les 1re et la 2e Avenues. Les bus transversaux sont les M66, M72, M79, M86 et M96.

Museum Mile pas à pas

Des édifices aussi divers que les anciens hôtels particuliers de Frick et de Carnegie, ou le bâtiment futuriste du Guggenheim de Frank Lloyd Wright, abritent les nombreux musées regroupés dans Upper East Side, ainsi que l'équivalent américain du musée du Louvre : le Metropolitan. Les expositions y sont aussi variées que l'architecture ; des maîtres anciens à la photographie en passant par les arts décoratifs. La plupart des musées ferment tard le mardi soir. Les visites sont parfois gratuites.

Jewish Museum
On peut y admirer des monnaies anciennes, des pièces archéologiques et la plus vaste collection d'objets de culte israélite au monde ❷

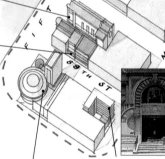

★ Cooper-Hewitt National Design Museum
Ce musée des arts décoratifs présente un riche échantillon de céramiques, d'objets en verre, de meubles et de textiles ❸

The Church of the Heavenly Rest fut édifiée en 1929. Malvina Hoffman a sculpté la Vierge de la chaire.

National Academy Museum
Fondée en 1825, elle fut transférée là en 1940. Sa collection abrite des peintures et des sculptures réalisées par ses membres ❹

Graham House est un immeuble d'habitation construit en 1982 et doté d'une magnifique entrée de style Beaux-Arts.

★ Solomon R. Guggenheim Museum
Ce bâtiment conçu par Frank Lloyd Wright, s'irise de violet au crépuscule. Prenez l'ascenseur jusqu'en haut et descendez l'escalier hélicoïdal. Vous y verrez des merveilles de l'art moderne ❺

À NE PAS MANQUER

★ Cooper-Hewitt Museum

★ Solomon R. Guggenheim Museum

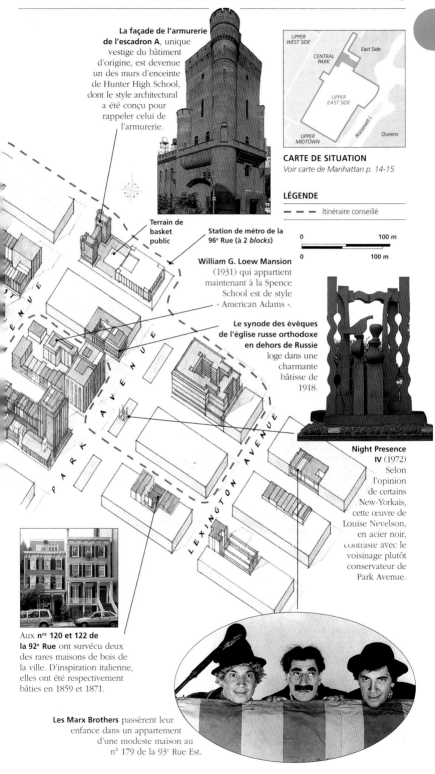

La façade de l'armurerie de l'escadron A, unique vestige du bâtiment d'origine, est devenue un des murs d'enceinte de Hunter High School, dont le style architectural a été conçu pour rappeler celui de l'armurerie.

UPPER WEST SIDE

CENTRAL PARK

East Side

UPPER EAST SIDE

Roosevelt I.

Queens

UPPER MIDTOWN

CARTE DE SITUATION
Voir carte de Manhattan p. 14-15

LÉGENDE

— — — Itinéraire conseillé

0   100 m

0   100 m

Terrain de basket public

Station de métro de la 96e Rue (à 2 *blocks*)

William G. Loew Mansion (1931) qui appartient maintenant à la Spence School est de style « American Adams ».

Le synode des évêques de l'église russe orthodoxe en dehors de Russie loge dans une charmante bâtisse de 1918.

Night Presence IV (1972) Selon l'opinion de certains New-Yorkais, cette œuvre de Louise Nevelson, en acier noir, contraste avec le voisinage plutôt conservateur de Park Avenue.

Aux nos **120 et 122 de la 92e Rue** ont survécu deux des rares maisons de bois de la ville. D'inspiration italienne, elles ont été respectivement bâties en 1859 et 1871.

Les Marx Brothers passèrent leur enfance dans un appartement d'une modeste maison au n° 179 de la 93e Rue Est.

Neue Galerie New York ❶

1048 5th Ave et E 86th St. **Plan** 16
F3. **Tél.** (212) 628-6200. Ⓜ 86th St.
🚌 M1 à M4. ⭘ ven. 11h-21h, sam.-
lun., jeu. 11h-18h. ⬤ j.f. 📷 🔲 ⊘
🍴 café : lun.-mer. 9h-18h, jeu.-dim.
9h-21h. 📷 ♿ www.neuegalerie.org

Fondé par le marchand d'art
Serge Sabarsky et le
philanthrope Ronald Lauder,
le musée le plus récent de
New York a pour mission de
rechercher, réunir et accueillir
tout ce qui a trait à l'art
décoratif allemand et
autrichien du début du
XXᵉ siècle.

De style Beaux-Arts,
l'édifice qui l'abrite a été
agrandi en 1914 par Carrère
& Hastings, à qui l'on doit
la Public Library (p. 146).
Facilement reconnaissable,
c'est un point de
repère dans la 5ᵉ
Avenue. Autrefois
demeure de Mrs. Cor-
nelius Vanderbilt, il a
été acheté par Sabarsky
et Lauder en 1994. Au rez-de-
chaussée se trouvent une
boutique et le Café Sabarsky,
inspiré des établissements
viennois. À l'étage sont
exposées des œuvres de
Klimt, Schiele et du Wiener
Werkstatt. Les artistes
du Blaue Reiter (Klee
et Kandinsky), du Bauhaus
(Feininger et Schlemmer)
et de Die Brücke (Mies
van der Roe et Breuer)
sont représentés au dernier
niveau.

Jewish Museum ❷

1109 5th Ave. **Plan** 16 F2. **Tél.** (212)
423-3200. Ⓜ 86th St, 96th St.
🚌 M1 à M4. ⭘ dim.-mer. 11h-
17h45, jeu. 11h-20h, ven. 11h-15h.
⬤ sam., j.f. et fêtes juives.
📷 ⊘ ♿ 🔲 📷
www.thejewishmuseum.org

Ce somptueux manoir
du célèbre banquier et
membre éminent de la
communauté juive, Félix
M. Warburg, fut conçu par
C.P. Gilbert en 1908. Il abrite
maintenant l'une des plus
belles collections d'objets

de culte et d'ornements
traditionnels, reflet des
4 000 ans d'histoire israélite.
Les sculptures de la nouvelle
section du musée ont été
réalisées par les tailleurs
de pierre de Cathedral
of St John the Divine
(p. 226-227).

On peut y admirer, entre
autres, la célèbre arche
abritant la Torah de la
collection Benguiat, une
délicate mosaïque persane
du IVᵉ siècle qui paraît
la façade d'une synagogue,
et l'Holocauste, œuvre
puissante du sculpteur
George Segal.

De nombreuses expositions
relatent et illustrent la
chronique et la culture
du peuple juif au
cours des siècles.

**Aiguière et bassin
du XIXᵉ siècle provenant d'Istanbul,
Jewish Museum**

Cooper-Hewitt National Design Museum ❸

2 E 91st St. **Plan** 16 F2. **Tél.** (212)
849-8400. Ⓜ 86th St, 96th St.
🚌 M1 à M4. ⭘ lun.-sam. 10h-17h
(ferm. ven. 21h et sam. 18h), dim.
12h-18h. ⬤ 1ᵉʳ janv., Thanksgiving,
25 déc. 📷 ⊘ 🔲 📷 📷
www.ndm.si.edu

Ouvert en 1879, ce musée
réunit une des collections
de design les plus
importantes au monde.
Ses modèles, recueillis
par les sœurs Hewitt,
furent d'abord présentés
à Cooper Union (p. 120),
puis rachetés par la
Smithsonian Institution
en 1967 pour être installés
dans l'ancienne maison
de l'industriel Andrew
Carnegie. Ce choix
judicieux permet
d'apprécier les boiseries

**Entrée de Cooper-Hewitt National
Design Museum**

et l'escalier ouvragé de
cette demeure qui fut
également à la pointe
du progrès de son époque
avec son chauffage central,
sa climatisation, son
ascenseur et son solarium.

National Academy Museum ❹

1083 5th Ave. **Plan** 16 F3. **Tél.** (212)
369-4880. Ⓜ 86th St. 🚌 M1 à
M4. ⭘ mer.-jeu. 12h-17h, ven.-dim.
11h-18h. ⬤ j.f. ⊘ ♿ 🔲 📷
www.nationalacademy.org

La collection de l'école d'art,
commencée en 1825 par un
groupe d'artistes dans le but
de former ses membres et
de présenter leurs œuvres,
est dépositaire de plus de
6 000 peintures, dessins et
sculptures de créateurs tels
que Soyer, Eakins ou Frank
Lloyd Wright.

La maison qui les abrite
est un don du philanthrope
Archer Huntington. Les motifs
de marbre au sol, la
décoration des plafonds et
la statue de Diane d'Anna
Hyatt Huntington sont
remarquables.

**Statue de Diane,
National Academy Museum**

Solomon R. Guggenheim Museum ❺

Voir p.188-189.

Metropolitan Museum of Art ❻

Voir p. 190-197.

Whitney Museum of American Art ❼

Voir p. 200-201.

Frick Collection ❽

Voir p. 202-203.

Asia Society ❾

725 Park Ave. **Plan** 13 A1. **Tél.** *(212) 288-6400. Événements : 517-ASIA.* Ⓜ *68th St.* ☐ *mar.-dim. 11h-18h (ven. 21h.* ● *j.f.* 🖼️🎞️ *mar.-sam. 12h30, ven. 18h30, dim. 14h30.* 🚭 ♿ 📷 🖥️ www.asiasociety.org

Sculpture sud-asiatique, Asia Society

Dans le but d'améliorer la connaissance de l'Asie et de ses différentes cultures, John D. Rockefeller III créa en 1956 cette société dont le siège fut installé dans un bâtiment de granit rose dessiné par Edward Larrabee Barnes et construit en 1981, qui abrite aussi les sculptures, céramiques et bronzes collectionnés par le fondateur au cours de ses voyages. Vous menant d'Iran en Australie, expositions, films, conférences, spectacles de danse et une librairie spécialisée vous livreront les secrets de l'Extrême-Orient.

Vestibule d'entrée du Seventh Regiment Armory

Seventh Regiment Armory ❿

643 Park Ave. **Plan** 13 A2. Ⓜ *68th St.* ● *au public sauf événements exceptionnels.* 🚭 ♿

De 1912 aux deux guerres mondiales, le 7th Regiment a joué un rôle particulier en tant qu'unité d'élite où servaient les fils de familles illustres. Les bureaux de son armurerie unique aux États-Unis s'ouvrent sur Park Avenue. L'immense salle d'exercice s'étend jusqu'à Lexington Avenue. Bien qu'ayant l'aspect extérieur d'une forteresse, la caserne recèle un ameublement luxueux de l'époque victorienne, ainsi que des objets d'art ou des reliques du régiment. Le salon des vétérans et la bibliothèque sont l'œuvre de Louis Comfort Tiffany. La salle d'exercice abrite maintenant le salon d'hiver des antiquaires *(p. 53)* et de nombreux bals de charité.

Temple Emanu-El ⓫

1 E 65th St. **Plan** 12 F2. **Tél.** *(212) 744-1400.* Ⓜ *68th St, 63rd St.* ☐ *dim.-ven. 10h-17h, sam. 12h30-16h45 (ven. : dern. entrée 15h30).* ● *fêtes juives.* ⚡ *17h30, ven. 17h15, sam. 10h30.* 📷 ♿ 🖼️ 🖥️ www.emanuelnyc.org

Cet impressionnant édifice de calcaire de 1929, dont la nef peut contenir à elle seule 2 500 personnes, est la plus grande synagogue du monde. Elle accueille la plus ancienne congrégation réformée de New York, ainsi que les membres les plus fortunés de la communauté juive.

Les ornements sont magnifiques, notamment les portes en bronze de l'arche, qui représentent un rouleau de la Torah ouvert. L'arche est orné de vitraux illustrant des épisodes de la Bible et de symboles représentant les 12 tribus d'Israël. Sur la façade de la 5e Avenue, une grande arche en retrait encadre une magnifique rosace.

La synagogue se dresse à l'emplacement de l'hôtel particulier de Mme William Astor, figure légendaire de la société new-yorkaise, qui déménagea dans Upper East Side à la suite d'un différend avec son neveu et voisin. La cave à vins et trois cheminées en marbre ont été conservées.

L'arche de Temple Emanu-El

Solomon R. Guggenheim Museum ❺

Le bâtiment en forme de coquillage géant, édifié en 1951 par Frank Lloyd Wright, est peut-être en lui-même le plus éclatant chef-d'œuvre du musée. En 1990, le Guggenheim Museum a reçu la distinction suprême : il a été reconnu *landmark* (monument classé). En descendant à pied sa rampe intérieure hélicoïdale, vous admirerez les œuvres majeures d'artistes des XIXe, XXe et XXIe siècles. L'extérieur du musée a été récemment rénové, des fissures ayant fait leur apparition sur la façade.

La façade sur 5th Avenue

Paris par la fenêtre
Les couleurs vibrantes de ce chef-d'œuvre peint en 1913 par Marc Chagall donnent l'image d'une cité mystérieuse où rien n'est tout à fait ce qu'il paraît.

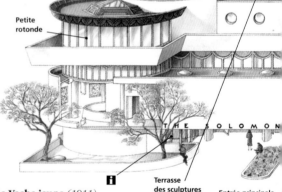

Petite rotonde

Terrasse des sculptures

Entrée principale

La Repasseuse
(1904) Œuvre de la période bleue de Picasso, symbolisant lassitude et dur labeur.

La Vache jaune *(1911)*
Ici, Franz Marc a été influencé par le mouvement allemand de retour à la nature.

Nu *(1917)*
Silhouette endormie typique du style longiligne de Modigliani.

SUIVEZ LE GUIDE !

La grande rotonde abrite des expositions temporaires et la petite rotonde de célèbres tableaux impressionnistes et postimpressionnistes. La collection permanente et des œuvres contemporaines occupent les galeries de la tour. La terrasse des sculptures domine Central Park. La collection n'est jamais visible en totalité.

Tour

Grande rotonde

Devant le miroir *(1876)*
En essayant de décrire l'esprit de la société du XIXe siècle, Édouard Manet a souvent utilisé l'image de la courtisane.

MODE D'EMPLOI

1071 5th Ave et 89th St. **Plan** 16 F3. **Tél.** *(212) 423-3500.* M 4, 5 et 6 vers 86th St. M1 à M4. sam.-mer. 10h-17h45, ven. 10h-19h45. 25 déc., 1er janv. **Concerts, conférences, spectacles.** **www.**guggenheim.org

Femme tenant un vase
Fernand Léger a incorporé des éléments cubistes dans cette peinture de 1927.

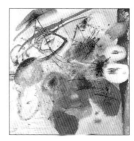

Lignes Noires *(1913)*
Ce tableau est l'une des premières œuvres non-figuratives de Kandinsky.

La Femme aux cheveux jaunes *(1931) Picasso s'est souvent inspiré de la douce silhouette de sa maîtresse.*

FRANK LLOYD WRIGHT

Connu pour ses résidences de style « prairie » et l'utilisation du verre et du ciment dans ses immeubles de bureaux, Wright a été considéré de son vivant comme le grand innovateur de l'architecture américaine. Le Guggenheim, commencé en 1942 et terminé peu après sa mort, est sa seule création new-yorkaise.

Intérieur de la grande rotonde

Metropolitan Museum of Art ❻

Cette collection, parfois considérée comme la plus complète du monde occidental, a été créée en 1870 par un groupe d'artistes et de mécènes désirant fonder un musée des beaux-arts capable de rivaliser avec ceux d'Europe. Des œuvres provenant de tous les continents, de la préhistoire à nos jours, y sont exposées. Le rez-de-chaussée, en rénovation partielle, rouvrira courant 2007.

L'entrée de Metropolitan Museum of Art

★ Gertrude Stein
(1905-1906) Portrait de l'écrivain par Picasso. On remarque au travers de ce visage les influences des arts africain et antique.

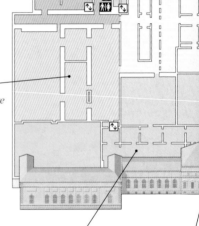

Masque
La République populaire du Bénin (qui fait maintenant partie du Nigeria) est renommé pour son art ancien. Ce masque date du XVIᵉ siècle.

Le Harpiste
Cette statuette a été fabriquée dans les Cyclades vers 3 000 av. J.-C.

SUIVEZ LE GUIDE !
Il existe 19 départements. La plupart des collections se trouvent dans les deux étages principaux où certaines sections abritent aussi des expositions temporaires. Les peintures, sculptures et arts décoratifs européens occupent les parties centrales du rez-de-chaussée et du 1ᵉʳ étage, tandis que l'institut du Costume demeure au rez-de-chaussée, sous les galeries égyptiennes du 1ᵉʳ étage.

Les Noces de Cana
Ce panneau du XVIᵉ siècle peint par Juan de Flandes, fait partie de la collection Lins

Buste de Diderot *(1773)*
Ce buste de Jean Antoine Houdon fut sculpté pour un comte russe.

★ **Portrait de la Princesse de Broglie**
Peint en 1853, c'est le dernier tableau d'Ingres.

MODE D'EMPLOI

1000 5th Ave. **Plan** 16 F4.
📞 *(212) 535-7710.* Ⓜ *4, 5 et 6 vers 86th St.* 🚌 *M1, M2, M3, M4.* 🕐 *mar.- jeu. et dim. 9h30-17h30 ; ven.-sam. 9h30-21h.* 🚫 *1ᵉʳ janv., Thanksgiving, 25 déc.* 📷 ♿ 🅿 🍴
Concerts, conférences, présentations film et de vidéos. www.metmuseum.org

★ **Galeries byzantines**
Ce panneau frappé d'un griffon (vers 1250), provenant de Grèce ou des Balkans, est l'un des nombreux trésors de ces galeries.

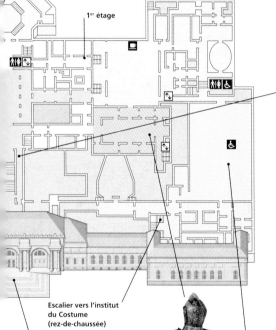

1ᵉʳ étage

Escalier vers l'institut du Costume (rez-de-chaussée)

L'entrée principale se fait au 1ᵉʳ étage.

LÉGENDE

- ☐ Collection Robert Lehman
- ☐ Peintures, sculptures et arts décoratifs européens
- ◩ Arts africain, océanien et des Amériques
- ▨ Art moderne
- ☐ Art américain
- ☐ Antiquités égyptiennes
- ☐ Antiquités grecques et romaines
- ☐ Art médiéval et byzantin
- ▨ Armes et armures
- ▨ Circulations et services

À NE PAS MANQUER

★ Galeries byzantines

★ *Gertrude Stein*, de Pablo Picasso

★ *Portrait de la Princesse de Broglie*, d'Ingres

★ *Temple de Dendur*

Armure anglaise
Réalisée pour George Clifford vers 1580.

★ **Temple de Dendur** *(15 av. J.-C.)*
C'est l'empereur romain Auguste qui fit bâtir ce temple. Sur un bas-relief, il est représenté apportant des offrandes.

Metropolitan Museum of Art : les étages supérieurs

Sculpture Garden
Ces sculptures sur le toit de l'aile consacrée à l'art contemporain sont renouvelées chaque année.

Marrakech
Cette œuvre de 1964, l'une des peintures « marocaines » de Frank Stella, semble hypnotiser par ses rayures fluorescentes disposées géométriquement.

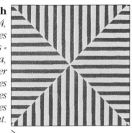

Les Joueurs de cartes *(1890)*
Paul Cézanne s'éloigne ici de ses paysages, natures mortes et portraits habituels, pour a cette scène de paysans concentrés sur leur jeu.

En rénovation

1er étage

2e étage

★ Les Cyprès *(1889)*
Van Gogh a réalisé cette toile l'année précédant sa mort. Les coups de pinceau et le style tourbillonnant sont propres à ses dernières œuvres.

À NE PAS MANQUER

★ *Autoportrait* (1660)
  de Rembrandt

★ *Les Cyprès*
  de Vincent Van Gogh

★ *Diptyque*
  de Jan van Eyck

★ *Washington
  traversant la Delaware*
  de Leutze

Créature ailée à tête d'aigle pollinisant l'arbre sacré *(vers 900 av. J.-C.)*
Ce bas-relief provient d'un palais assyrien.

★ **Diptyque**
(1425-1430)
Œuvre de l'un des premiers maîtres de la peinture à l'huile, le Flamand Jan van Eyck. Ces scènes de la Crucifixion et du Jugement Dernier en font aussi un précurseur du réalisme.

★ **Washington traversant la Delaware**
Emanuel Gottlieb Leutze a peint en 1851 cet épisode épique (mais imaginaire !) de la célèbre traversée de George Washington.

LÉGENDE

☐	Peinture, sculpture et arts décoratifs européens
☐	Art africain, océanien et des Amériques
☐	Art islamique et du Proche-Orient
☐	Art du xxᵉ siècle
☐	Art américain
☐	Art asiatique
☐	Antiquités grecques et romaines
☐	Instruments de musique
☐	Dessins, estampes et photographies
☐	Circulations et services
☐	Expositions temporaires

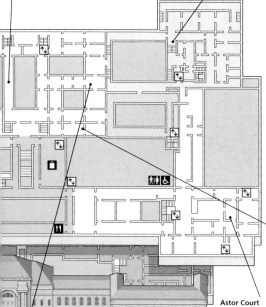

Astor Court

La Mort de Socrate *(1787)*
David nous montre Socrate préférant prendre la ciguë, plutôt que de renoncer à ses idéaux.

★ **Autoportrait** *(1660)*
Rembrandt a peint près d'une centaine d'autoportraits. Sur celui-ci, il est âgé de 54 ans.

ASTOR COURT

En 1979, 27 artisans chinois sont venus à New York créer un jardin de style Ming dans le musée. Cette action constituait le premier échange culturel entre les États-Unis et la Chine populaire. Les jardiniers ont utilisé des techniques millénaires et des outils faits à la main, transmis de génération en génération, afin de façonner ce havre de méditation, équivalent occidental du jardin du Maître des Filets de Suzhou.

À la découverte du Metropolitan

Les salles du « Met » recèlent une vaste collection d'œuvres américaines, plus de 2 000 peintures européennes dont des toiles de Rembrandt et Vermeer, de nombreux joyaux de l'art islamique et la seconde collection d'antiquités égyptiennes au monde.

Tête en cuivre proche-orientale à l'origine mystérieuse, vieille de 5 000 ans

ARTS PRIMITIFS D'AFRIQUE, D'OCÉANIE ET DES AMÉRIQUES

Masque funéraire recouvert d'or (xe-xive s.) provenant de la nécropole péruvienne de Batan Grande

Nelson Rockefeller a fait construire l'aile Michael C. Rockefeller en 1982, à la mémoire de son fils décédé au cours d'une expédition en Nouvelle Guinée. Plus de 1 600 magnifiques objets d'Afrique, des îles du Pacifique et des Amériques y sont exposés. La collection africaine regroupe des sculptures en ivoire et bronze du Bénin ainsi que d'étonnantes œuvres sur bois des tribus maliennes dogons, bamanas et senufos. Sculptures asmats de Nouvelle Guinée, masques et parures des îles mélanésiennes et polynésiennes illustrent l'art du Pacifique, alors que des objets en or et en céramique évoquent l'Amérique précolombienne… sans oublier un ensemble d'objets utilitaires des Indiens Inuit.

ART AMÉRICAIN

Le portrait de George Washington par Gilbert Stuart, *Marchands de Fourrures sur le Missouri,* de George Caleb Bingham, le fameux *Portrait de Madame X,* par J.S. Sargent et l'imposant George *Washington traversant la*

Delaware, d'Emanuel Gottlieb Leutze, sont quelques-unes des toiles majeures présentées dans cette aile du « Met ». Non seulement le musée possède une des plus belles collections de peintures et de sculptures américaines, mais aussi d'arts décoratifs de l'époque coloniale au début du xxe siècle.

Ne manquez pas les élégants vases en argent néo-classiques de Paul Revere et les créations en verre de Tiffany & Co. La section mobilier expose canapés, chaises, tables, bibliothèques et bureaux sortis des grands ateliers d'ébénisterie américains de Boston, Newport et Philadelphie.

Des reconstitutions de pièces d'époque –du salon dans lequel George Washington célébra son dernier anniversaire jusqu'à l'élégante salle à manger champêtre dessinée en 1912 par Frank Lloyd Wright pour la maison de Francis W. Little à Waysata, au Minnesota.

Le jardin de sculptures intérieur comprend une superbe loggia en mosaïque et verre teinté provenant de la résidence d'été de Louis Comfort Tiffany et la façade d'une banque de 1824.

ART ISLAMIQUE ET LES ANTIQUITÉS DU PROCHE-ORIENT

Des statues d'animaux ailés à visage humain, originaires du palais assyrien d'Assurnasirpal II, gardent

l'entrée des salles consacrées aux antiquités du Proche-Orient. Cette collection couvre une période de 8 000 ans où les bronzes iraniens côtoient les ivoires anatoliens, les sculptures sumériennes et les objets précieux des Sassanides. Une galerie voisine actuellement en rénovation dévoilera la diversité de l'art islamique du viie au xixe siècle au travers d'objets de fer et de verre mésopotamiens et égyptiens, de miniatures mongoles et persanes, de tapis des xvie et xviie siècles, sans oublier une salle syrienne du xviiie.

ARMES ET ARMURES

Ici, on peut voir des chevaliers en armure sur leur monture s'affronter… Ces galeries sont les préférées des enfants et de tous ceux que le Moyen Âge fascine. Elles exposent des sabres superbement ornés de pierres précieuses et d'or, des armes à feu aux incrustations d'ivoire et de perles, de flamboyantes oriflammes et des boucliers multicolores.

Pistolet de Charles Quint (xvie s.)

Ne manquez pas d'admirer l'armure du gentleman-pirate Sir George Clifford, favori de la reine Elizabeth d'Angleterre et celle, étincelante, d'un seigneur japonais du XIVᵉ siècle. Vous y découvrirez aussi la collection de pistolets du célèbre fabricant d'armes Samuel Colt.

ART ASIATIQUE

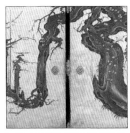

Le Vieux Prunier, portes japonaises coulissantes en papier du début de la période Edo (env. 1650)

Une enfilade de salles extraordinaires propose les merveilles des arts chinois, japonais, coréen, indien et d'Asie du Sud-Est, du second millénaire av. J.-C. à nos jours, ainsi qu'une réplique de jardin Ming, exécutée par des artisans chinois de la ville de Suzhou, qui marque le premier échange culturel officiel entre les États-Unis et l'Empire du Milieu. Le musée possède aussi l'une des plus belles collections de peintures Sung et Yuan, des sculptures bouddhiques monumentales, des céramiques, céladons et objets anciens chinois. Les onze salles consacrées au Japon présentent, sous forme d'expositions chronologiques et thématiques, de splendides laques, céramiques, peintures, sculptures, textiles et para-vents. D'autres salles sont réservées aux arts indien, coréen et des pays du Sud-Est asiatique.

INSTITUT DU COSTUME

Les 75 000 pièces de cet institut, qui couvrent une période allant du XVIIᵉ siècle à nos jours, sont exposées par roulement. Elles retracent de manière éclectique l'évolution de l'habillement en proposant aussi bien des créations « shocking pink » d'Elsa Schiaparelli, des accessoires, des modèles de Worth, Quant et Balenciaga, que des tenues napoléoniennes et victoriennes. Vous pourrez également y contempler les costumes des Ballets russes ou la tenue de scène de David Bowie.

La partie régionale de la collection rassemble de nombreuses tenues originaires d'Europe, d'Asie, d'Afrique et d'Amérique.

La renommée de cet institut est telle que la Nasa l'a même consulté pour avoir son avis sur les meilleures techniques de nettoyage de ses combinaisons d'astronautes.

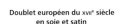

Doublet européen du XVIIᵉ siècle en soie et satin

DESSINS, ESTAMPESET GRAVURES

Une galerie récente met à l'honneur les innombrables chefs-d'œuvre de dessins, gravures et photographies du musée. La collection de

Étude d'une sibylle libyenne réalisée par Michel-Ange pour le plafond de la chapelle Sixtine (1508)

dessins (11 000 pièces) est particulièrement riche en arts italien et français du XVᵉ au XIXᵉ siècle. Exposée par roulement en raison de la fragilité du papier, elle permet d'admirer des travaux de Michel-Ange, Léonard de Vinci, Raphaël, Ingres, Goya, Rubens, Rembrandt, Tiepolo et Seurat.

La collection de 1,5 million d'estampes et 14 000 livres illustrés, qui comprend des œuvres de grands maîtres, témoigne de toutes les techniques : d'une gravure allemande primitive sur bois, *La Vierge et l'Enfant*, à celles plus sophistiquées de Dürer, en passant par *Le Géant* de Goya.

La photographie est aussi mise à l'honneur au « Met » – grâce entre autres à l'extraordinaire collection léguée par Alfred Stieglitz – qui offre un éventail particulièrement riche en images d'entre les deux guerres.

Des affiches et des publicités constituent également une autre partie intéressante de cette collection.

ANTIQUITÉS ÉGYPTIENNES

Le département le plus visité est l'aile consacrée à l'Égypte ancienne. Des objets de la période préhistorique au VIIIe siècle après J.-C. y sont exposés par centaines, du temple de Dendur aux éclats brisés d'un visage royal du XVe siècle av. J.-C. On y trouve des découvertes archéologiques provenant d'expéditions financées par le musée, dont des sculptures représentant la célèbre reine Hatshepsout (elle s'empara du pouvoir à Thèbes au XVIe siècle av. J.-C.), une centaine de bas-reliefs du règne d'Aménophis IV et des figurines provenant de tombes, comme l'hippopotame de faïence bleue devenu la mascotte du musée.

Fragment de la tête de l'épouse d'un pharaon

PEINTURES, SCULPTURES ET ARTS DÉCORATIFS EUROPÉENS

Cette section forme le cœur du musée, avec une extraordinaire collection de 3 000 peintures européennes. L'école italienne

Jeune Femme à l'aiguière **(1660), de Jan Vermeer**

est représentée, entre autres, au travers de la *Dernière communion de saint Jérôme* par Botticelli et *Portrait d'un jeune homme* par Bronzino. La collection de toiles de maîtres hollandais et flamands est une des plus belles au monde; elle comprend *Les Moissonneurs*, de Brueghel, plusieurs Rubens et Van Dyck, plus d'une douzaine de Rembrandt et de nombreux Vermeer. Sont exposés également des chefs-d'œuvre espagnols et français du Gréco, de Vélasquez, Goya, Poussin et Watteau. Il abrite aussi de nombreuses toiles impressionnistes et postimpressionnistes dont trente-quatre Monet, dix-huit Cézanne, ainsi que les célèbres *Cyprès*, de Van Gogh. L'aile Kravis et les salles adjacentes abritent une collection de 60 000 sculptures et objets d'arts décoratifs européens parmi lesquels la sculpture d'Adam en marbre par Tullio Lombardo, une statuette de cheval en bronze d'après un modèle de Vinci, et une douzaine d'œuvres de

Degas et Rodin. Un patio de château espagnol du XVIe siècle, de somptueux intérieurs français du XVIIIe siècle et un jardin à la française (The Petrie European Sculpture Court) servent de décor à certaines parties de la collection.

ANTIQUITÉS GRECQUES ET ROMAINES

Un sarcophage romain offert au musée en 1870 a inauguré cette collection. On peut toujours le voir dans la section grecque et romaine fort bien restaurée. À côté, ne manquez pas le panneau mural d'une villa recouverte par la lave du Vésuve en 79. Une imposante figure grecque d'un jeune homme et la statue *Old Market Woman* témoignent de l'évolution du réalisme des sculptures hellènes. Des miroirs étrusques, des bustes romains, de délicats objets de verre et d'argent et des centaines de vases grecs dépeignant les mœurs antiques présentent les multiples facettes de cette civilisation.

Une amphore d'Exechias décorée d'une scène de noces (VIe s. av. J.-C.)

LEHMAN COLLECTION

Le banquier Robert Lehman possédait l'une des plus belles collections privées avant de la léguer au musée en 1969. Le pavillon Lehman est une pyramide de verre abritant des œuvres très variées, de la Renaissance au XIXe siècle, dessins, estampes, meubles, bronzes, verres vénitiens et

---

MAQUETTES D'UNE TOMBE ÉGYPTIENNE

En 1920, un chercheur du « Met » découvre la chambre funéraire du noble Meketrê. À l'intérieur, se trouvent 24 maquettes intactes évoquant des scènes de sa vie quotidienne : sa maison, son jardin, ses bateaux et son troupeau, mais aussi Meketrê lui-même, dans sa barque, en train de humer le parfum d'une fleur de lotus et d'écouter son chanteur et son harpiste. Le musée possède 13 de ces ravissantes miniatures.

Partie de vitrail de la cathédrale Saint-Pierre de Troyes, représentant *La Mort de la Vierge* (xiie s.)

émaux. Parmi les toiles européennes exposées, vous trouverez des chefs-d'œuvre hollandais et espagnols, ainsi que des tableaux français post-impressionnistes et fauves.

ART MÉDIÉVAL

La collection, qui couvre une période allant de la chute de Rome au début de la Renaissance (du ive au xvie siècle), se situe en partie dans le bâtiment principal du musée, et en partie dans le cloître au nord de Manhattan (p. 236-239). On y trouve le calice du saint Graal, six assiettes en argent byzantines décorées de scènes de la vie de David, une chaire en forme d'aigle par Giovanni Pisano et plusieurs sculptures monumentales de Vierge à l'Enfant, des bijoux, des vases sacrés, des vitraux, des émaux, des ivoires et des tapisseries des xive et xve siècles.

INSTRUMENTS DE MUSIQUE

Le plus vieux piano du monde, les guitares d'André Ségovia, une cithare en forme de paon et quelques instruments bizarres des six continents et de toutes les époques illustrent l'histoire de la musique à travers les âges. La plupart des instruments ont été restaurés et sont en parfait état de marche. Parmi eux, des violons rares, des clavecins, épinettes et autres instruments des cours européennes du Moyen Âge et de la Renaissance. Vous pourrez également découvrir une reconstitution parfaite d'un atelier de luthier, des tambours africains, des pipas asiatiques et des flûtes indiennes. Un équipement audio est à votre disposition pour vous permettre d'écouter tous ces instruments ainsi que les mélodies de leur époque.

Stradivarius de Crémone, (Italie, fin du xviie s.)

ART CONTEMPORAIN

Depuis sa création en 1870, le musée n'a cessé d'acquérir des œuvres contemporaines, mais ce n'est qu'en 1987 qu'un espace permanent fut aménagé afin d'offrir au public sur trois étages un aperçu de l'art du xxe siècle : la nouvelle aile Lila Acheson Wallace expose toutes les formes d'art plastique postérieures à 1900.

D'autres musées new-yorkais possèdent des collections plus complètes d'art moderne, mais ce département du « Met » se distingue par la qualité de ses pièces. Ses points forts sont les créations d'art moderne américain, particulièrement celles de l'école de New York. Les peintures de Charles Demuth et Georgia O'Keeffe, du régionaliste

The *Midnight Ride of Paul Revere* (1931), par Grant Wood

Grant Wood, de l'expressionniste abstrait Willem de Kooning, sans oublier les travaux sur papier de Paul Klee, les meubles Art déco et la ferronnerie d'art illustrent bien la créativité de notre époque. Parmi les joyaux de cette collection, le *Portrait de Gertrude Stein*, par Picasso ; *I Saw the Figure Five in Gold*, de Demuth ; *Autumn Rhythm*, de Pollock ; et le dernier autoportrait d'Andy Warhol.

Au dernier étage du bâtiment, les sculptures contemporaines, dont l'exposition est renouvelée chaque année, se détachent sur fond de gratte-ciel et de Central Park.

Couverture de livre par N. C. Wyeth (1916)

Society of Illustrators ⑫

128 E 63rd St. **Plan** 13 A2. **Tél.**
(212) 838-2560. Ⓜ *Lexington Ave.*
◯ *mar. 10h-20h, mer.-ven. 10h-17h, sam. midi-16h.* ● *j.f.*
◙ ♿ *limité.* ▣ ▯
www.societyillustrators.org

Créée en 1901, et comptant parmi ses membres éminents Charles Dana Gibson, N. C. Wyeth et Howard Pyle, cette association promeut l'art de l'illustration. Installé depuis 1981 dans deux salles, le Museum of American Illustration présente des expositions temporaires thématiques qui évoquent l'évolution de cet art dans les livres et les magazines. Chaque année, les plus belles réalisations contemporaines y sont sélectionnées et exposées.

Mount Vernon Hotel Museum and Garden ⑬

421 E 61st St. **Plan** 13 C3. **Tél.** *(212) 838-6878.* Ⓜ *Lexington Ave, 59th St.*
◯ *mar.-dim. 11h-16h (juin-juil. mar. 18h-21h).* ● *août et j.f.* ▣ ▯ ▣
▯ **www**.mvhm.org

Construit en 1799, Mount Vernon Hotel Museum était à l'origine un hôtel à la campagne qui permettait aux New-Yorkais de fuir le temps d'un week-end leur ville surpeuplée. L'immeuble de pierre se dresse sur un terrain qui appartenait à Abigail Adams Smith, la fille du Président John Adams.

En 1924, l'association des Dames coloniales d'Amérique en fait l'acquisition et la transforme cette fois en demeure de style néo-fédéral. Des guides costumés font visiter les lieux en commentant l'histoire des objets, dont des porcelaines chinoises et des tapis d'Aubusson. Une chemise de nuit se trouve toujours dans la penderie de sa chambre, ainsi qu'un lit d'enfant et des jouets. Un jardin de style XVIIIᵉ siècle a été aménagé autour de la résidence.

Henderson Place ⑭

Plan 18 D3. Ⓜ *86th St.*
🚌 *M31, M86.*

Les maisons de style Queen Ann de Henderson Place

Cette enclave de 24 maisons alignées en brique rouge, de 1882, est désormais cernée d'immeubles résidentiels. Le promoteur de l'époque, le chapelier John C. Henderson, voulait créer une petite communauté autonome autour de ces habitations. Dessinés par Lamb & Rich, les toits d'ardoises, les frontons, les parapets, les fenêtres et les cheminées donnent un aspect élégant et pittoresque à cet ensemble au charme rétro.

La promenade de Carl Schurz Park

Carl Schurz Park ⑮

Plan 18 D3. Ⓜ *86th St.*
🚌 *M31, M86.*

Ce parc dessiné en 1891 le long de East River est l'un des lieux de promenade favoris des New-Yorkais, offrant une vue saisissante sur les eaux turbulentes de « Hell Gate », le confluent de la rivière et du bras de mer qui longe Long Island. Carl Schurz était originaire de la ville, et il fut ministre de l'Intérieur de 1869 à 1875. La première partie de l'esplanade s'appelle John Finlay Walk, du nom d'un journaliste du New York Times rendu célèbre par ses prouesses sportives. Lorsqu'il fait beau, les pelouses du parc sont bondées.

Gracie Mansion ⑯

East End Ave et 88th St. **Plan** 18 D3.
Tél. *(212) 570-4751.* Ⓜ *86th St.* 🚌
M31, M86. ◯ *avr.-mi-nov. : mer. 10h, 11h, 13h, 14h, pour vis. guid. sur r.-v. seul.* ▣ ∅ ♿ ▯

Cette demeure surprenante aux balcons de bois, datant de 1799, est la résidence officielle du maire. Construite par le riche marchand Archibald Gracie, c'est l'une des plus belles maisons de style fédéral de New York.

Achetée par la ville en 1887, elle abrita le musée municipal. Le maire, Fiorello LaGuardia, s'y installa,

Façade de Gracie Mansion

ravi de quitter l'imposant palais de Riverside Drive. Appelé plus communément « La petite fleur » (Fiorello) par les New-Yorkais de l'époque, le maire fut un ardent adversaire de la corruption et réforma la ville.

Church of the Holy Trinity ⓱

316 E 88th St. **Plan** 17 B3. **Tél.** (212) 289-4100. Ⓜ 86th St. ⬤ lun.-ven. 9h-17h, dim. 7h30-14h. ✚ mar., jeu. 8h45, dim. 8h, 9h30, 10h30, 18h. 📷 www.holytrinity-nyc.org

Portail de Church of the Holy Trinity

Nichée dans un jardin tranquille sur l'emplacement de la ferme Rhinelander, Church of the Holy Trinity, néo-Renaissance et en brique ocre, date de 1889. Dans sa tour se trouve une belle horloge de fer forgé aux aiguilles de cuivre. Des bas-reliefs représentant saints et prophètes ornent le portail.

L'ensemble est un don de Serena Rhinelander en mémoire de ses père et grand-père. Les terres appartenaient à la famille depuis plus de 100 ans. Plus bas, au n° 350, se trouvent le Rhinelander Children's Center (également un don) et les bureaux de la Children's Aid Society.

St Nicholas Russian Orthodox Cathedral ⓲

15 E 97th St. **Plan** 16 F1. **Tél.** (212) 876-2190. Ⓜ 96th St. ⬤ sur r.-v. ✚ sam. 10h,18h ; dim. 10h, 17h (en russe). 📷 www.russianchurchusa.org

C'est vraiment « Moscou sur Hudson River », une vision inattendue que cette construction néo-baroque édifiée en 1902, alternant brique rouge et pierre blanche. Elle colore et illumine cette partie de la ville avec ses cinq dômes rehaussés de croix et ses toits d'ardoises bleues et jaunes. Les intellectuels et aristocrates russes, installés aux États-Unis après avoir fui les troubles politiques de leur pays, se sont rapidement intégrés à la société new-yorkaise.

Aujourd'hui, cette communauté est éparpillée à travers le pays et les grandes messes en russe n'attirent plus qu'une poignée de fidèles.

Une forte odeur d'encens baigne le sanctuaire central aux superbes colonnes en marbre. Un très beau treillis de bois entoure l'autel. La cathédrale est un lieu étonnant qui contraste avec ce quartier bourgeois de Manhattan.

Façade de Museum of the City of New York

Museum of the City of New York ⓳

1220 5th Ave et 103rd St. **Plan** 21 C5. **Tél.** (212) 534-1672. Ⓜ 103rd St. ⬤ mar-dim. 10h-17h. ⬤ 1er janv., Thanksgiving, 25 déc. 📷 ♿ 🅿️ ⬤ www.mcny.org

Créé en 1923 et installé en premier lieu dans les locaux de Gracie Mansion, ce musée est consacré à l'aménagement de la ville, depuis ses débuts jusqu'à aujourd'hui, et dans l'avenir.

Transféré en 1932 dans un élégant bâtiment colonial, le musée présente des pièces d'époque — dont la chambre de Rockefeller — et, pendant l'année, des expositions temporaires autour de la mode et de l'histoire du théâtre. Il abrite aussi une collection de jouets qui compte une maison de poupées du XVIIIe siècle et un théâtre ultramoderne. Rénovées depuis peu, certaines salles dédiées au commerce présentent les objets en rapport avec l'essor économique de la ville. Alexander Hamilton Gallery contient des meubles et des peintures ayant appartenu au célèbre ministre des Finances.

Enfin, on peut aussi voir d'anciens équipements de pompiers, des toiles, des cartes et des estampes relatant l'histoire de la ville.

Façade et dômes de St Nicholas Russian Cathedral

Whitney Museum of American Art ❼

Le Whitney Museum expose toutes les tendances de l'art américain des xxᵉ et xxiᵉ siècles. Il fut fondé en 1930 par le sculpteur Gertrude Vanderbilt Whitney après le refus par le Metropolitan d'acheter sa collection d'œuvres d'artistes contemporains tels que George Bellows et Edward Hopper. En 1996, le musée s'est installé dans ce bâtiment en pyramide inversée, conçu par Marcel Breuer. La biennale du Whitney révèle les nouvelles tendances de l'art aux États-Unis.

La façade en surplomb de Whitney Museum of American Art

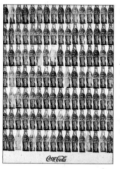

Green Coca-Cola Bottles
(1962)
Variation personnelle d'Andy Warhol sur le thème de la production de masse, de l'abondance et du monopole.

The White Calico Flower
Cette peinture de fleur géante de Georgia O'Keeffe glisse du réalisme à l'abstraction.

Little Big Painting
(1965) Critique ironique de l'expressionnisme abstrait par Roy Lichtenstein.

Early Sunday Morning *(1930)*
Les peintures de Hopper reflètent souvent le sentiment de vide et de solitude de la vie urbaine américaine.

SUIVEZ LE GUIDE !
Les galeries Leonard et Evelyn Lauder, au 4ᵉ étage, exposent la collection permanente avec des œuvres de Calder, O'Keeffe et Hopper. Les expositions temporaires occupent le hall d'entrée et les 1ᵉʳ, 2ᵉ et 3ᵉ étages.

Dempsey et Firpo
En 1924, George Bellows a fixé sur la toile le plus fameux combat du siècle.

MODE D'EMPLOI

945 Madison Ave. **Plan** 17 A5. **Tél.** (800)-WHITNEY 🅼 6 vers 77th St. 🚌 M1 à M4, 30, M72, M79. ⬤ mer.-jeu., sam., dim. 11h-18h, ven. 13h-21h. ⬤ j.f. 🖼 🚫 ♿ 🛒 Conférences, présentations de films et de vidéos. 🍴 📖 www.whitney.org

Three Flags *(1958)*
L'utilisation par Jasper Johns d'objets familiers pour créer une abstraction influença fortement le Pop Art.

Owh ! In San Paõ *(1951)*
Œuvre de Stuart Davis. Les formes abstraites sont combinées avec des lettres pour créer un style américain tout à fait original.

Circus *(1926-1931)*
Création originale de Calder généralement exposée.

Tango *(1919)*
Une des meilleures sculptures d'Elie Nadelman, d'origine polonaise.

Hudson River Landscape *(1951)*
Cette sculpture en acier est l'une des œuvres majeures de David Smith.

Frick Collection ❽

L'ancienne résidence du magnat de l'acier, qui expose une collection inestimable au milieu d'un mobilier d'origine, est elle-même une pièce de musée qui témoigne du train de vie fastueux des riches familles du début de ce siècle. Henry Clay Frick (1849-1919) a fait don à la nation de sa magnifique demeure et de son contenu afin qu'ils perpétuent son souvenir. On y trouve des œuvres de maîtres, du mobilier français, de rares émaux de Limoges et de splendides tapis d'Orient.

Façade de la Frick Collection donnant sur 5th Avenue

Le Port de Dieppe *(1826)*
Turner a été critiqué par certains contemporains pour son utilisation de la lumière, trop méditerranéenne, dans ce port du Nord-Ouest de l'Europe.

Colonnade
Garden
Court

Bibliothèque

Galerie
ouest

Le Cavalier polonais
On ignore l'identité de ce cavalier peint par Rembrandt en 1655. Le paysage sombre et rocailleux du tableau crée une atmosphère étrange où plane un danger inconnu.

À NE PAS MANQUER

★ *Lady Meux*, de James McNeill Whistler

★ *Le Mall à St James's Park*, de Thomas Gainsborough

★ *L'Officier et la jeune fille*, de Johannes Vermeer

★ *Sir Thomas More*, de Hans Holbein

Grand
salon

★ **Sir Thomas More** *(1527)*
Portrait du conseiller de Henry VIII par Holbein, huit ans avant son éxécution pour trahison.

SUIVEZ LE GUIDE !

Ne manquez pas la galerie ouest éclairée par sa verrière, qui expose des toiles de Vermeer, Hals et Rembrandt. La galerie est renferme celles de Van Dyck et Whistler, la bibliothèque et la salle à manger sont dédiées aux peintres anglais, et le grand salon est décoré par les œuvres de Titien, de Bellini et d'Holbein.

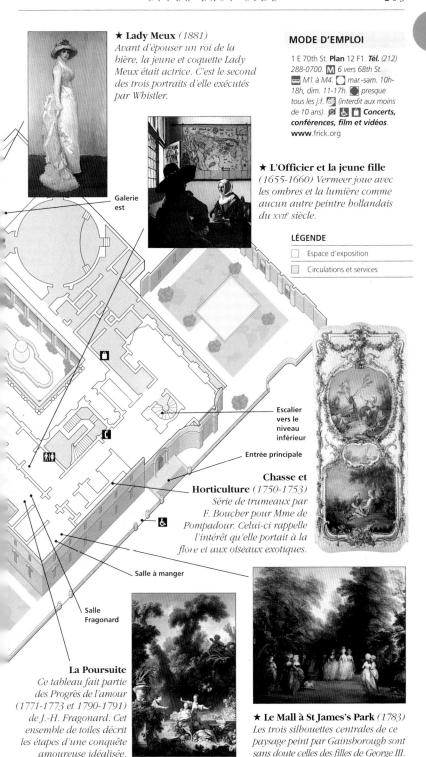

★ **Lady Meux** *(1881)*
Avant d'épouser un roi de la bière, la jeune et coquette Lady Meux était actrice. C'est le second des trois portraits d'elle exécutés par Whistler.

MODE D'EMPLOI

1 E 70th St. **Plan** 12 F1. **Tél.** (212) 288-0700. M 6 vers 68th St. M1 à M4. ◯ mar.-sam. 10h-18h, dim. 11-17h. ◉ presque tous les j.f. 🚫 (interdit aux moins de 10 ans). 📷 ♿ 🎧 **Concerts, conférences, film et vidéos**. **www**.frick.org

★ **L'Officier et la jeune fille**
(1655-1660) Vermeer joue avec les ombres et la lumière comme aucun autre peintre hollandais du XVIIe siècle.

LÉGENDE

☐ Espace d'exposition

☐ Circulations et services

Galerie est

Escalier vers le niveau inférieur

Entrée principale

Chasse et Horticulture *(1750-1753)*
Série de trumeaux par F. Boucher pour Mme de Pompadour. Celui-ci rappelle l'intérêt qu'elle portait à la flore et aux oiseaux exotiques.

Salle à manger

Salle Fragonard

La Poursuite
Ce tableau fait partie des Progrès de l'amour (1771-1773 et 1790-1791) de J.-H. Fragonard. Cet ensemble de toiles décrit les étapes d'une conquête amoureuse idéalisée.

★ **Le Mall à St James's Park** *(1783)*
Les trois silhouettes centrales de ce paysage peint par Gainsborough sont sans doute celles des filles de George III.

CENTRAL PARK

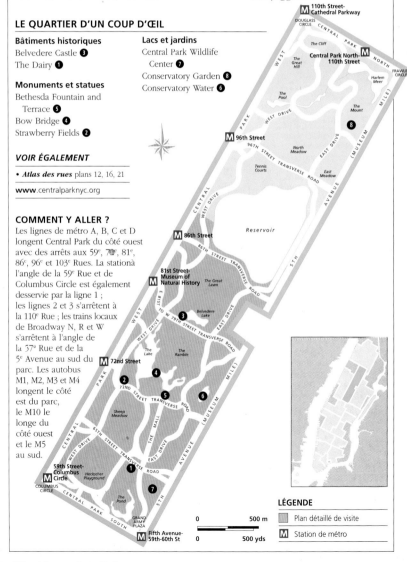

Le « jardin » de la cité fut aménagé en 1858 par Frederick Law Olmsted et Calvert Vaux sur un site à l'abandon. Dix millions de tombereaux de terre et de pierre furent nécessaires pour transformer cette zone marécageuse en 340 hectares de paysage « naturel » : les 500 000 arbres et buissons, les rochers, les collines, les lacs

Statues, Delacorte Theater (p. 206)

et les pelouses offrent un lieu de promenade privilégié aux citadins. Central Park est également agrémenté de divers terrains de jeux, courts de tennis, patinoires et espaces pour joueurs d'échecs ou de croquet. Les voitures y sont interdites le week-end, laissant la voie libre aux cyclistes, aux amateurs de rollers et aux joggeurs.

LE QUARTIER D'UN COUP D'ŒIL

Bâtiments historiques
Belvedere Castle ❸
The Dairy ❶

Monuments et statues
Bethesda Fountain and Terrace ❺
Bow Bridge ❹
Strawberry Fields ❷

Lacs et jardins
Central Park Wildlife Center ❼
Conservatory Garden ❽
Conservatory Water ❻

VOIR ÉGALEMENT

• **Atlas des rues** plans 12, 16, 21

www.centralparknyc.org

COMMENT Y ALLER ?
Les lignes de métro A, B, C et D longent Central Park du côté ouest avec des arrêts aux 59ᵉ, 72ᵉ, 81ᵉ, 86ᵉ, 96ᵉ et 103ᵉ Rues. La station à l'angle de la 59ᵉ Rue et de Columbus Circle est également desservie par la ligne 1 ; les lignes 2 et 3 s'arrêtent à la 110ᵉ Rue ; les trains locaux de Broadway N, R et W s'arrêtent à l'angle de la 37ᵉ Rue et de la 5ᵉ Avenue au sud du parc. Les autobus M1, M2, M3 et M4 longent le côté est du parc, le M10 le longe du côté ouest et le M5 au sud.

LÉGENDE
▢ Plan détaillé de visite
Ⓜ Station de métro

◁ **Vue aérienne sur Central Park**

Une promenade à Central Park

Pour une courte visite, promenez-vous de la 59e à la 79e Rue, depuis les épais sous-bois du Ramble jusqu'à la vaste Bethesda Terrace. En chemin, vous longerez des lacs artificiels et vous emprunterez quelques-uns des 30 ponts élégants qui enjambent le lacis des avenues et des allées cavalières. En été, la température du parc, inférieure à celle de la ville, offre au promeneur une oasis de détente et de fraîcheur.

★ **Strawberry Fields**
Ce coin paisible du parc, dédié à la mémoire de John Lennon, qui vivait dans le voisinage, est l'un des plus visités ❷

★ **Bethesda Fountain and Terrace**
Cette terrasse richement décorée surplombe le lac et les abords boisés du Ramble ❺

Wollman Rink. Le milliardaire Donald Trump fit rénover cette ancienne patinoire en 1980.

Central Park Wildlife Center
Trois zones climatiques abritent plus de 100 espèces animales ❼

The Pond

Plaza Hotel
(p. 181)

Frick Collection
(p. 202-203)

La statue de Hans Christian Andersen est un lieu de rencontre pour les conteurs pendant l'été et constitue une merveilleuse attraction pour les enfants.

★ **The Dairy**
Ce bâtiment de style victorien est le centre d'accueil des visiteurs. Dès votre arrivée, renseignez-vous sur les activités proposées par le parc ❶

Bow Bridge

La magnifique arche de ce pont métallique, haute de 18 mètres, relie le Ramble à Cherry Hill ❹

CARTE DE SITUATION
Voir carte de Manhattan p. 14-15

Lieu d'escalade et de glissade préféré des enfants, cet ensemble de bronze représentant **Alice au pays des merveilles** et ses amis se situe à l'extrémité de Conservatory Water.

À NE PAS MANQUER

★ Belvedere Castle

★ Bethesda Fountain

★ Conservatory Water

★ The Dairy

★ Strawberry Fields

Dakota Building *(p. 218)*

San Remo Apartments *(p. 214)*

American Museum of Natural History *(p. 216-217)*

GREAT LAWN

WEST

AVENUE

Metropolitan Museum *(p. 190-197)*

Obélisque

The Ramble, surface boisée de 15 hectares traversée de sentiers et de ruisseaux, est le paradis des ornithologues amateurs. Plus de 250 espèces d'oiseaux y ont été repérées.

Réservoir

Guggenheim Museum *(p. 188-189)*

★ Belvedere Castle

Depuis les terrasses, les visiteurs ont une vue imprenable sur la ville et le parc. Central Park Learning Center est situé à l'intérieur ❸

★ Conservatory Water

De mars à novembre se déroulent chaque samedi des courses de modèles réduits de bateaux. Beaucoup de ces embarcations sont rangées dans l'abri situé près du lac ❻

Le manège de l'aire de jeu des enfants

The Dairy ❶

Plan 12 F2. **Tél.** (212) 794-6564.
Ⓜ 5th Ave. ⬚ mar.- dim. 10h-17h.
Diaporamas.
🖵 www.centralparknyc.org

Cette charmante « laiterie » qui sert de centre d'accueil aux visiteurs (Central Park's Visitor Center) a tout d'abord été destinée aux enfants. Ils pouvaient y jouer, monter sur un carrousel ou découvrir une ferme et ses animaux. En 1873, les vaches paissaient devant The Dairy et les enfants venaient s'y désaltérer et boire du lait frais. Des agneaux, des poules et des paons complétaient ce paysage bucolique. Puis, laissé à l'abandon pendant longtemps, le bâtiment servit

de remise avant d'être restauré en 1979.

C'est un excellent point de départ pour partir à la découverte du parc car vous pourrez y obtenir toutes les informations et cartes nécessaires sur les événements et curiosités. Vous pourrez aussi y louer des jeux d'échecs et jouer sur les échiquiers de la « colline aux enfants » toute proche.

Strawberry Fields ❷

Plan 12 E1. Ⓜ 72nd St.

La réhabilitation de ce coin du parc en forme de larme a été dessiné par Vaux et Olmsted et financé par Yoko Ono, en souvenir de John Lennon, son mari assassiné. Les fenêtres de leur appartement de Dakota Building donnent sur ce paysage *(p. 218)*. Les dons affluèrent du monde entier et le jardin, dédié à la paix internationale, abrite maintenant plus de 160 espèces de végétaux – une pour chaque pays – dont des fraisiers, des rosiers et des bouleaux. Une mosaïque offerte par la ville de Naples porte l'inscription *Imagine*, le titre de la chanson la plus connue de la pop star.

Une image paisible de Central Park, dominé par de luxueux immeubles

Belvedere Castle ❸

Plan 16 E4. **Tél.** (212) 772-0210.
Ⓜ 81st St. ⬚ mar.-dim. 10h-17h.
📷 ♿ r.-d.-c. seul.

Le château, avec sa tour et ses tourelles, est perché sur Vista Rock et offre depuis la terrasse l'un des plus beaux panoramas du parc et de la ville. Les jeunes peuvent tout apprendre sur la surprenante variété de la faune du parc dans Central Park Learning Center qui se trouve à l'intérieur. Delacorte Theater, que l'on peut apercevoir au nord du château,

Belvedere Castle domine le paysage du parc

propose gratuitement chaque été des pièces de Shakespeare jouées par des acteurs célèbres *(p. 347)*. Le théâtre a été offert par George T. Delacorte. Éditeur et fondateur des livres de poche Dell, Delacorte était un merveilleux philanthrope qui a financé de nombreuses attractions du parc.

Bow Bridge ❹

Plan 16 E5. Ⓜ 72nd St.

Bow Bridge est l'un des sept ponts de fonte de Central Park, et sans doute le plus beau. Il a été dessiné par Vaux et sa forme souligne la courbe en nœud papillon du lac. Au XIXe siècle, le lac se transformait chaque hiver en patinoire, et un ballon rouge hissé au sommet d'une tour de Vista Rock indiquait que la glace était suffisamment solide.

Du pont, on peut admirer les immeubles qui longent le parc à l'est ct à l'ouest

Gravure ancienne (1864), représentant Bethesda Fountain and Terrace

Bethesda Fountain and Terrace ❺

Plan 12 E1. Ⓜ 72nd St.

Située entre le lac et le Mall, Bethesda Fountain le cœur architectural du parc. Son allure formelle contraste avec le naturel du paysage.
La fontaine a été inaugurée en 1873. La statue *Angel of the Waters*, érigée en 1842 pour fêter la construction d'un aqueduc qui alimentait pour la première fois la ville en eau pure, évoque l'ange biblique de la fontaine de Bethesda à Jérusalem.
Les escaliers et les décorations de style espagnol sont l'œuvre de Jacob Wrey Mould.
La terrasse est l'un des endroits les plus agréables pour se détendre en observant les passants.

Conservatory Water ❻

Plan 16 F5. Ⓜ 77th St.

Plus connu sous le nom de « l'étang des modèles réduits », c'est l'endroit où ont lieu les compétitions de bateaux miniatures.
Au nord de l'étang, la statue d'Alice au pays des merveilles fait la joie des enfants. Son donateur George Delacorte est immortalisé sous les traits du Chapelier Fou.
À l'ouest, des conteurs, aux pieds de la statue d'Andersen lisant son propre ouvrage *Le Vilain Petit Canard*, fascinent petits et grands. Comme la statue d'Alice, celle-ci

est régulièrement prise d'assaut par les tout petits qui adorent se nicher sur les genoux de l'auteur. Les liens entre Conservatory Water et la littérature touchent aussi l'adolescence : c'est là que Holden Caufield, le héros de J.D. Salinger, se confie aux canards dans *The Catcher in the Rye*.

Central Park Wildlife Center ❼

Plan 12 F2. **Tél.** *(212) 439-6500.* Ⓜ *5th Ave entre 63rd St et 66th St.* ○ *lun.-ven. 10h-17h, sam.-dim. 10h-17h30 ; nov.-mars : t.l.j. 10h-16h30. Dern. entrée 30 min avant la fermeture* 🚫 📷 ♿ 💻 🏪 **www.**centralparkzoo.com

Rouvert en 1988 après quatre années de rénovation, ce zoo abrite 130 espèces d'animaux représentatifs de trois climats de la planète : les tropiques, le cercle polaire et la côte californienne. L'utilisation astucieuse de l'espace a conquis les New-Yorkais : une mini-forêt tropicale abrite des singes et des oiseaux alors que des pingouins et des ours polaires peuplent un

paysage arctique dont on peut aussi voir la vie sous-marine. Au Tish Children Zoo les enfants peuvent s'approcher des chèvres, moutons et vaches. À l'entrée se trouve Delacorte Clock où toutes les demi-heures, des animaux de bronze jouent des berceuses. Vers Willowdell Arch se dresse la statue de Balto, le chien de traîneau qui traversa l'Alaska pour livrer le précieux sérum qui devait enrayer une épidémie de diphtérie.

La statue de Balto, l'héroïque chien de traîneau

Conservatory Garden ❽

Plan 21 B5. Ⓜ *Central Park N, 103rd St.* **Tél.** *(212) 860-1382.* ○ *8h-crépuscule* ♿

La Vanderbilt Gate de la 5ᵉ Avenue ouvre sur trois jardins, chacun représentant un paysage national différent. L'extrémité de l'immense pelouse du jardin central qui dessine un jardin italien forme un demi-cercle d'ifs et de taillis surmontés d'une pergola de glycines. Dans le jardin sud, de style anglais, la statue de la fontaine représente Mary et Dickon, les héros de l'œuvre de Frances Hodgson Burnett, *The secret Garden*. Le jardin nord, de style français, autour de la fontaine en bronze *The Three Dancing Maidens*, resplendit de mille couleurs chaque été, alors que sur un talus glissant vers le parc, des myriades de fleurs sauvages éclosent au printemps.

Ours polaire de Central Park Wildlife Center

UPPER WEST SIDE

Ce quartier de New York devient résidentiel à partir des années 1870, grâce au métro aérien de 9th Avenue *(p. 26-27)* qui a rendu les déplacements vers Midtown possibles. C'est là que fut construit en 1884 le célèbre et luxueux Dakota Building. Rapidement,

Masque indien, Museum of Natural History

Broadway et Central Park West s'urbanisent et, vers 1890, les rues voisines se bordent de maisons de pierre brune. Le Lincoln Center, l'American Museum of Natural History et le nouveau complexe Columbus Circle pour Time Warner et CNN élisent également domicile dans Upper West Side.

LE QUARTIER D'UN COUP D'ŒIL

Rues et bâtiments historiques
Columbus Circle ❼
Dakota Building ❾
Dorilton Building ⓱
Pomander Walk ⓭
Riverside Drive and Park ⓮
Tours jumelles de
    Central Park West ❶

Musées et galeries
*American Museum of Natural
    History p. 216-217* ⓫
Children's Museum
    of Manhattan ⓯
Hayden Planetarium ⓬
New York Historical
    Society ❿

Théâtres célèbres
Avery Fisher Hall ❻
Lincoln Center for the
    Performing Arts ❷
Lincoln Center Theater ❺
Metropolitan Opera House ❹
New York State Theater ❸

**Hôtels et restaurants
célèbres**
Hotel des Artistes ❽
The Ansonia ⓰

COMMENT Y ALLER ?
Métro : prendre les lignes A, B, C, D
ou 1 vers Columbus Circle ; les lignes
1, 2 ou 3 longent Broadway ; les
lignes B et C longent Central Park.
Bus : M10 (Central Park West),
M7, M11, M104 et M5 ;
bus transversaux :
M66 ou M72.

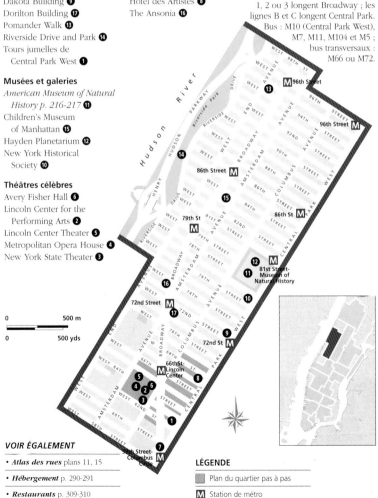

0 ——— 500 m
0 ——— 500 yds

VOIR ÉGALEMENT

• *Atlas des rues* plans 11, 15

• *Hébergement* p. 290-291

• *Restaurants* p. 309-310

LÉGENDE

▨ Plan du quartier pas à pas

Ⓜ Station de métro

◁ **La façade ouvragée du n° 14 Riverside Drive**

Lincoln Center pas à pas

Lincoln Center est né à un moment où le Metropolitan House et le New York Philharmonic avaient besoin d'un port d'attache. Faire cohabiter différents styles d'arts vivants peut sembler évident aujourd'hui mais, dans les années 1950, installer le Metropolitan Opera House et le New York Philharmonic côte à côte, et ce dans un quartier médiocre, était un pari risqué. L'endroit accueille aujourd'hui plus de cinq millions de visiteurs par an, et de nombreux artistes et amateurs d'art résident dans les alentours.

★ **Lincoln Center for the Performing Arts**
C'est le temple de la danse, de la musique et du théâtre. Il fait bon s'asseoir près de la fontaine pour observer les passants et prendre le pouls du quartier ❷

Lincoln Center Theater
Deux salles de spectacle (vivian Beaumont et Mitzi E. Newhouse) se trouvent à l'intérieur ❺

Leonard Bernstein est le compositeur de la célèbre comédie musicale *West Side Story*. Le quartier pauvre où a été installé Lincoln Center a fourni le décor de cette œuvre inspirée de l'histoire de Roméo et Juliette.

Guggenheim Bandshel, dans Damrosch Park, accueille des concerts gratuits.

Metropolitan Opera House
C'est le cœur de Lincoln Center. Le café de son grand vestibule offre une vue incomparable sur le parvis ❹

New York State Theater *peut recevoir 2 737 spectateurs. Il abrite une troupe d'opéra ainsi que le célèbre New York City Ballet* ❸

College Board Building, de style Art déco, abrite l'organisme responsable des examens d'entrée à l'université.

American Folk Art Museum
Étoffes traditionnelles et peintures naïves sont notamment présentées dans ce musée.

Quilt de pionniers

★ **Hotel des Artistes**
Isadora Duncan, Noel Coward et Norman Rockwell y ont vécu. On y trouve aussi un excellent restaurant (p. 310) ❽

James Dean a habité dans un studio au dernier étage du n° 19 de la 68ᵉ Rue Ouest.

CARTE DE SITUATION
Voir carte de Manhattan p. 14-15

LÉGENDE

‒ ‒ ‒ Itinéraire conseillé

```
0          100 m
0          100 yds
```

Vers la station de métro de la 72ᵉ Rue
(à 4 *blocks*)

Ce building qui ressemble à une forteresse abrite les studios d'enregistrement des séries de la chaîne ABC-TV.

N° 55 Central Park West est l'immeuble Art déco que l'on voit dans le film *Ghostbusters*.

Society for Ethical Culture est le premier immeuble Art nouveau de New York. On y trouve aussi une école.

Vers le métro de la 56ᵉ Rue (à 2 *blocks*)

Central Park West
De nombreuses personnalités habitent dans ces luxueux appartements qui bordent le parc.

Tours jumelles de Central Park West
Visibles depuis Central Park, elles sont un symbole de New York ❶

À NE PAS MANQUER

★ Hotel des Artistes

★ Lincoln Center

San Remo, immeuble résidentiel aux tours jumelles conçu par Emery Roth

Tours jumelles de Central Park West **❶**

Plan 12 D1-D3, 16 D5. **M** *59th St-Columbus Circle, 72nd St, 81st St, 86th St.* ● *au public.*

Parmi les silhouettes les plus familières du paysage new-yorkais, on trouve souvent les quatre immeubles résidentiels à tours jumelles, bâtis sur Central Park Ouest, peu avant la dépression de 1931, et qui comptent aujourd'hui parmi les plus recherchés de la ville. Admirés pour leur élégance et le détail de leur architecture, ils doivent leur forme à un arrêté municipal autorisant, dans certaines tours, des plafonds plus hauts que la norme. Dustin Hoffman, Paul Simon et Diane Keaton ont habité au San Remo (n° 145, E. Roth arch.), mais les copro-priétaires ont refusé d'accueillir Madonna qui s'est installée juste à côté au n° 1 de la 64e Rue Ouest. Groucho Marx, Marilyn Monroe et Richard Dreyfuss ont vécu dans l'El Dorado (n° 300),

dessiné également par Emery Roth. Le Majestic (n° 115) et le Century (n° 25) sont des œuvres classiques de l'architecte Art déco Irwin S. Chanin.

Lincoln Center for the Performing Arts **❷**

Plan 11 C2. **Tél.** (212) 546-2656. **M** *66th St.* ♿ 📷 (212) 875-5350. 🍴 📷 *Voir* **Se distraire** *p. 350-351.* **www**.lincolncenter.org

En mai 1959, le président Dwight D. Eisenhower et le compositeur Leonard Bernstein participèrent au baptême du principal centre culturel new-yorkais, sur fond d'*Hallelujah Chorus* joué par le New York Philharmonic.

Le parvis devant Lincoln Center

Il couvre désormais les six hectares ayant servi de décor au film *West Side Story*.

Flânez du côté de la fontaine de la place – créée par Philip Johnson – afin d'admirer la statue du bassin, *Reclining Figure* sculptée par Henry Moore.

Jazz at Lincoln Center a édifié un centre artistique consacré aux concerts de jazz qui s'intègre à un nouveau grand complexe à Columbus Circle *(p. 215).*

New York State Theater **❸**

Lincoln Center. **Plan** 11 D2. **Tél.** (212) 870-5560. **M** *66th St.* ♿ 📷 🍴 📷 *Voir* **Se distraire** *p. 346-347.* **www**.nycballet.com

Depuis son inauguration en 1964, ce théâtre de 2 800 places, conçu par Philip Johnson, présente les productions du New York City Ballet et du New York City Opera. Il propose des spectacles d'opéra à des tarifs accessibles.

De gigantesques statues d'Elie Nadelman dominent les quatre étages du foyer. Les décorations intérieure et extérieure de cet édifice lui ont valu le nom de « petit coffret à bijoux ».

Metropolitan Opera House **❹**

Lincoln Center. **Plan** 11 D2. **Tél.** (212) 362-6000. **M** *66th St.* ♿ 📷 🍴 📷 *Voir* **Se distraire** *p. 350-351.* **www**.metopera.org ; **www**.abt.org

Siège de la Metropolitan Opera Company et de l'American Ballet Theater, le « Met » est certainement, le monument le plus spectaculaire de Lincoln Center. Cinq grandes arches vitrées laissent entrevoir le foyer et les deux magnifiques peintures murales de Marc Chagall (elles sont protégées du soleil le matin). Avant chaque spectacle, les éclatants lustres de cristal de la salle sont remontés jusqu'au plafond. Des escaliers en marbre blanc

Concert au Guggenheim Bandshell, Damrosh Park, près du Met

et des kilomètres de tapis rouges forment un décor somptueux où semble encore résonner l'écho des plus grandes voix : celles de Maria Callas, de Jessye Norman ou de Luciano Pavarotti. Près du « Met », Guggenheim Bandshell de Damrosch Park est une salle très populaire qui propose des concerts variés et gratuits, allant de l'opéra au jazz. En août, ne manquez pas le festival en plein air de Lincoln Center.

Lincoln Center Theater ❺

Lincoln Center. **Plan** 11 C2. **Tél.** (212) 362-7600 (Beaumont et Newhouse), (212) 870-1630 (bibliothèque). (800) 432-7250 (billets). Ⓜ 66th St. ♿ 🎧 🚻 🛗 Voir **Se distraire** p. 350-351. www.lct.org

Deux compagnies présentent ici des pièces d'avant-garde très éclectiques : Vivian Beaumont Theater et sa salle de 1 000 places, et, plus intime, Mitzi E. Newhouse (petit théâtre de 280 places). Les œuvres dramatiques des meilleurs auteurs contemporains ont été montées au Beaumont, dont *After the Fall,* d'Arthur Miller, lors de l'inauguration de 1962.

Newhouse présente des pièces de style expérimental et d'avant-garde, mais a également accueilli des succès comme la célèbre pièce de

Samuel Beckett, *En attendant Godot,* avec Robin Williams. New York Public Library for the Performing Arts abrite des expositions de partitions originales, de programmes et d'affiches de théâtre.

Avery Fisher Hall ❻

Lincoln Center. **Plan** 11 C2. **Tél.** (212) 875-5030. Ⓜ 66th St. ♿ 🎧 🚻 🛗 Voir **Se distraire** p. 350-351. www.newyorkphilharmonic.org

Situé à l'extrême nord de Lincoln Center Plaza, Avery Fisher Hall est le siège du plus ancien orchestre des États-Unis, le New York Philharmonic. C'est également dans ce lieu que se produisent certains artistes de Lincoln Center et que se tient le festival Mozart. À son ouverture en 1962, sous le nom de Philharmonic Hall, les critiques se sont plaints de l'acoustique. Quelques travaux au niveau de la structure en firent un joyau acoustique et il peut s'enorgueillir aujourd'hui de faire partie des meilleures salles de concerts du monde. Moyennant une somme modique, on peut assister aux répétitions le jeudi matin dans l'auditorium de 2 738 places.

Columbus Circle ❼

Columbus Circle, New York. **Plan** 12 D3. Ⓜ 59th St. **Concerts** (212) 258 9800. www.jazzatlincolncenter.org

Surplombant ce carrefour urbain à l'angle de Central Park du haut de sa colonne de granit, se trouve la statue de marbre représentant Christophe Colomb. La statue est presque le seul vestige de la place telle qu'elle était à l'origine. En effet, ce carrefour est l'objet du plus grand projet d'urbanisme de l'histoire de New York. De

nouveaux gratte-ciel à usages multiples ont été édifiés, accueillant des compagnies nationales et internationales. Le siège social de Time Warner se situe dans un nouveau building de 80 étages, dont les 260 000 m² comprennent un centre commercial – Time Warner Center – avec boutiques, salles de spectacle et restaurants. C'est dans le Time Warner Center que se produisent les artistes de la compagnie Jazz at the Lincoln Center. Les deux salles – Frederic P. Rose Concert Hall et Allen Room –, un club de jazz et un centre pédagogique constituent le plus important complexe artistique du monde consacré au jazz. Parmi les autres buildings remarquables de Columbus Circle, citons Hearst House, dessiné par l'architecte britannique Norman Foster, l'hôtel Trump International, le Maine Monument et le Museum of Arts and Design qui ouvrira au printemps 2008.

Hotel des Artistes ❽

1 W 67th St. **Plan** 12 D2. **Tél.** (212) 877-3500 (café). Ⓜ 72nd St.

Cet immeuble de deux étages fut construit en 1918 par George Mort Pollard pour abriter des ateliers d'artistes. Il fut fréquenté par des locataires célèbres comme Isadora Duncan, Rudolph Valentino ou Noel Coward par exemple. À l'intérieur, Le Café des Artistes est réputé pour ses peintures murales romantiques de Howard Chandler Christy et sa bonne cuisine.

Sculpture décorative, Hotel des Artistes

American Museum of Natural History ⓫

C'est l'un des plus grands musées d'histoire naturelle du monde. Ouvert au public en 1877, et occupant aujourd'hui quatre pâtés de maison, il conserve plus de 30 millions de pièces. Les salles les plus visitées sont celles des dinosaures et le Milstein Hall of Ocean Life. Le fascinant Rose Center for Earth and Space *(p. 218)* abrite le Hayden Planetarium.

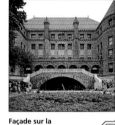

Façade sur la
77e Rue Ouest

À NE PAS MANQUER

★ Baleine bleue

★ Barosaures

★ Grand canoë

★ Étoile des Indes

★ **Étoile des Indes**
Cette pierre de 563 carats est le plus gros saphir « blue star » du monde. Découverte au Sri Lanka, elle a été donnée au musée en 1900 par le millionnaire J. P. Morgan.

SUIVEZ LE GUIDE !

Entrez dans le musée par Central Park Ouest. Au 1er étage admirez les barosaures et les salles consacrées aux peuples et animaux d'Afrique, d'Asie et des Amériques. Minéraux, pierres précieuses, météorites et vie sous-marine occupent le rez-de-chaussée ainsi que la salle de la biodiversité. Au 2e étage, les Indiens d'Amérique, les oiseaux et les reptiles. Les dinosaures, les poissons fossiles et les premiers mammifères sont au 3e étage.

★ **Baleine bleue**
C'est le plus grand des animaux vivants. Son poids peut dépasser 100 tonnes. Cette copie représente une femelle capturée en Amérique du Sud en 1925.

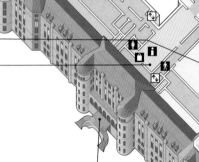

★ **Grand canoë**
Ce canoë de guerre de 19,2 m a été taillé par les Indiens haidas dans le tronc d'un seul cèdre. Il est exposé dans la Grand Gallery.

Entrée sur la
77e Rue Ouest

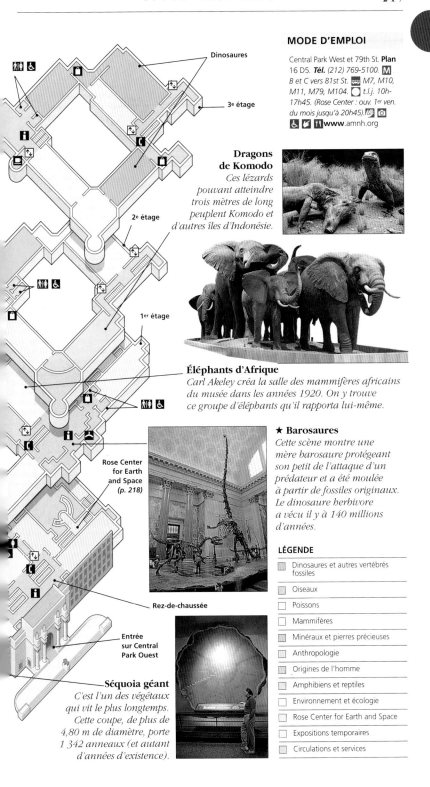

Dinosaures

3e étage

2e étage

1er étage

Rose Center
for Earth
and Space
(p. 218)

Rez-de-chaussée

Entrée
sur Central
Park Ouest

MODE D'EMPLOI

Central Park West et 79th St. **Plan**
16 D5. ***Tél.*** *(212) 769-5100.* M
B et C vers 81st St. M7, M10,
M11, M79, M104. t.l.j. 10h-
17h45. (Rose Center : ouv. 1er ven.
du mois jusqu'à 20h45). www.amnh.org

Dragons de Komodo
Ces lézards
pouvant atteindre
trois mètres de long
peuplent Komodo et
d'autres îles d'Indonésie.

Éléphants d'Afrique
Carl Akeley créa la salle des mammifères africains
du musée dans les années 1920. On y trouve
ce groupe d'éléphants qu'il rapporta lui-même.

★ Barosaures
Cette scène montre une
mère barosaure protégeant
son petit de l'attaque d'un
prédateur et a été moulée
à partir de fossiles originaux.
Le dinosaure herbivore
a vécu il y à 140 millions
d'années.

LÉGENDE

	Dinosaures et autres vertébrés fossiles
	Oiseaux
	Poissons
	Mammifères
	Minéraux et pierres précieuses
	Anthropologie
	Origines de l'homme
	Amphibiens et reptiles
	Environnement et écologie
	Rose Center for Earth and Space
	Expositions temporaires
	Circulations et services

Séquoia géant
C'est l'un des végétaux
qui vit le plus longtemps.
Cette coupe, de plus de
4,80 m de diamètre, porte
1 342 anneaux (et autant
d'années d'existence).

Dakota Building ❾

1 W 72nd St. **Plan** 12 D1.
Ⓜ *72nd St.* ⬤ *au public.*

Construit en 1880-1884 par l'architecte du Plaza Hotel, Henry J. Hardenberg, le Dakota Building est le premier immeuble résidentiel de luxe de la ville. Financée par Edward S. Clark, héritier de la dynastie des machines à coudre Singer, cette construction autrefois entourée de terrains vagues et de bétail est aujourd'hui l'une des plus belles adresses de New York. Ses 65 luxueux appartements ont connu des propriétaires célèbres : Judy Garland, Lauren Bacall, Leonard Bernstein et Boris Karloff (dont on dit que le fantôme hante l'endroit). C'est là que fut tourné le film de Roman Polanski *Rosemary's Baby* et que John Lennon fut tragiquement assassiné. Sa veuve Yoko Ono y habite toujours.

Sculpture de tête d'Indien surmontant l'entrée du Dakota

New York Historical Society ❿

170 Central Park West. **Plan** 16 D5.
Tél. (212) 873-3400. Ⓜ *81st St.*
Galeries ⬜ *mar.-sam. 10h-18h.* 🎟
Bibliothèque ⬜ *mar.-dim. 10h-17h*
(été : mar.-ven.). ⬤ *j.f.* 🚫 ♿ 🅿
📷 📱 **www.**nyhistory.org

Cette société fondée en 1804 abrite une bibliothèque de recherche réputée et le plus ancien musée de la ville.

Le Rose Center for Earth and Space

Sa collection comprend entre autres des documents historiques sur l'esclavage et la guerre de Sécession, une formidable collection de journaux du XVIIIᵉ siècle, les 435 aquarelles des *Oiseaux d'Amérique* d'Audubon et la plus grande collection mondiale de lampes et de verreries Tiffany. Sans oublier une belle collection d'argenterie et de mobilier américains.

American Museum of Natural History ⓫

Voir p. 216-217.

Hayden Planetarium ⓬

Central Park West et 81st St. **Plan** 16 D4. **Tél.** (212) 769-5100, billets pour le Space Show (212) 769-5200. Ⓜ *81st St.* **www.**amnh.org/rose

Voisin de l'American Museum of National History *(p. 216-217)*, le nouveau planétarium est le cœur du Rose Center for Earth and Space. Au cœur d'une sphère de 26 m, il abrite le Space Theater ainsi que le Cosmic Pathway (une rampe en spirale longue de 105 m environ, retraçant la chronologie de 13 milliards d'années d'évolution) et un Big Bang Theater. Le Hall of Planet Earth, construit autour d'échantillons imposants de roche, propose des animations sur ordinateur et des vidéos dernier cri expliquant les mouvements de la terre et l'histoire géologique de notre planète. Des expositions dans le Hall of the Universe présentent les étonnantes découvertes de l'astrophysique moderne. Quatre secteurs offrent des expositions interactives. Vu de l'extérieur, la nuit, le Rose Center est à couper le souffle ; à l'intérieur, l'exposition prouve, comme le disait Carl Sagan, que nous sommes les « enfants du cosmos ».

Pomander Walk ⓭

261-267 W 94th St. **Plan** 15 C2.
Ⓜ *96th St.*

Jetez un coup d'œil à travers la grille pour apercevoir cette double rangée de petites maisons, construites en 1921 sur le modèle d'anciennes ruelles londoniennes. De nombreuses stars de l'époque, comme Rosalind Russell, Humphrey Bogart ou les sœurs Gish, y élurent domicile.

Façade de maison, Pomander Walk

Riverside Drive and Park ⓮

Plan 15 B1-B5, 20 D1-D5.
Ⓜ *79th St, 86th St, 96th St.*

Riverside est l'une des plus agréables rues de la ville : large, ombragée, dotée d'un superbe panorama sur Hudson River. Ne manquez pas d'admirer les maisons construites à la fin du XIXᵉ siècle par l'architecte Clarence F. True aux nᵒˢ 40-46, 74-77, 81-89 et 105-107 ; leurs formes galbées sc marient à merveille aux courbes que dessinent le parc et le fleuve.

Au n° 243 (entre 96th St et 97th St), un étrange immeuble de 1914, est décoré d'une frise montrant des pionniers de l'Arizona. Tout y est, même les serpents à sonnette et les pumas !

Riverside Park fut, quant à lui, dessiné en 1880 par Frederick Law Olmsted, également architecte paysagiste de Central Park (p. 204-207).

Le monument aux soldats et aux marins, dans Riverside Park

Children's Museum of Manhattan ⑮

212 W 83rd St. **Plan** 15 C4. **Tél.** (212) 721-1234. M 79th St, 81st St, 86th St. ◯ mer.-dim. 10h-17h ● 1er janv., Thanksgiving, 25 déc. 🌐 📷 ♿ 🚻 **www**.cmom.org

Créé pour les enfants en 1973 sur le thème « apprendre en jouant », ce musée comprend le show pour enfants, Body Odyssey, un voyage scientifique mais plein d'humour à travers le corps humain. Le HP Inventor Center entraîne les enfants dans un monde numérique où ils peuvent à loisir inventer et tester leurs hypothèses. Le Time Warner Media Center transforme les enfants en cameramen, animateurs, présentateurs et techniciens

L'entrée du Children's Museum

dans un studio télé reconstitué. Un théâtre de 150 places propose des spectacles pendant le week-end et les vacances : marionnettes, conteurs, etc. Le musée comprend également un espace réservé aux jeux gratuits et une section, World Play, dédiée à l'acquisition précoce du langage.

The Ansonia ⑯

2109 Broadway. **Plan** 15 C5. M 72nd St. ● au public.

Ce palais de style Beaux-Arts fut construit en 1899 par William Earl Dodge Stokes, héritier de la fortune de la Phelps Dodge Company. L'architecte français Paul E. M. Duboy dessina un bâtiment capable de rivaliser avec le Dakota Building. L'hôtel fut transformé en appartements en 1992. L'immeuble, dont la tour d'angle et les sculptures sont particulièrement renommées, était à l'origine doté de deux piscines et d'un jardin sur le toit pour les canards,

La tourelle ornementée de l'Ansonia

les poulets et l'ours apprivoisé du propriétaire. Protégé du bruit par ses murs épais, l'Ansonia Building était devenu le séjour favori de stars de la musique : Arturo Toscanini, Enrico Caruso, Igor Stravinsky ou Lily Pons y séjournaient régulièrement.

Dorilton Building ⑰

171 W 71st St. **Plan** 11 C1. M 72nd St. ● au public.

Cet immeuble opulent de neuf étages impressionne par sa haute toiture et son entrée colossale sur la 71e Rue. Au moment de sa construction, en 1902, un critique résuma l'opinion générale en écrivant : « À voir le bâtiment, les hommes poussent des jurons et les femmes des cris d'effroi. »

Balcon du Dorilton, soutenu par des personnages grimaçants

En effet, la richesse et les thèmes de sa décoration avaient de quoi scandaliser à l'époque. Mais qu'auraient dit ses détracteurs en contemplant l'Alexandria Condominium construit en 1927 tout près de là ? La plus grande partie des motifs égyptiens qui paraient cet ancien temple maçonnique fut supprimée lorsqu'il fut converti en immeuble d'appartements, mais on y aperçoit encore certains ornements polychromes : feuilles de lotus, hiéroglyphes, animaux mythiques et, trônant avec majesté sur le toit, deux pharaons !

MORNINGSIDE HEIGHTS
ET HARLEM

Le long de Hudson River, Morningside Heights abrite, entre autres, Columbia University et deux magnifiques églises. Un peu plus loin à l'est, au-delà de Hamilton Heights, c'est Harlem, la plus célèbre communauté noire d'Amérique. Harlem n'étant pas la plus tranquille des banlieues

**Saint François d'Assise,
Museo del Barrio**

de New York, il vaut mieux visiter ce célèbre quartier le dimanche matin *(p. 369)*, passer par St Nicholas Historic District, en s'arrêtant à Abyssinian Baptist Church pour écouter ses sublimes *negro spirituals,* et terminer par un déjeuner sudiste chez Sylvia's, le restaurant le plus connu de Harlem.

Louis Armstrong sur un vitrail du célèbre Cotton Club

LE QUARTIER D'UN COUP D'ŒIL

Rues et bâtiments historiques

City College of the City University of New York **7**

Columbia University **1**

Hamilton Grange National Memorial **8**

Hamilton Heights Historic District **9**

Low Library **3**

Mount Morris Historic District **17**

St Nicholas Historic District **10**

St Paul's Chapel **2**

Tombeau du président Grant **6**

Musées et galeries

Museo del Barrio **19**

Schomburg Center for Research into Black Culture **12**

Studio Museum in Harlem **16**

Théâtres célèbres

Apollo Theater **15**

Harlem YMCA **13**

Églises

Abyssinian Baptist Church **11**

Cathedral of St John the Divine p. 224-227 **4**

Riverside Church **5**

Parcs

Marcus Garvey Park **18**

Restaurants célèbres

Sylvia's **14**

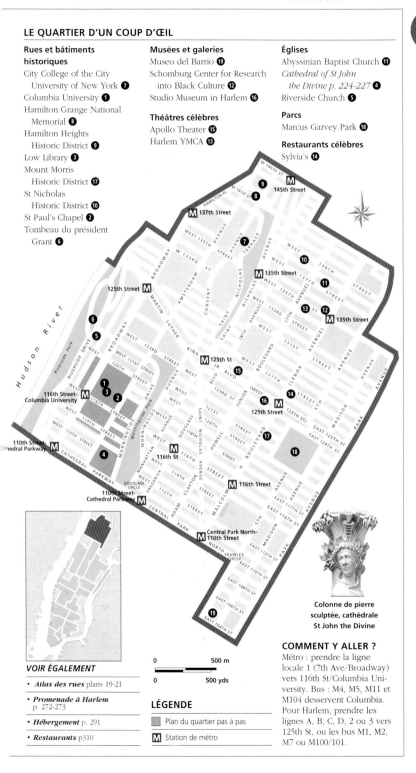

Colonne de pierre sculptée, cathédrale St John the Divine

VOIR ÉGALEMENT

• *Atlas des rues* plans 19-21

• *Promenade à Harlem* p. 272-273

• *Hébergement* p. 291

• *Restaurants* p310

0   500 m

0   500 yds

LÉGENDE

Plan du quartier pas à pas

M Station de métro

COMMENT Y ALLER ?

Métro : prendre la ligne locale 1 (7th Ave/Broadway) vers 116th St/Columbia University. Bus : M4, M5, M11 et M104 desservent Columbia. Pour Harlem, prendre les lignes A, B, C, D, 2 ou 3 vers 125th St, ou les bus M1, M2, M7 ou M100/101.

Columbia University pas à pas

Une grande université s'illustre autant par ses hommes, par son esprit mais aussi par les bâtiments qui la composent ; c'est le cas de Columbia. Après avoir admiré l'architecture, on peut se promener un peu sur la place centrale de l'université, devant la Low Library. C'est là que se retrouvent, vêtus de jeans, les futurs dirigeants des États-Unis. En face du campus, sur Broadway et sur Amsterdam Avenue, de nombreux cafés attirent les étudiants qui philosophent, débattent et refont le monde.

La statue **Alma Mater**, de Daniel Chester French, a survécu à un attentat à la bombe au cours d'une manifestation en 1968.

ALMA MATER

Station de métro de la 116th St/Columbia University (ligne 1)

School of Journalism
Joseph Pulitzer ouvrit en 1912 cette école de journalisme, devenue l'une des meilleures au monde. C'est là qu'est décerné le prix Pulitzer pour les meilleures œuvres littéraires et journalistiques.

Butler Library est la plus grande bibliothèque de Columbia.

Low Library
L'imposante façade et le dôme surbaissé de cette bibliothèque qui domine la place principale datent de 1895-1897 ❸

★ **Columbia University**
Les premiers bâtiments, dessinés par McKim, Mead & White, furent édifiés autour de la place rectangulaire, appelée Central Quadrangle. En face se trouve Butler Library ❶

St Paul's Chapel
Dessinée par les architectes Howell & Stokes en 1907, l'église est réputée pour ses beaux panneaux de bois sculptés, la luminosité de sa nef et son excellente acoustique ❷

Sherman Fairchild Center a été construit en 1977 pour abriter le département des sciences de la vie de cette faculté.

CARTE DE SITUATION
Voir carte de Manhattan p. 14-15

LÉGENDE

– – – Itinéraire conseillé

| 0 | 100 m |
| 0 | 100 yds |

Les manifestations étudiantes
de l'université de Columbia firent la une des journaux en 1968. Elle avaient pour but, à l'origine, de s'opposer à la construction d'un gymnase dans Morningside Park.

L'église de Notre-Dame fut édifiée par la communauté francophone. Une réplique de la grotte de Lourdes se trouve derrière l'autel. Elle a été offerte par une femme dont le fils aurait miraculeusement guéri.

★ Cathedral of St John the Divine
Si la construction de cette cathédrale de style néogothique s'achève un jour, elle sera la plus grande du monde. Construite aux deux tiers, elle peut déjà contenir 10 000 fidèles ❹

Une sculpture en pierre orne la façade de la cathédrale.

À NE PAS MANQUER

★ Cathedral of St John the Divine

★ Central Quadrangle

La statue d'*Alma Mater* devant Low Library, Columbia University

Columbia University ❶

Entrée principale W 116th St et Broadway. **Plan** 20 E3. **Tél.** (212) 854-1754. Ⓜ *116th St Columbia University*. 🖥 *lun.-ven. 11h, 14h* **www**.columbia.edu

King's College, fondé en 1754, est devenu, après trois déménagements, la célèbre Columbia University qui compte parmi les plus anciennes et les meilleures du pays.

En 1814, le gouvernement fait don d'un terrain pour accueillir les nouveaux bâti-ments de l'université. Celle-ci s'installe aux alentours dudit terrain et le loue de 1857 à 1897 avant de le céder en 1985 à son locataire, le Rockefeller Center, pour un montant de 400 millions de dollars. Le campus actuel, créé en 1897 par l'architecte McKim sur le site d'un ancien asile d'aliénés, contraste par sa tranquillité et sa verdure avec les trépidations de la ville qui l'entoure, ceci grâce

à son emplacement au-dessus du niveau de la rue. L'université est très renommée pour ses écoles de droit, de médecine et de journalisme, et les près de 20 000 étudiants (10 400 garçons et 8 900 filles) d'aujourd'hui peuvent rêver d'égaler leurs célèbres prédécesseurs tels qu'Isaac Asimov, J. D. Salinger, James Cagney et Joan Rivers, ainsi que 53 prix Nobel. En face, se trouve Barnard College, une université extrêmement sélective réservée aux femmes.

St Paul's Chapel ❷

Columbia University. **Plan** 20 E3. **Tél.** (212) 854-1487, pour information sur les concerts. Ⓜ *116th St-Columbia University.* 🕐 *lun.-sam. 10h-23h (pendant l'année), 10h-16h (vac. univ.).* 🚪 *dim.* 📷 ♿

Voûte intérieure en brique du dôme de St Paul's Chapel

Construit en 1904, le plus beau bâtiment de Columbia mélange les styles de la Renaissance italienne, du byzantin et du gothique. La chapelle est baignée par le puits de lumière qui traverse sa voûte de brique rouge.

Les concerts d'orgue gratuits sont très appréciés du public en raison de la pureté de l'acoustique de l'église et de ses orgues.

Façade de St Paul's Chapel

Low Library ❸

Columbia University. **Plan** 20 E3. Ⓜ *116th St-Columbia University.*

Il s'agit d'une construction néo-classique dominant un grand escalier de pierre. La bibliothèque est un don de Seth Low, ancien maire de la ville et président de l'université. *Alma Mater*, la statue de Chester French érigée sur les marches, a été le point de ralliement de nombreuses manifestations étudiantes contre la guerre du Vietnam en 1968. Les six millions de volumes ont été transférés en 1932 à la Butler Library, et le bâtiment sert désormais aux cérémonies officielles.

Cathedral of St John the Divine ❹

Voir p. 226 -227.

Riverside Church ❺

490 Riverside Dr et 122nd St. **Plan** 20 D2. **Tél.** (212) 870-6700. Ⓜ *116th St Columbia Univ.* 🕐 *mar.-dim. 10h30-17h* 🚪 *dim. 10h45.* 📷 *sur demande préalable* ♿ 🎵 **Concerts de carillons** (212) 870-6784, dim. midi et 15h. **Théâtre** (212) 864-2929. 🖥 **www**.theriversidechurchny.org

Admirer le panorama de Upper Manhattan du haut des 21 étages de cette tour néo-gothique, inspirée de la cathédrale de Chartres, est plutôt déconseillé au moment où les cloches sonnent ! En effet, le carillon commandé par John D.

La place principale de Columbia University et Low Library

Rockefeller en l'honneur de sa mère possède 74 cloches, dont un bourdon de 20 tonnes; c'est le plus grand du monde. Les orgues de 22 000 tuyaux comptent aussi parmi les plus grandioses du monde.

On peut y découvrir des sculptures de J. Epstein, dont un *Christ en Majesté* et une *Vierge à l'Enfant*, respectivement situées au fond de la seconde galerie et dans la cour près du cloître. Les panneaux du retable retracent l'existence de huit hommes et femmes dont les vies illustrèrent les préceptes du Christ : parmi eux, Socrate et Michel-Ange, mais aussi Florence Nightingale et Booker T. Washington.

Pour vous recueillir un instant, pénétrez dans la Christ Chapel, une reconstitution d'église romane française du XIe siècle. Afin d'admirer le panorama, prenez l'ascenseur jusqu'au vingtième étage, puis grimpez les 140 marches qui mènent à l'observatoire au sommet de la tour, à 120 mètres du sol.

Mosaïque murale du tombeau de Ulysses Grant, montrant le président (à droite) et Robert Lee

Tombeau du président Grant ❻

W 122nd St et Riverside Dr. **Plan** 20 D2. **Tél**. *(212) 666-1640.* Ⓜ *116th St-Columbia University.* 🚌 *M5.* ⭕ *t.l.j. 9h-17h.* ⬤ *1ᵉʳ janv., Thanksgiving, 25 déc.* 📷 ♿ 🛍 **www**.nps.gov/gegr

Ce monument grandiose honore la mémoire d'Ulysses S. Grant, 18ᵉ président des États-Unis, général des forces de l'Union pendant la guerre civile, et de son épouse. Après sa mort, en 1885, plus de quatre-vingt-dix mille Américains ont contribué par leurs dons à l'édification de sa sépulture inspirée du mausolée d'Halicarnasse, considéré dans l'Antiquité comme une des sept merveilles du monde. Son inauguration,

Le général Grant pendant la guerre civile

le jour de son 75ᵉ anniversaire, draina une foule considérable. Ce jour-là, un défilé magistral réunissant 50 000 personnes et 15 bâtiments de guerre – dont cinq venus d'Europe – dura près de sept heures.

L'intérieur ressemble au tombeau de Napoléon aux Invalides. Chaque sarcophage pèse plus de huit tonnes, et deux salles d'exposition sont consacrées à la vie et à la carrière de l'homme d'État. Sur les flancs nord et est du bâtiment, on peut apercevoir 17 bancs courbes incrustés de mosaïques dessinées au début des années 1970 par l'artiste Pedro Silva, et réalisées par plus de mille volontaires. Elles représentent des sujets très variés, des Inuit aux taxis new-yorkais, sans oublier Donald Duck ; leur modernité contraste avec le classicisme de l'édifice. Ces bancs multicolores s'inspirent de l'architecture des œuvres d'Antonio Gaudí à Barcelone.

Tout près du tombeau de Grant et du fleuve, une discrète urne funéraire sur un piédestal, placée là par un père à la mémoire de son enfant mort noyé, porte une inscription simple et touchante : « A la mémoire d'un enfant gentil, St Clair Pollock, décédé le 15 juillet 1797 dans sa cinquième année. »

Les 21 étages de Riverside Church vue du nord

Cathedral of St John the Divine ❹

La façade ouest, style gothique

Ce sera la plus grande cathédrale du monde. Sa construction a commencé en 1892 et un tiers de l'édifice reste à construire. L'intérieur dépasse 180 m de long et 45 m de large. Les architectes initiaux Heins et LaFarge se sont inspirés du style roman, puis Ralph Adams Cram a poursuivi le projet en 1911, créant une nef et une façade néo-gothiques. Des méthodes de construction médiévales sont utilisées pour l'achèvement de l'ouvrage. La cathédrale accueille des spectacles de théâtre, de musique et d'art d'avant-garde.

Chœur
Les colonnes entourant le chœur, hautes de 17 m, sont en granit gris poli.

Nef
Les piliers de la nef, dépassant les 30 m, soutiennent d'élégants arcs de pierre.

★ **Grande rose**
Achevée en 1933. Son motif stylisé en forme de rosace symbolise les divers aspects de l'Église chrétienne.

À NE PAS MANQUER

★ Autels latéraux

★ Grande rose

★ Peace Fountain

★ Portail occidental

★ **Portail occidental**
Les portails de la cathédrale sont ornés de nombreuses sculptures représentant des personnages et des scènes religieuses tirés de l'iconographie médiévale. D'autres bas-reliefs, comme la vision apocalyptique des gratte-ciel de la cité par Joe Kincannon, semble presque prédire les attentats du 11 septembre 2001 (p. 54).

★ Peace Fountain

Cette sculpture est l'œuvre de Greg Wyatt et représente la nature sous toutes ses formes. Elle se dresse dans un bassin de granit sur le Grand Parterre, au sud de la cathédrale.

MODE D'EMPLOI

1047 Amsterdam Ave et W 112th St. **Plan** 20 E4. **Tél.** *(212) 316-7540.* Ⓜ *1 vers Cathedral Pkwy (110th St).* 🚌 *M4, M11, M60, M104.* ⓪ *lun.-sam. 7h-18h, dim. 7h-19h.* 🕆 *vêpres : dim. 18h.* **Dons bienvenus.** 📷 ♿ 🎁 🏪 **Concerts, théâtre, expositions, jardins. www**.stjohndivine.org

Baptistère

Œuvre néogothique aux influences italienne, française et espagnole.

LE PROJET DÉFINITIF

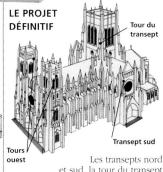

Tour du transept

Transept sud

Tours ouest

Chaire

Les transepts nord et sud, la tour du transept et les tours ouest ne sont pas encore terminés. Quand l'argent nécessaire aura été recueilli, on estime qu'il faudra encore au moins 50 ans pour terminer le monument.

★ Autels latéraux

Les vitraux évoquent les efforts de l'humanité, dans tous les domaines ; ceux consacrés aux sports illustrent des performances.

Fauteuil de l'évêque

Une réplique de celui de la chapelle Henry VII, dans l'abbaye de Westminster.

St Ambrose Chapel

Portant le nom d'un évêque italien du IVe siècle, la chapelle est décorée d'éléments de fer forgé de style Renaissance.

CHRONOLOGIE

1823 Washington Square choisi comme lieu de construction	**1891** Site définitif choisi : Cathedral Parkway	**1909** Henry Vaughan dessine la chaire **1911** Cram remplace Heins et LaFarge		**2001** Un incendie détruit l'intérieur et le toit du transept nord
1800	**1850**	**1900**	**1950**	**2000**
1873 Permis de construire accordé **1888** Heins & LaFarge choisis pour dessiner la cathédrale **1892** (27 décembre, jour de la Saint Jean) Pose de la 1re pierre		**1916** 1ers travaux de la nef **1941** Arrêt des travaux à cause de la guerre. Reprise en 1978	**1978-1989** Les tailleurs de pierre inaugurent la 3e phase ; la tour sud est surélevée	

City College of the City University of New York ❼

Entrée principale W. 138th St et Convent Ave. **Plan** 19 A2. **Tél.** (212) 650-7000. Ⓜ 137th St-City College. **www**.ccny.cuny.edu

Bâtie sur une colline à proximité d'Hamilton Heights, la cour carrée construite entre 1903 et 1907 est impressionnante par sa dimension. Les blocs de schiste qui composent les bâtiments d'origine proviennent de la construction du métro. Des immeubles ont été par la suite rajoutés à l'ensemble pour accueillir ses 15 000 étudiants, provenant pour les trois quarts de milieux pauvres et de minorités.

En effet, autrefois gratuite pour tous les New-Yorkais, cette université propose aujourd'hui les droits d'inscriptions les plus bas de la ville.

Shepard Archway, City College of the City University of New York

Hamilton Grange National Memorial ❽

287 Convent Ave. **Plan** 19 A1. **Tél.** (212) 283-5154. Ⓜ 137th St-City College. ☐ ven.-dim. 9h-17h ◗ j.f. ⦿ toutes les heures **www**.nps.gov/hagr

Aujourd'hui coincée entre une église et des immeubles, la maison de campagne de George Hamilton, fondateur de la Banque Nationale et co-organisateur du système de gouvernement fédéral, fut construite en 1802. Son visage figure sur les billets de dix

La statue d'Alexandre Hamilton, Hamilton Grange

dollars. Il vécut deux ans à scet endroit avant d'être tué en duel par son rival politique Aaron Burr. Plus tard, en 1889, la maison fut achetée par St. Luke's Episcopal Church et déplacée à deux blocs de son emplacement primitif. Elle est actuellement en rénovation jusqu'à début 2009.

Hamilton Heights Historic District ❾

W 141st-W 145th St. et Convent Ave. **Plan** 19 A1. Ⓜ 137th St-City College.

Avant l'extension du métro aérien (p. 26), ces hauteurs – que l'on appelle également Harlem Heights – formaient un quartier de luxueuses propriétés. Leur situation, sur une colline dominant Harlem, en faisait une adresse très convoitée.

L'enclave de Hamilton Heights surnommée Sugar Hill était particulièrement recherchée par l'élite de Harlem – le juge suprême Thurgood Marshall, Count Basie, Duke Ellington, Cab Calloway et le champion mondial de boxe Sugar Ray Robinson y habitèrent.

Les charmants petits immeubles de trois ou quatre étages en pierre ont été bâtis au début du siècle dans un style où se mêlent des influences flamandes, romanes et Tudor. Ils sont aujourd'hui le lieu de résidence de nombreux universitaires du City College voisin.

Maisons dans Hamilton Heights

St Nicholas Historic District ❿

202-250 W 138th et W 139th St. **Plan** 19 B2. Ⓜ 135th St (B, C).

Formant un saisissant contraste avec les environs délabrés, ces deux blocs, connus sous le nom de King Model Houses, ont été construits en 1891 quand Harlem était considéré comme un quartier de la petite bourgeoisie new yorkaise. On peut encore y voir l'un des exemples les plus distinctifs d'alignement de maisons de ville.

Le promoteur David King choisit trois architectes majeurs qui parvinrent à unir leurs différents styles pour créer

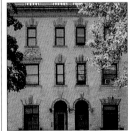

Maisons de St Nicholas District

Adam Clayton Powell junior (costume sombre), campagne pour les droits civils

un ensemble harmonieux. Le plus célèbre d'entre eux était le cabinet Mc Kim, Mead &White, architectes de la Morgan Library & Museum *(p. 164-165)* et des Villard Houses *(p. 176)*, qui conçurent l'alignement de bâtiments de style Renaissance en brique, situé le plus au nord. Leurs maisons se caractérisent autant par les entrées au rez-de-chaussée que par leurs porches de pierre brune typiquement new-yorkais. De même, les étages recherchés possèdent des fenêtres ornées de balcons de fer forgé devant, et de médaillons décoratifs ciselés au-dessus.

Les bâtiments georgiens dessinés par Price & Luce sont faits de briques ocre et de coquettes pierres blanches. La section faite par James Brown Lord, elle aussi de style architectural georgien, a tendance à s'inspirer du victorien dans la décoration, avec des pierres rouges saillantes en façade et la base faite de pierre brune.

Cet endroit surnommé « le front des lutteurs », attira dans les années 1920 et 1930 des noirs célèbres dont les musiciens W. C. Handy et Eubie Blake.

Abyssinian Baptist Church ⓫

132 W 138th St. **Plan** 19 C2. **Tél.** (212) 862-7474. M *135th St (B, C, 2 et 3).* 🚪 *dim. 9h, 11h. Pour les groupes de plus de 10 personnes : rés. nécessaire.* **www**.abyssinian.org

C'est le pasteur Clayton Powell junior (1908-1972), compagnon de route de Martin Luther King junior au sein du mouvement des droits civils, qui fit la renommée de cette paroisse noire – la plus ancienne de New York (1808) mais aussi la plus riche et la plus puissante – en étant élu député. On peut visiter dans l'église une pièce entièrement consacrée à la vie mémorable de ce personnage. Logée dans un édifice néo-gothique de 1923, elle reçoit le dimanche matin de nombreux visiteurs désireux d'écouter sa superbe chorale.

Schomburg Center for Research into Black Culture ⓬

515 Malcolm X Blvd. **Plan** 19 C2. M *135th St (2, 3).* **Tél.** (212) 491-2200. 🕐 *horaires variables.* 🌙 *lun., dim. et j.f.* 📠 (212) 491-2207. ♿ 🖥 **www**.schomburgcenter.org

Ouvert en 1991, c'est le plus grand centre consacré à la connaissance de la culture afro-américaine. Sa vaste

Kurt Weill, Elmer Rice et Langston Hughes au Schomburg Center

collection fut réunie par Arthur Schomburg, un Noir d'origine portoricaine à qui l'un de ses professeurs avait affirmé qu'il n'existait pas « d'histoire noire ». Il passa sa vie à prouver le contraire en réunissant une quantité impressionnante de documents.

La Carnegie Corporation achète cette collection en 1926 avant d'en faire don à la bibliothèque municipale de New York – sous la responsabilité de Schomburg lui-même. La bibliothèque du centre devint alors le lieu de rencontre des écrivains de la renaissance littéraire noire, tels Du Bois et Zora Neale Hurston. On peut y consulter des archives passionnantes : ouvrages rares, œuvres d'art, photographies, films et enregistrements. De nos jours, l'endroit sert de centre culturel, avec un théâtre et deux galeries d'exposition.

Harlem YMCA ⓭

180 W 135th St. **Plan** 19 C3. **Tél.** (212) 281-4100. M *135th St (2, 3).*

Le sociologue W.E.B. Du Bois

À la fois lieu de rencontre et d'hébergement temporaire, c'est ici que Paul Robeson fit ses premiers pas sur les planches au début des années 1920, et que fut lancée par Du Bois et ses Krigqa Players la première campagne de lutte contre l'image des Noirs dans les revues de Broadway. L'écrivain Ralph Ellison y logea également lors de son arrivée aux États-Unis.

Chanteurs de gospel dans le restaurant Sylvia's pendant le brunch du dimanche

Sylvia's ⓮

328 Lenox Ave. **Plan** 21 B1.
Tél. (212) 996-0660.
Ⓜ 125th St (2, 3).
www.sylviassoulfood.com

Le plus célèbre restaurant de Harlem sert des spécialités du Sud des États-Unis, comme le poulet frit, les travers de porc épicés ou la tarte aux patates douces (p. 310).

Tous les dimanches, des chanteurs de gospel accompagnent le déjeuner.
Prenez aussi le temps d'explorer le marché au coin de la 125ᵉ Rue et de Lenox Avenue (en face de chez Sylvia's), qui s'étend sur deux pâtés de maisons, et vend un assortiment de vêtements africains, bijouterie et art.

Apollo Theater ⓯

253 W 125th St. **Plan** 21 A1. **Tél.** (212) 531-5304/5 (spectacles) ; (212) 531-5337 (vis. guid.). Ⓜ 125th St. Ⓞ pendant les spectacles. 🏴 groupes seul. ♿ 🎟 Voir **Se distraire** p. 353. **www**.showtimeapollo.com

Cette salle de concert ouvre ses portes en 1913, pour les Blancs uniquement. Quand Frank Schiffman en devient le propriétaire en 1934, il décide d'accueillir un public multiracial, et le lieu trouve sa dimension légendaire : Bessie Smith, Billie Holiday, Duke Ellington et Dinah Washington s'y produisent, pour ne citer qu'eux.
Le mercredi soir, les « nuits des amateurs »

Apollo Theater

qui commencèrent en 1925, étaient consacrées à des concours dont les vainqueurs étaient élus à l'applaudimètre.

C'est ici que débutèrent, entre autres, Sarah Vaughan, Pearl Bailey, James Brown et Gladys Knight.
L'Apollo devient l'endroit à la mode aux temps du swing. Après la seconde guerre mondiale, une nouvelle génération d'artiste prend la relève avec Charlie « Bird » Parker, Dizzy Gillespie, Thelonius Monk et Aretha Franklin.
Rénové dans les années 1980, l'Apollo continue à présenter les stars noires du blues, du jazz, du gospel et de la danse et à organiser des « nuits des amateurs ».

Studio Museum in Harlem ⓰

144 W 125th St. **Plan** 21 B2. **Tél.** (212) 864-4500. Ⓜ 125th St (2, 3). Ⓞ mer.-ven. et dim. 12-18h, sam. 10h-18h. Ⓞ j.f. 💲 Dons bienvenus. 🚫 ♿ 🎟 **Conférences, programmes pour enfants, films.** 📷 💻 **www**.studiomuseum.org

Ce musée, ouvert en 1967 dans un loft du haut de la Cinquième Avenue, a pour objet de préserver et promouvoir les connaissances sur l'art et l'artisanat afro-américains.
Les locaux actuels, situés dans un building de cinq étages donnant sur une rue commerçante de Harlem, ont été offerts au musée par la New York Bank for Savings en 1979. Dans ses galeries, on trouve les plus intéressantes archives photographiques de Harlem. On peut aussi admirer dans un petit jardin des sculptures particulièrement originales. Deux étages sont consacrés

Les salles d'exposition du Studio Museum in Harlem

aux expositions temporaires et trois galeries contiennent la collection permanente composée d'œuvres des plus grands artistes noirs.

Le musée propose également un excellent programme de conférences, de séminaires et de films, ainsi qu'une petite boutique très bien approvisionnée vendant des ouvrages spécialisés et des objets d'artisanat africain.

Mount Morris Historic District ⓱

W 119th St-W 124th St. **Plan** 21 B2. Ⓜ *125th St (2, 3).*

Cet ancien quartier riche près de Marcus Garvey Park, avec ses maisons cossues de style victorien, est maintenant beaucoup moins prospère. On peut y observer une étonnante juxtaposition de lieux de culte différents – la présence dans un périmètre restreint de plusieurs synagogues et d'églises de différentes obédiences chrétiennes en témoignent : l'impressionnante St Martin's Episcopal Church ou Mount Olivet Baptist Church – autrefois une des plus importantes synagogues de la ville – au n° 201 de Lenox Avenue.

St Martin's Episcopal Church sur Lenox Avenue

La congrégation juive éthiopienne, au n°1 de la 123e Rue Ouest, accueille une chorale qui chante du gospel en hébreu !

Marcus Garvey Park ⓲

120th St-124th St. **Plan** 21 B2. Ⓜ *125th St (2, 3).*

Le flamboyant nationaliste noir Marcus Garvey

Ce parc vallonné et rocheux n'est pas un endroit recommandé pour les promenades tranquilles… les mauvaises rencontres y sont fréquentes. On y trouve la dernière tour de surveillance de New York, construite en 1856, encore munie de sa cloche d'alarme.

Autrefois appelé Mount Morris Park, cet espace vert porte depuis 1973 le nom de Marcus Garvey Park, un Américain originaire de Jamaïque et fondateur de l'Universal Negro Improvement Association – un organisme réputé pour sa lutte en faveur du retour aux racines africaines, de la fierté raciale et du développement indépendant des Noirs.

Museo del Barrio ⓳

1230 5th Ave. **Plan** 21 C5. **Tél.** *(212) 831-7272.* Ⓜ *103rd St, 110th St.* ○ *mer.-dim. 11h-17h (jeu. jusqu'à 20h).* ● *1er janv., Thanksgiving, 25 déc.* 📷 🎫 🚫 ♿ 🖥 www.elmuseo.org

Fondé en 1969, c'est le seul musée des États-Unis consacré à l'art latino-américain, tout particulièrement à la culture portoricaine. Des peintures et sculptures contemporaines, des objets artisanaux et historiques y sont rassemblés, ainsi que 240 magnifiques santons de bois sculptés par des artisans et une *bodega* reconstituée. Ils sont exposés de manière temporaire, mais on peut toujours en admirer certains. Grâce à sa situation privilégiée, à l'extrémité de l'avenue des musées, le Museo del Barrio établit une passerelle entre la culture chic de Upper East Side et le riche héritage de la partie espagnole de Harlem.

Art populaire du Museo del Barrio : un des Trois rois mages et la Main de la sagesse

EN DEHORS DU CENTRE

Bien qu'ils fassent administrati-vement partie de New York, les quatre quartiers extérieurs à Manhattan sont fort différents, ne serait-ce que parce que l'on n'y trouve aucun gratte-ciel. Les habi-tants du Bronx et de Brooklyn eux-mêmes, lorsqu'ils se rendent à Man-hattan, disent qu'ils vont « en ville ». Ces quartiers n'en sont pas pour autant dénués d'intérêt avec leurs musées, zoos, jardins botaniques et plages. Consultez la balade dans Brooklyn, proposée pages 266-267.

LES ENVIRONS D'UN COUP D'ŒIL

Rues et bâtiments historiques
Alice Austen House **27**
George Washington Bridge **3**
Grand Army Plaza **18**
Historic Richmond Town **24**
Morris-Jumel Mansion **2**
Park Slope Historic District **19**
Wave Hill **5**
Yankee Stadium **10**

Musées et galeries
Audubon Terrace **1**
Brooklyn Children's Museum **16**
Brooklyn Museum p. 250-253 **21**

Jacques Marchais Museum of Tibetan Art **25**
Museum of the Moving Image and Kaufman Astoria Studio **14**
New York Hall of Science **13**
PS1 Museum of Modern Art (MoMA), Queens **15**
Snug Harbor Cultural Center **26**
The Cloisters p. 236-239 **4**
Van Cortlandt House Museum **6**

Parcs et jardins
Bronx Zoo p. 244-245 **9**
Brooklyn Botanic Garden **22**
Flushing Meadow-Corona Park **12**

New York Botanical Garden p. 242-243 **8**
Prospect Park **20**

Théâtres célèbres
Brooklyn Academy of Music **17**

Cimetières
Woodlawn Cemetery **7**

Plages
City Island **11**
Coney Island **23**
Jamaica Bay Wildlife Refuge Center **28**
Jones Beach State Park **29**

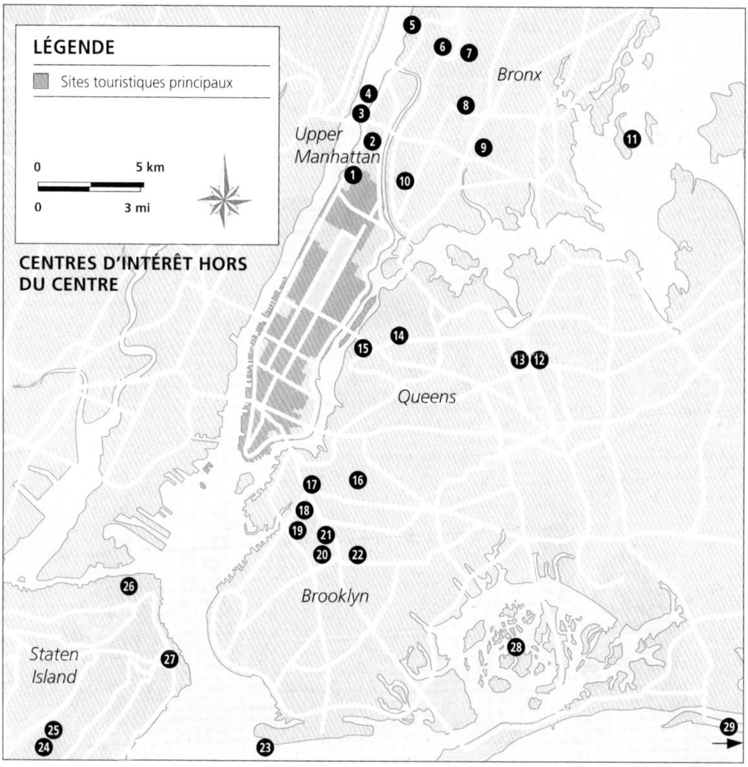

LÉGENDE

Sites touristiques principaux

0   5 km
0   3 mi

CENTRES D'INTÉRÊT HORS DU CENTRE

Upper Manhattan

Bronx

Queens

Brooklyn

Staten Island

◁ **Jamaica Bay**

Upper Manhattan

Dans ce quartier du nord de Manhattan s'installèrent au XVIIIᵉ siècle les premiers colons hollandais. Aujourd'hui, il fait bon se détendre dans cette zone résidentielle tranquille. Ainsi, les musées sont moins fréquentés que ceux du centre. Dans des bâtiments européens d'époque, The Cloisters (p. 236-239) exposent des objets médiévaux. Au nord de Harlem, la Morris-Jumel Mansion, qui servit de quartier général à Washington lors de la défense de Manhattan en 1776, témoigne de l'histoire de la ville.

La façade de l'American Academy of Arts and Letters

Audubon Terrace ❶

Broadway et 155th St. Ⓜ *157th St.* **American Academy of Arts and Letters** ; (212) 368-5900. ⬚ *jeu.- dim. 13h-16h.* 🏛 **Hispanic Society of America** ; (212) 926-2234. ⬚ *mar.-sam. 10h-16h30, dim. 13h-16h.* ⬚ *j.f.* **Dons bienvenus.** 📷 ⬚ www.hispanicsociety.org

Ce groupe de bâtiments de style Renaissance italienne doit son nom au naturaliste Audubon, dont la propriété se trouvait ici et qui est enterré non loin. Sur sa pierre tombale sont représentés les objets qui l'ont rendu célèbre : les oiseaux qu'il a peints, sa palette, ses pinceaux et ses fusils.

C'est au philanthrope Archer Milton Huntington que l'on doit la création de cet ensemble, dessiné par son cousin, Charles Pratt Huntington. Il rêvait d'en faire un lieu d'études et de culture. Sa femme, Anna Hyatt Huntington, sculpta les statues qui ornent la petite place centrale.

Audubon Terrace regroupe deux musées. L'American Academy of Arts and Letters fut fondée en hommage aux artistes américains. Parmi ses membres, on compte les romanciers John Steinbeck et Mark Twain, les peintres Andrew Wyeth et Edward Hopper et le compositeur Aaron Copland.

La bibliothèque, ouverte aux chercheurs qui en font la demande, contient manuscrits et éditions originales.

Porte en bronze, American Academy

L'Hispanic Society of America qui comprend un musée et une bibliothèque centrés autour de la collection d'Archer M. Huntington, présente des œuvres de Velázquez, de Goya et du Greco. Des expositions d'une durée d'un mois sont ouvertes au public de mars à mai et un dimanche fin octobre.

Non loin de là, la Church of Our Lady of Esperanza se dresse sur un tertre au 624 W 156th Street, dans l'ancien Audubon Park. L'église fut construite à l'instigation de Señora de Barril, épouse du consul-général d'Espagne à New York, pour les hispanophones de New York, et financée par le magnat du chemin de fer Archer Milton Huntington. Elle fut achevée en 1912, puis agrandie dans les années 1920.

Statue du Cid par Anna Hyatt Huntington à Audubon Terrace

Morris-Jumel Mansion ❷

Angle de W 160th St et Edgecombe Ave. *Tél.* *(212) 923-8008.* M 163rd St. ○ *mer.-dim. 10h-16h.* ● *j.f.* 🎫 📷 🚫 *sur r.-v.* ❙ **www**.morrisjumel.org

Ce bâtiment, construit en 1765 pour le lieutenant-colonel Roger Morris et converti depuis en musée, est l'un des rares édifices new-yorkais antérieurs à la révolution. Washington en fit son quartier général pour la défense de Manhattan en 1776. En 1810, Stephen Jumel, commerçant originaire des Antilles françaises, acheta le bâtiment. Avec sa femme, Elisa, ils meublèrent la maison des souvenirs rapportés de leurs nombreux voyages en France, parmi lesquels un fauteuil qui avait appartenu à Napoléon. Les frasques amoureuses d'Élise faisaient jaser toute la ville et la rumeur veut qu'elle ait laissé mourir son mari afin d'hériter de sa fortune. Elle épousa par la suite Aaron Burr, troisième vice-président américain, dont elle se sépara trois ans plus tard. On a restauré l'extérieur de cet édifice de style géorgien colonial qui abrite maintenant de nombreux objets ayant appartenu aux Jumel.

Les 1 065 mètres de George Washington Bridge

George Washington Bridge ❸

M 175th St. **www**.panynj.gov

Bien qu'il ne soit pas aussi célèbre que celui de Brooklyn, ce pont conçu par l'ingénieur Othmar Ammann et son architecte, Cass Gilbert, ne manque pourtant ni de caractère ni d'histoire. La construction d'un ouvrage reliant Manhattan au New Jersey était en projet depuis plus de 60 ans lorsque les autorités portuaires rassemblèrent les 59 millions de dollars nécessaires à sa réalisation. Les travaux

Le phare sous George Washington Bridge

commencèrent en 1927, pour s'achever quatre ans plus tard. Les premiers à le franchir furent deux jeunes du Bronx montés sur patins à roulettes. Il joue aujourd'hui un rôle essentiel dans les trajets quotidiens de nombreux banlieusards.

Cass Gilbert avait l'intention d'en décorer les deux tours de sculptures, mais le coût des travaux s'avéra trop important et l'on s'en tint à cette silhouette de plus de 1 000 mètres de long et 180 m de haut. Les projets d'Ammann comprenaient aussi un second tablier qui ne fut construit qu'en 1962, autorisant une circulation qui atteint aujourd'hui plus de 53 millions de véhicules par an.

Au-dessous de la tour est se dresse un phare qui échappa à la démolition en 1951 grâce à la pression populaire. Des milliers de lettres furent ainsi adressées au maire de New York pour demander la sauvegarde de cet édifice qui jouait un rôle important dans un conte cher à leurs cœurs, *The Little Red Lighthouse and the Great Gray Bridge*, de Hildegarde Hoyt Swift.

C'est sur le pont que flotte le plus grand drapeau américain lors des grandes fêtes nationales.

The Cloisters ❹

Voir p. 236-239.

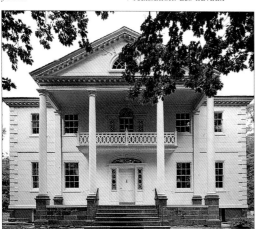

Morris-Jumel Mansion, construite en 1765, et son portique d'origine

The Cloisters ❹

Les cloîtres qui ont donné leur nom à ce musée mondialement connu proviennent d'Europe. Ils ont été démontés puis reconstruits pierre par pierre entre 1934 et 1938. Le musée lui-même fut fondé en 1914 par le sculpteur John Barnard. John D. Rockefeller junior finança l'acquisition de la collection par le Metropolitan Museum en 1925 et fit don du terrain et de terres bordant l'Hudson River en face des Cloîtres à la ville.

The Cloisters, vus de Fort Tryon Park

Effigie de Jean d'Alluye
(XIIIᵉ s.)
Jean d'Alluye participa aux croisades.

Chapelle Langon

Salle capitulaire de Pontaut

Chapelle gothique

★ **Tapisseries de la Licorne**
Remarquablement préservées, tissées à Bruxelles vers 1500, elles dépeignent la quête et la capture de la Licorne mythique.

À NE PAS MANQUER

★ Belles Heures du duc de Berry

★ Tapisseries de la Licorne

★ Tryptique d'autel, de Robert Campin

Vitraux de Boppard
Ces anges arborent les armes de la guilde des Tonneliers, dont sainte Catherine était la patronne.

Cloître de Bonnefort

Galerie de verre

Cloître de Trie

★ **Triptyque d'autel** *(v. 1425)*
La salle Campin abrite cette œuvre de Robert Campin de Tournai représentant l'Annonciation, bel exemple de peinture flamande primitive.

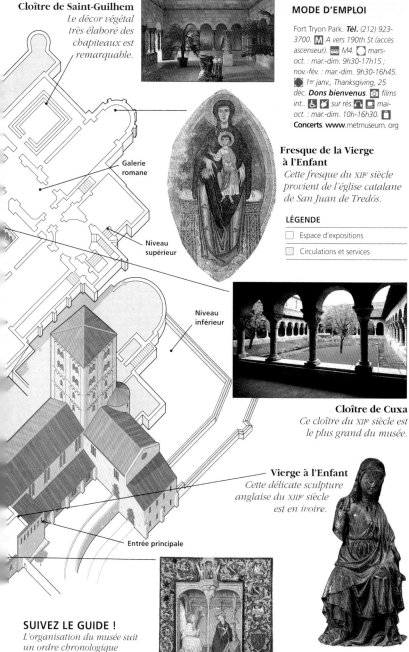

Cloître de Saint-Guilhem
Le décor végétal très élaboré des chapiteaux est remarquable.

Galerie romane

Niveau supérieur

Niveau inférieur

Entrée principale

MODE D'EMPLOI

Fort Tryon Park. **Tél.** (212) 923-3700. M A vers 190th St (accès ascenseur). M4. mars-oct. : mar.-dim. 9h30-17h15 ; nov.-fév. : mar.-dim. 9h30-16h45. 1er janv., Thanksgiving, 25 déc. **Dons bienvenus.** films int.. sur rés. mai-oct. : mar.-dim. 10h-16h30. **Concerts.** www.metmuseum. org

Fresque de la Vierge à l'Enfant
Cette fresque du XIIe siècle provient de l'église catalane de San Juan de Tredós.

LÉGENDE

☐ Espace d'expositions

☐ Circulations et services

Cloître de Cuxa
Ce cloître du XIIe siècle est le plus grand du musée.

Vierge à l'Enfant
Cette délicate sculpture anglaise du XIIIe siècle est en ivoire.

SUIVEZ LE GUIDE !
L'organisation du musée suit un ordre chronologique allant de l'art roman du XIe siècle au gothique. Les sculptures, vitraux, peintures et jardins sont exposés au niveau inférieur. Les tapisseries de la Licorne se trouvent à l'étage supérieur.

★ Belles Heures
Ce livre de prières, exécuté pour le duc de Berry, fait partie d'une superbe collection de livres enluminés.

À la découverte des cloîtres

Tout particulièrement réputée pour ses sculptures romanes et gothiques, la collection des cloîtres abrite également des manuscrits enluminés, des vitraux, des émaux, des ivoires et des peintures. Parmi les tapisseries se trouve la célèbre série des tapisseries de la Licorne. Ce splendide ensemble médiéval n'a pas son égal en Amérique du Nord.

ART ROMAN

Crucifix espagnol grandeur nature du XIIe siècle montrant le Christ en roi du Paradis

Feuilles d'acanthe, bêtes et personnages mythiques ornent les chapiteaux des colonnes des cloîtres, souvent de style roman (XIe et XIIe siècles). Chapiteaux très ouvragés et marbre rose sont les signes distinctifs du cloître de Cuxa, originaire des Pyrénées françaises (XIIe siècle). Un dragon, un griffon, un centaure et un basilic figurent parmi les animaux mythiques de l'arche de Narbonne.

Plus solennelle, l'abside de l'église Saint Martin de Fuentiduena, une impressionnante voûte arrondie composée de plus de 3 000 blocs, s'orne d'une Vierge à l'Enfant du XIIe siècle et d'un Christ couronné d'or triomphant de la Mort.

Après avoir accueilli au XIIe siècle les moines bénédictins et cisterciens qui s'y rassemblaient assis sur de froids bancs de pierre, la salle capitulaire de Pontaut fut laissée à l'abandon. Au XIXe siècle, elle servait d'étable. Ses voûtes constituent aujourd'hui un bel exemple de transition entre roman et gothique.

Grain de rosaire en buis d'origine flamande (XVIe siècle)

ART GOTHIQUE

À l'art roman, massif, allait succéder le gothique (de 1150 à 1520), plus élancé, triomphe des vitraux et de la sculpture. Les représentations de Vierges à l'Enfant illustrent à merveille le talent de l'époque.

Les vitraux très colorés de la chapelle gothique dépeignent des scènes et des personnages tirés de la Bible. Vous y admirerez aussi l'effigie tombale du croisé Jean d'Alluye, enterré à la Clarté-Dieu.

Voûte de la salle capitulaire de Pontaut

Pendant la Révolution française, cette abbaye fut saccagée et la statue jetée sur un petit ruisseau pour servir de pont.

Les merveilleux vitraux allemands de la salle Boppard retracent la vie des saints.

Le chef-d'œuvre flamand de Robert Campin, représentant l'*Annonciation*, est le centre d'intérêt majeur de la salle Campin, dont le mobilier date du XVᵉ siècle.

JARDINS MÉDIÉVAUX

Plus de 300 variétés de plantes cultivées au Moyen Âge y poussent. Le cloître de Bonnefont est celui des plantes aromatiques, magiques, médicinales et culinaires. Dans le cloître de Trie, on découvrira les plantes montrées sur les tapisseries de la Licorne, témoignant de l'usage des plantes dans le symbolisme médiéval.

Le cloître de Bonnefont

TAPISSERIES

C'est par les somptueuses tapisseries exposées ici que l'on pénètre le mieux l'imaginaire médiéval. Les quatre tapisseries dites des *Neuf Preux* portent les armes de Jean, duc de Berry, frère de Charles V et grand mécène du Moyen Âge. Les autres tapisseries exposées appartenaient au frère de Jean, Louis, duc d'Anjou. On y voit neuf preux (trois païens, trois hébreux et trois chrétiens) et des personnages de cour : cardinaux, chevaliers, dames et musiciens.

Une salle voisine expose les sept magnifiques tapisseries de la Licorne, tissées à Bruxelles vers 1500, qui dépeignent la chasse et la capture par une jeune fille de la Licorne mythique.

Au XIXᵉ siècle, elles furent utilisées pour protéger du gel des arbres fruitiers. Cela n'a heureusement pas nui à leur état général et l'on peut encore admirer le

remarquable soin du détail apporté à ces scènes mythologiques qui fourmillent de plantes et

Jules César écoutant des musiciens, motif d'une tapisserie des *Neuf Preux*

d'animaux rendus avec précision. L'histoire peut se lire comme un récit d'amour courtois, ou bien encore comme une allégorie de la Crucifixion et de la Résurrection du Christ.

TRÉSOR

Au Moyen Âge, les objets précieux étaient gardés dans des sanctuaires. Aux Cloisters, ce sont les salles du trésor qui remplissent cette fonction.

La collection comprend plusieurs livres d'heures enluminés, recueils de dévotion et écrits à l'usage des nobles, tels que les *Belles Heures* des frères Limbourg, réalisées en 1410 pour Jean, duc de Berry, et celui, minuscule, fait par le maître Jean Pucelle pour la reine de France Jeanne d'Evreux, vers 1325.

Parmi les autres objets religieux, on notera une Vierge en ivoire (Angleterre, XIIIᵉ siècle) et un reliquaire du XIVᵉ siècle en émail ayant appartenu à la reine Élisabeth de Hongrie, tout comme des calices, des chandeliers et des crucifix.

On remarquera aussi l'un des plus vieux jeux de cartes émaillée, la « Coupe des Singes », qui montre une troupe de singes en train de voler un colporteur assoupi, ou encore un rosaire sculpté dont les perles sont grosses comme des noix.

Un jeu de cartes du XVᵉ siècle

Le salon ouest du Van Cortlandt House Museum

Bronx

Le Bronx, autrefois banlieue prospère, est devenu aujourd'hui le symbole de la misère urbaine. Il n'en continue pas moins d'accueillir de nombreuses communautés ethniques et renferme de charmants quartiers comme celui de Riverdale.

On y trouve aussi le Bronx Zoo, le jardin botanique de New York, un nouveau terrain de golf à Ferry point Park et Fulton Fish Market qui s'est déplacé ici. Régulièrement, les New-Yorkais se pressent au Yankee Stadium, créé il y a plus de 50 ans, pour encourager les Yankees, l'équipe de base-ball de la ville *(p. 360)*.

Wave Hill ❺

W 249th St et Independence Ave, Riverdale. **Tél.** *(718) 549-3200.* Ⓜ *231st St. puis bus Bx7, 10.* ◯ *mar.-dim. 9h-17h30 (juin-juil. : mer. jusqu'à 21h ; mi-oct.-mi-avr. : jusqu'à 16h30).* 🎟 *gratuit mar., sam. 9h-12h, déc.-fév.* 🎫 *dim. 14h15.* 🏠 **www.**wavehill.org

Si le béton commence à vous étouffer, allez vous reposer dans les 11 hectares de cette oasis de calme et de beauté. Dans cette ancienne propriété du financier George Perkins ont résidé de nombreuses célébrités, parmi lesquelles

Theodore Roosevelt, Mark Twain et Arturo Toscanini. Les domaines voisins appartenaient aussi à Perkins. Il y fit édifier un centre de loisirs souterrain relié au bâtiment principal par un tunnel.

La maison et le parc sont ouverts au public et l'on y donne souvent des concerts, en particulier dans le majestueux Armor Hall, aménagé en 1928 pour Bashford Dean, alors conservateur de la collection d'armes et d'armures du Metropolitan Museum.

Les jardins furent dessinés par le paysagiste viennois Albert Millard. Des expositions y sont présentées, des thèmes aussi divers que la sculpture et l'horticulture.

Le parc de Riverdale, attenant, est réputé pour ses bois et ses promenades le long du fleuve.

Intérieur du majestueux Armor Hall de Wave Hill

Van Cortlandt House Museum ❻

Van Cortlandt Park. **Tél.** *(718) 543-3344.* Ⓜ *242nd St, Van Cortlandt Park.* ◯ *mar.-ven. 10h-15h, sam.-dim 11h-16h (dern. entrée 30 min avant la ferm.).* ● *j.f., 26 nov.* 🎟 *mer. gratuit.* 📷 🎫 🏠 *Voir* **Histoire de New York** *p. 20-21.* **www.**vancortlandthouse.org

La façade de Van Cortlandt House House

Cette demeure coloniale de 1748, le plus vieux bâtiment du Bronx, était la résidence de Frederick Van Cortlandt, riche héritier, parent de nombreuses grandes familles bourgeoises de son époque.

La salle à manger servit de quartier général à Washington; des escarmouches eurent lieu derrière la maison pendant la guerre d'Indépendance. Le mobilier reconstitue parfaitement un intérieur d'époque. On peut également y découvrir une belle collection de faïences de Delft ainsi qu'une chambre à coucher hollandaise du XVIIᵉ siècle.

À l'extérieur, cherchez les visages sculptés qui ornent les claveaux des fenêtres.

Woodlawn Cemetery ❼

Webster Ave et E 233rd St.
Tél. (718) 920-0500.
🅼 *Woodlawn.* ⏲ *t.l.j. 8h30-17h.*
📷 *j.f.* 🚫 ♿ 🏛
www.thewoodlawncemetery.org

Au Woodlawn Cemetery, remarquablement intégré au paysage, reposent maintes célébrités new-yorkaises. F. W.

Entrée du mausolée Woolworth

Woolworth et ses proches sont enterrés dans un mausolée à peine plus discret que l'édifice qui porte le nom de cette illustre famille. Le caveau de marbre rose du magnat de la viande Herman Armour rappelle quant à lui la forme d'un jambon.

Parmi les autres personnalités enterrées ici, citons Fiorello LaGuardia, Roland Macy, le fondateur du célèbre grand magasin, Herman Melville, l'auteur de *Moby Dick*, et Duke Ellington.

New York Botanical Garden ❽

Voir p. 242-243.

Bronx Zoo/Wildlife Conservation Park ❾

Voir p. 244-245.

Yankee Stadium ❿

E 161st St et River Ave, Highbridge.
Tél. (718) 293-6000. 🅼 *161st St.*
🎟 *t.l.j. 12h (sauf en cas de jeux l'après-midi) ; rés. conseillée.*
Voir Sport p. 360.
www.yankees.com

Ce stade est l'antre de l'équipe de base-ball des *New York Yankees,* au rang desquels on compte deux des plus grands joueurs de tous les temps : Babe Ruth et Joe DiMaggio (qui épousa Marilyn Monroe en 1954).

En 1921, le gaucher Babe Ruth portant les couleurs des Yankees, gagna le premier match à domicile du stade contre les Boston Red Sox, son ancienne équipe. Le stade fut achevé en 1923 à la demande de Jacob Rupert, le propriétaire de l'équipe. Après sa rénovation dans les années 1970, la capacité du stade fut portée à 54 000 places. Il peut accueillir également des concerts et différents événements culturels. L'un des plus grands rassemblements a été celui des témoins de Jéhovah en 1950 avec 123 707 participants. En 1965, le pape Paul VI célébra une messe devant une foule de plus de 80 000 personnes. C'était la première visite d'un pape en Amérique du Nord. La seconde fut celle de Jean-Paul II en 1979 qui se rendit également au stade.

Assister à un match dans le Yankee Stadium fait partie des grandes expériences new-yorkaises, même si l'on est pas amateur de base-ball. On peut acheter les billets dans les quatre magasins Yankee Clubhouse que compte New York.

La construction d'un nouveau stade adjacent au stade actuel a commencé en 2006 et s'achèvera en 2009. L'ancien bâtiment sera alors détruit.

Joe DiMaggio en action au Yankee Stadium (1941)

City Island ⓫

🅼 *6 vers Pelham Bay Park, puis Bx29 vers City Island.* **Musée**
190 Fordham St. ⏲ *dim. 13h-17h.*
Tél. (718) 885-0008.
www.cityisland.com

Au large du Bronx, City Island est un havre marin dont l'ambiance rappelle celle de la Nouvelle-Angleterre. Ses ravissantes marinas et ses restaurants de fruits de mer vous séduiront. Vous vous y sentirez à des lieues de New York. Plusieurs bateaux vainqueurs de la coupe de l'America sont sortis de ses célèbres chantiers navals.

City Island Museum est situé dans l'un des édifices les plus anciens de l'île, une Public School qui a été édifiée sur un cimetière indien à l'endroit le plus élevé de l'île.

City Island est reliée au Bronx par un pont. Non loin se trouve Orchard Beach, une célèbre plage de sable blanc bordée de cabines de bains des années 1930. Elle est très fréquentée et est souvent sale et bruyante.

Vieux remorqueur, City Island Museum

New York Botanical Garden [8]

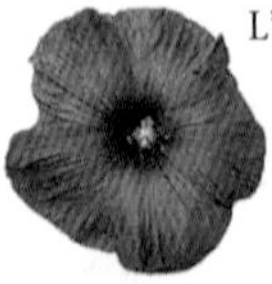

Hibiscus

L'immense jardin botanique de New York (100 ha) est un plaisir pour les yeux comme pour les mains. De la serre victorienne au Everett Children's Adventure Garden (5 ha), tout est à découvrir. Avec 50 jardins à thème, une collection de plantes et des forêts originelles (20 ha), il est parmi les plus anciens et les plus grands du pays. Après sa superbe restauration, la serre Enid A. Haupt a pris le nom de *World of Plants,* et nous fait pénétrer dans d'humides forêts tropicales et dans des déserts surprenants.

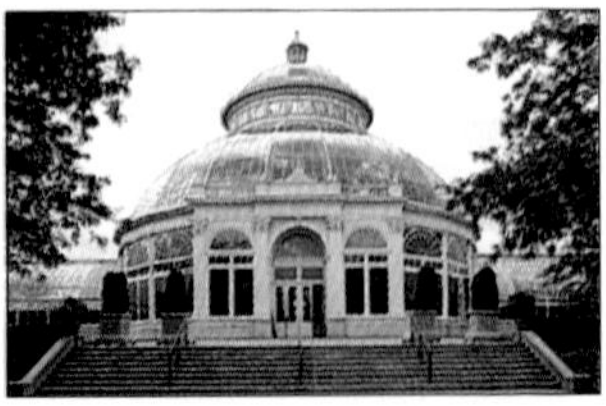

Entrée de la serre Enid A. Haupt

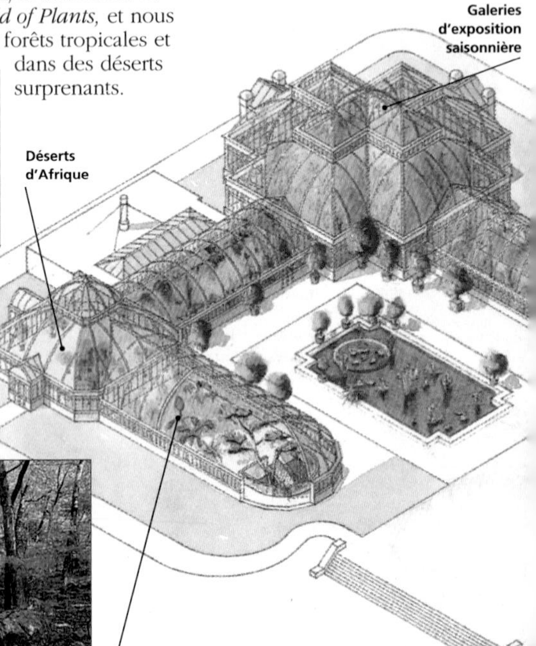
Galeries d'exposition saisonnière
Déserts d'Afrique
Déserts des Amériques

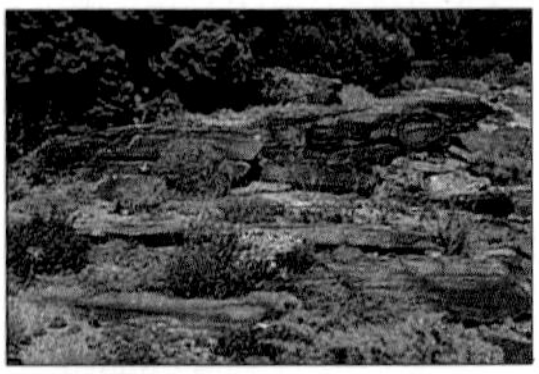

Rock Garden
Rochers, corniches, plantes d'altitude, chutes d'eau et ruisseaux reconstituent un paysage montagneux ④

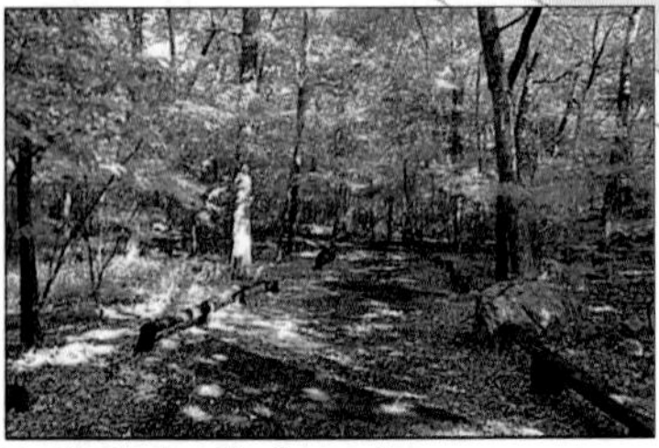

Forêt du jardin botanique
Une des dernières forêts naturelles de New York. Elle regorge de chênes rouges, de frênes blancs, de tulipiers et de bouleaux ⑤

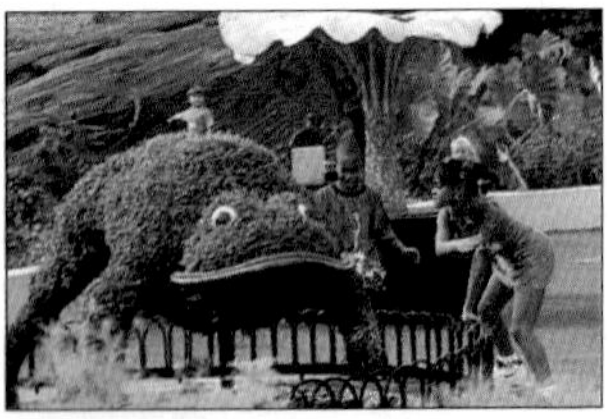

Everett Children's Adventure Garden
Les enfants peuvent y découvrir les merveilles de la nature et du monde des plantes ⑧

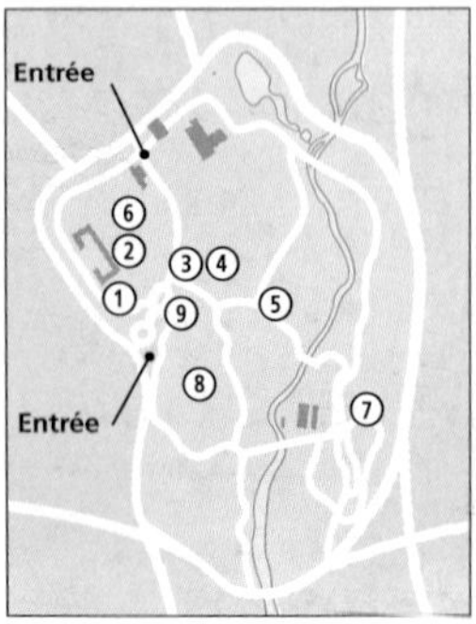
Entrée
⑥
②
③④
①
⑨
⑤
⑧
⑦
Entrée

CARTE DE SITUATION

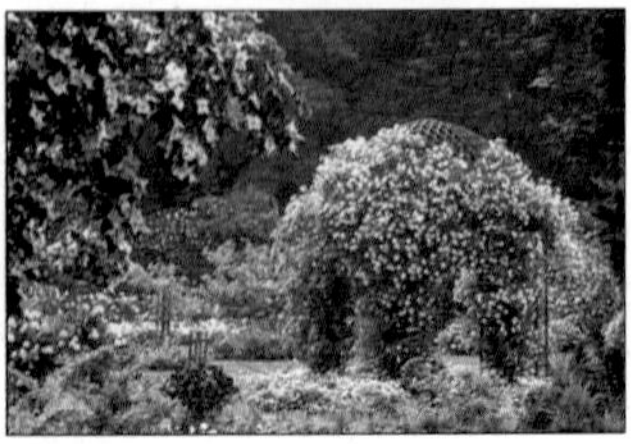

Peggy Rockefeller Rose Garden
Plus de 2 700 buissons de roses y sont exposés. Le jardin a été réalisé en 1988 selon des plans originaux de 1916 ⑦

Palms of the Americas Gallery

Cent palmiers s'élancent sous une coupole de verre de 27 m de haut et se reflètent dans un bassin entouré de plantes tropicales.

MODE D'EMPLOI

Kazimiroff Blvd, Bronx River Parkway (sortie 7W). *Tél.* (718) 817-8700. ⓜ 4, B, D vers Bedford Park Blvd. 🚌 Bx26. ⬜ avr.-oct. : mar.-dim. 10h-18h ; nov.-mars : mar.-dim. 10h-17h. ⬤ lun. et j.f. 🎫 gratuit mer. et sam. 10h-12h. 🅿 ♿ 📷 🏪 🚻 Conférences. **www**.nybg.org

Enid A. Haupt Conservatory compte 11 serres communicantes qui forment *A World of Plants,* comprenant forêts tropicales, déserts, plantes exotiques et expositions saisonnières ①

Garden Cafe *C'est un endroit idéal pour prendre un repas. On peut s'installer à l'extérieur sur des terrasses surplombant de beaux jardins* ⑥

Jane Watson Irwin Perennial Garden

Des plantes vivaces à fleurs y sont disposées par taille, couleur et période de floraison ②

Jardin d'hiver

Galerie de la forêt tropicale humide de la plaine

Bassin

Galerie des plantes aquatiques et vignes

Leon Levy Visitor Center

Ce bâtiment moderne qui a ouvert en 2004 comprend une boutique, un café et un centre d'information pour les visiteurs ⑨

Galerie de la forêt tropicale humide des Hautes Terres

Tram

Un tour en tram d'une demi-heure permet d'en savoir plus sur les programmes de recherche consacrés à l'horticulture, à l'éducation et à la botanique. On peut descendre du tram à de nombreux arrêts pour explorer les jardins, avant d'embarquer à nouveau ③

Bronx Zoo ❾

Fondé en 1899, le Bronx Zoo est le plus grand zoo américain en milieu urbain. Il héberge plus de 4 000 animaux représentant 500 espèces qui évoluent ici dans de fidèles reconstitutions de leurs habitats d'origine. Ce zoo est à l'avant-garde du combat pour la protection des espèces menacées, comme le rhinocéros d'Inde ou le léopard des neiges. Ses 107 hectares de bois et de cours d'eau abritent un zoo pour enfants, un jardin aux papillons et un petit train qui transporte les visiteurs. Vous pourrez aussi vous y promener à pied. En saison, le téléphérique SkyFari offre les meilleures vues sur le zoo.

★ **Forêt des gorilles du Congo**
Cette reconstitution primée d'une forêt tropicale d'Afrique centrale abrite la plus grande population de gorilles des basses terres de l'ouest, ainsi que de nombreux autres animaux.

★ **Savane africaine**
Lycaons, lions, guépards et gazelles vivent ici. Les prédateurs sont séparés des autres animaux par un fossé.

Entrée asiatique

Bâtiment des girafes

Promenades à dos de dromadaire
Les enfants apprécient particulièrement cette distraction saisonnière.

Train de l'Asie sauvage

Monde de l'obscurité

Téléphérique SkyFari

★ **Monde de la jungle**
Mammifères, reptiles et oiseaux du Sud-Est asiatique évoluent dans une forêt tropicale au climat contrôlé. Ravins, falaises et cours d'eau séparent les visiteurs des animaux.

Singes dans le monde de la jungle

Réserve des babouins
Le long d'une rivière asséchée, vous pourrez observer la faune des montagnes éthiopiennes.

Children's Zoo
Les petits peuvent ramper dans le terrier d'un chien de prairie, grimper sur une toile d'araignée, porter une carapace de tortue, caresser et nourrir les animaux.

Monde des reptiles

Le Zoo Center
abrite éléphants, rhinocéros et tapirs.

Jardin des papillons

Madagascar

arais
s
seaux
uvages

Entrée par Southern Boulevard

Maison des oiseaux aquatiques

Colonie des oiseaux marins

MODE D'EMPLOI

Fordham Rd et Bronx River Pkwy. **Tél.** *(718) 367-1010.* Ⓜ *2 et 5 vers Pelham Pkwy.* 🚆 *vers Fordham Station.* 🚌 *Bx9, Bx12, Bx19, Bx22, Bx36, Bx39, Bx40, Bx42, BxM11 (express), Q44.* ⏰ *nov.-mars : t.l.j. 10h-16h30 ; avr.-oct. : t.l.j. 10h-17h (sam.-dim. 17h30).* 🖼 *sur dons mer.* 📷 ♿ 🅿️ 🍴 🎁 *Children's Zoo* ⏰ *avr.-oct.* **www**.bronxzoo.com

À NE PAS MANQUER

★ Asie sauvage

★ Forêt des gorilles du Congo

★ Monde de la jungle

★ Monde des oiseaux

★ Savane africaine

★ Tigres des montagnes

Entrée par Rainey Gate

Maison des singes

★ Monde des oiseaux
Le spectacle des oiseaux exotiques qui volent en liberté dans une forêt tropicale reconstituée est superbe. L'endroit abrite une cascade de 15 m de haut.

Grand calao

Maison des souris

Entrée par Bronx Parkway

Hauts plateaux himalayens
Vous y découvrirez des espèces menacées comme le léopard des neiges et le panda rouge.

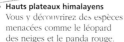

★ Asie sauvage
De mai à octobre, le monorail traverse des forêts et des prés dans lesquels vivent en liberté des rhinocéros et des chevaux sauvages de Mongolie.

★ Tigres des montagnes
On peut voir ces magnifiques animaux toute l'année. Une simple vitre sépare les visiteurs de ces gros « chats » sauvages.

Queens

Queens, qui inclut
Long Island City, est un
quartier très étendu où
fourmillent distractions
et magasins.

Il se développa
à partir de 1909,
lorsque la
construction du
Queensboro
Bridge facilita
les transports
vers Manhattan.
Le quartier abrite
les deux
principaux
aéroports de
New York et les
communautés
grecque
d'Astoria et
asiatique de
Flushing ; il
fut longtemps
fréquenté par des groupes
ethniques très divers.

Un mutoscope de 1900,
American Museum of
the Moving Image

Flushing Meadow-Corona Park ⓬

🅜 *Willets Point-Shea Stadium.*
*Voir **Sports** p. 361.*

À l'emplacement même
où eurent lieu les deux
expositions Universelles
de New York s'étendent
maintenant, au bord de
l'eau, de vastes aires de
pique-nique et de jeu.

C'est là que se trouve
le Shea Stadium, temple
de l'équipe de base-ball
des *New York Mets* et lieu
célèbre de concerts.
  Flushing Meadow est
aussi le siège du très
prestigieux tournoi de
tennis de l'US Open.
Le reste de l'année,
les courts sont ouverts
au public et aux
champions en herbe.
  Surnommé la « vallée
de Cendres » par Scott
Fitzgerald, auteur de
Gatsby le magnifique,
cet endroit était, dans
les années 1920, un marais
noyé dans les fumées
et la puanteur d'une
décharge publique.
  On doit son
assainissement
à Robert Moses,
directeur du
service des parcs :
les montagnes
d'ordures furent
déblayées, le cours de
la rivière retracé, le marais
asséché et un système
d'égouts mis en place.
C'est là que se tint,
en 1939, l'exposition
Universelle de New York,
autour du thème de
la paix.
  L'Unisphère, symbole
de l'exposition de 1964,
domine encore les lieux.
Cette gigantesque boule
creuse d'acier vert,
construite par l'US Steel
Corporation, est haute
de 12 étages et pèse
350 tonnes.

La sphère d'acier de l'exposition Universelle de 1964

New York Hall of Science ⓭

46th Ave et 111th St Flushing
Meadow, Corona Park. **Tél.** *(718)*
699-0005. 🅜 *111th St.* 🕐 *sept.-juin :*
lun.-jeu. 9h30-14h, ven. 9h30-17h,
sam., dim. 10h-18h ; juil.-août : lun.-
ven. 9h30-17h ; sam., dim. 10h-18h.
🌑 *Labor Day, 25 déc.* 🏷️🖤♿🚻
🏠 *www.nyscience.org*

Le Pavillon des Sciences,
construit pour l'exposition
Universelle de 1964 et orné
de vitraux, est aujourd'hui le
musée des sciences et
techniques. Les enfants adorent
ses présentations interactives,
ses lasers et l'écran vidéo géant
qui leur permet d'observer
une simple goutte d'eau.

L'extérieur de New York Hall
of Science

Museum of the Moving Image and Kaufman Astoria Studio ⓮

35th Ave et 36th St, Astoria.
Musée *(718) 784-0077.* 🅜 *36th St.*
Steinway Museum 🕐 *mer., jeu.*
11h-17h, ven. 11h-20h, sam., dim.
11h-18h30. Projections : ven.19h30,
sam., dim. après-midi et soirées. 🏷️
gratuit ven. 16h-20h. 🎫 *sam., dim.*
14h. 🌑 *Memorial Day, Thanksgiving,*
25 déc. **Studio** 🌑 *au public.* 📷♿
🖥️🚻 *www.movingimage.us*

À l'époque où New York
était la capitale du cinéma,
Rudolph Valentino,
W.C. Fields, les Marx Brothers
et Gloria Swanson tournèrent
tous leurs films à l'Astoria
Studio, qui fut inauguré par la
Paramount en 1920. Lorsque
l'industrie se déplaça vers
Hollywood, l'armée prit
possession des bâtiments
et y réalisa des films, de
1941 à 1971.
  Le complexe demeura

Affiche, Museum of the Moving Image

inoccupé jusqu'à la création de la fondation Astoria Motion Picture and Television (en 1977). Une rénovation a été entreprise, et ces studios sont aujourd'hui les plus importants de la côte est. C'est ici, par exemple, que fut réalisé *Radio Days* de Woody Allen.

En 1981, un des bâtiments a été transformé en musée interactif de l'image animée qui abrite également une salle de conférences.

Le musée présente de nombreux souvenirs, du char de Ben Hur aux costumes de *Star Trek*. L'exposition du niveau principal est un échantillon de la collection du musée, composée de plus de 85 000 pièces.

Le musée est actuellement en cours de restructuration. Sa superficie va doubler et un jardin ouvert aux expositions sera créé.

PS1 MoMA, Queens **⑮**

22-25 Jackson Ave et 46th Ave, Long Island City. *Tél.* (718) 784-2084. Ⓜ *E et V vers 23rd St-Ely Ave ; 7 vers 45 Road-Courthouse Square ; G vers Court Sq ou 21st St-Van Alst.* 🚌 *B61, Q67.* 🕐 *jeu.-lun. 12h-18h.* 🚫 *1er janv., 25 déc.* 📷 ♿ 🖥 *www.ps1.org*

Le PS1 a été fondé en 1971 dans le cadre d'un projet de reconversion des immeubles abandonnés de New York. Rattaché au MoMA (*p. 172-175*), le PS1 est une des plus anciennes organisations artistiques des États-Unis consacré exclusivement à l'art moderne. Il y a une exposition permanente et des expositions temporaires. De nombreuses présentations sont interactives. En été, des concerts ont lieu dans le jardin.

Brooklyn

Le kiosque de Prospect Park (p. 248)

Si Brooklyn était une municipalité autonome, elle serait la quatrième ville du pays. De nombreuses vedettes comiques (Mel Brooks et Woody Allen pour ne citer qu'eux) savent rendre hommage avec humour et tendresse à leur ville natale. Brooklyn est aujourd'hui un véritable creuset culturel où se côtoient, entre autres, Antillais, juifs, Russes, Italiens et Arabes. C'est aussi là que sont situés les quartiers résidentiels de Park Slope et Brooklyn Heights.

Brooklyn Children's Museum **⑯**

145 Brooklyn Ave. *Tél.* (718) 735-4400. Ⓜ *Kingston (C, 3).* 🕐 *sam., dim. 11h-18h ; sept.-juin : mer.-ven. 13h-18h, juil.-août : mar.-jeu. 12h-18h, ven. 12h-18h30.* 🚫 *j.f.* **Rooftop Theater** 🕐 *ven. 6h30-20h, sam.-dim. 10h-17h.* 🚫 *j. f.* 📷 ♿ 🖥 🏠 *www.bchildmus.org*

Ce musée, fondé en 1899, fut le premier exclusivement destiné à un public enfantin. Faisant figure de modèle, il a servi de source d'inspiration pour les 250 autres établissements similaires qui se sont ouverts de par le monde.

Depuis 1976, il est installé dans un édifice souterrain ultra-moderne, véritable labyrinthe de corridors reliés à un tunnel principal qui dessert les quatre niveaux de visite. Récemment rénové, le musée a doublé sa surface d'exposition.

Ici, les enfants ne se contentent pas de regarder. Bien au contraire, on attend d'eux qu'ils fassent preuve de curiosité et partent à la découverte des objets exposés en les manipulant ou en jouant avec. Ils peuvent même se promener sur un piano géant, comme celui du film *Big*. Les enfants de tous âges le trouvent irrésistible. Des expositions temporaires et des spectacles sont proposés pour les aider à découvrir notre planète, résoudre leurs problèmes, surmonter leurs appréhensions, comprendre d'autres cultures ou bien encore découvrir le passé. Les éclats de rire qui résonnent dans ce lieu sont la preuve du succès de cette approche – la meilleure du genre, car bien conçue et mise en œuvre – selon laquelle les enfants apprennent mieux en s'amusant.

Masque, Brooklyn Children's Museum

La façade de la Brooklyn Academy of Music

Brooklyn Academy of Music ⑰

30 Lafayette Ave. **Tél.** (718) 636-4100. **M** *Atlantic Ave, Nevins St (M, N, Q, R, W, 2, 3, 4, 5).* 📷 ⌀ ♿ 🖥 🕐 www.bam.org Voir *Musique contemporaine et musique classique* p. 350.

Siège du Brooklyn Philharmonic, la Brooklyn Academy of Music (connue sous le diminutif de BAM) est à la fois le plus vieux et le plus important lieu culturel de Brooklyn. Depuis 1858 s'y produisent des artistes de légende.

Logée dans un édifice de 1908 et inaugurée par une représentation du *Faust* de Verdi interprété par Caruso, la BAM a reçu un nombre impressionnant de stars de premier plan parmi lesquelles l'actrice Sarah Bernhardt, la danseuse Anna Pavlova, les musiciens Pablo Casals ou Serghéï Rachmaninov et le poète Carl Sandburg. De nombreuses troupes internationales en tournée se sont produites ici, comme la célèbre Royal Shakespeare Company de Londres.

Le festival Next Wave, résolument tourné vers l'avenir, a accueilli des artistes contemporains célèbres comme les musiciens Philip Glass et David Byrne et les chorégraphes Pina Bausch et Mark Morris.

Non loin de là, la BAM anime également le Harvey Theater, un ancien cinéma qui présente désormais ballets, représentations théâtrales et concerts.

Grand Army Plaza ⑱

Plaza St et Flatbush Ave. **M** *Grand Army Plaza (2, 3).* **Arc de triomphe** 🕐 *lors de certains défilés.*

L'arc de triomphe de Grand Army Plaza

Frederick Law Olmsted et Calvert Vaux dessinèrent cette place ovale destinée à servir d'entrée principale à Prospect Park. L'arc de triomphe et les statues furent ajoutés en 1892 pour honorer la victoire nordiste. Le buste de John F. Kennedy est le seul monument new-yorkais officiel dédié au président assassiné.

En juin, la place accueille le festival Welcome Back to Brooklyn, hommage aux personnages célèbres originaires de Brooklyn.

Park Slope Historic District ⑲

Rues entre Prospect Park W (sous Flatbush Ave) et 8th/7th/5th Avenues. **M** *Grand Army Plaza (2, 3), 7th Ave (F).*

Un bas-relief du Montauk Club

Ce magnifique quartier de maisons victoriennes a été construit en bordure de Prospect Park autour des années 1880. Là habitaient les banlieusards des classes moyennes qui, après la construction du pont de Brooklyn, pouvaient facilement rejoindre Manhattan. Ses rues ombragées sont bordées de maisons de un à quatre étages, témoins de tous les styles alors en vogue, certaines arborant même les tours et tourelles fort à la mode à la fin du siècle dernier ainsi que des arches d'entrée aux voûtes d'inspiration néo-romane.

Le Montauk Club, au n°25 de la 8e Avenue, associe le style du palais vénitien Ca' d'Oro à celui des frises et gargouilles des Indiens montauks auxquels ce lieu de villégiature très populaire au XIXe siècle doit son nom.

Prospect Park ⑳

M *Grand Army Plaza, Prospect Park (B, Q).* 📷 *et information* (718) 287 3400. 🖥 🕐 www.prospectpark.org

Olmsted et Vaux préféraient ce parc ouvert en 1867 à Central Park (p. 203-209), leur réalisation antérieure. C'est l'espace vert le plus étendu de New York.

Olmsted estimait « qu'en pénétrant dans ces parcs, on se sent soulagé d'avoir échappé au milieu étroit et confiné des rues ». Un siècle plus tard, cette opinion est plus que jamais d'actualité.

La façade de la bibliothèque de Brooklyn sur Grand Army Plaza

Parmi les nombreux centres d'intérêt de ce parc, ne manquez pas le Croquet Shelter de Stanford White et le kiosque de Music Grove, aux influences japonaises bien marquées, qui accueille pendant l'été des concerts jazz ou classiques.

Le vieil orme de Camperdown, planté en 1872 et sujet d'inspiration de nombreux poèmes et tableaux, vaut lui aussi le détour. L'association des Amis de Prospect Park a d'ailleurs pour objet de trouver les fonds nécessaires pour soigner tous les arbres du jardin. Prospect Park se distingue par la variété de ses paysages mêlant jardins classiques à la française et rocailles parcourues de ruisseaux. Le meilleur moyen de le découvrir consiste à suivre une des visites guidées organisées par les *rangers* du parc.

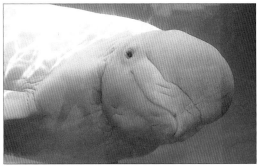
Un béluga de l'aquarium de New York, Coney Island

Cheval de manège, Prospect Park

Brooklyn Museum ㉑

Voir p. 250-253.

Brooklyn Botanic Garden ㉒

900 Washington Ave. **Tél.** (718) 623-7200. Ⓜ Prospect Park (B, Q), Eastern Pkwy (2, 3). Jardins ◯ avr.-sept. : mar.-ven. 8h-18h, sam.-dim. et j.f. 10h-18h ; oct.-mars : 8h-16h30 (sam.-dim. et j.f. 10h-16h30). ◯ 1er janv, Labor Day, Thanksgiving, 25 déc. ▓ mars-mi-nov. : gratuit mar. et sam. 10h-12h ; mi-nov.-fév. : gratuit lun.-ven. pour les moins de 16 ans. � ◙ ◢ ⊪ ◻ www.bbg.org

En dépit de sa taille modeste (20 hectares), ce jardin dessiné par les frères Olmsted en 1910 n'est pas dénué de charme. Il abrite, entre autres, l'une des plus importantes roseraies des États-Unis.

Allez admirer tout particulièrement le jardin japonais où s'élèvent de petits temples shintoïstes. Fin avril ou début mai, une promenade vous y fera découvrir des cerisiers du Japon en fleurs. Tous les ans, une fête traditionnelle célèbre le pays du Soleil levant autour de musiques et de plats typiques.

Le mois d'avril est aussi l'époque idéale pour apprécier Magnolia Plaza. Plus de 80 arbres y exposent la beauté laiteuse de leurs fleurs sur fond de jonquilles. Dans le jardin des Senteurs, vous pourrez vous enivrer des parfums de nombreux massifs de plantes aromatiques (identifiées en Braille pour les non-voyants).

La serre abrite l'une des plus vastes collections de bonsaïs d'Amérique, ainsi que certains arbres tropicaux rares dont les scientifiques tirent des substances permettant de fabriquer des médicaments pouvant sauver des vies humaines.

Les nénuphars de Brooklyn Botanic Garden

Coney Island ㉓

Ⓜ Stillwell Ave (D, F, N, Q), W 8th St (F, Q). **New York Aquarium** Surf Ave et W 8th St, Coney Island. **Tél.** (718) 265-FISH. ◯ lun.-ven. 10h-17h, sam.-dim. et j.f. 10h-17h30 (juin-août : lun.-ven. jusqu'à 18h et sam.-dim. et j.f. jusqu'à 19h ; nov.-mars : t.l.j. jusqu'à 16h30). ▓ dern. entrée 45 min avant la fermeture. ◻ www.nyaquarium.com **Coney Island Museum** 1208 Surf Ave, près de W 12th St. **Tél.** (718) 372 5159. ◯ sam.-dim. 12h-17h. ▓ www.coneyislandusa.com

Au milieu du XIXe siècle, le poète Walt Whitman a beaucoup écrit sur Coney Island, avec pour seule compagnie le rugissement des vagues d'une côte atlantique encore sauvage. Dans les années 1920, la présence de trois parcs d'attractions construits entre 1887 et 1904 (Luna Park, Dreamland et Steeplechase Park) permit à Coney Island de s'autoproclamer « plus grand terrain de jeux du monde ». L'arrivée du métro en 1920 et l'installation de trottoirs en bois en 1921, contribuèrent au succès prolongé du lieu pendant la crise économique. Le **New York Aquarium** (6 ha) qui compte 350 espèces et **Coney Island Museum** attirent beaucoup de monde.

Coney Island est toujours aussi attractif : le bord de mer est superbe, le grand huit déclenche des cris et la Mermaid Parade (juin) reste un événement majeur.

Brooklyn Museum ㉑

Destiné au départ à devenir le plus vaste édifice culturel du monde, le Brooklyn Museum fut la plus impressionnante réalisation de McKim, Mead & White. Les cinq sixièmes des travaux n'ont jamais vu le jour mais ce musée, avec son million de pièces, présentées sur plus de quatre hectares de salles d'exposition (41 805 m²), est néanmoins l'un des plus spectaculaires du pays.

Façade nord dessinée par McKim, Mead & White

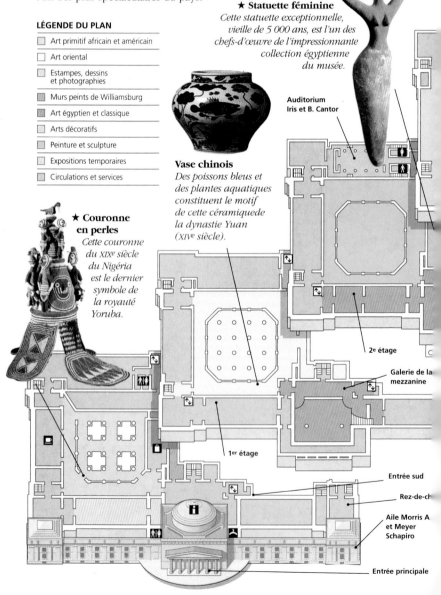

LÉGENDE DU PLAN

- Art primitif africain et américain
- Art oriental
- Estampes, dessins et photographies
- Murs peints de Williamsburg
- Art égyptien et classique
- Arts décoratifs
- Peinture et sculpture
- Expositions temporaires
- Circulations et services

★ Statuette féminine
Cette statuette exceptionnelle, vieille de 5 000 ans, est l'un des chefs-d'œuvre de l'impressionnante collection égyptienne du musée.

Auditorium
Iris et B. Cantor

Vase chinois
Des poissons bleus et des plantes aquatiques constituent le motif de cette céramique de la dynastie Yuan (XIVᵉ siècle).

★ Couronne en perles
Cette couronne du XIXᵉ siècle du Nigéria est le dernier symbole de la royauté Yoruba.

2ᵉ étage

Galerie de la mezzanine

1ᵉʳ étage

Entrée sud

Rez-de-ch

Aile Morris A
et Meyer
Schapiro

Entrée principale

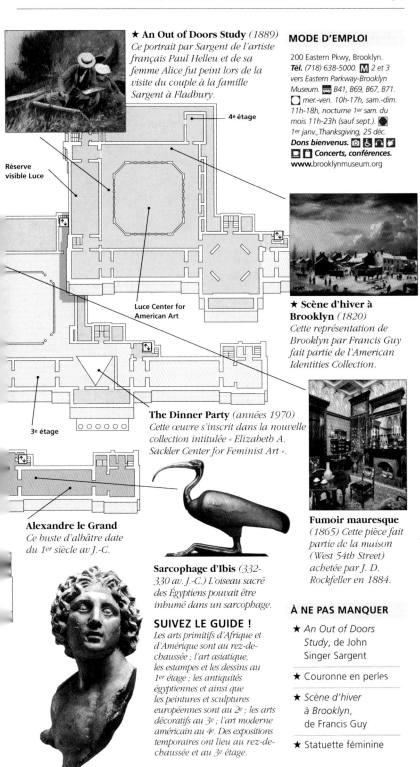

★ **An Out of Doors Study** *(1889)*
Ce portrait par Sargent de l'artiste français Paul Helleu et de sa femme Alice fut peint lors de la visite du couple à la famille Sargent à Fladbury.

4e étage

Réserve visible Luce

MODE D'EMPLOI

200 Eastern Pkwy, Brooklyn.
Tél. (718) 638-5000. Ⓜ 2 et 3
vers Eastern Parkway-Brooklyn
Museum. 🚌 B41, B69, B67, B71.
🕐 mer.-ven. 10h-17h, sam.-dim.
11h-18h, nocturne 1er sam. du
mois 11h-23h (sauf sept.). ⬛
1er janv., Thanksgiving, 25 déc.
Dons bienvenus. 🅿 ♿ 🚻 📷
🖥 🏠 **Concerts, conférences.**
www.brooklynmuseum.org

Luce Center for American Art

★ **Scène d'hiver à Brooklyn** *(1820)*
Cette représentation de Brooklyn par Francis Guy fait partie de l'American Identities Collection.

3e étage

The Dinner Party *(années 1970)*
Cette œuvre s'inscrit dans la nouvelle collection intitulée « Elizabeth A. Sackler Center for Feminist Art ».

Alexandre le Grand
Ce buste d'albâtre date du 1er siècle av J.-C.

Sarcophage d'Ibis *(332-330 av. J.-C.)* *L'oiseau sacré des Égyptiens pouvait être inhumé dans un sarcophage.*

Fumoir mauresque
(1865) Cette pièce fait partie de la maison (West 54th Street) achetée par J. D. Rockfeller en 1884.

SUIVEZ LE GUIDE !
Les arts primitifs d'Afrique et d'Amérique sont au rez-de-chaussée ; l'art asiatique, les estampes et les dessins au 1er étage ; les antiquités égyptiennes et ainsi que les peintures et sculptures européennes sont au 2e ; les arts décoratifs au 3e ; l'art moderne américain au 4e. Des expositions temporaires ont lieu au rez-de-chaussée et au 3e étage.

À NE PAS MANQUER

★ *An Out of Doors Study*, de John Singer Sargent

★ Couronne en perles

★ *Scène d'hiver à Brooklyn*, de Francis Guy

★ Statuette féminine

À la découverte du Brooklyn Museum

Vous y trouverez dans vingt-huit salles traitant chacune d'une période, la plus vaste et l'une des plus belles collections du pays, particulièrement riche en art primitif américain. De magnifiques objets égyptiens et islamiques enchanteront les amateurs, ainsi que certains chefs-d'œuvre de la peinture européenne et américaine.

Torse de Bouddha indien (fin du IIIᵉ siècle av. J.-C.)

ART PRIMITIF AFRICAIN, AMÉRICAIN ET OCÉANIEN

Le Brooklyn Museum fut en 1923 le premier à considérer les objets africains comme des œuvres d'art plutôt que des produits artisanaux. Sa collection n'a cessé de s'enrichir depuis.

Il expose un gong d'ivoire du Bénin (XVIᵉ siècle), dont on ne connaît que cinq autres exemples au monde.

Le musée présente aussi des œuvres américaines parmi lesquelles des totems, tissus et poteries. Une chemise en daim ayant appartenu à un chef de la tribu blackfoot (XIXᵉ siècle) porte le récit de ses hauts faits guerriers. Les traditions artistiques de l'Amérique précolombienne sont illustrées par des tissus péruviens, l'orfèvrerie et les sculptures mexicaines sont un hommage à l'art précolombien. Vous pourrez contempler une très belle tunique péruvienne du VIᵉ siècle av. J.-C. dont les motifs symboliques tissés sont si serrés qu'ils semblent peints à la surface du tissu.

La collection océanienne comprend des œuvres venues des îles Salomon, de Papouasie-Nouvelle-Guinée et de Nouvelle-Zélande.

ART ORIENTAL

Le musée présente, par roulement, ses œuvres coréennes, japonaises, chinoises, indiennes et islamiques. Peintures chinoises, miniatures indiennes et calligrammes islamiques viennent compléter la collection de sculptures, céramiques et textiles orientaux. N'oubliez pas d'aller voir les arts traditionnels japonais, les émaux cloisonnés chinois et les tapis d'Orient. L'art bouddhique est représenté par des œuvres d'origine chinoise, indienne et du Sud-Est asiatique, notamment le fronton d'un temple tibétain du XIVᵉ siècle peint de couleurs riches et lumineuses.

Chemise en daim d'un chef blackfoot (XIXᵉ siècle) ornée d'épines de porc-épic et de perles de verre

ARTS DÉCORATIFS

Les salles des arts décoratifs présentent l'évolution de la vie domestique et du design du XVIIᵉ siècle à nos jours.

La Moorish Smoking Room de la maison à façade de grès rouge de Rockefeller incarne l'art de vivre new-yorkais des années 1880. Prohibition oblige, on y admirera aussi un bar dissimulé derrière les boiseries d'un cabinet de travail Art déco (1928-1930) d'un appartement de Park Avenue.

Céramiques, mobilier, textiles et argenterie : plus de 350 objets sont présentés au Luce Center for American Art. En majorité américaine, la collection comporte aussi des pièces de l'art colonial espagnol et amérindien.

Normandie (1935), pichet en métal chromé de Peter Müller-Munk

Les salles du Luce Center sont aménagées par thème, autour des périodes clefs des arts visuels américains des 30 dernières années. On y trouve des œuvres de John Singer Sargent, Frank Lloyd Wright et Georgia O'Keeffe. .

ART ANTIQUE ÉGYPTIEN ET MOYEN-ORIENTAL

Connu à travers le monde pour la richesse de sa collection en la matière, ce musée recèle de nombreux chefs-d'œuvre de l'Antiquité égyptienne dont une figure féminine de 3 500 av. J.-C. Vous y verrez aussi des sculptures, des statues, des peintures et objets funéraires. Le plus étrange de ces derniers est certainement le sarcophage d'un ibis – oiseau sacré représentant le dieu Thot – trouvé dans un cimetière animal d'Égypte. Fait de bois et d'argent, ce sarcophage est recouvert d'or et deux cristaux de roche figurent les yeux de l'animal. Ces galeries ont été rénovées et leur présentation est très rationnelle.

Les objets grecs et romains exposés comprennent des statues, des poteries, des bronzes, des bijoux et des mosaïques.

La collection d'antiquités moyen-orientales regroupe de nombreuses poteries et douze bas-reliefs d'albâtre provenant du palais d'Assurnasirpal II. Datés entre 883 et 859 av. J.-C., ils représentent le roi guerroyant, inspectant ses cultures ou purifiant un arbre sacré; dans le plus pur style de l'iconographie assyrienne.

PEINTURE ET SCULPTURE

Cette section rassemble des travaux datant du XIVᵉ siècle jusqu'à nos jours, dont de célèbres œuvres françaises du XIXᵉ par Degas, Rodin, Monet, Matisse, Cézanne et Pissarro. Elle s'enorgueillit d'une des plus belles collections de toiles nord-américaines. Parmi les plus

Pierre de Wiessant (v. 1886), l'un des *Bourgeois de Calais* de Rodin

représentatives de l'art contemporain américain, ne manquez pas le *Pont de Brooklyn*, par Georgia O'Keeffe.

Les tableaux espagnols de l'époque coloniale sont également remarquables.

Dans le jardin des Sculptures, vous pourrez voir une réplique de la statue de la Liberté ainsi que des statues récupérées sur des édifices new-yorkais après leur démolition, comme celles de l'ancienne gare de Pennsylvania Station.

ESTAMPES, DESSINS ET PHOTOGRAPHIES

La collection d'estampes renferme de nombreux travaux des maîtres de la gravure : Dürer, Piranèse et un grand choix d'impressionnistes et de postimpressionnistes dont Toulouse-Lautrec. Ne manquez pas les œuvres de Mary Cassat, la seule Américaine associée au mouvement impressionniste, et prenez le temps d'admirer les lithographies de James Whistler, les gravures de Winslow Homer et les magnifiques dessins de Fragonard, Klee, Van Gogh,

Rotherhide (1860), eau-forte de James McNeill Whistler

Picasso et Gorky, la plupart en noir et blanc.

L'ensemble de photographies comprend surtout des œuvres américaines de notre siècle, dont un portrait de 1924 de l'actrice Mary Pickford, par Edward Steichen, ainsi que des clichés de Margaret Bourke-White et Berenice Abbott et Robert Mapplethorpe. Toutes les œuvres ne sont pas présentées en même temps par souci de préservation.

Fragments gravés provenant de Thèbes, en Égypte (vers 760–656 av. J.-C.), représentant le dieu Amon-Râ et son épouse Mout

Staten Island

De Staten Island, les New-Yorkais ne connaissent le plus souvent que la traversée en ferry. L'île renferme pourtant bien d'autres curiosités et ses habitants, se sentant méprisés, ont même envisagé à une époque de faire sécession. À la descente du bac, vous serez surpris par la beauté de l'endroit avec ses collines, lacs, édifices historiques et son superbe panorama sur le port. Le plus étonnant est peut-être de trouver là, dans une réplique de temple bouddhique, une splendide collection d'art tibétain.

Historic Richmond Town ㉔

441 Clarke Ave. **Tél.** (718) 351-1611. 🚌 S74 à partir du ferry. ○ sept.-juin : mer.-dim. 13h-17h ; juil.-août : mer.-sam. 10h-17h, dim. 13h-17h. ● 1ᵉʳ janv., dim. de Pâques, Thanksgiving, 25 déc. 🎫 📷 ♿ 🎁 🍴 🏪 **www**.historicrichmondtown.org

Ce village restauré et converti en musée à ciel ouvert est le seul de son genre à New York. Il comporte aujourd'hui 29 bâtiments dont 14 sont ouverts au public. Baptisé en premier lieu « ville des coques » en raison des coquillages de sa grève,

Eau de Cologne de Richmond

le village ne tarda guère à être surnommé « ville des cocus », au grand dam de ses habitants. Après l'indépendance, il fut rebaptisé Richmond Town et fit office de capitale du comté jusqu'à ce que Staten Island soit intégrée à la ville de New York en 1898.

Voorlezer House, construite par les Hollandais avant 1696, est la plus vieille école primaire du pays. Le magasin Stephens General Store, ouvert en 1837, faisait également office de bureau de poste. Il a été restauré dans les moindres détails. Tout le village a été réhabilité : ses hangars, son tribunal, ses maisons, plusieurs boutiques et même une taverne. L'ensemble couvre une superficie de 42 hectares. Plusieurs ateliers sont ouverts au public pour des démonstrations d'artisanat traditionnel.

St Andrew's Church et son vieux cimetière sont situés près de la rivière. Sur place, on peut aussi visiter le Historical Society Museum.

Jacques Marchais Museum of Tibetan Art ㉕

338 Lighthouse Ave. **Tél.** (718) 987-3500. 🚌 S74 à partir du ferry. ○ mer.-dim. 13h-17h. ● j.f. 🎫 📷 🎁 🏪 **www**.tibetanmuseum.org

Le cadre paisible de cette colline accueille l'une des plus importantes collections privées d'art tibétain du XVᵉ au XXᵉ siècle au monde. Le bâtiment principal est une copie de monastère bouddhique.

Voorlezer House dans Richmond Town

Le second bâtiment sert de bibliothèque. Dans le jardin sont exposées des sculptures, parmi lesquelles quelques bouddhas de la taille d'un homme. Le centre fut édifié en 1947 par Mme Jacques Marchais, une négociante spécialisée en art oriental. Le Dalai lama est venu la première fois en 1991.

Une pagode de Snug Harbor Cultural Center

Snug Harbor Cultural Center ㉖

1000 Richmond Terrace. **Tél.** (718) 448-2500. 🚐 🚌 S40 du ferry vers Snug Harbor Gate. **Parcs** ○ t.l.j. aube-crépuscule. **Galerie d'art** ○ mar.-dim. 10h-17h. 📷 dons bienvenus. **Musée pour enfants** ○ mar.-dim. midi-17h (été : 11h-17h). ● 1ᵉʳ janv., Thanksgiving, 25 déc. ♿ limité 🎫 🏪 **www**.snug-harbor.org

Cette ancienne maison de retraite pour marins fondée en 1801 est aujourd'hui un centre artistique récemment restauré, comprenant notamment cinq bâtiments inspirés de l'architecture antique et construits entre 1831 et 1880. Le plus vieux abrite l'office de tourisme. Il mène au **Newhouse Center for**

Sculpture religieuse, Jacques Marchais Center of Tibetan Art

Contemporary Art. Snug Harbor Cultural Center est également le siège du **Staten Island Children's Museum** et du Veterans Memorial Hall, une chapelle désormais utilisée pour des spectacles. Les pelouses de Snug Harbor accueillent chaque année un festival de sculpture. La collection d'orchidées et la roseraie du jardin botanique valent aussi le coup d'œil.

Snug Harbor fut construit à la demande de Robert Randall, un marin écossais qui fit fortune pendant la guerre d'Indépendance, en hébergeant des marins moins chanceux. L'emplacement de ce foyer fut choisi afin que ses locataires puissent jouir de la vue du port.

Clear Comfort, la demeure d'Alice Austen

Alice Austen House ㉗

2 Hylan Blvd. **Tél.** (718) 816-4506.
S51 du ferry vers Hylan Blvd.
jeu.-dim. midi-17h ; parcs : jusqu'au crépuscule. janv., fév. et j.f. **Dons bienvenus**
limité. www.aliceausten.org

Cette charmante fermette, construite autour de 1690, baptisée Clear Comfort, fut la demeure de la photographe Alice Austen qui vécut dans ce cadre splendide la plus grande partie de sa vie. Née en 1866, elle réalisa de nombreux clichés de l'île, de Manhattan, mais aussi du reste du pays. Elle fut ruinée par la crise de 1929 et dut se retirer dans un hospice à l'âge de 84 ans. Un an après, elle fut révélée par le magazine *Life*, ce qui lui procura des revenus suffisants pour aller finir sa vie dans une maison de santé. Elle laissa derrière elle 3500 négatifs couvrant la période de 1880 à 1930. L'association des Amis d'Alice Austen organise des rétrospectives de son œuvre.

Encore plus loin

Le village de Broad Channel dans la réserve Jamaica Bay

Jamaica Bay Wildlife Refuge Center ㉘

Traverser Bay Blvd à Broad Channel. **Tél.** (718) 318-4340. Broad Channel (A). aube-crépuscule ; rens. : t.l.j. 8h30-17h. variable (tél. à l'avance). www.nps.gov/gate

Les terres et marécages de cette réserve couvrent une surface égale à celle de Manhattan et abritent plus de trois cents espèces d'oiseaux migrateurs ou sédentaires. Au printemps et à l'automne, son ciel est envahi de vols d'oies ou de canards sauvages. Les *rangers* organisent des visites guidées et des promenades à pied le week-end. Pour bien apprécier ce site magnifique, n'oubliez pas d'emporter des jumelles, un téléobjectif ainsi que des vêtements et des chaussures appropriés. Minuscule hameau composé de maisons construites sur pilotis le long de Cross Bay Blvd, Broad Channel est le seul village de l'île. Une ligne de métro vous emmènera directement depuis Manhattan jusqu'à la réserve et sa plage longue de 16 km.

Jones Beach State Park ㉙

Plages. toute l'année. fin mai-Labor Day. **Tél.** (516) 785-1600. www.nysparks.state.ny.us/parks Long Island Railroad : de Penn Station vers Jones Beach ; horaire des trains (fin mai-Labor Day) : (718) 217-5477. **Jones Beach Theater ;** (516) 221-1000.

Le parc de Jones Beach fut ouvert sur l'initiative de Robert Moses, directeur du service des parcs (p. 246), qui fit de cette étroite bande de terre la plage la plus accessible de Long Island. Sa double exposition permet de profiter des vagues – côté océan – ou des eaux calmes de sa baie. Son golf, ses piscines et ses restaurants en font un agréable lieu de détente, et le **Jones Beach Theater** accueille l'été des concerts.

Le parc Robert Moses est situé à l'est sur Fire Island, une île protégée de 50 kilomètres de long et moins de 800 mètres de large. C'est un paradis pour les marcheurs et les cyclistes qui apprécient le calme de ses plages.

Fire Island attire des habitants très divers dans une ambiance familiale. Un grand nombre de célibataires s'y sont également installés, de même qu'une partie de la communauté homosexuelle new-yorkaise.

Vacanciers à Jones Beach

SEPT PROMENADES À PIED

Marcher dans la ville est un excellent moyen d'en découvrir les charmes. Dans les 16 pages suivantes, vous trouverez les itinéraires de sept balades regroupées par thème. Elles vous permettront de suivre les traces d'auteurs et d'artistes célèbres dans Greenwich Village et SoHo *(p. 260-261)* ou de passer Brooklyn Bridge pour observer des vestiges du New York du XIXe siècle *(p. 266-267)*. Les plans pas à pas de chacun des quinze quartiers de Manhattan du chapitre *Quartier par quartier* de ce guide vous invitent également à découvrir

Sculpture sur l'US Custom House, Lower Manhattan

les endroits les plus intéressants. Différentes associations et organismes locaux vous proposent en outre des promenades accompagnées. Vous saurez tout sur l'architecture si particulière de la ville ou bien sur les célèbres « fantômes » de Broadway. Vous trouverez leurs coordonnées p. 369 ainsi que dans le magazine *Time Out New York*. Comme dans toute grande métropole, gardez un œil sur vos affaires au cours vos promenades *(p. 372-373)*. Établissez votre itinéraire à l'avance et marchez dans la mesure du possible de jour.

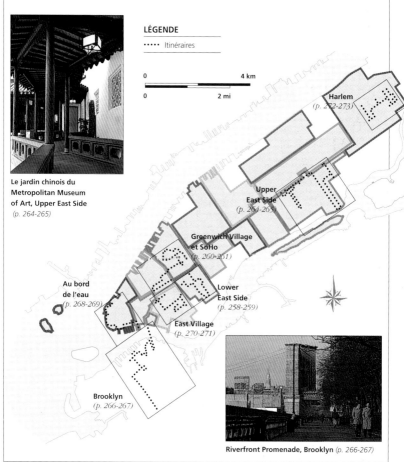

Le jardin chinois du Metropolitan Museum of Art, Upper East Side *(p. 264-265)*

LÉGENDE

•••• Itinéraires

0   4 km
0   2 mi

Harlem *(p. 272-273)*

Upper East Side *(p. 264-265)*

Greenwich Village et SoHo *(p. 260-261)*

Au bord de l'eau *(p. 268-269)*

Lower East Side *(p. 258-259)*

East Village *(p. 270-271)*

Brooklyn *(p. 266-267)*

Riverfront Promenade, Brooklyn *(p. 266-267)*

◁ **Moment de détente dans Grove Street, Greenwich Village** *(p. 260-261)*

Une heure et demie dans Lower East Side

Cette promenade vous fera traverser d'anciens quartiers d'immigrants, qui confèrent à New York son charme particulier. Elle illustre aussi le caractère changeant de la ville, où des vagues de nouveaux arrivants investissent certains quartiers. Le dimanche est le meilleur jour pour découvrir l'ambiance locale, les diverses cultures et les gastronomies. Pour plus de détails sur le Lower East Side, voir pages 92 à 101.

Lower East Side

Partez de East Houston Street, qui délimite le Lower East Side et l'East Village, et profitez-en pour découvrir l'excellente cuisine juive de Yonah Schimmel Knish Bakery ① (137) et Russ & Daughters ② (179), tenu par l'arrière-petit-fils du fondateur et renommé pour son poisson fumé et son caviar. Quant à Katz's Delicatessen ③ (205), c'est une institution depuis plus de 100 ans. Poursuivez jusqu'à Norfolk Street et tournez à droite pour découvrir l'Angel Orensanz Center ④ (172), dans l'une des plus vieilles synagogues de New York.

Fer à repasser de 1885, Lower East Side Tenement Museum ⑥

Prenez à droite sur Rivington pour admirer une autre synagogue, la Shaarai Shomovim First Romanian-Americain Congregation ⑤ (89), installée dans un beau bâtiment en brique de 1890. L'intérieur délabré reste impressionnant.

Investi par les jeunes New-Yorkais branchés, le Lower East Side compte désormais des commerces, des boîtes et des restaurants à la mode. Sur Rivington, des boutiques de vêtements pour jeunes côtoient les magasins traditionnels. Tournez à gauche sur Orchard Street, le cœur traditionnel du Lower East Side juif. Beaucoup de magasins vendent des vêtements et des articles de stylistes à prix réduits. Le jour le plus animé est le dimanche. En revanche, tout est fermé le samedi.

Les passionnés d'histoire ne manqueront pas de visiter le Lower East Side Tenement Museum ⑥ (108 Orchard). Un logement restauré illustre la vie de trois familles d'immigrants, de 1874 aux années 1930.

Un détour au-delà de Broome Street, sur Orchard, vous conduira à Guss' Pickles ⑦ (85-87), une institution qui a inspiré en 1988 le film *Crossing Delancey*. Les clients y font la queue pour savourer les pickles vendus en tonneaux.

Revenez sur Broome et tournez à gauche pour découvrir la Kehila Kedosha Janina Synagogue and Museum ⑧ (280 Broome), une petite congrégation dotée d'un musée à l'étage.

Prenez à nouveau à gauche sur Eldridge, pour rejoindre, au-delà de Canal Street, la majestueuse Eldridge Street Synagogue ⑨ (12). La première synagogue de New York accueillant des fidèles d'Europe orientale vient d'être rénovée.

LÉGENDE

- ••• Itinéraire principal
- ✺ Point de vue
- [M] Station de métro

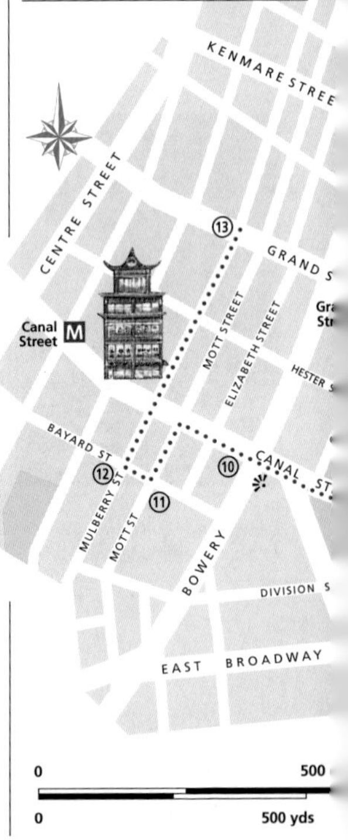

CARNET DE ROUTE

Point de départ : *East Houston St.*
Longueur : *3,2 km.*
Comment y aller ? *Prenez le métro (ligne F ou V) pour 2nd Ave ; sortie 1 East Houston et Eldrige. Autres stations : F ou V pour Delancey ; J, M ou Z pour Essex. Le bus M15 s'arrête sur East Houston et à l'angle Delancey St/Allen St. Le M14A et le M9 empruntent Essex St. Pour repartir de Chinatown-Little Italy, la station Canal St est desservie par les lignes J, M, N, Q, R, W et 6.*
Où faire une pause ? *Les cafés de Little Italy servent des pâtisseries et du café délicieux. Sweet-n-Tart, au 20 Mott St, propose des plats chinois. Pour savourer de la cuisine italienne, allez sur Mulberry St, chez Il Cortile (125) ou Il Palazzo (151). D'exquis laitages juifs, comme les blintzes, sont vendus chez Ratner's Dairy Restaurant, au 138 Delancey St.*

Marchands de vêtements sur le marché d'Orchard Street

Guss' Pickle Company ⑦

Chinatown

Faites demi-tour pour revenir sur Canal Street, où une pause vous permettra d'admirer la flèche du Chrysler Building et les gratte-ciel à l'angle d'Eldridge.
Prenez à gauche et traversez The Bowery, où subsistent quantité de bijouteries, vestiges de l'ancien Diamond District ⑩ (1). Progressivement, les magasins cèdent la place à des commerces proposant quantité de légumes exotiques

Kam Man Food Products, un grand marché chinois au 200 Canal Street

Marchand de bretzel d'Orchard Street

et à des boucheries regorgeant de canards rôtis. Au 200 Canal Street se trouve Kam Man Food Products, l'un des plus grands marchés chinois du quartier. Tournez à gauche pour prendre Mott Street, aux innombrables enseignes lumineuses en chinois : vous êtes au cœur de Chinatown. De la cantine à la haute cuisine, les restaurants se comptent par centaines. Pour des nourritures plus spirituelles, visitez l'Eastern States Buddhist Temple ⑪ (64b).

À Bayard Street, tournez à gauche pour découvrir les affiches et les messages politiques sur le Mur de la Démocratie, puis revenez sur vos pas et prenez à droite sur Mulberry Street.
Le virage à côté de Columbus Park était appelé Mulberry Bend ⑫, autrefois connu pour les règlements de compte entre bandes et les bagarres.

Traiteur italien de Little Italy ⑬

Little Italy

Prenez Mulberry Street dans l'autre direction. Soudain, vous êtes dans la Petite Italie ⑬, quartier enclavé dans Chinatown, qui réunit quelques pâtés de maisons, avec des restaurants, des cafés et des magasins proposant pâtes maison, saucisses, pains et pâtisseries.
Petit à petit, la population italienne s'en est allée, mais un noyau dur subsiste, déterminé à préserver l'atmosphère du quartier. Le bastion se trouve sur Mulberry Street, entre Broome Street et Canal Street, avec quelques magasins sur Grand Street près de Mulberry. En poursuivant sur Grand, vous reviendrez rapidement dans Chinatown.
La plus grande manifestation de l'année est la fête de San Gennaro, le saint patron de Naples. En septembre, onze nuits durant, Mulberry Street est bondée de visiteurs venus découvrir les défilés et la cuisine italienne, notamment les saucisses croustillantes proposées par de nombreux stands.

Une heure et demie de balade dans Greenwich Village et SoHo

En vous promenant dans le dédale de rues du « Village », vous passerez devant les endroits où résidèrent de nombreux écrivains et artistes célèbres, avant de partir à la découverte des galeries et musées de SoHo où sont exposées des œuvres contemporaines. Consultez les pages 108-115 pour de plus amples détails concernant Greenwich Village et les pages 102-107 pour SoHo.

Facade de Washington Mews ⑬

L'écrivain Marc Twain a habité dans la 10e Rue

West 10th Street

À proximité de 8th Street et de 6th Avenue ①, vous trouverez des librairies, des disquaires et des magasins de vêtements. Remontez de 6th Avenue à 9th Street jusqu'à Jefferson Market Courthouse ②.

Dans West 10th Street ③, allez jusqu'au centre d'études helléniques A. Onassis (58). Il y avait là un passage menant jusqu'au Tile Club, où se réunissaient les artistes du studio de 10th Street. A. Saint-Gaudens, J. LaFarge et W. Homer y ont vécu et travaillé. M. Twain habitait au n° 24 de 10th Street, E. Albee au n° 50.

De l'autre côté de 6th Avenue, ne manquez pas Milligan Place ④, ravissant petit pâté de maisons du XIXe siècle, ainsi que Patchin Place ⑤, où résidèrent les poètes E. E. Cummings et J. Masefield. Un peu plus loin se trouve le site de Ninth Circle Bar ⑥ qui, lors de son ouverture en 1898, était surnommé « Regnaneschi's ». Il est d'ailleurs représenté sous ce nom dans une toile de J. Sloan, *Regnaneschi's Saturday Night*. L'endroit inspira le dramaturge E. Albee qui aperçut, griffonnée sur un de ses miroirs, la question « Qui a peur de Virginia Woolf ? », futur titre de sa célèbre pièce.

MODE D'EMPLOI

Départ : *Angle 8th St et 6th Ave.*
Parcours : *3,2 km.*
Comment y aller ? *Par le métro A, B, C, D, E, F ou V jusqu'à la station 4e Rue Ouest/Washington Square (sortie 8e Rue). Les bus M2 et M3 s'arrêtent dans la 8e Rue. Marchez ensuite un block vers l'ouest pour atteindre la 6e Rue. Le bus M5 fait le tour de Washington Square pour revenir vers la 6e Ave et la 8e Rue.*
Où faire une pause ? *Essayez The Pink Tea Cup, au n° 42 de Grove Street. Le Fanelli's Café, 94 Prince Street, sert depuis 1847 et était un speakeasy pendant la Prohibition..*

L'entrée discrète du Chumley's ⑩

Greenwich Village

Prenez à gauche vers Waverly Place, en passant devant la fameuse librairie Three Lives, jusqu'à Christopher Street et le Northern Dispensary ⑦.

Remontez Grove Street en longeant Christopher Park jusqu'à Sheridan Square, véritable cœur du Village.

À gauche, le Circle Repertory Theater ⑧ où furent jouées les premières des pièces de Lanford Wilson, lauréat du prix Pulitzer, est aujourd'hui fermé.

Traversez 7th Avenue et engagez-vous dans Grove Street. À l'angle de Bedford Street, se trouve Twin Peaks ⑨ (120 Bedford), un foyer pour artistes des années 1920. Prenez à droite dans Bedford jusqu'au n° 86. Derrière sa façade anonyme se dissimulait à l'époque de la Prohibition l'un des bars clandestins de Manhattan *(p. 30)*, le Chumley's ⑩ (86), repaire de Dylan Thomas, Simone de Beauvoir, John Steinbeck, Ernest Hemingway, William Faulkner, J.D. Salinger et de bien d'autres. Ses murs sont tapissés des couvertures de leurs ouvrages. Au n° $75^{1/2}$ se trouve la plus étroite maison du Village, domicile de la poétesse Edna Saint Vincent Millay. Remontez Carmine Street jusqu'à 6th Avenue puis prenez à droite en direction de Waverly Place. Au n° 116 ⑪, C. Lynch, professeur d'anglais, avait l'habitude de tenir salon avec des amis tels Herman Melville et Edgar Allan Poe, qui y fit sa première lecture publique du *Corbeau*. Un détour sur votre gauche vous mènera jusqu'à MacDougal Alley ⑫, une ruelle dans laquelle G. Vanderbilt Whitney installa son atelier. Juste derrière se trouve l'emplacement du premier Whitney Museum, qu'elle fonda en 1932.

Washington Square
Une fois de retour sur
MacDougal, prenez à gauche
vers Washington Square pour
y admirer les plus beaux
bâtiments de style néo-grec
des États-Unis. Henry James
a situé l'action de son roman
Washington Square au n° 18,
où habitait sa grand-mère.
Faites ensuite une pause

Washington Square Park et son arc de triomphe

SoHo
Longez vers le sud
Thompson Street, rue
typique du Village bordée
de clubs, de cafés et de
boutiques, engagez-vous à
gauche dans Houston Street,
la frontière nord de SoHo,
puis à droite dans West
Broadway. Ensuite, galeries
d'art et boutiques chic sont
de plus en plus nombreuses.
   Prenez sur votre gauche
dans Spring Street, pourvue
de vitrines tentatrices, puis à
droite dans Greene Street ⑮,
centre de Cast-Iron Historic
District qui doit son nom à
son architecture de fonte.
   À gauche, à l'angle de
Greene et Canal Street,
traversez la rue pour entrer
dans l'univers bruyant des
marchands ambulants et des
magasins d'électronique à
prix discount. Deux blocs
plus loin, engagez-vous de
nouveau à gauche dans
Broadway. Les férus de
shopping peuvent prendre à
droite sur Spring Street et se
rendre chez Nolita, qui vend
des vêtements de stylistes
branchés.

LÉGENDE
••• Itinéraire principal
⚡ Point de vue
Ⓜ Station de métro

sur 5th
Avenue et
retournez-
vous pour
admirer le
célèbre arc de
triomphe de
Washington Square.
Traversez 5th Avenue.
En face du n° 2 se
trouve l'entrée de
Washington Mews ⑬,
ancien ensemble de remises
et d'écuries, où vécurent John
Dos Passos et Edward
Hopper. Remontez
Washington Square North
en longeant ses demeures
élégantes, parmi lesquelles
celle de la romancière Edith
Wharton (n° 7). Traversez le
parc de Washington Square
en passant sous son arc de
triomphe. En sortant du parc,
jetez un coup d'œil sur votre
gauche à Judson Memorial
Church and Tower ⑭,
dessinée par S. White,
et au Loeb Student Center,
ancienne pension pour
étudiants où Theodore
Dreiser écrivit *An American
Tragedy*.

Façade de fonte, Greene Street ⑮

Entrée de station de métro sous la neige, Bryant Park ▷

Deux heures de promenade dans Upper East Side

Cette balade aux alentours de la Cinquième Avenue vous fera découvrir les plus beaux témoignages du New York du début du siècle. Un détour par le vieux quartier allemand de Yorkville vous conduira le long du fleuve jusqu'à Gracie Mansion, résidence officielle du maire de la ville. Pour de plus amples détails sur Upper East Side, voyez les pages 182-203.

De la Frick Collection au « Met »

Partez de la demeure ① construite en 1913 pour H. Clay Frick, magnat du charbon. Prenez le temps de visiter sa magnifique collection d'art *(p. 202-203)*. Les grandes familles new-yorkaises rivalisaient d'orgueil en faisant bâtir des résidences d'un luxe royal, inspirées des châteaux français. Celles qui subsistent ont souvent été transformées en musées ou en fondations.

Church of the Holy Trinity ⑰

Sur la 70e Rue, vous pourrez admirer deux des galeries d'art les plus influentes de la ville : la Knoedler & Co (19) et Hirschl & Adler ② (21). Remontez Madison jusqu'à l'angle de la 72e Rue. Là se dresse le grand magasin Polo-Ralph Lauren ③, ancienne demeure restaurée de G. Rheinlander Waldo.

En retournant vers la 5e Avenue le long du côté nord de la 72e Rue, vous passerez devant deux beaux édifices des années 1890 qui abritèrent le lycée français de New York ④. Continuez à longer la 5e Avenue jusqu'à la 73e Rue puis dirigez-vous vers l'est jusqu'au n° 11, ancienne demeure de J. Pulitzer ⑤. À quelques blocs de là, entre Lexington et la 3e Avenue vous contemplerez de belles maisons du XIXe siècle dernier ⑥. Revenez sur vos pas jusqu'au n° 1 de la 75e Rue, l'ancienne résidence d'E. S. Harkness, fils du fondateur de la Standard Oil. Cet immeuble accueille maintenant le Commonwealth Fund ⑦. Au n° 1 de la 78e Rue Ouest, le château du « roi du tabac », James B. Duke, est devenu New York University Institute of Fine Arts ⑧.

LÉGENDE

• • • Itinéraire principal

Point de vue

[M] Station de métro

Ukrainian Institute of America ⑩

À l'angle de la 79e Rue et de la 5e Avenue, l'immeuble qui fut jadis la résidence du financier P. Whitney abrite l'ambassade de France ⑨. Au n° 2 de la 79e Rue, se trouve le siège de l'Ukrainian Institute of America ⑩. À l'angle sud-est de la 82e Rue, vous pourrez admirer Duke-Semans House ⑪, l'un des derniers hôtels particuliers de Manhattan. Consacrez une autre journée pour la visite du Metropolitan Museum of Art ⑫, situé à hauteur de cette même rue.

Carl Schurz Park Promenade

Yorkville

En tournant vers l'est dans la 86ᵉ Rue, vous découvrez les derniers vestiges de l'ancien quartier allemand : Bremen House ⑬. Traversez la

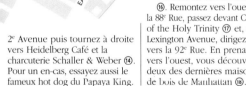

2ᵉ Avenue puis tournez à droite vers Heidelberg Café et la charcuterie Schaller & Weber ⑭. Pour un en-cas, essayez aussi le fameux hot dog du Papaya King.

East River et Gracie Mansion

Henderson Place ⑮, sur East End Avenue, est un ensemble de 24 maisons de brique rouge de style Queen Anne. Juste en face, Carl Schurz Park doit son nom au plus influent des New-Yorkais d'origine germanique, qui fut rédacteur en chef de *Harper's Weekly* et du *New York Post*. Une promenade dans ce parc vous mènera jusqu'à un superbe point de vue sur le port de New York et Hell Gate, le confluent de East River et du détroit de Long Island. Depuis le chemin, vous pourrez aussi contempler une jolie perspective sur la façade arrière de Gracie Mansion ⑯. Remontez vers l'ouest par la 88ᵉ Rue, passez devant Church of the Holy Trinity ⑰ et, sur Lexington Avenue, dirigez-vous vers la 92ᵉ Rue. En prenant vers l'ouest, vous découvrirez deux des dernières maisons de bois de Manhattan ⑱.

MODE D'EMPLOI

Départ : Frick Collection.
Parcours : 5 km.
Comment y aller ? Ligne de métro n° 6 vers Lexington/ 68ᵉ Rue ; puis vers l'ouest jusqu'à la 5ᵉ Avenue (3 blocs). En bus, lignes M1 à M4 vers la 70ᵉ Rue, puis un block vers l'ouest.
Où faire une pause ? Les cafés des musées Whitney et Guggenheim sont agréables. Essayez la cuisine autrichienne au Café Sabarsky de la Neue Galerie (5th Ave/86th St) ou les plats bavarois de l'Heidelberg Café (2nd Ave). Sur Madison Ave, entre les 92ᵉ et 93ᵉ Rues, vous trouverez des endroits où vous restaurer (Sarabeth's Kitchen propose un brunch le week-end).

Cooper-Hewitt Museum ⑳

Carnegie Hill

De retour sur la 5ᵉ Avenue, longez les murs du Jewish Museum (autrefois le Felix Warburg Mansion), de 1908 ⑲ et continuez jusqu'à la 91ᵉ Rue, où se dresse le Cooper-Hewitt Museum ⑳, autrefois la demeure d'Andrew Carnegie. Cette réplique d'un manoir anglais, construite en 1902, valut au quartier d'être surnommé Carnegie Hill. James Burden House ㉑, au n° 7, édifiée en 1905 pour Adèle Sloan, héritière des Vanderbilt, abrite un escalier surmonté d'une verrière de vitraux, jadis surnommé « l'escalier du paradis ». Au n° 9, la résidence de style Renaissance italienne du financier Otto Kahn est intéressante à observer avec son porche d'entrée et sa cour intérieure. Elle abrite aujourd'hui le couvent de l'école du Sacré-Cœur.

Maisons en bois sur la 92ᵉ Rue ⑱

Une promenade de trois heures dans Brooklyn

Une excursion au-delà du plus célèbre pont new-yorkais vous mènera jusqu'à Brooklyn Heights, la plus ancienne banlieue de la ville. Ce quartier tout droit sorti du XIXe siècle a des accents de Moyen-Orient. La promenade le long du fleuve offre une vue imprenable sur Manhattan. Pour plus de détails sur Brooklyn, consultez les pages 247-253.

La caserne de pompiers d'Old Fulton Street

Fulton Ferry Landing
Long d'un kilomètre, Brooklyn Bridge est un lieu privilégié pour photographier le sud de New York.

Suivez la direction de Tillary Street, tournez à droite en bas des escaliers et prenez le premier chemin qui traverse le parc. Puis descendez Cadman Plaza West ① sous la voie express Queens-Brooklyn jusqu'à l'endroit où Cadman devient Old Fulton Street. Vous apercevrez le pont sur votre droite en vous dirigeant vers le fleuve au carrefour de Water Street et Fulton Ferry ②. C'est d'ici que les troupes de Georges Washington s'embarquèrent pour Manhattan pendant la guerre d'indépendance. En 1814, l'endroit servit d'embarcadère au bac qui reliait Brooklyn à Manhattan. Jusqu'alors agricole, la zone se transforma en un quartier résidentiel, plein de caractère où il fait toujours bon vivre. À votre droite, se trouve le River Café ③. Son panorama sur Manhattan en fait l'un des restaurants gastronomiques les plus étonnants de New York. En rebroussant chemin, passez devant l'ancien Eagle Warehouse ④ de 1893.

Eagle Warehouse ④

Brooklyn Heights
En partant de l'embarcadère, prenez à droite vers Everitt Street et remontez jusqu'à Columbia Heights et Middagh Street. Le n° 24 ⑤ de Middagh Street est l'une des plus vieilles maisons du quartier (1824).

Engagez-vous à droite dans Willow Street puis à gauche dans Cranberry Street. Cette rue est bordée de maisons à l'architecture variée, depuis les vieilles demeures en bois jusqu'aux petits hôtels particuliers de style fédéral. En faisant abstraction des voitures et de quelques immeubles récents, on pourrait se croire revenu au siècle dernier.

De nombreuses célébrités ont vécu ici. Arthur Miller résida au n° 155. Truman Capote écrivit *Breakfast at Tiffany's* et *In Cold* Blood au n°70 de Willow Street. Lorsqu'il était rédacteur en chef du *Brooklyn Eagle*, le poète Walt Whitman habitait dans Cranberry Street. Les premières épreuves de son ouvrage *Leaves of Grass* furent éditées dans une imprimerie située près de l'angle de Cranberry et Fulton.

Tournez à droite dans Hicks Street puis à gauche dans Orange Street jusqu'à Plymouth Church ⑥, où vécut H.W. Beecher, célèbre prêtre anti-esclavagiste et frère d'Harriett Beecher Stowe, auteur de *La Case de l'oncle Tom*.

L'entrée de River Café

Truman Capote et l'un de ses amis à plumes

Flânez sur Henry Street et Pineapple Street. Une fois sur Clark Street, regardez sur votre gauche pour admirer les marquises d'hôtels réputés comme le Towers. Longez Clark Street vers Columbia Heights; Norman Mailer vit au n° 142 ⑦. Au n° 110 vécut Washington Roebling, l'architecte du Brooklyn Bridge.

The Promenade

Dans Montague Street, obliquez vers la Promenade ⑧ au bord du fleuve. Une plaque posée à l'entrée marque l'emplacement de Four Chimneys, lieu où résida Washington pendant la bataille de Long Island. En avançant encore un peu, vous découvrirez une vue de Manhattan à vous couper le souffle. Après avoir pris le temps de savourer ce paysage, faites demi-tour par Montague Street et rejoignez Montague Terrace ⑨, où vécut le poète W. H. Auden (1), et où Thomas Wolfe acheva *Of Time and the River* (5).

La statue d'Henry Ward Beecher ⑥

L'ancien tramway de Montague Street conduisait au fleuve et au bac

Montague Street et Clinton Street

De retour dans Montague Street, dirigez-vous vers le cœur de Brooklyn, où foisonnent boutiques et cafés. À l'angle de Montague et de Clinton, n'hésitez pas à entrer dans Church of St Ann pour admirer ses vitraux ⑩. Avancez encore d'un bloc vers la gauche jusqu'à Pierrepont Street, siège de la Brooklyn Historical Society ⑪. Un bloc plus loin, dans Court Street, vous attendent Borough Hall ⑫, la mairie annexe de Brooklyn (1849), ainsi que la station de métro qui vous fera revenir dans Manhattan.

MODE D'EMPLOI

Départ : Brooklyn Bridge.
Parcours : 5,5 km.
Comment y aller ? Métro : lignes 4, 5 ou 6 vers Brooklyn Bridge/City Hall (arrêt le plus proche du pont). Bus : M15 sur 2nd Ave vers City Hall. Retour à Manhattan : lignes 2, 3, 4 ou 5 depuis Borough Hall et lignes 2, 3, 4, 5, M, N, R, Q ou W depuis Atlantic Ave.
Où faire une pause ? Teresa's (80 Montague St), propose des plats polonais à des prix raisonnables. Essayez aussi Henry's End (44 Henry St), ou encore la cuisine des Caraïbes du Brawta Caribbean Café (347 Atlantic Ave).

L'équipe des Brooklyn Dodgers doit son nom au fait qu'ils jouaient à éviter (to dodge) les tramways

Atlantic Avenue

Si vous choisissez de rester dans Clinton Street et continuer jusqu'à Atlantic Avenue. Vous découvrirez, sur votre gauche, de nombreux magasins de produits moyen-orientaux, comme Sahadi Imports ⑬ au n° 187 (alimentation). Plusieurs magasins vendent des livres en arabe, des cassettes, des journaux et des CD.

En arrivant dans Flatbush Avenue, vous ne pourrez pas manquer à votre gauche la Brooklyn Academy of Music ⑭ et la majestueuse façade de la Williamsburg Savings Bank. Cherchez alors les pancartes qui vous guideront jusqu'au métro à destination de Manhattan.

LÉGENDE

···· Itinéraire conseillé
☀ Point de vue
Ⓜ Station de métro

0 — 500 m
0 — 500 yds

Une heure et demie de promenade au bord de l'eau

De la venteuse Battery Park City Esplanade, avec sa vue panoramique sur le fleuve et ses appartements cossus, aux magnifiques goélettes amarrées à South Street Seaport, cette balade au bord de l'eau ponctuée de haltes ombragées vous fera découvrir le formidable héritage maritime de New York et vous rappellera que Manhattan est une île. Difficile d'imaginer que la jungle urbaine n'est qu'à deux pas. Les immeubles étouffent le bruit des Klaxon et des bus de la ville.

Mur de photographies au Museum of Jewish Heritage [5]

Battery Park City

Commencez sur l'Esplanade [1] près du Rector Place Park, juste à l'ouest de la station de métro Rector Street. De l'autre côté de l'Hudson River, vous apercevez le New Jersey. Marchez jusqu'à South Cove [2], d'où, comme plus de 100 millions d'immigrants, vous découvrirez la statue de la Liberté. Visitez le Robert F. Wagner Jr. Park [3], du nom d'un ancien maire de la ville. Les hectares ombragés de pelouses, de tilleuls et de jolis pavillons sont la « ceinture verte » de Lower Manhattan.

Pour un beau panorama sur l'Hudson River, montez au point d'observation de Wagner Park [4]. Là, des panneaux d'information retracent l'histoire maritime de New York, lorsque les grandes goélettes et les paquebots côtiers croisaient dans ces eaux.

Battery Place

Sur Battery Place, visitez le Museum of Jewish Heritage [5] *(p. 77)* et son Garden of Stones, calme et élégant jardin de chênes nains et de rochers. Et puisque Manhattan est la reine incontestée des gratte-ciel, allez au Skyscraper Museum [6], un chef-d'œuvre d'acier. Vous y découvrirez l'histoire des gratte-ciel, leur évolution actuelle dans le monde entier, ainsi que la maquette originale de 1971 de l'ancien World Trade Center.

Vue de la statue de la Liberté depuis la rive

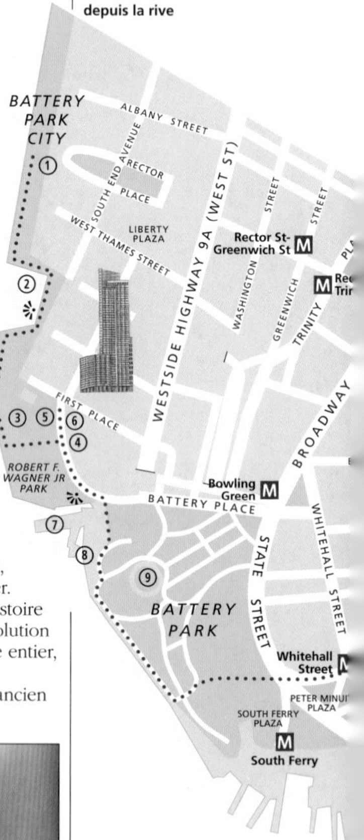

Surfaces brillantes et angles droits au Skyscraper Museum [6]

Castle Clinton fut bâti au début du XIXe siècle pour défendre le port [9]

Battery Park

En vous rendant à Battery Park, jetez un coup d'œil à la jetée A (Pier A) ⑦, unique vestige de la grande caserne de pompiers maritime de 1886. Les personnalités qui arrivaient jadis par bateau étaient accueillies par un festival de jets d'eau lancés des bateaux-pompes. L'horloge à huit cloches de la tour de la jetée servait à régler toutes les horloges du système maritime. Longez le front de mer jusqu'à l'American Merchant Mariners Memorial ⑧. Cette obsédante sculpture de soldats tirant des eaux un camarade désespéré est inspirée des photographies d'une attaque contre un navire américain lors de la seconde guerre mondiale.

Repos bien mérité à South Street Seaport ⑬

Passez Castle Clinton ⑨, un fort construit durant la guerre de 1812, reconverti en opéra, en théâtre, en aquarium, et enfin en musée. En traversant Battery Park, vous pourrez vous reposer sur un banc ombragé. Continuez sur State Street, tournez à droite dans Whitehall, puis à gauche dans South Street en longeant l'élégant bâtiment style Beaux-Arts du Battery Maritime Building ⑩.

South Street Seaport

Suivez South Street en direction du Brooklyn Bridge. Traversez la Vietnam Veterans Memorial Plaza ⑪ avec son mémorial de verre où sont gravés les mots poignants des soldats à leurs proches. Prenez vers le nord sur Water Street, ainsi nommée car elle était jadis au bord de l'eau, en coupant Old Slip. Toutes les rues baptisées « Slip » sont les anciens quais où les bateaux venaient s'amarrer. À l'ouest, regardez la célèbre Wall Street ⑫ (p. 66-67) et les flèches de Trinity Church (p. 68). Tournez à droite dans Maiden Lane, puis à gauche dans Front Street, pittoresque rue pavée qui vous mènera à South Street Seaport ⑬ (p. 82-85), à ses mâts en bois et aux voiles des grands bateaux du port. Découvrez l'histoire maritime de New York au South Street Seaport Museum, puis longez les boutiques de Fulton Street jusqu'à Water Street. Jetez un coup d'œil au 211, à Bowne & Co. Stationers ⑭, une charmante imprimerie traditionnelle où l'on peut encore voir des presses manuelles du xixᵉ siècle. Rendez-vous au Pier 16 pour un autre voyage dans le temps au Maritime Crafts Center ⑮, où des peintres et des graveurs travaillent à des figures de proue et à des sculptures. Poursuivez jusqu'au Pier 17 ⑯, où se succèdent boutiques et cafés. De la jetée en bois, les mâts des vieilles goélettes se détachent sur fond de gratte-ciel – une vue de New York mémorable. Terminez en prenant un verre au Paris Café du Meyer's Hotel datant de 1873 (p. 83).

MODE D'EMPLOI

Départ : L'Esplanade.
Parcours : 3,2 km.
Comment y aller ? Métro ligne 1, R ou W jusqu'à Rector St. Suivre Rector vers l'ouest, traverser le pont sur West St vers Rector Pl et marcher jusqu'à l'Espanade.
Où faire une pause ? Gigino, dans Wagner Park (20 Battery Pl) pour de savoureux plats italiens en plein air.

LÉGENDE

• • •   Itinéraire

⚡   Point de vue

Ⓜ   Station de métro

0 _____ 300 m

0 _____ 300 yds

Une heure et demie de promenade dans East Village

Ancienne ferme (ou *bouwerie*) de la famille Stuyvesant, ce quartier historique *(p. 116-121)* a changé de physionomie. Les associations culturelles et artistiques y côtoient des bars et des restaurants exotiques à la fois agréables et abordables. Le quartier a réussi à concilier vie résidentielle paisible avec rentabilité et créativité, ce qui se traduit par un renouvellement permanent de disquaires originaux, de cafés végétariens, de boutiques d'artisanat et de clubs de musique *live*.

Astor Place

En face de la station de métro Astor Place, le cube en acier noir baptisé l'Alamo ① est le rendez-vous des étudiants et des amateurs de skateboard. Dirigez-vous vers les grands immeubles de la 3ᵉ Avenue, dont le Cooper Union ② *(p. 120)*, collège fondé en 1859 par Peter Cooper, riche entrepreneur illettré défenseur de l'éducation gratuite. En face, le Continental ③ est une salle de spectacle où se sont produits Iggy Pop et les Guns N' Roses. Dans East Village, la 8ᵉ Rue devient St Mark's Place ④, ancien repaire jazz, puis hippie et enfin punk. Les terrasses de café et les vendeurs de rue en font l'un des quartiers les plus animés de Manhattan. À droite, St Mark's Ale House ⑤, anciennement The Five Spot, était le rendez-vous des musiciens et des poètes dans les années 1960. Un peu plus loin, le magasin de vêtements Trash and Vaudeville ⑥ occupe l'ancien Bridge Theater, qui fut maintes fois fermé puis rouvert, à la suite d'actes controversés. Yoko Ono y tint des « happenings » et, en 1967, on y brûla le drapeau américain en signe de protestation contre la guerre du Viêtnam.

Célébrations lors de la fête nationale ukrainienne

Le 19-25 St Mark's Place ⑦ appartint à des juifs, puis à la mafia avant que, dans les années 1960, Andy Warhol en fasse l'Electric Circus, célèbre discothèque où se produisit notamment le Velvet Underground. Vous trouverez leurs albums au Kim's Video ⑧, spécialisé dans la musique et le cinéma interlopes.

Little Ukraine

Tournez à gauche dans la 2ᵉ Avenue, où vit la plus grande et la plus ancienne communauté ukrainienne des États-Unis. On y trouve bars, restaurants et centres culturels – l'Ukrainian National Home ⑨ est situé au n° 140. À l'angle, Veselka ⑩ est ouvert 24 heures sur 24. Un peu plus loin dans la 2ᵉ Avenue, au carrefour de 11ᵉ Rue Est, se trouve

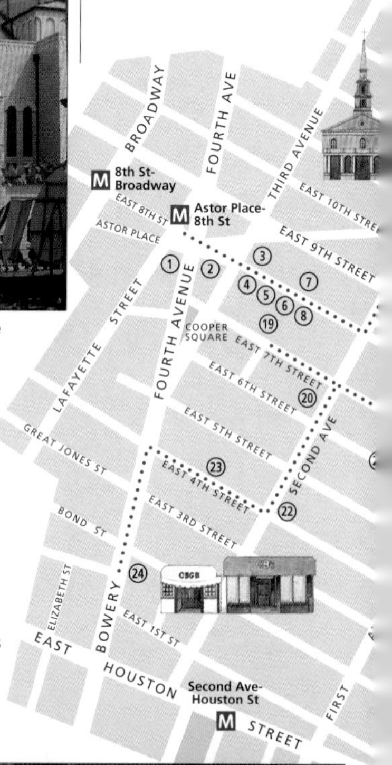

La boutique Trash and Vaudeville, ancien berceau de la contestation ⑥

MODE D'EMPLOI

Départ : *The Alamo.*
Parcours : *2,8 km.*
Comment y aller ? *Métro ligne 6 jusqu'à Astor Place. Bus M101, M102 ou M103.*
Où faire une pause ? *St Mark's Place ne manque pas de bonnes adresses, essayez Jules Bistro entre la 1ʳᵉ et la 2ᵉ Avenue, ou DoJo East (bon rapport qualité-prix) entre la 2ᵉ et la 3ᵉ Avenue.*

Veniero's, le style et l'élégance d'une autre époque ⑫

Orme de Tompkins Square Park, mémorial dédié à Hare Krishna ⑮

LÉGENDE

• • • Itinéraire

Ⓜ Station de métro

St Mark's-in-the-Bowery Church ⑪ *(p. 121)*. Cette église épiscopalienne, élevée en 1799, possède un jardin fleuri et un bel orgue à l'intérieur. Le gouverneur hollandais Peter Stuyvesant, dont c'était à l'origine la chapelle privée, y est enterré au côté de notables new-yorkais. Plus récemment, les Black Panthers et les Young Lords s'y réunirent, ainsi que le poète de la *beat generation* Allen Ginsberg et d'autres écrivains célèbres. Tournez à droite dans la 11ᵉ Rue pour voir Veniero's ⑫, élégante pâtisserie italienne qui possède un plafond en métal estampé à la main. Tournez à droite puis à gauche dans la 10ᵉ Rue, passez devant les trois étages du Turkish Bath House ⑬ et rendez-vous à l'angle nord du Tompkins Square Park ⑭ *(p. 121)*.

Tompkins Square Park

Aménagé en 1834, cette place a été le théâtre de tous les activismes politiques. Au milieu du parc ⑮, un orme sacré commémore la première cérémonie Hare Krishna qui s'est déroulée sur le sol américain. Le grand jazzman Charlie Parker vécut en face du parc de 1950 à 1955 ⑯. À l'angle sud-ouest du parc, sur la 7ᵉ Rue, le 7A ⑰ sert des petits déjeuners 24 heures sur 24. Un peu plus loin, Turntable Lab 04 ⑱ vend du matériel de DJ et des vinyles. Si vous avez soif, poursuivez à l'ouest, dépassez la 2ᵉ Avenue et allez boire une bière chez McSorley's Old Ale House ⑲, l'un des plus vieux bars de la ville. Revenez ensuite sur la 2ᵉ Avenue et tournez à droite pour voir l'emplacement de l'ancien Fillmore East Auditorium ⑳ (n° 105), où se produisirent des légendes – The Doors, Jimi Hendrix, Janis Joplin et Pink Floyd. Les Who y jouèrent même la première de *Tommy,* leur opéra rock. À gauche dans la 6ᵉ Rue, « Indian Restaurant Row » ㉑ est une succession de restaurants indiens. En descendant la 2ᵉ Avenue, au 80, vous passerez devant A Salt and Battery ㉒. Cette friterie fut le siège de Joe Masseria, chef de la mafia dans les années 1920. Tournez à droite dans la 4ᵉ Rue. Le bar KGB ㉓, sur la droite, est une institution littéraire. Pour terminer, tournez à gauche dans Bowery et rendez-vous chez CBGB & OMFUG ㉔, berceau de groupes tels que Talking Heads qui a fermé en 2006.

« Indian Restaurant Row », la meilleure adresse pour manger indien ㉑

Une heure et demie de promenade à Harlem

Peu de quartiers de New York ont une histoire culturelle aussi riche que ce haut lieu de l'héritage afro-américain. La promenade commence à Strivers' Row. Vous découvrirez des églises évangéliques, des clubs de jazz et de blues réputés, ainsi que l'Apollo Theater, célèbre vitrine des nouveaux talents de Harlem. Pour en savoir plus sur les sites de Harlem, rendez-vous pages 220-231.

APOLLO
WELCOME JESSE JACKSON
FUNDRAISER SAT FEB 18 8 PM

L'Apollo Theater, célèbre pour ses spectacles télévisés et ses numéros légendaires ⑭

Strivers Row

La portion arborée de la 138e Rue située entre la 7e et la 8e Avenue et baptisée Strivers' Row (« l'allée des lutteurs ») ① est le quartier historique de St Nicholas. Dans les années 1920 et 1930, les riches et influents Afro-américains emménagèrent dans des maisons confortables conçues par de célèbres architectes tels que James Brown Lord et McKim, Mead & White. Faites un bref détour à gauche sur la 7e Avenue (Adam Clayton Powell Jr. Boulevard) puis à droite sur la 139e Rue, jusqu'à la 139e Rue Ouest ②. Billie Holiday emménagea au n° 108, en 1932, à l'âge de 16 ans, juste avant de décrocher son premier contrat dans un club voisin de la « Jungle Alley ».

An ornate doorway in Strivers' Row ①

Abyssinian Baptist Church

Tournez à droite dans Lenox Avenue, puis à droite dans la 138e Rue pour admirer l'étonnante Abyssinian Baptist Church ③ *(p. 229)*, connue dans le monde entier pour ses magnifiques gospels dominicaux. Fondée en 1921, l'église porte le nom de la première congrégation d'Afro-américains. Elle accueillit de célèbres pasteurs, dont Adam Clayton Powell Jr. À deux pas, sur la 137e Rue Ouest, l'église Mother Zion ④ est l'une des plus vieilles églises et la première église noire d'Amérique.

Son appartenance à l'Underground Railroad (circuit d'évasion des esclaves) lui a valu le surnom de « Freedom Church » (église de la liberté). Poursuivez jusqu'au Countee Cullen Regional Library, où Mme C.J. Walker fonda la Walker School of Hair ⑤. Grâce au succès de sa ligne de cosmétiques et de son procédé de défrisage, elle fut l'une des premières femmes millionnaires autodidactes du pays. Cette philanthrope finança de nombreuses œuvres afro-américaines – dont la National Association for the Advancement of Colored People (NAACP) et le Tuskegee Institute. À sa mort en 1919, sa fille A'Leila transforma le salon en centre culturel pour artistes, chercheurs et activistes. Le centre fut baptisé « The Dark Tower » en hommage au poème protestataire de l'écrivain local Countee Cullen.

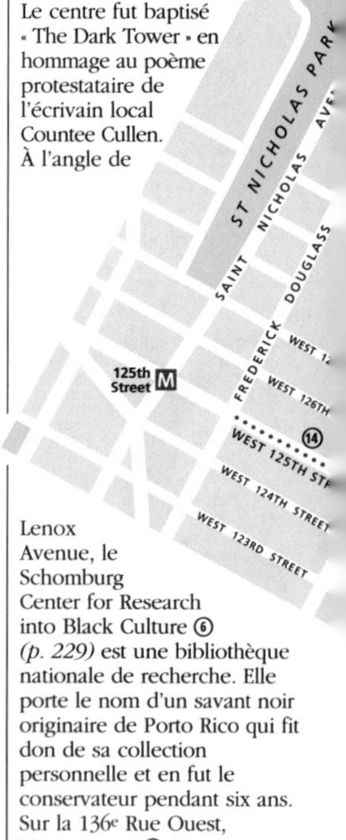
ST NICHOLAS PARK
SAINT NICHOLAS
FREDERICK DOUGLASS
WEST 126TH
WEST 125TH ST
WEST 124TH STREET
WEST 123RD STREET
125th Street M
14

À l'angle de Lenox Avenue, le Schomburg Center for Research into Black Culture ⑥ *(p. 229)* est une bibliothèque nationale de recherche. Elle porte le nom d'un savant noir originaire de Porto Rico qui fit don de sa collection personnelle et en fut le conservateur pendant six ans. Sur la 136e Rue Ouest, Montgomery ⑦ est un magasin de vêtements féminins fantaisie et uniques. Plus loin, au n° 267, « Niggerati Manor » ⑧ est

Sylvia's est renommé pour sa cuisine sudiste authentique ⑪

une maison d'artistes baptisée ainsi par Zora Neale Hurston, qui vécut ici pendant sa collaboration avec Wallace Thurman, Aaron Douglas et Bruce Nugent à *Fire !!*, magazine consacré aux jeunes artistes noirs. Revenez sur Adam Clayton Powell Jr. Boulevard et descendez jusqu'à « Jungle Alley » ⑨. Les nombreux bars, clubs, cabarets et bars clandestins qui s'y pressaient en

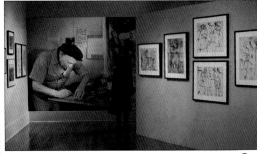

Exposition d'art au Schomberg Center for Research into Black Culture ⑥

Billie Holiday, grande voix du jazz ②

« Jungle Alley » accueillit Billie Holiday à ses débuts ⑨

authentique *soul food* – poulet frit, poisson-chat et côtes de porc au barbecue. Poursuivez sur Lenox Avenue jusqu'à la 125e Rue. Lenox Lounge ⑫ a vu passer Billie Holiday, Miles Davis et John Coltrane. Quant à James Baldwin et Malcolm X, ils fréquentèrent le Zebra Room, un club de jazz voisin. Au milieu du pâté de maisons suivant, The Studio Museum in Harlem ⑬ *(p.230-231)* organise des expositions, des conférences et des spectacles d'art contemporain d'artistes d'origine africaine. La librairie vend aussi des affiches.

Apollo Theater
Sur la 125e Rue Ouest, à partir de 1934, le célèbre Apollo Theater ⑭ *(p. 230)* a vu naître des étoiles et bâti des légendes, d'Ella Fitzgerald à James Brown. Depuis 1987, l'«Amateur Night at the Apollo » est retransmis dans tout le pays.

faisaient un haut lieu de la vie nocturne. Faites un détour par la 131e Rue pour voir la maison de Marcus Garvey ⑩ (n° 235), fervent partisan de l'union, de l'indépendance économique et de la fierté du peuple noir. De retour sur Adam Clayton Powell Jr. Boulevard, tournez à gauche dans la 127e Rue et rendez-vous chez Sylvia's ⑪ *(p. 230)*, l'autoproclamée « reine de la cuisine sudiste » depuis 1962. Ce restaurant familial propose une

MODE D'EMPLOI

Départ : *Strivers' Row.*
Parcours : *2,8 km.*
Comment y aller ? *Métro : lignes 2 ou 3 jusqu'à 135th St-Lenox Ave, puis marchez vers le nord jusqu'à la 138e Rue, puis vers l'ouest jusqu'à la 7e Ave. Bus : M2, M7 ou M10 jusqu'à 135th St et marchez vers la 7e Ave.*
Où faire une pause ? *Sylvia's, sur la 127e Rue et Lenox, ou Jimbo's Hamburger Joint sur la 125e Rue et Lenox.*

LÉGENDE

• • • Itinéraire

Ⓜ Station de métro

WEST 141ST STREET
WEST 140TH STREET
WEST 139TH STREET
WEST 138TH STREET (STRIVERS' ROW)
WEST 137TH STREET
WEST 136TH ST
WEST 135TH STREET
WEST 134TH STREET
133RD STREET
132ND STREET
131ST ST

(LENOX AVENUE)
(SEVENTH AVENUE)
MALCOLM X BOULEVARD (LENOX AVE)
ADAM CLAYTON POWELL JR BOULEVARD
FIFTH AVENUE

135th Street Ⓜ
WEST 135TH STREET
WEST 132ND STREET
WEST 131ST STREET
WEST 130TH STREET
WEST 129TH STREET
WEST 128TH STREET

125th Street Ⓜ
WEST 124TH STREET
WEST 123RD ST

AFRICAN SQUARE

MARCUS GARVEY PARK

LENOX LOUNGE

0   200 m
0   200 yds

LES BONNES ADRESSES

HÉBERGEMENT 276-291

RESTAURANTS ET BARS 292-317

BOUTIQUES ET MARCHÉS 318-339

SE DISTRAIRE À NEW YORK 340-363

LE NEW YORK DES ENFANTS 364-365

HÉBERGEMENT

Les 65 000 chambres de la ville offrent au visiteur un très vaste choix. Les palaces de New York sont moins onéreux que ceux de Paris ou de Londres. Par ailleurs, le nombre de bons hôtels à petit prix augmente. À New York, la location d'appartement, les chambres d'hôtel, les auberges de jeunesse ou les YMCA sont autant de solutions de logement. Nous avons inspecté plus de 200 hôtels et nous avons choisi les meilleurs de chaque catégorie. Le chapitre Choisir un hôtel *(p. 280-291)* contient une description de chaque hôtel pour vous aider à faire votre choix. Presque tous les hôtels que nous décrivons possèdent un site Internet pour vous permettre de faire votre réservation en ligne.

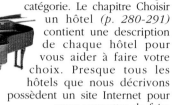
Le piano de Cole Porter dans le bar du Waldorf-Astoria *(p. 289)*

Une salle de bains à l'hôtel Paramount, quartier des Théâtres

OÙ CHERCHER

La plupart des palaces sont situés entre la 59e et la 77e Rue, mais certains établissements rénovés ou appartenant à un groupe hôtelier, comme le St Regis ou le Peninsula, leur font concurrence en centre-ville.

Les hommes d'affaires, eux, affectionnent particulièrement le centre-ville et les modestes hôtels de Lexington Avenue, ainsi que le quartier de Grand Central Terminal. Murray Hill séduit ceux qui recherchent un logement paisible non loin du centre-ville. Le quartier de Times Square, récemment rénové, convient particulièrement aux amateurs de spectacles. En effet, tous les spectacles se terminant généralement à la même heure, la recherche d'un taxi libre pour rentrer peut se révéler être un vrai casse-tête – autant résider à proximité.

On trouve quelques bons hôtels pas trop chers autour de Herald Square, ce qui est pratique pour le shopping. Récemment, de petits hôtels de charme ont ouvert dans les quartiers de SoHo et du Meatpacking District, ainsi que de nombreux bars, restaurants et boutiques de luxe *(p. 320-321)*. **New York & Co** (la chambre de commerce) publie une brochure gratuite remise à jour chaque année, appelée *The New York Hotel Guide,* qui vous indiquera les prix et les numéros de téléphone et de fax des hôtels.

PRIX

Certains établissements proposent des tarifs promotionnels et des réductions hors saison. À New York, les hommes d'affaires désertent la ville en fin de semaine, aussi profitez-en pour vous loger moins cher le week-end. Même les palaces proposent des conditions préférentielles *(Spécial week-end p. 278)*. De plus en plus d'hôtels ne proposent que des suites, et ce quelle que soit leur catégorie. Pour le même prix, vous aurez plus d'espace et une cuisine équipée… Ces suites peuvent accueillir jusqu'à quatre personnes, ce qui est particulièrement intéressant pour une famille.

Le café Botanica du Jumeirah Essex House *(p. 286)*

CHARGES SUPPLÉMENTAIRES

Pour savoir combien vous reviendra une nuit d'hôtel, le prix indiqué de la chambre n'est pas le seul élément à prendre en compte. Les chambres d'hôtels ont toujours été sujettes à diverses taxes. Aujourd'hui, cette taxe est applicable à tous les barèmes de prix et s'élève à 13,375 %, plus 3,50 $ par nuit et par chambre.

Dans plusieurs hôtels, le petit déjeuner est

Téléphones dans le hall (pour appeler un client de l'hôtel)

◁ **Des touristes au cœur de Manhattan**

Suite du Millenium *(p. 286)*

maintenant compris dans le prix de la chambre. Quand on sait qu'un petit déjeuner coûte entre 5 et 30 $, c'est intéressant. Mais c'est en allant vous restaurer au *deli* le plus proche que vous ferez le plus d'économie.

Le téléphone public du hall d'entrée revient souvent moins cher que celui de la chambre, en particulier pour les appels passés à l'étranger.

Aux États-Unis, il est d'usage de distribuer des pourboires. L'employé qui monte vos bagages reçoit normalement 1 $ par valise – davantage dans un hôtel de luxe– mais les réservations et autres services courants rendus par le concierge sont gratuits, sauf en cas d'une requête particulière.

En commandant depuis votre chambre, vérifiez si le service est compris ; sinon prévoyez un pourboire de 15 % à 20 %.

Les personnes qui voyagent seules savent d'expérience que le prix d'une chambre simple revient à peu près à 80 % de celui d'une double – et le plus souvent pour un espace équivalent.

AMÉNAGEMENTS

On pourrait s'attendre à ce que les chambres d'hôtel de New York soient bruyantes ; fort heureusement, la majorité des établissements offrent une bonne isolation sonore. La climatisation est elle aussi un équipement standard ; vous n'aurez donc pas besoin d'ouvrir les fenêtres en été. N'oubliez cependant pas que les pièces les plus tranquilles donnent toujours sur cour.

Même les plus modestes sont généralement équipées d'une radio, d'un téléviseur et d'un téléphone, ainsi bien sûr que d'une salle de bains attenante. La plupart des bons hôtels mettent à disposition de leurs clients télécopieur, mini-bar dans la chambre et salle de musculation. Un concierge est présent en permanence. Messageries vocales, gestion électronique des messages téléphoniques et du check-out sont en outre de plus en plus courantes.

Les hôtels indiqués sont tous situés à proximité de rues commerçantes et de restaurants. Peu d'hôtels possèdent leur propre parc de stationnement mais un grand nombre d'entre eux proposent des places payantes à la journée à leurs visiteurs. Les employés se chargent d'aller garer votre véhicule. S'il n'y a pas de concierge, la réception sera toujours en mesure de vous indiquer le parking le plus proche.

Le hall Art déco de l'hôtel Edison, dans le quartier des Théâtres

ADRESSES

OFFICE DU TOURISME

NYC & Co
(New York Convention and Visitors Bureau)
810 7th Ave, NY, NY 10019.
Plan 12 E4.
Tél. *(212) 484-1222.*
Brochures disponibles à l'aéroport de JFK.
www.nycvisit.com

HÔTELS AVEC SUITES

Affinia Suite Hotels
Un seul numéro pour toutes les réservations suivantes.
Tél. *(212) 320-8050,*
1 866-246 2203 *(n° gratuit).*
www.affinia.com

Affinia Dumont
150 E 34th St. **Plan** 9 A2.

Affinia Gardens
215 E 64th St. **Plan** 13 B2.

Affinia Manhattan
371 7th Ave. **Plan** 8 E3.

Affinia Plaza
155 E 50th St. **Plan** 13 B4.

Beekman Tower
3 Mitchell Pl. **Plan** 13 C5.

The Benjamin
125 E 50th St. **Plan** 13 B4.

Eastgate Tower
222 E 39th St. **Plan** 9 B1.

Shelburne-Murray Hill
303 Lexington Ave. **Plan** 9 A2.

Surrey
20 E 76th St. **Plan** 17 A5.

The Phillips Club
155 West 66th St. **Plan** 12 D2. **Tél.** *(212) 835-8800*
www.phillipsclub.com

RÉSERVATIONS AÉROPORTS

A Meegan Services
JFK International Airport.
Tél. *1-800-441-1115.*

Accommodations Plus
JFK International Airport.
Tél. *1-800-733-7666*

SERVICE DE RÉSERVATION À TARIFS RÉDUITS

Hotel con-x-ions
Tél. *(212) 840-8686.*
Fax *(212) 221-8686.*
www.hotelconxions.com

Quikbook
Tél. *(212) 779 7666 ;*
www.quikbook.com

COMMENT RÉSERVER

N'hésitez pas à réserver votre chambre au moins un mois à l'avance, car s'il est peu probable que l'hôtel soit complet, les meilleures chambres et les suites risquent d'être déjà prises, surtout en période de congrès. Les périodes les plus chargées sont Pâques, la semaine du Marathon de New York (fin octobre ou début novembre), Thanksgiving et Noël.

Vous pouvez réserver directement auprès de l'hôtel par lettre, fax, téléphone ou Internet. Une confirmation écrite de votre réservation vous sera demandée, le plus souvent accompagnée d'arrhes ; attention, les éventuels frais d'annulation seront déduits de leur montant. Vous pouvez régler par carte de crédit, chèque ou mandat international, ou encore par chèques de voyage en dollars. Si vous n'avez pas payé d'avance par carte de crédit et que vous prévoyez d'arriver après 18 h, prévenez l'hôtel afin d'éviter que votre chambre ne soit redistribuée.

Vous pouvez aussi réserver par l'intermédiaire de votre agence de voyage ou d'une compagnie aérienne. La plupart des hôtels possèdent un numéro d'appel gratuit à l'intérieur des États-Unis, cependant ces numéros ne fonctionnent pas depuis l'Europe. Si l'hôtel appartient à une chaîne internationale, la filiale de celle-ci dans votre pays est en mesure de vous réserver une chambre.

SPÉCIAL WEEK-END

Les hôtels sont plus occupés durant la semaine – les hommes d'affaires sont en ville – c'est pourquoi la plupart d'entre eux proposent des forfaits week-end à des tarifs préférentiels : il est souvent possible d'obtenir une suite pour le prix d'une chambre simple.

Des tarifs avantageux sont offerts aux employés de grosses sociétés ; la réception vous accordera fréquemment cette réduction sans vous demander si vous travaillez dans l'une d'entre elles. Certaines agences de réservation offrent elles aussi des réductions. Une bonne agence de voyage est censée proposer les meilleurs tarifs, mais il peut être utile de comparer les prix en contactant directement un service de réservation efficace, comme Quikbook ou Hotel con-x-ions (*p. 277*), qui propose des réductions allant de 20 à 50 % sur les réservations de dernière minute, et ce suivant la période de l'année. Vous réglez par carte de crédit, et vous recevez une réservation à présenter à votre arrivée à l'hôtel.

Autre formule intéressante, les voyages organisés : vous n'êtes pas obligé de rester avec un groupe, il vous suffit d'utiliser le même vol et

Vestibule de l'hôtel St Regis *(p. 287)*

ADRESSES

VOYAGEURS HANDICAPÉS

Mayor's Office for People with Disabilities
100 Gold St,
2e étage, NY,
NY 10038.
Tél. (212) 788-2830.
www.nyc.gov/mopd

CHAMBRES D'HÔTES

At Home in NY
Tél. (212) 956-3125.
Fax (212) 247-3294.

B & B Network in New York
130 Barrow St, Suite 508,
NY, NY 10014.
Tél. (212) 645-8134
ou (800) 900-8134.

CountryInn The City
Tél. (212) 580-4183.
www.countryinn
thecity.com

New World B & B
Tél. (212) 675-5600
ou (800) 443-3800.

AUBERGES DE JEUNESSE

Big Apple Hostel
119 W 45th St,
NY, NY 10036.
Plan 12 E5.
Tél. (212) 302-2603.
www.bigapplehostel.com

Hosteling International, NY
891 Amsterdam Ave
à W 103rd St,
NY, NY 10025.
Plan 20 E5.
Tél. (212) 932-2300.
www.hinewyork.org

92nd St Y
1395 Lexington Ave,
NY, NY 10128.
Plan 17 A2.
Tél. (212) 415-5650.
www.92y.org

YMCA-Vanderbilt
224 E 47th St,
NY, NY 10017.
Plan 13 A5.
Tél. (212) 756-9600.
www.ymcanyc.org

YMCA-West Side
5 W 63rd St, NY,
NY 10023.
Plan 12 D2.
Tél. (212) 875-4273.
www.ymcanyc.org

HÔTELS À L'AÉROPORT

P. 380-381 pour infos sur les hôtels à **JFK** et **Newark**.

le même hôtel. Ces formules peuvent également inclure les transferts depuis (ou vers) l'aéroport… une économie de plus! Enfin, les compagnies aériennes proposent fréquemment leurs propres formules, surtout en basse saison. N'oubliez pas qu'une bonne agence de voyage doit vous indiquer les meilleures affaires du moment, et que vous trouverez souvent, dans la presse des promotions et offres limitées accessibles directement.

VOYAGEURS HANDICAPÉS

La loi oblige les nouveaux hôtels à disposer d'équipements pour les handicapés et de nombreux hôtels anciens se sont mis en conformité avec la législation. Pour en savoir plus, consultez les sites Internet des établissements répertoriés pages 280 à 291. La plupart des hôtels acceptent les chiens d'aveugles, mais il est préférable de vérifier et de faire connaître vos besoins particuliers au moment de la réservation.

Pour plus d'informations, renseignez-vous auprès du **Mayor's Office for People With Disabilities.**

VOYAGER AVEC DES ENFANTS

Les hôtels américains accueillent généralement les enfants à bras ouverts, et mettront à votre disposition des équipements adaptés (lits de camp, liste de baby-sitters…).

Voyager avec des enfants peut être plus économique qu'on ne le pense : la plupart des hôtels ne font pas payer les enfants qui dorment dans la chambre de leurs parents (certains comptent un petit supplément). Un ou deux enfants sont tolérés par chambre, avec une limite d'âge – le plus souvent 12 ans. Les enfants plus âgés doivent payer plein tarif, bien qu'en certains endroits l'âge limite soit repoussé à 18 ans. Renseignez-vous au moment de réserver.

L'entrée de l'hôtel Peninsula (p. 289)

CHAMBRES D'HÔTES

De nombreux particuliers proposent des *bed and breakfast*, de la simple chambre chez l'habitant à l'appartement avec cuisine et salle de bains, mis à votre disposition en l'absence du propriétaire.

En optant pour un appartement, vous vivrez au rythme des New-Yorkais et goûterez au charme des restaurants de quartier, souvent moins onéreux que ceux du centre-ville.

Les formules *bed and breakfast* existent auprès de tous les services de réservation, certaines agences exigeant deux nuits ou plus minimum.

Le tarif pour un appartement varie de 100 à 300 $ la nuit ; on peut avoir une chambre double à partir de 100 $, selon que l'on désire une salle de bains privée ou non. Vous trouverez toutes sortes d'appartements, du plus spacieux au plus petit, du plus luxueux au plus spartiate. Renseignez-vous, avant de réserver, sur la proximité des commerces : trop de taxis risquent de grever votre budget…

Piscine panoramique dans un hôtel de luxe

JEUNES ET HÉBERGEMENT BON MARCHÉ

La ville propose une auberge de jeunesse et plusieurs dortoirs YMCA pour les petits budgets. Pour les séjours plus longs, le 92nd St Y, lieu de séjour éclectique situé dans la partie nord de East Side, propose de bons rapports qualité/prix (35 à 50 $ la nuit).

Il n'y a pas de camping à Manhattan, et les auberges de jeunesse sont dures à trouver.

Pour qui a peu de moyens et d'exigences, New York dispose aussi de chambres bon marché, souvent dans divers quartiers touristiques, en particulier à Chelsea, dans le quartier du vêtement, dans Upper West Side, et plus rarement dans des quartiers cossus tels qu'Upper Midtown. Certaines chambres sont assez confortables avec salle de douche ou de bains privée. D'autres sont petites et non climatisées et partagent une salle de bains commune.

Allégez votre budget en évitant de prendre le petit déjeuner à l'hôtel, même au café de l'hôtel.

UTILISER LE RÉPERTOIRE

La liste des hôtels se trouve pages 280 à 291. Chaque hôtel est répertorié selon sa localisation et sa catégorie de prix. Les pictogrammes après chaque adresse résument les équipements offerts.

🏋 centre de remise en forme dans l'hôtel
🏊 piscine dans l'hôtel
🧒 équipement pour enfants
🛗 ascenseur
P voiturier
🍴 restaurant
💳 pas de cartes de crédit

Catégorie de prix pour une chambre double avec petit déjeuner, taxes incluses :

$ moins de 150 $
$$ 150 $-250 $
$$$ 250 $-350 $
$$$$ 350 $-450 $
$$$$$ plus de 450 $

Choisir un hôtel

Les établissements répertoriés ont été choisis dans une large gamme de prix, pour leur bon rapport qualité-prix, leur emplacement et la qualité de leurs prestations. Ils sont présentés par quartier dans le même ordre que le reste du guide, puis alphabétiquement dans chaque catégorie de prix, par ordre croissant de prix.

CATÉGORIES DE PRIX
Prix par nuit pour une chambre double avec petit déjeuner, taxes et service compris.

$ moins de 150 $
$$ 150 $-250 $
$$$ 250 $-350 $
$$$$ 350 $-450 $
$$$$$ plus de 450 $

LOWER MANHATTAN

Best Western Seaport Inn Downtown — $$

33 Peck Slip, 10038 ***Tél.*** *(212) 766-6600* ***Fax*** *(212) 766-6615* ***Chambres*** *72* — ***Plan*** *2 D2*

Dans cet établissement avec vue sur le pont de Brooklyn, on croit arriver dans un repaire de marins du XIXe siècle. Les familles apprécient le somptueux petit déjeuner, les gâteaux secs l'après-midi et le salon où café et thé sont servis. Club de remise en forme ouvert 24 h / 24. Optez pour une chambre avec terrasse si possible. **www.seaportinn.com**

Embassy Suites New York — $$$

102 North End Ave, 10282 ***Tél.*** *(212) 945-0100* ***Fax*** *(212) 945-3012* ***Chambres*** *463* — ***Plan*** *1 A2*

Cet hôtel, qui ne loue que des suites, est idéal pour les familles. Les logements de deux chambres sont équipés d'Internet haut débit et de canapés-lits. Vue fabuleuse sur le port et réductions le week-end. L'hôtel est proche de Battery Park City et du ferry pour la statue de la Liberté, mais assez loin du métro. **www.embassysuites.com**

Holiday Inn Wall Street — $$$

15 Gold St, 10038 ***Tél.*** *(212) 232-7700* ***Fax*** *(212) 425-0330* ***Chambres*** *138* — ***Plan*** *2 D2*

La clientèle d'affaires apprécie les chambres conçues à son intention avec toute la technologie dernier cri. Dans les chambres, ordinateur, télécopieur/photocopieur, téléphone portable et tout le matériel de bureau nécessaire. Au petit déjeuner, un buffet attend ceux qui n'ont pas de rendez-vous ailleurs. **www.holidayinnwsd.com**

Marriott New York City Financial Center — $$$

85 West St, 10006 ***Tél.*** *(212) 385-4900* ***Fax*** *(212) 227-8136* ***Chambres*** *497* — ***Plan*** *1 B3*

Au cœur du quartier financier, cet hôtel moderne et grandiose, qui s'adresse à une clientèle d'affaires, possède une piscine couverte. Toutes les chambres ont une literie luxueuse et un accès Internet haut débit. Certaines donnent sur la statue de la Liberté et sur le port de New York. Réductions le week-end. **www.nycmarriottfinancial.com**

The Wall Street Inn — $$$

9 South William St, 10004 ***Tél.*** *(212) 747-1500* ***Fax*** *(212) 747-1900* ***Chambres*** *46* — ***Plan*** *1 C3*

Dans cet hôtel de style « pionnier » qui s'adresse à une clientèle d'affaires, le service est de tout premier ordre. Les chambres sont un peu exiguës mais les lits confortables. Demandez une chambre d'angle avec bain à remous. Petit déjeuner continental compris et tarifs avantageux le week-end. **www.thewallstreetinn.com**

Ritz Carlton Battery Park — $$$$

2 West St, 10004 ***Tél.*** *(212) 344-0800* ***Fax*** *(212) 344-3801* ***Chambres*** *298* — ***Plan*** *1 B4*

Dans les chambres d'une élégance toute moderne, des télescopes offrent des gros plans spectaculaires sur la statue de la Liberté et le port de New York. Les salles de bains immenses regorgent d'aménagements, et un programme spécial est destiné aux enfants. Le thé est servi au bar l'après-midi. **www.ritzcarlton.com**

LOWER EAST SIDE

Off SoHo Suites Hotel — $

11 Rivington St, 10002 ***Tél.*** *(212) 979-9808* ***Fax*** *(212) 979-9801* ***Chambres*** *38* — ***Plan*** *5 A3*

Avec l'expansion des quartiers branchés du centre-ville, cet hôtel bon marché à proximité de SoHo ou de Lower East Side n'est plus isolé. Les petites suites partagent une salle de bains commune, tandis que les grandes suites avec salle de bains et cuisine équipée sont parfaites pour les groupes ou les familles. **www.offsoho.com**

Howard Johnson Express Inn — $$$

135 East Houston St, 10002 ***Tél.*** *(212) 358-8844* ***Fax*** *(212) 473-3500* ***Chambres*** *46* — ***Plan*** *5 A3*

Ce récent établissement bon marché offre des chambres petites mais propres au cœur du quartier des cafés à la mode et des boutiques. Proche du métro, de nombreux snacks et du célèbre Katz's Deli, l'emplacement est idéal pour la clientèle jeune et branchée. Four à micro-ondes et petit réfrigérateur dans certaines chambres. **www.hojo.com**

Légende des symboles *voir le rabat arrière*

SOHO ET TRIBECA

Cosmopolitan Hotel $$

95 West Broadway, 10007 **Tél.** *(212) 566-1900* **Fax** *(212) 566-6909* **Chambres** *125* **Plan** *1 B1*

Cette perle pour petits budgets est située au cœur du quartier branché de TriBeCa. Les chambres sont petites mais bien tenues, tout comme les minuscules salles de bains. À proximité de nombreux restaurants excellents et des transports en commun. Vivement recommandé, cet hôtel est aussi parfait pour le shopping. **www.cosmohotel.com**

Holiday Inn Downtown $$

138 Lafayette St, 10013 **Tél.** *(212) 966-8898* **Fax** *(212) 941-5832* **Chambres** *227* **Plan** *4 F5*

Cet établissement simple est fréquenté depuis longtemps par ceux qui recherchent la proximité du cœur animé de New York. Proche de Chinatown, SoHo, Lower East Side et Little Italy qui regorgent de boutiques et de restaurants. Chambres simples mais confortables. Le restaurant sur place est acceptable. **www.hidowntown-nyc.com**

Tribeca Grand Hotel $$$

2 Sixth Ave, 10013 **Tél.** *(212) 519-6600* **Fax** *(212) 519-6700* **Chambres** *203* **Plan** *3 E5*

L'atrium donne à cet hôtel un air majestueux. En bas, la salle de projection privée a toujours attiré les célébrités. Chambres aux lignes épurées et salles de bains ultramodernes. Pour plus d'espace, demandez une chambre d'angle ou une suite et ne manquez pas de prendre un verre au salon pour voir passer les vedettes. **www.tribecagrand.com**

60 Thompson $$$$

60 Thompson St, 10012 **Tél.** *(877) 431-0400* **Fax** *(212) 431-0200* **Chambres** *100* **Plan** *4 D4*

Cet élégant hôtel de charme très bien placé est de plus en plus couru depuis l'ouverture d'un nouveau restaurant et d'une terrasse sur le toit – réservée aux résidents et à certaines personnalités. Les chambres simples mais confortables, dans une gamme de tons agréable, sont équipées des derniers gadgets high-tech. **www.60thompson.com**

SoHo Grand Hotel $$$$

310 West Broadway, 10013 **Tél.** *(212) 965-3000* **Fax** *(212) 965-3200* **Chambres** *367* **Plan** *4 E4*

Nababs du spectacle et célébrités reviennent toujours dans cet hôtel de charme en plein cœur du SoHo branché. Les chambres sont petites et parfois sombres malgré les hautes fenêtres avec vue sur le centre-ville. Service d'étage 24 heures sur 24. Animaux de compagnie acceptés. **www.sohogrand.com**

The Mercer Hotel $$$$$

147 Mercer St, 10012 **Tél.** *(212) 966-6060* **Fax** *(212) 965-3838* **Chambres** *75* **Plan** *4 E3*

Discret, cet onéreux hôtel de charme est le préféré des célébrités soucieuses de préserver leur vie privée. Les chambres sont conçues comme des lofts avec briques apparentes et parquets. Baignoires à deux places. Les enfants sont les bienvenus et les berceaux peuvent être agrémentés d'une luxueuse literie. **www.mercerhotel.com**

GREENWICH VILLAGE

Abingdon Guest House $$

13 Eighth Ave, 10014 **Tél.** *(212) 243-5384* **Fax** *(212) 807-7473* **Chambres** *9* **Plan** *3 C1*

Cette agréable pension, située dans l'une des rues les plus charmantes de West Village, convient surtout aux voyageurs indépendants car il n'y a pas de personnel à temps complet. Confortables, les chambres sont dotées chacune d'un décor unique. Pas de petit déjeuner, mais on peut y prendre un café. **www.abingdonguesthouse.com**

Washington Square Hotel $$

103 Waverly Place, 10011 **Tél.** *(212) 777-9515* **Fax** *(212) 979-8373* **Chambres** *170* **Plan** *4 D2*

À quelques pas de NYU, cet hôtel donne sur Washington Square Park, récemment remis à neuf. Le hall de marbre dessert de petites chambres agréables. Son emplacement central explique les prix un peu élevés, mais l'hôtel est très proche de bars et de restaurants épatants. Le restaurant sur place sert une bonne cuisine. **www.wshotel.com**

EAST VILLAGE

Union Square Inn $

209 East 14th St, 10003 **Tél.** *(212) 614-0500* **Fax** *(212) 614-0512* **Chambres** *40* **Plan** *4 F1*

Cet hôtel offre toutes les commodités habituelles à un prix raisonnable. Sans vue, les chambres n'ont rien d'extraordinaire, mais les lits sont confortables et les salles de bains propres. Petit déjeuner continental servi au café sur place (horaires limités). Union Square est à proximité. **www.unionsquareinn.com**

The Bowery Hotel ⇅ 🍴 👪 [$][$][$][$]

335 Bowery, 10003 ***Tél.*** *(212) 505-9100* ***Chambres*** *135* ***Plan*** *4 F3*

On doit ce luxueux hôtel aux propriétaires du Maritime à Chelsea. Cet établissement opulent de 17 étages se distingue par ses cheminées dans le hall, des ascenseurs aux panneaux de bois, des fenêtres s'élançant du sol au plafond, sept chambres avec terrasse privée et salle de bains avec vue sur la ville. Le bar attire une clientèle VIP. **www.theboweryhotel.com**

GRAMERCY ET LE QUARTIER DU FLATIRON

Hotel 17 ⇅ [$]

225 East 17th St, 10003 ***Tél.*** *(212) 475-2845* ***Fax*** *(212) 677-8178* ***Chambres*** *120* ***Plan*** *9 B5*

Cet établissement simple et économique pour les jeunes possèdent des chambres minuscules sans charme, et certaines partagent une salle de bains. Woody Allen a fait connaître cet hôtel dans *Meurtre mystérieux à Manhattan* et Madonna y aurait séjourné au début de sa carrière. Snacks et rues commerçantes non loin. **www.hotel17ny.com**

Hotel 31 ⇅ [$]

120 East 31st St, 10016 ***Tél.*** *(212) 685-3060* ***Fax*** *(212) 532-1232* ***Chambres*** *60* ***Plan*** *9 A3*

Jumeau de Hotel 17 et installé dans un quartier un peu plus tranquille le soir, cet établissement a été rénové récemment. Chacune des 60chambres possède un décor différent mais dans le même style imprimé à fleurs chic, et dispose de la climatisation et de la télévision par câble. Certaines ont une salle de bains commune. **www.hotel31.com**

Murray Hill Inn [$]

143 East 30th St, 10016 ***Tél.*** *(212) 683-6900* ***Fax*** *(212) 545-0103* ***Chambres*** *50* ***Plan*** *9 A3*

Le bon rapport qualité-prix de cet hôtel sans ascenseur compense l'exiguïté des chambres, simples et anonymes. Les chambres à l'étage qui bénéficient de sanitaires communs très propres conviennent parfaitement aux budgets serrés. Murray Hill étant un quartier de jeunes familles, il est assez calme le soir. **www.murrayhillinn.com**

Gershwin Hotel ⇅ 🍴 [$][$]

7 East 27th St, 10016 ***Tél.*** *(212) 545-8000* ***Fax*** *(212) 684-5546* ***Chambres*** *150* ***Plan*** *8 F3*

Dans le hall, un *Campbell's Soup Can* original d'Andy Warhol donne le ton de cet hôtel d'inspiration pop art. L'art est présent à tous les étages. Les chambres claires sont décorées avec élégance. À deux pas de l'Empire State Building et de nombreux restaurants abordables. **www.gershwinhotel.com**

The Marcel ⇅ [P] 🍴 [$][$]

301 East 24th St, 10011 ***Tél.*** *(212) 696-3800* ***Fax*** *(212) 696-0077* ***Chambres*** *97* ***Plan*** *9 B4*

Malgré l'exiguïté des chambres, les voyageurs à petit budget apprécieront l'atmosphère contemporaine du Marcel. Lecteurs de CD, édredons en duvet et lits pliables confortables qui optimisent l'espace. Le bar à cappuccino gratuit 24 h / 24, 7 jours / 7 est agréable. Accès Internet en supplément.

Thirty Thirty ⇅ 🍴 [$][$]

30 East 30th St, 10016 ***Tél.*** *(212) 689-1900* ***Fax*** *(212) 689-0023* ***Chambres*** *253* ***Plan*** *9 A3*

Bien que petites, les chambres élégantes et confortables sont idéales pour les voyageurs aux goûts raffinés mais au budget modeste. Beaucoup sont à deux lits et certaines ont un coin cuisine. Le restaurant et le bar sont des atouts supplémentaires. Proche de plusieurs restaurants et de magasins branchés. **www.thirtythirty-nyc.com**

Hotel Roger Williams ⇅ 🍸 [$][$][$]

131 Madison Ave, 10016 ***Tél.*** *(212) 448-7000* ***Fax*** *(212) 448-7007* ***Chambres*** *200* ***Plan*** *9 A3*

Cet établissement élégant s'adresse aux budgets un peu plus conséquents. Les prestations supplémentaires justifient le prix : petit déjeuner gratuit, café et petits extras à volonté toute la journée et prêt de DVD. ***Chambres*** reposantes aux bois clairs et couleurs chaudes. Réductions saisonnières. **www.rogerwilliamshotel.com**

Hotel Giraffe ⇅ 🍴 [$][$][$][$]

365 Park Ave South, 10016 ***Tél.*** *(212) 685-7700* ***Fax*** *(212) 685-7771* ***Chambres*** *73* ***Plan*** *9 A4*

Dans le quartier du Flatiron, c'est sans doute le meilleur hôtel de luxe qui offre un large éventail de services. Les chambres sont décorées dans le style moderniste, et dans les suites les portes-fenêtres ouvrent sur des balcons. Le restaurant propose une excellente cuisine et des cocktails forts dans une ambiance de bar. **www.hotelgiraffe.com**

Inn at Irving Place 🍴 [$][$][$][$]

56 Irving Place, 10003 ***Tél.*** *(212) 533-4600* ***Fax*** *(212) 533-4611* ***Chambres*** *12* ***Plan*** *9 A5*

Edith Wharton serait fière de cet hôtel de luxe installé dans d'anciennes *brownstones*. Toutes les chambres sont dotées d'une superbe salle de bains et de la technologie moderne avec, entre autres, lecteurs de CD. Le petit déjeuner compris est servi dans le salon. Ne manquez pas le goûter dînatoire. **www.innatirving.com**

Gramercy Park Hotel ⇅ [P] 🍸 🍴 [$][$][$][$][$]

2 Lexington Ave, 10010 ***Tél.*** *(212) 920-3300* ***Fax*** *(212) 673-5890* ***Chambres*** *185* ***Plan*** *9 A4*

Après des travaux de rénovation, le Gramercy Park Hotel a dévoilé son extravagant éclectisme bohème : art moderne un peu partout, panneaux en bois, velours et gadgets derniers cris. Les clients pourront se détendre dans le jardin privé sur le toit et même dans Gramercy Park (oui, on vous en donnera les clefs !). **www.gramercyparkhotel.com**

Légende des catégories de prix *voir p. 280* **Légende des symboles** *voir le rabat arrière*

CHELSEA ET LE QUARTIER DU VÊTEMENT

Americana Inn

69 West 38th St, 10018 **Tél.** (212) 840-6700 **Fax** (212) 840-1830 **Chambres** 50   **Plan** 8 F1

C'est la meilleure adresse pour les petits budgets qui recherchent le strict minimum. Les chambres ont un lavabo particulier et les salles de bains sont impeccables. Emplacement central et personnel amical sont des atouts supplémentaires. Toujours animé, le quartier peut sembler agité. **www.theamericanainn.com**

Chelsea International Hostel

251 West 20th St, 10011 **Tél.** (212) 647-0010 **Fax** (212) 727-7289 **Chambres** 57   **Plan** 8 D5

Considéré comme l'une des meilleures auberges de jeunesse de la ville, ce complexe se compose de plusieurs bâtiments bas autour d'une cour centrale Chambres particulières à lits superposés et dortoirs. Salles de bains communes. Deux cuisines entièrement équipées, laverie et téléviseurs. **www.chelseahostel.com**

Chelsea Lodge

318 West 20th St, 10011 **Tél.** (212) 243-4499 **Fax** (212) 243-7852 **Chambres** 22   **Plan** 8 D5

Une maison de ville restaurée avec amour dans le Chelsea Historic District sert de cadre à cette perle bon marché. Les chambres, petites, ont un lavabo et une douche privés, seules les toilettes sont à partager. Idéal pour les voyageurs indépendants désireux de vivre une expérience authentiquement new-yorkaise. **www.chelsealodge.com**

Chelsea Star Hotel

300 West 30th St, 10001 **Tél.** (212) 244-7827 **Fax** (212) 279-9018 **Chambres** 34   **Plan** 8 D3

Une rénovation récente a presque doublé la taille de l'hôtel. Les intérieurs sont lumineux et gais, bien qu'un peu criards. Dans le hall, une statue grandeur nature de Betty Boop accueille le visiteur. Les chambres vont du style dortoir au haut de gamme avec lit à baldaquin et lecteur de DVD. **www.starhotelny.com**

Colonial House Inn

318 West 22nd St, 10011 **Tél.** (212) 243-9669 **Fax** (212) 633-1612 **Chambres** 20   **Plan** 8 D4

Les propriétaires de cette charmante *brownstone* transformée en hôtel accueillent surtout une clientèle homosexuelle masculine, mais tout le monde est bienvenu. Les chambres bien tenues ont un décor moderne. Près de la moitié ont une salle de bains particulière et quelques-unes ont une cheminée. Réductions saisonnières. **www.colonialhouseinn.com**

Broadway Plaza Hotel

1155 Broadway, 10001 **Tél.** (212) 679-7665 **Fax** (212) 679-7694 **Chambres** 69   **Plan** 8 F3

Dans cet hôtel à petit prix, les rénovations de 2004 ont joliment modernisé toutes les chambres, rafraîchies par une literie, des rideaux et des moquettes neuves; il y a même l'accès Internet haut débit et deux lignes téléphoniques. Petit déjeuner compris. Le quartier peut parfois être bruyant. **www.broadwayplazahotel.com**

Chelsea Inn

46 West 17th St, 10011 **Tél.** (212) 645-8989 **Fax** (212) 645-1903 **Chambres** 26   **Plan** 8 F5

Deux *brownstones* du début du XIXᵉ siècle abritent dans leurs coins et recoins des chambres et des suites dont la plupart ont une salle de bains particulière. Le mobilier éclectique et les tapis usés semblent un peu vétustes, mais tout est propre. Des bons remis gracieusement sont à échanger contre un petit déjeuner au café en bas. **www.chelseainn.com**

Chelsea Savoy Hotel

204 West 23rd St, 10011 **Tél.** (212) 929-9353 **Fax** (212) 741-6309 **Chambres** 90   **Plan** 8 E4

Cet hôtel, qui est l'un des plus modernes de Chelsea, a de fidèles adeptes qui apprécient les chambres neuves et le service sans faille. Les chambres sont agréables malgré l'absence de petites attentions. Une bonne adresse pour ceux qui raffolent de la vie nocturne, des restaurants et des bars de Chelsea. **www.chelseasavoynyc.com**

Comfort Inn Chelsea

18 West 25th St, 10010 **Tél.** (212) 645-3990 **Fax** (212) 633-8952 **Chambres** 121   **Plan** 8 F4

Les voyageurs à petit budget apprécient son emplacement dans le Chelsea branché. Le bâtiment en brique de 1901 offre des chambres propres avec téléviseur et réfrigérateur. Le restaurant et la cafétéria dans le hall ont beaucoup de succès. Le célèbre marché aux puces de Chelsea le week-end est tout proche. **www.choicehotels.com**

Hotel Chelsea

222 West 23rd St, 10011 **Tél.** (212) 243-3700 **Fax** (212) 675-5531 **Chambres** 400   **Plan** 8 E4

Une page célèbre de l'histoire du mouvement punk a été écrite quand Sid Vicious a tué ici sa compagne Nancy Spungen. Depuis, d'autres célébrités y ont séjourné. Certains se disent attirés par les chambres spacieuses et la protection de leur vie privée, d'autres apprécient le mobilier bohème bien qu'un peu poussiéreux. **www.hotelchelsea.com**

Hotel Metro

45 West 35th St, 10001 **Tél.** (212) 947-2500 **Fax** (212) 279-1310 **Chambres** 179   **Plan** 8 F2

Cette merveille d'inspiration Art déco est l'une des meilleures adresses du centre de Manhattan dans sa catégorie. Les chambres spacieuses sont bien décorées et la terrasse offre une vue imprenable sur l'Empire State Building. L'ambiance du restaurant et sa cuisine sont très appréciées. Petit déjeuner compris. **www.hotelmetronyc.com**

Hotel Wolcott

4 West 31st St, 10001 **Tél.** *(212) 268-2900* **Fax** *(212) 563-0096* **Chambres** *250* — **Plan** *8 F3*

Ceux qui surveillent leurs finances apprécient les grandes chambres, les petits prix et l'emplacement central. Les chambres simples mais propres sont équipées d'un téléviseur avec accès Internet. Laverie sur place. Pas de restaurant mais nombreux snacks dans le quartier. **www.wolcott.com**

Inn on 23rd

131 West 23rd St, 10011 **Tél.** *(212) 463-0330* **Fax** *(212) 463-0302* **Chambres** *14* — **Plan** *8 E4*

Entre le *bed-and-breakfast* et l'hôtel, chaque chambre et suite de ce bijou possède un décor personnalisé avec lits ultramoelleux et épaisses serviettes éponge. Le New School Culinary Institute crée un somptueux petit déjeuner tous les matins. Vivement recommandé. **www.innon23rd.com**

Red Roof Inn

6 West 32nd St, 10001 **Tél.** *(212) 643-7100* **Fax** *(212) 643-7101* **Chambres** *172* — **Plan** *8 F3*

Cette chaîne de motels originaire du Midwest et filiale du groupe Accor s'adapte bien à la ville avec ses chambres bien aménagées (accès Internet) et son service professionnel. Bien situé pour le tourisme, les magasins et les concerts à Madison Square Garden. Restaurants coréens abordables non loin. Petit déjeuner compris. **www.redroof.com**

Four Points by Sheraton

160 West 25th St, 10001 **Tél.** *(212) 627-1888* **Fax** *(212) 627-1611* **Chambres** *158* — **Plan** *8 E4*

Ce nouvel hôtel pour petits budgets draine les voyageurs raffinés et la clientèle d'affaires prête à dépenser un peu plus. Les chambres sont bien conçues avec accès gratuit à Internet haut débit. Certaines ont un balcon avec vue sur le centre-ville. Bon service, comme toujours dans cette chaîne. **www.starwoodhotels.com/fourpoints**

The Maritime

363 West 16th St, 10011 **Tél.** *(212) 242-4300* **Fax** *(212) 242-1188* **Chambres** *125* — **Plan** *8 D5*

Impossible de manquer le thème de la mer dans cet hôtel branché dont toutes les chambres, petites mais bien conçues, sont aménagées autour d'un hublot avec vue sur la Hudson River. Plusieurs bars et restaurants. C'est l'hôtel new-yorkais qui dispose du maximum d'espace en plein air. **www.themaritimehotel.com**

Radisson/Martinique on Broadway

49 West 32nd St, 10001 **Tél.** *(212) 736-3800* **Fax** *(212) 277-2702* **Chambres** *532* — **Plan** *8 F3*

Un bâtiment de style Renaissance française abrite cette antenne de la très sérieuse chaîne Holiday Inn. Le hall est chamarré et les chambres, assez ordinaires, sont bien tenues. Dans le quartier, nombreux restaurants asiatiques abordables et plusieurs sites touristiques. **www.radisson.com**

LE QUARTIER DES THÉÂTRES

Big Apple Hostel

119 West 45th St, 10036 **Tél.** *(212) 302-2603* **Fax** *(212) 302-2605* **Chambres** *39* — **Plan** *12 E5*

Avec son excellente situation, ses chambres propres et son jardin à l'arrière, cette auberge est idéale pour les jeunes voyageurs. La majorité des lits est en dortoir mais quelques chambres à grand lit sont disponibles. Cuisine entièrement équipée. Réserver longtemps à l'avance. **www.bigapplehostel.com**

Park Savoy Hotel

158 West 58th St, 10019 **Tél.** *(212) 245-5755* **Fax** *(212) 765-0668* **Chambres** *70* — **Plan** *12 E3*

Cet hôtel très simple offre un hébergement fort basique, mais il n'est qu'à un bloc de Central Park. Les chambres sont propres bien qu'un peu délabrées et spartiates. Service amical mais réduit au minimum. Achetez un sandwich à l'un des *delicatessen* voisins et allez le déguster dans le parc. **www.parksavoyhotelny.com**

414 Inn

414 West 46th St, 10036 **Tél.** *(212) 399-0006* **Fax** *(212) 957-8716* **Chambres** *22* — **Plan** *11 C5*

Dans ce petit hôtel élégant, le personnel obligeant commandera votre repas dans l'un des restaurants voisins. Avec des lits et draps de meilleure qualité, les chambres à très grand lit sont plus agréables que les doubles standard. Demandez une chambre sur cour pour être au calme. **www.414inn.com**

Amsterdam Court Hotel

226 West 50 St, 10019 **Tél.** *(212) 459-1000* **Fax** *(212) 265-5070* **Chambres** *125* — **Plan** *12 D4*

Cet établissement très élégant est idéal pour le voyageur raffiné dont le budget n'est pas trop serré. Les chambres décorées dans des tons apaisants de blanc et de kaki sont équipées de linge belge, de duvets et de lecteurs de CD. La terrasse sur le toit est très agréable en été. Nombreux excellents restaurants sur 9th Avenue. **www.nychotels.com**

Belvedere Hotel

319 West 48th St, 10036 **Tél.** *(212) 245-7000* **Fax** *(212) 245-4455* **Chambres** *400* — **Plan** *12 D5*

Ce bon hôtel de standing moyen est nettement supérieur à ses concurrents dans la même fourchette de prix et le même quartier. Les chambres y sont plus spacieuses et relativement plaisantes. Bon grill-room brésilien très populaire sur place et nombreux restaurants de qualité dans les alentours. Prisé des familles. **www.belvederehotelnyc.com**

Légende des catégories de prix *voir p. 280* **Légende des symboles** *voir le rabat arrière*

Best Western President Hotel

234 West 48th St, 10036 **Tél.** *(212) 246-8800* **Fax** *(212) 974-3922* **Chambres** *334* **Plan** *12 E5*

Outre les chambres standard, cet hôtel de chaîne bien situé dispose de petites suites avec canapé-lit, parfaites pour les familles. Les chambres simples mais propres sont bien tenues. Le quartier étant toujours animé, mieux vaut en choisir une autre si vous avez le sommeil léger. **www.bestwestern.com**

Broadway Inn

264 West 46th St, 10036 **Tél.** *(212) 997-9200* **Fax** *(212) 768-2807* **Chambres** *41* **Plan** *12 D5*

La qualité du service distingue ce petit établissement de ses concurrents dans la même catégorie de prix. Dans les suites, les enfants ne paient pas et le petit déjeuner étant offert à tous les clients, cet hôtel est très prisé des familles. Les chambres sont petites mais décorées avec goût dans le style Art déco. Stationnement gratuit. **www.broadwayinn.com**

Da Vinci Hotel

244 West 56th St, 10019 **Tél.** *(212) 489-4100* **Fax** *(212) 399-0434* **Chambres** *20* **Plan** *12 D3*

Ce petit hôtel de charme de style européen se targue de la qualité du service. Il est situé à proximité des théâtres et au cœur de la foule. Les chambres ne sont pas grandes, mais elles sont bien aménagées et confortables. Les repas pouvant être onéreux dans le quartier, préférez les cafétérias et les petits restaurants. **www.davincihotel.com**

Holiday Inn New York City-Midtown-57th St

440 West 57th St, 10019 **Tél.** *(212) 581-8100* **Fax** *(212) 581-7739* **Chambres** *596* **Plan** *11 C3*

Cet hôtel sérieux de la célèbre chaîne hôtelière américaine est prisé des familles pour la piscine extérieure et le petit déjeuner offert aux enfants. Les chambres répondent parfaitement à l'attente – propres, confortables et équipées d'un accès Internet. À quelques blocs de Central Park et du quartier des théâtres. **www.holiday-inn.com**

Hotel Edison

228 West 47th St, 10036 **Tél.** *(212) 840-5000* **Fax** *(212) 596-6850* **Chambres** *800* **Plan** *12 E5*

Cet établissement gigantesque offre un bon rapport qualité-prix au cœur du quartier des théâtres. Les chambres sont bien aménagées et les plus grandes sont parfaites pour les familles. Les voyageurs high-tech apprécieront l'accès Internet sans fil. L'hôtel est à quelques pas de la rue des restaurants. **www.edisonhotelnyc.com**

Mayfair Hotel

242 West 49th St, 10019 **Tél.** *(212) 586-0300* **Fax** *(212) 307-5226* **Chambres** *78* **Plan** *12 D5*

Dans cet hôtel bien géré, les chambres sont minuscules mais confortables et modernes. Le service est amical et la situation idéale pour les habitués des théâtres. Le bistro français sur place est parfait pour dîner avant le spectacle mais les restaurants de 9th Avenue offrent un meilleur rapport qualité-prix. **www.mayfairnewyork.com**

Algonquin

59 West 44th St, 10036 **Tél.** *(212) 840-6800* **Fax** *(212) 944-1419* **Chambres** *174* **Plan** *12 F5*

Dans les années 1920, les membres du célèbre club littéraire de la Table ronde de Dorothy Parker s'y retrouvaient. Aujourd'hui rénové, il attire toujours les gens de lettres. Pour plus d'espace, investissez dans une suite à thème littéraire. Le hall lambrissé d'acajou mène au légendaire cabaret Oak Room. **www.algonquinhotel.com**

Blakely Hotel

136 West 55th St, 10019 **Tél.** *(212) 245-1800* **Fax** *(212) 582-8332* **Chambres** *115* **Plan** *12 E4*

Ex-Gorham, cet hôtel a été refait dans la tradition des hôtels de charme avec un accent mis sur le service. Créé par le même duo que Chambers et Mercer, il offre un excellent rapport qualité-prix et occupe une situation de choix dans cette gamme de prix. Draps en coton égyptien. Guettez les bonnes réductions. **www.blakelynewyork.com**

Casablanca Hotel

147 West 43rd St, 10036 **Tél.** *(212) 869-1212* **Fax** *(212) 391-7585* **Chambres** *48* **Plan** *8 E1*

Cet hôtel à thème marocain est idéal pour aller au théâtre. Les petites chambres rénovées sont agrémentées de détails plaisants comme les meubles en rotin ciré. Le petit déjeuner compris est servi dans le salon à cheminée. Parfait pour observer les célébrités entrant et sortant du siège de *Vogue*, juste en face. **www.casablancahotel.com**

Chambers

15 West 56 Street, 10019 **Tél.** *(212) 974-5656* **Fax** *(212) 974-5657* **Chambres** *77* **Plan** *12 F3*

Une certaine élégance citadine imprègne cette partie du centre de Manhattan à l'esthétique dépouillée. Les chambres assez petites sont garnies d'œuvres d'art moderne originales, de peignoirs de bain Frette et de dessus-de-lit en cachemire. En bas, le restaurant Town est réputé. **www.chambershotel.com**

Doubletree Guest Suites

1568 Broadway, 10036 **Tél.** *(212) 719-1600* **Fax** *(212) 921-5212* **Chambres** *460* **Plan** *12 E5*

Dans cet hôtel composé uniquement de suites, l'emplacement et les excellentes prestations compensent largement le manque de charme. Certaines suites s'adressent aux familles, d'autres à la clientèle d'affaires. Avec sa salle de jeux pour les enfants, l'hôtel est prisé des familles avec bambins. **www.nyc.doubletreehotels.com**

Dream Hotel

210 West 55th St, 10019 **Tél.** *(212) 247-2000* **Fax** *(212) 974-0595* **Chambres** *228* **Plan** *12 E4*

Cet édifice Beaux-Arts de 1904 a été rénové et vous aurez l'impression de rêver tout éveillé en entrant dans le hall au décor étrange et démentiel. Les chambres baignent dans une lumière bleue et sont équipées d'iPods préchargés. Le restaurant mérite le détour, tout comme le bar et la terrasse sur le toit. **www.dreamny.com**

Hilton Times Square 〔symbols〕 $$$

234 West 42nd St, 10036 **Tél.** *(212) 840-8222* **Fax** *(212) 840-5516* **Chambres** *444* **Plan** *8 E1*

Cet hôtel aux chambres gigantesques et aux équipements modernes est une véritable oasis de calme en plein cœur de l'agitation de Times Square. À partir du 23ᵉ étage, les chambres offrent une vue imprenable sur le quartier. Le restaurant haut de gamme est sensationnel. **www.timessquare.hilton.com**

Mansfield 〔symbols〕 $$$

12 West 44th St, 10036 **Tél.** *(212) 277-8700* **Fax** *(212) 764-4477* **Chambres** *124* **Plan** *12 E5*

Dans cet hôtel de 1905 converti en logis de charme, les chambres disposent d'un accès Internet gratuit et d'édredons en duvet. Bar tranquille pour prendre un verre après une journée trépidante en ville. Niché dans une rue animée, l'hôtel est commodément situé pour les habitués des théâtres. **www.mansfieldhotel.com**

Millennium Broadway 〔symbols〕 $$$

145 West 44th St, 10036 **Tél.** *(212) 768-4400* **Fax** *(212) 768-0847* **Chambres** *752* **Plan** *12 E5*

Les chambres spacieuses, décorées dans le style Art déco, sont évaluées à leur juste prix dans cet hôtel prisé du quartier des théâtres, d'un bon rapport qualité-prix. Les chambres de luxe dans la tour sont plus grandes et mieux équipées. Le bar est agréable pour prendre un verre avant le spectacle. **www.millennium-hotels.com**

Paramount Hotel 〔symbols〕 $$$

235 West 46th St, 10036 **Tél.** *(212) 764-5500* **Fax** *(212) 354-5237* **Chambres** *610* **Plan** *12 D5*

Initialement conçu par Ian Schrager, l'hôtel a été repris par la chaîne espagnole Sol Melia et les tarifs ont baissé. Ne restez pas dans les toutes petites chambres décorées dans les tons blancs et gris, et profitez plutôt du bar à la mode. Faites provision de gourmandises à l'épicerie gastronomique sur place. **www.solmelia.com**

Roosevelt Hotel 〔symbols〕 $$

45 East 45th St, 10017 **Tél.** *(212) 661-9600* **Fax** *(212) 885-6161* **Chambres** *1013* **Plan** *13 A5*

Construite en 1924 et soigneusement rénovée pour son 80ᵉ anniversaire, cette « grande dame de Madison Avenue » est toujours prisée de la clientèle d'affaires et des touristes. Les chambres sont bien aménagées avec des lits confortables et le hall donne l'impression de retourner dans le passé. **www.therooseveltlhotel.com**

Skyline Hotel 〔symbols〕 $$$

725 10th Ave at 49th St, 10019 **Tél.** *(212) 586-3400* **Fax** *(212) 582-4604* **Chambres** *230* **Plan** *11 C5*

Non loin de bon nombre des meilleurs restaurants de la ville, le Skyline est un hôtel familial et accueillant arborant un hall et une façade typiquement new-yorkais. Rénovées depuis peu, les chambres sont grandes et confortables. Sa piscine intérieure chauffée est un plus incontestable, surtout pour les familles. **www.skylinehotelnyc.com**

Time 〔symbols〕 $$$

224 West 49th St, 10019 **Tél.** *(212) 320-2900* **Fax** *(212) 245-2305* **Chambres** *200* **Plan** *12 D5*

La dernière rénovation est l'œuvre du célèbre créateur Adam Tihany qui a choisi une palette de couleurs primaires pour créer une expérience multisensorielle. Beaucoup de chambres sont petites, surtout pour le prix. Même si certains le trouvent bruyant, allez prendre un verre au bar du hall, le spectacle est parfois dans la salle. **www.thetimeny.com**

Westin Times Square 〔symbols〕 $$$

270 West 43rd St, 10036 **Tél.** *(212) 201-2700* **Fax** *(212) 201-2701* **Chambres** *863* **Plan** *8 D1*

Installé dans une tour moderne multicolore de 45 étages, cet hôtel a remporté un succès immédiat à Times Square. Si son architecture est parfois critiquée, on s'extasie tout de même sur les chambres spacieuses, sur le « lit divin » *(heavenly bed)*. Nombreux restaurants familiaux dans les environs. **www.westinny.com**

Jumeirah Essex House 〔symbols〕 $$$$

160 Central Park South, 10019 **Tél.** *(212) 247-0300* **Fax** *(212) 315-1839* **Chambres** *515* **Plan** *12 E3*

Cette tour Art déco chamarrée qui surplombe Central Park propose les célèbres « lits divins » *(heavenly bed)* des Westin, uniques à New York. Le hall aux lignes pures est confortable et dépouillé, et les chambres sont de taille standard. Pour un repas au restaurant d'Alain Ducasse, il vous faudra casser votre tirelire. **www.jumeirahessexhouse.com**

Le Parker Meridien 〔symbols〕 $$$$

118 West 57th St, 10019 **Tél.** *(212) 245-5000* **Fax** *(212) 307-1776* **Chambres** *730* **Plan** *12 E3*

Service exceptionnel dans cet hôtel moderne doté d'un restaurant, d'un bon fast-food, d'une salle de sport et d'une piscine sur le toit. Il offre le meilleur rapport qualité-prix dans sa catégorie. Les chambres spacieuses, récemment rénovées dans le style design, sont équipées de la technologie dernier cri. **www.parkermeridien.com**

Michelangelo 〔symbols〕 $$$$

152 West 51st St, 10019 **Tél.** *(212) 765-0505* **Fax** *(212) 581-7618* **Chambres** *178* **Plan** *12 F4*

La Renaissance italienne règne partout dans ce merveilleux hôtel de charme entièrement décoré de tapis et de tissus classiques. Expresso et pâtisseries italiennes pour démarrer la journée et chocolats Baci au coucher. Le marbre italien règne dans les salles de bains. C'est la *dolce vita…* **www.michaelangelohotel.com**

Royalton 〔symbols〕 $$$$

44 West 44th St, 10036 **Tél.** *(212) 869-4400* **Fax** *(212) 869-8965* **Chambres** *205* **Plan** *12 F5*

Révolutionnaire à son ouverture, cet hôtel signé Ian Schrager et Philippe Starck commence à décliner. Le service est invariablement médiocre, mais le Tout-New York se bouscule encore au bar et au restaurant. Certaines chambres sont minuscules mais élégantes et les salles de bains modernes ne fonctionnent pas toujours. **www.royaltonhotel.com**

Légende des catégories de prix *voir p. 280* **Légende des symboles** *voir le rabat arrière*

Sofitel New York $$$$

45 West 44th St, 10036 **Tél.** *(212) 354-8844* **Fax** *(212) 354-2480* **Chambres** *398*   **Plan** *12 F5*

Cet hôtel, qui a remporté un succès immédiat dans le quartier des théâtres, marie à merveille moderne et classique, avec un service efficace. La brasserie est très agréable avec ses tables à l'extérieur en été. Certaines suites du dernier étage disposent d'une terrasse. Prisé de la clientèle d'affaires. **www.sofitel.com**

W Times Square $$$$

1567 Broadway, 10036 **Tél.** *(212) 930-7400* **Fax** *(212) 930-7500* **Chambres** *507*   **Plan** *12 E5*

Cet hôtel branché très prisé attire toujours les amateurs de design. Bien qu'un peu sombres, ses chambres ultramodernes offrent une vue imprenable sur le centre de Manhattan. Les salons et les restaurants sont toujours très en vogue. Ne manquez pas d'essayer le Blue Fin *(p. 305)* qui sert d'excellents sushis. **www.whotels.com**

Ritz-Carlton, New York $$$$$

50 Central Park South, 10019 **Tél.** *(212) 308-9100* **Fax** *(212) 207-8831* **Chambres** *260*   **Plan** *12 F3*

Ses admirateurs revendiquent pour cet hôtel le meilleur service de toute la chaîne Ritz-Carlton. De style traditionnel, les chambres spacieuses sont extrêmement confortables et dotées de la dernière technologie. Le spa très complet et la situation en face de Central Park sont des atouts supplémentaires. **www.ritzcarlton.com**

St Regis New York $$$$$

2 East 55th St, 10022 **Tél.** *(212) 753-4500* **Fax** *(212) 787-3447* **Chambres** *408*   **Plan** *12 F4*

Avec ses lustres et ses tapis précieux, ce bijou Beaux-Arts de 1904 respire le luxe et le glamour d'antan. Le service est très formel, comme d'habitude dans un hôtel classique modernisé. Accès Internet. L'hôtel est très prisé pour les mariages. La fermeture du restaurant primé Lespinasse est regrettable. **www.stregis.com**

The London NYC $$$$$

151 West 54th St, 10019 **Tél.** *(866) 690-2029* **Chambres** *562*   **Plan** *12 E4*

L'ancien Rhigha Royal a été rénové après un changement de propriétaires. À quelques minutes à pied de Central Park, le bâtiment Art déco de 54 étages offre tous les avantages que l'on peut attendre d'un établissement de sa catégorie, y compris un concierge. Premier restaurant du chef anglais Gordon Ramsay aux États-Unis. **www.thelondonnyc.com**

LOWER MIDTOWN

Hotel Grand Union $

34 East 32nd St, 10016 **Tél.** *(212) 683-5890* **Fax** *(212) 689-7397* **Chambres** *95*   **Plan** *9 A3*

Les voyageurs de tous âges au budget très limité trouvent le Grand Union d'un bon rapport qualité-prix pour le niveau de service offert. Les chambres, dont certaines sont assez spacieuses pour les familles, sont franchement laides, mais elles sont bien tenues et offrent tout le confort voulu. **www.hotelgrandunion.com**

Courtyard New York $$

3 East 40th St, 10016 **Tél.** *(212) 447-1500* **Fax** *(212) 683-7839* **Chambres** *185*   **Plan** *8 F1*

Dans ce quartier loin d'être bon marché, cet hôtel offre un bon rapport qualité-prix pour sa catégorie. Récemment repris par la chaîne Marriott, il a été considérablement rénové. Les familles apprécient son emplacement près de la New York Public Library et du quartier des théâtres, le bruit en moins. **www.courtyard.com**

70 Park $$$

70 Park Ave, 10016 **Tél.** *(212) 973 2400* **Fax** *(212) 973-2401* **Chambres** *205*   **Plan** *9 A1*

Ce nouvel hôtel de charme est élégant et bien conçu. La clientèle d'affaires apprécie les petits détails gratuits comme l'accès Internet haut débit sans fil. Certaines chambres sont petites mais confortables. Les animaux de compagnie sont acceptés et font même l'objet de prestations spéciales. **www.70parkavenuehotel.com**

Affinia Dumont $$$

150 East 34th St, 10016 **Tél.** *(212) 481-600* **Fax** *(212) 889-8856* **Chambres** *248*   **Plan** *9 A2*

Relancé récemment, cet hôtel ne comporte que des suites avec cuisines entièrement équipées. Il convient parfaitement à ceux qui privilégient l'espace et le confort. Le personnel attentif fait même les courses des clients à l'épicerie. L'excellent spa sur place maintient les voyageurs en forme. **www.affinia.com**

Courtyard by Marriott Midtown East $$$

866 Third Ave, 10022 **Tél.** *(212) 644-1300* **Fax** *(212) 317-7940* **Chambres** *299*   **Plan** *13 B4*

Les chambres spacieuses et modernes sont parfaites pour les familles désireuses de séjourner dans ce quartier. Elles sont équipées de cafetières et d'un accès Internet haut débit gratuit. La Wi-Fi est disponible sans frais dans un salon spécial. Le quartier devient beaucoup plus calme le soir. **www.marriott.com**

Dylan $$$

52 East 34th St, 10016 **Tél.** *(212) 338-0500* **Fax** *(212) 338-0569* **Chambres** *197*   **Plan** *9 A1*

Logé dans un édifice Beaux-Arts de 1903, cet hôtel de charme est l'ancien siège du Chemists Club. Malgré le hall un peu aseptisé, les chambres sont spacieuses pour les normes new-yorkaises. L'excellent restaurant sur place est bienvenu car le choix dans le quartier est limité. **www.dylanhotel.com**

Library Hotel   🔲 $$$

299 Madison Ave, 10017 **Tél.** *(212) 983-4500* **Fax** *(212) 499-9099* **Chambres** *60*   **Plan** *9 A1*

Avec ses chambres conçues autour du thème du livre, ce nouvel hôtel de charme gagne des admirateurs depuis son ouverture. Du conte de fées à la littérature érotique, le client choisit sa chambre selon son humeur et il reçoit les livres assortis. Terrasse sur le toit et snacks servis à toute heure. **www.libraryhotel.com**

Morgans   🔲 🍽 $$$

237 Madison Ave, 10016 **Tél.** *(212) 686-0300* **Fax** *(212) 779-8352* **Chambres** *154*   **Plan** *9 A2*

L'établissement à l'origine du développement des hôtels de charme est toujours florissant. Étonnamment, il draine une foule branchée qui se contente des chambres minuscules et du service inégal, en échange de l'ambiance du hall. Installez-vous au bar du hall et assistez au spectacle ! **www.ianschragerhotels.com**

Fitzpatrick Grand Central Hotel   🔲 🏃 $$$$

141 East 44th St, 10017 **Tél.** *(212) 351-6800* **Fax** *(212) 818-1747* **Chambres** *155*   **Plan** *13 A5*

À quelques pas de Grand Central Terminal, cet hôtel élégant, au service charmant, est une bonne base pour explorer la ville. Les chambres aux teintes éclatantes sont largement au-dessus de la moyenne et certaines ont des lits à baldaquin. Un authentique pub sur place reste ouvert tard le soir. **www.fitzpatrickhotels.com**

W The Court / W The Tuscany   🔲 🍽 🏃 🍽 $$$$

120-130 East 39th St, 10016 **Tél.** *(212) 686-1600* **Fax** *(212) 779-8352* **Chambres** *320*   **Plan** *9 A1*

Ce complexe formé de deux hôtels style « club » s'apparente à un hôtel de charme, mais avec un bien meilleur service. Les chambres sont équipées de la technologie dernier cri et certaines permettent de télécharger des films gratuitement. Les salons du Court sont plus branchés et le Tuscany est un peu plus décontracté. **www.whotels.com**

Bryant Park   🔲 🍽 $$$$$

40 West 40th St, 10018 **Tél.** *(212) 869-0100* **Fax** *(212) 869-4446* **Chambres** *128*   **Plan** *8 F1*

Idéalement placé au centre de Manhattan, cet hôtel luxueux au design minimaliste est logé dans l'étonnant American Radiator Building (toujours décoré à la feuille d'or), en face du Bryant Park. Le Cellar Bar est fréquenté par le Tout-New York. L'hôtel possède une salle de projection de 70 places. **www.bryantparkhotel.com**

Kitano   🔲 🍽 🏃 $$$$$

66 Park Ave, 10016 **Tél.** *(212) 885-7000* **Fax** *(212) 885-7100* **Chambres** *149*   **Plan** *9 A2*

Cet élégant hôtel du centre de Manhattan, qui s'adresse avant tout à une clientèle d'affaires, offre un service discret à la japonaise. Les chambres sont des havres de paix au milieu de l'agitation de ce tronçon de Park Avenue, et le thé vert japonais est offert gracieusement. Le restaurant est très couru. **www.kitano.com**

UPPER MIDTOWN

Hotel 57   🔲 🍽 $$

130 East 57th St, 10022 **Tél.** *(212) 753-8841* **Fax** *(212) 869-9605* **Chambres** *220*   **Plan** *13 A3*

Dans la catégorie « chic bon marché », l'Habitat associe avec naturel un design de grande qualité et des prix modérés. Certaines chambres sont très exiguës et partagent une salle de bains commune, mais les prix sont imbattables pour l'adresse centrale, proche des principaux magasins. **www.hotel57.com**

The Pod Hotel   🔲 $$

230 East 51st St, 10022 **Tél.** *(212) 355-0300* **Fax** *(212) 755-5029* **Chambres** *320*   **Plan** *13 B4*

Malgré la rénovation récente, le Pickwick pratique toujours des prix défiant toute concurrence, dans un quartier cher. Pensez à demander une salle de bains particulière et la superficie exacte de la chambre. Beaucoup sont minuscules, mais elles sont toutes propres et l'hôtel est très bien tenu. **www.thepodhotel.com**

Doubletree Metropolitan Hotel   🔲 🍽 🏃 🍽 $$$

569 Lexington Ave, 10022 **Tél.** *(212) 752-7000* **Fax** *(212) 758-6311* **Chambres** *722*   **Plan** *13 A4*

Géré désormais par le groupe Doubletree, l'ancien Loews s'adresse avant tout aux familles. Le service reste impeccable et les prix raisonnables. Les chambres sont petites mais bien tenues. Les restaurants sur place sont parfaits pour le repas en famille. **www.metropolitanhotelnyc.com**

Kimberly Hotel   🔲 🏃 $$$

145 East 50th St, 10022 **Tél.** *(212) 755-0400* **Fax** *(212) 486-6915* **Chambres** *185*   **Plan** *13 A5*

Cet établissement discret, d'un bon rapport qualité-prix, s'adresse aux amateurs d'espace. Les suites d'une ou deux chambres sont dotées d'une cuisine entièrement équipée et d'un mobilier bien pensé. Adresse idéale au calme et proche des bons magasins. **www.kimberlyhotel.com**

Roger Smith   🔲 🏃 $$$

501 Lexington Ave, 10022 **Tél.** *(212) 755-1400* **Fax** *(212) 758-4061* **Chambres** *130*   **Plan** *13 A5*

Cet établissement sobre possède quelques détails très design qui le distinguent du lot. Les chambres au décor individualisé sont plus grandes que la moyenne. Il draine une foule bigarrée, de l'homme d'affaires au genre artiste. Le quartier se calme un peu à la nuit tombante. Le petit déjeuner est compris. **www.rogersmith.com**

Légende des catégories de prix *voir p. 280* **Légende des symboles** *voir le rabat arrière*

Benjamin
125 East 50th St, 10022 **Tél.** *(212) 715-2500* **Fax** *(212) 715-2525* **Chambres** *209*   **Plan** *13 A4*

Les chambres modernes de cet hôtel discret sont extrêmement confortables et les bureaux sont parfaits pour une clientèle d'affaires exigeante. Toutes les chambres ont un coin cuisine et une literie de premier ordre. Restaurant et petit spa sur place. **www.thebenjamin.com**

Omni Berkshire Place
21 East 52nd St, 10022 **Tél.** *(212) 753-7800* **Fax** *(212) 754-5018* **Chambres** *396*   **Plan** *12 F4*

Dans cet hôtel élégant et discret, le décor est conçu pour le confort. Le service impeccable et la profusion d'équipements satisferont la clientèle d'affaires. Mais l'hôtel s'adressant aussi aux familles, des réductions sont accordées le week-end. Le quartier est relativement calme. **www.omnihotels.com**

Waldorf Astoria / Waldorf Towers
301 Park Ave, 10022 **Tél.** *(212) 355-3000* **Fax** *(212) 872-7272* **Chambres** *1242*   **Plan** *13 A5*

Cette légende new-yorkaise chargée d'histoire existe toujours malgré les plaintes concernant la médiocrité du service. Les prix restent raisonnables car l'hôtel est immense. Les chambres spacieuses ont été récemment rafraîchies. Au très sélect Towers, vous aurez droit au service d'étage 24 heures sur 24. **www.hilton.com**

Four Seasons New York
57 East 57th St, 10022 **Tél.** *(212) 758-5700* **Fax** *(212) 758-5711* **Chambres** *364*   **Plan** *13 A3*

Conçue par I.M. Pei, cette tour qui domine le centre de Manhattan de ses 52 étages est un des joyaux de la chaîne Four Seasons. Ne manquez pas le hall qui exhale le pouvoir et l'élégance de New York. Grandes et très confortables, les chambres offrent une vue fabuleuse sur Central Park. **www.fourseasons.com**

New York Palace
455 Madison Ave, 10022 **Tél.** *(212) 888-7000* **Fax** *(212) 303-6000* **Chambres** *896*   **Plan** *13 A4*

Avec la fermeture du légendaire restaurant Le Cirque 2000, cet opulent hôtel a perdu un peu de son éclat. Mais ce somptueux établissement qui occupe une maison historique de 1882 associe l'élégance d'antan et un service parfait. De l'avis général, c'est l'endroit le plus serein et le plus apaisant de la ville. **www.newyorkpalace.com**

Peninsula New York
700 Fifth Ave, 10019 **Tél.** *(212) 956-2888* **Fax** *(212) 903-3949* **Chambres** *239*   **Plan** *12 F4*

Cette petite antenne new-yorkaise de la chaîne asiatique offre le service légendaire des Peninsula. Les chambres conçues pour un confort suprême intègrent en douceur la technologie de pointe. Le spa est l'un des meilleurs de New York et le bar-terrasse sur le toit s'apprécie au coucher du soleil. Vivement recommandé. **www.peninsula.com**

UPPER EAST SIDE

Bentley Hotel
500 East 62nd St, 10021 **Tél.** *(212) 644-6000* **Fax** *(212) 207-4800* **Chambres** *197*   **Plan** *13 B4*

Hors des sentiers battus et dans un quartier typiquement new-yorkais, cet hôtel aux lignes épurées propose des chambres confortables malgré leur petite taille. Demandez une chambre d'angle, plus spacieuse. Les salles de bains carrelées de marbre sont charmantes. Cappuccino Bar ouvert 24 heures sur 24. **www.bentleyhotelnewyork.com**

Franklin
164 East 87th St, 10128 **Tél.** *(212) 369-1000* **Fax** *(212) 369-8000* **Chambres** *48*   **Plan** *17 A3*

Les chambres de cet hôtel moderne sont microscopiques mais bien conçues, avec lits romantiques à baldaquin et magnétoscopes. L'espace étant limité, l'hôtel s'adresse aux courts séjours ou aux voyageurs avec peu de bagages. Petit déjeuner continental compris. Demandez les tarifs préférentiels. **www.franklinhotel.com**

Hotel Wales
1295 Madison Ave, 10028 **Tél.** *(212) 876-6000* **Fax** *(212) 860-7000* **Chambres** *86*   **Plan** *17 B2*

Un hôtel confortable et agréable, bien situé pour le quartier des musées. Meubles en acajou, linge de lits belge et fleurs fraîches dans les chambres ajoutent du charme au décor. La terrasse sur le toit offre de superbes vues de la ville. **www.waleshotel.com**

Surrey Hotel
20 East 76th St, 10021 **Tél.** *(212) 288-3700* **Fax** *(212) 628-1549* **Chambres** *130*   **Plan** *17 A5*

Si vous privilégiez l'espace et que vous y mettez le prix, cet hôtel qui ne possède que des suites vous conviendra. Chacune dispose d'une cuisine entièrement équipée, mais vous serez peut-être tenté de faire monter vos plats du célèbre Café Boulud *(p. 308)* en bas. Nombreux petits restaurants bon marché dans le quartier. **www.affinia.com**

Carlyle
35 East 76th St, 10021 **Tél.** *(212) 744-1600* **Fax** *(212) 717-4682* **Chambres** *180*   **Plan** *17 A5*

Les chambres de cet hôtel de légende vous donnent l'impression d'être un authentique habitant de l'Upper East Side. Leur élégance et le service irréprochable ont attiré chefs d'État et vedettes du cinéma. Le Tout-New-York se retrouve au thé de l'après-midi. La classe et le glamour new-yorkais dans toute leur splendeur. **www.thecarlyle.com**

Sherry-Netherland   ▦ 🍴 ✿ 📺 $$$$$

781 Fifth Ave, 10022 **Tél.** *(212) 355-2800* **Fax** *(212) 319-4306* **Chambres** *50*   **Plan** *12 F3*

Un peu moins guindé que son voisin The Pierre, cet hôtel au charme suranné vous donne l'impression de vivre dans un appartement new-yorkais. Les suites sont immenses et le service exceptionnel. Le petit déjeuner chez Cipriani, en bas, est inclus dans le prix, à condition d'être prêt à côtoyer d'autres éminences grises. **www.sherrynetherland.com**

The Pierre   ▦ 🍴 ✿ 📺 $$$$$

2 East 61st St, 10021 **Tél.** *(212) 838-8000* **Fax** *(212) 940-8109* **Chambres** *203*   **Plan** *12 F3*

Le service accueillant de la chaîne Four Seasons rend cet hôtel très sophistiqué un peu moins intimidant. Les intérieurs sont grandioses, mais les chambres s'apparentent à des appartements privés. Avec des garçons d'ascenseur gantés, les familles royales ne seront pas dépaysées. Le bar et le restaurant sont recommandés. **www.tajhotels.com/pierre**

UPPER WEST SIDE

Amsterdam Inn $

340 Amsterdam Ave, 10024 **Tél.** *(212) 579-7500* **Fax** *(212) 545-0103* **Chambres** *25*   **Plan** *15 C5*

Dans cet hôtel économique, toutes les chambres sont bien entretenues. Si certaines sont petites ou partagent une salle de bains, les autres offrent un bon rapport qualité-prix. Assurez-vous que la chambre « double » est dotée d'un lit à deux places et non de lits gigognes. Excellente situation près des musées d'Upper West Side. **www.amsterdaminn.com**

Hostelling International – New York   🛗 $

891 Amsterdam Ave, 10025 **Tél.** *(212) 932-2300* **Fax** *(212) 932-2574* **Chambres** *628*   **Plan** *20 E5*

Vous aurez l'impression de retourner à l'université dans cette immense auberge de jeunesse aux allures de dortoir. Elle offre tous les avantages de la vie sur le campus – cafétéria, salle de jeux, laverie, accès Internet et tables de pique-nique. L'établissement est réservé aux plus de 18 ans. **www.hinewyork.org**

Hotel Newton   🛗 ✿ $

2528 Broadway, 10025 **Tél.** *(212) 678-6500* **Fax** *(212) 932-2574* **Chambres** *110*   **Plan** *15 C2*

Dans cet hôtel bien tenu qui est l'un des meilleurs dans sa catégorie de prix, les chambres propres et attrayantes sont dotées d'agréables salles de bains. Certaines peuvent accueillir quatre personnes. Le service est aimable et professionnel. Pas de restaurant sur place mais grand choix sur Broadway. **www.newyorkhotel.com**

Jazz on the Park $

36 West 106th St, 10025 **Tél.** *(212) 932-1600* **Fax** *(212) 932-1700* **Chambres** *220*   **Plan** *21 A5*

Cette auberge jeune et bohème, extrêmement populaire, insuffle un peu de vie à ce quartier assez guindé. Ne manquez pas la cafétéria avec orchestre, parfois un peu bruyant. Les dortoirs et les salles de bains très rudimentaires accueillent une clientèle fort cosmopolite. Le quartier ne cesse de s'améliorer. **www.jazzonthepark.com**

West End Studios   🛗 $

850 West End Ave, 10025 **Tél.** *(212) 749-7104* **Fax** *(212) 865-5130* **Chambres** *85*   **Plan** *15 B1*

À quelques blocs de Riverside Park, mais éloigné des principales lignes de métro, cet hôtel économique permet de goûter à la vie de quartier. Très rudimentaires, les chambres peuvent sembler exiguës. La chambre familiale est dotée de deux lits et de lits superposés. Les salles de bains sont communes. **www.westendstudios.com**

Belleclaire Hotel   🛗 ✿ 📺 $$

250 West 77th St, 10024 **Tél.** *(212) 362-7700* **Fax** *(212) 932-1700* **Chambres** *180*   **Plan** *15 C5*

Bien conçues et élégantes, les chambres de cet hôtel rénové possèdent l'essentiel. Les salles de bains sont petites, et les chambres qui en partagent une sont moins chères. Avec des enfants, préférez la suite familiale avec salle de bains. Très proche des lignes de métro express, c'est une excellente base pour visiter la ville. **www.hotelbelleclaire.com**

Hotel Beacon   🛗 ✿ $$

2130 Broadway, 10023 **Tél.** *(212) 787-1100* **Fax** *(212) 724-0839* **Chambres** *236*   **Plan** *15 C5*

Les familles apprécient les chambres très spacieuses et la laverie de cet hôtel d'un excellent rapport qualité-prix. Sans être les meilleures de la ville, les chambres disposent d'un coin cuisine et logent souvent quatre personnes. Pour les groupes plus importants, il y a des suites à deux chambres et deux salles de bains. **www.beaconhotel.com**

Milburn   🛗 ✿ 📺 $$

242 West 76th St, 10023 **Tél.** *(212) 362-1006* **Fax** *(212) 721-5476* **Chambres** *114*   **Plan** *15 C5*

Cet hôtel qui ne comporte que des suites pratique d'excellents tarifs et offre tout le confort de la maison, y compris l'espace. Dans les chambres, le manque de charme est compensé par les coins cuisine bien équipés et les agréables salles de bains. Personnel serviable. Laverie. Bons restaurants à proximité. **www.milburnhotel.com**

Park 79   🛗 $$

117 West 79th St, 10024 **Tél.** *(212) 787-4900* **Fax** *(212) 496-3975* **Chambres** *106*   **Plan** *15 C5*

Cet hôtel intime est situé dans une rue charmante à quelques pas de Central Park et de tous les musées d'Upper West Side. Les chambres très bien tenues sont meublées d'acajou. Les salles de bains particulières sont parmi les plus jolies dans cette gamme de prix. Un excellent choix dans cette catégorie. **www.park79.com**

Légende des catégories de prix *voir p. 280* **Légende des symboles** *voir le rabat arrière*

West Park Hotel ⬚ $$

6 Columbus Circle, 10019 **Tél.** *(212) 445-0200* **Fax** *(212) 246-3131* **Chambres** *90* **Plan** *12 D3*

Cet hôtel qui ne comporte que des suites pratique d'excellents tarifs et offre tout le confort de la maison, y compris l'espace. Dans les chambres, le manque de charme est compensé par les coins cuisine bien équipés et les agréables salles de bains. Personnel serviable. Laverie. Bons restaurants à proximité **www.westparkhotel.com**

Lucerne ⬚ 🍴 ♿ 📺 $$$

201 West 79th St, 10024 **Tél.** *(212) 875-1000* **Fax** *(212) 579-2408* **Chambres** *184* **Plan** *15 C4*

Ce charmant bijou qui pratique des prix moyens occupe un élégant immeuble de 1930. Les chambres sont très bien tenues et équipées de meubles traditionnels américains. Le prix comprend le petit déjeuner continental. Orchestres de jazz et de blues à l'élégant bar-grill. Autres bons restaurants dans le quartier. **www.newyorkhotel.com**

On the Ave ⬚ $$$

2178 Broadway, 10024 **Tél.** *(212) 362-1100* **Fax** *(212) 787-9521* **Chambres** *251* **Plan** *15 C5*

Cet élégant hôtel économique de catégorie moyenne est doté d'un décor design moderne. Les chambres ont des meubles modulables dans des tons naturels. L'agréable terrasse offre une vue superbe sur la ville. Demandez une chambre de luxe pour ne pas être à l'étroit. Bons restaurants dans l'avenue. **www.ontheave-nyc.com**

Inn New York City $$$$

266 West 71st St, 10023 **Tél.** *(212) 580-1900* **Fax** *(212) 580-4437* **Chambres** *4* **Plan** *11 C1*

Cette intime et charmante maison d'hôtes offre le luxe le plus absolu. C'est une maison de ville du xixe siècle rénovée qui ne possède que quatre chambres, décorées chacune sur un thème différent : Vermont, opéra, spa et bibliothèque. Le petit déjeuner dans la chambre est un vrai délice. Une véritable folie ! **www.innnewyorkcity.com**

Mandarin Oriental New York 🏊 🍴 🏋 ♿ 📺 $$$$$

80 Columbus Circle, 10019 **Tél.** *(212) 805-8800* **Fax** *(212) 805-8888* **Chambres** *251* **Plan** *12 D3*

L'opulence de l'Asie se vend cher dans cet hôtel spectaculaire. Les chambres de style oriental sont modernes et celles des étages supérieurs offrent une vue imprenable sur Central Park et sur l'Hudson. Le spa est somptueux mais onéreux. Au bar et aux restaurants, l'ambiance est parfois fantastique le soir. **www.mandarinoriental.com**

Trump International Hotel & Tower 🏊 🍴 ♿ 📺 $$$$$

1 Central Park West, 10023 **Tél.** *(212) 299-1000* **Fax** *(212) 299-1150* **Chambres** *167* **Plan** *12 D3*

Cette tour moderne et luxueuse se targue de sa sélectivité, de sa discrétion et de son élégance. Les chambres récemment rénovées sont décorées dans des tons doux et équipées de la technologie dernier cri. Les principaux atouts sont la vue imprenable sur Central Park et le restaurant Jean George *(p. 310)*, en bas. **www.trumpintl.com**

MORNINGSIDE HEIGHTS ET HARLEM

Morningside Inn Hotel ⬚ $

235 West 107th St, 10025 **Tél.** *(212) 316-0055* **Fax** *(212) 864-9155* **Chambres** *96* **Plan** *20 E5*

Jumeau du Riverside Inn, cet hôtel est plus récent et plus neuf, mais il a gardé une allure de dortoir. Idéal pour les étudiants et les voyageurs individuels. Demandez une chambre double avec salle de bains particulière et climatisation. Toutes les chambres sont propres et bien tenues. **www.morningsideinn-ny.com**

Astor on the Park ⬚ $$

465 Central Park West, 10025 **Tél.** *(212) 866-1880* **Fax** *(212) 316-9555* **Chambres** *80* **Plan** *21 A5*

À l'ouest de Central Park, à hauteur de la 107ᵉ rue, l'emplacement de cet hôtel compense largement l'exiguïté des chambres rudimentaires. Idéal pour les voyageurs au budget serré qui prévoient de passer presque toute la journée (et la nuit) dehors. Les salles de bains sont propres, le personnel accueillant et le petit-déjeuner inclus. **www.nychotels.com/astor.html**

EN DEHORS DU CENTRE : BROOKLYN

Best Western Gregory Hotel Brooklyn ⬚ $$

8315 4th Ave, 11209 **Tél.** *(718) 238-3737* **Fax** *(718) 680-0827* **Chambres** *70*

Un peu à l'écart des sentiers battus, cet hôtel est parfait pour qui veut séjourner à Brooklyn. Le métro n'est qu'à quelques blocs. Certaines chambres sont petites mais bien tenues. Les récents problèmes de service semblent avoir été résolus par la nouvelle direction. Plusieurs snacks bon marché dans le voisinage. **www.bestwestern.com**

Marriott Brooklyn Bridge 🅿 🍴 ♿ 🏊 📺 $$

333 Adams St, 11201 **Tél.** *(718) 246-7000* **Fax** *(718) 246-0563* **Chambres** *355*

Avec son hall grandiose, son club de gym avec piscine et ses jolies chambres, c'est le seul hôtel du borough qui offre un si large éventail de services. Au cœur de Brooklyn et à proximité du Financial District, il convient aux hommes d'affaires comme aux touristes. Neuf lignes de métro importantes se croisent devant l'hôtel. **www.marriott.com**

RESTAURANTS ET BARS

Les New-Yorkais aiment la bonne chère : il existe plus de 25 000 restaurants dans les cinq quartiers de la ville. Les chroniques gastronomiques des magazines comme *New York* sont lues avec attention par les gourmets désireux d'être vus dans le dernier endroit à la mode. Elles sont prises très au sérieux, car une critique sévère peut faire fermer restaurant. Ceux cités dans nos listes ont été sélectionnés parmi les meilleurs qu'offre la ville dans toutes les catégories de prix. Les descriptions des pages 296-311 vous aideront à trouver un restaurant adapté à vos goûts. Pour les repas légers, nous vous faisons quelques recommandations pages 312-314 et pour bien choisir votre bar, rendez-vous pages 315-317.

**Le Manhattan,
un cocktail classique**

MENUS

Dans la plupart des restaurants, le repas se décompose en trois parties : l'entrée (*appetizer* ou *starter*), le plat principal (*entrée*, ne pas confondre !) et le dessert. On y sert des petits pains et du beurre gratuitement, dès que le client s'assied. On peut aussi vous offrir un amuse-gueule, comme une bouchée de quiche, avant de prendre votre commande. Dans les restaurants élégants, les entrées sont souvent les plats

**Marchand de hot-dogs
au coin d'une rue**

les plus originaux. On peut demander deux entrées et omettre le plat. Les menus italiens incluent une deuxième entrée de pâtes, mais la majorité des clients commandent un plat principal. Le café est servi à la fin du repas, toujours à volonté. On viendra systématiquement remplir votre tasse, jusqu'à ce que vous demandiez grâce. Les plateaux de fromage sont rares, sauf dans les restaurants français.

Pour trouver un restaurant dans tous les quartiers de Manhattan, visitez www. menupages.com qui recense de nombreuses adresses.

PRIX

Vous pourrez toujours trouver, à New York, un restaurant qui corresponde à votre budget. Pour 5 $, vous ferez un repas correct, dans une chaîne de restauration rapide, ou dans un petit bistrot. Il y a des centaines d'établissements, quelquefois excellents, qui proposent, dans un cadre agréable, un bon repas pour 25 $ environ, boisson non comprise.

Pour dîner chez un chef à la mode, cela peut vous revenir de 70 à 100 $ par personne, sans compter les boissons. Certains grands restaurants offrent cependant des menus à « prix fixe », moins chers que la carte. Le déjeuner y est généralement meilleur marché que le dîner. De nombreux repas d'affaires se règlent avec une carte de société et les restaurants sont souvent bondés à l'heure du déjeuner.

TAXES ET POURBOIRES

Une taxe de 8,625 %, spécifique à la ville de New York, est ajoutée à votre addition. Le service n'est généralement pas compris. Il varie de 10 à 20 %, selon l'élégance du lieu. Aux États-Unis, l'addition s'appelle le *check*. Les cartes de crédit le plus facilement utilisées sont les VISA,

Un deli new-yorkais typique (*p. 312*)

Mastercard et American Express. Les chèques de voyage, en dollars, sont aussi acceptés dans certains restaurants. Les cafés et petits restaurants peuvent n'accepter qu'un paiement en espèces. Dans les chaînes de restauration rapide, vous commandez au comptoir et payez d'avance, en espèces.

PETITS BUDGETS

Il est facile de faire des repas bon marché : il suffit de commander moins de plats. Les portions américaines sont énormes, sauf dans les endroits à la mode, une entrée peut très bien suffire à un repas léger. On peut aussi commander un plat pour deux, ou choisir deux entrées, sans plat principal.

Attention au plat du jour, il est souvent plus cher que ceux du menu.

Demandez au serveur s'il y a un menu à prix fixe. Beaucoup de restaurants élégants en offrent pour le déjeuner et, tôt dans la soirée, proposent ce qui s'appelle un « menu d'avant le spectacle ». Essayez aussi les buffets

McSorley's Old Ale House (*p. 317*)

à prix fixe, en particulier dans les restaurants indiens de Manhattan.

Pour un bon repas rapide et copieux, les restaurants chinois, thaïs ou mexicains et certains delis juifs sont souvent plus économiques. Les pizzerias et les bistrots, ainsi que les petits cafés-restaurants qui servent des *fish and chips,* des hamburgers ou des sandwichs et des desserts sont aussi d'un bon rapport qualité-prix. Sinon, allez dans un bar qui sert des amuse-gueule, comme les *tapas* espagnoles, qui constituent souvent un véritable repas.

Pour simplement découvrir l'intérieur des restaurants dont tout le monde parle, allez y prendre un verre et vous ressentirez l'atmosphère qui y règne. De nombreux restaurants affichent le menu ou vous laissent y jeter un coup d'œil avant de prendre une table, un bon moyen de vérifier que les prix aussi sont à votre goût.

Pièce d'eau du Four Seasons ***(p. 307)***

HORAIRES

Les heures de petit déjeuner sont habituellement de 7 h à 10 h 30 ou 11 h. Le brunch du dimanche est un repas populaire, servi dans les bons restaurants, de 11 h à 13 h. Les heures de déjeuner s'étalent de 11 h 30, ou midi, à 14 h 30. Le dîner est servi à partir de 17 h 30 ou 18 h, mais on s'y rend rarement avant 19 h 30 ou 20 h. Quelques restaurants ferment à 22 h pendant la semaine et à 23 h le vendredi et le samedi. Certains petits restaurants, en particulier les chinois, ouvrent sans interruption de 11 h 30 à 22 h. Les *diners* sont parfois ouverts de 7 h à minuit.

L'Oyster Bar, sous les voûtes de Grand Central Terminal ***(p. 306)***

TENUE VESTIMENTAIRE

Pour les hommes, le veston et la cravate sont exigés dans certains grands restaurants. En général, une tenue simple, mais élégante, est admise (« business casual »). Les femmes s'habillent souvent d'une manière plus recherchée pour aller dîner dans les restaurants à la mode. Si vous n'êtes pas sûr de la tenue à adopter, renseignez-vous en réservant.

RÉSERVATIONS

Il est prudent de faire des réservations dans tous les restaurants, surtout le week-end, excepté bien sûr pour les petits restaurants ou les *fast-food.* Dans des restaurants très à la mode, il est parfois nécessaire de réserver deux mois à l'avance. Il est essentiel de réserver pour déjeuner en centre-ville. Mais vous pouvez attendre au bar, même si vous avez retenu une table.

TABAC

Il est désormais interdit de fumer dans tous les cafés et restaurants de New York. Quelques bars conservent toutefois une salle fumeurs.

AVEC DES ENFANTS

Si vous déjeunez avec des enfants, demandez s'il existe des menus spéciaux ; les prix sont parfois réduits de moitié. Les enfants bien élevés sont acceptés dans la majorité des lieux, mais si les vôtres sont particulièrement turbulents, allez à Chinatown, dans un restaurant italien, ou un *delicatessen.* Quelques restaurants haut de gamme sont équipés pour accueillir les bébés, mais, en général, il n'est pas recommandé d'aller dîner dans un restaurant élégant avec de très jeunes enfants.

HANDICAPÉS

Beaucoup de restaurants peuvent accueillir un fauteuil roulant, mais il faut le signaler en réservant. C'est plus compliqué dans les petits restaurants et les *fast food,* où la place manque.

UTILISER LE RÉPERTOIRE

Légende des symboles des pages 296-311.

🌳 jardins ou terrasses
👶 enfants bienvenus
👔 veste et cravate exigées
♿ accès pour fauteuils roulants
🎵 orchestre
💳 pas de cartes de crédit

Les prix suivants concernent les menus individuels composés de trois plats et accompagnés d'un verre de vin maison, taxes et service compris :
[$] moins de 25 $
[$][$] 25 $-40 $
[$][$][$] 40 $-60 $
[$][$][$][$] 60 $-80 $
[$][$][$][$][$] plus de 80 $

Que manger à New York

Peu de villes peuvent rivaliser avec la diversité des restaurants de New York, véritable melting-pot culinaire. La grande gastronomie française y côtoie les sushis les plus frais après ceux de Tokyo. Les cuisines antillaise, mexicaine, thaïe, vietnamienne, coréenne, grecque, indienne sont honorablement représentées, et l'on trouve des restaurants italiens à tous les coins de rue. La ville compte quelques-unes des meilleures tables du monde et certains chefs sont aussi connus et vénérés que des vedettes de cinéma. Pourtant, peu de plats sont véritablement originaires de la ville.

Dim sum

Étal de produits locaux frais sur un marché de New York

DELICATESSEN

La grande diaspora juive est à l'origine de quelques-unes des plus célèbres spécialités new-yorkaises : sandwichs au corned-beef et au bœuf fumé épicé *(pastrami)*, cornichons doux (pickles), soupe aux boulettes de pain azime *(matzo ball soup)*, harengs, crêpes fourrées *(blintzes)* et bagels au fromage frais et au saumon fumé. Le bagel, jadis synonyme de New York, s'est répandu dans tout le pays, mais le vrai bagel new-yorkais est unique. Cet anneau de pâte est façonné à la main, puis plongé rapidement dans de l'eau bouillante avant d'être cuit au four, d'où sa texture très particulière, à la fois ferme et moelleuse. Le *bialy*, autre spécialité new-yorkaise, lui ressemble. C'est un petit pain plat et mou recouvert de farine et garni au centre d'oignons grillés. Les boulangeries casher du Lower East Side *(p. 92-101)* font les meilleurs bagels et *bialys*.

MARCHÉS

Les agriculteurs des environs vendent leurs fruits et légumes frais, leur viande, leur volaille et leurs produits laitiers sur les marchés de

Pastrami et pain de seigle
Blintzes
Pickles
Bagels au saumon fumé et au fromage frais
Harengs marinés
Spécialités de tout bon deli new-yorkais

SPÉCIALITÉS NEW-YORKAISES

Toutes les cuisines du monde sont représentées à New York, mais seuls quelques plats sont étroitement associés à la ville. La Manhattan clam chowder – soupe de palourdes préparée avec des tomates, et non avec de la crème – remporte un vrai succès depuis son lancement sur les plages de Coney Island dans les années 1880. Le New York Strip Steak, servi dans tous les grills de la ville, est pris dans l'aloyau, la partie la plus tendre du bœuf.

Bretzels

La cuisine italienne a souvent été assaisonnée à la sauce new-yorkaise. Le riche et crémeux New York cheesecake est préparé avec du *cream cheese* (fromage frais) plutôt qu'avec de la ricotta. Quant à la vraie pizza new-yorkaise, les puristes insistent pour qu'elle cuise dans un four à charbon, comme la faisaient les premiers immigrés italiens.

Manhattan clam chowder
Onctueux potage avec pommes de terre, oignons, tomates, huîtres, miettes de crackers et palourdes.

Vendeur de hot dogs et de sodas à un coin de rue de Manhattan

porc, feuilles de chou, ignames, biscuits feuilletés ou pain au maïs. Le célèbre poulet frit-gaufres aurait été créé à Harlem spécialement pour les musiciens quittant les clubs de jazz à l'aube.

RESTAURANTS ASIATIQUES

Depuis peu, les restaurants chinois et les vendeurs de *dim sum* (raviolis chinois) sont concurrencés par d'excellents restaurants thaïs et vietnamiens, et plus encore par la démographie galopante des sushi bars et des grands chefs japonais.

SPÉCIALITÉS JUIVES

Babkas Gâteaux légèrement sucrés.

Blintzes Crêpes fourrées au fromage blanc sucré et/ou au fruit, puis sautées.

Chopped liver Foies hachés avec oignons émincés, œufs durs et gras de poulet.

Gefilte fish Boulettes de poisson blanc pochées dans un bouillon de poisson.

Knishes Petits feuilletés fourrés à la purée et à l'oignon.

Latkes Galettes de pommes de terre râpées, avec oignons et farine de pain azyme.

Rugelach Riches pâtisseries faites avec une pâte au fromage frais et fourrées.

New York. On y croise parfois les grands chefs de la ville. Plus de 105 restaurants s'y approvisionnent et affichent au menu des produits locaux extra-frais. Le plus grand de tous, le marché de Union Square, réunit plus de 70 revendeurs le lundi, le mercredi, le vendredi et le samedi *(p. 129)*.

VENDEURS AMBULANTS

La vente de nourriture dans la rue *(street food)* est un atout dans une ville où tout va vite. Si les hot dogs et les bretzels géants sont des classiques new-yorkais, certains vendeurs ont des spécialités délicieuses : falafels, soupes, barbecue, chili con carne texan ; toutes prêtes à manger sur le pouce. En hiver, des vendeurs proposent des châtaignes grillées dans toute la ville.

SOUL FOOD

Harlem abrite la plus grande communauté afro-américaine d'Amérique. C'est là qu'il faut venir goûter la nourriture traditionnelle des Noirs du Sud – poulet frit, côtes de

Épicerie orientale dans le Chinatown new-yorkais

New York-style pizza *Que sa pâte soit fine ou épaisse, la pizza new-yorkaise doit cuire dans un four à charbon.*

New York Strip Steak *Ce steak très tendre est servi avec des épinards à la crème et des pommes frites ou sautées.*

New York cheesecake *Dessert onctueux au fromage frais sur un fond de biscuits secs écrasés.*

Choisir un restaurant

Les restaurants de ce guide ont été sélectionnés pour
leur bon rapport qualité-prix et la qualité de leur
cuisine. Les établissements sont classés par prix et par
ordre alphabétique au sein d'un même quartier. Les
Repas légers et snacks figurent en pages 312 à 314
et les meilleurs *Bars* new-yorkais en pages 315 à 317.

CATÉGORIE DE PRIX
Prix moyen par personne pour un repas
comprenant trois plats, un verre de vin,
taxes et service compris.

$ móins de 25 $
$$ 25 $-40 $
$$$ 40 $-60 $
$$$$ 60 $-80 $
$$$$$ plus de 80 $

LOWER MANHATTAN

Les Halles
$$

15 John St entre Broadway et Nassau St, 10038 **Tél.** *(212) 285-8585*   **Plan** *1 C2*

Cette brasserie à la parisienne en plein Financial District est la jumelle du restaurant Park Avenue Les Halles, rendu
célèbre par son illustre chef Anthony Bourdain. Plats soignés comme les moules accompagnées de frites. Véritable
paradis des carnivores, il offre un large choix de viandes.

Battery Gardens
$$$

Southwest corner of Battery Park, 10004 **Tél.** *(212) 809-5508*   **Plan** *1 C4*

Rénové en 2004, l'ex-American Park at the Battery offre une vue fabuleuse du port avec des prix au diapason.
La cuisine, essentiellement à base de fruits de mer, marie les saveurs italiennes et asiatiques. En été, les tables à
l'extérieur sont vraiment très agréables.

Fraunces Tavern
$$$

54 Pearl St, corner of Broad Street, 10004 **Tél.** *(212) 968-1776*   **Plan** *1 C4*

C'est dans cette taverne fondée en 1762 que George Washington fit ses adieux à ses officiers, à la veille de sa
retraite, en 1783. À la carte, poissons et steaks dans la pure tradition américaine, soupes et ragoûts. En hiver, on s'y
réchauffe dans un salon-bar cosy.

Harry's Café
$$$$

1 Hanover Sq, 10004 **Tél.** *(212) 785-9200*   **Plan** *1 C3*

L'ancien Bayard a été reconverti en un gril sélect proposant une cuisine et une carte des vins de premier choix. Si
votre budget est serré, profitez de ce lieu chargé d'histoire en optant pour le menu brasserie. L'un des rares
restaurants de Wall Street ouvert le week-end.

SEAPORT ET LE CIVIC CENTER

Acqua at Peck Slip
$$$

21-23 Peck Slip, 10038 **Tél.** *(212) 349-4433*   **Plan** *2 D2*

L'Acqua se dresse comme un phare parmi les pièges à touristes de South Street Seaport. La carte italienne aux accents
de nouvelle cuisine américaine est axée sur les produits bios. Le service est parfois lent : détendez-vous et admirez le
plafond voûté et les tons ocre et brun qui ajoutent au confort et au romantisme du lieu. Les lasagnes sont fantastiques.

Bridge Café
$$$

279 Water St at Dover St, 10038 **Tél.** *(212) 227-3344*   **Plan** *2 D2*

Ce charmant café du XVIIIe siècle, niché sous le pont de Brooklyn, vaut le détour quand on est dans le quartier. Les
plus hardis goûteront la spécialité : steak de bison et gnocchi. Les plus prudents s'en tiendront à la tourte de homard
ou à l'assiette de légumes grillés et fromage de chèvre.

LOWER EAST SIDE

Grand Sichuan
$

125 Canal St at Bowery, 10002 **Tél.** *(212) 625-9212*   **Plan** *4 E5*

Une carte interminable avec toutes sortes de plats du Sichuan, du Hunan et américano-chinois, sans oublier tous les
types de nouilles chaudes (et épicées) et froides et de riz cantonais. Vaste choix de plats végétariens. Le service inégal
et le décor spartiate expliquent sans doute les prix très abordables.

Légende des symboles *voir le rabat arrière*

Katz Delicatessen

*205 East Houston St, 10002 **Tél.** (212) 254-2246* **Plan** 5 A3

Grand classique de New York, ce déli juif sert toujours d'énormes et délicieux sandwichs au *pastrami* et au corned-beef. Le service et le cadre n'ont rien d'extraordinaire, mais le bœuf est excellent et les prix très sages. Célèbre pour avoir envoyé du salami à l'armée bien avant la scène mémorable de *Quand Harry rencontre Sally.*

San Loco Mexico

*11 Stanton St, 10002 **Tél.** (212) 253-7580* **Plan** 5 A3

Vous aurez du mal à dépenser plus de 10 $ dans cet établissement au très bon rapport qualité-prix connu dans le quartier de qui ne veut pas se ruiner. Tous les classiques mexicains sont au menu, accompagnés d'un choix de quatre sauces au nom évocateur : douce, forte, sérieuse et stupide. Gardez de la place pour le dessert.

Teany Café

*90 Rivington St, 10002 **Tél.** (212) 475-9190* **Plan** 5 A3

Le chanteur rock Moby possède ce célèbre café qui propose sandwichs végétariens et végétaliens, salades et amuse-gueules. Excellents desserts, tels que la bombe au chocolat et au beurre de cacahuètes, et la tarte tiède à la rhubarbe. Thé servi l'après-midi. Le service est parfois inégal et les plats du jour sont souvent épuisés en quelques heures.

Il Palazzo

*151 Mulberry St, 10013 **Tél.** (212) 343-7000* **Plan** 4 F4

C'est l'un des quelques bons restaurants italiens de Little Italy, surtout pour le service. Encore plus charmant depuis l'aménagement du nouveau jardin sous verrière. Les pâtes et risottos sont toujours excellents et bon marché. Essayez les spaghettis *alla chitarra* et les desserts classiques tels que *cannoli* et tiramisu. Le tout est fait maison.

Joe's Shanghai

*9 Pell St, 10013 **Tél.** (212) 233-8888* **Plan** 4 F5

Dans ce célèbre restaurant de quartier, la soupe aux boulettes de crabe et de porc justifie franchement les longues files d'attente, surtout le week-end. Le reste de la carte est inégal mais d'un bon rapport qualité-prix. On trouve ailleurs un meilleur cadre et un meilleur service mais au détriment de la qualité de la nourriture.

Sammy's Roumanian

*157 Chrystie St, 10002 **Tél.** (212) 673-0330* **Plan** 5 A4

C'est sans doute l'un des premiers restaurants « thématiques » de New York. La carte d'inspiration juive propose des plats traditionnels tels que *latkes*, foie haché, purée de pommes de terre et *schmaltz* (graisse de poulet) et un large choix de viandes. Savourez la saucisse à l'aïl arrosée de vodka glacée.

The Orchard

*162 Orchard St, 10002 **Tél.** (212) 353-3570* **Plan** 5 A3

The Orchard a beaucoup d'atouts pour attirer les jeunes branchés du quartier : décor chic, éclairage tamisé et ambiance cosy. Bonne nouvelle cuisine américaine inventive. Ne ratez pas le tartare pain pita. La longue carte des vins s'adapte à toutes les bourses.

The Stanton Social

*99 Stanton St, 10002 **Tél.** (212) 995-0099* **Plan** 5 A3

En deux mots le summum de l'élégance pour un cadre qui en éclipserait presque la carte. Très éclectique, le menu tapas se combine avec une longue liste d'accompagnements qui risquent de faire grimper l'addition. Les cocktails sont tout aussi tentants. Idéal en petits groupes pour profiter de l'instant dans les canapés en cuir. Fermé les sam. et dim.

The Tasting Room

*72 East 1st St, 10003 **Tél.** (212) 358-7831* **Plan** 5 A3

La carte de style « nouveaux tapas » se compose surtout de plats éclectiques à partager dans un cadre étroit mais romantique. Elle évolue avec les saisons et fait appel à des ingrédients locaux et exotiques – terrine de lapin, carpaccio de carrelet, truite et pommes ou pigeonneau aux marrons. Excellente carte de vins américains.

WD-50

*50 Clinton St, 10002 **Tél.** (212) 477-2900* **Plan** 5 B3

Le célèbre chef Wylie Dufresne pratique ici une cuisine d'avant-garde. Les serveurs courtois et experts proposent des associations telles que langue de bœuf frite à la mayonnaise, foie gras avec crumble au basilic et au pamplemousse, et caramel au *nori* (feuille d'algue). Optez pour le menu dégustation de neuf plats, l'un des plus imaginatifs de la ville.

SOHO ET TRIBECA

Peanut Butter & Co.

*240 Sullivan St, 10012 **Tél.** (212) 677-3995* **Plan** 4 D2

Cette sandwicherie mérite le détour pour ses incroyables combinaisons au beurre de cacahuètes. On y trouve même le fameux sandwich inspiré par Elvis Presley. Heureusement, on peut aussi boire du lait et savourer d'autres délicieux desserts. Vous pouvez inviter vos amis et amener vos enfants sans risquer de vous ruiner.

Pho Pasteur 📋 👶 [$]
85 Baxter St, 10013 ***Tél.*** *(212) 608-3656* ***Plan*** *4 F5*

Ce minuscule restaurant bon marché au cœur de Chinatown offre un bon choix de nouilles. Goûtez les rouleaux vietnamiens aux feuilles de laitue et aux nouilles de riz. Si vous commandez un plat épicé, vous vous verrez suer à grosses gouttes dans les miroirs des murs. Essayez aussi les boissons asiatiques très variées.

Lombardi's 📋 👶 [$][$]
32 Spring St, 10012 ***Tél.*** *(212) 941-7994* ***Plan*** *4 F4*

C'est l'une des meilleures pizzerias de la ville. Les pizzas fines et flambées, cuites au four à briques, débordent d'une délicieuse mozzarella. Le choix étant limité, prenez une pizza et sautez le dessert. Depuis que le restaurant a été agrandi, plus besoin d'attendre aussi longtemps pour avoir une table.

Aquagrill 👶 🍽 [$][$][$]
210 Spring St, 10012 ***Tél.*** *(212) 274-0505* ***Plan*** *4 D4*

Dans ce paradis des amateurs de fruits de mer, les produits sont toujours d'une extrême fraîcheur. Un choix d'huîtres de rêve, une cuisine fiable et un service courtois contribuent à son succès; la salle ne désemplit pas. La soupe aux moules au safran et les coquilles Saint-Jacques au risotto à la chair de crabe sont vivement recommandées.

L'Ecole ♿ 👔 [$][$][$]
462 Broadway, 10012 ***Tél.*** *(212) 219-3300* ***Plan*** *4 E4*

Ce petit restaurant charmant de SoHo sert de cadre à la formation pratique des étudiants du French Culinary Institute. Plusieurs menus dégustation sont proposés à des prix raisonnables pour la qualité de la nourriture et le niveau du service. Vos amis et vos invités seront impressionnés.

Le Jardin Bistrot 👶 ♿ 🍽 [$][$][$]
25 Cleveland Place, 10012 ***Tél.*** *(212) 343-9599* ***Plan*** *4 F4*

Ce bistrot français sert les classiques habituels tels que steak tartare, pâté, bouillabaisse, moules et frites. L'atout principal n'est peut-être pas la cuisine mais le magnifique jardin. Pour un dîner estival romantique, il est parfois difficile d'obtenir une table.

Lupa 👶 ♿ 🍽 [$][$][$]
170 Thompson St, 10012 ***Tél.*** *(212) 982-5089* ***Plan*** *4 F3*

Cette trattoria italienne où officie le célèbre chef Mario Batali est bien moins chère que Babbo, son restaurant vedette. Large choix de plats tels qu'aubergine fumée et morue séchée, excellentes pâtes fraîches et plats principaux parfaits comme le filet de thon *alla puttanesca* et le *saltimbocca* de porc. Excellente carte de vins italiens.

Odeon 👶 🍽 [$][$][$]
145 West Broadway, 10013 ***Tél.*** *(212) 233-0507* ***Plan*** *1 B1*

Ce « faux-bistrot », qui fut l'un des premiers restaurants à ouvrir à TriBeCa dans les années 1980, propose une nourriture franco-américaine de qualité dans un cadre simple. Régalez-vous d'un steak tartare, mais les hamburgers sont délicieux. Avec sa clientèle disparate, l'endroit ne désemplit pas.

Peep ♿ [$][$][$]
177 Prince St, 10012 ***Tél.*** *(212) 254-7337* ***Plan*** *4 D3*

Les célibataires branchés de SoHo l'apprécient pour son décor rose et glamour et ses cocktails thaïs ou exotiques. Faites un détour par les toilettes auxquelles le Peep doit son nom : pas de panique, les miroirs sont des vrais ! Côté prix, les menus à prix fixe le midi et les plats du jour le soir sont très intéressants.

Public 👶 [$][$][$]
210 Elizabeth St, 10012 ***Tél.*** *(212) 343-7011* ***Plan*** *4 F3*

Un zeste de cuisine nouvelle des antipodes avec des créations imaginatives comme la truite de Tasmanie, le céviche au citron « Meyer » et le bar de Nouvelle-Zélande avec *pak-choï* et bouillon au sésame et au gingembre. Le chef conseil est le Néo-Zélandais Peter Gordon. Une bonne bière australienne est proposée sur la carte.

The Harrison 👶 🍽 [$][$][$]
355 Greenwich St, 10013 ***Tél.*** *(212) 274-9310* ***Plan*** *4 D5*

Cette maison de bord de mer typique de la Nouvelle-Angleterre au cœur de TriBeCa offre une bonne nourriture américaine revue et corrigée : *biscuits* (petit pain moelleux) au jus de viande avec chorizo et palourdes, et poulet croustillant farci aux marrons. Le restaurant étant très prisé des trentenaires du quartier, la queue est parfois très longue.

Danube ♿ 👔 [$][$][$][$]
30 Hudson St, 10013 ***Tél.*** *(212) 791-3771* ***Plan*** *1 B1*

Dans un cadre décadent, la carte éclectique propose de bons plats autrichiens comme le gibier glacé au porto sauce myrtille et chou rouge et des spécialités modernes comme la poitrine de canard glacée au miel de châtaignier.
Le service royal vous transportera à Vienne.

Kittichai ♿ 👔 [$][$][$][$]
60 Thompson St, 10012 ***Tél.*** *(212) 219-2000* ***Plan*** *4 D4*

Ce restaurant thaï haut de gamme où il est bon d'être vu est logé dans un espace superbement conçu à l'intérieur de l'hôtel 60 Thompson. La carte propose des plats onéreux, notamment des tapas thaïes comme le céviche de caviar et de coquille Saint-Jacques, et des plats traditionnels tels que soupes, curries et fruits de mer.

Légende des catégories de prix *voir p. 296* **Légende des symboles** *voir le rabat arrière*

Montrachet 🚸 ♿ 👔 $$$$

239 West Broadway, 10013 ***Tél.*** *(212) 219-2777* ***Plan*** *4 E5*

Cet élégant restaurant français qui a révolutionné la restauration raffinée à TriBeCa est toujours apprécié. Il offre une qualité et un service de premier ordre. Une longue carte des vins accompagne les spécialités classiques telles que gratin de homard, langoustines rôties et poitrine de canard.

Nobu ♿ 👔 $$$$

105 Hudson St, 10013 ***Tél.*** *(212) 219-0500* ***Plan*** *4 D5*

Si vous en avez les moyens et que vous obtenez une réservation, vous pourrez choisir sur la carte étonnamment étendue du chef Nobu Matsuhisa des plats tels que tartare de thon, céviches d'inspiration péruvienne et *tempuras,* sans oublier la longue carte de sushis. Cet endroit très couru attire tant les célébrités que les simples mortels.

Bouley ♿ 👔 $$$$$

120 West Broadway, 10013 ***Tél.*** *(212) 964-2525* ***Plan*** *1 B1*

Le restaurant vedette du célèbre chef David Bouley propose une cuisine contemporaine exemplaire. Avec son service irréprochable et ses sommeliers experts, c'est l'endroit idéal pour fêter un événement. Parmi les spécialités, citons le saumon sauvage sauce maïs et estragon, et le homard sauce tamarin et noix de coco.

Chanterelle ♿ 👔 $$$$$

2 Harrison St, 10013 ***Tél.*** *(212) 966-6960* ***Plan*** *4 D5*

Ce classique de la grande cuisine française contemporaine à TriBeCa offre un service impeccable et un cadre superbement décoré. Idéal pour une grande occasion si l'on dispose d'un budget conséquent. Les raviolis à la courge musquée avec ragoût de queue de bœuf et le carré d'agneau aux épices marocaines sont recommandés.

Megu 🚸 ♿ 👔 $$$$$

62 Thomas St, 10013 ***Tél.*** *(212) 964-7777* ***Plan*** *1 B1*

Sacrifiant à la dernière mode des restaurants japonais immenses, Megu propose une carte plusieurs fois primée qui comporte de très nombreux plats à partager. Les ingrédients de premier choix font grimper l'addition, mais certains estiment que c'est l'équivalent d'un dîner-spectacle. Parfois bruyant, surtout le week-end.

GREENWICH VILLAGE

A Salt & Battery 🚸 ♿ $

112 Greenwich Ave, 10011 ***Tél.*** *(212) 691-2713* ***Plan*** *3 B1*

La meilleure friterie à l'ouest de l'Atlantique pratique des prix défiant toute concurrence. Outre le grand choix de poissons et d'assiettes composées, beaucoup de plats d'accompagnement méritent le détour, surtout le Mars frit en beignet, notoirement délicieux. Un restaurant jumeau a ouvert dans East Village, au 80 Second Avenue.

Corner Bistro 🍸 🚸 $

331 West 4th St, 10014 ***Tél.*** *(212) 242-9502* ***Plan*** *3 C1*

La file d'attente à l'extérieur révèle qu'il ne s'agit pas d'une cuisine de bistrot ordinaire mais d'un lieu où les habitués accourent pour déguster les hamburgers les plus savoureux et les plus salissants, et la bière la moins chère de la ville. La nourriture est servie dans des assiettes en carton avec plein de serviettes en papier.

Cowgirl Hall of Fame 🚸 🍽 $$

519 Hudson St, 10014 ***Tél.*** *(212) 633-1133* ***Plan*** *3 C2*

Ce restaurant kitsch s'adresse aux nostalgiques de la cuisine du grand Sud. Le service est simple, mais les plats régionaux américains sont savoureux et bon marché. Essayez le steak de poulet pane, les *biscuits* (petit pain moelleux) au jus de viande, le chou cavalier ou la tourte aux chips de maïs. Arrosez-les de quelques margaritas.

Florent 🍸 🚸 🍽 $$

69 Gansevoort St, 10014 ***Tél.*** *(212) 989-5779* ***Plan*** *3 B1*

Implanté dans le Meatpacking District bien avant que *Sex in the City* ait balayé le côté sordide du quartier, Florent est réputé pour sa clientèle de travestis (malheureusement disparue) et ses soupers tardifs après la fermeture des boîtes. Excellente cuisine française à prix très sages. L'ambiance bat son plein vers 2 heures du matin.

ino 🍸 🚸 $$

21 Bedford St, 10014 ***Tél.*** *(212) 989-5769* ***Plan*** *4 D3*

Café à panini charmant et intime, pour ne pas dire petit, pour un dîner sans cérémonie. Malgré les phobies suscitées par Atkins, le Tout-New-York se presse dans ce lieu qui peut être étonnamment bon marché. C'est aussi un bar à vins avec une carte de crus italiens abordable. Le service laisse à désirer.

Moustache 🍸 🚸 $$

90 Bedford St, 10014 ***Tél.*** *(212) 229-2220* ***Plan*** *3 C2*

Ce restaurant moyen-oriental décontracté sert des plats toujours excellents et bon marché tels que *pitzas* turques, merguez et agneau. Parfois bondé, le service s'en trouve ralenti. Essayez l'établissement jumeau d'East Village au 265 East 19th Street, qui dispose d'un jardin intérieur.

Pearl Oyster Bar

18 Cornelia St, 10014 **Tél.** *(212) 691-8211*   **Plan 4 D4**

Son buffet de crudités d'une extrême fraîcheur, très couru du Village, propose d'audacieuses saveurs. Le petit pain au homard et les moules de Prince Edward Island font un malheur. Contrairement aux autres restaurants qui utilisent des produits de qualité, le service est amical. Attendez-vous à faire la queue aux heures de pointe.

Westville

210 West 10th St, 10014 **Tél.** *(212) 741-7971*   **Plan 3 C2**

Ce tout petit restaurant ordinaire offre un excellent rapport qualité-prix et une cuisine américaine régionale réconfortante *(comfort food)* : gros sandwichs, hamburgers, mac'n'cheese et BLT (bacon, laitue, tomate). Évitez les heures de pointe car les prix sages attirent du monde. Un restaurant jumeau, baptisé à juste titre Eastville, a ouvert à East Village.

Blue Ribbon

97 Sullivan St, 10012 **Tél.** *(212) 274-0404*   **Plan 4 D3**

Un pilier de SoHo pour une cuisine française toujours fiable : moelle de bœuf et marmelade de queue de bœuf, travers de porc au barbecue et escargots. Parmi les principaux plats, citons la paella, le carré d'agneau et le délicieux poulet rôti. La cuisine est ouverte jusqu'à 4 heures du matin, y compris le fabuleux buffet de crudités.

Blue Ribbon Bakery

33 Downing Street, 10014 **Tél.** *(212) 337-0404*   **Plan 4 D3**

La longue carte de style tapas propose fromages et viandes froides avec un pain excellent que complètent soupes, salades et plats principaux tels que filet mignon, confit de canard et hamburgers. Avec une carte des vins abordable, c'est l'endroit idéal à fréquenter en famille ou entre amis.

One

1 Little West 12th St, 10014 **Tél.** *(212) 255-9717*   **Plan 3 B1**

La carte nouvelle cuisine américaine est conçue autour d'assiettes individuelles ou à partager, avec un grand choix de plateaux de fruits de mer en accompagnement. On y vient cependant plus pour l'atmosphère branchée et animée que pour la cuisine. Chacune des trois salles offre un décor différent : à choisir selon son humeur !

Otto

1 Fifth Ave, 10003 **Tél.** *(212) 995-9559*   **Plan 4 E1**

Cette agréable pizzeria haut de gamme et branchée tenue par le chef Mario Batali est souvent bondée. L'extraordinaire carte des vins, l'éventail des accompagnements et les *antipasti* peuvent faire grimper l'addition. Goûtez la fameuse pizza *lardo* – une épaisse couche de saindoux étalée sur la pâte à pizza – et, pour le dessert, la glace à l'huile d'olive.

Pastis

9 Ninth Ave, 10014 **Tél.** *(212) 929-4844*   **Plan 3 B1**

Parmi les pionniers du Meatpacking District, ce superbe bistrot parisien propose de généreuses portions d'une cuisine française de qualité. L'ambiance est parfois bruyante pour le délicieux brunch du week-end, mais on peut y rencontrer plein de célébrités. Si vous n'obtenez pas de réservation, tentez votre chance sur place.

The Spotted Pig

314 West 11th St, 10014 **Tél.** *(212) 620-0393*   **Plan 3 B2**

Les Londoniens ne seront pas dépaysés chez le chef britannique April Bloomfield qui aborde la cuisine de pub gastronomique avec une note italienne. Ce minuscule restaurant étant vite complet, arrivez tôt et prenez un verre au bar. La bière pression de la Brooklyn Brewery accompagne à merveille l'excellent hachis Parmentier.

Annisa

13 Barrow St, 10014 **Tél.** *(212) 741-6699*   **Plan 3 C2**

Le chef inventif Annisa Lo offre un excellent rapport qualité-prix pour les produits frais de saison, le cadre intime et le service attentif. Excellents produits de la mer avec une note asiatique tels que colin mariné au *miso* en bouillon de bonite. Autres spécialités comme les joues de porc de Niman Ranch au caramel et à la racine de lotus.

Babbo

110 Waverly Place, 10011 **Tél.** *(212) 777-0303*   **Plan 4 D2**

Le restaurant vedette du chef Mario Batali occupe dans le Village un beau duplex, paradis des amateurs de pâtes et d'abats de qualité. Il est difficile d'obtenir une réservation et, vu les prix, le service pourrait être meilleur. Une carte des vins séduisante et une clientèle branchée ajoutent une note magique à un excellent repas.

Blue Hill

75 Washington Place, 10011 **Tél.** *(212) 539-1776*   **Plan 4 E4**

Très soucieux de la qualité de ses ingrédients, ce restaurant de nouvelle cuisine américaine utilise ses propres produits Stone Barns en provenance du nord de l'État de New York. La carte limitée garantit la fraîcheur et l'éclat des plats de saison. Goûtez le foie gras poché ou le porc du Berkshire aux marrons.

Da Silvano

260 Sixth Ave, 10014 **Tél.** *(212) 982-2343*   **Plan 4 D3**

Ce restaurant toscan est plus renommé pour sa clientèle de célébrités que pour sa cuisine qui couvre un large éventail de pâtes, *antipasti* de fruits de mer, salades et plats traditionnels tels que côtelettes d'agneau et ragoût de lapin. Très demandées, les tables à l'extérieur permettent d'observer les allées et venues en été.

Légende des catégories de prix *voir p. 296* **Légende des symboles** *voir le rabat arrière*

One if by Land, Two if by Sea

17 Barrow St, 10014 **Tél.** *(212) 228-0822*

$$$$

Plan *3 C3*

Rendue célèbre par la révolution américaine, la remise pour voitures à chevaux d'Aaron Burr est un lieu romantique et chargé d'histoire. Dans un décor parfois jugé un peu kitsch, on sert aux chandelles, à côté de la cheminée, une cuisine traditionnelle américaine avec un menu à prix fixe de trois plats. Pianiste tous les jours.

Spice Market

403 West 13th St, 10014 **Tél.** *(212) 675-2322*

$$$$

Plan *3 B1*

Ce restaurant immense, d'une beauté incroyable, propose une « cuisine de rue » d'inspiration asiatique par le chef Jean Georges Vongerichten. Avec son ambiance de club, c'est l'endroit où le Tout-New York branché – dont les serveurs font partie – doit absolument siroter un cocktail sophistiqué. Quant à la carte, c'est une question de chance.

Gotham Bar & Grill

12 East 12th Street, 10003 **Tél.** *(212) 620-4020*

$$$$$

Plan *4 E1*

Ce classique new-yorkais de la nouvelle cuisine américaine présente les créations du chef novateur Alfred Portale comme la croustade de foie gras au pain d'épice ou le faisan rôti mariné au gingembre et au genièvre. Certains prétendent que le niveau a baissé, mais le déjeuner à 25 $ reste une bonne affaire.

EAST VILLAGE

Blue 9 Burger

92 Third Ave, 10003 **Tél.** *(212) 979-0053*

$

Plan *4 F1*

Ces savoureux hamburgers grillés à des prix très sages permettent de satisfaire ses envies de fast-food en évitant les restaurants de chaîne. Les frites sont accompagnées d'une sauce mangue et chili. Emportez votre repas et dégustez-le dans un parc voisin tout en profitant du spectacle de la rue.

Caracas Arepa Bar

91 East 7th St, 10009 **Tél.** *(212) 228-5062*

$

Plan *5 A2*

Ce restaurant kitsch propose une délicieuse restauration rapide vénézuélienne : *arepas* (pain de maïs avec diverses garnitures), sandwichs et *tamales* roboratifs à des prix défiant toute concurrence. Le local est microscopique et le service un peu lent, mais on vient pour la nourriture.

Dumpling Man

100 St Mark's Place, 10009 **Tél.** *(212) 505-2121*

$

Plan *5 A1*

Ce bar d'East Village, minuscule mais branché, propose tous les types de boulettes imaginables, frites ou à la vapeur. Comme on peut voir les cuisiniers à l'œuvre derrière le comptoir, c'est une sorte de dîner-spectacle pour un prix imbattable !

Minca

536 East 5th St, 10009 **Tél.** *(212) 505-8001*

$

Plan *5 B2*

East Village connaît un véritable engouement pour les bars à nouilles. Minca propose des nouilles de type *ramen*, bien différentes de vos souvenirs de barquettes pour four à micro-ondes. Tout un choix avec du bœuf, du porc ou végétariennes. L'endroit idéal par temps froid après une promenade dans les boutiques branchées d'East Village.

Counter

105 First Ave, 10003 **Tél.** *(212) 982-5870*

$$

Plan *5 A2*

La cuisine végétarienne imaginative proposée dans la salle à manger sophistiquée de ce restaurant draine aussi les non-végétariens. La carte des vins, alléchante, écologique, biologique ou biodynamique, est vivement recommandée. Service attentionné mais inégal.

Great Jones Café

54 Great Jones St, 10012 **Tél.** *(212) 674-9304*

$$

Plan *4 F2*

Ce troquet familial, bon marché et équipé d'un juke-box, sert une cuisine cajun. Les plats de base sont le gros sandwich mixte aux crevettes frites, l'andouillette et le *jambalaya*. Les murs sont recouverts d'une multitude de sauces épicées des quatre coins du monde, n'hésitez pas à en arroser votre plat et accompagnez le tout de bière.

Il Bagatto

192 East 2nd St, 10009 **Tél.** *(212)228-0977*

$$

Plan *5 B2*

Ce restaurant italien à la mode très couru des New-Yorkais sert des plats bon marché et préparés avec talent. Dommage qu'il faille attendre une table si longtemps et que le service s'en trouve expédié. Le système de réservation étant un peu mystérieux, téléphonez à tout hasard. Si vous pouvez, optez pour la formule « à emporter ».

Lil' Frankie

19-21 First Ave, 10003 **Tél.** *(212) 420-4900*

$$

Plan *5 A2*

Dans cette pizzeria de quartier, on prétend que le four est fait avec la lave du Vésuve ! Malgré cette vantardise, les excellentes pizzas bon marché attirent une clientèle jeune et branchée. Jardin à l'arrière et service amical malgré sa lenteur. Suite aux rénovations récentes, un bar a heureusement ouvert juste à côté.

302   L E S   B O N N E S   A D R E S S E S

Zum Schneider $$

107 Avenue C, 10009 **Tél.** *(212) 598-1098*   **Plan** *5 B2*

C'est la fête de la bière toute l'année dans ce *Bier Garten* de quartier très prisé. Enfilez votre costume bavarois et savourez d'excellentes saucisses dans une ambiance détendue et familiale. Très fréquenté le week-end, le service s'en trouve ralenti. Naturellement, excellent choix de bières pression des quatre coins du monde.

Casimir $$$

103-105 Avenue B, 10009 **Tél.** *(212) 358-9683*   **Plan** *5 B2*

Bistrot français bondé dans le quartier branché d'Alphabet City. La cuisine authentique servie par des serveurs charmants, mais pas toujours rapides, propose soupe à l'oignon, steak frites et steak tartare. Demandez une table dans le charmant petit jardin et n'oubliez pas votre carte American Express, la seule acceptée ici.

La Palapa $$$

77 St Marks Place, 10003 **Tél.** *(212) 777-2537*   **Plan** *5 A1*

Avec sa cuisine mexicaine régionale et de Mexico à base d'ingrédients de qualité, ce restaurant joliment décoré est parfait pour faire la fête. Prix raisonnables et excellentes margaritas. Goûtez le filet de cabillaud à la Zihuatanejo ou le canard sauce cacao.

Le Tableau $$$

511 East 5th St, 10009 **Tél.** *(212) 874-2742*   **Plan** *5 B2*

Ce restaurant français chic et amical utilise des produits de qualité et pratique des prix réalistes. Avec ses intérieurs douillets et ses chandelles sur les tables, c'est l'endroit idéal pour un rendez-vous amoureux ou un dîner entre amis. Vins assortis aux plats et menus spéciaux sur le thème des vins. L'agneau est toujours délicieux.

The Elephant $$$

58 East 1st St, 10003 **Tél.** *(212) 505-7739*   **Plan** *5 A3*

Dans ce restaurant franco-thaï toujours branché, les clients sont aussi gentils que les serveurs. Merveilleux cocktails thaïs imaginatifs et plats préparés tels que riz gluant au poulet et au porc, et poitrine de canard au confit d'orange et à la cannelle cuite au wok. Le décor associe le rotin et les accents français.

The Mermaid Inn $$$

96 Second Ave, 10003 **Tél.** *(212) 674-5870*   **Plan** *5 A2*

Créé par le duo qui a lancé The Harrison à TriBeCa et The Red Cat à Chelsea, ce restaurant de poisson attire de jeunes gourmets friands du buffet de crudités et des spécialités de la Nouvelle-Angleterre, telles que sandwichs au homard et soupe de palourdes. Comme il est impossible de réserver, il faut souvent faire la queue.

Hearth $$$$

403 East 12th St, 10009 **Tél.** *(212) 602-1300*   **Plan** *5 A1*

Ce restaurant américano-toscan propose une cuisine audacieuse de qualité dans un cadre à la fois romantique, rustique et élégant. Le chef Marco Canora (qui vient de chez Craft) propose des plats intéressants tels que la *ribollita* (soupe aux haricots et au chou), du gibier de Nouvelle-Zélande et le gâteau à l'huile d'olive. Menu dégustation.

Jewel Bako $$$$

239 East 5th St, 10003 **Tél.** *(212) 979-1012*   **Plan** *4 F2*

La course aux meilleurs sushis de New York a repris avec ce restaurant japonais haut de gamme qui propose des produits fraîchement pêchés et préparés avec talent. Le service courtois mais inégal et la salle microscopique ternissent quelque peu cette expérience onéreuse. Un restaurant plus informel vient d'ouvrir à deux pas.

GRAMERCY ET LE QUARTIER DU FLATIRON

Ahn $

363 3rd Ave, 10016 **Tél.** *(212) 532-2848*   **Plan** *9 B4*

On sert ici une délicieuse et authentique cuisine vietnamienne. Le service est aussi rapide et efficace que chaleureux. Le décor n'a rien d'exceptionnel, mais l'ambiance est agréable et conviviale. Côté prix, les plats du jour le midi sont imbattables. À découvrir : la marmite de poulet au gingembre.

Chat 'n' Chew $$

10 East 16th St, 10003 **Tél.** *(212) 243-1616*   **Plan** *8 F5*

Dans le quartier d'Union Square, ce restaurant kitsch propose une nourriture réconfortante qui remplit l'estomac sans ruiner. Spécialités : mac 'n' cheese, dinde rôtie de Thanksgiving toute l'année et pain de viande. N'oubliez pas la purée de pommes de terre et, en dessert, les pâtisseries du jour. Parfait pour le brunch.

Blue Smoke $$$

116 East 27th St, 10016 **Tél.** *(212) 447-7733*   **Plan** *9 A3*

Dans ce local branché, Danny Meyer a reconstitué un barbecue du grand Sud. Sandwichs au porc succulents et consistants, grilles entières de travers de porc, muffins au maïs et beignets à la farine de maïs. Club de jazz en bas. Le grand bar qui sert des bières des quatre coins du pays est idéal pour les groupes importants.

Légende des catégories de prix *voir p. 296* **Légende des symboles** *voir le rabat arrière*

Devi
♟ $$$

8 East 18th St, 10003 **Tél.** *(212) 691-1300* **Plan 8 F5**

Très à la mode, ce nouveau venu des chefs Suvi Saran et Hemant Mathur présente une authentique cuisine indienne régionale dans un cadre raffiné rempli de sculptures sur bois et de tissus indiens. Goûtez aux côtelettes d'agneau *tandoori* au *chutney* de poire et crevettes de Goa épicées, et ne manquez pas le délicieux chou-fleur !

I Trulli
$$$

122 East 27th St, 10010 **Tél.** *(212) 481-7372* **Plan 9 A3**

Restaurant italien haut de gamme spécialisé dans la cuisine des Pouilles (Italie du Sud). Idéal pour un dîner romantique au coin du feu en hiver ou dans le jardin en été. Longue carte des vins ici, ainsi qu'à l'Enoteca I Trulli, le bar à vins voisin. Goûtez différents vins au verre avant d'acheter votre bouteille.

Pure Food and Wine
$$$

54 Irving Place, 10003 **Tél.** *(212) 477-1010* **Plan 9 A5**

C'est le premier restaurant de New York consacré au mouvement végétalien cru – rien n'est cuit à plus de 48 °C. Cet établissement élégant propose des plats inventifs à base de produits à la traçabilité fiable, tels que nouilles à la noix de coco et *samosas* de chou-fleur.

Tamarind
♟ $$$

41-43 East 22nd St, 10010 **Tél.** *(212) 674-7400* **Plan 8 F4**

Ce restaurant indien moderne au décor minimaliste et au service amical utilise une vaisselle sensationnelle. Malgré les prix plus élevés que chez ses concurrents, la qualité des ingrédients et le mariage des saveurs vous transporteront en Inde sur-le-champ. Demandez au serveur de vous aider à choisir sur la longue carte un vin assorti à vos plats.

Craft
$$$$

43 East 19th St, 10003 **Tél.** *(212) 780-0880* **Plan 9 A5**

Dans ce restaurant au décor épuré, le talentueux chef Tom Colicchio, de la brillante Gramercy Tavern, propose une carte « décomposée » d'une qualité remarquable. Les convives « créent » eux-mêmes leur plat en associant ingrédients et accompagnements qui peuvent faire grimper l'addition. Si c'est trop éprouvant, suivez les conseils du serveur.

Fleur de Sel
$$$$

5 East 20th Street, 10003 **Tél.** *(212) 460-9100* **Plan 8 F4**

Ce restaurant français moderne, intime et charmant, propose les plats du chef Cyril Renaud, ancien de chez Bouley. La carte limitée fait preuve de passion et de minutie, et le service attentif et irréprochable complète l'expérience. Idéal pour une escapade romantique. Demandez au sommelier de vous aider à choisir le vin.

Mesa Grill
$$$$

102 Fifth Ave, 10011 **Tél.** *(212) 807-7400* **Plan 8 F5**

Le restaurant vedette du célèbre chef Bobby Flay présente la cuisine nouvelle du sud-ouest des États-Unis et attire les foules depuis 1991. Créative, la carte propose une croustade d'huîtres à la farine de maïs, un taco à l'agneau « déconstruit » et un saumon glacé au miel et au chili. Les margaritas spéciales sont extraordinaires et le bar est parfois très animé.

Tabla
$$$$

11 Madison Ave, 10010 **Tél.** *(212) 889-0667* **Plan 9 A4**

Restaurant indien sophistiqué aux accents américains modernes sous la direction du chef Floyd Cardoz. L'élégante salle est le cadre parfait pour somptueux repas – à prix fixe uniquement –, avec des plats tels que crevettes gratinées à l'ananas grillé et au chou-rave, et agneau avec gnocchi de pois chiches et abricots.

Tocqueville
$$$$

15 East 15th St, 10003 **Tél.** *(212) 647-1515* **Plan 8 F5**

Cette perle cachée sur Union Square propose une cuisine française avec une touche japonaise, dans une salle sobre mais élégante et intime. Le chef Marco Moreira accommode avec talent des produits de qualité. Parfait pour une grande occasion sans y laisser sa chemise.

Union Square Café
$$$$

21 East 16th Street, 10003 **Tél.** *(212) 243-4020* **Plan 9 A5**

L'un des plus populaires de la ville, le restaurant vedette de Danny Meyer sert de la nouvelle cuisine américaine dans un cadre confortable, en utilisant des produits du marché des maraîchers d'Union Square. Les prix n'ont rien à voir avec ceux du marché. Service courtois.

Gramercy Tavern
$$$$$

42 East 20th St, 10003 **Tél.** *(212) 477-0777* **Plan 9 A5**

Le célèbre chef Tom Colicchio prépare des plats exceptionnels dans l'ambiance rustique, confortable et toujours animée d'une auberge de campagne. L'endroit idéal pour un repas sophistiqué mais sans prétention ni solennité. Toujours l'un des restaurants les plus agréables de la ville.

Veritas
$$$$$

43 East 20th St, 10010 **Tél.** *(212) 353-3700* **Plan 9 A5**

Ce petit restaurant épuré du quartier du Flatiron est consacré au vin. Les amateurs de vins seront frappés par l'ahurissante carte qui compte plus de 2 700 références. La cuisine du chef Scott Bryan est à la hauteur, avec des perles comme le foie gras sauce au coing et Armagnac, et le veau braisé aux cèpes. Prix fixes uniquement.

CHELSEA ET LE QUARTIER DU VÊTEMENT

Empire Diner
210 Tenth Ave, 10011 **Tél.** *(212) 243-2736* Plan 7 C4 $$

Ouvert 24 heures sur 24, ce petit restaurant Art déco emblématique de Chelsea sert une cuisine américaine réconfortante très ordinaire – comme les *pigs in a blanket* (saucisse enrobée de fromage fondu et de pâte à biscuit). Les tables en terrasse sont prisées à la belle saison pour prendre un brunch et observer la faune branchée de Chelsea.

Bottino
246 Tenth Ave, 10001 **Tél.** *(212) 206-6766* Plan 7 C4 $$$

Ce restaurant d'Italie du Nord au décor minimaliste est logé dans une quincaillerie centenaire restaurée. Il draine une foule chic qui apprécie le charmant jardin à l'arrière, pour savourer salades et pâtes traditionnelles ainsi que viandes grillées. Le magasin et le café voisins pratiquent la vente à emporter.

Sueños
311 West 17th St, 10011 **Tél.** *(212) 243-1333* Plan 8 D5 $$$

La cuisine mexicaine régionale traditionnelle est servie dans un espace très vivant de taille moyenne. Excellentes tequilas et margaritas, plats inventifs comme un menu dégustation au chili, tous les ingrédients sont réunis pour un repas agréable bien qu'un peu plus cher que la moyenne.

The Red Cat
227 Tenth Ave, 10011 **Tél.** *(212) 242-1122* Plan 7 C4 $$$

Nouvelle cuisine américaine dans une superbe ancienne écurie en bois rouge et blanc, dans le style de la Nouvelle-Angleterre. La carte propose les meilleurs plats du quartier tels qu'huîtres frites croustillantes, bar rayé sauvage au beurre et au vin blanc, et délicieux beignets de risotto aux myrtilles.

Buddakan
75 Ninth Ave, 10011 **Tél.** *(212) 989-6699* Plan 8 D5 $$$$

Fort de son succès à Philadelphie, le restaurateur Stephen Starr a ouvert plusieurs établissements à New York. Buddakan est le joyau de sa couronne avec une première salle à vous couper le souffle et de petits espaces plus intimes. Si sa cuisine *fusion* asiatique est excellente, ce n'est pas le principal atout du lieu. Bar très animé.

Matsuri
369 West 16th St, 10011 **Tél.** *(212) 243-6400* Plan 8 D5 $$$$

L'immense et bruyante salle à manger de l'hôtel Maritime propose les plats japonais de premier ordre du chef Tadashi Ono, à base de produits de qualité, comme le bœuf de Kobé et les crevettes sucrées. Excellente carte de sakés et succulente crème brûlée au *yuzu*. Fréquenté par les célébrités.

LE QUARTIER DES THÉÂTRES

Burger Joint au Parker Meridien
119 West 56th St, 10019 **Tél.** *(212) 708-7444* Plan 12 E3 $

Ce bistrot kitsch de l'hôtel Parker Meridien propose de savoureux hamburgers extra frais, des frites, des milk-shakes et des bières à des prix imbattables. Ce petit bijou de Midtown, caché derrière les rideaux du hall d'accueil, n'a rien de guindé. Tous les restaurants des grandes chaînes en sont jaloux.

Carve Unique Sandwiches
760 Eighth Ave, 10036 **Tél.** *(212) 730-4949* Plan 12 D5 $

Cette nouvelle petite boutique du quartier des théâtres vous permettra de satisfaire toutes vos envies de sandwichs sans vous ruiner. Il y a même un rayon pour les régimes sans hydrates de carbone, c'est-à-dire sans pain, sans pâtes, sans riz ni autres féculents. La queue étant d'une longueur exaspérante le midi, préférez les heures creuses.

Pam Real Thai Food
404 West 49th St, 10019 **Tél.** *(212) 333-7500* Plan 11 C5 $

L'endroit parfait si vous cherchez une cuisine thaïe bon marché et de qualité dans le quartier, et que le décor vous est indifférent. Choix classique de curries, soupes, *pad thaï* (nouilles thaïlandaises) et riz plus ou moins épicés – à la commande. Comme il n'est pas possible de réserver, longue attente à l'heure de pointe.

Carnegie Deli
854 Seventh Ave, 10019 **Tél.** *(212) 757-2245* Plan 12 E4 $$

Préparez-vous à faire la queue pour apercevoir les sandwiches gargantuesques et les cheesecakes qui ont fait l'histoire de ce deli. Mais préparez-vous aussi à vivre cette expérience typiquement new-yorkaise en supportant un personnel acariâtre. C'est cher, mais vous n'avalerez sans doute plus rien de la semaine.

Légende des catégories de prix *voir p. 296* **Légende des symboles** *voir le rabat arrière*

Norma's
118 West 57th St, 10019 **Tél.** *(212) 708-7460* $$ | **Plan** 12 E3

Un lieu étonnant et luxueux pour un petit-déjeuner ou un brunch à l'hôtel Parker Meridien. La carte inventive et sophistiquée comblera tous vos désirs. Un peu cher, il est vrai, mais très copieux. Longues files d'attente possibles le week-end, mais on peut s'y rendre en famille.

Virgil's Real Barbecue
152 West 44th St, 10036 **Tél.** *(212) 921-9494* $$ | **Plan** 12 E5

Bistrot à barbecue animé au cœur de Times Square avec une clientèle toujours affairée et un service rapide. Idéal pour se sentir bien calé avant d'aller au spectacle. Plus de dix différents plats de viandes des quatre coins de l'Amérique et de savoureux accompagnements, comme les *biscuits*, le chou cavalier ou le gruau de maïs.

Becco
355 West 46th St, 10036 **Tél.** *(212) 397-7597* $$$ | **Plan** 11 D5

Le chef Lidia Bastianich est copropriétaire de cette trattoria de Restaurant Row qui offre un bon choix d' *antipasti*, salades, pâtes, plats principaux et menus d'avant le spectacle. Un choix de vins à 25 $ est proposé, mais pour les budgets plus conséquents on peut choisir dans la longue carte des vins.

Jezebel
630 Ninth Ave, 10036 **Tél.** *(212) 582-1045* $$$ | **Plan** 12 D5

En plein cœur du quartier des théâtres, dans un cadre éclectique avec balançoires sous le porche, antiquités et même palmiers, dégustez les grands favoris de la cuisine du Sud, comme le poulet frit, le poisson-chat et les gombos frits au chou cavalier. Orchestre le soir du jeudi au samedi. Réservez de bonne heure pour dîner avant le spectacle.

Marseille
630 Ninth Ave, 10036 **Tél.** *(212) 333-2323* $$$ | **Plan** 12 D5

Vous pourrez assurément prendre un bon repas dans le quartier des théâtres si vous essayez ce restaurant franco-méditerranéen romantique aux accents modernes. Tiramisu original au beurre de cacahuètes. Les plats, y compris végétariens, sont servis par un personnel affable. Jetez un coup d'œil à l'excellent bar Kemia, en bas.

Molyvos
871 Seventh Ave, 10019 **Tél.** *(212) 582-7500* $$$ | **Plan** 12 E4

Restaurant grec haut de gamme proche de Carnegie Hall. Le cadre méditerranéen chaleureux est idéal pour déguster fruits de mer frais et autres spécialités grecques qui justifient les prix supérieurs à la moyenne. Avant d'aller au théâtre, essayez le *saganáki* (fromage *haloumi*, ouzo et citron). Menus d'avant le spectacle à prix fixe.

Osteria al Doge
142 West 44th St, 10036 **Tél.** *(212) 944-3643* $$$ | **Plan** 12 E5

La cuisine vénitienne est servie dans une salle rustique qui accueille à midi une brillante clientèle d'affaires et qui est prisée des habitués des théâtres en début de soirée. Le service est expéditif et chaleureux. La carte propose pizzas, excellentes salades et carpaccio sans oublier les pâtes fraîches. Supérieur aux concurrents du quartier par les prix et la qualité.

Blue Fin
1567 Broadway, 10036 **Tél.** *(212) 918-1400* $$$$ | **Plan** 12 E5

Ce restaurant sur deux niveaux qui offre un buffet de crudités et de sushis est entièrement consacré aux produits de la mer. C'est l'un des plus sensationnels du quartier. Il est toujours animé et certains se plaignent du bruit, qui ne vient pas seulement de l'orchestre.

DB Bistro Moderne
55 West 44th St, 10036 **Tél.** *(212) 391-2400* $$$$ | **Plan** 8 F1

On y trouve le fameux foie gras et le hamburger garni de travers de porc et d'aloyau braisés au vin. Ce restaurant animé du centre de Manhattan permet de goûter l'excellente cuisine de Daniel Boulud. Prisé pour les déjeuners d'affaires chez les cadres de l'édition qui en ont les moyens. Parfait pour un dîner haut de gamme avant le spectacle.

Esca
402 West 43rd St, 10036 **Tél.** *(212) 564-7272* $$$$ | **Plan** 8 D1

Restaurant italien de fruits de mer haut de gamme géré par les associés Batali et Bastianich. Grand choix de hors-d'œuvre suivis d'autres plats qui reflètent la très grande fraîcheur des ingrédients. Le service est parfois inégal et certains trouvent l'ambiance quelque peu renfermée. Un peu trop guindé pour les enfants.

Osteria del Circo
120 West 55th St, 10019 **Tél.** *(212) 265-3636* $$$$ | **Plan** 12 E4

Ce restaurant de l'Italie du Nord est géré par la famille Maccioni connue pour Le Cirque. La salle conçue par Adam Tihany est vaste et confortable et les plats préparés avec art sont servis avec le sourire. Gardez de la place pour les desserts comme les beignets toscans à la crème de cappuccino.

Triomphe
49 West 44th St, 10036 **Tél.** *(212) 453-4233* $$$$ | **Plan** 12 F5

Havre de paix non loin de l'effervescence de Times Square, ce restaurant français conjugue une cuisine excellente, une carte des vins haut de gamme et un service impeccable. On le choisira pour ses menus dégustation ou pour créer l'événement : on peut en effet y inviter 10 à 20 personnes lors d'un dîner avec séance de cinéma dans un salon privé.

Gordon Ramsay
151 West 54th St, 10019 **Tél.** *(212) 468-8888*
    Plan *12 E4*

L'atmosphère est calme et détendue dans ce restaurant de 45 places du London NYC Hotel : on s'y concentre d'autant plus sur une délicieuse cuisine française. À midi, le menu à prix fixe est une affaire pour cette catégorie. Réservez à l'avance, surtout pour la table de cuisine de 8 personnes.

Le Bernardin
155 West 51st St, 10019 **Tél.** *(212) 554-1515*
    Plan *12 E4*

Un véritable paradis pour les amateurs de poisson et de fruits de mer. Cet élégant et remarquable restaurant de longue date propose des repas d'exception avec la grande cuisine française du chef Eric Ripert. Le service est irréprochable, y compris les conseils du sommelier. C'est l'endroit idéal pour déclarer sa flamme.

Milos Estiatorio
125 West 55th St, 10019 **Tél.** *(212) 245-7400*
    Plan *12 E4*

Délicieuse cuisine grecque à base de poissons et fruits de mer tout frais péchés. Dans une salle spartiate et lumineuse, les clients choisissent leur poisson sur un étal superbement décoré. Pour le menu du jour, il faudra s'en remettre à la chance des pêcheurs qui fournissent ce restaurant haut de gamme, parmi les plus chers de la ville.

LOWER MIDTOWN

Grand Central Oyster Bar
Grand Central, Lower Level, 42nd St, 10017 **Tél.** *(212) 490-6650*
    Plan *9 A1*

Cet immense espace à l'intérieur de Grand Central transporte le visiteur dans le passé. Préparés simplement, les fruits de mer très frais ne sont pas trop chers et la carte propose plus d'une douzaine de sortes d'huîtres. Cadre et décor décontractés. Également service à la table.

Riingo
205 East 45th St, 10017 **Tél.** *(212) 867-4200*
    Plan *13 B5*

Ce restaurant très chic de l'hôtel Alex géré par le chef Marcus Samuelson et le chef de cuisine Johan Svensson propose un mariage de cuisine japonaise et spécialités suédoises aux résultats étonnants. Ne manquez pas le nigiri-sashimi au foie gras chaud ou le bœuf de Kobé, leurs spécialités.

Artisanal
2 Park Ave, 10016 **Tél.** *(212) 725-8585*
    Plan *9 A2*

Ce magnifique bistrot français haut de gamme consacré au fromage propose un large choix à savourer tel quel ou en fondue. Que les réfractaires aux produits laitiers se rassurent : ils trouveront aussi leur bonheur. Le service est parfois inégal et les réservations ne sont pas toujours honorées.

Asia de Cuba
237 Madison Ave, 10016 **Tél.** *(212) 726-7755*
    Plan *9 A2*

La salle blanche, élégante et minimaliste, attire une clientèle jeune et branchée qui vient savourer une *fusion-food* latino-asiatique comme la dégustation de tofu, le homard *mai tai* et le colin séché au *miso*. Certains estiment que le niveau a baissé. Prenez une boisson et observez les convives qui partagent les plats aux tables communes.

L'Impero
45 Tudor City Place, 10017 **Tél.** *(212) 599-5045*
    Plan *9 B1*

Carte italienne du chef Scott Conant avec des plats inventifs, une carte des vins remarquable et un service irréprochable. Les pâtes maison sont un régal, mais gardez de la place pour les fromages aux saveurs exceptionnelles. Menu dégustation. Idéal pour une occasion spéciale. Un bon prétexte pour flâner dans le quartier enclavé de Tudor City.

Michael Jordan's The Steakhouse NYC
Grand Central, North Balcony, 10017 **Tél.** *(212) 655-2300*
    Plan *9 A1*

Le grill-room du célèbre joueur est situé à la mezzanine de Grand Central Terminal, superbement rénovée. Viandes de tout premier choix à des prix élevés. Évitez les jours chauds de l'été car le Terminal n'est pas climatisé. Le service est simple mais efficace. Vue aérienne imprenable sur le ballet des usagers du train.

UPPER MIDTOWN

La Bonne Soupe
48 West 55th St, 10019 **Tél.** *(212) 586-7650*
    Plan *12 F4*

Ce havre douillet au centre de Manhattan s'adresse aux petits budgets et propose une carte de bistrot français classique avec quiches, omelettes, soupes, steaks et crêpes. Service assez lent. Petite terrasse pour manger dehors en été. Excellente adresse à petits prix dans ce quartier cher et haut de gamme.

Légende des catégories de prix *voir p. 296* **Légende des symboles** *voir le rabat arrière*

Beacon
25 West 56th St, 10019 **Tél.** (212) 332-0500 **Plan 12 E3**

La nouvelle cuisine américaine se savoure dans un superbe espace à trois niveaux. Une ambiance différente règne à chaque étage : animée au bar, intime en haut et cosy près de la cuisine ouverte. Cocktail de crevettes aux *jalapeños* grillés et steak d'agneau aux olives noires et au citron.

Dawat
210 East 58th St, 10022 **Tél.** (212) 355-7555 **Plan 13 B3**

Agréable restaurant indien avec les recettes du célèbre chef Madhur Jaffrey. L'une des spécialités est le saumon au *chutney* de coriandre cuit au four dans une feuille de bananier. Un détail astucieux : un chariot de snacks circule entre les tables. Si la cuisine indienne ne vous est pas familière, suivez le conseil du personnel très serviable.

Rue 57
60 West 57th St, 10019 **Tél.** (212) 307-5656 **Plan 12 F3**

Dans ce bistrot raffiné et prisé, l'engouement pour la *fusion-food* se manifeste par le mariage d'un bar à sushis et de la cuisine française. Très bon rapport qualité-prix également pour le petit déjeuner. Les tables sur le trottoir sont idéales pour observer le spectacle de la rue en été. Excellent choix de dernière minute au centre de Manhattan.

Shun Lee Palace
155 East 55th St, 10022 **Tél.** (212) 371-8844 **Plan 13 A4**

Cette belle salle est considérée comme l'un des meilleurs restaurants chinois de la ville. La carte marie les plats de Canton et du Sichuan, et les spécialités de ragoûts. Les crevettes au Grand Marnier ont leurs fidèles adeptes. Même maison près du Lincoln Center, au 43 West 65th Street.

Inagiku
111 East 49th St, 10017 **Tél.** (212) 355-0440 **Plan 13 A5**

Niché à l'intérieur du Waldorf-Astoria, ce restaurant japonais protocolaire sert sushis frais importés tous les jours du Japon par avion, *tempuras* et *kaiseki* (menus dégustation). Le service et le cadre charmants sont appréciés, loin du flot des touristes dans l'hôtel. Idéal pour les déjeuners d'affaires.

Pampano
209 East 49th St, 10017 **Tél.** (212) 751-4545 **Plan 13 B2**

Ce charmant restaurant mexicain moderne appartient au chef Richard Sandoval et au légendaire chanteur d'opéra Placido Domingo. Les recettes inventives et fraîches servies dans une salle élégante donnent envie de chanter une aria. En hors-d'œuvre, goûtez l'espadon fumé ou le flétan Pampano. Agréable terrasse.

Vong
200 East 54th St, 10022 **Tél.** (212) 486-9592 **Plan 13 B4**

Restaurant franco-thaï déjà ancien du chef Jean Georges Vongerichten. Superbe salle où l'on déguste de fascinants plats de *fusion-food* comme le foie gras sauté au gingembre et à la mangue, ou le homard aux herbes thaïes. Gardez de la place pour le soufflé au fruit de la passion. Offrez-vous le menu à prix fixe avant le spectacle.

Aquavit
65 East 55th St, 10022 **Tél.** (212) 307-7311 **Plan 13 A4**

Ce nouvel espace minimaliste est le berceau des recettes scandinaves imaginatives des chefs Nils Noren et Marcus Samuelsson, avec des ingrédients de choix et plusieurs menus dégustation. Les cocktails griffés maison sont incontournables.

BLT Steak
106 East 57th St, 10022 **Tél.** (212) 752-7470 **Plan 13 A3**

Le Bistro Laurent Tourondel (BLT) propose des steaks fantastiques d'une qualité exceptionnelle et un choix de sauces pour accompagner ces protéines de qualité. La salle élégante aux box de couleur caramel, zinc et autres éléments accrocheurs attirent une foule branchée et amatrice de mode.

Felidia
243 East 58th St, 10022 **Tél.** (212) 758-1479 **Plan 13 B3**

La chef Lidia Bastianich, vedette de la télévision, propose une cuisine italienne haut de gamme dans cette charmante maison de ville agrémentée de boiseries, de briques apparentes et de somptueux bouquets. Propice à l'idylle, la carte, qui évolue avec les saisons, est imaginative et préparée avec art. Impressionnante carte des vins.

Four Season
99 East 52nd St, 10022 **Tél.** (212) 754-9494 **Plan 13 A4**

La mode varie, mais cette institution new-yorkaise raffinée au décor signé Philip Johnson semble éternelle, et elle figure toujours parmi les plus cotées pour la cuisine américano-continentale. Le Grill Room reste le lieu favori pour les déjeuners d'affaires et la Pool Room est le cadre idéal pour les grandes occasions.

La Grenouille
3 East 52nd St, 10022 **Tél.** (212) 752-1495 **Plan 12 F4**

Un des derniers restaurants français classiques qui subsistent dans la ville avec une cuisine exceptionnelle. Les murs de la salle tendus de soie et garnis de banquettes de velours, ainsi que les énormes bouquets de fleurs, rendent la soirée mémorable. Parfait pour les grandes occasions.

Lever House　　　　　　　　　　　　　　　　　　　　　　　　 ⅘　$$$$$
390 Park Ave, 10022 **Tél.** *(212) 888-2700*　　　　　　　　　　　**Plan** *13 A4*

La nouvelle Mecque de New York pour les déjeuners d'affaires est un véritable Bottin mondain du monde du business. La salle moderne propose une carte de saison avec des plats influencés par la nouvelle cuisine américaine comme le *gazpacho* de homard. Habillez-vous pour épater la galerie et méfiez-vous du niveau sonore.

Oceana　　　　　　　　　　　　　　　　　　　　　　　　　　　 ⅘　$$$$$
55 East 54th St, 10022 **Tél.** *(212) 759-5941*　　　　　　　　　　**Plan** *13 A4*

Cette salle huppée à deux niveaux ressemble à un yacht privé. Les produits de la mer sont d'une fraîcheur exceptionnelle et les plats imaginatifs superbes du chef Cornelius Gallagher – comme le flétan aux piments de Piquillo et la crème de sésame noire au coulis de raisins secs – font l'objet d'un service impeccable. Prix fixe uniquement.

The Modern　　　　　　　　　　　　　　　　　　　　　　　　 ⅘　$$$$$
9 West 53rd St, 10019 **Tél.** *(212) 333-1220*　　　　　　　　　　**Plan** *12 F4*

Dans un espace moderne et épuré, qui donne sur le jardin des sculptures du MoMa, ce restaurant offre une carte irréprochable de nouvelles cuisines américaine et française ainsi qu'une longue carte des vins. Vous ne serez pas déçu par le service ni par le menu dégustation, très prisé, à savourer avec le vin approprié si votre bourse le permet.

UPPER EAST SIDE

Brother Jimmy's BBQ　　　　　　　　　　　　　　　　　　　　 ⅘　$$
1485 Second Ave, 10021 **Tél.** *(212) 288-0999*　　　　　　　　　　**Plan** *17 B5*

Ce premier-né de la chaîne Brother Jimmy's promet une soirée canaille devant un délicieux travers de porc ou autres spécialités du Sud. Les plats du jour servis à volonté font un tabac. Si l'endroit est idéal pour les carnivores, les végétariens ne sont pas laissés pour compte. Les tables du fond sont plus calmes.

Shanghai Pavilion　　　　　　　　　　　　　　　　　　　　　 ⅘　$$
1378 Third Ave, 10021 **Tél.** *(212) 585-3388*　　　　　　　　　　**Plan** *17 B5*

Ce nouveau venu propose une cuisine de Shanghai aussi authentique que possible hors de Chinatown. La carte très riche pratique des prix raisonnables, avec un bon rapport qualité-prix pour le quartier. Service amical. Excellents *dim sums,* plats de nouilles et spécialités comme le bar velouté ou le homard *tropicana.*

Via Quadronno　　　　　　　　　　　　　　　　　　　　　　　 ⅘　$$
25 East 73rd St, 10021 **Tél.** *(212) 650-9880*　　　　　　　　　　**Plan** *12 F1*

Ce charmant bar-sandwicherie à l'italienne qui propose un éventail coloré de délicieux sandwichs et salades à base de produits de choix mérite une pause après une virée sur le Museum Mile. Accompagnez votre repas d'un verre de vin. L'étroitesse des lieux, inspiré de la *paninoteca* milanaise, provoque une file d'attente aux heures de pointe.

Aureole　　　　　　　　　　　　　　　　　　　　　　　　　　 ⅘　$$$
34 East 61st St, 10021 **Tél.** *(212) 319-1600*　　　　　　　　　　**Plan** *13 A3*

Dans cette maison de ville en duplex abondamment fleurie, le chef ovationné Charlie Palmer continue à éblouir par son élégante nouvelle cuisine américaine. Essayez le gratin de champignon *portobello* et fromage de chèvre, ou la croustade de veau et *pancetta.* La longue carte des vins peut nécessiter l'aide du sommelier.

Maya　　　　　　　　　　　　　　　　　　　　　　　　　　　 ⅘　$$$
1191 First Ave, 10021 **Tél.** *(212) 585-1818*　　　　　　　　　　**Plan** *13 C2*

Le chef Richard Sandoval sert des plats raffinés et délicats dans ce restaurant mexicain haut de gamme décoré dans les tons pêche. Le seul inconvénient est le bruit; arrivez tôt pour échapper aux décibels. Tacos aux fruits de mer, margaritas et guacamole ont leurs inconditionnels.

Café Boulud　　　　　　　　　　　　　　　　　　　　　　　　 ⅘　$$$$
20 East 76th St, 10021 **Tél.** *(212) 772-2600*　　　　　　　　　　**Plan** *16 F5*

Le chef Daniel Boulud a ouvert à l'intérieur de l'hôtel Surrey un restaurant moins collet monté que Daniel *(p. 309)* et qui propose des créations consistantes. Un éventail intéressant de menus est offert aux convives : le tradition (français classique), le voyageur (exotique), le potager (végétarien) et le menu de saison.

Orsay　　　　　　　　　　　　　　　　　　　　　　　　　　　 ⅘　$$$$
1057 Lexington Ave, 10021 **Tél.** *(212) 517-6400*　　　　　　　　　**Plan** *17 A5*

Ce café à la française moderne et spacieux, à l'ambiance haut de gamme, est si prisé qu'il est très bruyant le soir. I l est pourtant toujours bondé pour ses créations exotiques comme le tartare margarita et la cuisse de canard croustillante avec beignet à l'aïl, léger et moelleux. Ce repas imaginatif méritera bien un verre de vin.

Daniel　　　　　　　　　　　　　　　　　　　　　　　　　　　 ⅘　$$$$$
60 East 65th St, 10021 **Tél.** *(212) 288-0033*　　　　　　　　　　**Plan** *13 A2*

Le restaurant vedette du chef Daniel Boulud possède une salle de style Renaissance vénitienne qui est l'un des cadres les plus somptueux de la ville. Avec ses créations ovationnées, c'est l'endroit idéal pour les grandes occasions, mais sachez que les prix sont astronomiques et le service est parfois médiocre.

Légende des catégories de prix *voir p. 296* **Légende des symboles** *voir le rabat arrière*

David Burke & Donatella 🍸 $$$$$

133 East 61st St, 10021 **Tél.** *(212) 813-2121* **Plan** *13 A3*

Une nouvelle cuisine américaine créative du chef David Burke et de Donatella Arpaia, ancienne hôtesse du Bellini. Les convives traversent un bar somptueux en pierre et en laque blanche pour arriver à une salle fraîche aux couleurs vives et aux surfaces laquées. Gardez de la place pour le dessert vedette, le *cheesecake « lollipop »* (sucette).

UPPER WEST SIDE

Wholefoods Market Café 🚶♿ $

Time Warner Center, 10 Columbus Circle, 10019 **Tél.** *(212) 823-9600* **Plan** *12 D3*

Immense supermarché écologique avec un impressionnant rayon alimentaire qui vend toutes sortes de cuisines, du sushi à la pizza. C'est l'endroit idéal pour faire ses achats sans se ruiner pour un pique-nique à Central Park, ou pour manger sur place dans les box. Rayon de vins. Bondé aux heures de pointe.

Gennaro 🍴🚶♿ $$

665 Amsterdam Ave, 10025 **Tél.** *(212) 665-5348* **Plan** *15 C2*

Ce petit café bon marché sert des portions généreuses d'une nourriture italienne toujours succulente. La réservation étant impossible, il y a parfois la queue aux heures de pointe. On y trouve tous les plats habituels, dont les pâtes du jour et une carte des vins assez raisonnable. En cas d'affluence, la lenteur du service est agaçante.

Boathouse Restaurant Central Park 🚶♿🍴 $$$

Central Park, East 72nd St et Park Drive North, 10023 **Tél.** *(212) 517-2233* **Plan** *12 E1*

Ce hangar à bateaux proche du lac de Central Park offre un cadre charmant pour le brunch ou le déjeuner. Dîner romantique d'avril à octobre. Vu les prix, il est regrettable que l'afflux inévitable des touristes l'empêche de servir une cuisine supérieure à la moyenne.

Café Fiorello 🚶 $$$

1900 Broadway, 10023 **Tél.** *(212) 595-5330* **Plan** *12 D2*

Se vantant d'être « le plus ancien spectacle à l'affiche à Broadway », ce café italien bruyant propose un abondant buffet d' *antipasti* qui peut remplacer un repas entier avant d'aller au Lincoln Center, en face. La carte propose aussi pizzas et plats italiens habituels. Tables sur le trottoir en saison, idéales pour observer le spectacle de la rue.

Café Luxembourg 🚶 $$$

200 West 70th St, 10023 **Tél.** *(212) 873-7411* **Plan** *11 C1*

Bistrot parisien Art déco classique avec zinc et miroirs anciens, accueillant une clientèle branchée et fidèle, et une célébrité de temps en temps. Cuisine standard de bistrot avec plats de la semaine, mais le service n'est pas irréprochable. La faune et le cadre en font un bon choix pour les dîners d'affaires.

Calle Ocho 🚶♿ $$$

446 Columbus Ave, 10024 **Tél.** *(212) 873-5025* **Plan** *16 D4*

Une ambiance de fête éternelle règne dans ce restaurant cubain bruyant et haut en couleurs, fréquenté par les 20-30 ans. La carte fusionne des plats latino-américains avec plus ou moins de succès. Menu enfants. Vu la proximité de l'American Museum of Natural History, faites-y une pause en famille pour prendre un verre.

Pampa 🍴🚶🍴 $$$

768 Amsterdam Ave, 10025 **Tél.** *(212) 865-2929* **Plan** *15 C1*

Ce grill argentin toujours branché et animé sert d'énormes portions de viande et d'excellentes frites à l'ail. Parfait pour les gros appétits au portefeuille dégarni. Ne manquez pas les *empanadas* à *l'humita* (purée de maïs) et en dessert les crêpes au *dulce de leche* (confiture de lait), sans oublier les bières péruviennes. Serveurs de style glamour.

Pasha 🚶 $$$

70 West 71st St, 10023 **Tél.** *(212) 579-8751* **Plan** *12 D1*

Restaurant turc spacieux et calme, à éclairage zénithal, avec un service amical. Idéal pour une bonne conversation devant un plat bien préparé. En hors-d'œuvre, les boulettes d'agneau sont délicieuses, de même que les plats d'aubergine, notamment la *patlican salatasi* (aubergine fumée écrasée avec de l'ail, de l'huile d'olive et du citron).

Rosa Mexicano 🚶♿ $$$

61 Columbus Ave, 10023 **Tél.** *(212) 977-7700* **Plan** *12 D2*

Proche de Lincoln Center, cet agréable restaurant mexicain haut de gamme draine une foule branchée. Fantastiques margaritas à la grenade et guacamole préparés sur commande sous les yeux des convives. Essayez les tacos *cochinita pibil* (porc à l'achiote cuit à la vapeur dans une feuille de bananier) ou le poisson Veracruz à la sauce tomate.

Aix 🚶 $$$$

2398 Broadway, 10024 **Tél.** *(212) 874-7400* **Plan** *15 C3*

Nouvelle cuisine française novatrice du chef Didier Virot dans un beau cadre romantique doublé d'un service professionnel. Aix apporte un souffle d'air frais bienvenu aux restaurants du quartier. Gardez de la place pour les desserts créatifs du chef pâtissier Jehangir Mehta, étoile montante dans son domaine.

Café des Artistes

1 West 67th St, 10023 **Tél.** *(212) 877-3500*   **Plan** *12 D2*

Ce bistrot romantique sert de la cuisine française dans une belle salle fleurie aux murs peints des célèbres nymphes de Howard Christy Chandler. Sans être très imaginatifs, les plats sont bien préparés mais un peu chers. Une célébrité y est repérée de temps en temps. Le brunch est très prisé.

Café Gray

Time Warner Center, 10 Columbus Circle, 10019 **Tél.** *(212) 823-6338*   **Plan** *12 D3*

Le chef Gray Kunz, célèbre pour l'Espinasse, a ouvert sa nouvelle brasserie française aux accents asiatiques au Time Warner Center. Bien que bruyante, la salle joliment décorée propose des créations de qualité comme le consommé de queue de bœuf aux boulettes de foie gras ou le travers de porc braisé.

Ouest

2315 Broadway, 10024 **Tél.** *(212) 580-8700*   **Plan** *15 C4*

Le chef Tom Valenti propose une nouvelle cuisine américaine réconfortante *(comfort food)* dans un restaurant élégant où l'on se sent très à l'aise. La carte propose des plats du jour comme le pain de viande traditionnel et d'autres plats créatifs comme le pigeonneau poché aux raviolis de foie gras. Carte des vins exceptionnelle.

Asiate

80 Columbus Circle, 35e étage, 10019 **Tél.** *(212) 805-8881*   **Plan** *12 D3*

Dans l'hôtel Mandarin, ce restaurant d'inspiration asiatique offre des vues sublimes sur Central Park. Les plats vedettes sont le foie gras poêlé avec anguille de mer vapeur et sauce tamarin, et le bœuf Wagyu sauce queue de bœuf. Le bar propose un choix intéressant de cocktails.

Jean George

1 Central Park West, Columbus Circle et West 60th St, 10023 **Tél.** *(212) 299-3900*   **Plan** *12 D3*

Le restaurant du chef Jean George est le temple de la nouvelle cuisine française aux accents asiatiques. Un choix impressionnant de plats raffinés est servi par un personnel affable et chaleureux dans la salle épurée mais élégante, conçue par Adam Tihany. Une expérience inoubliable à New York.

Masa

Time Warner Center, 10 Columbus Circle, 10019 **Tél.** *(212) 823-9800*   **Plan** *12 D3*

Le chef Masayoshi Takayama, du célèbre Ginza sushi-Ko de Los Angeles, est venu à New York pour battre le record du repas le plus cher. L'interminable menu dégustation *(kaiseki)* conçu par M. Masa utilise des produits d'une fraîcheur extrême. Asseyez-vous près du comptoir à sushis pour ne pas perdre une miette du spectacle.

Per Se

Time Warner Center, 10 Columbus Circle, 10019 **Tél.** *(212) 823-9335*   **Plan** *12 D3*

Réservez votre table deux mois à l'avance dans ce restaurant ovationné par les critiques que gère Thomas Keller, connu pour le French Laundry de Californie. Le menu dégustation change chaque jour et la version végétarienne est souvent jugée la meilleure. De plus, la vue sur Central Park est imprenable. Service irréprochable.

Picholine

35 West 64th St, 10023 **Tél.** *(212) 724-8585*   **Plan** *12 D2*

L'élégant restaurant franco-méditerranéen de Terrance Brennan est à quelques pas du Lincoln Center. Plusieurs menus à prix fixe ainsi que des menus dégustation sont disponibles avec des plats comme le saint-pierre aux raisins, chanterelles et vinaigrette à la truffe. Gardez de la place pour l'assiette de fromages artisanaux réputée.

MORNINGSIDE HEIGHTS ET HARLEM

Sylvia's

328 Lenox Ave, 10027 **Tél.** *(212) 996-0660*   **Plan** *21 B1*

Depuis 1962, ce restaurant sert une bonne vieille cuisine du sud des États-Unis dans une salle kitsch où joue parfois un orchestre. Son succès draine une foule de touristes et de gens du quartier qui savourent les plats bon marché tels que poulet frit, chou cavalier et dolics. Bondé le dimanche à la sortie de l'église.

EN DEHORS DU CENTRE : BROOKLYN

Grimaldi's

19 Old Fulton St, 11201 **Tél.** *(718) 858-4300*

Les succulentes pizzas cuites au four à charbon sont faites avec la mozzarella la plus laiteuse et la sauce la plus fraîche. Ne manquez pas celle aux *pepperoni*. Ce restaurant vaut le déplacement jusqu'à Brooklyn et le retour à pied par le pont. Venez en famille et faites la queue pour savourer les spécialités bon marché de cette pizzeria bourdonnante.

Légende des catégories de prix *voir p. 296* **Légende des symboles** *voir le rabat arrière*

Song 💳 ♿ ⛱ $

295 Fifth Ave, 11217 ***Tél.*** *(718) 965-1108*

Ce sympathique restaurant thaï dans Park Slope séduit les foules pour trois bonnes raisons : des prix sages, un jardin paisible et un décor à la mode d'inspiration industrielle. À l'intérieur, la musique est un peu forte, ce qui ne semble pas gêner les voisins. Son grand frère le Joya, dans Cobble Hill, connaît le même succès.

Chip Shop/ Curry Shop 💳 🧒 $$

383 Fifth Ave, 11215 ***Tél.*** *(718) 832-7701*

La cuisine britannique réconfortante *(comfort food)* à New York ! Ce restaurant bon marché propose, dans une salle plutôt kitsch, poisson pané et frites, saucisses à la purée, tourte aux rognons, curries et bien sûr le Mars frit en beignet. Idéal pour passer un bon moment entre amis – ou en famille – autour d'une bière.

Planet Thailand 💳 🧒 $$

133 North 7th St, 11211 ***Tél.*** *(718) 599-5758*

Cet entrepôt rénové et branché propose des spécialités thaïes exceptionnelles comme les nouilles plates au bœuf et aux brocolis, et un bar à sushis qui a moins de succès. Très apprécié des groupes importants, il est nécessaire de réserver. Premier arrêt à Brooklyn de la ligne L. À essayer avant de faire la tournée des bars à Williamsburg.

Patois 🧒 ⛱ $$$

255 Smith St, 11211 ***Tél.*** *(718) 855-1535*

Dans ce bistrot français au cadre rustique qui a lancé la mode des restaurants de Smith Street, la carte de saison bon marché propose notamment boulettes de veau à la crème et aux câpres, et cassoulet végétarien au gouda fumé. Tables très animées dans le jardin.

Peter Luger Steakhouse 💳 ♿ $$$$

178 Broadway, 11211 ***Tél.*** *(718) 387-7400*

Dans cette institution new-yorkaise qui sert « le steak du connaisseur » depuis 1887, la viande est d'une qualité exceptionnelle. Sachez que l'ambiance est celle d'une brasserie et que les serveurs sont parfois grincheux. Même en ayant réservé, il arrive qu'on attende une table.

The Grocery ⛱ $$$$

288 Smith St, 11231 ***Tél.*** *(718) 596-3335*

Ce charmant restaurant de 30 couverts à Carrol Gardens propose une carte de saison délicieuse avec des plats comme la truite entière sans arêtes farcie aux spaetzlis et aux asperges, ou la poitrine de canard braisée avec boulgour, blettes et vin rouge caramélisé. Cet endroit romantique possède aussi un ravissant jardin en été.

River Café ♿ 👔 $$$$$

One Water St, 11201 ***Tél.*** *(718) 522-5200*

Inégalé pour sa vue imprenable sur les toits de Manhattan, ce restaurant très haut de gamme de Brooklyn offre un menu de nouvelle cuisine américaine à prix fixe de trois plats. Menu dégustation également. Romantique, on l'appréciera pour les grandes occasions. Gardez de la place pour le pont de Brooklyn au chocolat.

EN DEHORS DU CENTRE : QUEENS

Jackson Diner 💳 🧒 👔 $$

37-47 74th St, 11372 ***Tél.*** *(718) 672-1232*

Ce vaste restaurant indien de style cafétéria ne ménage pas ses efforts pour offrir les plats bien préparés de l'Inde du Nord (épicés) et du Sud (plus doux), à des prix très sages. Mérite le détour si vous êtes à Jackson Heights. Excellents plats d'agneau et *samosas* à arroser d'un très bon *lassi*.

Elias Corner 💳 🧒 ⛱ $$$

24-02 31st St, 11102 ***Tél.*** *(718) 932-1510*

Ce restaurant grec parmi les plus célèbres attire un flot de fidèles. Malgré les agrandissements, la file d'attente peut être longue, surtout le week-end. On y déguste les poissons les plus frais de la ville, préparés avec simplicité. Le vaste jardin permet de réunir de grands groupes.

S'Agapo 🧒 $$$

34-21 34th Ave, 11106 ***Tél.*** *(718) 626-0303*

Une ambiance gaie règne dans cette taverne bon marché spécialisée dans le poisson grillé et dont le nom signifie « je vous aime » en grec. Le repas se déroule en musique le week-end et la terrasse est très appréciée les soirs d'été. Le restaurant est proche de l'American Museum of the Moving Image.

Trattoria L'incontro 🧒 ♿ $$$

21-76 31st St at Ditmars Blvd, 11105 ***Tél.*** *(718) 721-3532*

Ce restaurant italien vise juste avec ses saveurs, ses portions généreuses et ses prix sages. Si le décor est quelconque, c'est loin d'être le cas de l'espadon grillé et du veau au citron et aux câpres. Réservez à l'avance dans ce lieu prisé à l'Astoria, mais ne vous étonnez pas si vos voisins semblent appartenir à la mafia.

Repas légers et snacks

À Manhattan, on peut se restaurer quels que soient le lieu ou l'heure. Les New-Yorkais donnent l'impression de manger à longueur de journée : à un coin de rue, dans un bar, une *luncheonette* ou un *deli*, avant ou après le travail, même au petit matin ! Il y en a pour tous les goûts : bretzels, pâtisseries danoises, pizzas, sandwiches, marrons grillés ou *gyros* grecs à la viande de mouton… Que vous choisissiez le calme d'un salon de thé ou l'animation d'un *coffee shop*, d'un *diner* ou d'un bistrot ouverts la nuit ; que vous ayez envie d'un snack avant le théâtre ou en sortant d'une fête, vous trouverez toujours un moyen de satisfaire votre appétit sans vous ruiner, même si la qualité est variable.

DELICATESSEN

Véritable institution new-yorkaise, c'est l'endroit idéal pour déjeuner d'un gros sandwich. **Carnegie Delicatessen,** souvent considéré comme le meilleur *deli* de la ville, en propose de merveilleux au corned-beef ou au pastrami.

Certains, comme **Katz's Delicatessen,** proposent une nourriture kascher traditionnelle, mais la plupart se limitent à la vente à emporter. On s'y presse donc pour acheter d'énormes sandwiches relativement bon marché. Le personnel est généralement grincheux et impatient, et la grossièreté est presque une marque déposée chez **Stage Deli,** désormais plus fréquenté par les touristes que par les stars du showbiz.

Pour une authentique cuisine juive new-yorkaise, essayez **Barney Greengrass,** à Upper West Side. **The Sturgeon King** sert du saumon fumé, du pastrami et de l'esturgeon. Très couru, **Zabar's** a conquis les yuppies grâce à ses délicieux saumon fumé, pickles et salades.

Selon les connaisseurs, **Pastrami Queen,** dans Manhattan, mérite bien son nom de souverain du sandwich au pastrami.

CAFÉS, BISTROTS ET BRASSERIES

Depuis quelques années, cafés, bistrots et brasseries sont du dernier chic à New York. Chez **Balthazar,** Spring Street, le clinquant est à tous les étages sauf à la cuisine, fabuleuse. Encore plus à la mode, mais moins cher, vous pouvez essayer **Pastis,** dans le Meatpacking District. Le **Café Centro,** près de Grand Central, souvent plein et bruyant à midi, attire une clientèle d'hommes d'affaires ; carte méditerranéo-provençale, avec soupe de poisson et de succulents desserts. Installée de longue date, **The Brasserie** sur E 53rd, a été bien rénovée. Le **Bistro du Nord**, sur Madison Ave, joue la carte franco-américaine, non sans invention. Plus au sud, dans TriBeCa, **The Odeon** est prisé pour son menu brasserie et ses horaires tardifs. À SoHo, **Raoul's** est un bistrot français à l'ambiance détendue, apprécié des artistes et autres habitués pour sa cuisine simple mais sûre. À Greenwich Village, l'**Elephant and Castle**, au décor minimal, permet de déjeuner d'une soupe-salade-omelette ou d'autres snacks, mais ses points forts sont le petit déjeuner et le brunch, abondants sans être ruineux. Le bar est en outre très animé. On se presse aussi **Chez Jacqueline** ; ce café exigu, situé à proximité de plusieurs salles de Broadway, propose un menu de bistrot français et attire toute une foule jeune, branchée et cosmopolite pour un dîner à prix modéré ou un souper tardif.

Dans le quartier des théâtres, **Victor's Café**, spacieux, vivant, latin, propose, à prix modéré, d'énormes portions d'une authentique cuisine cubaine. Ambiance garantie **Chez Josephine**, bistrot-cabaret animé par un pianiste de jazz. La scène est ici la principale attraction, et la cuisine française est excellente.

Petit, mais français à souhait, La **Boîte en Bois** propose une délicieuse cuisine de bistrot à distance commode de Lincoln Center. Non loin de là, **Vince and Eddie's** sert une cuisine américaine fiable, souvent géniale.

Inclassable, **Sarabeth's**, dans Upper West Side, peut être assimilé à un café. Le meilleur moment pour s'y rendre est le petit déjeuner ou le brunch du week-end, où gaufres, *French toasts,* crêpes et omelettes font le bonheur des familles. Il existe deux autres établissements, dont l'un au Whitney Museum.

New York n'a sans doute guère de bistrot plus français que **Les Halles**, dans le quartier de Gramercy. Tard le soir, il peut être très bruyant, mais les fans estiment que sa cuisine le vaut bien.

PIZZERIAS

On trouve de la pizza partout à New York, pour quelques dollars la part à un comptoir de rue ou dans un fast-food, et dans les pizzerias napolitaines traditionnelles.

Certaines offrent un petit plus. Pâte fine et croustillante cuite au four à bois, et jazz *live* chez **Arturo's Pizzeria**. Menu toscan et délicieuses pizzas aux garnitures inédites chez **Mezzogiorno**. On se régale aussi de pâtes fines cuites au four traditionnel chez **Mezzaluna**, bondé, et chez **John's Pizzeria**, considérée comme la meilleure de Manhattan par ses nombreux fans (dont Woody Allen).

Totonno Pizzeria, à Coney Island, mérite un saut à Brooklyn une filiale existe à Manhattan, de la part des vrais amateurs de pizza. Les pizzerias sont souvent l'endroit idéal pour un repas simple et peu cher. On ne peut généralement pas réserver, aussi la queue peut-elle être longue à l'entrée des meilleures.

BARS À HAMBURGERS

En dehors des vendeurs ambulants, il y de nombreux endroits qui vendent de très bons hamburgers, même s'il faut parfois compter 10 $ pour un hamburger pur bœuf.

Les hamburgers ont même acquis leurs lettres de noblesse chez **Shake Shack**, à Madison Square Park où, en été, le célèbre restaurateur new-yorkais Danny Meyer sert, d'avril à novembre, des snacks raffinés à prix doux. À Midtown, l'élégant hôtel Le Parker Meridien a ouvert le **Burger Joint** qui, derrière ses allures de routier, sert d'excellents hamburgers.

Clairs et sobres, les cinq restaurants **Jackson Hole** séduisent les enfants avec 28 variétés de hamburgers moelleux et bien garnis. Les adultes préfèreraient un décor plus discret, mais l'addition saura les convaincre. On peut aussi y goûter l'*egg cream*, la boisson new-yorkaise par excellence.

Le **Beer Bar at Café Centro**, dans le MetLife Building, séduit une clientèle libérale avec une carte de bières peu commune et de délicieux hamburgers.

À Greenwich Village, le **Corner Bistro** sert les meilleurs hamburgers de la ville à un prix raisonnable, en plus d'un bon choix de bières (ouvert jusqu'à 4 h).

DINERS ET LUNCHEONETTES

On trouve des *diners* et des *luncheonettes,* aussi appelés *sandwich shops* ou *coffee shops*, à tous les coins de rue. Les plats y sont quelconques, mais copieux et bon marché. Ils sont ouverts du petit déjeuner jusqu'à tard dans la soirée et servent à toute heure.

Les années 1990 ont relancé la mode des restaurants bon marché des années 1930. L'**Empire Diner**, ouvert 24 h sur 24, en est une version chic *(p. 138)*.
Le **Moondance Diner** à SoHo, en activité depuis dans les années 1930, a servi de décor au film *Spider-Man*.

Les artistes et les célébrités vont chez **Jerry's**, à SoHo, pour ses sandwichs, ses salades, ses desserts inventifs et ses petits déjeuners copieux, et chez **Florent**, dans West Village, pour sa bonne cuisine française servie 24 h sur 24. **Big Nick's**, sur Broadway, est la meilleure adresse d'Upper West Side pour une pizza, un hamburger ou un petit déjeuner. Ouvert toute la nuit sur Union Square, le **Coffee Shop** joue la carte américano-brésilienne.

Dans Upper East Side, **E.A.T.** d'Eli Zabar sert des plats juifs excellents mais chers soupe à l'orge et aux champignons, pain tressé *(challah)* et desserts succulents.

Ses adeptes ne jurent que par **Viand**, dans East Side – petits déjeuners copieux à petits prix, bons hamburgers, *egg creams* et les meilleurs sandwichs à la dinde de la ville. **Veselka** est une sandwicherie peu ordinaire : spécialités ukraino-polonaises à prix imbattables. Une seconde adresse, **Little Veselka**, s'est ouverte récemment.

SALONS DE THÉ

Les salons des grands hôtels new-yorkais sont le seul endroit où boire une vraie tasse de thé. On y sert un élégant *afternoon tea* à prix fixe entre 15 h et 17 h.

Chic suprême, le thé de l'hôtel **Carlyle**, dans Upper East Side, est servi sur du mobilier Chippendale. La formule à prix fixe du **Pierre** est très avantageuse. Au **Waldorf-Astoria**, le thé est proposé avec de la crème du Devonshire. Sur la 5e Avenue, le **Stanhope** fait rimer abondance avec élégance et permet de patienter jusqu'au souper.

La nouvelle chaîne des charmants salons de thé **Saint's Alp** propose toutes sortes de boissons à base de thé – mousseuses, parfumées et colorées, servies sur de la glace pilée. Deux adresses : 51 Mott Street près de Chinatown, et dans le nouveau quartier de Times Square. Au grand magasin Takashimaya, sur la 5e Avenue, **The Tea Box** sert le thé à la japonaise.

CAFÉS ET PÂTISSERIES

La plupart des *diners, coffe shops* et *luncheonettes* servent du café correct à volonté à partir de 75 cents. La mode est actuellement aux bars à café où l'on sert toutes sortes de cafés – espresso, *caffè latte* et cappuccino. Certains glaciers et pâtissiers accompagnent de bon café leurs délicieuses pâtisseries.

Chez **Magnolia Bakery**, on fait la queue pour goûter les succulents gâteaux. **Joe** possède la meilleure machine à espresso du monde. Depuis 1892, le **Caffè Ferrara** propose des pâtisseries italiennes et du bon café à prix doux et en terrasse. **Vesuvio Bakery** est un café italien à l'ancienne. Le pain y est cuit dans un four à charbon. **DT-UT** se fait un plaisir d'accueillir les enfants dans ses deux salons Downtown et Uptown.

Au **Seaport Café**, à South Street Seaport, vous pourrez boire un bon café tout en profitant du panorama et de l'animation.

À la **Hungarian Pastry Shop**, les divers délices austro-hongrois se dégustent avec vue sur St John the Divine. Au **Café Edison**, de l'hôtel éponyme, les prix sont raisonnables et le décor Art nouveau. **Sant'Ambroeus** défend merveilleusement la *pasticceria* milanaise avec ses desserts somptueux. En plus des livraisons à domicile, **Dessert Delivery** propose de goûter ses pâtisseries et son café dans un cadre coquet. **Serendipity 3** est réputé pour son charme victorien, ses crèmes glacées, son café et ses goûters. Livres, café et pâtisseries font bon ménage au **Barnes & Noble Café**, dans l'une des plus grandes librairies new-yorkaises. **Mudpost** est le nouveau port d'attache d'un couple qui vendait jusqu'ici du bon café dans un camion orange vif. Enfin, vous ne pouvez ignorer **Starbucks** et ses dizaines de cafés dans toute la ville.

ADRESSES

LOWER MANHATTAN

Pastis
9 9th Avenue.
Plan 3 B1.

LOWER EAST SIDE

Caffè Ferrara
195 Grand St. **Plan** 4 F4.

Katz's Delicatessen
205 E Houston St.
Plan 5 A3.

Saint's Alp
51 Mott St. **Plan** 4 F 4.

Seaport Café
89 South St.
Plan 2 E2.

SOHO ET TRIBECA

Jerry's
101 Prince St.
Plan 4 D3.

Mezzogiorno
195 Spring St.
Plan 4 D4.

Moodance Diner
80 6th Ave.
Plan 4 D4.

Odeon
145 W Broadway.
Plan 1 B1.

Raoul's
180 Prince St.
Plan 4 D3.

Vesuvio Bakery
160 Prince St.
Plan 4 D3.

GREENWICH VILLAGE

Arturo's Pizzeria
106 W Houston St.
Plan 4 E3.

Balthazar
80 Spring St. **Plan** 4 E4.

Chez Jacqueline
72 MacDougal St.
Plan 4 D2.

Corner Bistro
331 W 4th St. **Plan** 3 C1.

Elephant and Castle
68 Greenwich Ave.
Plan 3 C1.

Florent
69 Gansevoort St.
Plan 3 B1.

Joe
141 Waverly Place.
Plan 3 C1.

Magnolia Bakery
401 Bleecker St.
Plan 3 C2.

Sant' Ambroeus
259 W 4th St.
Plan 3 C1.

Trattoria Dante
79 MacDougal St.
Plan 4 D3.

EAST VILLAGE

Little Veselka
75 E 1st St
Plan 4 F3.

Mudspot
307 E 9th St.
Plan 4 F1.

Veselka
144 2nd Ave.
Plan 4 F1.

GRAMERCY ET LE FLATIRON

The Coffee Shop
29 Union Square West
Plan 9 A5.

Les Halles
411 Park Ave South
Plan 9 A3.

CHELSEA ET LE QUARTIER DU VÊTEMENT

Empire Diner
210 10th Ave.
Plan 7 C4.

LE QUARTIER DES THÉÂTRES

Café Edison
Edison Hotel,
228 W 47th St.
Plan 12 D5.

Carnegie Delicatessen
854 7th Ave. **Plan** 12 E4.

Chez Josephine
414 W 42nd St.
Plan 7 B1.

Stage Deli
834 7th Ave. **Plan** 12 E4.

Victor's Café
236 W 52nd St.
Plan 11 B4.

EAST SIDE MIDTOWN

Beer Bar at Café Centro
MetLife Building,
200 Park Ave.
Plan 9 A2.

UPPER MIDTOWN

Barnes & Noble Café
Citicorp Building,
160 E 54th St.
Plan 13 A4.

Brasserie
100 E 53rd St.
Plan 13 A4.

Burger Joint
Le Parker Meridien Hotel,
118 W 57th St.
Plan 12 E3.

The Tea Box
Takashimaya, 693 5th Ave.
Plan 12 F2.

UPPER EAST SIDE

Bistro du Nord
1312 Madison Ave.
Plan 17 A2.

Carlyle
35 E 76th St. **Plan** 17 A5.

Dessert Delivery
350 E 55th St.
Plan 13 B4.
Tél. 838-5411.

DT-UT
1626 2nd Ave. **Plan** 17 B4.

E.A.T.
1064 Madison Ave.
Plan 17 A4.

Hotel Pierre
2 E 61st St. **Plan** 12 F3.

Jackson Hole
232 E 64th St.
Plan 13 B2.
Cinq succursales.

John's Pizzeria
408 E 64th St.
Plan 13 C2.
Trois succursales.

Mezzaluna
1295 3rd Ave.
Plan 17 B5.

Payard Patisserie
1032 Lexington Ave.
Plan 13 A1.

Pastrami Queen
1524 Neptune Ave.
Plan 7 C.

Serendipity 3
225 E 60th St. **Plan** 13 B3.

Waldorf-Astoria
301 Park Ave.
Plan 13 A5.

Shake Shack
Madison Square Park.
Plan 8 F4.

Stanhope
995 5th Ave. **Plan** 17 A4.

Viand
1011 Madison Ave.
Plan 17 A5.
Quatre succursales.

UPPER WEST SIDE

Barney Greengrass
541 Amsterdam Ave.
Plan 15 C3.

Big Nick's
2175 Broadway et 77th St.
Plan 15 C5.

La Boîte en Bois
75 W 68th St.
Plan 11 C1.

Sarabeth's
423 Amsterdam Ave.
Plan 15 C4.

Whitney Museum
945 Madison Ave.
Plan 17 A5.

Vince and Eddie's
70 W 68th St.
Plan 11 C1.

Zabar's
2245 Broadway.
Plan 15 C2.

MORNINGSIDE HEIGHTS ET HARLEM

The Hungarian Pastry Shop
Amsterdam & 109th St.
Plan 20 E4.

BROOKLYN

Totonno Pizzeria
1524 Neptune Ave.
Plan 7 C5.

Les bars new-yorkais

Véritables institutions new-yorkaises, les bars jouent un rôle important dans la vie sociale de la cité. Il est habituel pour les New-Yorkais de passer la soirée en déambulant de bar en bar, tous offrant quelque chose de plus que la boisson : de bons petits plats, une piste de danse, un concert ou des bières importées. Ils sont innombrables dans Manhattan – il y en a pour tous les goûts et toutes les bourses.

RÈGLEMENTS ET USAGES

La plupart des bars sont ouverts de 11 h du matin à minuit, et certains jusqu'à 2 h ou 4 h du matin, limite de l'horaire légal. De nombreux bars ont des *happy hours* de 17 h à 19 h, et proposent deux boissons pour le prix d'une *(twofer)* et des amuse-gueule gratuits. Les serveurs sont autorisés à refuser de servir quiconque leur semble avoir déjà trop bu. Il est interdit de fumer dans les bars new-yorkais ; on peut aller à l'extérieur ou dans des salles aérées.

La consommation d'alcool est interdite en-dessous de 21 ans. Le barman peut exiger une pièce d'identité justifiant de votre âge. Les enfants ne sont généralement pas admis dans les bars.

Toutes les consommations se règlent habituellement en bloc, à la sortie. L'usage est de laisser au serveur un pourboire d'environ 10 %, ou de 50 cents par verre. Le barman n'a pas de doseur ; si vous voulez un grand verre, le mieux est d'aller au bar et de régler votre générosité sur la sienne. En salle, les boissons sont plus chères qu'au bar.

Une tournée peut revenir très cher ; mieux vaut commander un pichet de bière d'un *quart* (95 cl) ou d'un *half gallon* (190 cl).

De nombreux bars ont obtenu une licence d'alcool dans le cadre d'une obscure loi sur les cabarets qui interdit de danser. Les bars oubliant cette clause se voyant fermés, si les serveurs vous demandent de réfréner vos instincts de danseur, obéissez, ils ne plaisantent pas.

QUE BOIRE

La plupart des bars new-yorkais vendent de grandes marques américaines – Budweiser, Coors ou Miller –, ou des bières étrangères réputées – Bass, Becks ou Heineken, voire de la Guinness à la pression. Les pubs anciens et les nouveaux bars chics offrent un choix beaucoup plus vaste de bières d'importation ou de petites marques locales. Ces dernières produisent des bières très parfumées telle la populaire Brooklyn Lager.

Les cocktails – rhum-coca, vodka-tonic, gin-tonic, dry martinis et scotch ou bourbon servis *straight-up* (sans glace) ou *on the rocks* (avec glace) ont aussi beaucoup de succès. Le « Cosmopolitan » – vodka, jus d'airelles, triple sec et citron vert – est une spécialité new-yorkaise. La plupart des bars servent toutes sortes de vodka-martinis. Les bars servent souvent du vin. D'ailleurs, la mode du *wine bar* fait un grand retour dans toute la ville.

QUE MANGER

Certains bars servent des snacks toute la journée : hamburgers, frites, salades, sandwiches et manchons de poulet épicés. Vous pourrez aussi grignoter au bar de la plupart des bons restaurants. Les cuisines ferment généralement juste avant minuit. Il est aussi possible de grignoter au bar des grands restaurants.

BARS À LA MODE

Si vous allez dans un bar à la mode, soyez prêt à faire la queue, à moins d'arriver tôt. Jouant sur de hauts plafonds voûtés et des tabatières, le designer Robert McKinley a signé un espace sublime au **PM Lounge**. À deux pas, vous trouverez le **Buddha Bar NYC**, pâle copie de l'original parisien. Son immense bar attire une clientèle jet-set. Uniques notes de sérénité : l'énorme bouddha et les aquariums aux méduses. Un autre bouddha vous attend au **Tao Bar**, logé dans un ancien théâtre, près du Four Seasons Hotel. L'ensemble occupe trois niveaux : les deux derniers dédiés à la cuisine panasiatique surplombent le bar en contrebas.

Malgré tous les branchés de l'East Village, le **Sunburnt Cow** sur le thème de l'Australie, ne joue pas les prétentieux. Vous profiterez de la fraîcheur de la véranda autour d'une bière, d'un verre de vin ou d'un « Mootini ». Et si certains prétendent que le niveau a baissé certains, le **B-Bar** (ancien Bowery Bar) séduit toujours une clientèle élégante. En été, sa terrasse extérieure est imbattable. **Tao Bar**, dans le quartier voisin de NoLIta, est lui aussi en vogue. La lumière tamisée contribue au calme de ce bar en entresol au chic Soviet. Sur Broadway, l'**Odeon** reflète l'effervescence de SoHo-TriBeCa.

BARS PANORAMIQUES

Au 26e étage de la **Beekman Tower** Art déco, le piano-bar offre une vue imprenable sur la ville. Le **Pentop Bar and Terrace** du Peninsula Hotel, le **Stone Rose Lounge** du Time Warner Center et le **Rise** du Ritz-Carlton à Battery Park sont tout aussi spectaculaires. Par beau temps, le **BP Café** est une adresse incontournable de Midtown. **Tavern on the Green** jouit d'une vue magnifique sur Central Park.

BARS HISTORIQUES ET LITTÉRAIRES

McSorley's Old Ale House est l'un des plus vieux bars new-yorkais. Depuis 1854, ce vieux pub irlandais à l'accueil renfrogné légendaire propose un bon choix de bières et une cuisine savoureuse.

The Ear Inn occupe cet emplacement à SoHo depuis 1812. L'intérieur est sombre et exigu à souhait, avec un long bar en bois où viennent s'accouder poètes et écrivains.

Le Village a quelques très vieux bars, dont **Chumley's**, *speakeasy* (bar clandestin) de l'époque de la Prohibition. Il fait bon s'y arrêter en hiver, quand le feu brûle dans la cheminée. Refuge favori de Dylan Thomas et modeste témoin des années 1880, la **White Horse Tavern** reste appréciée des cercles littéraires et universitaires. On peut s'installer dehors par beau temps. **Peculier Pub** comblera les amateurs de bière avec plus de 360 variétés du monde entier. Dans le quartier, **Fraunces Tavern**, datant de 1719 *(p. 76),* dégage une atmosphère plaisante.

Fidèle au poste depuis 1864, **Pete's Tavern** est un des points chauds de Gramercy jusqu'à 2 h du matin. On apprécie son charme victorien et sa bière maison, la Pete's Ale. Non loin de là se trouve l'**Old Town Bar**, un vieux pub irlandais de 1892.

S'il n'attire plus autant les célébrités, **Sardi's** sert toujours d'annexe aux reporters du *New York Times* et ne lésine pas sur la quantité.

Sur le balcon de Grand Central Terminal, **The Campbell Apartment**, ancien bureau privé de John W. Campbell, magnat des années 1920, cache un superbe bar. Sur l'Upper East Side, le bar du **Swifty's** est idéal pour observer le jet-set sans payer une fortune une cuisine somme toute ordinaire.

P.J. Clarke's est un pub apprécié des New-Yorkais depuis sa création dans les années 1890. Toujours dans East Side, **Elaine's** est le refuge des gens de lettres de New York ou d'ailleurs.

Le discret **P.J. Carney's** accueille les musiciens et les artistes près de Carnegie Hall depuis 1927. On y sert des bières irlandaises et une bonne *shepherd's pie.*

BARS JEUNES ET BRANCHÉS

Chez les 20-30 ans, la mode est en ce moment aux pubs-brasseries, qui brassent leur propre bière, et aux bars proposant une multitude de bières artisanales ou étrangères. L'ambiance règne à la **Chelsea Brewing Company**, grand pub-brasserie du complexe sportif de Chelsea Piers. Dans le quartier tout proche de Gramercy, **Heartland Brewery** – le meilleur dit-on – fait fureur avec ses cinq bières maison, dont la fabuleuse India Pale Ale, et de nombreuses spécialités de saison, telles ces ales aux airelles et au potiron.

Uptown, la **Westside Brewing Company** séduit une clientèle jeune et de voisinage avec des ales et des bières fruitées maison.

Les vrais amateurs de bière apprécient, malgré les prix excessifs, les 170 bières pression ou en bouteille du **Burp Castle**. Les Britanniques se sentent chez eux au **Manchester :** ambiance confortable de pub, 40 bières en bouteille et 18 à la pression

Dans East Village, **d.b.a.** – faut-il comprendre *don't bother to ask* « inutile de demander », ou bien *draft beer available* « bière à la pression » ? – sert 14 bières à la pression, une multitude de bières artisanales et 50 whiskies pur malt.

Uptown, **Brother Jimmy's BBQ** attire une population étudiante. Ambiance et décibels garantis, mais aussi travers de porc dans la plus pure tradition du Sud.

Les jeunes de Brooklyn aiment **Park Slope Ale House** pour sa dizaine de bières artisanales et bières de saison, ses en-cas corrects.

BARS GAYS ET LESBIENS

Les bars gays se concentrent à Greenwich Village, Chelsea et East Village et, dans une moindre mesure, dans Upper East Side et West Side ; les bars lesbiens sont surtout installés dans Greenwich Village et East Village.

Les hebdomadaires gays gratuits *HX* (www.hx.com) et *Next* donnent les adresses.

BARS D'HÔTELS

Central, l'**Algonquin Hotel** *(p. 145)* était très fréquenté par les gens de lettres dans les années 1920-1930. Le Lobby Bar et le Blue Bar permettent de prendre un verre tranquillement avant de dîner ou d'aller au théâtre.

Le bar minimaliste situé dans le hall du **Royalton Hotel**, sur la 5e Avenue, est idéal pour prendre un verre en observant les allées et venues du monde du spectacle. Toujours dans ce quartier, le **Whiskey Bar** du Paramount Hotel est fréquenté par les gens de la mode et du théâtre. Dans Upper Midtown, les confortables fauteuils en velours rouge du **Villard Bar & Lounge** sont une invitation à la détente.

Sur Lexington Avenue, le **Bull and Bear** du Waldorf-Astoria date de la Prohibition. Il respire le confort, le charme et l'histoire. Boissons exotiques et une bière à la pression.

Dans Upper Midtown, **King Cole Room** du St Regis doit son nom à une fresque colorée de Maxfield Parrish située derrière le bar.

Relaxez-vous au son de la musique du **Grand Bar**, l'une des adresses les plus branchées de la ville. Pour une ambiance plus animée, rendez-vous au **Church Lounge**.

Jouant sur des lambris foncés, une palette et un thème marin un peu kitsch, le **Lobby Bar** du Maritime Hotel attire une clientèle jeune et branchée. Mais depuis que Schrager a rénové le Gramercy Park Hotel, le **Rose** et le **Jade** sont envahis par les bobos. Autres points névralgiques, le **Thom Bar Hotel** du 60 Thompson Hotel et le **Bookmarks** du Library Hotel attirent une clientèle raffinée.

Avec son plancher de verre, le **Lobby Bar** de l'Hudson Hotel d'Ian Shrager est incontournable. Et pour les fans de *Sex and the City*, le **Whiskey Blue Bar** de Rande Gerber a élu domicile dans l'un des hôtels de charme de la chaîne W Hotels.

ADRESSES

LOWER MANHATTAN

Fraunces Tavern
54 Pearl St. **Plan** 1 C4.

Rise
2 W St. **Plan** 1 B4.

SOHO ET TRIBECA

Church Lounge
Tribeca Grand, 2 6th Ave.
Plan 4 D4.

The Ear Inn
326 Spring St.
Plan 3 C4.

The Grand Bar
Soho Grand,
310 W Broadway.
Plan 4 E4.

The Odeon
145 W Broadway.
Plan 1 B1.

Pravda
281 Lafayette St.
Plan 4 F3.

Thom Bar
60 Thomson Hotel.
60 Thomson
Plan 4 D4.

GREENWICH VILLAGE

Buddha Bar NYC
25 Little W 12th St.
Plan 3 B1.

Chumley's
86 Bedford St.
Plan 3 C2.

Peculier Pub
145 Bleecker St.
Plan 4 D3.

PM Lounge
50 Gansevoort St.
Plan 3 B1.

White Horse Tavern
567 Hudson St.
Plan 3 C1.

EAST VILLAGE

B-Bar
40 E 4th St. **Plan** 4 F2.

Burp Castle
41 E 7th St.
Plan 4 F2.

d.b.a.
41 1st Ave.
Plan 5 A1.

McSorley's Old Ale House
15 E 7th St.
Plan 4 F2.

Sunburnt com
137 Avenue C.
Plan 5 C1.

GRAMERCY

Heartland Brewery
35 Union Square W.
Plan 9 A5.

Jade Bar
Gramercy Park Hotel,
2 Lexington Ave.
Plan 9 A4.

Old Town Bar
45 E 18th St.
Plan 8 F5.

Pete's Tavern
129 E 18th St.
Plan 9 A5.

Rose Bar
Gramercy Park Hotel,
2 Lexington Ave.
Plan 9 A4.

CHELSEA ET LE QUARTIER DU VÊTEMENT

Chelsea Brewing Company
Pier 59, 11th Ave.
Plan 7 B5.

Lobby Bar
Maritime Hotel,
363 W 16th St.
Plan 8 D5.

QUARTIER DES THÉÂTRES

BP Café
Bryant Park.
Plan 8 F1.

Hudson Bar
Hudson Hotel,
356 W 58th St.
Plan 12 D3.

P. J. Carney's
906 7th Ave.
Plan 12 E3.

Royalton Hotel
44 W 44th St,
Plan 12 F5.

Sardi's
234 W 44th St.
Plan 2 F5.

Whiskey Bar
Paramount Hotel,
235 W 46th St.
Plan 12 E5.

LOWER MIDTOWN

Bookmarks
The Library Hotel,
299 Madison Ave.
Plan 9 A1.

The Campbell Apartment
Grand Central terminal,
15 Vanderbilt Ave.
Plan 9 A1.

UPPER MIDTOWN

Bar and Books
889 1st Ave.
Plan 13 C2.

Beekman Tower
3 Mitchell Place.
Plan 13 C5.

Bull and Bear
Rez-de-chaussée,
Waldorf-Astoria Hotel,
Lexington Ave et
E 49th St.
Plan 13 A5.

King Cole Room
St Regis Hotel,
2 E 55th St.
Plan 12 F5.

Manchester
920 2nd Ave.
Plan 13 B5.

Pentop Bar and Terrace
Peninsula Hotel,
700 5th Ave.
Plan 12 F5.

P.J. Clarke's
915 3rd Ave.
Plan 13 B4.

Stone Rose Lounge
10 Columbus Circle,
3e étage.
Plan 12 D3.

Tao Bar
42 E 58th St.
Plan 13 A3.

Villard Bar & Lounge
New York Palace Hotel,
455 Madison Ave.
Plan 13 A4.

UPPER EAST SIDE

Brother Jimmy's BBQ
1485 2nd Ave.
Plan 17 B5.

Elaine's
1703 2nd Ave.
Plan 17 B4.

Swifty's
1007 Lexington Ave.
Plan 17 A5.

UPPER WEST SIDE

Tavern on the Green
Central Park,
W 67th St.
Plan 12 D2.

Westside Brewing Company
340 Amsterdam Ave. **Plan** 15 C2.

BROOKLYN

Park Slope Ale House
356 6th Ave et 5th St.

BOUTIQUES ET MARCHÉS

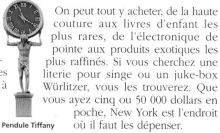

Tout visiteur à New York, la capitale mondiale du shopping, est immanquablement tenté de faire ses achats dans ce paradis de la consommation. Les vitrines sont éblouissantes et la distraction assurée. Quant à l'extraordinaire diversité de marchandises, elle transforme la ville en un gigantesque grand magasin.

Pendule Tiffany

On peut tout y acheter, de la haute couture aux livres d'enfant les plus rares, de l'électronique de pointe aux produits exotiques les plus raffinés. Si vous cherchez une literie pour singe ou un juke-box Würlitzer, vous les trouverez. Que vous ayez cinq ou 50 000 dollars en poche, New York est l'endroit où il faut les dépenser.

BONNES AFFAIRES

À New York, vous pourrez faire des affaires sur tout. Il faut descendre dans Orchard Street et Grand Street, où les boutiques vendent des modèles de haute couture 20 à 50 % moins cher que le prix habituel, ainsi que du linge, des chaussures, des

Le magasin Henri Bendel de style 1920 *(p. 311)*

ustensiles ménagers et des appareils électroniques. Les boutiques du quartier ferment le samedi, jour du sabbat, mais pas le dimanche. Pour le prêt-à-porter, on peut aussi se rendre dans le quartier du vêtement, entre la 6e et la 8e Avenues, de la 30e à la 40e Rue. Au cœur de ce quartier, la 7e Avenue, surnommée « l'Avenue de la mode » au début des années 1970, regorge de fabricants de prêt-à-porter de luxe, qui ouvrent souvent leurs salons au public en proposant des soldes intéressants, annoncés par des affiches dans le quartier. La meilleure époque pour y aller est celle qui précède celle des cadeaux. Consultez aussi les soldes en ligne sur www.topbutton.com.

SOLDES

« *Sale* » (en solde) est un mot que l'on peut lire toute l'année dans toute la ville. Regardez toujours les articles en solde avant d'acheter au prix fort. Les véritables soldes à New york ont lieu de la mi-juin à la fin du mois de juillet et du 26 décembre au mois de février. Ils sont annoncés dans les journaux locaux. Le long de la 5e Avenue, à Midtown, beaucoup de magasins affichent « Lost Our Lease » (changement de bail, fermeture définitive). Évitez-les, car ils sont là depuis toujours. En revanche, les panneaux « Sample Sales » (vente d'échantillons) annoncent une vente au public des échantillons que les grands couturiers montrent aux acheteurs des magasins. Ces ventes se déroulent sans publicité dans différents lieux de la ville. Le mieux est donc de guetter les pancartes, en particulier sur la 5e Avenue et sur Broadway.

L'entrée de Bulgari dans l'hôtel Pierre *(p. 290)*

PAIEMENT

On peut généralement payer par carte de crédit, même les petites sommes. Il vous faudra présenter une pièce d'identité pour vos chèques de voyage. Les chèques bancaires en devise étrangère sont refusés. Certains magasins n'acceptent que les espèces, surtout pendant les soldes.

HEURES D'OUVERTURE

La plupart des boutiques ouvrent de 10 h à 18 h, du lundi au samedi. De nombreux grands magasins sont ouverts le dimanche et parfois en nocturne. Les heures d'affluence sont de 12 h à 14 h 30, le samedi matin, pendant les soldes et les vacances.

Robe de couturier en solde

TAXES

La taxe municipale de New
York est de 8,625 % sauf
pendant une semaine par an
lors de laquelle les vêtements
et les chaussures de moins de
110 $ en sont exemptes.
Si vos achats sont envoyés
directement chez vous, vous
n'aurez pas à vous acquitter
de cette taxe.

VISITES ORGANISÉES

Si vous avez peur de vous
aventurer seul(e) dans New
York, vous pouvez participer
à des visites organisées.
Elles incluent de nombreux
grands magasins, et si vous
le désirez, les salons de
prêt-à-porter, les salles de
ventes ou les défilés de
mode. Quelques agences
de voyage organisent des
visites individuelles avec
ou sans guide.

Vitrines de Bloomingdale's *(p. 181)*

GRANDS MAGASINS ET CENTRES COMMERCIAUX

La plupart des grands magasins
de Manhattan sont situés à
Midtown. Prévoyez assez de
temps pour explorer à loisir
ceux qui vous intéressent, car
ils sont gigantesques. Évitez si
possible les périodes
d'affluence – week-ends et
vacances. Les prix sont souvent
élevés, mais les soldes sont
intéressants.
Saks Fifth Avenue,
Bloomingdale's et Macy's
proposent toutes sortes de
services, y compris de faire
vos achats à votre place.
Shops at Columbus Circle,
dans le Time Warner Center,
est l'un des plus grands
centres commerciaux de
Manhattan. On y trouve
Williams-Sonoma, Coach et
Hugo Boss.
Barney's New York
et ses marques de
créateurs ciblent les
jeunes cadres
supérieurs.
Le luxueux, élégant
et discret **Bergdorf
Goodman** préfère les
créateurs européens,
tout aussi coûteux.
Le magasin homme
est situé en face.
Aucune visite de
New York ne serait
complète sans un tour
chez **Bloomingdale's**
(p. 181)...
C'est la star des grands
magasins. Avec ses étalages
tape-à-l'œil et ses articles
accrocheurs, son athmosphère
est celle d'un lieu merveilleux
rempli de New-Yorkais à la
recherche des nouvelles
modes. Les rayons linge de
maison et porcelaine sont très
réputés pour leur qualité. On
y trouve aussi
des produits
alimentaires
de luxe – une
de ses
boutiques ne
propose que
du caviar.
Un excellent
restaurant, le
Train Bleu,
offre une vue
sur Queens-
boro Bridge.
Le Blooming-
dale's de SoHo, sur Broadway, fait le même étalage de
luxe que la maison mère, en
modèle réduit.
Henri Bendel propose aux
femmes une mode novatrice
et originale. Le magasin se
compose d'une série de
boutiques style années 1920
dans lesquelles chaque objet,
des bijoux Art déco aux
chaussures sur mesure, est
magnifiquement mis en valeur.
Lord & Taylor, apprécié pour
son style très classique de
vêtements pour hommes et
femmes, s'appuie surtout sur
des modèles de créateurs
américains. Il faut des
chaussures confortables et du
temps pour explorer ce lieu.
Macy's s'est autoproclamé
le plus grand des grands
magasins du monde *(p. 134-
135)*. On y vend tout, sur dix

Une magnifique vitrine de décoration
pour la maison

étages, de l'ouvre-boîtes aux
antiquités.
Saks Fifth Avenue symbolise
le style et l'élégance. Il est
considéré depuis toujours
comme le grand magasin le
plus chic de la ville.

ADRESSES

Barney's New York
660 Madison Ave. **Plan** 13 A3.
Tél. (212) 826-8900.

Bergdorf Goodman
754 5th Ave. **Plan** 12 F3.
Tél. (212) 753-7300.

Bloomingdale's
1000 3rd Ave. **Plan** 13 A3.
Tél. (212) 705-2000.

Bloomingdale's SoHo
504 Broadway. **Plan** 4 E4.
Tél. (212) 729-5900.

Convention Tours Unlimited
Tél. (212) 545-1160.

Doorway to Design
Tél. (212) 229-0299.

Guide Service of New York
Tél. (212) 408-3332.

Henri Bendel
712 5th Ave. **Plan** 12 F4.
Tél. (212) 247-1100.

Lord & Taylor
424 5th Ave. **Plan** 8 F1.
Tél. (212) 391-3344.

Macy's
151 W 34th St. **Plan** 8 E2.
Tél. (212) 695-4400.

Saks Fifth Avenue
611 5th Ave. **Plan** 12 F4.
Tél. (212) 753-4000.

Shop Gotham
Tél. (866) 795-4200.

Shops at Columbus Circle
Time Warner Center. **Plan** 12 D3.
Tél. (212) 823-6300.

Le shopping : une spécialité new-yorkaise

Chaussures sur Madison Avenue

Dans une ville où l'on peut pratiquement faire ses achats jour et nuit, imitez les New-Yorkais en explorant les boutiques des divers quartiers. Nous indiquons ici les spécialités de chaque district, leur localisation et ce qu'on y trouve. Si vous disposez de peu de temps, rendez-vous simplement dans l'un des grands magasins *(p. 319)*, ou marchez le long de la 5ᵉ Avenue en admirant les plus belles vitrines de Manhattan *(ci-contre)*. À Lower East Side, vous trouverez les prix les plus bas dans une atmosphère cosmopolite.

Greenwich Village et le Meatpacking District
Le Village propose un choix pittoresque et éclectique. Les gourmands apprécieront la diversité des traiteurs. Le Meatpacking District est le coin des boutiques branchées (p. 112-113).

SoHo
Le quartier des antiquaires, des artisans et des créateurs est délimité par la 6ᵉ Avenue, Lafayette St, Houston St et Canal St (p. 104-105). Les New-Yorkais visitent les galeries le week-end à l'heure du brunch. Chez NoLita, de l'autre côté de Broadway, la mode est encore plus branchée.

East Village et Lower East Side
Autour de St Mark's Place, vous trouverez des chaussures et une mode avant-gardiste (p. 118-119). Il est devenu difficile de marchander sur Lower East Side, mais il y a plus d'adresses branchées (p. 94-95).

Chelsea le quart. du vêteme.

Greenwich Village

SoHo and TriBeCa

Eq Vill

Lower Manhattan

Seaport et le Civic Center.

Lower East Si.

South Street Seaport
Paradis des cadeaux, jouets, souvenirs, livres, objets artisanaux neufs ou anciens, mais souvent sur le thème de la mer (p. 82-83).

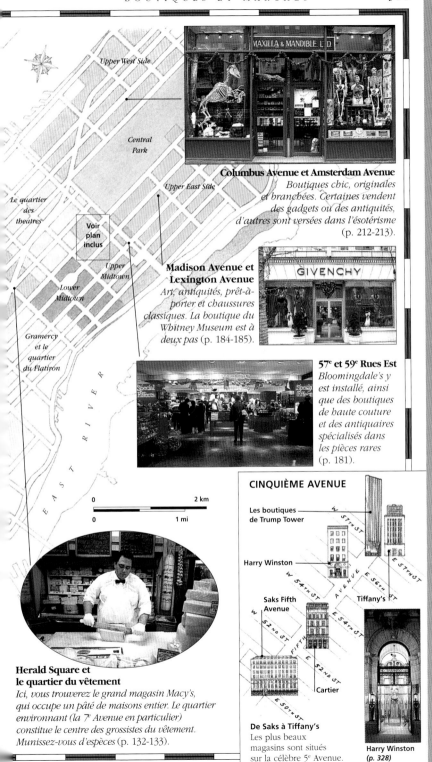

Columbus Avenue et Amsterdam Avenue
*Boutiques chic, originales
et branchées. Certaines vendent
des gadgets ou des antiquités,
d'autres sont versées dans l'ésotérisme
(p. 212-213).*

**Madison Avenue et
Lexington Avenue**
*Art, antiquités, prêt-à-
porter et chaussures
classiques. La boutique du
Whitney Museum est à
deux pas (p. 184-185).*

57e et 59e Rues Est
*Bloomingdale's y
est installé, ainsi
que des boutiques
de haute couture
et des antiquaires
spécialisés dans
les pièces rares
(p. 181).*

CINQUIÈME AVENUE

Les boutiques
de Trump Tower

Harry Winston

Tiffany's

Saks Fifth
Avenue

Cartier

De Saks à Tiffany's
Les plus beaux
magasins sont situés
sur la célèbre 5e Avenue.

Harry Winston
(p. 328)

**Herald Square et
le quartier du vêtement**
*Ici, vous trouverez le grand magasin Macy's,
qui occupe un pâté de maisons entier. Le quartier
environnant (la 7e Avenue en particulier)
constitue le centre des grossistes du vêtement.
Munissez-vous d'espèces (p. 132-133).*

Les curiosités de New York

À New York, chaque boutique attire une clientèle spécifique, qu'on y vende des papillons, des objets en os, des trésors tibétains ou des broderies irlandaises. Il y en a des milliers, partout, et toutes différentes les unes des autres : une rue banale peut cacher une véritable caverne d'Ali-Baba. C'est bien ce qui rend si passionnant et excitant le shopping new-yorkais.

BOUTIQUES SPÉCIALISÉES

Les amateurs d'échecs iront voir les merveilleux échiquiers du **Chess Shop** – certains en cuivre, en onyx, d'autres en étain, etc. Les amateurs de stylos trouveront leur bonheur chez **Arthur Brown & Bros** (on y vend les marques Mont Blanc et Schaeffer). Pour les courageux, **Blades Board & Skate** vend et loue des patins et des planches à roulettes avec tout l'équipement nécessaire : casque, genouillères, gants…

Si les boutons vous passionnent, allez fouiner chez **Tender Buttons.** Vous y trouverez les plus extraordinaires parmi un stock de plusieurs millions de pièces : de fabrication indienne, en argent navajo, en émail ou en bois. Ils sont même vendus montés en boutons de manchettes ou en boucles d'oreilles.

Trash & Vaudeville fournit les amateurs de looks punk et gothiques.

Pour les collectionneurs avertis, **Leo Kaplan Ltd.** offre de magnifiques presse-papiers, et **Rita Ford's Music Boxes** d'extraordinaires boîtes à musique dans une étonnante boutique de style rococo.

Les admirateurs des pompiers se rendront au **New York Firefighter's Friend** pour garnir leur collection de camions miniatures, de vestes et de badges. On y vend aussi des dalmatiens en peluche, mascottes des pompiers new-yorkais.

Quark Spy propose toute une gamme de produits de protection : du kit de survie au caméras miniatures.

Pour les romantiques, tout ce qui se vend au **Only Hearts** prend la forme d'un cœur : les oreillers, les savons ou les bijoux. Tout le matériel d'art dont vous pouvez avoir besoin se trouve chez **PearlPaint Co.**

Les « astrophiles » se donnent rendez-vous à **Star Magic** pour se fournir en cartes du ciel, hologrammes, prismes et jouets scientifiques. **Forbidden Planet** est un gigantesque magasin où on peut trouver tout ce qui a trait à la science-fiction, des bandes dessinées aux modèles réduits.

La plus ancienne pharmacie de la ville, **Caswell-Massey Ltd. ,** vend encore l'eau de Cologne qui était préparée spécialement pour George Washington et le savon officiel de la Maison-Blanche à l'époque d'Eisenhower.

Rudy's, Manny's ou Sam Ash's attirent tous les guitaristes. Ce sont les fournisseurs des stars et ils fabriquent les meilleurs instruments de la ville. On peut y rencontrer Eric Clapton ou Lou Reed qui sont depuis toujours leurs fidèles clients.

Les bibliophiles prendront le temps de découvrir la gamme étendue de cadeaux et de papeterie proposée par **New York Public Library Shop** *(p. 146)* et **Morgan Library Shop** *(p. 164-165).*

Les accessoires vendus par le **Yale Club** ou le **Princeton Club** portent tous le logo et les couleurs de l'université qu'ils représentent.

Weisburg Religious Articles commercialise l'un des plus importants choix d'objets du culte israélite.

The Cathedral Shop de Cathedral of St John the Divine est un marché religieux artisanal chrétien qui propose aussi des bijoux.

SOUVENIRS

Le **Metropolitan Opera Shop** propose aux mélomanes, en plus des cartes postales et autres souvenirs à la gloire de l'opéra, disques, livrets ou jumelles de théâtre.

Au **Performing Arts Shop** se vendent des centaines de souvenirs de spectacles. Les fans de théâtre dégoteront aussi bien des textes, que des partitions de chant, ou encore des CD au **One Shubert Alley.** Pour les photographies de plateau de films anciens et les posters d'époque, rendez-vous au **Jerry Ohlinger's Movie Material Store.**

Le **Carnegie Hall Shop** propose jeux, T-shirts et sacs sur le thème de la musique. Pour vous procurer des objets typiquement américains, visitez **Lost City Arts** et **Urban Archeology ;** vous y découvrirez des reliques parmi lesquelles des dînettes de poupées Barbie ou des vieilles enseignes de salons de coiffure.

JOUETS, JEUX ET GADGETS

Pour un cadeau à un enfant, ne ratez pas le légendaire **FAO Schwarz.** Ce gigantesque magasin regorge de voitures miniatures, d'animaux en peluche et de tous les jouets électroniques imaginables. Attention, il y a foule juste avant Noël.

Le **Children's General Store** est l'un des tout nouveaux magasins de jouets de la ville, et certainement l'un des mieux conçus.

Penny Whistle Toys offre une vaste sélection de jeux, jouets et poupées.

Les amateurs de trains électriques se doivent de visiter **Red Caboose.** La célèbre enseigne **Toys 'R' Us** occupe trois étages dans un immeuble de Broadway ; c'est le plus grand magasin de jouets du monde.

Chez **Dinosaur Hill,** dans la

2ᵉ Avenue, vous trouverez poupées, jouets et mobiles faits main, ainsi que de superbes vêtements d'enfants. Les prix sont justifiés.

Depuis 1848, **Hammacher Schlemmer** vend des gadgets pour la maison, le bureau ou pour s'amuser, à des acheteurs qui ignoraient qu'ils en avait besoin !

The Sharper Image est tout aussi fort pour pousser à la vente : attention à ne pas vous laisser tenter par un fauteuil massant ou tout autre gadget improbable !

BOUTIQUES DE MUSÉES

On déniche souvent les meilleurs souvenirs de la ville dans les boutiques de musées. En plus des livres, affiches et cartes postales habituelles, elles vendent des reproductions des œuvres exposées, y compris bijoux et sculptures.

Le **Museum of Arts and Design** *(p. 171)* dispose d'une belle collection d'objets artisanaux américains et vend également des réalisations originales. Outre des modèles réduits de dinosaures, des animaux en plastique, des minéraux et des pierres, l'**American Museum of Natural History** *(p. 216-217)* propose divers produits écologiques ou recyclés, posters, sacs ou T-shirts sur lesquels sont imprimés des slogans pour la protection de la nature, ainsi que toutes sortes d'objets artisanaux. Sa section enfants est richement approvisionnée en coquillages et jouets scientifiques.

L'**Asia Society Bookstore and Gift Shop** *(p. 187)* possède une étonnante collection de livres, d'affiches, de jouets et de bijoux orientaux. Le musée **Cooper-Hewitt** *(p. 186)* vend des objets au design contemporain. Tous les objets de culte israélite, coupes, livres ou bijoux sont présentés dans la petite boutique du **Jewish Museum** *(p. 186)*.

Les plus belles reproductions de tableaux célèbres sont celles de la boutique cadeaux du **Metropolitan Museum of Art** *(p. 190-197)*.

Jouets en bois, couettes et autres objets réalisés par des artisans sont en vente à l'**American Folk Art Museum** *(p. 171)*.

Le **Museum of the City of New York** *(p. 199)* s'est spécialisé dans les photographies anciennes de la ville, tandis que le **Museum of Modern Art/ MoMA Design Store** *(p. 172-175)* expose un choix remarquable d'objets, jouets et ustensiles de cuisine inspirés par des créateurs tels Frank Lloyd Wright et Le Corbusier. La boutique est ouverte malgré les travaux.

Pour les objets de marine, cartes ou maquettes de bateaux, visitez les boutiques du **South Street Seaport Museum** *(p. 82-85)*. Le **Whitney Museum's Shop** *(p. 200-201)* ne propose que des produits d'origine américaine : bijoux, jouets en bois et objets divers correspondant aux expositions en cours.

La boutique cadeaux du **Museum of Jewish Heritage** *(p. 77)* comprend toutes sortes de souvenirs et des documents éducatifs sur l'histoire juive. Le musée est ouvert aux visiteurs munis d'un billet.

L'ENTREPÔT DU MONDE ENTIER

Le creuset new-yorkais a engendré l'implantation de diverses cultures, nationalités ou groupes ethniques représentés par des boutiques qui vendent leurs produits traditionnels. Parmi les plus intéressantes, on relève l' **Alaska on Madison,** qui présente une importante collection d'art esquimau et la **Chinese Porcelain Company** où s'amoncellent bibelots et meubles chinois. Depuis 30 ans, **Pearl River Mart** propose toutes sortes de produits asiatiques. **Himalayan Crafts and Tours** vend peintures et tapis tibétains, et **Sweet Life,** une confiserie minuscule au charme d'antan, des sucreries du monde entier. **Things Japanese** distribue de beaux objets artisanaux et des livres rares. **Surma,** magasin ukrainien, vend des œufs peints à la main et de la lingerie. Si vous cherchez des vanneries, des tissages et des bijoux indiens, **Common Ground** vous attend. **Astro Gem** présente de nombreux bijoux et des pierres d'Afrique et d'Asie. Non loin, Chinatown regorge d'éventaires et de boutiques bon marché qui vendent de tout : des innombrables souvenirs à la maroquinerie.

ADRESSES

Alaska on Madison
937 Madison Ave.
Plan 17 A1.
Tél. (212) 879-1782.

Astro Gems
185 Madison Ave.
Plan 9 A2.
Tél. (212) 889-9000.

Chinese Porcelain Company
475 Park Ave. **Plan** 13 A3.
Tél. (212) 838-7744.

Common Ground
55 W 16th St. **Plan** 8 F5.
Tél. (212) 989-4178.

Himalayan Crafts and Tours
2007 Broadway. **Plan** 11 C1.
Tél. (212) 787-8500.

Pearl River Mart
477 Broadway. **Plan** 4 E4.
Tél. (212) 431-4770.

Sweet Life
63 Hester St. **Plan** 5 B4.
Tél. (212) 598-0092.

Surma
11 E 7th St. **Plan** 4 F2.
Tél. (212) 477-0729.

Things Japanese
127 E 60th St. **Plan** 13 A3.
Tél. (212) 371-4661.

ADRESSES

BOUTIQUES SPÉCIALISÉES

Arthur Brown & Bros.
2 W 46th St. **Plan** 12 F5.
Tél. (212) 575-5555.

Blades Board & Skate
120 W 72nd St.
Plan 12 D1.
Tél. (888) 552-5233.
Fait partie d'une chaîne.

Caswell-Massey Ltd.
518 Lexington Ave.
Plan 13 A5.
Tél. (212) 755-2254.

The Cathedral Shop
Cathedral of St John the
Divine, 1047 Amsterdam
Ave. **Plan** 20 E4.
Tél. (212) 222-7200.

Leo Kaplan Ltd.
114 E 57th St.
Plan B A3.
Tél. (212) 355-7122.

Morgan Library Shop
Madison Ave et 36th St.
Plan 9 A2.
Tél.(212) 685-0610.

New York Firefighter's Friend
263 Lafayette St.
Plan 4 F3.
Tél. (212) 226-3142.

New York Public Library Shop
5th Ave et 42nd St.
Plan 8 F1.
Tél. (212) 930-0869.

Only Hearts
386 Columbus Ave.
Plan 15 D5.
Tél. (212) 724-5608.

Pearl Paint Co.
308 Canal St. **Plan** 4 E5.
Tél. (212) 431-7932.

The Princeton Club
15 W 43rd St. **Plan** 8 F1.
Tél. (212) 596-1200.

Quark Spy
240 E 29th St.
Plan 9 B3.
Tél. (212) 683 9100.

Rita Ford's Music Boxes
19 E 65th St. **Plan** 12 F2.
Tél. (212) 535-6717.

Rudy's
169 W 48th St. **Plan** 12 E5.
Tél. (212) 391-1699.

Star Magic
745 Broadway. **Plan** 4 E2.
Tél. (212) 228-7770.

Tender Buttons
143 E 62nd St.
Plan 13 A2.
Tél. (212) 758-7004.

The Chess Shop
230 Thompson St.
Plan 4 D3.
Tél. (212) 475-9580.

Weisburg Religious Articles
45 Essex St. **Plan** 5 B4.
Tél. (212) 674-1770.

Trash & Vaudeville
4 St. Mark's Pl. **Plan** 5 A4.
Tél. (212) 983-3590.

The Yale Club
50 Vanderbilt Ave.
Plan 13 A5.
Tél. (212) 661-2070.

SOUVENIRS

One Shubert Alley
1 Shubert Alley.
Plan 12 E5.
Tél. (212) 944-4133.

The Carnegie Hall Shop
881 7th Ave.
Plan 12 E3.
Tél. (212) 903-9610.

Forbidden Planet
840 Broadway.
Plan 4 E1.
Tél. (212) 473-1576.

Jerry Ohlinger's Movie Material Store
253 W 35th St.
Plan 8 D2.
Tél. (212) 989-0869.

Lost City Arts
18 Cooper Square.
Plan 4 F2.
Tél. (212) 375-0500.

Metropolitan Opera Shop
Metropolitan Opera
House, Lincoln Center, 136
W 65th St. **Plan** 11 C2.
Tél. (212) 580-4090.

Performing Arts Shop
Metropolitan Opera
House, Lincoln Center, 136
W 65th St. **Plan** 11 C2.
Tél. (917) 441-1195.

Urban Archaeology
143 Franklin St.
Plan 4 D5.
Tél. (212) 431-4646.

JOUETS, JEUX, ET GADGETS

The Children's General Store
Grand Central Station.
Plan 9 A1.
Tél. (212) 682-0004.

Dinosaur Hill
306 E 9th St, 2nd Ave.
Plan 4 F1.
Tél. (212) 473-5850.

FAO Schwarz
767 5th Ave.
Plan 12 F3.
Tél. (212) 644-9400.

Hammacher Schlemmer
147 E 57th St.
Plan 13 A3.
Tél. (212) 421-9000.
Deux magasins.

Penny Whistle Toys
448 Columbus Ave.
Plan 16 D4.
Tél. (212) 873-9090.
Fait partie d'une chaîne.

Red Caboose
23 W 45th St.
Plan 12 F5.
Tél. (212) 575-0155.

The Sharper Image
98 Greene St.
Plan 4 E4.
Tél. (917) 237-0221.
Fait partie d'une chaîne.

Toys 'R' Us
1514 Broadway,
Times Square.
Plan 8 E2.
Tél. (646) 366-8800.

BOUTIQUES DE MUSÉE

Museum of Arts & Design
40 W 53rd St.
Plan 12 F4.
Tél. (212) 956-3535.

American Folk Art Museum
45 W 53rd St. **Plan** 12 F4.
Tél. (212) 265-1040.

American Museum of Natural History
W 79th St et Central Park
W. **Plan** 16 D5.
Tél. (212) 769-5100.

Asia Society Bookstore and Gift Shop
725 Park Ave.
Plan 13 A1.
Tél. (212) 288-6400.

Cooper-Hewitt
2 E 91st St.
Plan 16 F2.
Tél.(212) 849-8400.

Jewish Museum
1109 5th Ave.
Plan 16 F2.
Tél. (212) 423-3200.

Metropolitan Museum of Art
5th Ave et 82nd St.
Plan 16 F4.
Tél. (212) 535-7710.

Museum of the City of New York
5th Ave et 103rd St.
Plan 21 C5.
Tél. (212) 534-1672.

Museum of Jewish Heritage
18 1st Place,
Battery Park City.
Plan 1 B4.
Tél. (646) 437-4200.

Museum of Modern Art/MOMA Design Store
44 W 53rd St.
Plan 12 F4.
Tél. (212) 767-1050.

South St. Seaport Museum Shops
12 Fulton St.
Plan 2 D2.
Tél. (212) 748-8600.

The Whitney Museum's Store Next Door
943 Madison Ave.
Plan 13 A1.
Tél. (212) 570-3676.

La mode

Que vous cherchiez la bonne affaire, des fripes rétro ou une robe de bal à faire pâlir Ivana Trump, vous serez satisfait(e). New York est le centre de la mode aux États-Unis et un foyer de création et confection. La diversité de ses boutiques, comme celle de ses restaurants, reflète les styles et cultures des différents quartiers. Pour gagner du temps, mieux vaut explorer une zone à la fois. Pour avoir une vue d'ensemble de la mode fabriquée et vendue à New York, n'hésitez pas à visiter un grand magasin.

COUTURIERS AMÉRICAINS

La majorité d'entre eux vendent leurs créations dans les grands magasins, les autres dans leurs propres boutiques. L'un des plus célèbres, Geoffrey Beene, est connu pour ses tenues à la fois sophistiquées, décontractées et confortables.

L'humour allié à l'audace des couleurs et des formes ont fait de Bill Blass le roi de la mode américaine. Les modèles de Liz Claiborne plaisent au public à cause de leur élégance simple et de leurs prix raisonnables.

Marc Jacobs, connu pour le sportswear possède sa propre marque et une boutique à Greenwich Village. James Galanos reste le créateur exclusif d'une élite, tandis que les amateurs de fête et de vêtements moulants trouveront leur bonheur chez Betsey Johnson.

Donna Karan est devenue très connue, en 10 ans; ses vêtements simples et stylés sont partout. Calvin Klein a maintenant son nom parmi les grands. Il est renommé pour le confort, la sensualité, la bonne coupe de ses collections très à la mode. Ralph Lauren a la réputation de créer des vêtements aristocratiques et chers, prisés par une clientèle bon chic bon genre. John Vass se spécialise dans les tricots aux séduisantes couleurs à prix modérés.

SOLDES DE COUTURIERS

Si vous cherchez des grandes marques au rabais, pensez à **Designer Resale,** Encore et **Michael's**. On y trouve, entre autres, des modèles d'Oscar De La Renta, d'Ungaro ou d'Armani. Les vêtements vendus sont en très bon état, la plupart n'ont jamais été portés.

L'un des secrets les mieux gardés de New York est l'adresse du **Century 21 Department Store** à Manahattan. Le magasin discount, qui a récemment rouvert, propose des vêtements de créateurs américains et européens à 25 % de leur prix habituel. **Filene's Basement,** l'un des grands magasins à prix discount les plus anciens de la ville, vend vêtements, chaussures et accessoires à des prix très bas.

VÊTEMENTS D'HOMMES

Deux des meilleures boutiques pour hommes sont **Brooks Brothers** et **Paul Stuart** que vous trouverez dans le centre de Midtown. La première doit son renom à ses vêtements stricts et traditionnels. Elle présente aussi une collection très classique de vêtements pour dames.

La seconde, très fière de son style *British,* propose des ensembles de coupe parfaite.

Dans le grand magasin **Bergdorf Goodman Men,** on trouve de superbes chemises Turnbull & Asser et des costumes de Gianfranco Ferré ou Hugo Boss.

Barney's New York déploie la gamme la plus étendue de vêtements pour hommes aux États-Unis. **Rothman's** propose tous les styles à prix sacrifiés.

The Custom Shop Shirt-Makers se spécialise dans les costumes sur mesure et les chemises de belles étoffes. Allez chez **Burberry Ltd**. pour les imperméables classiques anglais.

J. Press vend des vêtements classiques mais élégants, tandis que **John Varvatos** est réputé pour son style décontracté et luxueux qui ne néglige aucun détail.

Beau Brummel satisfera votre nostalgie de l'élégance européenne. Les couleurs vives et les tissus raffinés de la boutique **Thomas Pink** ont déjà séduit plus d'une star. Le nouveau magasin Hickey-Freeman, sur la 5e Avenue, offre toute une gamme de vêtements classiques pour hommes.

Beaucoup de magasins pour hommes ont également un rayon pour femmes.

VÊTEMENTS D'ENFANTS

Outre les rayons très fournis des grands magasins, New York regorge aussi de boutiques spécialisées dans la mode enfantine. Passez chez **Bonpoint** pour le charme français.

Gapkids et Babygap Shops (au sein des magasins **The Gap**) parient sur le confort : salopettes en coton, caleçons, sweaters, vestes en denim. **Peanut Butter & Jane** propose des vêtements à la mode, très confortables.

De son côté, **Space Kiddets** vend aussi bien des biberons et des chaussons que des habits de cowboy ou de cowgirl.

VÊTEMENTS POUR FEMMES

La tendance américaine est plus de marquer la réussite s ociale que de lancer le dernier cri, d'où l'intérêt porté avant tout à la griffe du créateur. Les boutiques chic de New York sont regroupées au centre-ville autour de Madison et de la Cinquième Avenue, mais aussi dans les principaux grands magasins (p. 319) qui vendent les collections de créateurs américains comme Donna Karan, Ralph Lauren et Bill Blass.

Des marques de renommée internationale comme **Chanel, Fendi** et **Valentino** y ont également place, ainsi que l'Américain **Geoffrey Beene**. **Ann Taylor** est le magasin de prêt-à-porter le plus populaire auprès des jeunes carriéristes en mal de vêtements élégants et confortables.

Au centre du quartier, **Trump Tower**, rutilante de marbre rose, abrite des boutiques de luxe.

Sur Madison Avenue, les vitrines des créateurs les plus sophistiqués se suivent : **Givenchy** vend de magnifiques robes à des prix astronomiques à deux pas des classiques de Valentino. **Emmanuel Ungaro** présente une gamme très variée de vêtements et de prix, depuis ses vestes impeccablement coupées à ses robes aux imprimés audacieux. Allez admirer les pulls de **Missoni** et les robes du soir d'**Yves Saint Laurent Rive Gauche**.

La mode italienne est également représentée par **Giorgio Armani** et **Gianni Versace**. **Dolce & Gabana** ne vend que des vêtements italiens d'exception. S'habiller chez **Gucci** indique à coup sûr aisance et position sociale établie.

Dans Upper West Side, la boutique **Betsey Johnson** présente des modèles originaux ; **Calvin Klein** a désormais un magasin dans East Side spécialisé dans la mode décontractée du dernier cri. Au bureau comme à la ville, **French Connection** marie élégance et décontraction. **Scoop** est *la* boutique pour se procurer une petite robe noire.

Les « Villages » – East Village en particulier – sont le paradis des fouineurs de fripes et de tenues rock des années 1950. Y fleurissent aussi les boutiques de jeunes créateurs ainsi que les modèles des étudiants en stylisme.

Chez **APC** vous aurez un grand choix des vêtements à prix raisonnables, bien coupés, classiques ou décontractés.

Abondance de Levi's d'occasion, de denims et de vestes de cuir au **Cheap Jack's**. **Loehmann's** est le roi du rabais ; si vous cherchez la dernière mode à des prix imbattables, c'est là qu'il faut aller. **Big Drop** possède une grande sélection de petites robes noires très bien coupées.

Vous dénicherez les pantalons pattes d'éléphant et les bottes à semelles compensées de vos rêves chez **Screaming Mimi's**.

Dans un registre plus grand public, la chaîne **The Gap** distribue des vêtements d'hommes, de femmes et d'enfants, tendance et confortables, à des prix corrects.

Depuis quelque temps, les boutiques de créateurs implantées dans SoHo font concurrence à celles de Madison Avenue, avec des vêtements sans doute plus avant-gardistes que leurs aînées. Parmi elles, **Yohji Yamamoto,** dans le genre ésotérique, et **Comme des Garçons,** plus minimaliste. Ces deux enseignes appréciées des Américains sont les porte-drapeaux de la mode japonaise chic.

Cynthia Rowley est une créatrice de premier ordre à New York qui vend des vêtements sexy et branchés pour femmes. **What Comes Around Goes Around** est l'endroit idéal pour trouver un jeans d'occasion (« vintage »).

TABLE DE CONVERSION

Pour les tailles suisses ou belges, suivre les conversions françaises.

Vêtements d'enfants

Américaine	2-3	4-5	6-6X	7-8	10 12	14	16 (taille)
Anglaise	2-3	4-5	6-7	8-9	10-11	12	14+ (âge)
Française	2-3	4-5	6-7	8-9	10-11	12	14+ (âge)

Chaussures d'enfants

Américaine	7½	8½	9½	10½	11½	12½	13½	1½	2½
Anglaise	7	8	9	10	11	12	13	1	2
Française	24	25½	27	28	29	30	32	33	34

Robes, manteaux et jupes de femmes

Américaine	4	6	8	10	12	14	16	18
Anglaise	6	8	10	12	14	16	18	20
Française	38	40	42	44	46	48	50	52

Chemisiers et pulls de femmes

Américaine	6	8	10	12	14	16	18
Anglaise	30	32	34	36	38	40	42
Française	40	42	44	46	48	50	52

Chaussures de femmes

Américaine	5	6	7	8	9	10	11
Anglaise	3	4	5	6	7	8	9
Française	36	37	38	39	40	41	44

Costumes d'hommes

Américaine	34	36	38	40	42	44	46	48
Anglaise	34	36	38	40	42	44	46	48
Française	44	46	48	50	52	54	56	58

Chemises d'hommes

Américaine	14	15	15½	16	16½	17	17½	18
Anglaise	14	15	15½	16	16½	17	17½	18
Française	36	38	39	41	42	43	44	45

Chaussures d'hommes

Américaine	7	7½	8	8½	9½	10½	11	11½
Anglaise	6	7	7½	8	9	10	11	12
Française	39	40	41	42	43	44	45	46

ADRESSES

SOLDES DE COUTURIERS

Century 21 Department Store
22 Cortland St.
Plan 1 C2.
Tél. *(212) 227-9092.*

Designer Resale
324 E 81st St.
Plan 17 B4.
Tél. *(212) 734-3639.*

Encore
1132 Madison Ave.
Plan 17 A4.
Tél. *(212) 879-2850.*

Filene's Basement
4 Union Square South.
Plan 9 A5.
Tél. *(212) 358-0169.*
Fait partie d'une chaîne.

Michael's
1041 Madison Ave.
Plan 17 A5.
Tél. *(212) 737-7273.*

VÊTEMENTS D'HOMMES

Barney's New York
660 Madison Ave.
Plan 13 A3.
Tél. *(212) 826-8900.*

Beau Brummel
421 W Broadway.
Plan 4 E3.
Tél. *(212) 219-2666.*
Fait partie d'une chaîne.

Bergdorf Goodman Men
754 5th Ave.
Plan 12 F3.
Tél. *(212) 753-7300.*

Brooks Brothers
346 Madison Ave.
Plan 9 A1.
Tél. *(212) 682-8800.*

Burberry Limited
9 E 57th St.
Plan 12 F3.
Tél. *(212) 757-3700.*

The Custom Shop Shirtmakers
618 5th Ave.
Plan 12 F4.
Tél. *(212) 245-2499.*
Fait partie d'une chaîne.

J. Press
7 E 44th St. **Plan** 12 F5.
Tél. *(212) 687-7642.*

John Varvatos
149 Mercer St.
Plan 4 E3.
Tél. *(212) 965-0700.*

Paul Stuart
350 Madison Ave.
Plan 13 A5.
Tél. *(212) 682-0320.*

Polo/Ralph Lauren
Madison Ave et 72nd St.
Plan 13 A1.
Tél. *(212) 606-2100.*

Rothman's
200 Park Ave South.
Plan 9 A5.
Tél. *(212) 777-7400.*

ThomasPink
520 Madison Ave.
Plan 13 A4.
Tél. *(212) 838-1928.*

VÊTEMENTS D'ENFANTS

Bonpoint
1269 Madison Ave.
Plan 17 A3.
Tél. *(212) 722-7720.*

GapKids
60 W 34th St.
Plan 8 F2.
Tél. *(212) 760-1268.*
Fait partie d'une chaîne.

Peanut Butter & Jane
617 Hudson St.
Plan 3 B1.
Tél. *(212) 620-7952.*

Space Kiddets
46 E 21st St.
Plan 8 F4.
Tél. *(212) 420-9878.*

VÊTEMENTS DE FEMMES

Ann Taylor
645 Madison Ave.
Plan 13 A3.
Tél. *(212) 832-2010.*
Fait partie d'une chaîne.

APC
131 Mercer St.
Plan 4 E3.
Tél. *(212) 966-9685.*

Betsey Johnson
248 Columbus Ave.
Plan 16 D4.
Tél. *(212) 362-3364.*
Fait partie d'une chaîne.

Big Drop
174 Spring St.
Plan 3 C4.
Tél. *(212) 966-4299.*

Calvin Klein
654 Madison Ave.
Plan 13 A3.
Tél. *(212) 292-9000.*

Chanel
15 E 57th St.
Plan 12 F3.
Tél. *(212) 355-5050.*

Cheap Jack's
841 Broadway.
Plan 4 E1.
Tél. *(212) 777-9564.*

Comme des Garçons
520 W 22nd St.
Plan 8 F3.
Tél. *(212) 604-9200.*

Cynthia Rowley
376 Bleecker St.
Plan 3 C2.
Tél. *(212) 242-3803.*

Dolce & Gabbana
434 W Broadway.
Plan 4 E3.
Tél. *(212) 242-3803.*

Emanuel Ungaro
792 Madison Ave.
Plan 13 A2.
Tél. *(212) 249-4090.*

Fendi
677 5th Ave.
Plan 12 F3.
Tél. *(212) 759-4646.*

French Connection
700 Broadway.
Plan 4 E2.
Tél. *(212) 473-4486.*
Fait partie d'une chaîne.

The Gap
250 W 57th St.
Plan 12 D3.
Tél. *(212) 315-2250.*
Fait partie d'une chaîne.

Geoffrey Beene
783 5th Ave.
Plan 12 F3.
Tél. *(212) 935-0470.*

Gianni Versace
647 5th Ave.
Plan 12 F4.
Tél. *(212) 317-0224.*

Giorgio Armani
760 Madison Ave.
Plan 13 A2.
Tél. *(212) 988-9191.*

Givenchy
710 Madison Ave.
Plan 13 A1.
Tél. *(212) 688-4005.*

Gucci
685 5th Ave.
Plan 12 F4.
Tél. *(212) 826-2600.*

Loehmann's
101 7th Ave.
Plan 8 E1.
Tél. *(212) 352-0856.*

Missoni
1009 Madison Ave.
Plan 13 A1.
Tél. *(212) 517-9339.*

Saks Fifth Avenue
611 5th Ave.
Plan 12 F4.
Tél. *(212) 753-4000.*

Scoop
532 Broadway
(près de Spring St).
Plan 4 E4.
Tél. *(212) 925-2886.*
Deux magasins.

Screaming Mimi's
382 Lafayette St.
Plan 4 F2.
Tél. *(212) 677-6464.*

Valentino
747 Madison Ave.
Plan 13 A2.
Tél. *(212) 772-6969.*

What Comes Around Goes Around
351 W Broadway.
Plan 4 E4.
Tél. *(212) 343-9303.*

Yohji Yamamoto
103 Grand St.
Plan 4 E4.
Tél. *(212) 966-9066.*

Yves St Laurent Rive Gauche
855 Madison Ave.
Plan 13 A1.
Tél. *(212) 517-7400.*

Les accessoires

Tous les divers accessoires comme les chapeaux, gants, sacs à main, bijoux, montres, foulards, etc. sont vendus dans les boutiques indiquées ci-dessous ainsi que dans les grands magasins.

BIJOUX

Les plus belles boutiques bordent la Cinquième Avenue. De jour, les vitrines étincellent grâce aux pierres précieuses venues du monde entier, mais la nuit, elles sont vides, les diamants étant soigneusement mis sous clef. **Harry Winston** expose des joyaux du monde entier et **Buccellati** est fort apprécié pour ses créations italiennes d'une remarquable maîtrise artisanale. L'immense collection de **Bulgari** couvre une fourchette de prix allant de quelques centaines à plus d'un million de dollars.

La boutique **Cartier,** réplique d'un palais Renaissance, est elle-même un joyau ; les prix de ses bijoux atteignent des sommes faramineuses. Les dix étages de **Tiffany & Co.** étincellent de diamants, cristaux et autres merveilles.

Le Diamond Row, sur la 47e Rue entre la Cinquième et la Sixième Avenues, consiste en une suite de boutiques où miroitent des milliers de diamants, perles et pierres précieuses du monde entier. Ne manquez pas de voir le **Jewelry Exchange,** un centre dans lequel soixante artisans vendent directement leurs joailleries au chaland dans un vacarme de marchandages ; soyez prêt à jouer le jeu.

CHAPEAUX

Worth & Worth est le plus ancien chapelier de la ville. On y trouve tout, du chapeau de brousse australien au haut-de-forme, en passant par les créations les plus romantiques, magiques et vaporeuses. **Suzanne Millinery** confectionne les chapeaux des stars telles que Whoopi Goldberg et Ivana Trump.

Lids vend des douzaines de modèles de casquettes de baseball.

PARAPLUIES

À la première averse, les marchands ambulants de parapluies semblent pousser comme des champignons dans les rues de New York, mais leurs articles très bon marché sont le plus souvent de mauvaise qualité. Pour en acheter de solides, rendez-vous chez **Worth & Worth** qui propose des marques londoniennes (Briggs, entre autres). **Barney's New York** propose des modèles branchés ou courants – écossais et rayés – dans toutes les tailles. Pour les styles traditionnels, pensez à **Macy's** *(p. 134-135).* **Gucci** vend des parapluies que l'on peut assortir à sa cravate. Si vous en souhaitez un sur le thème du métro, on en trouve au **NY Transit Museum Store.** Pour un parapluie de la taille de ceux utilisés par les portiers en noir uni, ou un aux couleurs orange et noir de l'université, il faut vous rendre au **Princeton Club.**

MAROQUINERIE

Deux fois par an, pendant les périodes de soldes en janvier et août, une interminable queue d'acheteurs entoure le coin de la 48e Rue et de Madison Avenue en attendant de pénétrer chez **Crouch & Fitzgerald.** C'est une vieille institution new-yorkaise qui propose les marques les plus connues – Judith Leiber, Ghurka, Cooney & Bourke ou Louis Vuitton – ainsi que celle de la maison. **Bottega Veneta** et **Prada** sont des boutiques de luxe qui exposent leurs produits comme des œuvres d'art : c'est beau, c'est cher ! Chez

Furla, l'esprit italien domine ; la boutique **Il Bisonte** est quant à elle remarquable par son style.

L'indispensable du moment, comme un sac en daim couleur pastel, du créateur Rafé Totengco, peut se trouver chez **TG-170** et chez **Big Drop. The Coach Store** est réputé pour ses sacs à main américains à la forme classique et au cuir épais. Les serviettes rectangulaires pour femmes de **Kate Spade** existent dans toutes sortes de coloris et de motifs ; avec leur look moderne, élégantes et pratiques, elles ajoutent une touche chic à n'importe quelle tenue féminine.

Pour les bonnes affaires dégriffées, allez chez **Fine & Klein.** Une visite à l'**Altman Luggage Company** – un must – vous permettra de trouver au milieu d'un choix ahurissant la serviette qui vous convient.

CHAUSSURES ET BOTTES

Les magasins de chaussures de Manhattan sont renommés ; il y en a pour toutes les bourses et tous les styles.

Dans les grands magasins, on trouve des marques connues en plus de la collection maison. **Bloomingdale's** *(p. 181)* possède un immense rayon de chaussures de femme et le personnel très accueillant de **Brooks Brothers** fournit les hommes en chaussures classiques de grande qualité. Les chausseurs les plus élégants vous attendent au centre-ville. **Nadine & David** créent de belles chaussures en cuir et en daim dans des styles élégants et variés. **Ferragamo** et **Botticelli** présentent des créations classiques et raffinées. Pour des chaussures élégantes mais à des prix décents, rendez-vous à **Sigerson Morrison** dans Little Italy. Si vous aimez les bottes de cow-boy, courez chez **Billy Martin's** ; vous y dénicherez des bottes en crocodile pour quelques milliers de dollars. Pour des bottes sur mesure, rendez-vous chez **Buffalo Chips Bootery**.

East Side Kids est le magasin chic et branché des enfants tandis que **Shoofly** importe tous les styles. **Harry's** propose un choix incroyable de chaussures confortables.

La boutique **Jimmy Choo** est le temple du talon aiguille sexy et raffiné. Les magnifiques escarpins de **Manolo Blahnik** sont du dernier chic à Manhatta tout comme les créations de **Christian Louboutin**.

Dans son grand magasin de SoHo, la célèbre marque espagnole **Camper** propose ses fameux modèles hommes et femmes confortables, amusants et colorés.

Pour des chaussures à prix discount, rendez-vous autour de la 34e Rue Ouest et la 8e Rue Ouest, entre la 5e et la 6e Avenues, et sur Orchard Street, dans Lower East Side. Chez le discounter **DSW,** les rangées de chaussures et de bottes de marque sont vendues à une fraction de leur prix.

LINGERIE

La lingerie fine importée d'Europe, sexy, élégante et chère, se trouve à **La Petite Coquette**.

Plus abordable, **Victoria's Secret** – deux étages sur la 57e Rue – propose de magnifiques ensembles en satin, soie et autres tissus délicats. Au rayon lingerie d'**Henri Bendel's,** le choix est somptueux, des modèles les plus coquins aux tenues les plus raffinées. L'italien **La Perla** mise sur la séduction et sensualité – tulle, mousseline de soie et satin.

ADRESSES

BIJOUX

Buccellati
46 E 57th Ave. **Plan 12** F3. **Tél.** (212) 308-2900.

Bulgari
730 5th Ave. **Plan 12** F3. **Tél.** (212) 315-9000.

Cartier
653 5th Ave. **Plan 12** F4. **Tél.** (212) 753-0111.

Harry Winston
718 5th Ave. **Plan 12** F3. **Tél.** (212) 245-2000.

Jewelry Exchange
15 W 47th St. **Plan 12** F5.

Tiffany & Co.
5th Ave et 57th St. **Plan 12** F3. **Tél.** (212) 755-8000.

CHAPEAUX

Lids
343 W 42nd St. **Plan 8** E1. **Tél.** (212) 575-8555. Fait partie d'une chaîne.

Suzanne Millinery
27 E 61 St. **Plan 13** A3. **Tél.** (212) 593-3232.

Worth & Worth
101 W 55th St, Suite 3N. **Plan 12** E4. **Tél.** (212) 265-2887.

PARAPLUIES

Barney's New York
Voir p. 319.

Gucci
Voir p. 327.

NY Transit Museum Store
Grand Central Terminal. **Plan 9** A1. **Tél.** (212) 878-0106.

The Princeton Club
Voir p. 324.

MAROQUINERIE

Altman Luggage Company
135 Orchard St. **Plan 5** A3. **Tél.** (212) 254-7275.

Big Drop
Voir p. 327.

Il Bisonte
120 Sullivan St. **Plan 4** D4. **Tél.** (212) 966-8773.

Bottega Veneta
635 Madison Ave. **Plan 13** A3. **Tél.** (212) 371-5511.

The Coach Store
595 Madison Ave. **Plan 13** A3. **Tél.** (212) 754-0041.

Crouch & Fitzgerald
400 Madison Ave. **Plan 13** A5. **Tél.** (212) 755-5888.

Fine & Klein
119 Orchard St. **Plan 5** A3. **Tél.** (212) 674-6720.

Furla
727 Madison Ave. **Plan 13** A3. **Tél.** (212) 755-8986. Fait partie d'une chaîne.

Kate Spade
454 Broome St. **Plan 4** E4. **Tél.** (212) 274-1991.

Prada
45 E 57th St. **Plan 12** F3. **Tél.** (212) 308-2332.

TG-170
170 Ludlow St. **Plan 5** A3. **Tél.** (212) 995-8660.

CHAUSSURES ET BOTTES

Billy Martin's
220 E 60th St. **Plan 13** B3. **Tél.** (212) 861-3100.

Botticelli
620 5th Ave. **Plan 12** F4. **Tél.** (212) 582-6313.

Bloomingdale's
Voir p. 319.

Brooks Brothers
Voir p. 327.

Buffalo Chips Bootery
355 W Broadway. **Plan 4** E4. **Tél.** (212) 625-8400.

Christian Louboutin
941 Madison Ave. **Plan 17** A5. **Tél.** (212) 396-1884.

Camper
125 Prince St. **Plan 4** E3. **Tél.** (212) 358-1842.

DSW
40 E 14th St, 2e étage. **Plan 9** A5. **Tél.** (212) 674-2146.

East Side Kids
1298 Madison Ave. **Plan 17** A2. **Tél.** (212) 360-5000.

Ferragamo
655 5th Ave. **Plan 12** F3. **Tél.** (212) 759-3822.

Harry's
2299 Broadway. **Plan 15** C2. **Tél.** (212) 874-2035.

Jimmy Choo
645 5th Ave. **Plan 12** F4. **Tél.** (212) 524-6600.

Manolo Blahnik
31 W 54th St. **Plan 12** F4. **Tél.** (212) 582-3007.

Martinez Valero
1029 3rd Ave. **Plan 13** B3. **Tél.** (212) 753-1822.

Shoofly
42 Hudson St. **Plan 1** B1. **Tél.** (212) 406-3270.

Sigerson Morrison
28 Prince St. **Plan 4** F3. **Tél.** (212) 219-3893.

LINGERIE

Henri Bendel
Voir p. 319.

La Perla
93 Greene St. **Plan 4** E3. **Tél.** (212) 219-0999.

La Petite Coquette
51 University Place. **Plan 4** E1. **Tél.** (212) 473-2478.

Victoria's Secret
34 E 57th St. **Plan 12** F3. **Tél.** (212) 758-5592. Fait partie d'une chaîne.

Parfumeries, beauté des mains et des pieds et salons de coiffure

À New York, vous pouvez faire les magasins jusqu'à l'épuisement – et si vous en arrivez là, rassurez-vous, vous trouverez du réconfort dans un divin massage des pieds) à chaque coin de rue. Parfumeries, boutiques spécialisées pour les mains et les pieds et salons de coiffure ne manquent pas. Beaucoup de salons sont habitués aux agendas surchargés des New-Yorkaises et vous prendront le jour même entre tourisme et lèche-vitrine. Après une ou deux (voire trois...) séances de soins, vous serez prête à repartir dans les magasins, cette fois-ci avec les ongles faits et les cheveux bien coiffés.

PARFUMERIES

Chez **Sephora**, les rayonnages croulent sous les produits de beauté et les parfums. Heureusement, les vendeuses ne poussent pas à la consommation. **Erbe** (« herbes » en italien) est le temple des essences et des produits naturels hypo-allergéniques, à base de plantes et sans huiles minérales, ni produits animaux, ni cires, ni parfums de synthèse, ni colorants. La crème hydratante et nourrissante à la gelée royale et la crème exfoliante à l'ombilic remportent un grand succès.

Pour acheter tout ce qu'il vous faut, rendez-vous sous les hauts plafonds du **MAC Cosmetics**. Leurs poudres, en particulier la ligne Studio Fix, sont imbattables. Et si vous achetez le rouge à lèvres Viva Glam, vous serez à la fois glamour et généreuse, car les bénéfices vont au fonds de lutte contre le sida créé par MAC.

FACE Stockholm offre la promesse d'une peau satinée de Suédoise (à un prix raisonnable) : produits de soins végétaux et grand choix de coloris de rouges à lèvres et de vernis à ongles.

Depuis 1851, **Kiehl's** crée des démaquillants, des toniques, des baumes et des masques dans des emballages délibérément utilitaristes. Les ingrédients naturels parlent d'eux-mêmes.

L'écologiste **Fresh** mise sur les crèmes corporelles parfumées et les senteurs fruitées.

Sabon vend une luxueuse ligne de produits de beauté et de soin du corps 100 % naturels et délicieusement parfumés. Les nombreux savons s'achètent au poids et les ravissants paquets cadeaux sont gratuits.

Pour du maquillage de qualité à l'épreuve du temps, rendez-vous à SoHo chez **Make Up for Ever :** fonds de teint liquides, rouges à lèvres crémeux et poudres corporelles scintillantes. Chez **Origins,** faites votre choix parmi une pléthore de lotions végétales, une crème antioxydante à base de thé blanc et des crèmes corporelles aussi douces que pour une peau de bébé. **Shu Uemura** organise des démonstrations de cosmétiques haut de gamme.

La plupart des grands magasins de New York – **Bloomingdale's, Lord & Taylor, Saks Fifth Avenue, Barney's New York** et **Macy's** – ont un grand rayon cosmétiques.

BEAUTÉ DES MAINS ET DES PIEDS

La jeune Coréenne Ji Baek a ouvert dans la quartier branché de SoHo un institut raffiné, le **Rescue Beauty Lounge**. Le succès grandissant, un second institut a ouvert ses portes. On y trouve des soins de manucure et pédicure ainsi que des lignes de maquillage.

Ne vous laissez pas rebuter par l'aspect terne et institutionnel d'**Eve.** Les soins des mains et des pieds y sont depuis longtemps réputés.

Dashing Diva Nail Spa & Boutique ne se contente pas de vous bichonner les mains et les pieds à des tarifs très accessibles (à partir de 10 $). Pendant vos soins, on vous sert des cosmopolitans dans une ambiance festive le jeudi et le vendredi, et des mimosas du dimanche au mercredi.

Le fin du fin reste toutefois **Sweet Lily Natural Nail Spa & Boutique :** mélange enivrant de lait chaud et d'huile d'amande pour les mains, et masque hydratant aux noix et au miel (36 $). Le soin des mains à la lavande chaude comprend un formidable soin traitant de l'épiderme à base d'essence d'arbre à thé et d'agrumes. Le salon n'a pas oublié les petites filles et leur propose le Little Miss Mani pour se faire décorer les ongles.

SALONS DE COIFFURE

Si vous désirez changer de tête, ou juste faire quelques retouches, essayez l'un des excellents salons de coiffure de New York.

Downtown, laissez-vous relooker par les stylistes d'**Arrojo Studio**. Vous en sortirez aussi branché qu'eux. Faites comme les célébrités, confiez vos cheveux à Frederic Fekkai ou à l'un de ses associés du très chic **Frederic Fekkai Beaute de Provence.** C'est ce qui se fait de mieux. À TriBeCa, le **Younghee Salon** du styliste coréen Younghee Kim, ancien de Vidal Sassoon, propose une coupe et une couleur tendance à partir de 110 $. Les stylistes du **Rumor Salon** sont les rois des ciseaux. Coupes simples mais mode et flatteuses dans un salon sobre baigné d'une lumière chaude. **Aveda Institute** vous accueille dans un loft cossu et ensoleillé pour des coupes, des couleurs et des massages du cuir chevelu superbes. Repartez avec l'un de leurs produits de beauté ou de bains végétaux. Vous pouvez aussi opter pour une coupe moins chère auprès de l'un de leurs apprentis. Pour les hommes, **La Boite a Coupe** s'occupe de nombreuses personnalités de la publicité et des médias. Le styliste franco-marocain Laurent De Louya y officie depuis 1972. **Le Salon Chinois** est le spécialiste des coupes élégantes à faire tourner les têtes. Ce salon huppé

aux accents asiatiques propose aussi des massages du cuir chevelu, de l'aromathérapie capillaire et des techniques efficaces de décrêpage. **Le TwoDo Salon** affiche un adorable décor rustique et coloré de fleurs fraîches, de murs de briques et de tableaux d'artistes locaux. La référence **Vidal Sassoon** continue de faire le plein. Dans l'élégant salon de Downtown, stylistes et coloristes confirmés – tous issus de l'exigeante formation de la marque – réalisent des

coupes et des couleurs impeccables. Le Britannique **Toni & Guy** est réputé pour ses belles coupes de qualité égale. Le salon new-yorkais forme les stylistes de tous les États-Unis et réalise les coupes les plus audacieuses. Les coloristes sont eux aussi encensés pour leurs couleurs et leurs balayages. Chez **Antonio Prieto** et **Bumble & Bumble**, la clientèle est branchée ; **John Masters Organics** préfère le raffinement et **Oscar Blandi** a choisi l'élitisme.

ADRESSES

PARFUMERIES

Erbe
196 Prince St. **Plan** 4 D3.
Tél. (212) 966-1445.

FACE Stockholm
10 Columbus Circle.
Plan 12 D3.
Tél. (212) 823-9415.
110 Prince St, SoHo.
Plan 4 E3.
Tél. (212) 966-9110.

Fresh
57 Spring St et
Lafayette St.
Plan 4 F4.
Tél. (212) 925-0099.

John Masters Organics
77 Sullivan St près
de Broome St.
Plan 4 D4.
Tél. (212) 343-9590.

Kiehl's
109 3rd Ave.
Plan 9 B5.
Tél. (212) 677-3171.

MAC Cosmetics
113 Spring St.
Plan 4 E4.
Tél. (212) 334-4641.

Make Up for Ever
409 W Broadway et
Spring St.
Plan 4 E4.
Tél. (212) 941-9337.

Origins
175 5th Ave et 23rd St.
Plan 8 F4.
Tél. (212) 677-9100.

Sabon
93 Spring St.
Plan 4 E4.
Tél. (212) 925-0742.
Fait partie d'une chaîne.

Sephora
555 Broadway.
Plan 4 E3.
Tél. (212) 625-1309.
Fait partie d'une chaîne.

Shu Uemura
121 Greene St
près de Prince St.
Plan 4 E3.
Tél. (212) 979-5500.

BEAUTÉ DES MAINS ET DES PIEDS

Barney's New York
660 Madison Ave.
Plan 13 A3.
Tél. (212) 826-8900.

Bloomingdale's
1000 3rd Ave.
Plan 13 B3.
Tél. (212) 705-2000.

Bloomingdale's SoHo
504 Broadway.
Plan 4 E4.
Tél. (212) 729-5900.

Dashing Diva Nail Spa & Boutique
41 E 8th St.
Plan 4 E2.
Tél. (212) 673-9000.

Eve
400 Bleecker St.
Plan 3 C2.
Tél. (212) 807-8054.

Lord & Taylor
424 5th Ave. **Plan** 8 F1.
Tél. (212) 391-3344.

Macy's
151 W 34th St. **Plan** 8 E2.
Tél. (212) 695-4400.

Rescue Beauty Lounge
8 Centre Market Pl.
Plan 4 F4.
Tél. (212) 431-0449.
34 Gansevoort St.
Plan 3 B1.
Tél. (212) 206-6409.

Saks Fifth Avenue
611 5th Ave. **Plan** 12 F3.
Tél. (212) 753-4000.

Sweet Lily Natural Nail Spa & Boutique
222 W Broadway,
entre N Moore St et
Franklin St **Plan** 4 E5.
Tél. (212) 925-5441.

SALONS DE COIFFURE

Antonio Prieto
25 19th St, entre 5th Ave
et 6th Ave. **Plan** 8 F5.
Tél. (212) 255-3741.

Arrojo Studio
180 Varick St. **Plan** 4 D3.
Tél. (212) 242-7786.

Aveda Institute
233 Spring St.
Plan 4 D4.
Tél. (212) 807-1492.

La Boite a Coupe
18 W 55th St. **Plan** 12 F4.
Tél. (212) 246-2097.

Bumble & Bumble
415 13th St près de
9th Ave. **Plan** 3 B1.
Tél. (212) 521-6500.

Frederic Fekkai Beaute de Provence
15 E 57th St. **Plan** 12 F3.
Tél. (212) 753-9500.

Oscar Blandi
768 5th Ave et 57th St.
Plan 12 F3.
Tél. (212) 593-7930.

Rumor Salon
15 E 12th St, 2e étage.
Plan 4 E1.
Tél. (212) 414-0195.

Le Salon Chinois
44 W 55th St, 4e étage.
Entre 5th Ave et 6th Ave.
Plan 12 F4.
Tél. (212) 956-1200.

Toni & Guy
673 Madison Ave et
61st St, Suite 2.
Plan 13 A3.
Tél. (212) 702-9771.

TwoDo Salon
210 W 82nd St, entre
Broadway et Amsterdam.
Plan 15 C4 . **Tél.** (212) 787-1277.

Vidal Sassoon
90 5th Ave, Suite 90.
Entre 14th St et 15th St.
Plan 8 F5.
Tél. (212) 229-2200.

Younghee Salon
64 N Moore St.
Plan 4 D5.
Tél. (212) 334-3770.

Les livres et la musique

New York étant la capitale de l'édition américaine, il semble normal d'y trouver les meilleures librairies du pays, des plus généralistes aux plus ésotériques, spécialisées dans la science-fiction ou le suspense, dans le livre neuf ou celui d'occasion... Les amateurs de musique peuvent également y trouver à des prix raisonnables les enregistrements les plus rares.

LIBRAIRIES GÉNÉRALES

Barnes & Noble, sur la Cinquième Avenue est incontestablement, avec ses trois millions d'ouvrages, ses meilleurs prix et sa sélection de titres, la plus grande et la plus prestigieuse librairie de Manhattan. Il y a d'autres annexes, comme celle situé de l'autre côté de la rue : on y fait de bonnes affaires.

Plus loin, **Strand Book Store,** avec son incroyable stock de deux millions de livres d'occasion, propose des prix particulièrement attirants. On y trouve également un grand choix de premières éditions de livres anciens.

Westsider Bookshop est aussi complet que son cousin spécialisé dans la musique, avec son choix incroyable de livres d'occasion et de vinyles de country. **12th Street Books** propose une vaste sélection de livres neufs et d'occasion et de livres d'art. **Borders Books & Music** offre un large choix de CD et de livres.

Rizzoli distribue un ensemble impressionnant de photographies, d'ouvrages en langues étrangères, de livres d'art ainsi que des publications pour enfants et des vidéos. Au **Gotham Book Mart,** dans un minuscule local, les collectionneurs se délecteront de centaines de livres anciens et d'éditions limitées. Le très apprécié **Coliseum,** la plus grande librairie indépendante de New York, vient juste de rouvrir ses portes.

Shakespeare & Co. ouvre tard le soir et propose une remarquable sélection de titres.

LIBRAIRIES SPÉCIALISÉES

Pour le meilleur choix de livres d'art, allez chez **Hacker-Strand Art Books.** **Urban Center Books** est spécialisé dans l'architecture, l'urbanisme et l'environnement. Les livres rares, épuisés et anciens sur New York sont la raison d'être de **JN Bartfield Books. Biography Bookshop** s'est spécialisé dans les journaux intimes, les lettres, les biographies et les autobiographies.

Littérature et musique juives occupent les rayons de **J. Levine Judaïca.** Les amateurs de théâtre trouveront quant à eux leur bonheur à l'**Applause Theater & Cinema Books** ou chez **Drama Book Shop,** qui offre le plus large éventail de la ville.

Pour les fervents du mystérieux, du suspense et du meurtre, un détour s'impose du côté de la librairie **Mysterious Bookshop.**

Les romans et nouvelles de science-fiction ont pour royaume **Forbidden Planet.** Aussi grandes l'une que l'autre, les deux librairies de **Midtown Comics** proposent un bon choix de BD des années 1980 à nos jours, pour un prix raisonnable. Les collectionneurs préféreront peut-être **Jim Hanley's Universe** ouvert le soir jusqu'à 23 h du lundi au samedi et 21 h le dimanche. Les prix des collectors vont du plus sage au plus élevé.

Rayon enfants, pensez à **Bank Street Book Store** qui possède l'un des plus grands choix de livres en la matière et **Books of Wonder** pour les ouvrages rares.

Livres de voyage neufs ou d'occasion se trouvent au **Complete Traveler.** Le personnel y est très compétent et serviable.

Si la cartographie vous intéresse, rendez-vous au **Hagstorm Map & Travel Store.** Au **Kitchen Arts & Letters,** le monde savoureux de la cuisine vous est révélé. Les grands révoltés se doivent d'explorer le **Revolution Books** ou le **Mark's Bookshop.** Les lesbiennes et les homosexuels trouveront au **Oscar Wilde Memorial Bookshop** un grand choix de textes les concernant.

DISQUES, CASSETTES ET CD

Du be-bop au rap en passant par le classique, **Virgin,** le plus grand magasin de disques de Manhattan, possède tout ce qui existe en musique. Chez **J & R Music World,** vous pourrez également vous équiper en matériel audiovisuel.

Les collectionneurs de disques se retrouvent au **Westsider Records** qui propose un excellent choix de titres classiques, de jazz ou d'opéra. Aux nostalgiques et aux obsessionnels, **House of Oldies** propose un grand choix de disques anciens ou épuisés. Il y en a pour tous les goûts. **Bleecker Bob's Golden Oldies** vous fournit en rock d'importation, punk ou jazz méconnu, alors que **Midnight Records** résonne de rock amateur et de musique psychédélique.

Deep house, disco ou musique électronique, les DJ et amateurs de vinyl n'ont que l'embarras du choix chez **Rebel Rebel, Dance Tracks** et **Satellite** dans Manhattan et **Halcyon,** toujours très animé, à Brooklyn. Que vous cherchiez de la musique électronique ou du free jazz des années 1970, **Other Music** le trouvera pour vous. **Disc-O-Rama** est le champion des CD à bas prix.

PARTITIONS

La **Joseph Patelson Music House Ltd.,** juste derrière Carnegie Hall, et la **Frank Music Company** ont un excellent répertoire de partitions classiques. **Charles Colin Publications** est spécialisé dans le jazz. Pour la pop et les variétés, allez au **Colony Record and Music Center** dans Brill Building, sur Broadway.

ADRESSES

LIBRAIRIES GÉNÉRALES

Barnes & Noble
105 5th Ave. **Plan** 8 F5.
Tél. (212) 807-0099.
Fait partie d'une chaîne.

Borders Books & Music
461 Park Ave.
Plan 17 A3.
Tél. (212) 980-6785.
Fait partie d'une chaîne.

Coliseum Books
11 W 42nd St.
Plan 8 F1.
Tél. (212) 803-5892.

Gotham Book Mart
16 E 46th St.
Plan 12 F5.
Tél. (212) 719-4448.

Rizzoli
31 W 57th St.
Plan 12 F3.
Tél. (212) 759-2424.

Shakespeare & Co.
716 Broadway.
Plan 4 E2.
Tél. (212) 529-1330.
Fait partie d'une chaîne.

Strand Book Store
828 Broadway.
Plan 4 E1.
Tél. (212) 473-1452.

12th Street Books
11 East 12th St.
Plan 4 F1.
Tél. (212) 645-4340.

Westsider Bookshop
2246 Broadway.
Plan 15 C4.
Tél. (212) 362-0706.

LIBRAIRIES SPÉCIALISÉES

Applause Theater & Cinema Books
19 W 21st St.
Plan 8 F4.
Tél. (212) 575-9265.

Drama Book Store
250 W 40th St.
Plan 8 E1.
Tél. (212) 944-0595.

Bank Street Book Store
610 W 112th St.
Plan 21 A4.
Tél. (212) 678-1654.

Biography Bookshop
400 Bleecker St.
Plan 3 C2.
Tél. (212) 807-8655.

Books of Wonder
16 W 18th St.
Plan 8 E5.
Tél. (212) 989-3270.

The Complete Traveler
199 Madison Ave.
Plan 9 A2.
Tél. (212) 685-9007

Drama Book Store
250 W 40th St.
Plan 8 E1.
Tél. (212) 944-0595.

Forbidden Planet
840 Broadway.
Plan 4 E1.
Tél. (212) 473-1576.

Hacker-Strand Art Books
45 W 57th St.
Plan 12 F3.
Tél. (212) 688-7600.

Hagstrom Plan & Travel Store
57 W 43rd St.
Plan 8 F1.
Tél. (212) 398-1222.
Deux magasins.

J. Levine Judaica
5 W 30th St.
Plan 8 F3.
Tél. (212) 695-6888.

Jim Hanley's Universe
4 W 33rd St.
Plan 8 F2.
Tél. (212) 268-7088.

JN Bartfield Books
30 W 57th St.
Plan 12 F3.
Tél. (212) 245-8890.

Kitchen Arts & Letters
1435 Lexington Ave.
Plan 17 A2.
Tél. (212) 876-5550.

Midtown Comics
200 W 40th St.
Plan 8 E1.
459 Lexington Ave.
Plan 13 A5.
Tél. (212) 302-8192.

Mysterious Bookshop
58 Warren St.
Plan 1 B1.
Tél. (212) 582-3592.

Oscar Wilde Memorial Bookshop
15 Christopher St.
Plan 3 C2.
Tél. (212) 255-8097.

Revolution Books
9 W 19th St.
Plan 7 C5.
Tél. (212) 691-3345.

St Mark's Bookshop
31 3rd Ave.
Plan 5 A2.
Tél. (212) 260-7853.

Urban Center Books
457 Madison Ave.
Plan 13 A4.
Tél. (212) 935-3592.

DISQUES, CASSETTES ET CD

Bleecker Bob's Golden Oldies
118 W 3rd St.
Plan 4 D2.
Tél. (212) 475-9677.

Dance tracks
91 E 3rd St.
Plan 5 A2.
Tél. (212) 260-8729.

Disc-O-Rama
186 W 4th St.
Plan 4 D2.
Tél. (212) 206 8417.

Halcyon The Shop
57 Pearl St. à Water St,
Dumbo, Brooklin.
Plan 2 F2.
Tél. (718) 260-WAXY.

House of Oldies
35 Carmine St.
Plan 4 D3.
Tél. (212) 243-0500.

J & R Music World
31 Park Row.
Plan 1 C2.
Tél. (212) 238-9100.

Midnight Records
263 W 23rd St.
Plan 8 D4.
Tél. (212) 675-2768.

Other Music
15 E 4th St.
Plan 4 F2.
Tél. (212) 477-8150.

Rebel Rebel Records
319 Bleecker St.
Plan 4 D3.
Tél. (212) 989-0770.

Satellite Records
259 The Bowery.
Plan 4 F3.
Tél. (212) 995-1744.

Virgin Megastore
45th et Broadway.
Plan 12 E5.
Tél. (212) 921-1020.
Fait partie d'une chaîne.

West Sider Records
233 W 72nd St.
Plan 11 D1.
Tél. (212) 874-1588.

PARTITIONS

Charles Colin Publications
315 W 53rd St.
Plan 12 D4.
Tél. (212) 581-1480.

Colony Record and Music Center
1619 Broadway.
Plan 12 E4.
Tél. (212) 265-2050.

Frank Music Company
244 W 54th St.
Plan 12 D4.
Tél. (212) 582-1999.

Joseph Patelson Music House Ltd.
160 W 56th St.
Plan 12 E4.
Tél. (212) 757-5587.

L'art et les antiquités

Tandis que les amateurs d'art en visite à New York pourront occuper tout leur séjour dans les centaines de galeries de la ville, les passionnés de brocante trouveront la possibilité de chiner à leur aise aux puces ou sur les marchés d'antiquaires, devant de magnifiques antiquités de l'ancien ou du nouveau monde. Pour savoir ce qui est proposé à la vente au cours de votre séjour, prenez un exemplaire gratuit du mensuel *Art Now Gallery* Guide dans une librairie ou une galerie et consultez les journaux locaux.

GALERIES D'ART

L'une des galeries les plus célèbres à SoHo est celle de **Leo Castelli**, admirateur fanatique du Pop Art des années 1960 et découvreur de talents. La **Mary Boone Gallery** expose des néo-expressionnistes et la **Pace Wildenstein Gallery** des artistes à la mode. **Postmasters** est un trésor d'œuvres conceptuelles.

La **Marian Goodman Gallery** met plutôt en valeur les créations des avant-gardes européennes.

À Chelsea, **Mathew Marks Gallery** et **Marianne Boesky Gallery** valent généralement le détour, et Paula Cooper accueille souvent des expositions controversées dans son magnifique loft. **Gagosian Gallery** présente des œuvres d'artistes contemporains, notamment des tableaux de Roy Lichtenstein et Jasper Johns. Dans Upper East Side, on peut encore s'extasier devant les merveilles des galeries **Knœdler & Company** et **Hirschl & Adler Galleries**. **Max Protech** se concentre sur l'architecture tandis que **Esso** propose du pop art. **Barbara Gladstone** est une galerie incontournable. Enfin, **Exit Art** est connu pour ses expositions de multimédia.

ART POPULAIRE AMÉRICAIN

Si vous aimez l'artisanat, précipitez-vous chez **Susan Parrish Antiques** pour ses tapis faits à la main et autres objets (uniquement sur rendez-vous). **Laura Fisher**

MARCHÉS D'ANTIQUITÉS ET ANTIQUITÉS D'OCCASION

Manhattan abrite le **Manhattan Art & Antiques Center** où l'on peut trouver des dizaines de marchands dans un lieu unique. **Chelsea Antiques Building** regroupe une centaine de galeries d'antiquaires sur 12 étages. On peut y dénicher des souvenirs d'Hollywood et des objets rares ayant appartenu à des stars comme Greta Garbo ou Humphrey Bogart.

MOBILIER AMÉRICAIN

Pour les meubles des XVIIe, XVIIIe et XIXe siècles allez chez **Bernard & S. Dean Levy** ou **Leigh Keno American Furniture**. **Judith & James Milne** vendent des meubles *country* et de très beaux quilts. Chez **Woodard & Greenstein American Antiques & Quilts**, faites connaissance avec le style Shaker au travers d'une collection étonnante et à la **Gallery 532**, vous découvrirez les meubles Stickley.

Les collectionneurs de meubles Art déco ou Art nouveau fréquentent **Alan Moss** qui est bourré de meubles et d'objets décoratifs ou **Macklowe Gallery**. **Lillian Nassau** propose, entre autres, d'exceptionnelles lampes Tiffany.

Quelques boutiques rétro telles **Depression Modern** et **Mood Indigo** recèlent des trésors des années 1930 et 1940.

ANTIQUITÉS INTERNATIONALES

Si le style anglais vous tente, faites un tour chez **Florian Papp** et **Kentshire Galleries**. Pour les antiquités européennes, voyez **Betty Jane Bart Antiques**, **Kurt Gluckselig Antiques**, **Linda Horn Antiques** ou **Les Pierres**. La Belle Époque vend des posters anciens. Les spécialistes de l'art oriental sont **Doris Leslie Blau**, **E. & J. Frankel** et **Flying Cranes Antiques**.

MARCHÉS AUX PUCES

New York accueille de nombreux marchés aux puces ouverts le week-end. La plupart ouvrent officiellement à 9 h ou 10 h, mais le vrai marchandage commence vers 6 h du matin. En arrivant tôt, vous trouverez peut-être des objets précieux de la culture américaine comme une mallette à pique-nique Barbie ou des disques rares enregistrés par des inconnus !

À l'**Annex Antiques Fair and Flea Market,** vous trouvez des vêtements d'occasion ou des meubles anciens. **Canal Street Flea Market** est un véritable bric-à-brac et **Columbus Avenue Flea Market** est spécialisé dans les vêtements neufs et d'occasion, ainsi que dans les meubles. Pour vous renseigner sur ces marchés forains, consultez l'édition du vendredi du *New York Times*.

SALLES DES VENTES

Les deux plus célèbres sont **Christie's** et **Sotheby's** qui proposent aussi bien monnaies, bijoux, vins qu'objets d'art. **Doyle New York** et **Phillips de Pury & Co.** ont aussi pignon sur rue. Pour plus de précisions, consultez le *New York Times* du vendredi ou du dimanche. **Swann Galleries** vend aux enchères des gravures, livres rares, cartes, affiches et photographies.

ADRESSES

GALERIES D'ART

Barbara Gladstone
515 W 24th St.
Plan 7 C4.
Tél. (212) 206-9300.

ESSO Gallery
531 W 26th St, 2e étage.
Plan 7 C4.
Tél. (212) 560-9728.

Exit Art
475 10th Ave.
Plan 7 C2.
Tél. (212) 966-7745.

Gagosian Gallery
555 W 24th St.
Plan 7 C4.
Tél. (212) 741-1111.
Deux galeries.

**Knoedler
& Company**
19 E 70th St.
Plan 13 A1.
Tél. (212) 794-0550.

Leo Castelli
18 E 77th St.
Plan 17 A5.
Tél. (212) 249-4470.

**Marian Goodman
Gallery**
24 W 57th St.
Plan 12 F3.
Tél. (212) 977-7160.

**Marianne Boesky
Gallery**
535 W 22nd St.
Plan 7 C4.
Tél. (212) 680-9889.

Mary Boone Gallery
745 5th Ave.
Plan 12 F3.
Tél. (212) 752 2929.
Deux galeries.

**Mathew Marks
Gallery**
523 W 24th St.
Plan 7 C4.
Tél. (212) 243-0200.

Max Protech
511 W 22nd St.
Plan 7 C4.
Tél. (212) 633-6999

**Pace Wildenstein
Gallery**
534 W 25th St.
Plan 7 C4.
Tél. (212) 929-7000.
Deux galeries.

Paula Cooper
534 W 21st St.
Plan 7 C4.
Tél. (212) 255-1105.

Postmasters
459 W 19th St.
Plan 7 C5.
Tél. (212) 727-3323.

ART POPULAIRE AMÉRICAIN

Laura Fisher Quilts
Manhattan Art & Antiques
Center, 1050 2nd Ave.
Plan 13 B4.
Tél. (212) 838-2596.

**Susan Parrish
Antiques**
Tél. (212) 807-1561
Sur r.-v. seulement.

MARCHÉS D'ANTIQUITÉS ET ANTIQUITÉS D'OCCASION

**Chelsea Antiques
Building**
110 W 25th St.
Plan 8 F4.
Tél. (212) 929-0909.

**The Manhattan
Arts & Antiques
Center**
1050 2nd Ave.
Plan 13 A3.
Tél. (212) 355-4400.

MOBILIER AMÉRICAIN

Alan Moss
436 Lafayette St.
Plan 4 F2.
Tél. (212) 473-1310.

**Bernard
& S. Dean Levy**
24 E 84th St.
Plan 16 F4.
Tél. (212) 628-7088.

**Depression
Modern**
150 Sullivan St. **Plan** 4 D3.
Tél. (212) 982-5699.

**Judith & James
Milne**
506 E 74th St. **Plan**
17 C5. *Tél. (212) 472-
0107. Deux galeries.*

**Leigh Keno
American Furniture**
127 E 69th St.
Plan 17 A5.
Tél. (212) 734-2381.

Lillian Nassau
220 E 57th St. **Plan** 13 B3.
Tél. (212) 759-6062.

Macklowe Gallery
667 Madison Ave. **Plan** 13
A3. *Tél. (212) 644-6400.*

Mood Indigo
181 Prince St. **Plan** 4 E3.
Tél. (212) 254-1176.

**Woodard &
Greenstein
American Antiques**
506 E 74th St.
Plan 17 A5.
Tél. (212) 988-2906.

ANTIQUITÉS INTERNATIONALES

La Belle Époque
280 Columbus Ave.
Plan 12 D1.
Tél. (212) 362-1770.

**Betty Jane Bart
Antiques**
1225 Madison Ave.
Plan 17 A3.
Tél. (212) 410-2702.

Doris Leslie Blau
724 5th Ave.
Plan 12 F3.
Tél. (212) 586-5511.
Sur r.-v. seul.

E. & J. Frankel
1040 Madison Ave.
Plan 17 A5.
Tél. (212) 879-5733.

Florian Papp
962 Madison Ave.
Plan 17 A5.
Tél. (212) 288-6770.

**Flying Cranes
Antiques**
1050 2nd Ave.
Plan 13 B4.
Tél. (212) 223-4600.

Kentshire Galleries
37 E 12th St. **Plan** 4 E1.
Tél. (212) 673-6644.

**Kurt Gluckselig
Antiques**
200 E 58th St. **Plan** 13 B3.
Tél. (212) 758-1805.

**Linda Horn
Antiques**
1015 Madison Ave.
Plan 17 A5.
Tél. (212) 772-1122.

Les Pierres
369 Bleecker St.
Plan 3 C2.
Tél. (212) 243-7740.

MARCHÉS AUX PUCES

**Annex Antiques
Fair and Flea
Market**
26th St et 6th Ave,
112 W 25th St (annexe).
Plan 8 E4.
Tél. (212) 243-5343.
Ouv. sam. et dim.

**Canal Street Flea
Market**
335 Canal St.
Plan 4 E5.
Ouv. mars-déc.
sam.et dim.

**Columbus Avenue
Flea Market**
Columbus Ave,
entre 76th et 77th St.
Plan 16 D5.
Tél. (631) 873-4970.
Ouv. dim.

SALLES DES VENTES

Christie's
20 Rockefeller Plaza.
Plan 12 F5.
Tél. (212) 636-2000.

Doyle New York
175 E 87th St.
Plan 17 A3.
Tél. (212) 427-2730.

**Phillips de
Pury & Co.**
450 W 15th St.
Plan 7 C5.
Tél. (212) 940-1200.

Sotheby's
1334 York Ave.
Plan 13 C1.
Tél. (212) 606-7000.

Swann Galleries
104 E 25th St.
Plan 9 A4.
Tél. (212) 254-4710.

Épiceries fines, spécialités culinaires et cavistes

La diversité ethnique et culturelle de New York se reflète dans ses magasins d'alimentation, véritable salon international du goût, auxquels s'ajoutent, à chaque coin de rue, une brûlerie et un caviste.

ÉPICERIES FINES

Plusieurs épiceries fines célèbres attirent les touristes. N'hésitez pas à vous rendre dans les grands magasins, qui savent rivaliser avec ces palais de la gastronomie.

Dean & DeLuca, *delicatessen* chic sur Broadway, a élevé la cuisine au rang d'art – ne manquez pas l'immense choix de plats à emporter.
Russ & Daughters, sur Houston Street, est l'une des épiceries les plus anciennes. Cette boutique appétissante est réputée pour son poisson fumé, son fromage frais, ses chocolats et ses bagels. Le **Gourmet Garage,** sur Broome Street, vend toutes sortes de délicieux produits frais, en particulier biologiques. Certains ne jurent que par **Zabar's,** sur Broadway, qu'ils considèrent comme la meilleure boutique du monde pour le saumon fumé, les bagels, le caviar, les noix, les bonbons, les fromages et les cafés.

William Poll, sur Lexington Avenue, propose un grand choix de paniers pique-nique et de plats préparés. Si vous avez une envie de foie gras, de saumon fumé écossais ou de caviar, **Caviarteria** vous attend.

On vient de toute la ville pour l'excellent choix de produits naturels, biologiques et complets de **Whole Foods.** Le dernier-né de ces magasins, qui a ouvert à Columbus Circle, est le plus grand supermarché de Manhattan. Les rayonnages sont remplis d'aliments de qualité les plus naturels, sans additifs, ni é dulcorants, ni conservateurs. **Fairway Market,** sur Broadway, propose depuis 55 ans des articles de qualité – produits frais, poisson fumé et pâtisseries.

SPÉCIALITÉS CULINAIRES

Les excellentes boulangeries et pâtisseries ne manquent pas. Parmi les meilleures, **Poseidon Greek Bakery** est réputée pour sa pâte feuilletée. **H & H Bagels** produit 60 000 bagels par jour, parmi les meilleurs. **Vesuvio** fabrique du pain italien et d'étonnants biscuits au poivre. Goûtez les délicieuses pâtisseries chinoises de **Fung Wong,** ou les bretzels et les tartelettes de **City Bakery.** Joignez-vous à la file d'attente des gourmands venus goûter les délicieux petits gâteaux magnifiquement décorés de **Magnolia Bakery.**

Côté confiseurs, **Li-Lac** est réputé pour ses chocolats travaillés à la main, et **Mondel Chocolates** pour ses animaux en chocolat. **Economy Candy** offre un grand choix de fruits secs, mais pour un vrai régal allez goûter les truffes au champagne toutes fraîches importées de Suisse chez **Teuscher Chocolates.**

Myers of Keswick importe des spécialités anglaises. Plus exotique, **Kam Man Market** est une authentique épicerie orientale, qui vend notamment des produits chinois et thaïs. L'**Italian Food Center** vend d'excellentes huiles d'olive, pâtes et charcuteries. Pour la viande et le poisson, rendez-vous au **Jefferson Market,** et pour les fruits de mer chez **Citarella.** **Angelica's Herbs and Spices** annonce 2 000 variétés d'herbes et d'épices.

Vous trouverez un grand choix de fromages, mais aussi d'olives et de charcuteries chez **Murray's Cheese Shop.** Ce paradis aux plus de 250 fromages du monde entier, du camembert à la ricotta, a été sacré meilleur fromager de New York par de nombreux journaux locaux.

Les vendeurs sont très aimables et se feront un plaisir de vous faire goûter. Achetez-leur aussi du pain frais et des olives et faites un pique-nique.

Si vous aimez les vrais pickles traditionnels d'Europe de l'Est, rendez-vous chez **The Pickle Guys.** Vous y dénicherez aussi des tomates marinées, des champignons, des olives, des piments, de la choucroute, des harengs et des tomates séchées.

BRÛLERIES

New York compte aussi beaucoup d'excellentes brûleries, parmi lesquelles **Oren's Daily Roast, The Sensuous Bean** et **Porto Rico Importing Company.** Le confortable **McNulty's Tea & Coffee Company,** l'une des plus anciennes brûleries du pays, vend d'excellents cafés et thés.

MARCHÉS

Pour manger des fruits et des légumes sans vous ruiner, allez au marché, mais allez-y tôt. Les plus fréquentées sont ceux d'**Upper West Side, St Mark's in-the-Bowery** et **Union Square.** Pour plus d'informations sur les marchés de la ville, appelez le (212) 788-7476.

CAVISTES

Acker, Merrall & Condit vendent un excellent choix de vins depuis 1820. Vous trouverez des bons vins et des champagnes soldés chez **Garnet Liquors.** La sélection de scotch et de whisky pur malt de **SoHo Wines and Spirits** est incomparable. **Sherry-Lehmann** est le meilleur caviste de New York. Le plus grand, **Astor Wines & Spirits,** propose un immense choix de vins et de spiritueux de qualité ou déclassés. Chaque mois, leur sélection de 10 vins à moins de 10 $ réserve d'excellentes surprises. Quant à **Union Square Wines and Spirits,** il organise chaque semaine des dégustations de son formidable choix de vins.

ADRESSES

ÉPICERIES FINES

Caviarteria
502 Park Ave.
Plan 13 A3.
Tél. (212) 759-7410.

Dean & DeLuca
560 Broadway.
Plan 4 E3.
Tél. (212) 226-6800.
Fait partie d'une chaîne.

Fairway Market
2127 Broadway.
Plan 15 C5.
Tél. (212) 595-1888.

Gourmet Garage
453 Broome St.
Plan 4 E4.
Tél. (212) 941-5850.
Fait partie d'une chaîne.

Russ & Daughters
179 E Houston St.
Plan 5 A3.
Tél. (212) 475-4880.

Whole Foods
10 Columbus Circle.
Plan 12 D3.
Tél. (212) 823-9600.
Fait partie d'une chaîne.

William Poll
1051 Lexington Ave.
Plan 17 A5.
Tél. (212) 288-0501.

Zabar's
2245 Broadway.
Plan 15 C4.
Tél. (212) 787-2000.

SPÉCIALITÉS CULINAIRES

Angelica's Herbs and Spices
147 1st Ave.
Plan 5 A1.
Tél. (212) 677-1549.

Citarella
2135 Broadway.
Plan 15 C5.
Tél. (212) 874-0383.

City Bakery
3 W 18th St.
Plan 8 F5.
Tél. (212) 366-1414.

Economy Candy
108 Rivington St.
Plan 5 A3.
Tél. (212) 254-1531.

Fung Wong
41 Mott St.
Plan 4 F3.
Tél. (212) 267-4037.

H & H Bagels
2239 Broadway.
Plan 15 C4.
Tél. (212) 595-8003.
Deux magasins.

Italian Food Center
186 Grand St.
Plan 15 C4.
Tél. (212) 925-2954.

Jefferson Market
450 Ave of the Americas.
Plan 12 E5.
Tél. (212) 533-3377.

Kam Man Market
200 Canal St.
Plan 4 F5.
Tél. (212) 571-0330.

Li-Lac
120 Christopher St.
Plan 3 C2.
Tél. (212) 242-7374.

Magnolia Bakery
401 Bleecker St.
Plan 3 C2.
Tél. (212) 462-2572.

Mondel Chocolates
2913 Broadway.
Plan 20 E3.
Tél. (212) 864-2111.

Murray's Cheese Shop
257 Bleecker St.
Plan 4 D2.
Tél. (212) 243-3289.
Deux magasins.

Myers of Keswick
634 Hudson St.
Plan 3 C2.
Tél. (212) 691-4194.

Poseidon Greek Bakery
629 9th Ave.
Plan 12 D5.
Tél. (212) 757-6173.

Teuscher Chocolates
25 E 61st St.
Plan 12 F3.
Tél. (212) 751-8482.

620 5th Ave.
Plan 12 F4.
Tél. (212) 246-4416.

The Pickle Guys
49 Essex St.
Plan 5 B4.
Tél. (212) 656-9739.

Vesuvio
160 Prince St.
Plan 4 E3.
Tél. (212) 925-8248.

BRÛLERIES

McNulty's Tea & Coffee Company
109 Christopher St.
Plan 3 C2.
Tél. (212) 242-5351.

Oren's Daily Roast
1144 Lexington Ave.
Plan 17 A4.
Tél. (212) 472-6830.
Fait partie d'une chaîne.

Porto Rico Importing Company
201 Bleecker St.
Plan 3 C2.
Tél. (212) 477-5421.
Fait partie d'une chaîne.

The Sensuous Bean
66 W 70th St.
Plan 12 D1.
Tél. 1-800-238-6845.

MARCHÉS

St Mark's in-the-Bowery Greenmarket
E 10th St at 2nd Ave.
Plan 4 F1.
Ouv. mar.

Union Square Greenmarket
E 17th St et Broadway.
Plan 8 F5.
Ouv. lun., mer., ven. et sam.

Upper West Side Greenmarket
Columbus Ave et 77th St.
Plan 16 D5.
Ouv. dim.

CAVISTES

Acker, Merrall & Condit
160 W 72nd St.
Plan 11 C1.
Tél. (212) 787-1700.

Astor Wines & Spirits
399 Lafayette St.
Plan 4 F2.
Tél. (212) 674-7500.

Garnet Liquors
929 Lexington Ave.
Plan 13 A1.
Tél. (212) 772-3211.

Sherry-Lehmann
679 Madison Ave.
Plan 13 A3.
Tél. (212) 838-7500.

SoHo Wines and Spirits
461 W Broadway.
Plan 4 E4.
Tél. (212) 777-4332.

Union Square Wines and Spirits
33 Union Square West.
Plan 9 A5.
Tél. (212) 675-8100.

Électronique et articles pour la maison

Des téléviseurs à écran plat aux chaînes hi-fi haut de gamme en passant par le mobilier design, New York ne compte plus ses magasins d'électronique et d'articles ménagers. Les commerces plus compétitifs sont probablement les magasins d'électronique, ils méritent que l'on s'y intéresse. Méfiez-vous toutefois de ceux qui sont situés dans les rues et les sites très touristiques – notamment sur la 5e Avenue, autour de l'Empire State Building. Certains vendent du matériel de mauvaise qualité, parfois défectueux, à prix d'or. Et assurez-vous de la compatibilité des voltages et des formats avec l'Europe.

MATÉRIEL HI-FI

Le dernier cri de la hi-fi se trouve chez **Sound by Singer. J & R Music World** vend du matériel à prix compétitifs et la meilleure collection de CD de jazz de la ville. Le Danois **Bang & Olufsen** présente ses systèmes minimalistes qui embelliraient le plus modeste des appartements. Chez **Harvey Electronics,** le matériel hi-fi et électronique est de première qualité et les vendeurs sont aimables et de bon conseil. Depuis 1959, **Lyric Hi-Fi** séduit par ses articles de qualité. Toujours bondé, **Sony Style** propose un grand choix de matériel hi-fi et de gadgets coup de cœur. Comme son nom l'indique, **Best Buy** propose quelques-uns des meilleurs prix sur une large gamme de système hi-fi et d'électronique grand public. Pour le matériel et les composants hi-fi haut de gamme, rendez-vous chez **Innovative Audio Video Showrooms.** Et jetez un coup d'œil au grand choix de stéréos neuves et d'occasion au très convivial **Stereo Exchange.**

PHOTOGRAPHIE

Photographes amateurs et professionnels trouvent toujours ce qu'ils cherchent chez **B & H Photo. Willoughby's** annonce dans la presse ses offres sur le matériel photo. **Olden Camera,** sur Broadway, refuse le numérique et préfère les bons vieux appareils de qualité. À Chelsea, **Foto Care** propose un grand choix d'appareils et d'accessoires. **Alkit Pro Camera** est bien équipé en appareils photo, en composants et en matériel d'éclairage, et assure la location et le développement. Rendez-vous chez **Adorama,** dans le quartier du Flatiron, pour admirer la spectaculaire collection d'appareils numériques et d'accessoires, d'autofocus et d'appareils jetables. Les développements sont proposés à prix intéressant. L'élégant **The Photo Village** est spécialisé dans les appareils et le matériel haut de gamme.

MATÉRIEL INFORMATIQUE

L'immense **Apple Store SoHo,** sur Prince Street, est indéniablement le temple du Macintoch à Manhattan. Les inconditionnels de la marque viennent y tester les derniers modèles, connecter leurs iPods et assister à des séminaires tous niveaux. **CompUSA** propose un choix gigantesque d'ordinateurs – portables et micro. Si vous avez un problème sur votre appareil, rendez-vous chez **Amnet PC Solutions,** où un as de l'informatique trouvera peut-être une solution. Et si vous ne voulez pas traverser la ville avec votre ordinateur, ils dépannent à domicile à partir de 95 $ l'heure. **Tekserve** est spécialisé dans la réparation des Mac. Le devis est gratuit et l'on peut trouver toutes les mises à jour nécessaires.

USTENSILES DE CUISINE

La plupart des grands magasins vendent un large choix d'articles pour la maison. Parmi les boutiques spécialisées, **Broadway Panhandlers,** sur Broome Street, est le paradis des cuisiniers, **Bridge Kitchenware** est une référence parmi les restaurateurs, et **Williams-Sonoma** propose un grand choix d'articles, d'ustensiles et de livres de cuisine. East Village, en particulier autour de Bowery Street, est depuis longtemps le quartier des magasins de matériel professionnel à prix compétitif. **Leader Restaurant Equipment & Supplies** vend tout le matériel de cuisine possible et imaginable – couteaux, plateaux à sushi, baguettes, etc.

ARTICLES POUR LA MAISON ET MOBILIER

Pour le cristal, la porcelaine et l'argenterie, **Baccarat, Lalique** et **Villeroy & Boch** sont ce qui se fait de mieux, suivis d'**Orrefors Kosta Boda** et **Tiffany & Co. Avventura** est le temple du cristal et de la porcelaine, et **Fishs Eddy** celui de la porcelaine bon marché. **Ceramica** dispose de belles poteries artisanales. **La Terrine** et **Stuben Glass** vendent des céramiques peintes à la main. À SoHo, visitez le hall d'exposition branché du styliste **Jonathan Adler.** Ses poteries aux teintes naturelles et ses formes primitives et organiques sont très originales : une « famille » de carafes amusantes en forme d'homme, de femme et d'enfant, des vases arrondis en forme de soleils rieurs, des plats à poisson, et une ménagerie en poterie, dont des serre-livres en forme de taureau coupé en deux. **ABC Carpet & Home,** sur Broadway, a une excellente réputation en matière d'ameublement. **Grand Street,** dans Lower East Side, est le coin des arts ménagers bon marché.

Pour l'élégance, Giorgio Armani a créé **Armani Casa :** canapés en cuir souple, lits de rêve et vaisselle aux lignes pures. Sur Franklin Street, dans TriBeCa, **Dune** expose des créateurs contemporains : canapés en laine et convertibles. Plus classique, **M at Mercer,** dans SoHo, a choisi des designers comme Philip Stark et Paola Navone. Si vous préférez le rétro, filez chez **Restoration Hardware,** sur Broadway : mobilier Art déco, luminaires et accessoires en bronze patiné.

LINGE DE MAISON

Les grands magasins vendent du linge de maison, mais pour les draps de soie ou le linge de luxe, rendez-vous chez **Porthault** et **Pratesi.** Chez l'Italien **Frette,** sur Madison, les serviettes et les peignoirs sont épais et les draps en coton soyeux. **Bed, Bath & Beyond** offre un grand choix de draps, de linge de cuisine et d'accessoires de bain.

ADRESSES

MATÉRIEL HI-FI

Bang & Olufsen
952 Madison Ave.
Plan 17 A5.
Tél. *(212) 879-6161.*

Best Buy
60 W 23rd St. **Plan** 8 E4.
Tél. *(212) 366-1373.*

Harvey Electronics
2 W 45th St. **Plan** 12 F5.
Tél. *(212) 575-5000.*

Innovative Audio Video Showrooms
150 58th St. **Plan** 13 A4.
Tél. *(212) 634-4444.*

J & R Music World
31 Park Row. **Plan** 1 C2.
Tél. *(212) 238-9100.*

Lyric Hi-Fi
1221 Lexington Ave.
Plan 17 A4.
Tél. *(212) 439-1900.*

Sony Style
550 Madison Ave.
Plan 13 A4.
Tél. *(212) 833-5336.*

Sound by Singer
18 16th St. **Plan** 8 F5.
Tél. *(212) 924-8600.*

Stereo Exchange
627 Broadway.
Plan 4 E3.
Tél. *(212) 505-1111.*

PHOTOGRAPHIE

Adorama
42 18th St. **Plan** 8 F5.
Tél. *(212) 741-0052.*

Alkit Pro Camera
222 Park Ave S.
Plan 9 A5.
Tél. *(212) 674-1515.*

B & H Photography
420 9th Ave. **Plan** 8 D2.
Tél. *(212) 444-6615.*

Foto Care
136 W 21st St. **Plan** 8 E4.
Tél. *(212) 741-2990.*

Olden Camera
1263 Broadway, 4e étage.
Plan 8 F3.
Tél. *(212) 725-1234.*

The Photo Village
1133 Broadway, Suite 824.
Plan 8 F4.
Tél. *(212) 989-1252.*

Willoughby's
298 W 32nd St. **Plan** 8 F3.
Tél. *(800) 378-1898.*

MATÉRIEL INFORMATIQUE

Amnet PC Solutions
229 E 53rd St.
Plan 13 B4.
Tél. *(212) 593-2425.*

Apple Store SoHo
103 Prince St. **Plan** 4 E3.
Tél. *(212) 226-3126.*

CompUSA
420 5th Ave. **Plan** 8 F1.
Tél. *(212) 764-6224.*

Tekserve
119 W 23rd St. **Plan** 8 E4.
Tél. *(212) 929-3645.*

USTENSILES DE CUISINE

Bridge Kitchenware
214 E 52nd St.
Plan 13 B4.
Tél. *(212) 688-4220.*

Broadway Panhandlers
477 Broome St. **Plan** 4 E4.
Tél. *(212) 966-3434.*

Leader Restaurant Equipment & Supplies
191 Bowery. **Plan** 4 F4.
Tél. *(212) 677-1982.*

Williams-Sonoma
10 Columbus Circle.
Plan 12 D3.
Tél. *(212) 823-9750.*
Fait partie d'une chaîne.

ARTICLES POUR LA MAISON ET MOBILIER

ABC Carpet & Home
888 Broadway. **Plan** 8 F5.
Tél. *(212) 473-3000.*

Armani Casa
97 Greene St. **Plan** 4 E3.
Tél. *(212) 334-1271.*

Avventura
463 Amsterdam Ave.
Plan 15 C4.
Tél. *(212) 769-2510.*

Baccarat
625 Madison Ave.
Plan 13 A3.
Tél. *(212) 862-4100.*

Ceramica
59 Thompson St.
Plan 4 D4.
Tél. *(212) 941-1307.*

Dune
88 Franklin St. **Plan** 4 E5.
Tél. *(212) 925-6171.*

Fishs Eddy
889 Broadway.
Plan 8 F5.
Tél. *(212) 420-9020.*

Grand Street
Lower East Side.
Plan 4 E5.

Jonathan Adler
47 Greene St. **Plan** 4 E4.
Tél. *(212) 941-8950.*

Lalique
712 Madison Ave.
Plan 13 A3.
Tél. *(212) 355-6550.*

M at Mercer
47 Mercer St. **Plan** 4 E4.
Tél. *(212) 966-2830.*

Orrefors Kosta Boda
200 Lexington Ave.
Plan 9 A2.
Tél. *(212) 684-5455.*

Restoration Hardware
935 Broadway. **Plan** 8 F4.
Tél. *(212) 260-9479.*

Stuben Glass
667 Madison Ave.
Plan 13 A3.
Tél. *(212) 752-1441.*

La Terrine
1024 Lexington Ave.
Plan 13 A1.
Tél. *(212) 988-3366.*

Tiffany & Co.
Voir p. 329.

Villeroy & Boch
41 Madison Ave.
Plan 9 A4.
Tél. *(212) 213-8149.*

LINGE DE MAISON

Bed, Bath & Beyond
620 Ave of the Americas.
Plan 8 F5.
Tél. *(212) 255-3550.*

Frette
799 Madison Ave.
Plan 13 A1.
Tél. *(212) 988-5221.*

Porthault
18 E 69th St. **Plan** 12 F1.
Tél. *(212) 688-1660.*

Pratesi
829 Madison Ave. **Plan** 13 A2. **Tél.** *(212) 288-2315.*

SE DISTRAIRE À NEW YORK

L e cœur de New York bat perpétuellement au rythme de la fête et du divertissement. Quels que soient vos goûts, vous y trouverez votre bonheur. N'hésitez pas à profiter de l'extraordinaire diversité des spectacles : scènes de Broadway, théâtres expérimentaux dans les ateliers, opéras du Met, concerts de jazz dans Greenwich Village, etc. Vous aimez danser ?

Danseurs du New York City Ballet

D'innombrables clubs vous accueillent dans les décors les plus extravagants. Avec un peu de chance, vous pouvez aussi découvrir une représentation d'avant-garde dans un café-théâtre. Quant aux cinémas, ils sont légion dans Manhattan ! Le mieux est encore sans doute de musarder dans les rues pour regarder ce « show » permanent qu'est New York…

RENSEIGNEMENTS PRATIQUES

Pour trouver les programmes de vos soirées, consultez souvent les journaux tels que le *New York Times* ou le *Village Voice*, ou encore les

Kiosque TKTS : places de théâtre à prix réduits pour le soir même

magazines *Time Out New York* (TONY) et *The New Yorker*. Vous pourrez également vous renseigner à l'intérieur sur les moyens de paiement acceptés. À votre hôtel, demandez *Where*, hebdomadaire gratuit qui contient des plans d'orientation et des informations sur les différentes attractions.

Le personnel hôtelier peut non seulement vous renseigner et vous fournir des brochures mais aussi vous réserver des places. Quelques hôtels diffusent une chaîne de télévision d'informations destinée aux touristes.

NYC & Company, la source officielle d'information de la ville, dispose de brochures gratuites. Des écrans digitaux permettent d'obtenir renseignements et billets, et les employés parlent plusieurs langues. **NYC On Stage** est un

numéro de téléphone réservé au théâtre, à la danse et à la musique. **Broadway Inner Circle** offre une description des spectacles, avec horaires et prix, tandis que **Moviefone** informe sur les films et **ClubFone** sur la vie nocturne.

RÉSERVATIONS

Les spectacles à succès affichent souvent complet des semaines à l'avance, donc réservez dès que possible. Les guichets de théâtre ouvrent tous les jours, excepté le dimanche, à partir de 10h jusqu'à une heure après le début du spectacle. Allez sur place ou téléphonez à une agence de réservation (**Telecharge, Ticketmaster** ou **Ticket Central**) et retenez votre place avec votre carte de crédit, moyennant une commission de quelques dollars.

Des agents indépendants comme **Prestige Entertainment,** ou ceux indiqués dans les pages jaunes peuvent aussi vous obtenir de bonnes places. Le prix des billets varie selon la demande. **Broadway Ticket Center,** situé au Times Square Information Center, vend des tickets plein tarif.

BILLETS À PRIX RÉDUIT

Ces billets sont vendus le jour du spectacle par les kiosques **TKTS,** avec un rabais de 25 à 50 %. Il faut cependant y ajouter un petit supplément et payer en espèces ou en chèque de voyage.
Le **TKTS** de Duffy Square vend des billets pour les matinées de 10 h à 14 h chaque mercredi et samedi et de 11 h à 15 h le dimanche ; de 15 h à 20 h pour le soir même, et de 11 h à la fermeture pour les billets du dimanche.
Le TKTS de South Street Seaport vend des places pour les soirées, du lundi au vendredi de 10 h à 18 h et le samedi de 11 h à 19 h. Les places en matinée et celles du dimanche sont vendues la veille. Le TKTS de Times Square, en plein centre-ville est très accessible ; les billets pour le soir sont vendus du lundi au samedi de 15 h à 20 h et le dimanche de 15 h à la fermeture (variable) ; les billets pour les matinées sont vendus chaque mercredi et samedi de 10 h à 14 h et le dimanche de 11 h à 15 h.

Un orchestre jouant dans un club de jazz

Le Booth Theater de Broadway *(p. 345)*

Ticketmaster propose, par téléphone, des tickets valables pour le jour même avec des réductions de 10 à 25 % (faible commission prélevée). Le **Hit Show Club** vend des bons de réduction que l'on peut échanger aux guichets. Certains spectacles offrent des places debout pour le jour même à prix bon marché. C'est souvent la seule manière d'assister à un spectacle complet dans un délai très court. Des billets à prix réduits sont également en vente chez **Broadway Bucks**.

REVENDEUR À LA SAUVETTE

Si vous achetez un billet à un *scalper* (revendeur clandestin) vous risquez de payer très cher un ticket pour une mauvaise date. La police surveille souvent les manifestations sportives ou les spectacles dans l'intérêt des clients.

BILLETS GRATUITS

On en trouve pour des shows télévisés, des concerts et quelques événements particuliers au **NYC & Co.** (New York Convention and visitors Bureau) ouvert de 8 h 30 à 18 h du lundi au vendredi et de 9 h à 17 h le week-end. Le *New York Times*, le *Daily News* et *Time Out New York* publient des annonces pour des billets

gratuits ou à prix réduits. Consultez la rubrique « Cheap Thrills » du *Village Voice* pour les lectures de poèmes, les récitals et films d'avant-garde. Lors du très populaire Shakespeare Festival, au **Delacorte Theater** de Central Park, les premiers arrivés reçoivent un billet gratuit.

Royale Theater, Broadway *(p. 345)*

ACCÈS AUX HANDICAPÉS

Les théâtres de Broadway mettent de côté des places et des billets à prix réduits pour les handicapés. Appelez bien à l'avance **Ticketmaster** ou **Telecharge** pour vous informer. Pour les théâtres off-Broadway, appelez leur guichet de réservation. Certains théâtres proposent un équipement pour les malentendants. **Tap** peut mettre en place une traduction en language par signes pour les théâtres de Broadway.

ADRESSES

Broadway Bucks
226 W 47th St. **Plan** 12 E5.
Tél. 1-800-223-7565, poste 214.
www.bestofbroadway.com

Broadway Inner Circle
Tél. (212) 563-2929.
www.broadwayinnercircle.com

ClubFone
Tél. (212) 777-2582.
www.clubfone.com

Delacorte Theater
Entrée par 81st St et Central Park West. **Plan** 16 E4.
Tél. (212) 539-8750.
www.publictheater.org
En été seul.

Hit Show Club
8e étage, 630 9th Ave.
Plan 12 D5. *Tél. (212) 581-4211.*
www.hitshowclub.com

Movie Tickets Online
www.movietickets.com
www.fandango.com
www.moviefone.com

**NYC & Co.
(New York Convention
& Visitors Bureau**
810 7th Ave. **Plan** 12 E4.
Tél. (212) 484-1222.
www.nycvisit.com

NYC On Stage
1501 Broadway. **Plan** 12 D2.
Tél. (212) 768-1818.

Prestige Entertainment
Tél. 1-800-243-8849.

Tap (Theatre Access Project)
Tél. (212) 221-1103 (répondeur).
www.tdf.org

Telecharge
*Tél. (212) 239-6200 ou
1-800-432-7250.*
www.telecharge.com

Ticket Central
Tél. (212) 279-4200.
www.ticketcentral.org

Ticketmaster
Tél. (212) 307-4100, 1-800-755-4000. www.ticketmaster.com

TKTS

Tél. (212) 221-0013.
Duffy Square. **Plan** 12 E5.
Front St et John St. **Plan** 2 D2.
Times Square, 47th St et Broadway. **Plan** 12 E5.
Tél. (212) 221-0885, poste 446.

Les meilleurs spectacles à New York

Le Greenwich Village Jazz Club

New York est l'une des capitales mondiales du spectacle et de la fête. Les plus grands artistes s'y produisent, y vivent et y travaillent.

De jour comme de nuit, il s'y passe toujours quelque chose et Manhattan mérite bien son surnom de « ville qui ne dort jamais ». Parmi cette myriade de lieux et de distractions, certains sont des classiques dans leur genre, des incontournables de la vie new-yorkaise. Une sélection se trouve pages 344-363. Vous n'aurez pas le temps de les tester tous, mais ils sont aussi importants, pour bien profiter de New York, que le traditionnel coup d'œil du haut de l'Empire State Building.

Avalon
Autrefois connue sous le nom de Limelight, cette ancienne église réaménagée reste le repaire favori des noctambules new yorkais (p. 354).

Madison Square Garden
Le « Garden », haut lieu du sport, accueille notamment le tournoi de boxe des Golden Gloves ainsi que les matches de l'équipe de basket des New York Knicks et de l'équipe de hockey sur glace des Rangers (p. 360).

Le quai des théâtres

Chelsea et le quartier du vêtement

Greenwich Village

SoHo et TriBeCa

East Village

Seaport et le Civic Center

Lower East Side

Lower Manhattan

H U D S O N   R I V E R

Film Forum
Le plus élégant cinéma d'art et d'essai de la ville vous propose de découvrir les derniers films étrangers ou américains « indépendants » et de revoir des classique à l'affiche des rétrospectives (p. 349).

Village Vanguard
Toutes les légendes du jazz se sont produites à Greenwich Village. Les amateurs vont encore écouter les stars d'aujourd'hui et de demain aux célèbres Village Vanguard et Blue Note (p. 352).

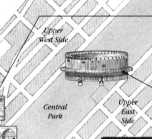

Upper
West Side

Central
Park

Upper
East
Side

Upper
Midtown

Lower
Midtown

ramercy et
e quartier
u Flatiron

EAST RIVER

Répétitions du Philharmonic
À l'occasion des répétitions du jeudi matin, l'Avery Fisher Hall ouvre ses portes au public, à prix réduit (p. 350).

Metropolitan Opera House
Réservez vos places et soyez prêts à payer cher le privilège d'écouter les plus belles voix (p. 350).

Shakespeare à Central Park
Si vous êtes un visiteur estival, prévoyez du temps pour obtenir l'un des rares billets gratuits du Delacorte Theater où vedettes d'Hollywood et de Broadway jouent des œuvres de Shakespeare (p. 344).

The Nutcracker (Casse-Noisettes)
Ce spectacle de Noël destiné aux enfants est présenté chaque année au Lincoln Center par le New York City Ballet (p. 346).

0   2 km

0   1 mi

Public Theater
Fondé en 1954, le Public Theater devait inventer un théâtre pour tous les New-Yorkais. Il présente des œuvres classiques (Shakespeare Festival) mais aussi des pièces contemporaines (p. 344).

Carnegie Hall
En plein cur du quartier des théâtres, Carnegie Hall, prestigieux temple de la musique, jouit d'une réputation mondiale. La fascinante visite de ses coulisses vous fera découvrir l'envers du décor (p. 350).

Théâtre et danse

Référence pour le théâtre et la danse, New York est célèbre pour ses comédies musicales extravagantes et ses critiques féroces. Que vous raffoliez des paillettes de Broadway ou du théâtre expérimental, vous trouverez chaussure à votre pied : toutes les alchimies sortent du creuset new-yorkais.

BROADWAY

Broadway a longtemps été synonyme de quartier des théâtres, cependant, la plupart des théâtres dits « de Broadway » se trouvent en fait éparpillés entre la 41e et la 53e Rues, de la 6e à la 9e Avenue, quelques autres sont situés aux alentours de Times Square. La majorité d'entre eux fut construite entre 1910 et 1930, aux beaux jours du vaudeville et des Ziegfeld Follies. Le **Lyceum** *(p. 144)* est le plus ancien (1903) ; l'**American Airlines Theater**, siège actuel de la compagnie Roundabout Theatre, est le plus récent et l'historique **Biltmore Theater** a rouvert en 2003 après une fermeture de 14 années.

Ces temples de la comédie ont périclité pendant les années 1980 mais connaissent à présent une seconde jeunesse grâce à une politique de diminution de leurs coûts et à la participation de vedettes célèbres. C'est ici que sont données les productions à succès bénéficiant d'une solide promotion–comédies musicales et reprises. De récents succès étrangers sont à l'affiche comme *Les Misérables* ; des créations new-yorkaises comme *Ragtime*, le spectacle favori des enfants *Le Roi Lion* ou encore d'excellentes reprises comme *42nd Street*. Des films à succès ont été adaptés à la scène, tels que *Hairspray* ; des spectacles tout à la gloire de stars pop des années 1960 et 1970 furent réalisés comme *Mamma Mia !* qui met en scène le groupe ABBA.

OFF-BROADWAY ET OFF-OFF-BROADWAY

Il existe environ 20 théâtres « off-Broadway » et 300 « off-off-Broadway» dont certaines pièces seront sans doute un jour jouées sur Broadway. Les théâtres off-Broadway contiennent de 100 à 499 places, les off-off-Broadway moins de 100. Ces salles sont généralement installées dans les lieux les plus inattendus : greniers, églises ou garages… C'est vers les années 1950 que la formule off-Broadway se développe, avec pour objectif de proposer autre chose au public que les succès commerciaux joués sur Broadway. Elle se révèle très vite efficace pour les producteurs désirant monter des pièces un peu risquées. Au cours de ces 20 dernières années, cette tendance s'est accentuée dans les théâtres off-off-Broadway qui développent un style délibérément expérimental.

On trouve des théâtres off-Broadway dans tout Manhattan, du **Douglas Fairbanks** où se joue l'inconvenant *Forbidden Broadway*, au **Delacorte Theater** à Central Park. Certains se situent dans Broadway même comme le **Manhattan Theater Club**. Plus éloignés du centre, on trouve la **Brooklyn Academy of Music (BAM)** *(p. 248)* et le **92nd Street Y.**

Les théâtres off-Broadway ont monté les premières représentations à New York des pièces d'auteurs de réputation mondiale comme Sean O'Casey, Tennessee Williams, Eugene O'Neill, Jean Genet, Eugène Ionesco et David Mamet. *Happy Days,* de Samuel Beckett, fut joué pour la première fois au **Cherry Lane Theatre** en 1961, un théâtre qui continue de promouvoir des auteurs d'avant-garde. Les théâtres off-Broadway accueillent des mises en scène parfois très audacieuses des classiques.

Mais le showbiz est impitoyable, et si certaines productions off-Broadway font salle comble, comme, par exemple, *The Fantasticks* et *L'Opéra de Quat'sous,* présenté au **Lucille Lortel Theater** depuis 1955, d'autres spectacles s'achèvent dans des fours retentissants.

THÉÂTRE D'AVANT-GARDE

Ce style particulièrement novateur règne dans plusieurs théâtres off- et off-off-Broadway. Il est difficile d'en donner une description précise ou de les classer dans une catégorie mais attendez-vous au plus déconcertant et au plus original. Bien représentatifs du genre sont **La MaMa, PS 122, HERE, Actor's Playhouse, 92nd Street Y, Symphony Space** et le **Joseph Papp Public Theater** *(p. 120).* Ce dernier fut fondé par Joseph Papp, initiateur du théâtre populaire présenté à un public défavorisé, et jouit d'une renommée particulière. C'est là que furent créés *Hair* et *A Chorus Line.* Le Public Theater est surtout connu pour ses représentations d'été de pièces de Shakespeare au Delacorte Theater *(p. 208).* À partir de 18 h le jour de la représentation, des billets à prix réduits « Quiktix » sont mis en vente à l'entrée du Public Theater.

ÉCOLES DE THÉÂTRE

Le légendaire **Actor's Studio** de Lee Strasberg pousse l'acteur à une complète identification avec son personnage. Celui que les Américains surnomment le « Gourou de la Méthode » a compté parmi ses disciples Marlon Brando, Dustin Hoffman, Al Pacino et Marilyn Monroe. Les répétitions sont le plus souvent ouvertes au public. Sandy Meisner a aussi formé de nombreux acteurs, dont Lee Remick, au **Neighborhood Playhouse School of the Theater** ; le public n'est pas admis pour observer les comédiens lors des répétitions. La New

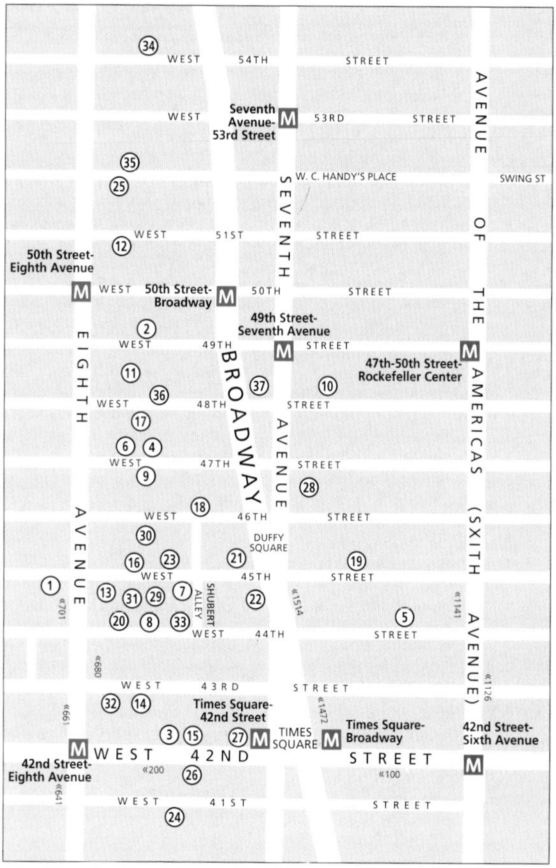

THÉÂTRES DE BROADWAY

1 Al Hirschfield
302 W 45th St.
Tél. *(212) 239-6200.*

2 Ambassador
219 W 49th St.
Tél. *(212) 239-6200.*

3 American Airlines Theater
227 W 42nd St.
Tél. *(212) 719-1300.*

4 Barrymore
243 W 47th St.
Tél. *(212) 239-6200.*

5 Belasco
111 W 44th St.
Tél. *(212) 239-6200.*

6 Biltmore
261 W 47th St.
Tél. (212) 239 6200.

7 Booth
222 W 45th St.
Tél. *(212) 239-6200.*

8 Broadhurst
235 W 44th St.
Tél. *(212) 239-6200.*

9 Brooks Atkinson
256 W 47th St.
Tél. *(212) 307-4100.*

10 Cort
138 W 48th St.
Tél. *(212) 239-6200.*

11 Eugene O'Neill
230 W 49th St.
Tél. *(212) 239-6200.*

12 Gershwin
222 W 51st St.
Tél. *(212) 307-4100.*

13 John Golden
252 W 45th St.
Tél. *(212) 239-6200.*

14 Helen Hayes
240 W 44th St.
Tél. *(212) 239-6200.*

15 Hilton
213 W 42nd St.
Tél. *(212) 307 4100.*

16 Imperial
249 W 45th St.
Tél. *(212) 239-6200.*

17 Longacre
220 W 48th St.
Tél. *(212) 239-6200.*

18 Lunt - Fontanne
205 W 46th St.
Tél. *(212) 307-4747.*

19 Lyceum
149 W 45th St.
Tél. *(212) 239-6200.*

20 Majestic
247 W 44th St.
Tél. *(212) 239-6200.*

21 Marquis
211 W 45th St.
Tél. *(212) 307-4100.*

22 Minskoff
200 W 45th St.
Tél. *(212) 307-4100.*

23 Music Box
239 W 45th St.
Tél. *(212) 239-6200.*

24 Nederlander
208 W 41st St.
Tél. *(212) 307-4100.*

25 Neil Simon
250 W 52nd St.
Tél. *(212) 307-4100.*

26 New Amsterdam
214 W 42nd St.
Tél. *(212) 307 4100.*

27 New Victory
209 W 42nd St.
Tél. *(212) 239-6200.*

28 Palace
1564 Broadway.
Tél. *(212) 307-4100.*

29 Plymouth
236 W 45th St.
Tél. *(212) 239-6200.*

30 Richard Rodgers
226 W 46th St.
Tél. *(212) 307-4100.*

31 Royale
242 W 45th St.
Tél. *(212) 239-6200.*

32 St James
246 W 44th St.
Tél. *(212) 239-6200.*

33 Shubert
225 W 44th St.
Tél. *(212) 239-6200.*

34 Studio 54
254 W 54th St.
Tél. *(212) 719 3100.*

35 Virginia
245 W 52nd St.
Tél. *(212) 239-6200.*

36 Walter Kerr
219 W 48th St.
Tél. *(212) 239-6200.*

37 Winter Garden
1634 Broadway.
Tél. *(212) 239-6200.*

Pour les autres théâtres, *voir p. 347.*

Dramatists, ouverte en 1949, permet aux auteurs de théâtre d'approfondir leur art (ce fut le cas de William Inge). Les lectures de pièces y sont publiques et gratuites.

BALLETS

Le monde new-yorkais de la danse bat au rythme du Lincoln Center (p. 214) où le New York City Ballet, fondé par le légendaire Balanchine, présente ses créations au **New York State Theater** (p. 214). Son directeur actuel, Peter Martins, fut l'un des meilleurs danseurs de Balanchine (p. 49). La saison dure de novembre à février et de fin avril à début juin. L'école de danse du **Juilliard Dance Theater** monte un spectacle de printemps au cours duquel vous admirerez peut-être les vedettes de demain.

L'American Ballet Theater se produit au **Metropolitan Opera House,** qui reçoit aussi des troupes étrangères comme le Bolchoï, le Kirov ou les Royal Ballets. Son répertoire s'étend des classiques tél. que le *Lac des Cygnes* aux créations de chorégraphes modernes comme Twyla Tharp et Paul Taylor.

DANSE CONTEMPORAINE

New York est au centre des principaux courants majeurs de la danse contemporaine. Citons en particulier le **Dance Theater of Harlem** réputé pour ses productions modernes, traditionnelles et ethniques. Le **92nd Street Y** et le **Merce Cunningham Studio** de Greenwich Village proposent des chorégraphies expérimentales. **The Kitchen, La MaMa, Symphony Space** et **PS 122** sont également des lieux de rencontre de toutes les influences, de la danse contemporaine à la musique d'avant-garde. La compagnie de Mark Morris se produit à Brooklyn au **Mark Morris Dance Center.** Les amateurs de danse fréquentent le **City Center** (p. 148) qui abrita le New York City Ballet et l'American Ballet Theater

avant la construction du Lincoln Center. Le City Center accueille le Joffrey Ballet et des performances de grands artistes contemporains comme Alvin Ailey qui mêle danse moderne, jazz et blues, ou encore Merce Cunningham ou Paul Taylor. Évitez les places en mezzanine, vous ne verrez pas grand-chose.

Le **Joyce Theater** connaît une activité intense : s'y succèdent des compagnies bien établies comme le Feld Ballet, des nouveaux venus et des ensembles étrangers.

Chaque printemps, la **Brooklyn Academy of Music (BAM)** (p. 248) propose de multiples spectacles à l'occasion du festival de la Danse noire. Pendant l'automne, le festival Next Wave célèbre la danse et la musique avant-gardistes internationales. L'hiver est la saison privilégiée de l'American Ballet Festival.

En juin, **New York University** (p. 115) anime le Summer Residency Festival avec conférences, démonstrations, répétitions et pièces, alors que **Dancing in the Streets** organise une fête de la danse avec des spectacles un peu partout.

Au mois d'août le **Lincoln Center Out of Doors** propose un programme de danse gratuit sur la place, avec des groupes expérimentaux comme l'American Tap Dance Orchestra.

Le **Duke Theater,** tout nouveau, est spécialisé dans la danse contemporaine.

Plusieurs fois par an, **Radio City Music Hall** présente des shows de qualité avec des compagnies provenant du monde entier. À Noël et Pâques, on peut y applaudir les Rockettes.

Les écoles de danse et de chorégraphie admettent souvent les spectateurs dans leurs classes. L'**Alvin Ailey's Repertory Ensemble** favorise l'expression de la culture noire et va ouvrir, en 2004, le plus grand espace du pays dédié à la danse. La **Hunter College Dance Company** exécute des œuvres de ses étudiants chorégraphes. L'**Isadora Duncan**

International Center for Dance ressuscite les créations de la célèbre danseuse. En matière de danse contemporaine, l'école de chorégraphie du **Juilliard Dance Theater** est la plus réputée.

PRIX

Les productions coûtent cher, il en va de même avec le prix des billets. Les billets off-Broadway ne sont plus aussi bon marché. Il fut un temps où les billets d'avant-premières étaient vendus à des tarifs très réduits. Ce n'est plus le cas. Ils sont cependant plus faciles à obtenir et vous pourrez ainsi vous faire votre opinion sur un spectacle avant d'être influencé par la critique.

Les prix des places de théâtre à Broadway sont de 80 $ minimum; ceux des comédies musicales peuvent atteindre 100 $, tandis que ceux des off-Broadway vont de 25 à 40 $. Pour les spectacles de danse, le prix habituel est de 20 à 50 $ et jusqu'à 115 $ pour l'**American Ballet Theater.**

HORAIRES

En général, les théâtres ferment le lundi (excepté les music-halls). Ils jouent en matinée le mercredi, le samedi et parfois le dimanche à 14 h. Le spectacle du soir commence à 20 h. Vérifiez bien la date et l'heure du spectacle avant de vous y rendre.

VISITE DES COULISSES ET CONFÉRENCES

Pour les amateurs de coulisses et d'anecdotes sur les stars, **92nd Street Y** propose de remarquables visites commentées des théâtres comprenant des débats avec des metteurs en scène, des acteurs et des chorégraphes. Des écrivains y participent parfois afin de parler de leurs travaux en cours. Le **Radio City Music Hall** organise aussi des visites guidées.

ADRESSES

OFF-BROADWAY

92nd Street Y
1395 Lexington Ave.
Plan 17 A2.
Tél. (212) 415-5500.

Actors' Playhouse
100 Seventh Ave S.
Plan 3 C1.
Tél. (212) 463-0060.

Brooklyn Academy of Music
30 Lafayette Ave.,
Brooklyn.
Tél. (718) 636-4100.

Cherry Lane Theatre
38 Commerce St.
Plan 3 C2.
Tél. (212) 239-6200

HERE Art Center
145 6th Ave.
Plan 4 D4.
Tél. (212) 647-0202.

Circle in the Square
1633 Broadway.
Plan 12 E4.
Tél. (212) 307-0388.

Delacorte Theater
Central Park. (81st St.)
Plan 16 E4.
Tél. (212) 539-8750.
En été seul.

Douglas Fairbanks Theater
432 W 42nd St.
Plan 7 C1.
Tél. (212) 239-6200.

Lambs Theater
130 W 44th St.
Plan 12 E5.
Tél. (212) 575-0300.

Lucille Lortel Theater
121 Christopher St.
Plan 3 C2.
Tél. (212) 924-2817.

Manhattan Theater Club
311 W 43rd St.
Plan 8 D1.
Tél. (212) 399-3000.

New York Theater Workshop
79 E 4th St. **Plan** 4 F2.
Tél. (212) 460-5475.

Public Theater
425 Lafayette St.
Plan 4 F2.
Tél. (212) 539-8500.

Symphony Space
2537 Broadway.
Plan 15 C2.
Tél. (212) 864-5400.

Vivian Beaumont
Lincoln Center.
Plan 11 C2.
Tél. (212) 362-7600.

OFF-OFF-BROADWAY

Bouwerie Lane Theater
330 Bowery.
Plan 4 F2.
Tél. (212) 677-0060.

The Kitchen
512 W 19th St.
Plan 7 C5.
Tél. (212) 255-5793.

Performing Garage
33 Wooster St.
Plan 4 E4.
Tél. (212) 966-3651.

York Theater at St. Peter's Church
Citigroup Center,
619 Lexington Ave.
Plan 13 A4.
Tél. (212) 935-5820.

THÉÂTRES D'AVANT-GARDE

La MaMa
74a E 4th St. **Plan** 4 F2.
Tél. (212) 475-7710.

P.S. 122
150 First Ave.
Plan 5 A1.
Tél. (212) 477-5288.

Public Theater
Voir Off-Broadway.

ÉCOLES DE THÉÂTRES

The Actors' Studio
432 W 44th St.
Plan 11 B5.
Tél. (212) 757-0870.

New Dramatists
424 W 44th.
Plan 11 C5.
Tél. (212) 757-6960.

DANSE

92nd Street Y
Voir Off-Broadway.

Alvin Ailey American Dance Center
211 W 61st St.
Plan 11 C3.
Tél. (212) 767-0590.

Brooklyn Academy of Music
Voir Off-Broadway.

City Center
130 W 56th St.
Plan 12 E4.
Tél. (212) 581-1212.

Dance Theater of Harlem
466 W 152nd St.
Tél. (212) 690-2800.

Dance Theater Workshop
219 W 19th St.
Plan 8 E5.
Tél. (212) 924-0077.

Dancing in the Streets
55 Sixth Ave (bureaux)
Tél. (212) 625-3505.

Hunter College Dance Company
695 Park Ave.
Plan 13 A1.
Tél. (212) 772-4490.

Isadora Duncan Dance Foundation
141 W 26th St.
Plan 20 D2.
Tél. (212) 691-5040.

Joyce Theater
175 Eighth Ave et 19th St.
Plan 8 D5.
Tél. (212) 242-0800.

Juilliard Dance Theater
60 Lincoln Center Plaza,
W 65th St.
Plan 11 C2.
Tél. (212) 769-7406.

GRANDES SALLES

Duke Theater
229 W 42nd St.
Plan 8 E1.
Tél. (646) 223-3000.

The Kitchen
Voir Off-Off Broadway.

La MaMa
Voir Théâtres d'avant-garde.

Lincoln Center Out of Doors
Lincoln Center, Broadway
et 64th St. **Plan** 11 C2.
Tél. (212) 362-6000.

Manhattan Center
311 W 34th St. **Plan** 8 D2.
Tél. (212) 279-7740.

Mark Morris
3 Lafayette Ave. (Brooklyn)
Tél. (718) 624-8400.

Merce Cunningham Studio
55 Bethune St. **Plan** 3 B2.
Tél. (212) 255-8290.

Metropolitan Opera House
Lincoln Center,
Broadway et 65th St.
Plan 11 C2.
Tél. (212) 362-6000.

New York State Theater
Lincoln Center, Broadway
et 65th St. **Plan** 11 C2.
Tél. (212) 870-5570.

New York University
Tisch School of the Arts
(TSOA), 111 2nd Ave.
Plan 4 F1.
Tél. (212) 998-1920.

P.S. 122
Voir Théâtres d'avant-garde.

Radio City Music Hall
50th St et Ave of the
Americas. **Plan** 12 F4.
Tél. (212) 307-7171.

Symphony Space
Voir Off-Broadway.

VISITE DES COULISSES

92nd Street Y
Voir Off-Broadway.

Radio City Music Hall
Tél. (212) 307-7171.

Spectacles
www.broadway.org
www.playbill.com
www.livebroadway.com
www.newyork.citysearch.com

Cinéma

New York est le paradis des cinéphiles. Non seulement les films américains se donnent des mois avant leur sortie à l'étranger, mais on peut voir aussi de nombreux grands classiques et des films étrangers. La ville sert aussi de banc d'essai aux innovateurs et engendre sans cesse de nouveaux talents. De célèbres réalisateurs comme Spike Lee, Martin Scorsese ou Woody Allen y sont nés et ont été nourris de sa culture si particulière, d'où la présence régulière de la ville dans leurs œuvres. Ils ont ainsi révélé certains côtés plus ou moins insolites de New York. Vous aurez peut-être la chance de les rencontrer sur un tournage au détour d'une rue.
Les studios de télévision offrent des billets gratuits à ceux qui désirent regarder l'enregistrement de leurs programmes. Le *David Letterman Show,* par exemple, est très apprécié des visiteurs.

PREMIÈRES EXCLUSIVITÉS

L'accueil du public et des critiques new-yorkais est si important pour le succès des films que les premières ont lieu dans les cinémas les plus prestigieux de Manhattan. Les exclusivités sont projetées le plus souvent dans les établissements appartenant aux chaînes comme le Loews, United Artists et Cineplex Odeon. Les répondeurs téléphoniques de certaines salles indiquent les horaires, les prix et la durée des films.

Les séances commencent à 10 h ou 11 h et se succèdent toutes les deux ou trois heures, jusqu'à minuit. Le soir et le week-end, il faut s'attendre à faire la queue pour voir un film à succès. Préférez les séances avant 16 h si possible. Si vous réservez avec une carte de crédit, vous aurez un supplément d'environ 1 $ par billet. Les personnes âgées peuvent obtenir des billets à tarif réduit à partir de 60, 62 ou 65 ans, suivant les salles.

NEW YORK FILM FESTIVAL

Né il y a déjà 30 ans, le festival du film de New York est organisé par la **Film Society du Lincoln Center.** Il commence fin septembre et se poursuit pendant deux semaines dans les nombreuses salles du Lincoln Center. Les nouvelles productions américaines et étrangères participent à une compétition où l'on ne gagne aucun prix, sinon le prestige d'une nomination. La plupart des films présentés pendant le festival continuent à circuler dans le circuit du cinéma d'art et essai.

Le **TriBeCa Film Festival** fut créé en 2002 pour honorer New York en temps que capitale de la production de films et favoriser la renaissance de Lower Manhattan. Fondé notamment par Robert de Niro, il se déroule généralement en avril et début mai et présente un large choix de films – classiques, documentaires et premières. Au printemps, **Docfest,** le festival international du documentaire de New York, propose cinq jours de projections de films et de documentaires du monde entier suivies de débats avec les réalisateurs.

CATÉGORIES DE FILMS

Aux États-Unis, les films sont désignés selon le code suivant :
G Pour tout public.
PG Suivant l'appréciation des parents. Certaines scènes peuvent choquer les enfants.
PG-13 Avertissement aux parents. Certaines scènes ne conviennent pas aux enfants de moins de 13 ans.
R Interdit au moins de 17 ans non accompagnés.
NC-17 Interdit au moins de 17 ans.

LIEUX DE TOURNAGES

De nombreux lieux à New York ont marqué l'histoire du cinéma. Parmi eux :

Brill Building (sur Broadway) abrite l'appartement de Burt Lancaster dans *Le Grand chantage.*
Brooklyn Bridge sert de décor à *Mo' Better Blues,* de Spike Lee.
Brooklyn Heights et le **Metropolitan Opera** apparaissent dans *Éclair de lune.*
Central Park a servi de cadre à d'innombrables films, tels *Love Story* et *Marathon Man.*
55 Central Park West fut la maison de Sigourney Weaver dans *SOS Fantômes.*
À **Chinatown** a été en partie tourné *L'Année du dragon.*
Le **Dakota** fut habité par Mia Farrow dans *Rosemary's Baby.*
L'**Empire State Building** en haut duquel *King Kong* livre son héroïque et ultime combat. C'est sur sa plate-forme d'observation que Cary Grant attend en vain dans *Affair to remember (Elle et lui).*
Grand Central Station rappelle la rencontre entre Robert Walker et Judy Garland dans *Under the Clock* ainsi que l'étonnante scène du bal de *Fisher King.*
Harlem est le cadre dans lequel évoluent les musiciens de jazz et les danseurs de *Cotton Club.*
Au **Katz's Deli** a été tournée la mémorable scène de café entre Meg Ryan et Billy Cristal dans *Quand Harry rencontre Sally.*
Little Italy a servi de décor pour *Le Parrain I et II.*
C'est au **Russian Tea Room** que Dustin Hoffman déjeune avec son agent dans *Tootsie.*
On retrouve l'immeuble des **Nations unis** dans *La mort aux trousses* de Hitchcock.
Washington Square où Robert Redford et Jane Fonda marchent dans le film *Pieds nus dans le parc.*

FILMS ÉTRANGERS ET CINÉMAS D'ART ET D'ESSAI

L'**Angelica Film Center** présentent les nouvelles productions étrangères ou indépendantes; son bar-café est étonnant. Parmi les autres bonnes salles : le **Rose Cinemas**, à la BAM, le **Film Forum** et le **Lincoln Plaza.** Le Plaza accueille de nombreux films étrangers et d'art et d'essai. Les productions asiatiques, indiennes et chinoises sont projetées à l'**Asia Society.** Tous les mardis, le **French Institute** passe des films français sous-titrés. Le **Quad Cinema** présente un large éventail de films étrangers (certains très rares). C'est au **Cinema Village** que se déroule le festival de l'Animation.

Le **Walter Reade Theater** abrite le Film Society of the Lincoln Theater : on peut y voir des rétrospectives de films internationaux et des nouveautés (comme le festival Spanish Cinema Now).

FILMS CLASSIQUES ET MUSÉES

Les rétrospectives en l'honneur d'un réalisateur ou d'un comédien ont lieu au **Public Theater** et au **Whitney Museum of American Art** (p. 200-201). Le **Museum of the Moving Image** (p. 246) passe de vieux films et expose des souvenirs de l'industrie du cinéma. Le **Museum of Television and Radio** (p. 171) présente régulièrement des classiques et des programmes de radio ou de télévision à ses visiteurs. Quels que soient leurs goûts, les cinéphiles dénicheront des trésors à l'**Anthology Film Archives.**

Les spectacles sur le ciel du **Rose Center for Earth and Space** à l'**American Museum of Natural History** valent largement la visite.

Les soirs d'été, dans Bryant Park, vous pourrez voir gratuitement de grands classiques, et le samedi matin, emmener vos enfants à la **Film Society du Lincoln Center** où l'on propose des programmes pour les jeunes.

SHOWS TÉLÉVISÉS

De nombreux programmes télévisés sont produits à New York. S'il est quasiment impossible d'obtenir des billets pour les *David Letterman Show* ou pour *Saturday Night Live*, on peut tout de même en avoir pour d'autres programmes en appelant les chaînes **NBC, ABC** et **CBS** ou en se rendant sur place.

Une bonne adresse pour obtenir des entrées gratuites, le **Times Square Information Center** (p. 368). Certains matins de semaine, sur la 5e Avenue aux alentours de **Rockefeller Plaza,** des billets gratuits pour les enregistrements télévisés sont parfois distribués par le personnel des sociétés de production. C'est un coup de chance et il faut être au bon endroit au bon moment !

NBC organise des visites de ses studios du lundi au samedi de 8 h 30 à 17 h 30 et le dimanche de 9 h 30 à 16 h 30.

COMMENT CHOISIR

Face à l'ampleur du choix proposé par les salles obscures de Manhattan, consultez les rubriques de spectacles dans le magazine *New York* ou dans le *New York Times, Village Voice* ou encore *The New Yorker.* Vous pouvez aussi consulter les sites suivants : www.moviefone.com www.movietickets.com.

ADRESSES

ABC
Tél. (212) 580-5176.
www.abc.com.

American Museum of Natural History
Central Park W et 79th St.
Plan 16 D5.
Tél. (212) 769-5650.

Angelika Film Center
18 W Houston St.
Plan 4 E3.
Tél. (212) 995-2000.

Anthology Film Archives
32 2nd Ave et 2nd St.
Plan 5 C2.
Tél. (212) 505-5181.

Asia Society.
725 Park Ave. **Plan** 13 A1.
Tél. (212) 517-2742.

CBS
Tél. (212) 247-6497.

Cinema Village
22 E 12th St. **Plan** 4 F1.
Tél. (212) 924-3363.

Docfest
Tél. (212) 668-1100.
www.docfest.org

Film Forum
209 W Houston St.
Plan 3 C3.
Tél. (212) 727-8110.

French Institute
55 E 59th St. **Plan** 12 F3.
Tél. (212) 355-6160.

Lincoln Plaza Cinema
1886 Broadway.
Plan 12 D2.
Tél. (212) 757-2280.

Museum of Modern Art
11 W 53rd St. **Plan** 12 F4.
Tél. (212) 708-9480.

Museum of the Moving Image
35th Ave et 36th St.
Astoria, Queens.
Tél. (718) 784-0077.

Museum of Television & Radio
25 W 52nd St. **Plan** 12 F4.
Tél. (212) 621-6600.

NBC
Pour assister aux émissions : 30 Rockefeller Plaza et 49th St (avant 9h). **Tél.** (212) 664-3056.
www.nbc.com

Public Theater
425 Lafayette St.
Plan 4 F4.
Tél. (212) 539-8500.

Quad Cinema
34 W 13th St.
Plan 4 D1.
Tél. (212) 255-8800.

Rockefeller Plaza
47th-50th St, 5th Ave.
Plan 12 F5.

Rose Cinemas
Brooklyn Academy of Music (BAM), 30 Lafayette Ave, Brooklyn.
Tél. (718) 638-4100.

TriBeCa Film Festival
Tél. (212) 941-2400.
www.tribecafilmfestival.org

Walter Reade Theater
70 Lincoln Center Plaza.
Plan 12 D2.
Tél. (212) 875-5600.

Whitney Museum of American Art
945 Madison Ave.
Plan 13 A1.
Tél. 1-800-944-8939.

Musique contemporaine et musique classique

Les New-Yorkais font preuve d'un appétit insatiable en matière de musique. Les plus grands artistes du monde, parfois les plus jeunes ou les plus exotiques, se produisent dans les salles de concert de la ville, trouvant toujours un public à l'écoute.

BILLETS

Consultez la rubrique « spectacles » du *New York Times*, *Village Voice* ou *Time Out New York* pour vous tenir informé de ce qui se passe en ville.

MUSIQUE CLASSIQUE

Le New York Philharmonic est l'orchestre de l'**Avery Fisher Hall** *(p. 215)* où se tiennent chaque année le festival « Mostly Mozart » et les Young People's Concerts. L'**Alice Tully Hall** du Lincoln Center, à l'incomparable acoustique, abrite la Chamber Music Society.

L'une des plus belles salles du monde est le **Carnegie Hall** *(p. 148)*. À l'étage, le Weill Recital Hall propose des concerts de qualité à des prix modérés.

La **Brooklyn Academy of Music (BAM)** *(p. 248)* abrite le Brooklyn Philharmonic. Le **New Jersey Performance Arts Center** à Newark est devenu l'un des hauts lieux de la musique classique, de la danse, de l'opéra, du jazz et de la world music.

Des solistes et ensembles de chambre de haute volée se produisent au **Merkin Concert Hall**. Le **Town Hall** est réputé pour son acoustique exceptionnelle. Au **92nd Street Y** Kaufmann Concert Hall, le programme est riche en musique et en danse. La **Frick Collection** et **Symphony Space** offrent

RADIOS FM CLASSIQUE

À New York, trois stations FM diffusent de la musique classique (et une sélection d'autres genres) : WQXR sur 96.3, la National Public Radio Station WNYC sur 93.9 et WKCR sur 89.9.

des programmes musicaux très divers – du gospel à Gershwin. Le bel auditorium Grace Rainey Rogers au **Metropolitan Museum of Art** accueille de la musique de chambre et des solistes, tout comme **Florence Gould Hall**, à l'Alliance Française, offre un programme varié de musique de chambre et de pièces symphoniques.

Les plus célèbres écoles de musique sont la **Juilliard School of Music** et le **Mannes College of Music**. Élèves et enseignants y donnent des récitals gratuits. Elles accueillent aussi des orchestres, groupes de musique de chambre ou troupes d'opéra connues. La **Manhattan School of Music** programme quelque 400 concerts par an (du classique au jazz).

Les répétitions du concert du jeudi du New York Philharmonic ont lieu le matin à 9 h 45 à l'**Avery Fisher Hall**. Le public y est souvent admis et les billets sont bon marché. La **Koscinszko Foundation** est un grand lieu de la musique de chambre. La Chopin Competition s'y tient annuellement. Le programme musical de **Corpus Christi Church**, où figurent des ensembles comme les Tallis Scholars, est très fourni.

OPÉRA

Le **Lincoln Center** *(p. 212)* est le cur de l'activité lyrique new-yorkaise. Il abrite le New York City Opera et le **Metropolitan Opera House**. Le « Met » présente les meilleurs artistes internationaux mais est souvent critiqué pour son approche trop classique des uvres. Le New York City Opera, plus accessible et dynamique, met en scène un répertoire varié et permet au public de comprendre l'intrigue grâce à des

sous-titres sur écran. Pour entendre de nouvelles voix, encore inconnues, à prix modéré, faites un tour du côté du **Village Light Opera Group**, de l'**Amato Opera Theater**, du **Kaye Playhouse** au Hunter College ou du **Juilliard Opera Center**.

MUSIQUE CONTEMPORAINE

New York est un des lieux phares de la musique contemporaine expérimentale, exotique ou ethnique. La **Brooklyn Academy of Music (BAM)** est à la pointe de l'avant-garde. Chaque automne, elle organise un festival appelé « Next Wave » qui a déjà lancé de nombreux musiciens.

L'**Ethical Culture Society Hall** propose aussi son festival annuel de musique moderne, appelé « Bang on a Can », et invite des compositeurs comme Pierre Boulez et John Cage. Les « expérimentaux », dont David Weinstein et sa musique « test d'acide audiovisuel » (mêlant instruments amplifiés, claviers électroniques et effets sonores) se produisent au **Dance Theater Workshop**. Autre lieu de musique, l'**Asia Society** *(p. 187)* et son merveilleux théâtre reçoivent des artistes asiatiques sans oublier **St Peter's Church**.

VISITES DES COULISSES

N'oubliez pas les visites guidées des coulisses de **Lincoln Center** et **Carnegie Hall**.

MUSIQUE RELIGIEUSE

Rien n'est plus émouvant qu'un concert de Pâques dans **Cathedral of St John the Divine** *(p. 226-227)*. On pourra aussi suivre le calendrier musical religieux dans certains musées de la ville, à Grand Central Terminal *(p. 156-157)*, mais aussi dans certains halls de banques ou d'hôtels. Si vous désirez écouter du jazz en fin d'après-midi, rendez-vous à **St Peter's Church** *(p. 177)*. La plupart des concerts sont gratuits mais votre don sera le bienvenu.

CONCERTS EN PLEIN AIR

L'été, le **Bryant Park,** le **Washington Square** et le **Damrosch Park du Lincoln Center** proposent des concerts en plein air. Le New York Philharmonic et le Metropolitan Opera participent à ceux donnés sur la grande pelouse de Central Park et au Brooklyn's Prospect Park. Par beau temps, des musiciens de rues jouent au South Street Seaport devant le **Metropolitan Museum of Art** *(p. 190-197)* et autour de Washington Square.

CONCERTS GRATUITS

Des concerts se tiennent toute l'année aux **Cloisters** *(p.236-239)* et au Philip Morris Building du **Whitney Museum** *(p.152)*. Des récitals se donnent le dimanche après-midi dans Rumsey Playfield à |Naumburg Bandshell à Central Park, ainsi qu'au Summerstage. Appelez le **Dairy** pour davantage d'informations. Des concerts ont lieu également au **Federal Hall** *(p. 68)*. Allez savourer au **Lincoln Center** les prestations de la **Juilliard School of Music**. Autres lieux populaires, **Greenwich House Music School** (les récitals d'étudiants sont gratuits) et le **Winter Garden** du World Financial Center *(p. 69)*.De nombreux concerts gratuits se tiennent dans les églises telles que **St Paul's Chapel** et **Trinity Church Wall Street** *(p. 68)*.

CONCERTS

www.nymag.com
www.nytoday.com
www.newyork.citysearch.com

ADRESSES

92nd Street Y
1395 Lexington Ave.
Plan 17 A2.
Tél. (212) 415-5500.

Amato Opera Theater
319 Bowery et 2nd St.
Plan 4 F2.
Tél. (212) 228-8200.

Asia Society
725 Park Ave.
Plan 13 A1.
Tél. (212) 517-2742.

Brooklyn Academy of Music
30 Lafayette Ave, Brooklyn.
Tél. (718) 636-4100.

Bryant Park
Plan 8 F1.
Tél. (212) 768-4242.

Carnegie Hall
881 7th Ave. **Plan** 12 E3.
Tél. (212) 247-7800.

Cathedral of St John the Divine
1047 Amsterdam Ave et 112th St. **Plan** 20 E4.
Tél. (212) 316-7540.

The Cloisters
Fort Tryon Park.
Tél. (212) 923-3700.

Corpus Christi Church
529 W 121st St.
Plan 20 E2.
Tél. (212) 666-9350.

The Dairy
Central Park et 65th St.
Plan 12 F2.
Tél. (212) 794-6564.

Dance Theater Workshop
Voir Danse p. 347.

Ethical Culture Society Hall
2 W 64th St.
Plan 12 D2.
Tél. (212) 874-5210.

Federal Hall
26 Wall St.
Plan 1 C3.
Tél. (212) 825-6888.

Florence Gould Hall (à l'Alliance Française)
55 E 59th St.
Plan 13 A3.
Tél. (212) 355-6160.

Frick Collection
1 E 70th St.
Plan 12 F1.
Tél. (212) 288-0700.

Greenwich House Music School
46 Barrow St.
Plan 3 C2.
Tél. (212) 242-4770.

Kaye Playhouse (Hunter College)
695 Park Ave. **Plan** 13 A1.
Tél. (212) 772-4448.

Kosciuszko Foundation
15 E 65th St. **Plan** 12 F2
Tél. (212) 734-2130.

Lincoln Center
155 W 65th St.
Plan 11 C2.
Tél. (212) 546-2656.
Visite des salles:
Tél. (212) 875-5350.

Alice Tully Hall
Tél. (212) 875-5050.

Avery Fisher Hall
Tél. (212) 875-5030.

Damrosch Park
Tél. (212) 875-5000.

Juilliard Opera Center
Tél. (212) 769-7406.

Juilliard School of Music
Tél. (212) 799-5000.

Metropolitan Opera House
Tél. (212) 362-6000.

Manhattan School of Music
120 Claremont Ave.
Plan 20 E2.
Tél. (212) 749-2802.

Mannes College of Music
150 W 85th St.
Plan 15 D3.
Tél. (212) 580-2010.

Merkin Hall
129 W 67th St.
Plan 11 D2.
Tél. (212) 501-3330.

Metropolitan Museum of Art
1000 5th Ave et 82nd St.
Plan 16 F4.
Tél. (212) 535-7710.

New Jersey Performance Arts Center
1 Center St, Newark, NJ.
Tél. 1-888-466-5722.

St Paul's Chapel
Broadway et Fulton St.
Plan 1 C2.
Tél. (212) 233-4164.

St Peter's Church
619 Lexington Ave.
Plan 13 A4.
Tél. (212) 935-2200.

Symphony Space
2537 Broadway.
Plan 15 C2.
Tél. (212) 864-5400.

Town Hall
123 W 43rd St.
Plan 8 E1.
Tél. (212) 997-1003.

Trinity Church
Broadway et Wall St.
Plan 1 C3.
Tél. (212) 602-0800.

Village Light Opera Group
Représentations :
Haft Auditorium, Fashion Institute of Technology,
227 W 27th St.
Plan 8 E3.
Tél. (212) 352-3101.

Washington Square
Plan 4 D2.

Whitney Museum
Philip Morris Building,
120 Park Ave et 42nd St.
Plan 9 A1.
Tél. 1-800-944-8639.

Winter Garden
World Financial Center,
West St.
Plan 1 A2.
Tél. (212) 945-2600.

Rock, jazz et world music

Toutes les musiques vibrent à New York, de la world music à la pop des années 1960 en passant par la country, le jazz, le blues, la soul et les improvisations de rue. La scène musicale change à un rythme étourdissant : beaucoup d'appelés, peu d'élus. Personne ne peut prédire ce que vous trouverez à votre arrivée, ni ce que seront les derniers tubes.

PRIX ET PLACES

Dans les clubs, vous payerez un droit d'entrée et un minimum d'une ou deux consommations (à 7 $ ou plus). Les prix des concerts varient de 50 à 150 $ pour les plus courus. Certaines salles de concert plus petites disposent d'espaces pour s'asseoir et d'autres pour danser, à des prix différents.

Des vedettes comme Elton John, Bruce Springsteen ou Prince se produisent dans les grandes arènes comme **Meadowlands** ou **Madison Square Garden** *(p. 135)*. Les billets pour ces concerts s'écoulent en un clin d'il, achetez-en autant qu'il vous en faut et dès que possible ! Vous risquerez sinon d'avoir à les payer plus tard très cher à un intermédiaire *(p. 341)*. Pendant l'été, de grands concerts en plein air se déroulent à la plage de Jones Beach *(p. 255)* et au **Central Park SummerStage**.

Des orchestres connus se produisent dans des espaces de taille moyenne comme l'Art Deco Palace du **Radio City Music Hall**, le **Music Hall** (ex Hamerstein Ballroom) et le **Beacon Theater**. Parmi les nouveaux venus, le **Nokia Theater** sur Times Squares affiche un programme impressionnant dans une salle ultramoderne réputée pour son acoustique de premier ordre. Les salles les plus appréciées pour les concerts sont situées dans Upper West Side.

Les bars constituent la scène privilégiée du rock. Ils proposent généralement un groupe différent chaque soir. Consultez le *New York Times*, *Village Voice* ou *Time Out New York* ou bien appelez-les pour savoir qui joue et à quelle heure.

ROCK

Il y en a pour tous les goûts : hard, cool, techno, psychédélique, funk, post-punk et alternatif. Si vous préférez l'ambiance d'un concert *live* à son image sur écran géant, les lieux suivants devraient vous plaire.

La **Knitting Factory** présente du jazz et de la new music tandis que le **Mercury Lounge** est un des lieux les plus branchés, pour des groupes façonnés par MTV. **Irving Plaza** est un lieu où jouent des groupes de rock souvent peu connus mais aussi des musiciens de country et de blues célèbres.

L'inauguration du **Bowery Ballroom** en 1998 a favorisé la renaissance de Lower East Side. L'acoustique et taille de la salle y sont sont parfaits pour beaucoup, attirant tournées célèbres et groupes locaux.

L'ancienne bodega **Arlene's Grocery** a une clientèle branchée et fidèle depuis 1995 grâce à un programme aussi bien rock, country que comique. L'affiche du **Joe's Pub** est éclectique : rock, jazz, hip-hop et musique d'ambiance. Plus huppé, **Crash Mansion** offre une tribune à de nouveaux talents de tous horizons musicaux, ainsi qu'à des artistes reconnus tels que Norah Jones.

JAZZ

Les premiers Cotton Club et Connie's Inn, creusets du jazz new-yorkais, ont disparu depuis longtemps, tout comme les bars de l'ère de la prohibition de la 52ᵉ Rue Ouest. Des légendes vivantes continuent à se produire, alors que d'autres poursuivent la voie tracée par Duke Ellington et Count Basie. À Harlem, le **Lenox Lounge**, branché mais décontracté, fait découvrir du jazz contemporain tous les week-ends.

À Greenwich Village survivent quelques temples du jazz des années 1930. Le plus fameux est le **Village Vanguard** où les trios de McCoy Tyner et Branford Marsalis se produisent parfois. Le **Blue Note** accueille de grands orchestres. L'addition est salée mais l'ambiance excellente. **Small** présente un jazz pointu : quatre concerts par soir sont proposés par deux orchestres différents (lun.-sam.). **Knitting Factory** présente du jazz contemporain et d'avant-garde et **Smoke** propose d'écouter dans un cadre intime des musiciens très différents.

Le **Birdland** présente des disciples de Mingus et Bud Shank.

Le **Café Carlyle** situé dans East Side et réputé pour son pianiste et chanteur de jazz Bobby Short, accueille le clarinetiste et réalisateur Woody Allen aux côtés d'Eddy Davis et de son New Orleans Jazz Band. Presque tous les soirs en semaine, **Jazz Standard,** qui possède un grand espace en sous-sol, révèle les interprètes de premier ordre.

Le jazz progressif est en vedette au nouveau club-restaurant **Iridium. Fez Under Time Café** propose le Mingus Big Band Workshop chaque jeudi. Ne manquez pas en juin le **JVC Jazz Festival** au cours duquel des stars comme Oscar Peterson, Nina Simone et BB King jouent ou chantent dans différentes salles de Manhattan.

Tout au long de l'année, des activités et notamment des concerts du Lincoln Center Jazz Orchestra dirigé par Wynton Marsalis – sont programmées au **Jazz at Lincoln Center**. On y joue aussi bien du Duke Ellington typiquement new-yorkais, que du Johnny Dodd, un classique de la Nouvelle-Orléans. Jazz at Lincoln Center a maintenant son propre lieu depuis qu'il a emménagé dans le premier centre artistique dédié au jazz. Le centre fait partie du nouveau Time Warner Center. Les installations, au-dessus de Central Park, comprennent plusieurs salles, avec des kiosques à musique et une piste de danse en plein air.

Enfin, le vendredi soir, le **Rose Center** (au **AMNH**) propose des concerts de jazz.

FOLK ET COUNTRY

Célèbre mais moins à la mode, **Bitter End** présente des musiques folk, rock et R&B (rhythm and blues).

On y trouvait par le passé James Taylor et Joni Mitchell ; aujourd'hui, il se spécialise dans les nouveaux talents. De même, le bar **Kenny's Castaways** mise sur les espoirs locaux. Le **Sidewalk Café** est aussi à essayer.

BLUES, SOUL ET WORLD MUSIC

Parmi les choix possibles pour écouter ces types de musique, pensez à l'**Apollo Theater** (p. 230) de Harlem. Depuis près de 60 ans, les soirées pour amateurs du mercredi ont permis de découvrir et de lancer des stars comme James Brown et Dionne Warwick.

Le **Cotton Club** n'est plus au même endroit, mais il

propose cependant un excellent programme de blues, de jazz et de gospel. Parmi les artistes qui viennent se produire au **B.B. King's Blues Club**, il est fréquent d'entendre des légendes du jazz et du gospel. On peut y manger, mais c'est plutôt couteux. Ne manquez pas les « Mambo Mondays » de Nestor Torres au **SOB's** (Sounds of Brazil), une salle spécialisée dans les rythmes afro-latins.

Terra Blues est un bar intéressant où l'on joue du blues classique de Chicago et du blues moderne.

The Note présente une programmation éclectique. À la fois café, centre communautaire et salle expérimentale **5C Café** nous propulse dans le New York d'autrefois.

ADRESSES

LIEUX DE CONCERTS

Beacon Theater
2124 Broadway.
Plan 15 C5.
Tél. (817) 477-5076.
(Billetterie).

Central Park SummerStage
Rumsey Playfield.
Plan 12 F1.
Tél. (212) 360-2777.

Continental Arena Meadowlands
50 Route 120 E
Rutherford, NJ.
Tél. (201) 935-3900.

Madison Square Garden
7th Ave et 33rd St.
Plan 8 E2.
Tél. (212) 465-6741.

Manhattan Center
311 W 34th St. **Plan** 8 D2.
Tél. (212) 279-7740.

Nokia Theatre
1515 Broadway.
Plan 12 E5.
Tél. (212) 930-1959.

Radio City Music Hall
Voir p. 347.

ROCK

Arlene's Grocery
95 Stanton St. **Plan** 5 A3.
Tél. (212) 995-1652.

Bowery Ballroom
6 Delancey St. **Plan** 4F3.
Tél. (212) 533-2111.

Crash Mansion
199 Bowery. **Plan** 4 F3.
Tél. (212) 982-7767.

Joe's Pub
Public Theater, 425
Lafayette St. **Plan** 4 F2.
Tél. (212) 539-8770.

Knitting Factory
74 Leonard St. **Plan** 4 E5.
Tél. (212) 219-3132.

Mercury Lounge
217 E Houston St.
Plan 5 A3.
Tél. (212) 260-4700.

Irving Plaza
17 Irving Pl. **Plan** 9 A5.
Tél. (212) 777-6800.

JAZZ

Birdland
315 W 44th St. **Plan** 12
D5. **Tél.** (212) 581-3080.

Blue Note
131 W 3rd St. **Plan** 4 D2.
Tél. (212) 475-8592.

Café Carlyle
95 E 76th St. **Plan** 17 A5.
Tél. (212) 744-1600.

Iridium
1650 Broadway. **Plan** 12
D2. **Tél.** (212) 582-2121.

Jazz at Lincoln Center
Tél. (212) 258-9800.

Jazz Standard
116 E 27th St. **Plan** 9 A3
Tél. (212) 576-2232.

JVC Jazz Festival
Tél. (212) 501-1390.

Lenox Lounge
288 Malcolm X Boulevard.
Plan 21 B2.
Tél. (212) 427-0253.

Rose Center
79th St et CPW. **Plan** 16
D5. **Tél.** (212) 769-5100.

Smalls
183 W 10th St. **Plan** 3 C2.
Tél. (212) 252-5091.

Smoke
2751 Broadway. **Plan** 20
E5. **Tél.** (212) 864-6662.

Village Vanguard
178 7th Ave S. **Plan** 3 C1.
Tél. (212) 255-4037.

FOLK ET COUNTRY

Bitter End
147 Bleecker St. **Plan** 4
E3. **Tél.** (212) 673-7030.

Kenny's Castaways
157 Bleecker St.
Plan 4 E3.
Tél. (212) 979-9762.

Sidewalk Café
94 Ave A. **Plan** 5 B2.
Tél. (212) 473-7373.

BLUES, SOUL ET WORLD MUSIC

Apollo Theater
253 W 125 St.
Plan 19 A1.
Tél. (212) 531-5305.

B.B. King's Blues Club
237 W 42nd St.
Plan 8 E1.
Tél. (212) 997-4144.

5 C Café
68 Avenue C.
Plan 5 C2.
Tél. (212) 477-5993.

Cotton Club
656 W 125th St. **Plan** 22
F2. **Tél.** (212) 663-7980.

SOB's
204 Varick St. **Plan** 4 D3.
Tél. (212) 243-4940.

Terra Blues
149 Bleecker St.
Plan 4 E3.
Tél. (212) 777-7776.

The Stone
Avenue C, 2nd St. **Plan** 5
C2

Boîtes de nuit, dancings et clubs pour homosexuels et lesbiennes

La vie nocturne de New York est à la hauteur de sa réputation légendaire. Que vous aimiez les discothèques bruyantes, la *stand-up comedy* (one-man-show comique) ou la douce ambiance d'un piano-bar, vous n'aurez que l'embarras du choix. Parmi les grandes discothèques qui ont fait fureur dans les années 1980, peu ont survécu à la mode actuelle, qui privilégie le confort et le style *supper clubs* (petit restaurant avec danse ou spectacle).

INFORMATIONS PRATIQUES

Il est nettement plus branché – et moins onéreux – de fréquenter les boîtes de nuit les soirs de semaine. N'oubliez pas de vous munir de votre carte d'identité prouvant que vous avez plus de 21 ans (donc que vous pouvez boire de l'alcool), mais restez vigilant car les boissons coûtent souvent très cher.

Les clubs les plus branchés restent ouverts jusqu'à 4 heures du matin ou plus. Les modes comme les horaires changent régulièrement. Renseignez-vous au Tower Records, sur Broadway, vérifiez dans les magazines *(p.340)* ou consultez le *Village Voice*. Le bouche à oreille est souvent la meilleure source d'informations. Le mieux est d'aller à l'**Avalon** (l'ancien Limelight) en espérant y glaner quelques tuyaux. On y distribue également des invitations pour d'autres boîtes de nuit.

DANCINGS

Les New-Yorkais aiment autant la danse que la musique. On trouve des endroits où danser dans toute la ville, de l'incontournable **SOB's** – jungle, reggae, soul, jazz et salsa – d'immenses discothèques, dont le **Roseland,** ouvert le jeudi et le dimanche. Là, règne encore l'atmosphère du Broadway d'autrefois. Le restaurant peut accueillir jusqu'à 700 couverts. La cuisine est bonne et le bar bien fourni.

Si vous cherchez l'originalité, rendez-vous chez **Barbetta,** où Boris et Yvgeny marient musique tzigane et valses de Vienne. Le **Copacabana,** où se produisirent Dean Martin et Frank Sinatra, alterne musique disco et orchestres. Soirées folles avec « go-go boys », drag-queens et reines du disco le dernier jeudi du mois.

Rénové en 1998, l'**Avalon** mérite le détour. La piste de danse du rez-de-chaussée est surplombée de balcons où les spectateurs peuvent s'asseoir.

Avec son bar élégant, son immense piste de danse et sa musique tendance, le **Studio Mezmor** (ex Crobar) attire une clientèle branchée. Né à Ibiza, le légendaire club **Pacha** vient de s'offrir quatre étages luxueux au cœur de Times Square où il accueille sans discontinuer les plus grands DJ internationaux sur la plus colossale des sonos. Tout aussi classe avec sa vitrine VIP en mezzanine, le **Marquee,** à Chelsea, est le fief des starlettes d'Hollywood. Mieux vaut y entrer un mannequin à son bras. Pour le meilleur de l'underground et de la house music, rendez-vous au **Apt.** Le **Home** à Chelsea est idéal pour ambiance hyper sélect, tamisée, et sexy. **Cielo** accueille le jet-set de Meat-packing District sur des rythmes orchestrés par le légendaire François K. Très smart, **The Plumm,** réunit le Tout-New York, les célébrités et leurs admirateurs. On y danse au son du hip-hop, du funk, du rock et des classiques. L'accès est parfois très sélectif. Tenue tendance de rigueur. Le vaste **Mannahatta** accueille une faune branchée mais informelle qui aime prendre un verre au bar avant de descendre danser sur toutes sortes de musiques – du hip hop à la pop, selon le soir.

BOÎTES DE NUIT

Les shows – de mise dans les vrais night-clubs – sont moins flamboyants que dans les années 1940 et 1950, mais toujours très variés. En plus du prix d'entrée, beaucoup de night-clubs exigent au moins deux consommations par personne.

Le **Rainbow Grill,** au 65e étage du RCA Building, a un beau piano-bar. Au très chic **Supper Club,** sur fond de draperies lamées or, vous aurez le choix entre un orchestre au rez-de-chaussée et des chanteurs de cabaret dans l'intime Blue Room à l'étage. Le **Joe's Pub** du Public Theater propose une cuisine correcte et des chanteurs dans la lignée de John Hammond et de Mo Tucker. À Central Park, le club intérieur et extérieur de **Tavern on the Green** vous convie à écouter du jazz dans sa Chestnut Room. Et **Fenstein's at the Regency** est un modèle de cabaret classique.

CLUBS POUR HOMOSEXUELS ET LESBIENNES

Depuis une vingtaine d'années, les clubs et les restaurants destinés à une clientèle homosexuelle se multiplient. Ces clubs, qui présentent surtout des spectacles de travestis, admettent les hétérosexuels et parfois les femmes, mais certains peuvent mettre ces « intruses » mal à l'aise. Parmi les cabarets les plus populaires pour les hommes, le **Duplex** présente des humoristes et des chanteurs.

Parmi les clubs branchés, le **Town House** est un piano-bar avec restaurant, et l'élégant **XL Lounge** de Chelsea est un club aux couleurs vibrantes autour du thème du sable. **Don't Tell Mama,** un bar bien établi et adepte du gag dans la tradition homosexuelle, présente des revues musicales. **Henrietta Hudson, Crazy Nanny's** et Grolier ne reçoivent que les femmes. Le piano-bar **Marie's Crisis Café** est mixte. Le *Village Voice*, *HX*, *Next* et les *Gay Yellow Pages* recensent l'actualité homosexuelle. Pour tout renseignement complémentaire, adressez-vous au **Gay and Lesbian Switchboard**.

Chelsea, et en particulier autour de la 8ᵉ Avenue, est l'épicentre de la communauté gay. Le quartier de Hell's Kitchen, autour de la 45ᵉ Rue, entre la 8ᵉ et la 10ᵉ Avenue, vit la nuit. Raffiné et accueillant, le **GLounge** est l'endroit idéal pour boire un cocktail et du café aromatisé avant de sortir en boîte.

Au **Barracuda**, les nouveaux et les habitués qui viennent assister aux spectacles de travestis ne boudent pas leur plaisir. **Rawhide** est ouvert toute la soirée et son *happy hour* quotidien jusqu'à 22 h remporte un franc succès. Au **Stonewall**, d'où partit la révolte de Stonewall et la naissance du mouvement gay

moderne a récemment été rénové à grands frais. **Posh**, un confortable bar de quartier, accueille une foule nombreuse et sympathique pour la *happy hour*, de 16 h à 20 h.

Au **Rubyfruit Bar and Grill**, établissement décontracté et convivial de Hudson Street, les femmes se retrouvent autour d'un cocktail. Le **Cubby Hole**, décoré avec beaucoup d'imagination, est un bar lesbien dont l'ambiance est assurée par un juke-box.

ADRESSES

DANCINGS

Apt
419 W 13th St.
Plan 3 C1.
Tél. *(212) 414-4245.*

Avalon
660 6th Ave.
Plan 8 E5.
Tél. *(212) 807-7780.*

Barbetta
321 W 46th St.
Plan 12 D5.
Tél. *(212) 246-9171.*

Cielo
18 Little W 12th St.
Plan 3 B1.
Tél. *(212) 645-5700.*

Copacabana
560 W 34th St.
Plan 8 E2.
Tél. *(212) 582-2672.*

Home
532 W 27th St.
Plan 8 D4.
Tél. *(212) 273-3700.*

Knitting Factory
74 Leonard St.
Plan 4 E5.
Tél. *(212) 219-3132.*

Mannahatta
316 Bowery St.
Plan 4 E3.
Tél. *(212) 253-8644.*

Marquee
289 10th St.
Plan 7 C4.
Tél. *(212) 473-0202.*

Pacha NYC
618 W 46th St.
Plan 12 E5.
Tél. *(212) 209-7500.*

Roseland
239 W 52nd St.
Plan 12 E4.
Tél. *(212) 247-0200.*

SOB's
204 Varick St.
Plan 4 D3.
Tél. *(212) 243-4940.*

Studio Mezmor
530 W 28th St.
Plan 7 C3.
Tél. *(212) 629-9000.*

The Plumm
246 W 14th St.
Plan 3 C1
Tél. *(212) 675-1567.*

BOÎTES DE NUIT

Feinstein's at the Regency
540 Park Ave.
Plan 13 A3.
Tél. *(212) 339-4095.*

Joe's Pub
425 Lafayette St
(Public Theater).
Plan 4 F2.
Tél. *(212) 539-8777.*

Rainbow Grill
30 Rockefeller Plaza.
Plan 12 F4.
Tél. *(212) 632-5000.*

Tavern on the Green
Central Park,
West side et 67th St.
Plan 12 D2.
Tél. *(212) 873-3200.*

The Supper Club
240 W 47th St.
Plan 12 D5.
Tél. *(212) 921-1940.*

CLUBS POUR HOMOSEXUELS ET LESBIENNES

Barracuda
275 W 22nd St.
Plan 8 D4.
Tél. *(212) 645-8613.*

Don't Tell Mama
343 W 46th St. **Plan** 12 D5.
Tél. *(212) 757-0788.*

Duplex
61 Christopher St.
Plan 3 C2.
Tél. *(212) 255-5438.*

G Lounge
223 W 19th St.
Plan 8 E5.
Tél. *(212) 929-1085.*

Gay and Lesbian Switchboard
Tél. *(212) 989-0999.*

Henrietta Hudson
438 Hudson St.
Plan 3 C3.
Tél. *(212) 924-3347.*

Marie's Crisis Café
59 Grove St. **Plan** 3 C2.
Tél. *(212) 243-9323.*

Posh
405 W 51st St. **Plan** 11 C4.
Tél. *(212) 957-2222.*

Rawhide
212 8th Ave.
Plan 8 D4.
Tél. *(212) 242-9332.*

Rubyfruit Bar and Grill
531 Hudson St. **Plan** 3 C2.
Tél. *(212) 929-3343.*

Stonewall Inn
53 Christopher St.
Plan 3 C2.
Tél. *(212) 488-2705.*

Cubby Hole
281 W 12th St.
Plan 3 C1.
Tél. *(212) 243-9041.*

Town House
236 E 58th St.
Plan 13 B4.
Tél. *(212) 754-4649.*

Cafés-théâtres, cabarets et rencontres littéraires

De Jack Benny et Rodney Dangerfield à Woody Allen et Jerry Seinfeld, New York a donné naissance à autant d'humoristes qu'il y a de blagues sur elle-même, y compris les incontournables comme : « La criminalité est en recrudescence à New York. L'autre jour, la statue de la Liberté avait les deux mains en l'air. » Ici, l'humour est une affaire de la plus haute importance. Quel que soit le café-théâtre, vous êtes sûr de rire au bout de quelques répliques. New York est aussi une ville romantique si l'on en juge par le nombre de cabarets et de *lounges*. Se faire donner la sérénade par une chanteuse dans la pénombre d'un piano-bar reste un moment inoubliable. C'est aussi le théâtre d'une intense actualité littéraire. Chaque semaine s'y déroulent des lectures et des conférences d'un grand intérêt.

CAFÉS-THÉÂTRES

Les meilleurs cafés-théâtres de New York sont souvent les descendants des anciens spectacles d'improvisation. Leur succès tient en partie au fait qu'on ne sait jamais qui va monter sur scène – Dennis Miller, Roseanne Barr ou Robin Williams. Une recommandation : si vous ne voulez pas être pris à partie, asseyez-vous loin de la scène. Les grands cafés-théâtres font souvent restaurant, et dans les plus réputés mieux vaut réserver pour être sûr d'avoir des places.

En tête vient le **Boston Comedy Club,** dans le quartier des théâtres, qui s'est formé à la suite d'un regroupement entre le Chicago City Limits et le NY Improv, deux célèbres troupes de théâtre spécialisées dans l'improvisation. **Carolisne's,** présente de grands noms sans un cadre élégant. Le célèbre comique new-yorkais Roger Dangerfield avait un slogan : « Personne ne me respecte. » Mais, à en juger par le succès de **Dangerfield's,** qui attire de grands artistes de tout le pays, il semble avoir fini par se faire respecter. Le **Upright Citizens Brigade Theatre** présente aussi un show d'improvisation réussi le dimanche (19 h 30, 21 h 30). Les représentations tardives sont gratuites en semaine. Le **Gotham Comedy Club,** dans le quartier du Flatiron, joue toutes sortes de comiques. **Comic Strip Live,** dans East Side, a accueilli beaucoup de grands humoristes, dont Eddie Murphy, et continue à lancer de jeunes talents. Le **Comedy Cellar** présente chaque soir des talents nouveaux et confirmés. **Stand-Up New York, NY Comedy Club, Rose's Turn, The Underground, The Laugh Factory** et **NY Improv** sont autant de bonnes adresses. À condition, bien sûr, de maîtriser les subtilités de la langue.

CABARETS ET PIANOS-BARS

Les cabarets sont devenus une institution new-yorkaise. Ce sont des endroits confortables où l'on vient écouter de la musique. Ils sont souvent situés dans les hôtels sous le nom de *rooms* et généralement ouverts du mardi au samedi. Ils exigent un tarif d'entrée ou une consommation minimum, et acceptent les cartes de crédit.

L'**Oak Room** de l'Algonquin accueille des artistes de la chanson. Le piano-bar traditionnel du **Top of the Tower,** au Beekman Tower Hotel, offre une vue panoramique sur Manhattan. La palme de la longévité revient à Bobby Short, qui joue du piano depuis plus d'un quart de siècle au Café Carlyle du **Carlyle Hotel.** Woody Allen s'y produit le lundi soir avec le New Orleans Jazz Band d'Eddy Davis. Toujours au Carlyle, le **Bemelman's Bar** et ses fresques fantastiques attire une clientèle décontractée qui apprécie les crooners de premier ordre. Pour entrer au **5757 Bar** du Four Seasons Hotel, la veste est de rigueur, mais le luxe la justifie.

Le **Lobby Lounge** du Hilton Hotel vibre au son du piano. Au **Café Pierre** du Pierre Hotel, la chanteuse Kathleen Landis s'accompagne au piano. L'**Ambassador Lounge** du Regal UN Plaza Hotel résonne lui aussi au son du piano. Au cabaret **Don't Tell Mama,** les artistes, qu'ils soient nouveaux ou confirmés, chantent leurs chansons avec le même enthousiasme. **Ars Nova,** dans Hell's Kitchen, est un cabaret informel où vous pouvez assister à des spectacles expérimentaux. On y a vu des artistes dans la lignée de Liza Minnelli et de Tony Kushner. Le meilleur et le plus vieux cabaret de Manhattan est le très animé **Duplex** : détendez-vous au piano-bar du rez-de-chaussée ou montez à l'étage pour des spectacles de cabaret classiques, des pièces en un acte et d'excellents comiques. La foule chauffée à blanc accompagnée des serveurs chantonnent en chœur au **Brandy's Piano Bar** dans une ambiance sympa. Pour une soirée musicale mémorable, rendez-vous au **Feinstein's at the Regency Hotel.** De grands artistes s'y produisent du mardi au samedi. Et si vous aimez le cabaret, le théâtre et les ensembles musicaux, le somptueux **Dillon's Restaurant and Lounge** vous attend au cœur du quartier des théâtres.

RENCONTRES LITTÉRAIRES ET POÉTIQUES

Ville natale de quelques-uns des plus grands écrivains américains, de Herman Melville à Henry James, et ville d'adoption d'innombrables autres,

New York est depuis longtemps une ville d'écrivains. La tradition littéraire est célébrée tout au long de l'année par des lectures et des débats dans les librairies, les bibliothèques, les cafés et les centres culturels de la ville. Les séances sont généralement gratuites, mais la file d'attente est longue pour les plus grands noms. Le **92nd Street Y** invite de grands écrivains de passage à New York, dont de nombreux prix Nobel ou Pulitzer. La plupart des librairies de New York proposent des lectures

hebdomadaires ou mensuelles : **Barnes & Noble** (les plus grands auteurs vont aux librairies d'Astor Place et d'Union Square), et **Borders Books and Music**. La **Mid-Manhattan Library** organise elle aussi des lectures. Au **Drama Book Shop,** les auteurs dramatiques viennent lire et faire vivre des œuvres théâtrales. *The New Yorker*, disponible chez les libraires et dans de nombreux kiosques, annonce les lectures et les débats.

Les concours de poésie (*poetry slams* ou *spoken word*) sont des soirées d'improvisation

poétique, de poésie rap et de contes très animées et jamais ennuyeuses. Le **Nuyorican Poets Café** d'Alphabet City, souvent présenté comme le pionnier du *spoken word* à New York, organise chaque soir des concours de poésie, des lectures et des spectacles. Le **Bowery Poetry Club**, temple du *spoken word* sous toutes ses formes, présente un choix éclectique de spectacles – des concours de poésie aux arts de la scène. Depuis 1966, le **Poetry Project**, dans l'église St Mark, organise lectures et événements.

ADRESSES

CAFÉS-THÉÂTRES

Broadway Comedy Club
318 W 78th St.
Plan 15 C5. **Tél.** *(212) 595-0805.*

Caroline's
1626 Broadway.
Plan 12 E5.
Tél. *(212) 757-4100.*

Comedy Cellar
117 MacDougal St.
Plan 4 D2.
Tél. *(212) 254-3480.*

Comic Strip Live
1568 2nd Ave.
Plan 17 B4.
Tél. *(212) 861-9386.*

Dangerfield's
1118 1st Ave.
Plan 13 C3.
Tél. *(212) 593-1650.*

Gotham Comedy Club
34 W 22nd St.
Plan 8 F4.
Tél. *(212) 367-9000.*

NY Comedy Club
236 W 78th St.
Plan 15 C5.
Tél. *(212) 595-0850.*

Rose's Turn
55 Grove St.
Plan 3 C2.
Tél. *(212) 366-5438.*

Stand-Up New York
236 W 78th St.
Plan 15 C5.
Tél. *(212) 595-0850.*

The Laugh Factory
303 W 42 St.
Plan 8 D1.
Tél. *(212) 586-7829.*

The Underground
955 W End Ave.
Plan 20 E5.
Tél. *(212) 531-4759.*

Upright Citizens Brigade Theatre
307 W 26th St.
Plan 8 D4.
Tél. *(212) 366-9176.*

CABARETS ET PIANOS-BARS

5757 Bar
Four Seasons Hotel,
57 E 57th St. **Plan** 12 F3.
Tél. *(212) 758-5700.*

Ambassador Lounge
Millennium UN Plaza Hotel,
1 UN Plaza et 44th St.
Plan 13 C5.
Tél. *(212) 758-1234.*

Ars Nova
511 W 54th St.
Plan 12 E4.
Tél. *(212) 489-9800.*

Brandy's Piano Bar
235 E 84th St.
Plan 17 B4.
Tél. *(212) 650-1944.*

Café Pierre
The Pierre, 2 E 61st St.
Plan 12 F3.
Tél. *(212) 940-8195.*

Carlyle Hotel
35 E 76th St.
Plan 17 A5.
Tél. *(212) 744-1600.*

Dillon's Restaurant and Lounge
245 W 54th St.
Plan 12 D4.
Tél. *(212) 307-9797.*

Don't Tell Mama
343 W 46th St.
Plan 12 D5.
Tél. *(212) 757-0788.*

Duplex
61 Christopher St.
Plan 3 C2.
Tél. *(212) 255-5438.*

Feinstein's at the Regency Hotel
540 Park Ave.
Plan 13 A3.
Tél. *(212) 759-4100.*

Lobby Lounge
Hilton Hotel,
53 Ave of the Americas.
Plan 12 E4.
Tél. *(212) 586-7000.*

Oak Room
Algonquin Hotel,
59 W 44th St.
Plan 12 F5.
Tél. *(212) 840-6800.*

Top of the Tower
Beekman Tower Hotel.
3 Mitchell Pl. **Plan** 13 C5.
Tél. *(212) 355-7300.*

RENCONTRES LITTÉRAIRES ET POÉTIQUES

92nd Street Y
1395 Lexington Ave.
Plan 17 A2.
Tél. *(212) 415-5729.*

Barnes & Noble
4 Astor Place. **Plan** 4 F2.
Tél. *(212) 420-1322.*
33 E 17th St. **Plan** 9 A5.
Tél. *(212) 253-0810.*

Borders Books and Music
461 Park Ave.
Plan 17 A3.
Tél. *(212) 980-6785.*

Bowery Poetry Club
308 Bowery. **Plan** 4 F3.
Tél. *(212) 614-0505.*

Drama Book Shop
250 W 40th St.
Plan 8 E1.
Tél. *(212) 944-0595.*

Mid-Manhattan Library
455 Fifth Ave et 40th St.
Plan 8 F1.
Tél. *(212) 340-0833.*

Nuyorican Poets Café
236 E 3rd St. **Plan** 5 B2.
Tél. *(212) 505-8183.*

Poetry Projet
Eglise St Mark
131 E 10th St.. **Plan** 4 F1.
Tél. *(212) 674-0910.*

New York la nuit

New York est une ville qui ne dort jamais. S'il vous prend en pleine nuit une lubie de pain frais, un désir irrésistible de voir du monde ou de regarder le soleil se lever sur les gratte-ciel de Manhattan, un bon nombre de possibilités s'offrent à vous.

BARS ET CLUBS

Les plus chaleureux sont les bars irlandais. On danse tard chez **O'Flanagan** et **Scruffy Duffy**, tous deux bruyants et à la clientèle d'habitués. Éternisez-vous au **Temple Bar** (nocturne le mardi) ou dans les pianos-bars des hôtels : le Café du **Carlyle Hotel**, Feinstein's au **Regency** ou l'Oak Room de l'**Algonquin Hotel**.

Pour une nuit de jazz *hot* jusqu'à 4 h du matin, laissez-vous tenter par le **Joe's Pub** ou le **Blue Note**. Dans un demi-songe, écoutez des poèmes au **Cornelia Street Café**. D'autres belles voix vous déclameront poésie et théâtre au **Nuyorican Poets Café** entre deux morceaux de musique latino-américaine. Et si vous êtes dans le Village, faites une halte au **Rose's Turn** pour son piano-bar.

CINÉMAS DE MINUIT

Séances à minuit pour jeunes cinéphiles, c'est possible à l'Angelika Film Center et au Film Forum *(p. 349)*. De récents cinémas multisalles programment des films à minuit les week-ends.

BOUTIQUES

Le St Mark's Bookshop et Shakespeare & Co. sur Broadway ferment également tard. Ouvert 24 h sur 24, **The Apple Store**, sur la 5e Avenue, mérite le détour, de jour comme de nuit. Le soir, le lieu s'anime sous la houlette des DJ. La journée, 300 vendeurs Mac sont là pour vous aider et répondre à vos questions. Le magasin **TLA Video**, sur 8th Street, permet de louer des DVD tous les soirs jusqu'à 23 h. Parmi les boutiques de vêtements du Village qui restent ouvertes tard le soir, **Trash and Vaudeville** (jusqu'à

20 h du lundi au samedi). **Macy's** au Herald Square ouvre chaque jour jusqu'à 21 h 30. deux pharmacies **Duane Reade** et la **Rite Aid** vous accueillent jour et nuit.

TRAITEURS, SNACKS À EMPORTER ET ÉPICERIES

Vous trouverez en permanence provisions et plats à emporter dans les nombreux **Duane Reade** et dans les **West Side Supermarket**. Les restaurants coréens servent des repas toute la nuit. Les supermarchés **Food Emporium** sont généralement ouverts jusqu'à minuit. Les marchands de vins et liqueurs ferment habituellement à 22 h et beaucoup acceptent de livrer à domicile.

Pour grignoter tardivement de bons bagels, allez chez **H & H Bagels, Bagels On The Square** ou **Jumbo Bagels and Bialys**. De nombreuses pizzerias et restaurants chinois sont ouverts tard et livrent à domicile.

OÙ DÎNER

Les branchés friands de cuisine française fréquentent souvent **Balthazar, Florent** et **Les Halles**. Les jeunes se retrouvent au **Coffee Shop** pour une dernière bière et des plats brésiliens. Découvrez de fabuleux sandwiches au **Carnegie Delicatessen**. À Greenwich Village, le **Caffè Reggio**, connu depuis 1927, sert café et desserts tard le soir. Le **Blue Ribbon** et **Odeon** sont aussi des lieux agréables. Avec son jukebox, son bar animé et son bar qui sert à manger tard le soir, **The Dead Poet** attire les habitants d'Upper West Side. Downtown, les noctambules dégusteront de délicieux kebabs au **Bereket Turkish Kebab House** ou à l'**Empire Diner** dans Chelsea, tous deux ouverts 24 h sur 24.

SPORTS

On carambole jusqu'à 4 h du matin au **Slate Billiards** et jusqu'à 5 h durant les week-ends au **Billiard Club**. Buvez, mangez et abattez les quilles avec les étudiants de l'université de New York au bowling **Bowlmor Lanes**. Le lundi soir, on joue dans le noir avec des quilles et des boules fluorescentes. Le **24-7 Fitness Club** est un gymnase sans chichis ouvert 24 h sur 24.

SERVICES

Le teinturier **Midnight Express Cleaners** ramasse les vêtements jusqu'à minuit et les rapporte prêts le lendemain, sauf dans les grands hôtels. Le coiffeur **George Michael of Madison Avenue/Madora Inc.** ouvre jusqu'à 21 h le jeudi et coiffe aussi à domicile. Réservé aux femmes, le spa coréen **Juvenex** propose massages et saunas à toute heure du jour et de la nuit. Un problème de serrure ? Appelez **Mr Locks Inc.** Besoin d'un timbre ? **The General Post Office** est ouverte 24 h sur 24.

VISITES GUIDÉES ET PANORAMAS

Allez respirer l'air frais le long de Hudson River dans **Battery Park City** – ouvert et sûr à toute heure. Les quais 16 et 17 de South Street Seaport attirent les flâneurs toute la nuit (le restaurant **Harbour Lights** ouvre jusqu'à 2 h du matin). Vous pouvez aussi embarquer avec **Circle Line** pour admirer, deux heures durant, les illuminations de la ville. Regardez le soleil se lever sur East River, de Riverview à Sutton Place. C'est en vous promenant vers l'ouest du **River Café** et vers l'est du restaurant **Arthur's Landing** que vous aurez les plus belles vues de Manhattan. Prenez le **Staten Island Ferry** *(p. 76-77)* pour aller visiter la Statue de la Liberté et voir Manhattan se découper dans la lumière de l'aube. Vous pouvez aussi prendre un taxi et traverser Brooklyn Bridge (*p. 86-89*) pour assister au lever du soleil sur le port. Jusqu'à 1 h du matin, depuis le haut de la tour du **Beekman Tower Hotel,** vous pourrez contempler East Side. Le belvédère le plus fantastique reste le sommet de l'**Empire State Building** – accessible jusqu'à 2 h du matin (*p. 136-137*). Les deux étages d'observation du **Top of the Rock** sont ouverts jusqu'à minuit (*p. 144*). **Rise,** le bar du 14e étage du Ritz-Carlton Hotel offre de superbes vues sur le port et la Statue de la Liberté. Faites un tour en calèche depuis **Château Stables** ou envolez-vous au coucher du soleil grâce à **Liberty Helicopters. Marvelous Manhatan Tours** organise des tournées de bars accompagnées. Et si vraiment vous n'avez toujours pas sommeil, déambulez dans Upper West Side en savourant un hot dog de chez **Gray's Papaya.**

ADRESSES

BARS

Algonquin Hotel
Voir p. 357.

Blue Note
Voir p. 353.

Carlyle Hotel
Voir p. 357.

Cornelia Street Café
29 Cornelia St.
Plan 4 D2.
Tél. *(212) 989-9318.*

Joe's Pub *Voir p. 353.*

Nuyorican Poets Café
236 E 3rd St. **Plan** 5 A2.
Tél. *(212) 505-8183.*

O'Flanagan's
1215 1st Ave.
Plan 13 C2.
Tél. *(212) 439-0660.*

Rose's Turn
Voir p. 357.

Scruffy Duffy's
743 8th Ave. **Plan** 12 D5.
Tél. *(212) 245-9126.*

Temple Bar
332 Lafayette St.
Plan 4 F4.
Tél. *(212) 925-4242.*

BOUTIQUES

Apple Store
767 5th Ave. **Plan** 12 F3.
Tél. *(212) 336-1440.*

Duane Reade Drugstores
224 W 57th (Broadway).
Plan 12 D3.
Tél. *(212) 541-9708.*
1279 3rd Ave et E 74th St. **Plan** 17 B5.
Tél. *(212) 744-2668.*

Macy's *Voir p. 134.*

RiteAid Pharmacy
Voir p. 373.

TLA Video
52 W 8th St. **Plan** 4 D2.
Tél. *(212) 228-8282.*

Trash and Vaudeville
Voir p. 324.

TRAITEURS ET ÉPICERIES

Bagels On The Square
7 Carmine St. **Plan** 4 D3. **Tél.** *(212) 691-3041.*

Gristedes Food Emporium
Consultez les Pages Jaunes pour les boutiques.

H & H Bagels
Broadway et 80th St.
Plan 15 C4.
Tél. *(212) 595-8003.*

H & H Midtown Bagels East
1551 2nd Ave.
Plan 17 B4.
Tél. *(212) 734-7441.*

Jumbo Bagels and Bialys
1070 2nd Ave.
Plan 13 B3.
Tél. *(212) 355-6185.*

West Side Market
2171 Broadway.
Plan 15 C5.
Tél. *(212) 595-2536.*

OÙ DÎNER

Balthazar
80 Spring St. **Plan** 4 E4.
Tél. *(212) 965-1414.*

Bereket Turkish Kebab House
187 E Houston. **Plan** 5 A3.
Tél. *(212) 475-7700.*

Blue Ribbon
Voir p. 300.

Caffè Reggio
119 MacDougal St.
Plan 4 D2.
Tél. *(212) 475-9557.*

Carnegie Delicatessen
Voir p. 314.

Coffee Shop
Voir p. 314.

The Dead Poet
450 Amsterdam Ave.
Plan 15 C4.
Tél. *(212) 595-5670.*

Empire Diner
Voir p. 138.

Florent *Voir p. 314.*

Gray's Papaya
Broadway et 72nd St.
Plan 11 C1.
Tél. *(212) 260-3532.*

Les Halles *Voir p. 314.*

Odeon *Voir p. 298.*

SPORTS

24-27 Fitness Club
47 W 14th St.
Plan 4 D1.
Tél. *(212) 206-1504.*

Billiard Club
220 W 19th St.
Plan 8 E5.
Tél. *(212) 206-POOL.*

Bowlmor Lanes
110 University Pl.
Plan 4 E1.
Tél. *(212) 255-8188.*

Slate Billiards
Voir p. 361.

SERVICES

General Post Office
Voir p. 135.

George Michael of MadisonAvenue/ Madora Inc
422 Madison Ave.
Plan 13 A5.
Tél. *(212) 752-1177.*

Juvenex Spa
25 W 32nd St. 5th floor.
Plan 8 F3.
Tél. *(646) 733-1330.*

Midnight Express Cleaners
Tél. *(718) 392-9200.*

Mr Locks Inc.
Tél. *(888) 675-6257*

VISITES GUIDÉES ET PANORAMAS

Arthur's Landing
Port Imperial Marina,
Pershing Circle,
Weehawken, NJ.
Tél. *(201) 867-0777.*

Battery Park City
West St. **Plan** 1 A3.

Beekman Tower Hotel
1st Ave 49th St.
Plan 13 C5.
Tél. *(212) 355-7300.*

Château Stables
608 W 48th St.
Plan 15 B3.
Tél. *(212) 246-0520.*

Circle Line
W 42nd St. **Plan** 15 B3.
Tél. *(212) 563-3200.*

Marvelous Manhattan Tours
Tél. *(718) 846-9308.*

Empire State Building
Voir p. 136-137.

Harbour Lights
89 South St Seaport.
Pier 17. **Plan** 2 D2.
Tél. *(212) 227-2800.*

Liberty Helicopters
Tél. *(212) 487-4777.*

Rise
Ritz-Carlton, Battery Park. **Plan** 1 B4.
Tél. *(212) 344-0800.*

River Café
Voir p. 311.

Staten Island Ferry
Voir p. 76.

Le sport

Les New-yorkais sont de grands amateurs de sport. Toute l'année, vous pourrez vous rendre à de nombreux événements sportifs, en tant que spectateur ou qu'acteur. La ville compte deux équipes de base-ball professionnel, deux équipes de hockey, une équipe de basket et deux équipes de football américain. Madison Square Garden accueille une extraordinaire variété d'événements sportifs –basket, hockey, boxe et athlétisme. L'US Open et les Virginia Slims font le bonheur des amateurs de tennis. Et en athlétisme, les meilleurs athlètes mondiaux se rencontrent aux Millrose Games.

BILLETS

Pour assister aux événements sportifs, achetez vos billets chez **Ticketron** ou **Ticketmaster.** Pour les grandes rencontres, passez par une agence, ou achetez vos tickets directement aux guichets du stade, mais ils sont vite épuisés. Vous devez vous y prendre longtemps à l'avance. Les hebdomadaires gratuits distribuent régulièrement des tickets dans toute la ville.

FOOTBALL AMÉRICAIN

Les deux équipes professionnelles, les New York Giants et les New York Jets, jouent toutes deux au **Giants Stadium,** dans le New Jersey. Un nouveau stade est en projet dans West Side. Il est presque impossible d'obtenir des billets pour un match des Giants tellement le nombre de leurs victoires à la National Football League et au Super Bowl est impressionnant, mais il vous reste une chance pour les Jets.

BASE-BALL

Pour comprendre l'esprit de cette institution américaine, allez voir les New York Yankees au **Yankee Stadium,** dans le Bronx. Leur palmarès est légendaire. Ils ont remporté la plupart des World Series et leurs joueurs, de Joe DiMaggio à Jackie Robinson, sont adulés. L'autre grande équipe, les New York Mets, joue au **Shea Stadium,** dans le Queens. Assister à un match du « loisir favori de l'Amérique »

par une chaude journée d'été dans le sacro-saint Yankee Stadium est un moment mémorable, du craquement de la batte et de l'envol de la balle dans le ciel bleu clair aux glissades et au grondement de la foule. Essayez d'assister à un match entre les Yankees et les Boston Red Sox. La saison dure d'avril à octobre.

BASKET

Les New York Knicks jouent au **Madison Square Garden.** Les tickets sont chers et difficiles à obtenir. Il faut réserver longtemps à l'avance par le Ticketron ou le Ticketmaster. C'est aussi là qu'évoluent les légendaires Harlem Globetrotters.

BOXE

Vous avez plus de chances d'assister à un match de boxe professionnelle sur une télé grand écran qu'au Madison Square Garden, où se déroulent aussi, mi-avril, les Daily News Golden Gloves. Le plus grand et le plus vieux tournoi de boxe amateur des États-Unis réunit des boxeurs des cinq boroughs de Manhattan. Parmi les vainqueurs des Golden Gloves, de Sugar Ray Robinson à Floyd Patterson, beaucoup sont aussi médailles d'or olympiques et champions du monde.

COURSES HIPPIQUES

Les courses ont peut-être perdu de leur lustre, mais certaines attirent toujours le

gratin – en chapeaux, robes d'été, etc. – ainsi qu'un public fébrile venu encourager, conspuer et parier sur les chevaux. Le **Yonkers Raceway** accueille toute l'année des courses de trot attelé. Les épreuves de plat se déroulent chaque jour, sauf le mardi, à l'**Aqueduct Race Track,** dans le Queens (d'octobre à mai), et au **Belmont Park Race Track,** à Long Island (de mai à octobre).

HOCKEY SUR GLACE

La glace et les coups volent quand les New York Rangers rencontrent leurs adversaires au Madison Square Garden. Les New York Islanders forment eux aussi une solide équipe. Ils jouent au **Nassau Coliseum,** à Long Island. La saison de hockey dure d'octobre à avril.

PATIN À GLACE

New York compte trois patinoires d'extérieur. La première est le **Rockefeller Plaza Rink,** qui est magnifique à Noël. Les autres, toutes deux à Central Park, sont le **Wollman Memorial Rink** et le **Lasker Ice Rink.** Pour patiner à l'intérieur, rendez-vous au Sky Rink de **Chelsea Piers.**

MARATHON

Pour être l'un des 30 000 heureux participants au marathon de New York, le premier dimanche de novembre, il faut s'inscrire six mois à l'avance. Renseignements téléphoniques au (212) 423-2249.

TENNIS

L'US Open est le principal tournoi de tennis de New York. Il a lieu en août au **National Tennis Center** de Flushing Meadows. Le tournoi féminin de Virginia Slims se déroule en novembre au **Madison Square Garden** (p.135). Si vous ne voulez pas vous contenter d'être spectateur, consultez dans l'annuaire la rubrique « Tennis Courts : Public and Private ». Pour des courts privés, comptez de 50 à 70 $ l'heure. Le **Manhattan Plaza Racquet Club** propose des courts et des leçons à l'heure. Pour les courts publics, il vous faut un permis acheté 50 $ au **NY City Parks & Recreation Department,** plus une carte d'identité et un coupon de réservation.

ATHLÉTISME

Début février, de grands athlètes du monde entier viennent participer aux Millrose Games au **Madison Square Garden.** Les épreuves du 100 m, du saut à la perche et du saut en hauteur sont particulièrement excitantes. Les championnats de l'Amateur Athletic Union (AAU), où concourent des athlètes étudiants de haut niveau, se déroulent fin février au Garden. **Chelsea Piers** possède aussi un stade d'athlétisme complet.

BARS SPORTIFS

New York ne compte plus ses bars sportifs, avec leurs grands écrans, leurs fanions et leurs supporters bruyants. Pour participer à la vie sportive américaine, rendez-vous dans l'un de ces bars un jour de grand match et laissez-vous gagner par la fougue des supporters. **Time Out** et **Mickey Mantle's** ont tous deux des panneaux d'affichage géants et plusieurs écrans vidéo. **ESPN Zone**, à Times Square, est équipé d'une pléthore d'écrans qui vous permettent de ne rien perdre de l'action, même aux toilettes. Le **Bar None** et le **Pioneer Bar,** accueillant pub irlandais, sont réputés. Pour le football, rendez-vous au **Nevada Smith's,** dans East Village, où la clientèle imbibée de Guinness met une ambiance contagieuse.

AUTRES ACTIVITÉS

À Central Park, vous avez le choix entre louer une barque au **Loeb Boathouse** ou faire une partie d'échecs – empruntez les pièces au Dairy (p. 208). Vous pouvez aussi louer des rollers chez **Blades Board & Skate** et prendre une leçon de freinage gratuite à Central Park avant de faire un tour. New York compte quelques bowlings, dont un à **Chelsea Piers.** Pour jouer au billard ou aux fléchettes, rendez-vous au **Slate Billards** et dans divers bars.

ADRESSES

Aqueduct Race Track
Ozone Park, Queens.
Tél. (718) 641-4700.

Bar None
98 3rd Ave.
Plan 4 F1.
Tél. (212) 777-6663.

Belmont Park Race Track
Hempstead Turnpike, Long Island.
Tél. (718) 641-4700.

Blades Board & Skate
120 W 72nd St.
Plan 12 D1.
Tél. (212) 787-3911.

Chelsea Piers Sports & Entertainment Complex
Piers 59-62 sur 23rd St et 11th Ave (Hudson River).
Plan 7 B4-5.
Tél. (212) 336-6000.
www.chelseapiers.com

ESPN Zone
1472 Broadway et W 42nd St.
Plan 8 E1.
Tél. (212) 921-3776.

Giants Stadium
Meadowlands,
E Rutherford, NJ.
Tél. (201) 935-8111.
www.giants.com

Tél. (516) 560-8200.
www.newyorkjets.com

Lasker Ice Rink
Central Park Drive East et 108th St.
Plan 21 B4.
Tél. (212) 534-7639.

Loeb Boathouse
Central Park.
Plan 16 F5.
Tél. (212) 517-2233.

Madison Square Garden
7th Ave et 33rd St.
Plan 8 E2.
Tél. (212) 465-6741.
www.thegarden.com

Manhattan Plaza Racquet Club
450 W 43rd St.
Plan 7 C1.
Tél. (212) 594-0554.

Mickey Mantle's
42 Central Park South.
Plan 12 E3.
Tél. (212) 688-7777.

Nassau Coliseum
1255 Hempstead Turnpike.
Tél. (516) 794-9303.
www.nassaucoliseum.com

National Tennis Center
Flushing Meadow Park, Queens.
Tél. (718) 595-2420.
www.usta.com

Nevada Smith's
74 3rd Ave.
Plan 4 F1.
Tél. (212) 982-2591.

NY City Parks & Recreation Department
Arsenal Building,
64th St et 5th Ave.
Plan 12 F2.
Tél. (212) 408-0100.

Pioneer Bar
218 Bowery.
Plan 4 F3.
Tél. (212) 334-0484.

Rockefeller Plaza Rink
1 Rockefeller Plaza,
5th Ave. Plan 12 F5.
Tél. (212) 332-7654.

Shea Stadium
126th St et Roosevelt Ave, Flushing, Queens.
Tél. (718) 507-8499.

Slate Billiards
54 W 21st St.
Plan 8 E4.
Tél. (212) 989-0096.

Ticketmaster
Tél. (212) 307-4100.
www.ticketmaster.com

Ticketron
Tél. (212) 239-6200,
1-800-432-7250.
www.telecharge.com

Time Out
349 Amsterdam Ave.
Plan 15 C5.
Tél. (212) 362-5400.

Wollman Memorial Rink
Central Park,
5th Ave et 59th St.
Plan 12 F2.
Tél. (212) 439-6900.

Yankee Stadium
River Ave et 161st St, The Bronx.
Tél. (718) 293-4300.

Yonkers Raceway
Yonkers,
Westchester County.
Tél. (914) 968-4200.

Sport et remise en forme

New York est (tristement) réputée pour son béton, sa foule et sa cacophonie. Pourtant, cette jungle urbaine est une aubaine pour les amateurs de sport et de remise en forme. On peut, au choix, faire du vélo sous le soleil au bord du fleuve, courir à l'ombre des célèbres gratte-ciel de Manhattan autour du réservoir de Central Park, gravir un mur d'escalade dans l'un des nombreux et excellents clubs de gym de la ville, s'offrir un massage dans un somptueux spa jonché de pétales de rose et trouver son Om intérieur dans la position du lotus dans un cours de yoga.

CYCLISME

Rien de tel que d'être coincé dans les embouteillages de Midtown pour rêver d'une promenade à vélo sur une route déserte. Manhattan a beau Être l'une des îles les plus peuplées de la planète, elle ne compte pas moins de 120 km de pistes cyclables et plus de 110 000 cyclistes quotidiens. Central Park est l'un des endroits les plus agréables pour pédaler le week-end, quand la circulation est fermée aux voitures. Vous pouvez louer des vélos au **Central Park Bike Rentals,** sur Columbus Circle. Si vous préférez l'air marin, empruntez la piste cyclable bien entretenue qui longe West Side Highway, parallèle à la Hudson River, ou celle de Riverside Park. Les week-ends d'été, ces pistes sont parfois très encombrées, mais tôt le matin ou tard le soir, ou en hiver, elles sont souvent désertes.

Bicycle Habitat, sur Lafayette Street, loue des vélos et se fait un plaisir de vous donner des tuyaux pour circuler en ville.

CENTRES DE REMISE EN FORME ET GYMNASES

À New York, même les plus accros au travail font au moins une séance de remise en forme par semaine. Les clubs ont germé dans toute la ville pour répondre à la demande et proposent des séances à toute heure du jour et de la nuit. Vous n'aurez que l'embarras du choix: décharger son agressivité sur un sac de sable, améliorer votre rythme cardiaque sur un step ou soulever de la fonte. Les grands hôtels ont généralement leurs propres centres de fitness. Les salles de sport sont souvent réservées aux membres, mais de plus en plus proposent des forfaits à la journée. Renseignez-vous auprès du **Chelsea Piers Sports & Entertainment Complex,** un immense complexe multisports situé Piers 59 à 62, sur la Hudson River. Le **May Center for Health, Fitness and Sport at the 92nd Street Y** abrite plusieurs étages de salles de gym et d'haltérophilie, de courts de jeux de raquette, une salle de boxe et une piste extérieure. Le forfait coûte 30 $ la journée. Avec sa salle de gym bien entretenue et ses programmes de nutrition et de remise en forme personnalisés, le **Casa Spa & Fitness at the Regency Hotel,** sur Park Avenue, tient sa promesse: c'est un véritable « havre de santé et de remise en forme quand vous êtes loin de chez vous ».

Vous pouvez également profiter des excellentes installations du **YMCA** (West Side ou 47th Street) : matériel moderne, plusieurs salles, piscines, salles d'aérobic, pistes de course/marche et toutes sortes de courts. De quoi stimuler votre enthousiasme. Sans oublier des programmes spécialement étudiés pour les personnes âgées.

GOLF

Travaillez votre swing au **Randalls Island Golf Center,** sur Randalls Island, ou au **Chelsea Piers Golf Club,** sinon jouez au mini-golf au **Wollman Memorial Rink** de Central Park. La ville possède plusieurs parcours dans les boroughs – le **Pelham Bay Park** dans le Bronx et le **Silver Lake** à Staten Island.

JOGGING

Certains parcs sont dangereux pour les coureurs. Demandez conseil au concierge de votre hôtel. Attention, aucun parc n'est sûr la nuit, à l'aube ou au crépuscule. La piste la plus courue fait le tour du réservoir de Central Park. Chaque semaine, le **NY Road Runners,** sur la 89e Rue, organise des compétitions, tout comme le **Chelsea Piers Sports & Entertainment Complex.**

MÉTHODE PILATES

Vous n'avez rien à perdre, à part vos poignées d'amour, en essayant la méthode Pilates, qui repose sur le principe selon lequel le corps possède une « centrale énergétique » qui commande toutes les fonctions périphériques. Étirer et tonifiez les muscles de vos abdos et de votre buste sous la direction d'un danseur professionnel dans un loft de TriBeCa (20 $ la séance) au **Grasshopper Pilates,** sur Franklin Street. **Power Pilates** propose aussi des séances de raffermissement (15 $) un peu partout dans la ville.

YOGA

Quoi de plus facile que d'entrer en contact avec son cur spirituel dans un endroit comme l'**Exhale Mind Body Spa,** sur Madison Avenue, vaste centre avec hauts plafonds, parquets en bois et séances multiples. Le yoga est le meilleur antidote à la folie de cette ville. Et si vous pensez qu'il n'est pas assez physique, essayez donc la séance spéciale abdominaux. **YogaMoves,** sur la 6e Avenue, propose également un grand choix de séances pour tous les niveaux.

SPAS

Faites-vous choyer dans l'un des excellents spas de New York. Vous en sortirez aussi frais qu'une rose, prêt à affronter la jungle urbaine. Il existe des forfaits. Si vous voyagez avec votre moitié, optez pour un massage de couple. Les senteurs des encens amérindiens qui vous enveloppent à l'entrée du **Clay** ne sont qu'un avant-goût du massage exquis qui vous attend sous un doux éclairage.

À la fois confortable et convivial, l'**Oasis Day Spa** d'Union Square propose six massages à l'aromathérapie (100 $) – tonique, rafraîchissant, équilibre, passion, calme et détente. Pour les hommes, gommage au sel de la mer Morte, soin du visage aux algues ou massage musculaire (100 $ pour une heure). Pour un petit goût de paradis à la balinaise, plongez dans l'**Acqua Beauty Bar,** sur la 14ᵉ Rue, pour un soin du visage botanique purifiant (115 $), un soin pédicure à l'orchidée (45 $) ou un rituel de beauté indonésien (170 $), avec gommage au riz et massage aux huiles parfumées. Chez **Bliss,** dans la 57ᵉ Rue, vous découvrirez qu'il n'y a rien qu'un gommage à la carotte et au sésame (195 $) ou un soin du visage complet (195 $) ne peuvent soigner. Et ajoutez-y un soin pédicure aux deux chocolats accompagné d'une tasse de cacao crémeux. Un pur bonheur.

Les célébrités, d'Antonio Banderas à Kate Moss, ne jurent que par **Mario Badescu,** sur la 52ᵉ Rue. Leurs soins du visage et leurs gommages corporels, dont un à la framboise et à la fraise, sont aussi légendaires que les produits de beauté, qui font de merveilleux cadeaux.

NATATION

Plusieurs hôtels de Manhattan ont leur propre piscine. Vous pouvez aussi nager et faire du surf au Surfside 3 Maritime Center de **Chelsea Piers**. À moins de partir passer la journée au Jones Beach State Park *(p. 255)* à Long Island.

SPORTS D'INTÉRIEUR

Chelsea Piers propose un large choix d'activités : pistes de roller, bowling, football en salle, basket, murs d'escalade, clubs de remise en forme, golf, salle de gymnastique, spas, piscines et, en plus, un médecin du sport. Cet immense complexe qui s'étend sur quatre anciens embarcadères de West Side est ouvert à tous.

En plus de ses clubs de remise en forme, le **YMCA** propose des séances d'entraînement, d'équilibre et de souplesse, organise des excursions à la journée et des événements spéciaux, sportifs et caritatifs. Si vous voulez offrir une journée d'aventure et de sport à vos enfants, ou si vous cherchez à brûler quelques calories, venez donc y faire un tour.

ADRESSES

Acqua Beauty Bar
7 E 14th St.
Plan 8 F5.
Tél. (212) 620-4329.

Bicycle Habitat
244 Lafayette St.
Plan 4 F3.
Tél. (212) 431-3315.

Bliss
19 E 57th St.
Plan 12 F3.
Tél. (212) 219-8970.
(Autre magasin à SoHo.)

Casa Spa & Fitness at the Regency Hotel
540 Park Ave.
Plan 13 A3.
Tél. (212) 223-9280.

Central Park Bike Rental
2 Columbus Circle.
Plan 12 D3.
Tél. (212) 541-8759.

Chelsea Piers Sports & Entertainment Complex
Piers 59-62, à la hauteur de 23rd St et 11th Ave (Hudson River).
Plan 7 B45.
Tél. (212) 336-6000.
www.chelseapiers.com

Clay
25 W 14th St.
Plan 4 D1.
Tél. (212) 206-9200.

Exhale Mind Body Spa
980 Madison Ave.
Plan 17 A5.
Tél. (212) 561-6400.

Grasshopper Pilates
116 Franklin St.
Plan 4 E5.
Tél. (212) 431-5225.

Mario Badescu
320 E 52nd St.
Plan 13 B4.
Tél. (212) 758-1065.

May Center for Health, Fitness and Sport at the 92nd Street Y
1395 Lexington Ave.
Plan 17 A2.
Tél. (212) 415-5729.

NY Road Runners
9 E 89th St.
Plan 17 A3.
Tél. (212) 860-4455.

Oasis Day Spa
108 E 16th St.
Plan 9 A5.
Tél. (212) 254-7722.
Fait partie d'une chaîne.

Pelham Bay Park
The Bronx,
870 Shore Rd.
Tél. (718) 885-1461.

Power Pilates
49 W 23rd St,
10ᵉ étage.
Plan 8 F4.
Tél. (212) 627-5852.

Randalls Island Golf Center
Randalls Island.
Plan 22 F2.
Tél. (212) 427-5689.

Silver Lake
915 Victory Blvd.
Staten Island.
Tél. (718) 447-5686,

Wollman Memorial Rink
Central Park, 5th Ave et 59th St. **Plan** 12 F2.
Tél. (212) 439-6900.

YMCA 47th St
224 E 47th St.
Plan 13 B5.
Tél. (212) 756-9600.

YMCA West Side
1395 Lexington Ave.
Plan 17 A2.
Tél. (212) 415-5500.

YogaMoves
1026 6th Ave.
Plan 8 E1.
Tél. (212) 278-8330.

LE NEW YORK DES ENFANTS

Les jeunes visiteurs adorent le mouvement perpétuel de la ville : toujours quelque chose à regarder ou à faire. De multiples attractions leur sont destinées. Plus d'une douzaine de troupes de théâtre, deux zoos et trois musées les attendent, ainsi que des divertissements et programmes spéciaux dans de nombreux musées et parcs. Les enfants adorent gambader dans les studios de télévision et quelle joie d'aller voir le Big Apple Circus ! Un seul séjour ne suffit pas à épuiser les plaisirs, et jamais vous n'entendrez le classique « Je m'ennuie ! ». En outre, il n'est pas nécessaire de dépenser une fortune pour bien s'amuser.

New York, une remarquable aire de jeux pour les enfants

CONSEILS PRATIQUES

New York aime bien la famille. Dans la plupart des hôtels, les enfants sont logés gratuitement dans la chambre des parents. Pour eux, les musées sont gratuits ou demi-tarif. Les enfants qui ne dépassent pas la taille de 1 m 12 n'ont pas besoin de billet dans le métro ou l'autobus (déplacez-vous entre 9 h et 16 h pour éviter l'affluence).

On se procure facilement des couches et des médicaments ; la pharmacie Rite Aid *(p. 373)* reste ouverte 24 h sur 24.
Vous ne disposerez pas toujours de tables à langer dans les toilettes mais on en trouve dans les bibliothèques, les hôtels et les grands magasins. Pour faire garder votre enfant, adressez-vous à votre hôtel, à la **Baby Sitters' Guild** ou à **Pinch Sitters**.

Demandez un exemplaire du calendrier trimestriel gratuit des activités enfantines du New York Convention and Visitors Bureau *(p. 368)*. Les magazines *New York* ou *Time Out New York* indiquent le programme de la semaine.

EXPLORER NEW YORK

La cité est un grand parc d'attractions pour les enfants. L'ascenseur les emporte jusqu'au sommet des plus hautes « maisons » du monde. On peut leur faire faire le tour de Manhattan en bateau, avec le *Circle Line* ou à bord du voilier *Pioneer (p. 84)*, visiter un navire à roue sur E 23rd Street Marina ou encore débarquer sur Staten Island par le ferry *(p. 76-77)*. Un téléphérique – le Roosevelt Island Tram *(p. 181)* – traverse East River. Dans Central Park *(p. 204-209)*, les enfants ont à leur disposition un manège,

Même le Père Noël patine au Rockefeller Center !

des chevaux et des poneys. Le week-end, les plus sportifs se lancent sur leurs planches à roulettes.

Fraîcheur estivale autour d'une fontaine de Central Park

MUSÉES

La majorité des musées new-yorkais sont destinés au grand public, mais certains sont spécialement réservés aux jeunes. Au Children's Museum of Arte *(p. 107)*, les enfants peuvent peindre et sculpter, tandis que le Children's Museum of Manhattan *(p. 219)* est un univers de sons et d'images où ils produisent leurs propres vidéos et émissions. Hors du centre, pensez au **Staten Island Children's Museum** et au Brooklyn Children's Museum *(p. 247)*. L'*Intrepid (p. 149)* est un porte-avions converti en musée. Ne manquez pas les dinosaures de l'American Museum of Natural History *(p. 216-217)*.

ACTIVITÉS EN PLEIN AIR

En été, tous les New-Yorkais jouent dehors – petits et grands ! Central Park est un vrai pays des merveilles avec ses patinoires, ses lacs, ses sentiers pour bicyclettes et son golf miniature. Les gardiens du parc proposent des visites guidées le samedi ; on peut y regarder des courses de bateaux miniatures ou écouter des conteurs. Le Central Park Widelife Center et le Tish Children's Zoo sont les lieux de prédilection pour les enfants. Le Bronx Zoo/ Wildlife Conservation Park, avec ses 500 espèces d'animaux, fascinera grands et petits *(p. 244-245)*.

À seulement une station de métro, se trouve Coney Island *(p. 249)*. L'hiver, on patine au Rockefeller Center *(p. 144)* ou dans Central Park.

ACTIVITÉS COUVERTES

Les nombreux théâtres pour enfants rivalisent de qualité avec ceux des adultes. Ne manquez pas les spectacles des troupes **Paper Bag Players** et **Theaterworks, USA.**

Les spectacles du **Swedish Marionette Theater** ont lieu du mardi au vendredi à 10 h 30 et midi et le samedi jusqu'à 13 h. Pensez à réserver vos places le plus tôt possible.

Au moment de Noël, le New York City Ballet présente *Casse-Noisette* au Lincoln Center *(p. 212),* et le **Big Apple Circus** monte son chapiteau à proximité. Chaque printemps, les Ringling Brothers et le cirque Barnum & Bailey sont la grande attraction de Madison Square Garden *(p. 135).*

En hiver, à **Chelsea Piers**, bowlings et patinoires occupent les jeunes New-Yorkais. Au **Sony Wonder Technology Lab,** les enfants peuvent créer leurs jeux vidéos, leurs films et leur musique gratuitement.

L'horloge du magasin de jouets FAO Schwarz

ACHATS DE JOUETS

Les enfants vous suivront volontiers chez **FAO Schwarz** ou **Toys 'R' Us,** deux immenses temples du jouet. Pour plus de renseignements sur les autres magasins de jouets, rendez-vous à la rubrique Les curiosités de New York, pages 322 à 324. Des conteurs animent la librairie pour enfants **Books of Wonder.**

OÙ MANGER

Les hamburgers garnis de pâtes servis à **Ottamanelli's Café** plaisent beaucoup aux enfants. Le **Hard Rock Café** a toujours du succès et beaucoup d'enfants sont gourmands de cuisine chinoise et italienne. Pour des saveurs plus étranges, allez à **Chinatown Ice Cream Factory**. Les bretzels, hot-dogs et pizzas vendus dans la rue font également très bien l'affaire. Si vous aimez les fast-foods, vous pouvez essayer Mac Donald's, White Castle ou Burger King.

ADRESSES

CONSEILS PRATIQUES

Baby Sitters' Guild
Tél. (212) 682-0227.

Pinch Sitters
Tél. (212) 260-6005.

EXPLORATION

Circle Line
Pier 83, W 42nd St. **Plan** 7 A1.
Tél. (212) 563-3200.

MUSÉES

Staten Island Children's Museum
1000 Richmond Terr, Staten Is.
Tél. (718) 273-2060.

ACTIVITÉS COUVERTES

Big Apple Circus
Tél. (212) 268-2500.

Chelsea Piers
Tél. (212) 336-6800.
www.chelseapiers.com

Paper Bag Players
Tél. (212) 663-0390.

Sony Wonder Technology Lab
550 Madison Ave. **Plan** 13 A3.
Tél. (212) 833-8100.

Swedish Cottage Marionette Theater
Tél. (212) 988-9093.

Theaterworks USA
787 7th Ave. **Plan** 12 E4.
Tél. (212) 627-7373.

ACHATS DE JOUETS

Books of Wonder
16 W 18th St. **Plan** 8 C5.
Tél. (212) 989-3270.

FAO Schwarz
767 5th Ave. **Plan** 12 F3.
Tél. (212) 644-9400.

Toys 'R' Us
Voir p. 324.

OÙ MANGER

Chinatown Ice Cream Factory
65 Bayard St. **Plan** 4 F5.
Tél. (212) 608-4170.

Hard Rock Café
1501 Broadway. **Plan** 8 E1.
Tél. (212) 343-3355.

Ottomanelli's Café
1626 York Ave. **Plan** 17 C3.
Tél. (212) 772-7722.

Un compteur en action à South Street Seaport

RENSEIGNEMENTS PRATIQUES

NEW YORK MODE D'EMPLOI 368-377

ALLER À NEW YORK 378-383

CIRCULER À NEW YORK 384-393

NEW YORK MODE D'EMPLOI

À New York, les touristes sont traités comme tout le monde, mais si vous respectez quelques consignes essentielles de sécurité *(p. 372-373)*, vous pourrez explorer la ville aussi librement qu'un New-Yorkais d'origine. Les bus et les métros *(p. 388-391)* sont sûrs et bon marché. Il y a de nombreux distribu-

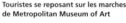

Touristes se reposant sur les marches de Metropolitan Museum of Art

teurs automatiques *(p. 374-375)* et l'on peut facilement changer de l'argent dans les banques, les hôtels et les bureaux de change. Un voyage à New York ne vous ruinera pas, car vous trouverez toujours des hôtels *(p. 280-291)*, des cafés, des restaurants *(p. 296-311)* et des spectacles *(p. 340-365)* abordables.

CONSEILS PRATIQUES

À New York, les heures de pointe s'étalent entre 8 h et 10 h, 11 h 30 et 13 h 30 ainsi que 16 h 30 et 18 h 30, du lundi au vendredi. Tous les transports publics sont alors bondés et les trottoirs très encombrés.

Pour ne pas s'épuiser inutilement, il vaut mieux regrouper les endroits intéressants à visiter et étudier les plans de chacun en tenant compte des distances. Les autobus, confortables et pratiques, constituent le meilleur moyen de transport. Ils vous permettent aussi de découvrir la ville pendant le trajet.

Il vaut mieux s'abstenir de traverser certaines zones, en particulier la nuit *(p. 372-373)*. Évitez les toilettes publiques des arrêts d'autobus et des métros, ce sont les lieux de prédilection des drogués et sans-abri, même s'il y a un gardien. En cas de besoin, mieux vaut se rendre dans un hôtel, un grand magasin ou une librairie.

Si vous avez besoin d'un renseignement quelconque, adressez-vous à un policier ou à un portier d'hôtel. Ces derniers sont généralement de service jour et nuit.

Portier d'hôtel

HEURES D'OUVERTURE

En général de 9 h à 17 h, sans pause à l'heure du déjeuner. Quelques banques ferment

◁ **Files de taxis new-yorkais**

plut tôt, à 16 h, mais d'autres ouvrent de 8 h à 18 h, ainsi que le samedi matin. Les musées sont souvent fermés le lundi et les jours fériés. Certains restent ouverts tard le mardi ou le jeudi soir ; renseignez-vous.

MUSÉES

À New York, le terme *museum* comprend aussi ce que les Européens appellent « galeries ». Description des musées importants, p. 36-39.

Le prix d'entrée le plus bas est de 2 \$; s'ils sont gratuits, on vous demandera une *donation* pouvant aller de 6 \$ à 12 \$. Il y a des réductions pour les personnes âgées, les étudiants et les enfants. Les principaux musées proposent des visites guidées et des conférences gratuites. L'Avenue des musées (Museum Mile, *p. 184-185)* en rassemble le plus grand nombre.

ÉTIQUETTE

Il est maintenant interdit de fumer dans *tous* les lieux publics ou bâtiments de New York. Certains restaurants réservent des espaces fumeurs mais mieux vaut se renseigner avant.

Les pourboires sont indispensables. Comptez 10 à 15 % pour le taxi, 15 à 20 % pour les serveurs, 15 % dans un bar, vestiaire 1 \$, femme de chambre 1 ou 2 \$ par jour, groom 1 \$ par valise, le coiffeur, 10 à 20 %.

CAFÉS INTERNET

Les cafés Internet offrent un accès sécurisé à la toile. Certains, comme **easyInternet-café**, sont immenses. D'autres comme **Cyber Café** mettent plus l'accent sur leur service snack et café. Comptez environ 6 \$ pour la demi-heure. **Web2Zone** propose des tarifs préférentiels aux heures creuses.

Cyber Café
250 W 49th St. **Plan** 11 B5.
Tél. (212) 333-4109

easyInternetcafé
234 W 42nd St. **Plan** B1.

Web2Zone
54 Cooper Square **Plan** 4 F2.
Tél. (212) 614-7300

SYNDICAT D'INITIATIVE

Tous les renseignements souhaités peuvent être obtenus au New York Convention and Visitors Bureau, maintenant appelé **NYC & Co**. *(p. 341)*. Son répondeur fonctionne 24 h/24. Le **Times Square Information Center** fournit également informations et brochures.

GUIDES DES SPECTACLES

On trouve partout dans les kiosques, les hôtels et les galeries, des publications gratuites ou bon marché qui indiquent les expositions ou les activités du moment.

Les plus populaires sont le magazine *New York* et la rubrique « Goings On About Town » du *New Yorker*. *Time Out New York* recense tous les musées, clubs, théâtres, galeries, restaurants, cinémas, collèges, bibliothèques et ventes aux enchères de la ville. Le *Village Voice* se concentre sur SoHo, TriBeCa et Greenwich Village, ainsi que sur les expositions majeures. Les éditions du vendredi et du dimanche du *New York Times* donnent la liste des expositions et des spectacles dans ses rubriques « Weekend » et « Arts and Leisure ». Le mensuel *Art News* indique les expositions et les ventes aux enchères. On peut y lire des critiques des événements courants.

Les concierges d'hôtel donnent des magazines gratuits comme *Where*, qui liste les grands musées, leurs heures d'ouverture, leur emplacement et les expositions en cours. *Art Now/New York Gallery Guide* paraît chaque mois et est distribué dans les galeries d'art ; il décrit les expositions et fournit des plans pour s'y rendre.

Le magazine *New York* donne la liste complète des spectacles présentés à New York

VISITES GUIDÉES

Quoi que vous désiriez voir à New York, n'hésitez pas à suivre des visites guidées, en bateau, à pied, en fiacre ou en hélicoptère. Les agences sont nombreuses à en proposer. Souvent bien faites, elles peuvent vous faire gagner du temps et de l'argent.

En bateau

Circle Line Sightseeing Yachts, Pier 83, W 42nd St.
Plan 7 A1.
Tél. *(212) 563-3200.*
Une promenade de 3h autour de Manhattan.

Circle Line Statue of Liberty Ferry South Ferry, Battery Park. **Plan** 1 C4.
Tél. *(212) 269-5755.*

Spirit of New York W 23rd et 8th Ave.
Plan 8 D4.
Tél. *(866) 211-3805.*
Croisières déjeuner ou dîner compris.

World Yacht, Inc Pier 81 W 41st St. **Plan** 7 A1.
Tél. *(212) 630-8100.*
Croisières avec déjeuner ou dîner et spectacle.

En fiacre

59th St et Fifth Ave et dans Central Park S.
Les fiacres sont attelés devant l'hôtel Plaza (**Plan** 12 F3). *L'itinéraire habituel inclut Central Park.*

En autocar

Gray Line of New York 42nd St et 8th Ave.
Plan 8 D1.
Tél. *(212) 397-2620.*

Short Line Tours/American Sightseeing NY 166 W 46th St. **Plan** 12 F5.
Tél. *(800) 631-8405.*

À bicyclette

Bite of the Apple Tours, 2 Columbus Circle, 59th St et Broadway.
Plan 12 D3.
Tél. *(212) 541-8759.*
Un circuit de 2h dans Central Park pour 35 $ avec la location du vélo. Départs à 10h, 13h et 16h.

En hélicoptère

Liberty Helicopters W 30th St et 12th Ave South Ferry. **Plan** 7 B3.
Tél. *(212) 967-6464*

À pied

Adventures on a Shoestring 300 W 53rd St **Plan** 12 E4
Tél. *(212) 265-2663.*
Promenades à thème ou tour d'un quartier.

Big Apple Greeters 1 Centre St, Suite 2035.
Plan 4 F4.
Tél. *(212) 669-8159*
Balades gratuites par des autochtones.

Big Onion Walking Tours Columbia University.
Plan 20 E3.
Tél. *(212) 439-1090.*
Histoire et ethnologie.

Harlem Spirituals, Inc. 690 8th Ave.
Plan 8 D1.
Tél. *(212) 391-0900.*
Harlem, sa culture et son histoire (avr.-oct. seul.).

Circuits historiques.
Quatre itinéraires au départ de Federal Hall ; brochures disponibles au Federal Hall. **Plan** 1 C3.

Museum of the City of New York 103rd St et Fifth Ave.
Plan 21 C5
Tél. *(212) 534-1672.*
Architecture et histoire.

NBC Studio Tour 30 Rockefeller Plaza.
Plan 12 F5.
Tél. *(212) 664-7174.*

92nd Street Y 1395 Lexington Ave.
Plan 17 A2.
Tél. *(212) 415-5500.*
Culture et histoire.

Phototrek Tours
Tél. *(212) 410-2514.*
Création de CD de 75 à 100 photos de vous à New York.

Walkin'Broadway 1619 Broadway.
Plan 12 E5.
Tél. *(212) 997-5004.*
Audioguides sur Broadway.

Promenade en fiacre dans Central Park

VOYAGEURS HANDICAPÉS

New York ne leur simplifie pas la vie. Seules 21 stations de métro sont équipées pour accueillir les fauteuils roulants, et si tous les bus sont accessibles, certaines aires d'accès ne le sont pas. De nombreux hôtels, restaurants et sites touristiques sont équipés, mais il est préférable de vérifier. Renseignez-vous également sur l'accessibilité des toilettes. Certains musées proposent des visites guidées aux sourds, aux aveugles et aux handicapés. Tous les théâtres de Broadway ont des systèmes pour malentendants. Procurez-vous l'excellent *Access Guide to New York City* auprès du **Mayor's Office for People with Disabilities. Information pratique** Mayor's Office for People with Disabilities. *Tél. (212) 788-2830.* www.nyc.gov/mopd Hospital Audiences Inc. *Tél. (212) 575-7660.* **www**.hospaud.org

Un bus de New York « s'agenouillant » pour aider les personnes âgées

DOUANE ET IMMIGRATION

Les Belges, Français et Suisses voyageant en touristes, pour affaires, ou comme étudiants, n'ont pas besoin de visa s'ils restent aux États-Unis moins de 90 jours. D'autres nationalités doivent présenter passeport, visa et billet de retour. Certains étrangers sont tenus de posséder sur eux 500 dollars ou plus. En cas de doute, vérifiez dans une agence de voyage. Sont admis à l'arrivée : 200 cigarettes, 100 cigares

ou 2 kg de tabac. Pas plus d'un litre d'alcool et des cadeaux dont la valeur individuelle ne dépasse pas 100 $. Les viandes ou dérivés (même en conserve), les graines, les plantes ou les fruits frais sont interdits.

Dans les aéroports, vous devrez présenter votre passeport aux guichets du service d'immigration indiquant « other than American passports ». Puis, vous récupérerez vos bagages en suivant les flèches. Vous serez en général arrêté par un douanier qui examinera la fiche de déclaration que l'on vous a distribuée dans l'avion et que vous avez remplie durant le vol. On vous indiquera la sortie ou bien l'on fouillera vos bagages. Selon des statistiques américaines, seuls 5 % des voyageurs subissent une fouille. Il n'y a pas de couloir de douane rouge ou vert – vous pourrez partir dès que le douanier aura visé votre déclaration dûment remplie.

ÉTUDIANTS

De nombreux musées et théâtres font des réductions pour les étudiants mais vous devrez apporter la preuve de votre statut.

À condition d'y avoir droit, on peut facilement acquérir une carte d'étudiant internationale chez **Council Travel** (deux bureaux à New York) Demandez aussi un exemplaire du *ISIC Student Handbook* qui vous donne la liste exhaustive des endroits qui accordent des réductions étudiants : musées, théâtres, visites guidées, attractions, night-clubs, restaurants et même les transports Carey (navette de Manhattan jusqu'aux ports new-yorkais). Il est très difficile d'obtenir un permis de travail aux

États-Unis – mais pas pour les étudiants. Les bureaux du centre de documentation de la Commission franco-américaine fournissent des détails sur les opportunités d'études pendant les vacances à New York. Pour y travailler (90 jours maximum), renseignez-vous auprès du **Council on International Educational Exchange.**

INFORMATION ÉTUDIANTS

Bunac Summer Camps USA
P.O. Box 430, Southbery, CT 06488.
Tél. (203) 264-0901.
En été seul.

Council on International Educational Exchange
633 3rd Ave. **Plan** 9 B1.
Tél. (212) 822-2700.

39, rue de l'Arbalète,
75005 Paris, France.
Tél. 01 43 36 33 30.

Dr. Van de Perrestraat 358,
Geel 2440, Belgique.
Tél. 32 14 72 4155.

Œuvres universitaires et scolaires (CROUS)
39, avenue Georges-Bernanos,
75005 Paris.
Tél. 01 40 51 36 00.

TABLE DE CONVERSION

Système impérial :
1 inch = 2,5 centimètres
1 foot = 30 centimètres
1 mile = 1,6 kilomètre
1 ounce = 28 grammes
1 pound = 454 grammes
1 US pint = 0,47 litre
1 US gallon = 3,8 litres

Système métrique:
1 millimètre = 0,04 inch
1 centimètre = 0,4 inch
1 mètre = 3 feet 3 inches
1 kilomètre = 0,6 mile
1 gramme = 0,04 ounce

Carte d'étudiant internationale

Quotidiens new-yorkais

Un distributeur de journaux

JOURNAUX, TÉLÉVISION ET RADIO

On trouve des journaux étrangers de la veille chez **Universal News**, dans les aéroports, les hôtels et les kiosques à proximité de Wall Street. Le magazine *TV Guide* hebdomadaire et la rubrique télévision du *New York Times* du dimanche donnent les horaires des programmes. On peut capter de nombreuses chaînes de télévision à New York. CBS occupe la 2, NBC la 4 et ABC la 7. PBS propose des programmes culturels et éducatifs, sur la chaîne 13. Le réseau câblé offre un vaste choix d'émissions qui vont de l'art à la variété (chaîne 16). WCBS News (880Hz) et WFAN Sports (660Hz) sont des stations AM. On trouve parmi les stations FM, WWFS contemporary (102,7Mz), WBGO jazz (88,3Mz) et WQXR musique classique (96,3Mz).

Information pratique
Universal News, 234 W 42nd St. **Plan** 8 D1. **Tél.** (212) 221-1809. *Plusieurs bureaux à New York.*

ÉQUIPEMENT ÉLECTRIQUE

Aux États-Unis, le courant standard est de 115-120 volts CA (courant alternatif). Munissez-vous d'un transformateur et d'une prise adaptable. Les prises américaines ont deux fiches plates. La plupart des hôtels modernes de New York ont des sèche-cheveux dans les salles de bains ; en outre, certaines sont équipées de prises murales où l'on peut brancher des rasoirs électriques de 110 et 220 volts, mais presque rien d'autre, même une radio. En fait, il peut être dangereux de brancher un appareil plus puissant. Si vous voyagez avec un équipement plus sophistiqué, n'oubliez pas les piles. Vous aurez aussi besoin d'un adaptateur pour recharger les batteries. Peu de chambres d'hôtel ont des presses à repasser automatiques, des cafetières ou théières électriques. Si vous désirez repasser vos vêtements, demandez un fer à la femme de ménage.

Prise standard

CONSULATS

Consulat général de Belgique
1065 Avenue of the Americas et 40th St, 22e étage. **Plan** 12 F5. **Tél.** (212) 586-5110.

Consulat général du Canada
1251 Avenue of the Americas. **Plan** 12 E4. **Tél.** (212) 596-1628.

Consulat général de France
934 Fifth Ave (entre 74th St et 75th St). **Plan** 16 F5. **Tél.** (212) 606-3600.

Consulat général du Luxembourg
17 Beekman Place. **Plan** 13 C5. **Tél.** (212) 888-6664.

Consulat général de Suisse
633 Third Ave, 30e étage. **Plan** 9 B1. **Tél.** (212) 599-5700.

SERVICES RELIGIEUX

Il existe environ 4 000 lieux de culte à New York, toutes confessions confondues. Tous les hôtels ont la liste, les adresses et les horaires des services religieux.

Baptiste
Riverside Church
122nd St et Riverside Dr.
Plan 20 D2.
Tél. (212) 870-6700.

Catholique
St Patrick's Cathedral
Fifth Ave et 50th St.
Plan 12 F4.
Tél. (212) 753-2261.

Épiscopalien
St Bartholomew's
109 E 50th St.
Plan 13 A4.
Tél. (212) 378-0200.

Juif libéral
Temple Emanu-El
Fifth Ave et 65th St.
Plan 12 F2.
Tél. (212) 744-1400.

Juif orthodoxe
Fifth Avenue Synagogue
5 E 62nd St. **Plan** 12 F2.
Tél. (212) 838-2122.

Luthérien
St Peter's
619 Lexington Ave. **Plan** 17 A4. **Tél.** (212) 935-2200.

Méthodiste
Christ Church United Methodist
520 Park Ave. **Plan** 13 A3.
Tél. (212) 838-3036.

Riverside Church

Sécurité personnelle et santé

Insigne policier

En 1998, New York a été classée comme la ville la plus sûre parmi les grandes villes américaines de plus d'un million d'habitants, et au 166e rang des villes de plus de 100 000 habitants. Les policiers effectuent des rondes à pied et à vélo dans les zones touristiques et le système de sécurité est renforcé au centre-ville, dans les transports et les aéroports. Mais certains lieux sont dangereux de nuit comme de jour ; suivez nos indications et vous ne devriez pas avoir d'ennuis.

La police de New York utilise toutes sortes de moyens de transport

APPLICATION DE LA LOI

La police de New York patrouille jour et nuit à pied, à cheval, en vélo et en voiture, surtout comme le quartier des théâtres. Certains policiers verbalisent les stationnements interdits, d'autres parcourent les métros et les trains.

Vous rencontrerez aussi des jeunes portant des bérets rouges et des T-shirts avec l'inscription « Guardian Angels ». Ces milices de sécurité sont tolérées par la police et sont souvent rassurantes, mais ses hommes ne sont pas armés et n'ont aucun pouvoir officiel.

CONSEILS DE PRUDENCE

Grâce à l'action du maire Rudolph Giulani, New York est une ville relativement sûre. Mais il y a quand même des règles de sécurité élémentaires à respecter comme dans toutes les grandes villes.

Il vaut mieux éviter de se rendre dans certains quartiers après 18 h comme le Bronx,

East Harlem, Central Park, Chinatown, certaines rues de SoHo et TriBeCa et les zones désertes autour de Times Square. En général, évitez de vous promener la nuit dans les rues désertes, en particulier si vous êtes seul. Préférez le taxi à la marche à pied !

Le jour, si l'on ne souhaite pas être abordé en pleine rue, il est conseillé de marcher d'un pas décidé. Attention également aux personnes en rollerblades dans Central Park ; certaines sont les spécialistes des vols de sac à main et autres objets en bandoulière. Autres lieux sensibles : Times Square où il vaut mieux éviter de retirer de l'argent aux distributeurs, les gares, les fast-foods où il est déconseillé de laisser ses affaires sur le dossier des chaises.

Les parcs sont souvent le théâtre de trafics de drogue, mais vous pourrez vous y promener et faire du jogging en toute sécurité quand il y a du monde.

Vous pouvez demander au concierge de l'hôtel un plan des chemins les plus sûrs.

Laissez vos bijoux et objets de valeur dans le coffre de l'hôtel et ne laissez personne porter vos bagages excepté le personnel de l'hôtel ou de l'aéroport.

Une dernière chose, quoi qu'il vous arrive, sachez que des policiers sont postés dans chaque quartier, et ils ont la réputation d'être les plus serviables des États-Unis. Et pensez aussi qu'à New York, la criminalité est proportionnellement moins élevée qu'à Boston ou Phœnix restez donc vigilants, mais ne soyez pas parano !

Police montée en patrouille pour assurer la sécurité

OBJETS TROUVÉS

Les chances sont assez maigres de retrouver un objet perdu à New York.

La plupart des compagnies de taxi et de transport ont aussi un service des objets trouvés.

En cas de perte ou de vol, déclarez tous les objets disparus à la police et gardez un exemplaire du rapport de police pour votre assurance. Notez les numéros de série de vos

D'une manière générale, méfiez-vous quand vous marchez dans la rue

Casquette et insigne
de la police urbaine

objets de valeur et conservez
les reçus comme preuve
d'achat.

INFORMATIONS UTILES

Centres d'objets trouvés
Pour les bus et métros
Tél. (212) 712-4500.

Taxis *Tél. 31.*
*Depuis l'extérieur de New York
(212) NEW-YORK.*

Cartes de crédit
perdues ou volées
American Express
*Tél. (800) 333-AMEX
(appel gratuit).*

Diners Club *Tél. (800) 234-6377
(appel gratuit).*

JCB *Tél. (800) 366-4522
(appel gratuit).*

MasterCard *Tél. (800) 627-8372
(appel gratuit).*

VISA *Tél. (800) 336-8472
(appel gratuit).*

ASSURANCE VOYAGE

Nous vous recommandons
fortement de vous assurer,
compte tenu du coût élevé
sur place des frais médicaux.
Les polices varient selon la
durée du séjour et le
nombre de bénéficiaires
concernés.

Les clauses les plus
importantes couvrent
le décès accidentel, les
mutilations, les urgences
médicales et dentaires,
l'annulation de moyen de
transport et la perte de
bagages ou de billets
d'avion. Votre agence de
voyage doit vous conseiller
l'assurance appropriée.

SOINS MÉDICAUX

Soyez prêt à dépenser
beaucoup d'argent. Si les soins
sont excellents, les honoraires
ne sont pas conventionnés.

Prenez donc une bonne
assurance. Certains médecins
et dentistes acceptent les
cartes de crédit, mais ils
préfèrent généralement les
paiements en liquide ou les
chèques de voyage. Les
hôpitaux acceptent la
plupart des cartes de
crédit *(p. 374).*

Une des pharmacies de la ville
ouvertes la nuit.

URGENCES

En cas d'urgence médicale,
allez immédiatement aux
urgences d'un hôpital. Pour
appeler une ambulance,
composez le 911. Si votre
police d'assurance est valide,
vous n'aurez pas à vous
préoccuper des coûts.

À moins d'être
particulièrement démuni, il
vaut mieux éviter les hôpitaux
publics qui figurent dans les
pages bleues de l'annuaire.
Choisissez plutôt l'un des
nombreux hôpitaux privés que
vous trouverez dans les pages
jaunes. En composant le 411, la
standardiste vous indiquera
l'hôpital public ou privé le plus
proche. Vous pouvez également prier votre hôtel de faire
venir un dentiste ou un
docteur dans votre chambre,
ou téléphonez vous-même les
**urgences médicales pour
visiteurs** ou les **urgences
dentaires.** Le Beth Israel
Medical Center possède une
excellente clinique où l'on peut
se rendre pour une urgence,
DOCS. Pour toute information
supplémentaire, appelez
Travelers Aid, un
organisme public
au service des
voyageurs.

EN CAS D'URGENCE

Toutes les urgences
*Tél. 911 (ou 0) : police,
pompiers et service médical.*

Assistance voyageurs
(Travelers Aid)
JFK Airport, Terminal 6
Tél. (718) 656-4870.

Centre antipoison
Tél. (212) 764-7667.

Crime sexuel
Tél. (212) 267-7273.

DOCS
55 E 34th St. **Plan** 8F2.
Tél. (212) 252-6000.
Trois antennes à New York.

Ligne rouge pour
victimes de crimes
Tél. (212) 577-7777.

Organisation nationale
des femmes
Tél. (212) 627-9895.

Pharmacie de garde
Rite Aid, 50th St. et 8th Ave.
Plan 12 D4.
Tél. (212) 247-8384.

Les Samaritains
Tél. (212) 673-3000.

Urgences
dans les hôpitaux
St Vincent's, 11th St et 7th Ave.
Plan 3 C1.
Tél. (212) 604-7998.

St Luke's Roosevelt 58th St
et 9th Ave. **Plan** 12 D3.
Tél. (212) 523-6800.

Urgences dentaires
345 E 24th St/1st Ave. **Plan** 9 B4
*Tél. (212) 998-9800 (lun.-jeu.
9h-18h30, ven. 9h-16h),
Tél. (212) 998-9828
(w.-e. et après 21h).*

Urgences médicales pour
les visiteurs étrangers
Tél. (212) 737-1212.

Ambulance new-yorkaise

Les banques et les monnaies

New York est le plus grand centre bancaire des États-Unis. Les banques nationales, régionales ou locales y sont représentées. On y trouve également les branches des principales banques étrangères, comme celles de Belgique, de Suisse, de France ou encore du Canada.

Cartes de crédit American Express

BANQUES

Les banques de New York ouvrent généralement en semaine de 9 h à 15 h. Mais certaines peuvent ouvrir plus tôt ou fermer plus tard pour accomoder les usagers. Dans la majorité des établissements, les employés acceptent les chèques de voyage et changent les monnaies étrangères.

Distributeur automatique de billets (ATM)

DISTRIBUTEURS AUTOMATIQUES

Ces machines (ATM) se trouvent dans presque toutes les banques et vous permettent de retirer de l'argent américain (généralement en billets de 20 $) 24 h / 24.

Avant votre départ pour les États-Unis, demandez à votre banque quelles banques new-yorkaises et quels distributeurs automatiques acceptent votre carte bancaire, ainsi que les honoraires et commissions de chaque transaction. La plupart des distributeurs appartiennent aux réseaux Cirrus ou Plus qui acceptent différentes cartes bancaires américaines, la MasterCard, la VISA et quelques autres. L'un des avantages présentés par l'ATM est de pouvoir changer votre argent au taux interbancaire.

Il est prudent de regarder autour de soi lorsque l'on retire de l'argent et d'utiliser les distributeurs pendant la journée ou dans des rues fréquentées.

CARTES DE CRÉDIT

Les MasterCard, American Express, VISA, JBC et Diners Club sont acceptées dans tous les États-Unis, sans considération de la société ou de la banque émettrice. Elles servent aussi à retirer de l'argent dans les distributeurs jusqu'à un certain plafond. Aux États-Unis, on peut presque tout payer par carte de crédit : des denrées alimentaires au restaurant, notes d'hôtel ou réservations téléphoniques de billets de cinéma et de théâtre. Il vaut mieux régler les visites guidées, les voyages et les locations avec une carte de crédit. Évitez toujours d'avoir trop d'argent

CHÈQUES DE VOYAGE

La plupart des grands magasins, boutiques, hôtels et restaurants acceptent, sans commission, les chèques de voyage en dollars émis par American Express et Thomas Cook. Par contre, les chèques personnels libellés dans d'autres monnaies peuvent poser des problèmes. Certains hôtels acceptent de les changer, mais l'idéal est de vous rendre dans une banque. Pour connaître les taux de change du jour, consultez le *New York Times* ou le *Wall Street Journal,* ou encore les panneaux affichés par les agences bancaires. Les chèques American Express sont toujours échangés sans commission supplémentaire aux guichets de l'American Express. De leur côté, les grands hôtels disposent tous d'un caissier en mesure de vous changer vos chèques de voyage.

Les grandes sociétés de change étrangères sont peu nombreuses à New York. Parmi les plus réputées, vous trouverez **Travelex Currency Services** et **American Express.** Les agences ouvertes tard le soir sont indiquées ci-dessous. Il en existe d'autres dans les pages jaunes de l'annuaire sous la rubrique « Foreign Exchange Brokers », mais elles exigent le plus souvent un supplément variable ainsi qu'une commission. **Chase Manhattan Bank** regroupe plus de 400 bureaux de change. **Commerce Bank** a des agences dans tout Manhattan, ouvertes le week-end et jusqu'à 20 h en semaine. Toutes les adresses figurent dans les pages jaunes.

TRANSFERT D'ARGENT

En cas d'urgence, vous pouvez vous faire envoyer de l'argent par Moneygram ou Wertern Union.

Moneygram
Tél. (800) 926-9400.

Western Union
Tél. (800) 225-5227.

Pièces de monnaie

*Elles ont pour valeur 50, 25, 10, 5 et
1 cents. De nouvelles pièces de 1 $, dorées,
sont désormais en circulation, comme les*
quarters *(25 cents), ornés d'une scène
historique sur chacune de leur face.
Les pièces portent souvent des noms
familiers : celles de 10 cents sont appelées*
dimes, *celles de 5 cents* nickels *et celles
de 1 cent* pennies.

Pièce de 25 cents
(quarter)

Pièce de
10 cents *(dime)*

Pièce de 5 cents
(nickel)

Pièce de 1 cent
(penny)

Pièce de 1 dollar
ou *buck*

Billets de banque

*Les unités monétaires américaines
sont le dollar et le cent. Un dollar
vaut 100 cents. Les billets* (bills) *valent
1, 5, 10, 20, 50 et 100 $. De nouvelles
coupures de 20 $ et de 50 $ ont été mises
en circulation. Elles sont reconnaissables
à leur couleur d'arrière-plan et à l'encre
changeante utilisée pour la dénomination
du billet (coin du recto en bas à droite).*

POINTS DE CHANGE

American Express
822 Lexington Ave. **Plan** 13 A2.
Tél. *(212) 758-6510.* ⬚ *lun.-
ven. 9h-18h, sam.10h-16h.*
Marriott Marquis Hotel, 1535
Broadway. **Plan** 12 E5. ***Tél.*** *(212)*
575-6580. ⬚ *t.l.j. 7h-20h.*
Tél. *(800) 333 AMEX (24h/24).*

Choice Forex
Grand Central Terminal.
Plan 9 A1. ***Tél.*** *(212) 661-7600.*
⬚ *lun.-ven. 9h-21h, sam.-dim.
10h-18h.*

Cirrus/MasterCard
Tél. *(800) 424-7787*
(emplacement distributeurs).

VISA Plus
Tél. *(800) 843-7587.*

Travelex Currency
Services
1590 Broadway. **Plan** 12 E5.
Tél. *(212) 265-6063.*
1271 Broadway. **Plan** 8 F3.
Tél. *(212) 679-4365.* ⬚
lun.-sam. 9h-19h, dim. 9h-17h.
Aussi : 510 Madison Ave et
29 Broadway. ⬚ *t.l.j. 9h-17h.*
Tél. *(800) CURRENCY.*

Billet de 1 dollar (1 $)

Billet de 5 dollars (5 $)

Billet de 10 dollars (10 $)

Billet de 20 dollars (20 $)

Billet de 50 dollars (50 $)

Billet de 100 dollars (100 $)

Utilisation des téléphones

Téléphone public

Il y a des téléphones publics partout, dans les halls d'hôtels ou d'immeubles, restaurants, bars, théâtres et grands magasins. Ils utilisent des pièces de 5, 10 et 25 cents. Peu acceptent les cartes de crédit, mais on peut acheter des cartes téléphoniques. Depuis 2003, les téléphones publics Neptune 800, équipés d'un moniteur couleur, d'un clavier et d'une webcam, permettent d'accéder à Internet pour 25 cents/minute.

TÉLÉPHONES PUBLICS

L'appareil standard a un récepteur et un cadran de 12 touches. Ces téléphones appartiennent parfois à une société privée et les appels coûtent plus cher. La loi exige que chaque téléphone public indique clairement les tarifs, les numéros d'appel gratuits et la manœuvre à effectuer. Cherchez le logo Verizon sur le boîtier pour payer

Téléphone privé

le prix standard. En cas de réclamation, appelez la **Public Service Commission.**

Informations pratiques
Public Service Commission
Tél. (800) 342-3355 (appel gratuit).
Pour vérifier ses e-mails
Times Square Information Center, 1560 Broadway
Plan 12 E5 ;

Beaucoup de bibliothèques ont des terminaux Internet, mais le temps d'utilisation est limité.
Voir aussi p. 368.

HEURE DE NEW YORK

New York est à l'heure de la côte est. Avant de composer un appel international, calculez l'heure du pays que vous cherchez à joindre. Pour la Belgique, la France et la Suisse ajouter 6 h ; pas de décalage avec Montréal.

TARIF PUBLIC

Toutes les communications dans New York coûtent environ 25 cents les trois minutes. Si l'appel dure plus longtemps, la standardiste vous demandera un supplément.

Beaucoup de kiosques vendent des cartes téléphoniques pour les appels longue distance (cartes de 5, 10 et 25 $).

Ces cartes permettent de faire des économies substancielles par rapport aux prix standard. Mais les appels, connectés sur Internet, peuvent être de moindre qualité. Les tarifs

UTILISATION D'UN APPAREIL À PIÈCES

1 Décrochez.

3 Composez le numéro.

Les pièces
Assurez-vous d'avoir suffisamment de monnaie avant de composer le numéro.

5 cents

10 cents

25 cents

2 Mettez la ou les pièces. Vous les entendrez tomber.

4 Si vous ne voulez pas poursuivre l'appel ou si la communication ne s'établit pas, récupérez la pièce en appuyant sur *coin return.*

5 Si la communication est établie et que vous parlez plus de trois minutes, l'opérateur interrompt l'appel et vous demande de rajouter des pièces. Les appareils ne rendent pas

Une borne téléphonique de la Bell Atlantic Telephone Company

internationaux varient selon le pays appelé. Pour la France, la réduction s'applique à partir de 14 h ; le tarif économique, de 19 h à 8 h le lendemain.

NUMÉROS UTILES

Renseignements
Tél. 411 ; 10-10-9000.

Poste centrale
Tél. (800) ASK-USPS.

Standard
Tél. 0.

Horloge parlante
Tél. (212) 976-1616.

Renseignements internationaux
Tél. 00.

OBTENIR LE BON NUMÉRO

• Il existe cinq indicatifs locaux à NYC : 212, 917, 646 pour Manhattan ; les autres municipalités utilisent le 718 et le 347. Les 800, 888 et 877 sont des appels gratuits.
• Pour appeler hors de votre zone : 1 + indicatif local + numéro. Pour appeler dans votre zone : indicatif local + numéro.
• Pour appeler un autre État d'un téléphone public : 0 + indicatif + numéro du correspondant. Un opérateur vous dira combien de pièces introduire.
• De New York vers l'Europe, pour un appel direct : 011 + code du pays (France : 33) + numéro du correspondant (sans le 0 initial).
• De New York vers l'Europe, pour un appel avec l'aide de l'opérateur : 01 + code du pays (France : 33) + numéro du correspondant (sans le 0 initial).
• De l'Europe à New York : 00 + 1 + indicatif local + numéro du correspondant.
• Renseignements internationaux depuis les États-Unis : 00. Opérateur international : 01.
• Renseignements internationaux depuis la France : 3212.
• **Urgences USA : 911.**

Envoyer une lettre

Logo de la poste

On dépose son courrier à la poste, chez le concierge de l'hôtel (qui vend parfois des timbres), dans les boîtes postales de certains halls d'immeubles, gares ferroviaires ou routières ainsi que dans les aéroports et dans les rues – peintes en bleu ou en rouge, blanc et bleu. Le courrier n'est pas relevé pendant le week-end. Les bureaux de poste sont indiqués sur les cartes de l'Atlas des rues (p. 394-425).

SERVICE POSTAL

La **General Post Office** reste ouverte jour et nuit. Les timbres s'achètent à la poste ou bien dans les distributeurs automatiques des pharmacies, des grands magasins et des gares. Toutes les lettres sont acheminées en tarif normal.

La poste fédérale propose trois services rapides moyennant un supplément. **Express Mail** est l'équivalent d'un Chronopost, le **Priority Mail** demande deux jours pour la livraison et, si vous payez le prix, votre courrier partira même pendant le week-end. **International Express Mail** expédie le courrier pour l'étranger. Pour les messageries privées, adressez-vous au

Timbre américain

concierge de l'hôtel ou appelez l'un des services indiqués dans l'annuaire.
Informations pratiques
General Post Office, 421 8th Ave. **Plan** 8 D2. **Tél.** (800) ASK-UPS. Priority Mail et Express Mail : **Tél.** (800) 222-1811. FedEx : **Tél.** (800) 463-3339. DHL : **Tél.** (800) 225-5345. UPS : **Tél.** (800) 782-7892. www.bigyellow.com www.usps.com

POSTE RESTANTE

Le General Post Office's General Delivery garde lettres et paquets pendant 30 jours. On peut faire suivre le courrier vers d'autres postes. Le courrier doit être adressé ainsi : nom, c/o General Delivery, US Post Office, New York, NY 10001.

Express Mail   **Priority Mail**

Boîtes aux lettres
Les boîtes aux lettres ne se trouvent pas partout, il peut être plus simple d'aller directement à la poste (voir Atlas des rues, p. 394-425). Sur chaque boîte sont affichées les instructions à suivre. Si vous utilisez Express ou Priority, pesez votre courrier au pour connaître l'affranchissement.

Boîte aux lettres

ALLER À NEW YORK

De nombreuses compagnies aériennes proposent des vols directs pour New York. Aux États-Unis, la guerre des prix a provoqué l'augmentation du nombre des charters, et ceux-ci ont obligé les vols intérieurs à s'aligner sur leurs tarifs. En clair, il est souvent moins cher de voyager par avion que par le train

Grand Central Terminal

ou le bus. Le *Queen Mary 2* est l'un des navires de ligne qui desservent le port. Les trains de grandes lignes sont confortables et les autocars sont généralement climatisés, munis d'écrans vidéos et équipés de toilettes. Consultez le plan p. 382-383 pour toute information concernant l'arrivée à New York.

EN AVION

Il existe des vols directs au départ de presque toutes les grandes villes. De Paris, le voyage dure 7 heures.

Les principales compagnies aériennes sont **Air Canada, Air France, American Airlines, British Airways, Continental, Delta, Swiss et United Airlines**. Tous les vols internationaux arrivent à Newark ou à JFK *(p. 380-381)*.

Les billets APEX sont très intéressants – mis à part ceux pour les groupes. Ils s'achètent à l'avance et sont valables pour un séjour de 7 à 30 jours.

Voyages-sncf.com propose ses meilleurs prix sur les billets d'avion, hôtels, location de voitures, séjours clé en main ou Alacarte®. Vous avez également accès à des services exclusifs : l'envoi gratuit des billets à domicile, Alerte Résa qui signale l'ouverture des réservations, le calendrier des meilleurs prix, les offres de dernière minute et promotions. www.voyages-sncf.com

PRINCIPALES COMPAGNIES AÉRIENNES

Air Canada
Tél. 0 825 880 881.
www.aircanada.com

Air France
Tél. 0 820 820 820. www.airfrance.fr

American Airlines
Tél. 0 810 872 872.
www.americanairlines.com

British Airways
Tél. 0 825 825 400.
www.britishairways.com

Continental Airlines
Tél. 01 71 23 03 35.
www.continental.com

Delta
Tél. 0 800 640 005.
www.delta.com

Swiss
Tél. (41) 848 700 700
www.swiss.com
United Airlines
www.united.fr

EN BATEAU

Le célèbre *Queen Mary 2*, en provenance de Southampton, accoste environ 25 fois par an

Long-distance Greyhound bus

à New York. Il fait parfois escale à Cherbourg pour y embarquer des passagers français. Les bateaux accostent sur le quai de Hudson River, au centre de Manhattan.

EN AUTOCAR

Le **Port Authority Bus Terminal** est le terminus des cars longue distance, comme les **Greyhound Lines**. Les bus pour les trois aéroports partent aussi de là. Environ 6 000 autocars et 172 000 passagers transitent quotidiennement par cette gare routière.

Information pratique Greyhound Bus Lines : *Tél.* (800) 231-2222 (24h/24). www.greyhound.com Port Authority Bus Terminal : W 40th St et Eighth Ave. **Plan** 8 D1. *Tél.* (212) 564-8484 (24h/24). www.panynj.gov

EN TRAIN

Les trains Amtrak venant du Canada, des États du Sud, du Nord-Est et de l'Ouest arrivent à Penn Station *(p. 392)*. Les lignes Metro North et celles du Connecticut, à Grand Central Terminal *(p. 392)*.

Paquebots ancrés à Manhattan

Les aéroports de New York

Les trois aéroports principaux (Newark, JFK et LaGuardia) sont bien reliés au centre de Manhattan. Cherchez les porteurs en uniforme et casquette rouge qui arborent des badges pour s'occuper de vos bagages (ne les confiez à personne d'autre, vous risqueriez de ne plus les retrouver). Les préposés aux taxis vous aideront à trouver une voiture et à y prendre place.

SE RENDRE À MANHATTAN

Préposé aux taxis

Le centre « Ground Transportation » de chaque aéroport vous indique comment procéder. Les navettes les plus pratiques de LaGuardia et JFK sont le **New York Airport Service** et le **Super Shuttle**. La première vous dépose à Grand Central, Port Authority ou Penn Station, la seconde n'importe où dans Manhattan. Les bus du New Jersey Transit et **Olympia Airport Express** vont aussi à Manhattan. Les tarifs des bus Olympia sont les plus compétitifs.

On peut aussi partager un véhicule à JFK ou LaGuardia avec **Classic Limousine** et **Connecticut Limo.** On peut aussi partager un taxi pour se rendre à Manhattan. La ligne A du métro rejoint la navette de bus et prend des passagers de/vers JFK. Le bus M60 part de/vers

JFK. Il assure le même service avec LaGuardia. Les sociétés de location de voitures ont des téléphones gratuits dans la zone de récupération des bagages. Les numéros de téléphone pour réserver à l'avance sont p. 386.

COMPAGNIES

New York Airport Service
Tél. (718) 875-8200.

Classic Limousine
Tél. (800) 666-4949.
www.classictrans.com

Super Shuttle
Tél. (212) BLUE-VAN ;
(800) BLUE-VAN.
www.supershuttle.com

Olympia Airport Express
Tél. (212) 6233. www.
olympiabus.com

Connecticut Limo
Tél. (800) 472-5466.
www.ctlimo.com

LAGUARDIA (LGA)

Surtout fréquenté par les hommes d'affaires, LaGuardia se situe à 13 km à l'est de Manhattan dans le Queens, sur le côté nord de Long Island.

À votre arrivée, prenez un chariot à bagages près des tapis roulants. Des porteurs sont là pour vous aider. La consigne se trouve dans le centre Tele-Trip, au niveau départ. Vous trouverez des bureaux de change dans l'aérogare principale.

Des préposés aux taxis sont de service aux heures d'affluence mais vous pourrez aussi vous adresser à la Port Authority Police. N'utilisez que des taxis jaunes ayant une licence officielle. Le prix des péages, taxé d'un supplément après 20 h et le dimanche, s'ajoutent au prix du compteur (entre 20 et 30 $ pour le centre de Manhattan).

Informations pratiques Airport Information Service. *Tél.* (718) 533 3400. www.laguardiaairport.com www.panjny.gov

Vol long courrier

Plan de l'aéroport de LaGuardia

Toutes les 10 à 15 min, de 5 h du matin à 2 h du matin, un service gratuit de navettes relie les terminaux et les parkings. Les bus et les taxis allant dans Manhattan et la banlieue partent de devant chaque terminal.

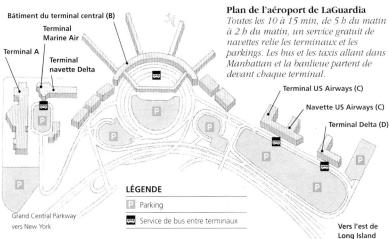

Bâtiment du terminal central (B)

Terminal Marine Air

Terminal A

Terminal navette Delta

Terminal US Airways (C)

Navette US Airways (C)

Terminal Delta (D)

Grand Central Parkway vers New York

Vers l'est de Long Island

LÉGENDE

P Parking

Service de bus entre terminaux

AÉROPORT JFK

JFK, le principal aéroport international de New York, est à 24 km au sud-est de Manhattan dans le Queens. American Airlines, British Airways, Delta, Continental et United ont leur terminal. Les autres compagnies utilisent les terminaux 1, 5 ou 6. La consigne se trouve dans l'International Arrival Building. Vous trouverez des bureaux de change dans les terminaux.

À l'arrivée des vols internationaux, les chariots

Arrivées internationales, JFK

Panneaux indicateurs à l'aéroport JFK

sont gratuits. Des bureaux de change sont situés dans tous les terminaux et on peut réserver une chambre d'hôtel au guichet Meegan Services, aux arrivées du terminal 3.

On peut se rendre à Manhattan 24 h/24. Le bureau d'accueil se situe au rez-de-chaussée, près de l'arrivée des bagages. On peut appeler gratuitement les sociétés de location de voitures qui ont une navette jusqu'à leurs parcs. Les taxis attendent devant les termi-naux – la course jusqu'à Manhattan prend environ une heure : le prix fixé est de 45 $

plus les charges. Les bus du New York Airport Service desservent Grand Central, Penn Station et le Port Authority pour 15 $; le Super Shuttle coûte entre 17 $ et 19 $.

Grâce au AirTrain JFK, vous pourrez récupérer le Long Island Rail Road, le métro ou des bus locaux. Le AirTrain coûte 5 $ et le métro 2 $. L'hélicoptère qui vous mène en 10 min à East 34th Street coûte 850 $.

ADRESSES UTILES

Information aéroport
🔲 *(718) 244-4444.*

Best Western JFK Airport
144-125 153rd Ave, Queens.
Tél. *(718) 977-2100.*

Holiday Inn JFK
144-02 135th Ave, Queens.
Tél. *(718) 659-0200.*

📠 Helicopter Flight Services **Tél.** *(212) 355-0801.* **www.**heliny.com Liberty Helicopters **Tél.** *(888) 692-4354.* **www.**libertyhelicopters.com

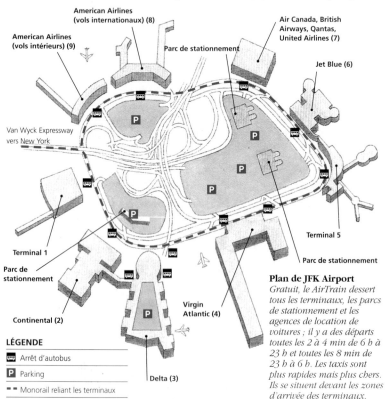

American Airlines (vols internationaux) (8)

American Airlines (vols intérieurs) (9)

Parc de stationnement

Air Canada, British Airways, Qantas, United Airlines (7)

Jet Blue (6)

Van Wyck Expressway vers New York

Terminal 5

Terminal 1

Parc de stationnement

Parc de stationnement

Continental (2)

Virgin Atlantic (4)

Delta (3)

LÉGENDE

🚌 Arrêt d'autobus

🅿 Parking

▪ ▪ Monorail reliant les terminaux

Plan de JFK Airport
Gratuit, le AirTrain dessert tous les terminaux, les parcs de stationnement et les agences de location de voitures ; il y a des départs toutes les 2 à 4 min de 6 h à 23 h et toutes les 8 min de 23 h à 6 h. Les taxis sont plus rapides mais plus chers. Ils se situent devant les zones d'arrivée des terminaux.

AÉROPORT DE NEWARK

Arrêt de bus de Newark Airport

LÉGENDE

- **P** Parking
- Arrêt d'autobus
- -- Monorail reliant les terminaux

PLAN DE NEWARK AIRPORT

Gratuite, la navette AirTrain relie les terminaux et les parcs de stationnement entre eux. Les départs se font toutes les 3 minutes, de 5 h à minuit et toutes les 15 à 24 minutes, de minuit à 5 h. Il faut compter entre 7 et 11 minutes entre chaque terminal. Les taxis se trouvent à l'extérieur des zones d'arrivée.

Terminal B (arrivées internationales)

Terminal (A)

Terminal C

Terminal C-3

Départ des navettes vers les hôtels

Marriott Hotel

Routes vers Manhattan

Locations de voitures

C'est le second aéroport international de New York, situé à 26 km au sud-ouest de Manhattan dans le New Jersey.

La plupart des vols internationaux arrivent au terminal B. On trouve des chariots près de l'arrivée des bagages, au rez-de-chaussée. Il n'y a pas de consigne, mais un bureau de change dans chaque terminal.

Le bureau d'accueil, ouvert en permanence, est situé à côté de l'arrivée des bagages. On y trouve les téléphones gratuits des sociétés de location de limousines ou de voitures. Ils proposent souvent une navette gratuite jusqu'à leurs parcs.

Des taxis sont à votre disposition devant chaque zone d'arrivée. Si l'on vous accoste dans le terminal pour vous offrir de vous conduire à votre destination, n'acceptez jamais ; le chauffeur n'est certainement pas assuré et le prix sera sans doute exorbitant.

Le transport jusqu'à Manhattan prend environ 40 minutes et coûte 50 $ maximum.

Les autobus mettent de 40 minutes à 1 heure pour faire le même trajet et le ticket coûte environ 12 $. Des tableaux électroniques indiquent les horaires. AirTrain Newark (www.airtrainnewark.com) relie l'aéroport à NJ Transit, aux trains Amtrack, puis continue jusqu'à Penn Station. Le trajet dure 25 minutes et coûte 11,55 $, comme le NJ Transit. Amtrack revient 32 $ et le Super Shuttle de 15 $ à 19 $.

On peut réserver une

chambre d'hôtel à Manhattan dès l'arrivée en utilisant les téléphones gratuits situés dans tous les terminaux.

ADRESSES UTILES

Port Authority de Newark Airport
Tél. (888) 397-4636.
www.newarkairport.com

Holiday Inn International
1000 Spring St, Elizabeth, N.J.
Tél. (800) 465-4329.

Marriott Hotel
Zone de Newark Airport.
Tél. (800) 228-9290.

Écrans indiquant les heures de départs et d'arrivées à Newark

Comment se rendre au centre-ville

Cette carte indique les moyens de transport entre les trois aéroports de la ville et le centre de Manhattan. Elle montre aussi les liaisons ferroviaires entre New York, le reste des états-Unis et le Canada. On y précise le temps de trajet en métro, autobus ou hélicoptère. Le terminal maritime, autrefois la porte d'entrée des immigrants de l'après-guerre, se trouve près du centre de Manhattan. Le Port Authority Bus Terminal possède de nombreuses correspondances avec les transports urbains.

Paquebots à quai devant la gare maritime

🚢 GARE MARITIME
Les quais 88-92 sont réservés au Queen Mary 2 et autres bateaux de croisière.

LÉGENDE

✈	Aéroport *p. 379-381*
🚢	Gare maritime *p. 378*
🚆	Gare ferroviaire *p. 392-393*
🚌	Arrêt d'autobus *p. 378*
🚁	Service d'hélicoptère *p. 380*
▬	New York Airport Service et Super Shuttle *p. 379*
▬	Service d'hélicoptère *p. 380*
▬	Voie ferrée de Long Is. *p. 392-393*
▬	Bus New Jersey Transit *p. 379*
▬	Olympia Airport Express *p. 379*
▬	Navette de bus *p. 380*
▬	Métro A *p. 390*

🚌 PORT AUTHORITY BUS TERMINAL
Départ et arrivée des autocars longue-distance et des navettes vers les aéroports.

Gare maritime

Port Authority Bus Terminal

🚆 PENN STATION
Trains en provenance du **Canada** et des autres États ; navettes quotidiennes vers **Long Island** et le **New Jersey,** AirTrain Newark vers **Newark Airport.** 🚆 Navette Amtrak, Long Island Rail Road et New Jersey Transit. Ⓜ *A, C, E, 1, 2, 3.*

Héliport West 30th St

Penn Station

Chelsea et le quartier du vêtement

Les bus Super Shuttle déposent les passagers à Manhattan entre Battery Park et 227th St.

Greenwich Village

East Village

SoHo and TriBeCa

Seaport et le Civic Center

Lower East Side

Lower Manhattan

✈ NEWARK
🚌 **Olympia Airport Express**
4h-23h, toutes les 20-30 min vers **Penn Station, Grand Central** *et* **Port Authority.**
🚌 **New Jersey Transit** *toutes les 15-20 min vers* **Port Authority.**
🚆 **AirTrain** *vers* **Penn Station** *5h-minuit toutes les 3 min ; minuit-5 h toutes les 15 à 24 min.*
🚁 **Héliport** *vers l'héliport 34th St.*

Pier 11

Les autorités portuaires de New York et du New Jersey, qui gèrent les aéroports de JFK, Newark et LaGuardia ont investi 2,7 milliards de dollars dans AirTrain, une nouvelle navette qui relie JFK et Newark au métro new-yorkais.

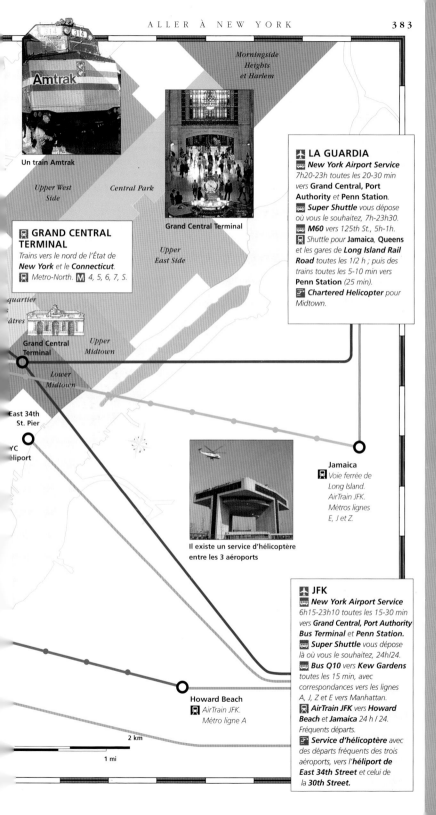

Un train Amtrak

Morningside
Heights
et Harlem

Upper West
Side

Central Park

Grand Central Terminal

🚇 LA GUARDIA
🚌 *New York Airport Service*
7h20-23h toutes les 20-30 min
vers **Grand Central, Port
Authority** et **Penn Station.**
🚌 *Super Shuttle vous dépose
où vous le souhaitez, 7h-23h30.*
🚌 *M60 vers 125th St., 5h-1h.*
🚆 *Shuttle pour* **Jamaica**, **Queens**
et les gares de **Long Island Rail
Road** *toutes les 1/2 h ; puis des
trains toutes les 5-10 min vers*
Penn Station *(25 min).*
🚁 *Chartered Helicopter pour
Midtown.*

🚆 GRAND CENTRAL TERMINAL
Trains vers le nord de l'État de
New York et le **Connecticut.**
🚇 *Metro-North.* Ⓜ *4, 5, 6, 7, S.*

Upper
East Side

quartier
âtres

Grand Central
Terminal

Upper
Midtown

Lower
Midtown

East 34th
St. Pier

YC
éliport

Jamaica
🚆 Voie ferrée de
Long Island.
AirTrain JFK.
Métros lignes
E, J et Z.

Il existe un service d'hélicoptère
entre les 3 aéroports

🚇 JFK
🚌 *New York Airport Service
6h15-23h10 toutes les 15-30 min*
vers **Grand Central, Port Authority
Bus Terminal** et **Penn Station.**
🚌 *Super Shuttle vous dépose
là où vous le souhaitez, 24h/24.*
🚌 *Bus Q10 vers* **Kew Gardens**
*toutes les 15 min, avec
correspondances vers les lignes
A, J, Z et E vers Manhattan.*
🚆 *AirTrain JFK vers* **Howard
Beach** *et* **Jamaica** *24 h / 24.
Fréquents départs.*
🚁 *Service d'hélicoptère avec
des départs fréquents des trois
aéroports, vers l'***héliport de
East 34th Street** *et celui de
la* **30th Street.**

Howard Beach
🚆 AirTrain JFK.
Métro ligne A

2 km

1 mi

CIRCULER À NEW YORK

Il est certes difficile de parcourir à pied les 10 000 km de rues de New York, mais les sites principaux se visitent quartier par quartier. Pour les courtes distances, le taxi reste le meilleur moyen de transport malgré les embouteillages durant les heures de pointe. Les autobus sont sûrs et bon marché mais souvent lents. Le métro est rapide, efficace et bon marché mais les stations sont partout dans Manhattan. Il existe des cartes d'abonnement à la semaine ou à la journée valables pour tous les transports publics. C'est l'option recommandée quand vous visitez la ville.

La limousine, moyen de transport préféré de la jet-set new-yorkaise

TROUVER SON CHEMIN DANS LES AVENUES ET LES RUES

Les avenues de Manhattan s'étendent du nord au sud et les rues d'est en ouest, sauf dans les vieux quartiers. La 5e Avenue est utilisée pour distinguer les adresses à l'est et à l'ouest.

La plupart des rues du centre-ville sont à sens unique ; la circulation vers l'est se faisant dans les rues paires et vers l'ouest dans les impaires. Les avenues, également à sens unique, alternent les directions nord et sud. Les 1re, 3e (après la 23e Rue), Madison, 8e Avenues, Avenue of the Americas (6e) et la 10e Avenue s'orientent vers le nord, alors que les 2e, Lexington, 5e, 7e, 9e Avenues et Broadway (avant la 59e Rue), se dirigent vers le sud. York, Park, la 11e Avenue, la 12e Avenue et Broadway, à partir de la 60e Rue, sont à double sens.

Les pâtés de maisons de Manhattan, au nord de Hudson Street, sont rectangulaires mais pas uniformes. Un *block* est trois ou quatre fois plus long d'est en ouest que du nord au sud.

Ne pas confondre : Avenue of the Americas est encore appelée la 6e Avenue, Fashion Avenue la 7e, et Park Avenue South n'est pas la même chose que Park Avenue. De nombreux carrefours et places commémorent des personnalités ou des événements.

Les plans de ce guide indiquent les noms le plus fréquemment utilisés par les New-Yorkais.

Embouteillage à Manhattan

TROUVER UNE ADRESSE

Voici une méthode pratique pour trouver une **adresse dans les avenues**. Enlevez le dernier chiffre de l'adresse, divisez le reste par deux, puis ajoutez ou soustrayez le **chiffre clé** indiqué ci-contre – vous obtiendrez ainsi le numéro de la rue la plus proche. Pour trouver, par exemple, le 826 Lexington Avenue, retirez le 6, divisez 82 par 2 ce qui donne 41 et ajoutez 22 (le chiffre clé). La 63e Rue est donc la rue la plus proche.

Adresses sur une avenue	Chiffre clé	Adresses sur une avenue	Chiffre clé
1re Ave	+3	9e Ave	+13
2e Ave	+3	10e Ave	+14
3e Ave	+10	Amsterdam Ave	+60
4e Ave	+8	Audubon Ave	+165
5e Ave :		Broadway, après la	
- jusqu'à 200	+13	23e Rue	-30
- de 200 à 400	+16	Central Park W, diviser	
- de 400 à 600	+18	le nombre par 10	+60
- de 600 à 775	+20	Columbus Ave	+60
- de 775 à 1286,		Convent Ave	+127
ne pas diviser par 2		Lenox Ave	+110
- de 1286 à 1500	+45	Lexington Ave	+22
- de 1500 à 2000	+24	Madison Ave	+26
6e Ave of the Americas	-12	Park Ave	+35
7e Ave, avant la		Park Ave South	+08
110e Rue	+12	Riverside Drive, diviser	
7e Ave, après la		le nombre par 10	+72
110e Rue	+20	St Nicholas Ave	+110
8e Ave	+10	West End Ave	+60

MADISON AVENUE

Panneau au carrefour d'une rue, indiquant Madison Avenue.

PLANIFIER VOS DÉPLACEMENTS

Pendant les heures de pointe (de 8 h à 10 h, de 11 h 30 à 13 h 30 et de 16 h 30 à 18 h 30, du lundi au vendredi) il vaut mieux marcher, malgré la foule, plutôt que d'essayer de prendre un autobus, un taxi ou le métro. À d'autres moments et pendant les vacances, la circulation est moins dense et permet de se déplacer rapidement.

Il faut toujours soigneusement éviter la 5e Avenue les jours de parade (St Patrick's Day et Thanksgiving Day sont les pires). Les visites de personnalités ou les manifestations qui se déroulent fréquemment devant le City Hall *(p. 90)* provoquent d'énormes problèmes de circulation. Le quartier du vêtement, situé au sud de la 42e Rue le long de la 7e Avenue, se remplit de camions de livraison pendant la journée.

À PIED

Les intersections entre les avenues et les rues ont des feux de signalisation et lampadaires portant des panneaux qui indiquent des noms. Pour les véhicules, le rouge signifie arrêt *(stop)*, le vert passez *(go)* et « *Walk-Don't Walk* » (Traversez ou non) s'adresse aux piétons. Vous remarquerez vite que les New-Yorkais, prudents,

Passage pour piétons

Ne traversez pas

Traversez

Un ferry de Staten Island quittant Battery Park

Bateau de la Circle Line

ne se fient pas souvent au signal « *Walk* », mais plutôt à leur bon sens.

Comme en Europe, les véhicules roulent à droite. Il n'y a pas de panneaux pour prévenir les piétons du sens de la circulation. Comme de nombreuses rues sont à sens unique, il vaut donc mieux regarder des deux côtés avant de traverser. On trouve des passages pour piétons à certains carrefours. Ils sont facilement repérables (au Rockefeller Center, par exemple) et sont surveillés de près par la police. La ville dispose de quelques passages souterrains à Central Park.

EN BATEAU-TAXI

Ils circulent entre East 90th Street Pier et Pier 84 (rens. : **www**.nywatertaxi.com).

EN FERRY

Deux d'entre eux intéressent les visiteurs *(p. 369).* Le ferry de la Circle Line fait plusieurs fois par jour le trajet de Battery Park (à l'extrémité sud de Manhattan) à la statue de la Liberté et à Ellis Island (**www**.circleline.com). Staten Island Ferry, quant à lui, en service jour et nuit, offre des vues magnifiques sur Manhattan, la statue de la Liberté, les ponts et Governors Island. Sur Staten Island Ferry, l'aller et retour est gratuit.

À BICYCLETTE

Il est conseillé aux cyclistes de circuler de jour sur les pistes aménagées à Central Park, le long de East River et de Hudson River. On loue des bicyclettes à Columbus Circle ou au Loeb Boathouse, à Central Park. **Informations pratiques** Central Park Bike Rental, 2 Columbus Circle. **Plan** 12 D3. **Tél.** *(212) 541-8759.* **www**.centralparkbiketour.com

Cycliste dans Central Park

Conduire à New York

Il est déconseillé de conduire à New York car la circulation y est particulièrement difficile et les voitures de location plutôt chères. La ceinture de sécurité est obligatoire et la vitesse en ville est limitée à 48 km/h (30 mph). La conduite est à droite et la plupart des rues sont à sens unique avec un feu à chaque carrefour.

Embouteillage sur la 6e Avenue

LOUER UNE VOITURE

Vous devez présenter un permis de conduire valide (le permis de conduire international est utile, mais pas indispensable), un passeport et posséder une carte de crédit reconnue. Les moins de 25 ans paient plus cher.

Votre police d'assurance tous risques doit vous couvrir en cas de dommage matériel ou corporel, car les poursuites pour blessures sont onéreuses. Faites le plein avant de rendre la voiture sous peine de payer le double du prix normal du carburant. Il est moins cher de louer une voiture en ville que dans les aéroports.

Signalisation
Les passages pour piétons sont marqués par des bandes noires et blanches. Au centre des carrefours, des bandes identiques signalent la zone interdite aux véhicules lorsque le feu est rouge. Contrairement au reste de l'État de New York, il est interdit aux automobilistes de tourner à droite au feu rouge, sauf indication contraire.

Sens unique

STATIONNEMENT

C'est un casse-tête coûteux à Manhattan. Les parkings et garages indiquent toujours leurs tarifs à l'entrée. Certains hôtels incluent un supplément pour le stationnement.

Dans certains secteurs, des parcmètres autorisent des arrêts de 20 à 60 min. Ne vous garez pas devant ceux qui sont en panne. Les bandes jaunes indiquent qu'il est interdit de stationner.

Le stationnement alterné est d'usage dans la majorité des petites rues. On peut se garer d'un côté toute la nuit à condition d'enlever sa voiture avant 8 h du matin. Pour tout renseignement, appelez le **Transportation Department.**

CONTRAVENTIONS

Si vous avez une contravention, il faut payer l'amende dans les 7 jours ou contester en écrivant aux autorités. Si vous avez un problème avec votre véhicule, appelez le **Parking Violations Bureau** entre 8 h 30 et 19 h les jours ouvrables.

Si vous ne retrouvez pas votre voiture, ne paniquez pas mais renseignez-vous d'abord à la fourrière, ouverte jour et nuit tous les jours, sauf

Entrée interdite

Vitesse limitée à 80 km/h (50 mph)

Vous n'avez pas la priorité

Arrêtez-vous à l'intersection

le dimanche. Celles-ci sont très efficaces mais ont tendance à maltraiter les véhicules enlevés. Pour récupérer votre bien, vous devrez payer une amende de 150 $ augmentée de 10 $ de gardiennage par jour. Les chèques de voyage, les virements et l'argent liquide sont acceptés. Il y a un distributeur ATM sur les lieux *(p. 374)*. S'il s'agit d'une voiture louée, présentez le contrat de location, seul le conducteur autorisé (ayez votre permis) peut reprendre la voiture. Si votre voiture n'est pas à la fourrière, prévenez la police.

Informations pratiques
Police **Tél.** *911* ; Parking Violations Bureau **Tél.** *(718) 802-3636* ; Traffic Dept, Tow Pound (fourrière), Pier 76, West 38th St et 12th Ave, **plan** 7 B1 ; Uptown et 207th St **Tél.** *311* ; Transportation Dept **Tél.** *311*.

PÉAGES

La plupart des voies d'accès à New York sont à péage. Les tarifs varient entre 1,5 $ pour les plus petits ponts et 6 $ pour le George Washington Bridge, entre New York et le New Jersey. Pour les ouvrages dépendant de la Triborough Bridge Authority, ils sont fixés à 3,5 $. Ces sommes doivent être réglées en liquide. N'allez pas aux guichets E-Z Pass, réservés aux possesseurs de cartes spéciales.

AGENCES DE LOCATION

Si vous voulez louer une voiture, consultez l'annuaire à la rubrique *Automobile Renting*. Les principales compagnies de location sont :

Avis Tél. *(800) 331-1212.* www.avis.com

Budget Tél. *(800) 527-0700.* www.drivebudget.com

Dollar Tél. *(800) 800-4000.* www.dollar.com

Hertz Tél. *(800) 654-3131.* www.hertz.com

National Tél. *(800) CAR RENT.* www.nationalcar.com

Les taxis à New York

Taxi new-yorkais

Tous les taxis dotés d'une licence officielle sont jaunes. Si le numéro sur le toit est allumé, ils sont libres et peuvent être hélés. Les taxis en dehors des heures de service allument l'indication « Off-Duty ». Seuls les taxis officiels sont habilités à s'arrêter pour prendre un client. Il pourrait être non seulement cher, mais dangereux d'accepter de monter avec quelqu'un d'autre.

PRENDRE UN TAXI

Ily a plus de 12 000 Yellow Cabs à New York, ils sont équipés d'un compteur et beaucoup donnent des reçus imprimés. Ils acceptent jusqu'à quatre passagers pour le même prix.

Les stations de taxis sont rares, les meilleurs endroits pour en trouver sont les hôtels, Penn Station et Grand Central Terminal.

```
I ♥ NEW YORK
TRIP#     004653
09:11AM 11-15-92
MEDALLION# 6N64
DIST      2.30
FARE $    6.00
TLC:212-221-TAXI
--- ---- ---
```

Reçu imprimé

Les taxis officiels subissent des inspections techniques périodiques et sont assurés contre les accidents et les pertes. Les autres *(gypsy cars)* ne présentent pas ces garanties.

Dès le début de la course, le compteur démarre à 2,50 $ et le coût augmente de 40 cents tous les 267 m (soit environ 1 $/km). Comptez des suppléments pour le temps d'attente, les trajets entre 20 h et 6 h du matin et entre 16 h et 20 h en semaine. Certains taxis acceptent des cartes de crédit, mais la majorité préfère les espèces. Le pourboire ne dépasse pas 15 %.

Cette profession est traditionnellement réservée aux immigrants, la communication peut donc poser quelques problèmes. Bien que les chauffeurs de taxi passent un examen portant sur leur connaissance de l'anglais et de la ville, ils ne comprennent pas toujours parfaitement cette langue. Assurez-vous de vous être bien fait comprendre avant de démarrer. Légalement, un taxi est tenu de vous conduire n'importe où dans la ville à moins qu'il ne soit pas en train de travailler ou qu'il n'y ait pas de lumière sur le toit. Le chauffeur ne peut vous demander votre destination qu'après que vous soyez monté et doit accepter vos requêtes de ne pas fumer, d'ouvrir ou de fermer une fenêtre, de prendre ou déposer des passagers. S'il ne suit pas ces règles, vous pouvez adresser une réclamation à la **Taxi & Limousine Commission.**

Chaque taxi doit posséder la photographie du conducteur et son numéro d'enregistrement près du compteur. En cas de plainte, notez ce numéro et appelez la Commission.

Une avenue de New York où dominent les taxis jaunes

RÉCLAMATIONS ET NUMÉROS D'APPEL

Taxi & Limousine Commission
Tél. 311.

Objets trouvés
Tél. 311.

Si vous préférez appeler un radio-taxi plutôt que le héler dans la rue, vous pouvez appeler :

Allstate Car & Limousine
Tél. (800) 453-4099 (appel gratuit).

Chris Limousines
Tél. (718) 356-3232.

Limo Resinet
Tél. (212) 777-7171.

Le compteur montre le prix à payer, les suppléments sont indiqués séparément.

La lumière sur le toit indique le numéro du taxi et l'indicatif *« Off-Duty »*.

Se déplacer en autobus

Les 4 000 bus bleus et blancs de la ville parcourent plus de deux cents itinéraires différents à travers les cinq quartiers. Nombre d'entre eux circulent 24 heures sur 24. Ils sont modernes, propres, climatisés, sûrs, spacieux et rarement bondés. Il est interdit de fumer à l'intérieur et les seuls animaux admis sont les chiens d'aveugles. L'autobus peut être un bon moyen de découvrir la ville.

La caisse se trouve à l'entrée près du chauffeur.

TICKETS

On paye son ticket à l'aide d'une MetroCard (p. 390) ou avec le montant exact en pièces. Les chauffeurs de bus ne rendent pas la monnaie et on ne peut mettre ni billet ni penny dans la machine.

La MetroCard est vendue dans toutes les stations de métro. Elle permet la correspondance automatique : on peut se déplacer en empruntant les correspondances de métro à bus, de bus à bus ou de bus à métro. En payant le montant exact, vous disposez d'une correspondance valable pendant une heure sur un trajet de bus ; demandez un « transfer ticket » au chauffeur.

Il existe des tarifs réduits pour le troisième âge et les handicapés. Tous les bus s'abaissent pour les aider à monter (p. 370) ; il y a un accès pour handicapés à l'arrière du bus ou à l'avant.

Reconnaître votre bus
Comme plusieurs lignes passent à chaque arrêt d'autobus, vérifiez bien le numéro indiqué à l'avant et sur le côté, près de la porte avant. Informez-vous auprès du conducteur pour savoir si le bus s'arrête bien à l'endroit où vous souhaitez aller.

Descendez du bus par les portes arrière.

PRENDRE L'AUTOBUS

On ne monte qu'aux arrêts. Certains bus suivent des itinéraires nord-sud sur les avenues principales, s'arrêtant toutes les deux ou trois rues, d'autres empruntent une route est-ouest et s'arrêtent à chaque croisement (p. 384).

De nombreuses lignes sont desservies en permanence, mais à un rythme plus lent le soir et la nuit. Quelques autobus ne roulent que pendant les heures de pointe, de 7 h à 22 h. Les arrêts se reconnaissent aux panneaux bleus, blancs et rouges, et au marquage jaune qui longe le trottoir ; la plupart sont équipés d'abri. Une carte de l'itinéraire et des horaires sont affichés à chaque arrêt. Une fois que vous avez identifié votre autobus, montez par la porte avant et mettez votre MetroCard dans l'appareil prévu à cet effet. Demandez au chauffeur si le bus passe près de votre

destination et quel est l'arrêt le plus proche. Les conducteurs d'autobus de New York sont en général très aimables et vous préviennent lorsqu'il faut descendre.

Pour demander l'arrêt, appuyez sur la bande d'appel verticale jaune et noire, située entre les fenêtres ; un voyant « Stop Requested » s'allumera devant le conducteur.

Descendez par la double porte arrière ; le conducteur la débloque dès que le bus est arrêté, mais vous devez pousser sur la rayure jaune figurant sur la porte, afin d'ouvrir et de maintenir la porte ouverte.

Un arrêt d'autobus et son abri vitré.

Le plan de la ligne M15 sur un arrêt d'autobus.

Le numéro de la ligne se trouve sur le devant et le côté du bus.

Montez dans le bus par les portes avant.

VOYAGER EN AUTOCAR

Les autocars à destination de tout le continent nord-améri-cain partent du **Port Authority Bus Terminal.** La gare routière située au bout du George Washington Bridge, du côté de Manhattan, dessert uniquement le nord du New Jersey et le Rockland County.

Les billets sont vendus au Port Authority Bus Terminal, dans le hall principal. Les compagnies d'autocar longue distance (Greyhound, Peter Pan et Adirondack), le bus de banlieue Short Line et New Jersey Transit disposent de leurs propres guichets. Aucune réservation n'est possible sur ces lignes.

Il y a des toilettes surveillées, ouvertes de 6 h du matin à 22 h.

Un autocar Greyhound arrivant à New York

INFORMATIONS SUR LES BUS ET AUTOCARS

Plans
Disponibles à MTA/NYCT, Service clients, 3 Stone Street, Lower Manhattan.

MTA Travel Information
Tél. (718) 330-1234 (24h/24).
www.mta.info

Port Authority Bus Terminal
West 40th St et Eighth Ave.
Plan 8 D1. *Tél. (212) 564-8484.*
www.panynj.gov

George Washington Bridge Terminal
178th St et Broadway. *Tél. (800) 221-9903.* **www**.panynj.gov

Objets trouvés
Tél. (212) 712-4500.

VISITER NEW YORK EN AUTOBUS

L'autobus est un moyen confortable et bon marché de visiter New York et d'observer ses habitants.L'autobus M1 part de la 59e Rue, longe la 5e Avenue vers Battery Park et se dirige vers le nord par Wall Street et Madison Avenue. L'itinéraire M5 permet d'admirer le beau panorama de Hudson River. Il longe Riverside Drive jusqu'au George Washington Bridge près de la 178e Rue. Le M104 part du siège des Nations unies sur la 1re avenue, traverse la 42e Rue et Times Square, puis suit Broadway, avant de passer par Lincoln Center et de remonter jusqu'à Columbia University sur la 125e Rue.

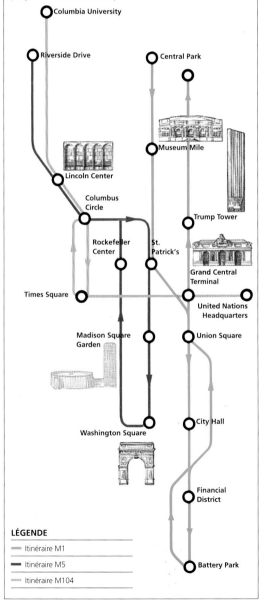

Columbia University

Riverside Drive

Central Park

Museum Mile

Lincoln Center

Columbus Circle

Trump Tower

Rockefeller Center

St. Patrick's

Grand Central Terminal

Times Square

United Nations Headquarters

Madison Square Garden

Union Square

Washington Square

City Hall

Financial District

Battery Park

LÉGENDE

━━ Itinéraire M1

━━ Itinéraire M5

┅┅ Itinéraire M104

Se déplacer en métro

New York City Subway

Logo du métro de New York

Le métro est la manière la plus rapide et la plus efficace de se déplacer dans New York. Son réseau couvre près de 375 km et se compose de 468 stations. La plupart des lignes fonctionnent toute l'année, 24 heures/24. Néanmoins, le service de nuit est moins fréquent et il y a moins de trains le week-end. Le métro vient d'être complètement rénové et les wagons sont tous climatisés, bien éclairés, plus sûrs et plus confortables.

MÉTRO NEW-YORKAIS

Certaines bouches de métro sont dotées de boules lumineuses vertes – quand des employés y vendent des jetons jour et nuit – ou rouges. D'autres portent des panneaux qui indiquent le nom de la station ainsi que les numéros ou lettres des lignes y passant.

Le métro fonctionne jour et nuit, mais certaines lignes ont des horaires précis, généralement de 6 h à minuit.

Il y a deux sortes de trains. Les locaux s'arrêtent à toutes les stations et les express, plus rapides, s'arrêtent moins souvent. Ces deux types sont signalés sur tous les plans de métro.

La sécurité a été renforcée et on peut voyager sans danger n'importe où entre 7 h et 19 h au sud de Central Park. Ayez du bon sens : aux heures creuses, attendez le métro dans la zone « *Off-Hour Waiting Area* » et sachez toujours où vous allez. Vous pouvez vous rendre dans les différents *boroughs* de la ville, mais nous vous déconseillons de prendre le métro seul après 22 h. Tenez-vous dans des endroits éclairés, utilisez les wagons du milieu et évitez de croiser le regard de personnages déplaisants.

En cas de difficulté, adressez-vous au gardien de la station ou à un membre du personnel dans la première voiture ou la voiture du milieu.

PRIX DU TICKET

Le ticket coûte 2 $ quelle que soit la distance. La MetroCard a remplacé les jetons qui servaient de ticket. Les visiteurs peuvent acheter un FunPass à 7 $ valable toute la journée pour un nombre illimité de trajets, ou un abonnement à 10 $ (5 trajets plus un gratuit), 20 $ (10 trajets plus deux gratuits) ou 24 $ (pour une semaine de trajets illimités). La MetroCard s'achète dans les bus (*p. 388*), dans 3 500 points de vente dans la ville et dans les stations de métro (ou vous pouvez payer en liquide ou avec une carte de paiement).

Information métro MTA/NYCT **Tél.** *(718) 330-1234.* Service clients MetroCard **Tél.** *(212) 638-7622.* **www** *.mta.info*

DÉCHIFFRER UN PLAN DE MÉTRO

Chaque ligne est identifiée sur le plan (*voir la page de garde en fin d'ouvrage*) par une couleur, par les noms des terminus et grâce à une lettre ou un nombre. Les arrêts locaux et express et les correspondances sont clairement marqués. Les lettres et les nombres sous le nom de station indiquent quelles lignes desservent celle-ci. Une lettre ou un nombre écrit en caractères gras indique que les trains s'y arrêtent entre 6 h et minuit. Les caractères en maigre signifient un service partiel. Une lettre ou un nombre encadré indiquent le terminus de la ligne. Sur le plan, les trains express sont indiqués par un cercle blanc. Un plan détaillé est affiché dans toutes les stations de métro et précise les horaires.

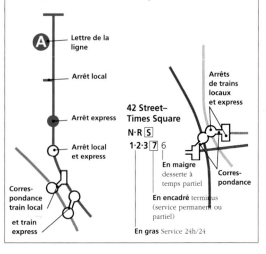

23 Street Station Uptown & The Bronx 6

La boule verte indique qu'il y a des employés en permanence

(A) Lettre de la ligne

Arrêt local

Arrêt express

Arrêt local et express

Correspondance train local et train express

42 Street– Times Square N·R S 1·2·3 7 6

Arrêts de trains locaux et express

En maigre desserte à temps partiel

Correspondance

En encadré terminus (service permanent ou partiel)

En gras Service 24h/24

COMMENT PRENDRE LE MÉTRO

Le métro dessert New York du nord au sud sur Lexington Avenue, 6ᵉ Avenue, 7ᵉ Avenue/Broadway et 8ᵉ Avenue. Les lignes N, R, E, F, V et W vers le Queens relient l'est à l'ouest.

Plan de métro

1 Il y a un plan de métro sur la page de garde, à la fin de ce livre. De grandes cartes se trouvent en évidence dans chaque station, souvent près du guichet. Vous pouvez également les consulter sur **www.mta.info**

Guichet avec employé

2 Achetez une MetroCard au guichet ou dans un distributeur. Les distributeurs acceptent la plupart des cartes de crédit et les billets jusqu'à 50 $, mais refusent les pièces. On peut aussi y recharger sa carte.

3 Passez le tourniquet en glissant la MetroCard.

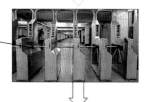

Tourniquet d'entrée

4 Suivez la direction indiquée. Ne prenez pas de risques inutiles et restez en vue du guichet en attendant votre train. La nuit, cantonnez-vous aux zones d'attente jaunes.

Zone d'attente en dehors des heures d'affluence

5 Sur chaque rame sont indiqués le numéro ou la lettre de la ligne, de la couleur appropriée, et les noms des terminus.

Identification de la ligne

6 Vous trouverez le détail de la ligne sur chaque quai et un plan des stations près des deux portes de chaque voiture. Dans les nouvelles rames, le nom de la station s'allume sur un plan électronique. Les arrêts sont annoncés par haut-parleur et le nom de la station est indiqué sur le quai. Le conducteur contrôle l'ouverture des portes.

7 En descendant, suivez les panneaux indiquant la sortie. Si vous devez changer de ligne, suivez les indications de correspondance.

Voyager par le train

Il y a deux gares principales à New York. Grand Central est le terminus des trains des banlieues Nord et du Connecticut. Pennsylvania (Penn) Station accueillent les trains des banlieues Est, et les grandes lignes arrivant des États-Unis et du Canada On ne peut pas réserver de place sur les trains de banlieue, seulement sur les grandes lignes. La plupart des trains de banlieue n'ont pas de wagon-bar et il vaut mieux acheter boissons et nourriture avant le départ.

Un train Amtrak

GRAND CENTRAL TERMINAL

Grand Central Terminal (p.156-157), sur Park Avenue entre la 41e et la 42e Rues, est le terminus des trains de banlieue **Metro-North Railroad** (Hudson, New Haven et Harlem), qui traversent le nord et l'est de Manhattan et se dirigent vers le Connecticut et Westchester County. On part de Grand Central pour aller au Bronx Zoo (p. 244-245), au New York Botanical Garden ou dans la propriété du

président Franklin D. Roosevelt à Hyde Park. Les métros 4, 5 et 6 de la ligne verte et 7 de la ligne violette desservent la station de métro Grand Central, située sous la gare. Une navette relie Grand Central à Times Square et de nombreux autobus s'arrêtent à Grand Central.

PENN STATION

Située entre la 7e et la 8e Avenues et entre la 31e et la 33e Rues, Penn Station a été modernisée et reconstruite en 1963 sous Madison Square Garden (p. 135). Y arrivent des trains de banlieue comme ceux de New Jersey Transit et les **Amtrak** venant du Canada et des autres États du pays. Vous ne trouverez pas de chariots à bagages mais des porteurs à casquette rouge sont à votre disposition.

On trouve des taxis au niveau de la rue. Des autobus partent de Penn Station, en direction de la 7e et de la 8e Avenues. Les stations de métro pour les lignes bleues A, C et E sont situées non loin de la 8e Avenue, à côté de la gare; celles des lignes rouges 1, 2 et 3, près de la 7e Avenue. Les guichets et salles d'attente sont au niveau de la rue, les trains en sous-sol.

Il faut se rendre à Penn Station pour aller dans le New Jersey, à Long Island, ou plus loin encore avec les Amtrak, vers le Canada, Philadelphie ou Washington.

Grand Central Terminal

Logo de Long Island Rail Road

Près de Penn Station, on trouve les guichets et stations de **Long Island Rail Road (LIRR),** ligne de banlieue qui conduit aux sites touristiques de Long Island, comme The Hamptons, Montauk Point et Five Island.

TRAINS PATH

Ils fonctionnent en permanence, entre le New Jersey (Harrison, Hoboken, Jersey City et Newark) et Penn Station. Ils s'arrêtent à Christopher Street, au World Trade Center, à la 9e Avenue, aux 14e, 23e et 33e Rues et à l'Avenue of Americas (6e Avenue).

Un train de banlieue à Penn Station

AMTRAK

C'est la compagnie nationale de chemins de fer qui relie New York aux autres villes américaines et au Canada. Quelques trains disposent de sièges inclinables, d'autres, sur les grandes lignes, de wagons-restaurants et de couchettes. Les nouveaux trains express voyagent sur certaines lignes Amtrak, comme l'**Acela** qui relie Washington à Boston via New York.

Les billets s'achètent à Penn Station, mais aussi dans les Amtrak Travel Centers. On peut acheter son billet dans le train à condition d'acquitter un supplément. Les personnes âgées bénéficient d'une réduction de 15 %, mais il n'y a pas de tarif étudiant. Si vous réservez par téléphone, avec une carte de crédit, il faut vous y prendre au moins dix jours à l'avance ; vous recevrez vos billets par la poste.

Amtrak propose des tarifs réduits pour les touristes du Great American Vacations et des tarifs promotionnels divers. Renseignez-vous en réservant.

Tableau d'informations,
Penn Station

TITRES DE TRANSPORT

Les guichets de gare sont sans
cesse pris d'assaut par les
New-Yorkais. Les paiements
par cartes de crédit et en
espèces sont acceptés. Il
existe plusieurs sortes de
billets, la plupart sont calculés
sur la base d'un aller simple.
Si vous avez l'intention de
faire plusieurs voyages,
Metro-North et LIRR proposent
des cartes hebdomadaires
et des cartes heures creuses
à des prix intéressants.

De grands tableaux
électroniques présentent
en continu les horaires des
trains, leurs destinations
et numéros de quai. Vérifiez
la liste des arrêts et les gares
de correspondances affichées
près de l'entrée du quai de
départ. Attendez l'ouverture
du quai. Il n'y a qu'une seule
classe et pas de places
réservées. Le contrôleur
ne vérifie les billets qu'après
le départ du train.

Penn Station et Grand Central
Terminal sont bien équipées
en toilettes, banques,
magasins, bars et restaurants.

RENSEIGNEMENTS FERROVIAIRES

Amtrak Travel Centers
Tél. (800) USA-RAIL ou
(800) 872-7245.
www.amtrak.com

Acela
Tél. (800) 523-8720.
www.amtrak.com

Long Island Rail Road (LIRR)
Tél. (718) 217-LIRR (information).
Tél. (212) 643 5228 (objets perdus).
www.mta.info

Metro-North Railroad
Tél. (212) 532-4900 (information).
Tél. (212) 340-2555 (objets perdus).
www.mta.info

PATH Trains
Tél. (800) 234-7284.
www.panynj.com

EXCURSION D'UNE JOURNÉE

De nombreux sites,
en dehors de la ville, valent
une visite. Ceux indiqués
ci-dessous se situent dans
un périmètre de 200 km
autour de Manhattan.
Si vous avez le temps,
allez-y. Renseignez-vous
auprès du NYC & Co.
(p. 368).

Une vue pittoresque
de Tarrytown

Stony Brook
Un paisible village côtier.
Entrée du Three Villages
Historic District.
🚉 *93 km à l'est.
Long Island Rail Road à partir de
Penn Station. 2 h.*

The Hamptons
Des bars élégants et des
boutiques dans un décor
historique. Le Beverly Hills
de Long Island.
🚉 *161 km à l'est.
Long Island Rail Road à partir
de Penn Station. 2 h 50.*

Montauk Point
Parc situé à l'extrémité est
de Long Island. Belles vues
sur l'océan.
🚉 *193 km à l'est.
LIRR à partir de Penn Station. 3 h.*

Westbury House, Old Westbury
La copie par John Phipps,
en 1906, d'un manoir
Charles II, avec de jolis
jardins à l'anglaise.
🚉 *39 km à l'est.
Long Island Rail Road à partir
de Penn Station. 40 min.*

Tarrytown
La demeure « Sunnyside »
de Washington Irving
et la résidence de Jay
Gould. 🚉 *40 km au nord.
Metro-North à partir de Grand
Central, puis taxi. 40-50 min.*

Hyde Park
« Springwood », la propriété
de Franklin D. Roosevelt
et la résidence Vanderbilt.
🚉 *119 km au nord.
Metro-North à partir de Grand
Central jusqu'à Poughkeepsie,
puis bus. 2 h.*

New Haven, Connecticut
Yale University.
🚉 *119 km au nord.
Metro-North à partir de
Grand Central Terminal.
1 h 46.*

Hartford, Connecticut
Maison de Mark Twain,
Atheneum Museum et Old
State House.
🚉 *180 km au nord.
Amtrak à partir de Penn Station.
2 h 45.*

Winterthur, Delaware
Collection d'art primitif
américain de Henry du
Pont, musée et jardins.
🚉 *187 km au sud. Amtrak
à partir de Penn Station
jusqu'à Wilmington, puis bus vers
Winterthur. 2 h.*

Yale University à New Haven, Connecticut

ATLAS DES RUES

Les références accompagnant les indications sur les sites, hôtels, restaurants, bars, boutiques et spectacles se rapportent aux plans de cette partie du guide *(voir ci-contre, Comment utiliser le plan)*. Ces plans couvrent la totalité de Manhattan. Le répertoire des noms de rues et de lieux se trouve dans les pages suivantes. Le plan d'ensemble, ci-dessous, correspond aux différentes zones de l'Atlas. Les sites touristiques – et tout ce qui peut être intéressant à découvrir à Manhattan – y sont indiqués selon un code de couleurs.

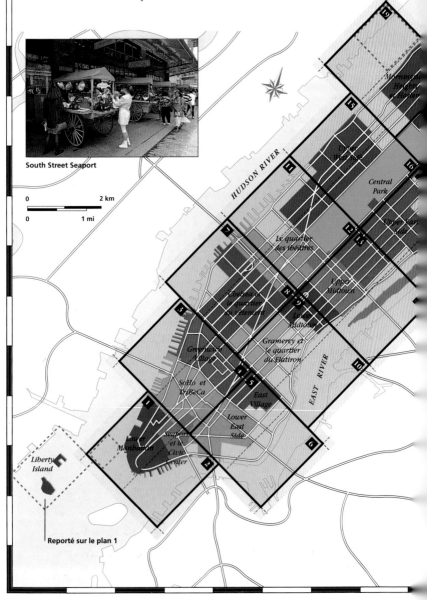

South Street Seaport

0   2 km

0   1 mi

HUDSON RIVER

EAST RIVER

Morningside Heights et Harlem

Upper West Side

Central Park

Upper East Side

Le quartier des théâtres

Upper Midtown

Chelsea et le quartier du vêtement

Lower Midtown

Greenwich Village

Gramercy et le quartier du Flatiron

SoHo et TriBeCa

East Village

Lower East Side

Lower Manhattan

Seaport et le Civic Center

Liberty Island

Reporté sur le plan 1

LÉGENDES DE L'ATLAS DES RUES

	Site touristique majeur
	Autre site
	Gare
M	Station de métro
	Héliport
	Gare maritime (ferry)
	Gare routière
P	Parc de stationnement
	Syndicat d'initiative
	Hôpital avec service d'urgence
	Commissariat de police
	Église
	Synagogue
	Bureau de poste
	Ligne de chemin de fer
	Rue piétonne

ÉCHELLE DES PLANS

0   200 m

0   200 yds

1:11 500

Reporté
sur le plan 19

COMMENT
UTILISER LE PLAN

Le premier numéro
indique quel plan de
l'atlas consulter.

Maison de Theodore
Roosevelt ❼

28 E 20th St. **Plan 9** A5.
Tél. 260-1616. M 14th St-Union Sq.
○ mer.-dim. 9h-17h (dern.
entrée 16h30). ● j.f. 🌐 📷 🎥
**Conférences, concerts, film
et vidéo.** 📱 www.nps.gov/thrb

Une lettre et un chiffre
servent de référence pour
localiser l'endroit sur la grille.
Les lettres sont placées en haut
et en bas du plan, les chiffres
sur le côtés.

Ce plan se prolonge sur le
plan 5 de l'Atlas des rues.

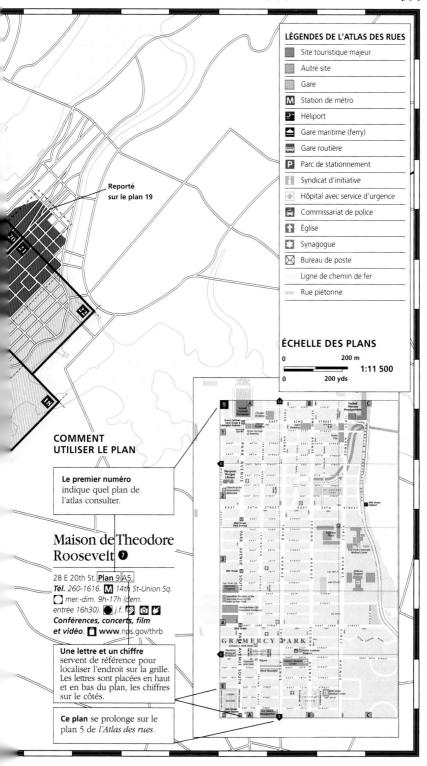

Répertoire des noms de rues

1 & 2 United Nations Plaza	**13 B5**
1st Ave *voir* First Ave	
1st St (Queens)	**10 E2**
suite	**18 E2**
2nd Ave *voir* Second Ave	
2nd (Front) St (Queens)	**10 E1**
2nd St (Queens)	**18 E2**
3rd Ave *voir* Third Ave	
3rd St (Queens)	**18 E2**
4th Ave *voir* Fourth Ave	
4th St (Queens)	**18 F2**
5th Ave *voir* Fifth Ave	
5th St (Queens)	**10 E1**
suite	**14 E5**
6th Ave *voir* Sixth Ave	
7th Ave *voir* Seventh Ave	
8th Ave *voir* Eighth Ave	
8th St (Queens)	**18 F2**
9th Ave *voir* Ninth Ave	
9th St (Queens)	**14 F1**
suite	**18 F2**
10th Ave *voir* Tenth Ave	
10th St (Queens)	**14 F1**
suite	**18 F5**
11th Ave *voir* Eleventh Ave	
11th St (Queens)	**14 F1**
suite	**18 F5**
12th Ave *voir* Twelfth Ave	
12th St (Queens)	**14 F1**
suite	**18 F2**
13th St (Queens)	**14 F1**
suite	**18 F4**
14th St (Queens)	**18 F2**
21st St (Queens)	**14 F3**
26th Ave (Queens)	**18 E2**
27th Ave (Queens)	**18 E2**
28th Ave (Queens)	**18 F3**
30th Ave (Queens)	**18 F3**
30th Dr (Queens)	**18 F3**
30th Rd (Queens)	**18 F3**
31st Ave (Queens)	**18 F4**
31st Dr (Queens)	**18 F4**
33rd Ave (Queens)	**18 F4**
33rd Rd (Queens)	**18 F4**
34th Ave (Queens)	**18 F5**
34th St Heliport	**9 C2**
35th Ave (Queens)	**18 F5**
36th Ave (Queens)	**14 F1**
37th Ave (Queens)	**14 F1**
38th Ave (Queens)	**14 F1**
40th Ave (Queens)	**14 F2**
41st Ave (Queens)	**14 F3**
41st Rd (Queens)	**14 F3**
43rd Ave (Queens)	**14 E3**
43rd Rd (Queens)	**14 F4**
44th Ave (Queens)	**14 F4**
44th Dr (Queens)	**14 E4**
44th Rd (Queens)	**14 F4**
45th Ave (Queens)	**14 F4**
45th Rd (Queens)	**14 F4**
46th Ave (Queens)	**14 F5**
46th Rd (Queens)	**14 E5**
47th Ave (Queens)	**14 E5**
47th Rd (Queens)	**14 F5**
48th Ave (Queens)	**14 F5**
50th Ave (Queens)	**10 E1**
51st Ave (Queens)	**10 E1**
54th (Flushing) Ave (Queens)	**10 E2**
55th Ave (Queens)	**10 E2**
56th Ave (Queens)	**10 E2**
65th St Transverse Rd	**12 E2**
75 1/2 Bedford St	**3 C3**
79th St Transverse Rd	**16 E4**
86th St Transverse Rd	**16 E3**
97th St Transverse Rd	**16 E1**

A

A.H. Sulzberger Plaza	**20 F3**
AT & T Building	**1 C2**
Abingdon Sq	**3 B1**
Abraham E. Kazan St	**5 C4**
Abyssinian Baptist Church	**19 C2**
Adam Clayton Powell, Jr. Blvd (Seventh Ave) 1801-2214	**21 A1-A4**
suite 2215-2474	**19 C1-C3**
Aerial Tramway	**13 B3**
African Sq	**21 B1**
Albany St	**1 B3**
Algonquin Hotel	**12 F5**
Alice in Wonderland	**16 F5**
Alice Tully Hall	**11 C2**
Allen St	**5 A3**
Alwyn Court Apartments	**12 E3**
American Museum of Natural History	**16 D5**
American Standard Building	**8 F1**
American Stock Exchange	**1 B3**
Amsterdam Ave 1-278	**11 C1-C3**
suite 279-855	**15 C1-C5**
856-1435	**20 E1-E5**
1436-1701	**19 A1-A3**
Andrew's Plaza	**1 C1**
Ann St	**1 C2**
Ansonia Hotel	**15 C5**

Apollo Theater	**21 A1**
Appellate Division of the Supreme Court of the State of NY	**9 A4**
Asia Society	**13 A1**
Asser Levy Pl	**9 C4**
Astor Pl	**4 F2**
Astoria Blvd (Queens)	**18 F3**
Astoria Park South (Queens)	**18 F1**
Athletic Field	**6 D2**
Attorney St	**5 B3**
Aunt Len's Doll and Toy Museum	**19 A1**
Ave A1-210 5	**A1-A3**
Ave B1-215 5	**B1-B2**
Ave C1-212 5	**C1-C2**
Ave C213-277	**10 D4-D5**
Ave D1-199	**5 C1-C2**
Ave of the Americas (Sixth Ave) 1-509	**4 D1-E5**
suite 510-1125	**8 E1-E5**
1126-1421	**12 F3-F5**
Ave of the Finest	**2 D1**
Avery Fisher Hall	**12 D2**

B

Bank of New York	**1 C3**
Bank St	**3 B2**
Barclay St	**1 B2**
Barrow St	**3 B3**
Baruch Pl	**6 D3**
Battery Maritime Building	**1 C4**
Battery Park	**1 B4**
Battery Park City	**1 A3**
Battery Park City Heliport	**1 B4**
Battery Place	**1 B4**
Battery Plaza	**1 C4**
Baxter St	**2 D1**
suite	**4 F4**
Bayard St	**4 F5**
Bayard-Condict Building	**4 F3**
Beach St	**4 D5**
Beaver St	**1 C3**
Bedford St	**3 C2**
Beekman Downtown Hospital	**1 C2**
Beekman Pl	**13 C5**
Beekman St	**1 C2**
Bellevue Hospital	**9 C3**
Belmont Island	**10 D1**
Belvedere Castle	**16 E4**
Benjamin Franklin Plaza	**22 E5**

Benson St	**4 E5**
Berry St (Brooklyn)	**6 F1**
Bethesda Fountain and Terrace	**12 E1**
Beth Israel Medical Center	**9 B5**
Bethune St	**3 B2**
Bialystoker Pl	**5 C4**
Bialystoker Synagogue	**5 C4**
Bird Sanctuary	**12 F3**
Blackwell Park (Roosevelt Island)	**14 E1**
Blackwell Park (Roosevelt Island)	**18 E5**
Bleecker St	**3 C2**
Block Beautiful	**9 A5**
Bloomfield St	**3 A1**
Bloomingdale's	**13 A3**
Boat Basin	**15 B5**
Boat House	**16 F5**
Boathouse	**21 B4**
Bond Alley	**4 F2**
Borden Ave (Queens)	**10 F1**
Bow Bridge	**16 E5**
Bowery	**4 F2**
suite	**5 A4**
Bowling Green	**1 C4**
Box St (Brooklyn)	**10 F2**
Bradhurst Ave	**19 B1**
Bridge St	**1 C4**
Broad St	**1 C3**
Broadway (Brooklyn)	**6 F3**
Broadway 1-320	**1 C1-C3**
suite 321-842	**4 E1-E5**
843-1472	**8 E1-F5**
1473-1961	**12 D2-E5**
1962-2081	**11 C1**
2082-2675	**15 C1-C5**
2676-3200	**20 E1-E5**
Broadway (Queens)	**18 F4**
Broadway Alley	**9 A3**
Brooklyn Bridge	**2 E2**
Brooklyn-Queens Expressway 278 (Brooklyn)	**2 F3**
Broome St	**4 D4**
suite	**5 A4**
Bryant Park	**8 F1**
Butler Library	**20 E3**

C

Cabrini Medical Center	**9 B5**
Calvin Ave	**7 C2**
Canal St	**3 C4**
Canal St	**5 A5**
Cannon St	**5 C4**
Cardinal Hayes St	**2 D1**

Cardinal St **2 D1**
Cardinal Stepinac
  Plaza **7 C1**
Carl Schurz
  Park **18 D3**
Carlisle St **1 B3**
Carmine St **4 D3**
Carnegie Hall **12 E3**
Castle Clinton National
  Monument **1 B4**
Cathedral of St. John
  the Divine **20 F4**
Cathedral Parkway **20 E4**
Catherine La **4 E5**
Catherine Slip **2 E1**
Catherine St **2 E1**
Cedar St **1 B3**
Central Park **12 E1**
  suite **16 E1**
  suite **21 A5**
Central Park
  North **21 A4**
Central Park South
  (Olmsted Way) **12 E3**
Central Park West
  1-130 **12 D1-D3**
  suite
  131-418 **16 D1-D5**
  419-480 **21 A4-A5**
Central Park Wildlife
  Conservation
  Center **12 F2**
Central Synagogue **13 A4**
Centre Market Pl **4 F4**
Centre St **1 C1**
  suite **4 F4**
Century Apartments **12 D2**
Chamber of
  Commerce **1 C3**
Chambers St **1 A1**
Chanin Building **9 A1**
Charles Lane **3 B2**
Charles St **3 B2**
Charlton St **3 C4**
Chase Manhattan
  Bank **1 C3**
Chelsea Historic
  District **7 C5**
Chelsea Hotel **8 D4**
Chelsea Park **7 C3**
Cherokee Place **17 C5**
Cherry Hill **12 E1**
Cherry St **2 E1**
  suite **5 B5**
Children's Museum
  of Manhattan **15 C4**
Children's Zoo **12 F2**
Chinatown **4 F5**
Christopher Park **4 D2**
Christopher St **3 C2**
Chrysler Building **9 A1**
Chrystie St **5 A3**
Church of the

Ascension **4 E1**
Church of the Holy
  Trinity **17 B3**
Church of the Incarnation
  Episcopal **9 A2**
Church St **1 B1**
  suite **4 E5**
Circle Line Boat Trip **7 A1**
Citicorp Center **13 A4**
City Center of Music
  and Drama **12 E4**
City College of the
  University of New
  York **19 A2**
City Hall **1 C1**
City Hall Park **1 C1**
Claremont Ave **20 E1**
Clark St
  (Brooklyn) **2 F3**
Clarkson St **3 C3**
Clay St
  (Brooklyn) **10 F2**
Cleveland Pl **4 F4**
Cliff St **2 D2**
Clinton St **5 B3**
Coenties Alley **1 C3**
Collister St **4 D5**
Columbia Heights
  (Brooklyn) **2 F3**
Colonnade Row **4 F2**
Columbia St **5 C3**
Columbia University **20 E3**
Columbus Ave
  1-239 **12 D1-D3**
  suite
  240-895 **16 D1-D5**
  896-1021 **20 F4-F5**
Columbus Circle **12 D3**
Columbus Park **4 F5**
Commerce St **3 C2**
Commercial St
  (Brooklyn) **10 F2**
Con Edison
  Headquarters **9 A5**
Confucius Plaza **5 A5**
Conrail Pier s **11 A2**
Conservatory
  Garden **21 B5**
Conservatory
  Water **16 F5**
Convent Ave
  52-336 **19 A1-A3**
Convent Ave **20 F1**
Convent Hill **20 F1**
Cooper Sq **4 F2**
Cooper-Hewitt
  Museum **16 F2**
Cooper Union
  Building **4 F2**
Corlears Hook **6 D5**
Corlears Hook
  Park **6 D4**
Cornelia St **4 D2**

Cortlandt Alley **4 E5**
Cortlandt St **1 B2**
Cranberry St
  (Brooklyn) **2 F3**
Criminal Courts
  Building **4 F5**
Crosby St **4 E4**
Cunard Building **1 C3**

D

Dairy, the **12 F2**
Dakota, the **12 D1**
Damrosch Park **11 C2**
Dante Park **12 D2**
De Witt Clinton Park **11 B4**
Delacorte Theater **16 E4**
Delancey St **5 A4**
Delancey St South **5 C4**
Desbrosses St **3 C5**
Dey St **1 C2**
Diamond Row **12 F5**
Division Ave
  (Brooklyn) **6 F4**
Division St **5 A5**
Dock St (Brooklyn) **2 E2**
Dominick St **4 D4**
Dorilton, the **11 C1**
Doris C. Freedman
  Plaza **12 F3**
Doughty St
  (Brooklyn) **2 F3**
Dover St **2 D2**
Dover St **5 A5**
Downing St **4 D3**
Downtown Athletic
  Club **1 B4**
Downtown Manhattan
  Heliport **2 D4**
Duane Park **1 B1**
Duane St **1 B1**
Duffy Sq **12 E5**
Duke Ellington
  Blvd **20 E5**
Dunham Pl
  (Brooklyn) **6 F3**
Dupont St
  (Brooklyn) **10 F3**
Dutch St **1 C2**
Dyer Ave **7 C1**

E

Eagle St (Brooklyn) **10 F3**
East 1st St **4 F3**
  suite **5 A3**
East 2nd St **4 F2**
  suite **5 A2**
East 3rd St **4 F2**
  suite **5 A2**
East 4th St **4 F2**
  suite **5 A2**
East 5th St **4 F2**
  suite **5 A2**
East 6th St **4 F2**
  suite **5 A2**

East 7th St **4 F2**
  suite **5 A2**
East 8th St **4 F2**
  suite **5 B2**
East 9th St **4 F1**
  suite **5 A1**
East 10th St **4 F1**
  suite **5 A1**
East 11th St **4 F1**
  suite **5 A1**
East 12th St **4 F1**
  suite **5 A1**
East 13th St **4 F1**
  suite **5 A1**
East 14th St **4 F1**
  suite **5 A1**
East 15th St **8 F5**
  suite **9 A5**
East 16th St **8 F5**
  suite **9 A5**
East 17th St **8 F5**
  suite **9 A5**
East 18th St **8 F5**
  suite **9 A5**
East 19th St **8 F5**
  suite **9 A5**
East 20th St **8 F5**
  suite **9 A5**
East 21st St **8 F4**
  suite **9 A4**
East 22nd St **8 F4**
  suite **9 A4**
East 23rd St **8 F4**
  suite **9 A4**
East 24th St **9 A4**
East 25th St **9 A4**
East 26th St **9 A4**
East 27th St **8 F3**
  suite **9 A3**
East 28th St **8 F3**
  suite **9 A3**
East 29th St **8 F3**
  suite **9 A3**
East 30th St **8 F3**
  suite **9 A3**
East 31st St **8 F3**
  suite **9 A3**
East 32nd St **8 F3**
  suite **9 A3**
East 33rd St **8 F2**
  suite **9 A2**
East 34th St **8 F2**
  suite **9 A2**
East 35th St **8 F2**
  suite **9 A2**
East 36th St **8 F2**
  suite **9 A2**
East 37th St **8 F2**
  suite **9 A2**
East 38th St **8 F2**
  suite **9 A2**
East 39th St **8 F1**
  suite **9 A1**

Chaque nom de lieu est suivi par son quartier (sauf pour Manhattan) et par son report au plan.

East 40th St	**8 F1**	East 71st St	**12 F1**	East 103rd St	**21 C5**	Eldridge St	**5 A3**
suite	**9 A1**	suite	**13 A1**	East 104th St	**21 C5**	Eldridge Street	
East 41st St	**8 F1**	East 72nd St	**12 F1**	East 105th St	**21 C5**	Synagogue	**5 A5**
suite	**9 A1**	suite	**13 A1**	East 106th St	**21 C5**	Eleventh Ave	
East 42nd St	**8 F1**	East 73rd St	**12 F1**	East 107th St	**21 C5**	1-25	**3 A1**
suite	**9 A1**	suite	**13 A1**	East 108th St	**21 C4**	suite	
East 43rd St	**8 F1**	East 74th St	**16 F5**	East 109th St	**21 C4**	26-572	**7 B1-B4**
suite	**9 A1**	suite	**17 A5**	East 110th St	**21 C4**	573-885	**11 B3-B5**
East 44th St	**12 F5**	East 75th St	**16 F5**	East 111th St	**21 C4**	Elizabeth St	**4 F3**
suite	**13 A5**	suite	**17 A5**	East 112th St	**21 C4**	Elk St	**1 C1**
East 45th St	**12 F5**	East 76th St	**16 F5**	East 113th St	**22 D4**	Ellis Island	**1 A4**
suite	**13 A5**	suite	**17 A5**	East 114th St	**22 E3**	Ellis Island Ferry	**1 C4**
East 46th St	**12 F5**	East 77th St	**16 F5**	East 115th St	**21 C3**	Empire Diner	**7 C4**
suite	**13 A5**	suite	**17 A5**	East 116th St (Luis Muñoz		Empire State Building	**8 F2**
East 47th St	**12 F5**	East 78th St	**16 F5**	Marin Blvd)	**21 C3**	Engine Company	
suite	**13 A5**	suite	**17 A5**	East 117th St	**21 C3**	No.31	**4 F5**
East 48th St	**12 F5**	East 79th St	**16 F4**	East 118th St	**21 C3**	Ericsson Pl	**4 D5**
suite	**13 A5**	suite	**17 A4**	East 119th St	**21 C3**	Essex St	**5 B3**
East 49th St	**12 F5**	East 80th St	**16 F4**	East 120th St	**21 C2**	Everitt St (Brooklyn)	**2 F2**
suite	**13 A5**	suite	**17 A4**	East 121st St	**21 C2**	Exchange Alley	**1 C3**
East 50th St	**12 F4**	East 81st St	**16 F4**	East 122nd St	**21 C2**	Exchange Pl	**1 C3**
suite	**13 A4**	suite	**17 A4**	East 123rd St	**21 C2**	Extra Pl	**4 F3**
East 51st St	**12 F4**	East 82nd St	**16 F4**	East 124th St	**21 C2**		
suite	**13 A4**	suite	**17 A4**	East 125th St (Martin		**F**	
East 52nd St	**12 F4**	East 83rd St	**16 F4**	Luther King,			
suite	**13 A4**	suite	**17 A4**	Jr. Blvd)	**21 C1**	Fashion Ave (Seventh	
East 53rd St	**12 F4**	East 84th St	**16 F4**	East 126th St	**21 C1**	Ave)15th-43rd	**8 E1-E5**
suite	**13 A4**	suite	**17 A4**	East 127th St	**21 C1**	Father Demo Sq	**4 D2**
East 54th St	**12 F4**	East 85th St	**16 F3**	East 128th St	**21 C1**	Father Fagan Sq	**4 D3**
suite	**13 A4**	suite	**17 A3**	East 129th St	**21 C1**	Federal Hall	**1 C3**
East 55th St	**12 F4**	East 86th St	**16 F3**	East 130th St	**21 C1**	Federal Office	**1 B2**
suite	**13 A4**	suite	**17 A3**	East Broadway	**5 A5**	Federal Reserve Bank	**1 C2**
East 56th St	**12 F3**	East 87th St	**16 F3**	East Channel	**14 E1**	Fifth Ave	
suite	**13 A3**	suite	**17 A3**	suite	**18 E5**	1-83	**4 E1-E2**
East 57th St	**12 F3**	East 88th St	**16 F3**	East Coast War		suite	
suite	**13 A3**	suite	**17 A3**	Memorial	**1 C4**	84-530	**8 F1-F5**
East 58th St	**12 F3**	East 89th St	**16 F3**	East Dr	**12 F1**	531-910	**12 F1-F5**
suite	**13 A3**	suite	**17 A3**	suite	**16 F1**	(Museum Mile)	
East 59th St	**12 F3**	East 90th St	**16 F3**	suite	**21 B5**	911-1208	**16 F1-F5**
suite	**13 A3**	suite	**17 A3**	East End Ave	**18 D3**	1209-2116	**21 C1-C5**
East 60th St	**12 F3**	East 91st St	**16 F2**	East Green	**12 F1**	Finn Sq	**4 D5**
suite	**13 A3**	suite	**17 A2**	East Houston St	**4 F3**	Fire Boat Station	**3 A1**
East 61st St	**12 F3**	East 92nd St	**16 F2**	suite	**5 A3**	Fireboat Station	**6 D4**
suite	**13 A3**	suite	**17 A2**	East Meadow	**16 F1**	First Ave	
East 62nd St	**12 F2**	East 93rd St	**16 F2**	East Rd (Roosevelt		1-240	**5 A1-A3**
suite	**13 A2**	suite	**17 A2**	Island)	**14 D2**	suite	
East 63rd St	**12 F2**	East 94th St	**16 F2**	East River	**2 E5**	241-850	**9 C1-C5**
suite	**13 A2**	suite	**17 A2**	suite	**10 D1**	851-1361	**13 C1-C5**
East 64th St	**12 F2**	East 95th St	**16 F2**	suite	**18 E1**	1362-1933	**17 C1-C5**
suite	**13 A2**	suite	**17 A2**	East River		1934-2323	**22 E1-E5**
East 65th St	**12 F2**	East 96th St	**16 F2**	Residences	**13 C3**	First Pl	**1 B4**
suite	**13 A2**	suite	**17 A2**	East River Park	**6 D1**	First Presbyterian	
East 66th St	**12 F2**	East 97th St	**16 F1**	East Village	**5 B2**	Church	**4 D1**
suite	**13 A2**	suite	**17 A1**	Edgar Allan Poe St	**15 B4**	Flatiron Building	**8 F4**
East 67th St	**12 F2**	East 98th St	**16 F1**	Edgar St	**1 B3**	Fletcher St	**2 D3**
suite	**13 A2**	suite	**17 A1**	Edgecombe Ave	**19 B1**	Flushing Ave	**10 E2**
East 68th St	**12 F1**	East 99th St	**17 A1**	Eighth Ave		Forbes Building	**4 E1**
suite	**13 A1**	East 100th St	**16 F1**	1-79	**3 C1**	Fordham	
East 69th St	**12 F1**	suite	**17 A1**	suite		University	**11 C3**
suite	**13 A1**	East 101st St	**16 F1**	80-701	**8 D1-D5**	Forsyth St	**5 A3**
East 70th St	**12 F1**	suite	**17 A1**	702-948	**12 D3-D5**	Fourth Ave	**4 F1**
suite	**13 A1**	East 102nd St	**16 F1**	Eldorado		Frankfort St	**1 C1**
		suite	**17 A1**	Apartments	**16 D3**	Franklin D. Roosevelt	
						Dr (East River Dr)	

Grand-6th 6 D2-D4
suite
7th-14th 5 C1-C2
15th-20th 10 D4-E5
21st-45th 9 C1-C4
46th-64th 13 C2-C5
65th-73rd 14 D1-D2
74th-90th 18 D3-D5
Franklin D. Roosevelt
(cont)
91st-101st 17 C1-C2
102nd-130th 22 D1-E5
Franklin Pl 4 E5
Franklin St 4 D5
Franklin St
(Brooklyn) 10 F3
Fraunces Tavern 1 C4
Frawley Circle 21 B4
Fred F. French
Building 12 F5
Frederick Douglass
Ave (Eighth Ave) 21 A1
suite 19 B1
Frederick Douglass
Circle 21 A4
Freedom Pl 11 B1
Freeman Alley 4 F3
Freeman St
(Brooklyn) 10 F3
Frick Collection 12 F1
Front St 2 D2
Fuller Building 13 A3
Fulton St 1 C2
Furman St (Brooklyn) 2 F3

G

Gansevoort St 3 B1
Gay St 4 D2
General Electric
Building 13 A4
General Post Office 8 D2
General Theological
Seminary 7 C4
Gold St 2 D2
Gouverneur Slip 5 C5
Gouverneur St 5 C4
Governor St 2 D3
Governors Island
Ferry 2 D4
Grace Church 4 F1
Gracie Mansion 18 D3
Gracie Sq 18 D4
Gracie Terrace 18 D4
Gramercy Park 9 A4
Grand Army Plaza 12 F3
Grand Central
Terminal 9 A1
suite 13 A5
Grand St 4 D4
suite 5 A4
Grand St (Brooklyn) 6 F2
Grant's Tomb 20 D2
Great Jones St 4 F2

Greeley Sq 8 F2
Green St
(Brooklyn) 10 F3
Greene St 4 E2
Greenpoint Ave
(Brooklyn) 10 F4
Greenwich Ave 3 C1
Greenwich St 1 B1
suite 3 B1
Greenwich Village 4 E2
Group Health Insurance
Building 8 D1
Grove Court 3 C2
Grove Pl 3 C2
Grove St 3 C2
Guggenheim
Bandshell 11 C2
Gustave Hartman Sq 5 B3

H

Hallets Cove
(Queens) 18 F3
Hamilton Fish Park 5 C3
Hamilton Grange National
Monument 19 A1
Hamilton Heights
Historic District 19 A2
Hamilton Pl 19 A1
Hamilton Ter 19 A1
Hammarskjöld
Plaza 13 B5
Hancock Pl 20 F2
Hancock Sq 20 F2
Hanover Sq 1 C3
Hanover St 1 C3
Harlem Meer 21 B4
Harlem River 18 D1
suite 22 E1
Harlem YMCA 19 C3
Harrison St 1 A1
suite 4 D5
Harry Delancey Plaza 5 C4
Harry Howard Sq 4 F5
Haughwort Building 4 E4
Hayden
Planetarium 16 D4
Heckscher
Playground 12 E1
Hell Gate 18 F1
Helmsley Building 13 A5
Henderson Pl 18 D3
Henry Hudson
Parkway 9A 11 B1
suite 15 B1
suite 20 D1
Henry J. Browne
Blvd 15 B3
Henry St 2 D1
suite 5 A5
Herald Sq 8 E2
Hester St 4 F5
suite 5 A4
Hogan Pl 4 F5

Holland Tunnel 3 A5
Home Savings of
America 9 A1
Horatio St 3 B1
Hotel des Artistes 12 D2
Howard St 4 E5
Hubert St 3 C5
Hudson Pk 3 C3
Hudson River 1 A2
suite 3 A2
suite 7 A1
suite 11 A1
suite 15 A1
suite 19 C4
Hudson St 1 B1
suite 3 B1
Hugh O'Neill Dry Goods
Store 8 E4
Hunter College 13 A1
Huron St (Brooklyn) 10 F3

I

IBM Building 12 F3
Independence Plaza 1 A1
suite 4 D5
India St
(Brooklyn) 10 F3
International Center of
Photography 16 F2
Intrepid Sea-Air-Space
Museum 11 A5
Irving Trust Operation
Center 1 B2
Isaacs-Hendricks
House 3 C2

J

Jackie Robinson
Park 19 B1
Jackson Ave
(Queens) 10 F1
suite 14 F5
Jackson Sq 3 C1
Jackson St 5 C4
Jacob K. Javits Convention
Center 7 B2
James St 2 D1
Jane St 3 B1
Japan Society 13 B5
Java St
(Brooklyn) 10 F4
Jay St 1 B1
Jeanelle Park 2 D4
Jefferson Market
Courthouse 4 D1
Jefferson Park 22 E4
Jefferson St 5 B5
Jersey St 4 F3
Jewish Center 15 C3
Jewish Museum 16 F2
Jewish Theological
Seminary 20 E2
Joan of Arc Park 15 B2

John Jay Park 18 D5
Jones Alley 4 F3
Jones St 4 D2
J.P. Ward St 1 B3
Judson Memorial
Church 4 D2
Juilliard School 11 C2

K

Kenmare St 4 F4
Kent Ave 6 F1
Kent St (Brooklyn) 10 F4
King St 3 C3
Kips Bay Plaza 9 B3
Knickerbocker
Village 2 E1

L

La Guardia Pl 4 E2
La Salle St 20 E2
Lafayette St 1 C1
suite 4 F2
Laight St 3 C5
Langston Hughes Pl 21 C1
Lasker Rink and
Pool 21 B4
Legion Sq 1 C3
Lenox Hill
Hospital 17 A5
Lenox Ave
119-397 21 B1-B4
suite
398-659 19 C1-C3
Leonard St 4 D5
Leroy St 4 D2
Lever House 13 A4
Lewis St 6 D4
Lexington Ave
1-194 9 A1-A4
suite
195-1003 13 A1-A5
1004-1611 17 A1-A5
1612-2118 22 D1-D5
Liberty Island 1 A5
Liberty Island Ferry 1 C4
Liberty Pl 1 C2
Liberty Plaza 1 B3
Liberty St 1 B2
Lighthouse Park
(Roosevelt Island) 18 E3
Lincoln Center 11 C2
Lincoln Plaza 12 D2
Lincoln Sq 12 D2
Lincoln Tunnel 7 A1
Lispenard St 4 E5
Little Church Around
the Corner 8 F3
Little Italy 4 F4
Little West 12th St 3 B1
Long Island City 14 F2
Long Island City Station
(Queens) 10 F1
Louis Guvillier Park 22 E2

Low Library 20 E3
Lower East Side
  Tenement Museum 5 A4
Lower Manhattan 1 C1
Ludlow St 5 A3
Luis Muñoz Marin Blvd
  (E116th St) 21 C3
Lyceum Theater 12 E5

M
McCarthy Sq 3 C1
MacDougal Alley 4 D2
MacDougal St 4 D2
Macy's 8 E2
Madison Ave
  1-332 9 A1-A4
  suite
  333-920 13 A1-A5
  921-1449 17 A1-A5
  1450-2057 21 C1-C5
Madison Sq Garden 8 D2
Madison Sq Park 8 F4
Madison Sq Plaza 8 F4
Madison St 2 D1
  suite 5 B5
Maiden Lane 1 C2
Main Ave (Queens) 18 F3
Main St (Roosevelt
  Island) 14 D1
  suite 18 E5
Majestic Apartments 12 D1
Malcolm X Boulevard
  (Lenox Ave) 21 B3
Mangin St 6 D3
Manhattan Ave
  (Brooklyn) 10 F2
Manhattan Ave 20 F2
Manhattan Bridge 2 F1
Manhattan Community
  College 1 A1
  suite 4 D5
Manhattan Marina 10 D4
Marble Collegiate
  Reformed Church 8 F3
Marcus Garvey Park 21 B2
Mark Twain's House 4 E1
Market Slip 2 E1
Market St 2 E1
  suite 5 A5
Marketfield St 1 C4
Martin Luther King, Jr
  Blvd (W 125th St) 20 E1
  suite 21 C1
Memorial Hospital 13 C1
Mercer St 4 E2
Merrill Lynch Liberty
  Plaza 1 C2
MetLife Building 13 A5
Metropolitan Ave
  (Brooklyn) 6 F2
Metropolitan Life Insurance
  Company 9 A4

Metropolitan Museum
  of Art 16 F4
Metropolitan Opera
  House 11 C2
Middagh St (Brooklyn) 2 F3
Mill Lane 1 C3
Mill Rock Park 18 D2
Miller Hwy 11 B2
Milligan Pl 4 D1
Minetta La 4 D2
Minetta St 4 D2
Monroe St 2 E1
  suite 5 B5
Montgomery St 5 C5
MONY Tower 12 E4
Moore St 1 C4
Morgan Library 9 A2
Morningside Ave 20 F2
Morningside Dr 20 F2
Morningside Park 20 F2
Morris St 1 B4
Morton St 3 C3
Mosco St 4 F5
Mott St 4 F3
Mount Morris Historic
  District 21 B2
Mount Morris Park
  West 21 B2
Mount Sinai Medical
  Center 16 F1
Mount Vernon Hotel
  Museum 13 C2
Mulberry St 4 F3
Mulry Sq 3 C1
Municipal Building 1 C1
Murray St 1 A2
Museo del
  Barrio 21 C5
Museum Mile 16 F1
Museum of American
  Folk Art 12 D2
Museum of American
  Illustration 13 A2
Museum of Arts
  & Design 12 D3
Museum of
  Modern Art 12 F4
Museum of Television
  and Radio 12 F4
Museum of the
  City of New York 21 C5

N
Nassau St 1 C2
National Academy
  Museum 16 F3
National Arts Club 9 A5
N.D. Perlman Pl 9 B5
Naumberg
  Bandshell 12 F1
New Amsterdam
  Theater 8 E1
New Museum of

Contemporary Art 4 F3
New St 1 C3
News Building 9 B1
New-York Historical
  Society 16 D5
NYC Dept of Ports
  and Terminals 5 C5
NYC Fire Museum 4 D4
NYC Passenger Ship
  Terminal (Port
  Authority) 11 B4
NYC Technical
  College 7 C1
NY County
  Courthouse 2 D1
NY Hospital 13 C1
NY Life Insurance
  Company 9 A3
New York Plaza 2 D4
NY Public Library 8 F1
NY State
  Building 4 F5
NY State Theater 12 D2
NY Stock
  Exchange 1 C3
NY Telephone
  Company 1 B2
NY University 4 E2
NY University Law
  Center 4 D2
NY University Medical
  Center 9 C3
NY Yacht Club 12 F5
Newton Creek 10 F2
Ninth Ave
  44-581 8 D1-D5
  suite
  582-908 12 D3-D5
Norfolk St 5 B3
North 1st St
  (Brooklyn) 6 F2
North 3rd St
  (Brooklyn) 6 F2
North 4th St
  (Brooklyn) 6 F2
North 5th St
  (Brooklyn) 6 F1
North 7th St
  (Brooklyn) 6 F1
North 8th St
  (Brooklyn) 6 F1
North 9th St
  (Brooklyn) 6 F1
North Cove
  Yacht Harbor 1 A2
North End Ave 1 A1
North General
  Hospital 21 C2
North Meadow 16 E1
North Moore St 4 D5

O
Old Broadway 20 E1

Old Fulton St
  (Brooklyn) 2 F2
Old Merchant's
  House 4 F2
Old NY County
  Courthouse 1 C1
Old St. Patrick's
  Cathedral 4 F3
Old Slip 2 D3
Oliver St 2 D1
Orange St
  (Brooklyn) 2 F3
Orchard St 5 A3

P
Pace Plaza 1 C1
Pace University 1 C2
Paladino Ave 22 E2
Paramount Building 8 E1
Park Ave
  1-239 9 A1-A2
  suite
  240-759 13 A1-A5
  760-1300 17 A1-A5
  1301-1937 21 C1-C5
Park Ave South 9 A3-A5
Park Pl 1 A1
Park Row 1 C2
Park St 1 C1
Parkway 5 C3
Patchin Pl 4 D1
Pearl St 1 C4
Peck Slip 2 D2
Pedestrian Bridge 20 E3
Pell St 4 F5
Pennsylvania Plaza 8 E3
Penn Station 8 E2
Peretz Sq 5 A3
Perry St 3 B2
Pershing Sq 9 A1
Peter Minuit Plaza 1 C4
Phillip Randolph Sq 21 A3
Pier 1 (Brooklyn) 2 F3
Pier 2 (Brooklyn) 2 F3
Pier 3 (Brooklyn) 2 F4
Pier 4 (Brooklyn) 2 F4
Pier 5 (Brooklyn) 2 F5
Pier 6 (Brooklyn) 2 D4
Pier 9 2 D4
Pier 11 2 D3
Pier 13 2 E3
Pier 14 2 E3
Pier 15 2 E3
Pier 16 2 E3
Pier 17 2 E3
Pier 18 2 E2
Pier 21 1 A1
Pier 25 1 A1
Pier 26 3 C5
Pier 27 3 C5
Pier 28 3 C5
Pier 29 3 B5
Pier 32 3 B5

Pier 34	3 B4
Pier 35	2 F1
Pier 40	3 B4
Pier 42	3 B3
Pier 44	6 D5
Pier 45	3 B3
Pier 46	3 A3
Pier 48	3 A2
Pier 49	3 A2
Pier 50	3 A2
Pier 51	3 A2
Pier 52	3 A1
Pier 53	3 A1
Pier 54	3 A1
Pier 56	3 A1
Pier 57	7 B5
Pier 58	7 B5
Pier 59	7 B5
Pier 60	7 B5
Pier 61	7 B5
Pier 62	7 B4
Pier 64	7 A4
Pier 66	7 A3
Pier 67	10 D5
Pier 68	10 D5
Pier 69	10 D4
Pier 70	10 D4
Pier 72	7 A3
Pier 76	7 A2
Pier 81	7 A1
Pier 83	7 A1
Pier 84	11 A5
Pier 86	11 A5
Pier 88	11 A5
Pier 90	11 A4
Pier 92	11 A4
Pier 94	11 A4
Pier 95	11 A4
Pier 96	11 A3
Pier 97	11 A3
Pier 98	11 A3
Pier 99	11 A3
Pier A	1 B4
Pike St	5 A5
Pine St	1 C3
Pineapple St	
(Brooklyn)	2 F3
Pitt St	5 C3
Platt St	1 C2
Players	9 A5
Plaza Hotel	12 F3
Pleasant Ave	22 E2
Police Academy	
Museum	9 B4
Police Headquarters	2 D1
Police Headquarters	
Building	4 F4
Pomander Walk	15 C2
Port Authority	
Building	8 D5
Port Authority	
Bus Terminal	8 D1
Port Authority West	

30th St Heliport	7 B3
Pot Cove	
(Queens)	18 F2
Prince St	4 D3
Public Theater	4 F2
Puck Building	4 F3
Pulaski Bridge	10 F1

Q

Queens County	14 F2
Queens-Midtown	
Tunnel 945	9 B2
Queens Plaza North	
(Queens)	14 F3
Queens Plaza South	
(Queens)	14 F3
Queensboro Bridge	13 C3
Queensbridge Park	
(Queens)	14 E2

R

Radio City Music	
Hall	12 F4
Rainey Park	
(Queens)	18 E5
Randall's Island Park	
(Bronx)	22 F2
Reade St	1 B1
Recreation Pier	22 F5
Rector Pl	1 B3
Rector St	1 B3
Reinhold Niebuhr Pl	20 D2
Renwick St	3 C4
Reservoir	16 E2
R.F. Wagner Sr. Pl	2 D1-E2
Ridge St	5 B3
River St (Brooklyn)	6 F2
River Ter	1 A1
Riverside Church	20 D2
Riverside Dr	
22-251	15 B2-B5
suite	
297-480	20 D2-D5
Riverside Dr East	
252-296	15 B1
suite	D1-D2
Riverside Dr West	15 B1
suite	20 D1-D2
Riverside Park	15 B1
suite	20 D2
Riverview Ter	13 C3
Rivington St	5 A3
Rockefeller	
Center	12 F5
Rockefeller Plaza	12 F4
Ronald E. McNair Pl	22 D2
Roosevelt Hospital	
Center	11 C3
Roosevelt Island	14 D1
suite	18 D5
Roosevelt Island	
Bridge	14 E1
Roosevelt Sq	20 F1

Rose St	2 D1
Rutgers Park	5 B5
Rutgers Slip	5 B5
Rutgers St	5 B5
Rutherford Pl	9 B5
Ryders Alley	2 D2

S

St. Bartholomew's	
Church	13 A4
St. Clair Pl	20 D1
St. James Pl	2 D1
St. John St	1 C2
St. John the Baptist	
Church	8 E3
St. Johns La	4 D5
St. Luke's Hospital	
Center	20 F3
St. Lukes Pl	3 C3
St. Mark's-in-the-	
Bowery Church	4 F1
St. Marks Pl	5 A2
St. Nicholas Ave	
1-315	21 A2-B4
suite	
316-407	20 F1-F2
408-569	19 B1-B3
St. Nicholas Historic	
District	19 B2
St. Nicholas Hotel	4 E4
St. Nicholas Park	19 B2
St. Nicholas Russian	
Orthodox Cathedral	
	16 F1
St. Nicholas Ter	19 A2
St. Patrick's	
Cathedral	12 F4
St. Paul's Chapel	1 C2
St. Paul's Chapel	20 E3
St. Paul the Apostle	
Church	12 D3
St. Peter's St	1 C2
St. Thomas'	
Church	12 F4
St. Vartans Park	9 B2
St. Vincent's	
Hospital	3 C1
Salmagundi Club	4 E1
Samuel A Spiegel Sq	6 D4
Samuel Dickstein	
Plaza	5 C4
San Remo	
Apartments	16 D5
Sara D. Roosevelt	
Parkway	5 A3
Schapiro's Winery	5 B3
Schermerhorn	
Row	2 D3
Schomburg Center for	
Research in Black	
Culture	19 C2
Schubert Alley	12 E5
Seagram Building	13 A4

Seaman's Institute	
& Marine	
Museum	4 D1
Second Ave	
1-229	4 F1-F3
suite	
230-785	9 B1-B5
786-1392	13 B1-B5
1393-1995	17 B1-B5
1996-2485	22 D1-D5
Second Pl	1 B4
Seventh Ave (Fashion Ave)	
64-639	8 E1-E5
640-923	12 E3-E5
1801-2214	21 A1-A4
2215-2474	19 C1-C3
Seventh Ave South	3 C1
Seventh Regiment	
Armory	13 A2
Shakespeare	
Garden	16 E4
Sheep Meadow	12 E1
Sheridan Sq	3 C2
Sheriff St	5 C3
Sherman Sq	11 C1
Shinbone Alley	4 E2
Shore Blvd	
(Queens)	18 F1
Shrine of Elizabeth	
Ann Seton	1 C4
Shubert Alley	12 E5
Shubert Theater	12 E5
Singer Building	4 E3
Sixth Ave 1-551	4 D1
suite	
552-1125	8 E1
1126-1421	12 F3
Sniffen Court	9 A2
Society of	
Illustrators	13 A2
SoHo	4 E4
Solomon R Guggenheim	
Museum	16 F3
South 1st St	
(Brooklyn)	6 F2
South 2nd St	
(Brooklyn)	6 F3
South 3rd St	
(Brooklyn)	6 F3
South 4th St	
(Brooklyn)	6 F3
South 5th St	
(Brooklyn)	6 F3
South 6th St	
(Brooklyn)	6 F3
South 8th St	
(Brooklyn)	6 F4
South 9th St	
(Brooklyn)	6 F4
South 11th St	
(Brooklyn)	6 F4
South Cove	1 B4
South End Ave	1 B3

Chaque nom de lieu est suivi par son quartier (sauf pour manhattan) et par son report au plan.

South Ferry	
Plaza	1 C4
South Gardens	1 B4
South Meadow Tennis	
Courts	16 E2
South St	2 D4
suite	5 C5
South St Seaport	2 E2
South St Viaduct	2 D4
suite	5 C5
South William St	1 C3
Southbridge Towers	2 D2
Spring St	3 C4
Spruce St	1 C2
Stable Ct	4 F2
Stanton St	5 A3
Staple St	1 B1
State St	1 C4
Staten Island	
Ferry	2 D5
Statue of Liberty	1 A5
Stone St	1 C4
Straus Park	20 E5
Straus Sq	5 B5
Strawberry Fields	12 E1
Studio Museum of	
Harlem	21 B2
Stuyvesant Alley	4 F1
Stuyvesant Sq	9 B5
Stuyvesant St	4 F1
Suffolk St	5 B3
Sullivan St	4 D2
Surrogate's Court/Hall	
of Records	1 C1
Sutton Place	13 C3
Sutton Place	
South	13 C4
Swing St	
(W 52nd St)	12 F4
Sylvan Pl	22 D2
Sylvia's	21 B1
Szold Pl	5 C1

T

Taras Shevchenko Pl	4 F2
Teachers' College,	
Columbia	
University	20 E1
Temple Emanu-El	12 F2
Tenth Ave	
20-57	3 A1
suite	
58-575	7 C1-C5
576-890	11 C3-C5
Thames St	1 C3
Theater Alley	1 C2
Theater Row	7 C1
Theodore Roosevelt	
Birthplace	9 A5
Third Ave	
1-125	4 F1-F2
suite	
126-659	9 B1-B5

660-1270	13 B1-B5
1271-1800	17 B1-B5
1801-2340	22 D1-D5
Third Pl	1 B3
Thomas St	1 B1
Thompson St	4 D4
Tiemann Pl	20 E1
Time Warner Center	12 D3
Times Square	8 E1
Tollgate	4 D4
Tompkins	
Square Park	5 B1
Triborough Bridge	18 F1
suite	22 E2
Trimble Pl	1 C1
Trinity Church	1 C3
Trinity Pl	1 B3
Trump Tower	12 F3
Tudor City	9 C1
Tudor City Pl	9 B1
Twelfth Ave	
1-539	7 B1
suite	
540-819	11 B3
2240-2351	20 D1

U

Union Sq	9 A5
United Nations	
Headquarters	13 C5
suite	9 C1
United Nations	
Plaza	13 C5
United States Coast	
Guard	1 C5
United States	
Courthouse	2 D1
United States	
Custom House	1 C4
United States Naval	
Reserve Center	
(Brooklyn)	6 F5
US Parcel Post	
Building	7 C3
United States Post	
Office	1 B2
University Pl	4 E1

V

Vandam St	3 C4
Vanderbilt Ave	13 A5
Varick St	4 D3
Verdi Sq	11 C1
Vernon Blvd	
(Queens)	10 F1
suite	14 F1
suite	18 F3
Vernon St	
(Queens)	14 F5
Vesey St	1 B2
Vestry St	3 C5
Vietnam Veterans'	
Plaza	2 D4

Village Sq	4 D1
Villard Houses	13 A4
Vine St	
(Brooklyn)	2 F3

W

Waldorf -Astoria	13 A5
Walker St	4 E5
Wall St	1 C3
Wall St Ferry Pier	2 D3
Wallabout Bay	
(Brooklyn)	6 E5
Wallabout Channel	
(Brooklyn)	6 F4
Wanamaker Pl	4 F1
Warren St	1 A1
Washington Market	
Park	1 B1
Washington Mews	4 E2
Washington Pl	4 E2
Washington Sq	
East	4 E2
Washington Sq	
Park	4 D2
Washington Sq	
Village	4 E2
Washington St	1 B3
suite	3 B1
Water St	1 C4
Water St (Brooklyn)	2 F2
suite	5 C5
Watts St	3 C4
Waverly Pl	3 C1
W.C. Handy's Pl	12 E4
Weehawken St	3 B3
Welling St	
(Queens)	18 F3
West 3rd St	4 D2
West 4th St	3 C1
West 6th St	4 D2
West 8th St	4 D2
West 9th St	4 D1
West 10th St	3 C2
West 11th St	3 B2
West 12th St	3 B2
West 13th St	3 B1
West 14th St	3 B1
West 15th St	7 C5
West 16th St	7 C5
West 17th St	7 C5
West 18th St	7 C5
West 19th St	7 C5
West 20th St	7 C5
West 21st St	7 C4
West 22nd St	7 C4
West 23rd St	7 B4
West 24th St	7 B4
West 25th St	7 B4
West 26th St	7 B3
West 27th St	7 B3
West 28th St	7 B3
West 29th St	7 B3
West 30th St	7 B3

West 31st St	7 C3
West 32nd St	8 E3
West 33rd St	7 B2
West 34th St	7 B2
West 35th St	7 C2
West 36th St	7 C2
West 37th St	7 C2
West 38th St	7 C1
West 39th St	7 B1
West 40th St	7 B1
West 41st St	7 B1
West 42nd St	7 B1
West 43rd St	7 B1
West 44th St	11 B5
West 45th St	11 B5
West 46th St	11 B5
West 47th St	11 B5
West 48th St	11 B5
West 49th St	11 B5
West 50th St	11 B4
West 51st St	11 B4
West 52nd St	11 B4
West 53rd St	11 C4
West 54th St	11 B4
West 55th St	11 B4
West 56th St	11 B3
West 57th St	11 B3
West 58th St	11 B3
West 59th St	11 B3
West 60th St	11 C3
West 61st St	11 C3
West 62nd St	11 C2
West 63rd St	12 D2
West 64th St	11 C2
West 65th St	11 C2
West 66th St	11 C2
West 67th St	11 C2
West 68th St	11 C1
West 69th St	11 C1
West 70th St	11 B1
West 71st St	11 B1
West 72nd St	11 B1
West 73rd St	11 B1
West 74th St	15 B5
West 75th St	15 B5
West 76th St	15 B5
West 77th St	15 B5
West 78th St	15 B5
West 79th St	15 B4
West 80th St	15 B4
West 81st St	15 B4
West 82nd St	15 B4
West 83rd St	15 B4
West 84th St	16 D4
West 85th St	15 B3
West 86th St	15 B3
West 87th St	15 B3
West 88th St	15 B3
West 89th St	15 B3
West 90th St (Henry J.	
Browne Blvd)	15 B3
West 91st St	15 B2
West 92nd St	15 B2

West 93rd St	**15 B2**	suite	**21 A3**	West 137th St	**19 B2**	West side Highway 9A	
West 94th St	**15 B2**	West 119th St	**20 D3**	West 138th St	**19 A2**	(West St)	**1 B2**
West 95th St	**15 B2**	suite	**21 A3**	West 139th St	**19 A2**	White St	**4 E5**
West 96th St	**15 B2**	West 120th St	**20 E2**	West 140th St	**19 A2**	Whitehall St	**1 C4**
West 97th St	**15 B1**	suite	**21 A2**	West 141st St	**19 A1**	Whitney Museum of	
West 98th St	**15 B1**	West 121st St	**20 E2**	West 142nd St	**19 A1**	American Art	**17 A5**
West 99th St	**15 B1**	suite	**21 A2**	West 143rd St	**19 A1**	W.H. Seward Park	**5 B5**
West 100th St	**15 B1**	West 122nd St	**20 D2**	West 144th St	**19 A1**	Willett St	**5 C4**
West 101st St	**15 B1**	suite	**21 A2**	West 145th St	**19 A1**	William St	**1 C2**
West 102nd St	**15 B1**	West 123rd St	**20 E2**	West Broadway	**1 B1**	Williamsburg	
West 103rd St	**20 E5**	suite	**21 A2**	suite	**4 E3**	Bridge	**6 D3**
West 104th St	**20 E5**	West 124th St	**21 A2**	West Channel	**14 D1**	Willis Ave	
West 105th St	**20 E5**	West 125th St	**21 A1**	suite	**18 D4**	Bridge	**22 E1**
West 106th St (Duke		suite	**20 F2**	West Dr	**12 E1**	Wollman Rink	**12 F2**
Ellington Blvd)	**20 E5**	West 125th St (Martin		suite	**16 E1**	Woolworth	
West 107th St	**20 E5**	Luther King,		suite	**21 A4**	Building	**1 C2**
West 108th St	**20 E4**	Jr Blvd)	**20 D1**	West End Ave	**11 B1**	Wooster St	**4 E3**
West 109th St	**20 E4**	West 126th St	**20 E1**	suite	**15 B1**	World Financial	
West 111th St	**20 D4**	suite	**21 A1**	suite	**20 E5**	Center	**1 A2**
suite	**21 A4**	West 127th St	**20 F1**	West Houston St	**3 C3**	World Trade	
West 112th St	**20 D4**	suite	**21 A1**	West Rd (Roosevelt		Center	**1 B2**
suite	**21 A4**	West 128th St	**20 F1**	Island)	**14 D2**	Worth Monument	**8 F4**
West 113th St	**20 D4**	suite	**21 A1**	West St	**1 A1**	Worth Sq	**8 F4**
suite	**21 A4**	West 129th St	**20 E1**	suite	**3 A1**	Worth St	**1 C1**
West 114th St	**20 D3**	suite	**21 A1**	West St		Wythe Ave	
suite	**21 A3**	West 130th St	**20 D1**	(Brooklyn)	**10 F3**	(Brooklyn)	**6 F1**
West 115th St	**20 D3**	suite	**19 A1**	West St Viaduct	**6 D5**		
suite	**21 A3**	West 131st St	**19 B3**	West Thames St	**1 B3**	**Y**	
West 116th St	**20 D3**	West 132nd St	**19 B3**	West Washington Pl	**4 D2**	York Ave	
suite	**21 A3**	West 133rd St	**19 B3**	West ern Union		1113-1369	**13 C1-C3**
West 117th St	**20 F3**	West 134th St	**19 B3**	Building	**1 B1**	suite	
suite	**21 A3**	West 135th St	**19 A3**	West ern Union		1370-1694	**17 C2-C5**
West 118th St	**20 F3**	West 136th St	**19 A2**	International Plaza	**1 B4**	York St	**4 D5**

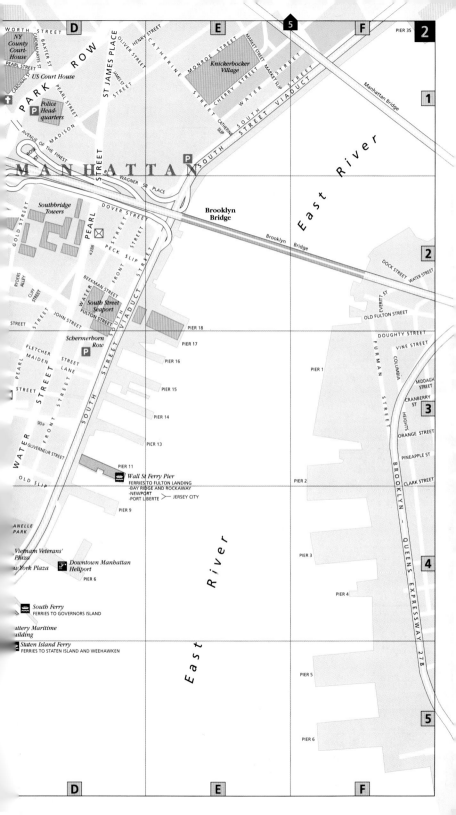

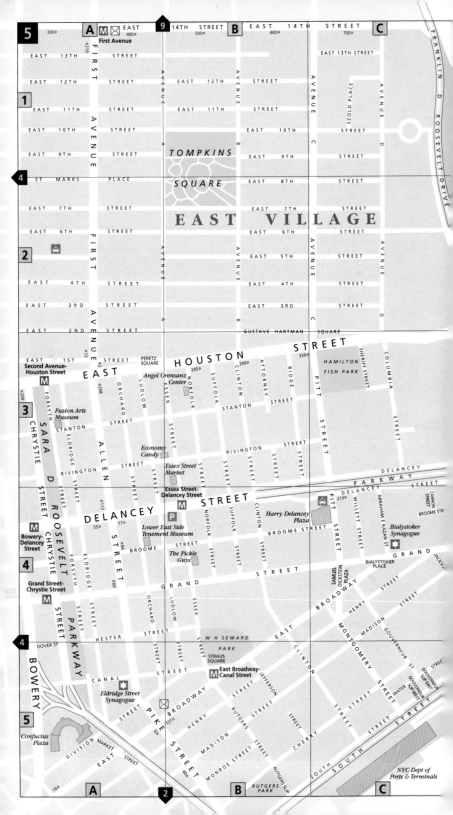

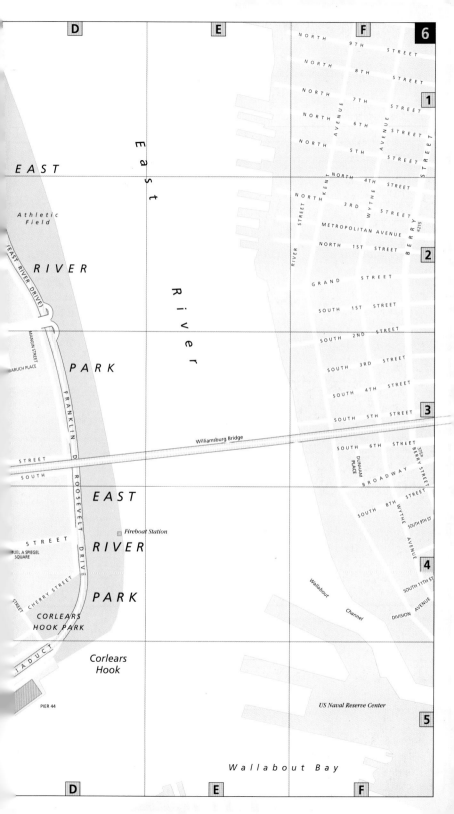

NORTH 9TH STREET

NORTH 8TH STREET

NORTH 7TH STREET

NORTH 6TH STREET

NORTH 5TH STREET

AVENUE

AVENUE

BERRY STREET

EAST

KENT

NORTH 4TH STREET

NORTH WYTHE

NORTH 3RD STREET

RIVER

*Athletic
Field*

METROPOLITAN AVENUE

4215

BERRY

East

RIVER

NORTH 1ST STREET

RIVER

STREET

GRAND STREET

SOUTH 1ST STREET

EAST RIVER DRIVE

River

MANGIN STREET

PARK

SOUTH 2ND STREET

BARUCH PLACE

SOUTH 3RD STREET

FRANKLIN

SOUTH 4TH STREET

SOUTH 5TH STREET

Williamsburg Bridge

SOUTH 6TH STREET

3159 BERRY STREET

STREET

D

DUNHAM
PLACE

SOUTH

ROOSEVELT

BROADWAY

EAST

SOUTH 8TH STREET

WYTHE

SOUTH 9TH ST

RIVER

□ *Fireboat Station*

DRIVE

STREET

AVENUE

UEL A SPIEGEL
SQUARE

SOUTH 11TH ST

PARK

CHERRY STREET

Wallabout

DIVISION AVENUE

STREET

CORLEARS
HOOK PARK

Channel

IADUCT

*Corlears
Hook*

PIER 44

US Naval Reserve Center

Wallabout Bay

7

A | **11** | **B** | **C**

PIER 83
*Embarcadère
Circle Line*

WEST 43RD STREET

WEST 42ND STREET (THEATER ROW)

NYC Technical College

1
PIER 81

WEST 41ST STREET

Cardinal Stepinac Plaza

WEST 40TH STREET

T
W
E
L
F
T
H

Lincoln Tunnel

WEST 39TH STREET

WEST 38TH STREET

A
V
E
N
U
E

WEST 37TH STREET

Jacob K Javits
Convention Center

WEST 36TH STREET

PIER 76

E
L
E
V
E
N
T
H

WEST 35TH STREET

T
E
N
T
H

D
Y
E
R

A
V
E
N
U
E

2

WEST 34TH STREET

CALVIN AVENUE

WEST 33RD STREET

PIER 72

Port Authority
West 30th Street Heliport

WEST 30TH STREET

US Parcel Post Building

3

T
W
E
L
F
T
H

WEST 29TH STREET

WEST 28TH STREET

E
L
E
V
E
N
T
H

WEST 27TH STREET

CHELSEA PARK

H
u
d
s
o
n

A
V
E
N
U
E

WEST 26TH STREET

PIER 66

WEST 25TH STREET

A
V
E
N
U
E

R
i
v
e
r

WEST 24TH STREET

PIER 64

A
V
E
N
U
E

WEST 23RD STREET

T
E
N
T
H

4

Empire Diner

WEST 22ND STREET

WEST 21ST STREET

PIER 62

WEST 20TH STREET

Chelsea Historic District

PIER 61

*Chelsea
Piers*

E
L
E
V
E
N
T
H

WEST 19TH STREET

PIER 60

WEST 18TH STREET

5

WEST 17TH STREET

PIER 59

A
V
E
N
U
E

WEST 16TH STREET

PIER 58

WEST 15TH STREET

A | **B** | PIER 57 | **C**

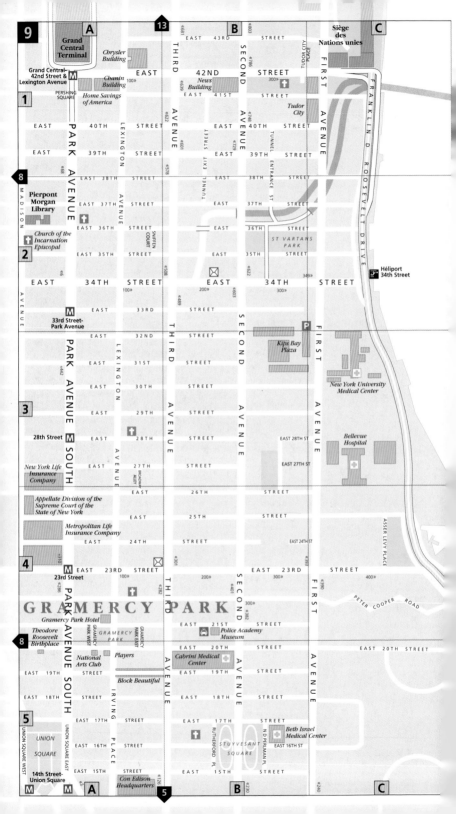

D

E

14

F

10

Belmont
Island

Queens - Midtown Tunnel 495

50TH AVENUE

51ST AVENUE

5TH STREET

VERNON BLVD

JACKSON AVENUE

Pulaski Bridge

BORDEN AVENUE

M Vernon Jackson
Boulevard

1

Long Island City
Station

2ND STREET (FRONT)

54TH (FLUSHING) AVENUE

55TH AVENUE

STREET

Newton Creek

MANHATTAN AVENUE

BOX #511

STREET

56TH AVENUE

E
a
s
t

COMMERCIAL STREET

CLAY STREET

DUPONT STREET

FRANKLIN STREET

EAGLE STREET

2

R
i
v
e
r

WEST FREEMAN STREET

FREEMAN STREET

GREEN STREET

3

HURON STREET

STREET

Manhattan
Marina

INDIA STREET

JAVA STREET

PIER 70

KENT STREET

PIER 69

GREENPOINT
AVENUE

4

FRANKLIN D ROOSEVELT DRIVE (EAST RIVER DRIVE)

FRANKLIN AVENUE

PIER 68

PIER 67

AVENUE C

5

EAST 16TH STREET

EAST 15TH STREET

D

E

6

F

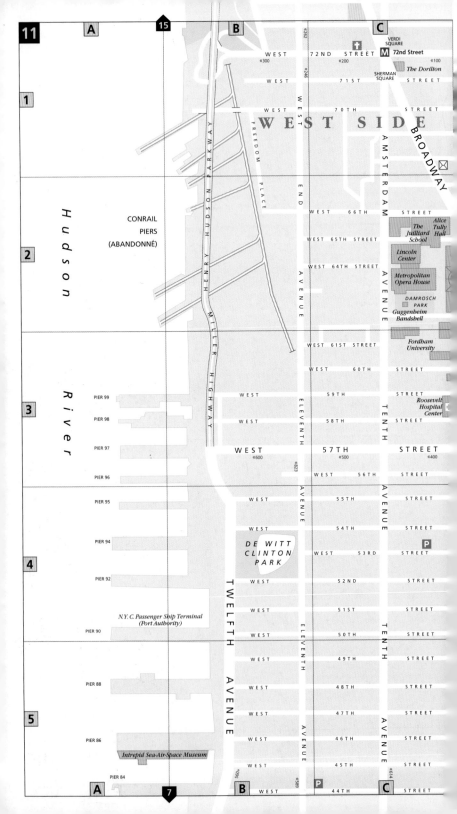

Queens - Midtown Tunnel 495

Belmont
Island

50TH AVENUE

51ST AVENUE

AVENUE

BORDEN AVENUE

2ND STREET

5TH STREET

VERNON BLVD

JACKSON AVENUE

JACKSON

AVENUE

Pulaski Bridge

M Vernon Jackson
Boulevard

1

Long Island City
Station

54TH (FLUSHING) AVENUE

55TH AVENUE

STREET (FRONT

56TH AVENUE

Newton Creek

MANHATTAN AVENUE #511 STREET

BOX

COMMERCIAL STREET

CLAY STREET

DUPONT STREET

FRANKLIN STREET

EAGLE STREET

FREEMAN STREET

GREEN STREET

WEST STREET

HURON STREET

STREET

INDIA STREET

JAVA STREET

KENT STREET

GREENPOINT AVENUE

2

3

4

E a s t

R i v e r

Manhattan
Marina

PIER 70

PIER 69

PIER 68

PIER 67

FRANKLIN D ROOSEVELT DRIVE (EAST RIVER DRIVE)

FRANKLIN AVENUE

AVENUE C

EAST 16TH STREET

EAST 15TH STREET

5

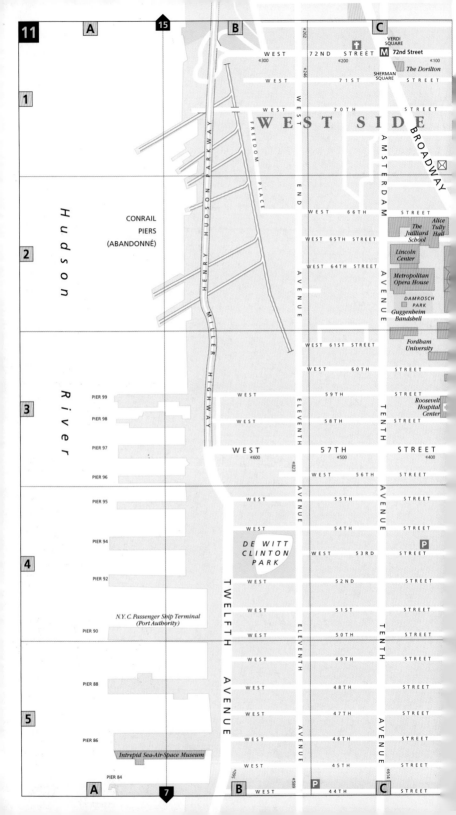

11

A   B   15   B   C

WEST   72ND   STREET   VERDI SQUARE   M 72nd Street
«300   «246   «200   SHERMAN SQUARE   «100
WEST   71ST   STREET   The Dorilton

1

WEST   70TH   STREET

WEST SIDE

BROADWAY

AMSTERDAM

WEST 66TH STREET
The Juilliard School   Alice Tully Hall
WEST 65TH STREET
Lincoln Center
WEST 64TH STREET

2

CONRAIL PIERS (ABANDONNÉ)

Metropolitan Opera House
DAMROSCH PARK
Guggenheim Bandshell

HENRY HUDSON PARKWAY

Fordham University

WEST 61ST STREET

FREEDOM PLACE

WEST END AVENUE

WEST 60TH STREET

MILLER HIGHWAY

WEST 59TH STREET   Roosevelt Hospital Center

PIER 99

3

PIER 98   WEST 58TH STREET

Hudson River

ELEVENTH   TENTH

PIER 97   WEST 57TH STREET
«600   «500   «400

PIER 96   WEST 56TH STREET

«823

PIER 95   WEST 55TH STREET   AVENUE   AVENUE

WEST 54TH STREET

PIER 94   DE WITT CLINTON PARK   WEST 53RD STREET   P

4

PIER 92   WEST 52ND STREET

WEST 51ST STREET

N.Y.C. Passenger Ship Terminal (Port Authority)   WEST 50TH STREET

PIER 90   WEST 49TH STREET

TWELFTH AVENUE   ELEVENTH   TENTH

PIER 88   WEST 48TH STREET

WEST 47TH STREET

5

PIER 86   WEST 46TH STREET   AVENUE   AVENUE

WEST 45TH STREET

Intrepid Sea-Air-Space Museum

PIER 84   WEST 44TH STREET
«565   «589   «614

A   7   B   C

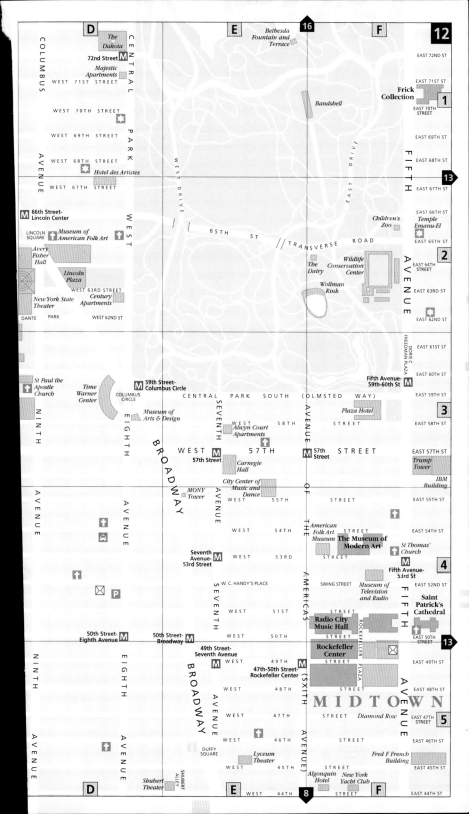

13

17

A | EAST 73RD STREET | B | C

EAST 72ND STREET

EAST SIDE

1

PARK

MADISON AVENUE

Asia Society

EAST 72ND STREET
EAST 71ST STREET
EAST 70TH STREET
EAST 69TH STREET

LEXINGTON

THIRD AVENUE

SECOND

FIRST

YORK AVENUE

Hunter College

New York Hospital

12

M 68th Street Hunter College-Lexington Avenue

EAST 68TH STREET

Memorial Hospital

EAST 67TH STREET

Seventh Regiment Armory

AVENUE

AVENUE

AVENUE

AVENUE

EAST 67TH STREET
EAST 66TH STREET
EAST 65TH STREET

2

EAST 64TH STREET

EAST 64TH STREET
EAST 63RD STREET

Museum of American Illustration

Society of Illustrators

Lexington Avenue M

M

EAST 62ND STREET

Mount Vernon Hotel Museum

Héliport East 60th Street

PARK AVENUE

MADISON AVENUE

EAST 61ST STREET

LEXINGTON

THIRD AVENUE

SECOND

FIRST

EAST 60TH STREET

M 59th Street-Lexington Ave
M

Bloomingdale's

EAST 60TH STREET

SUTTON PLACE

3

EAST 59TH STREET

EAST 59TH STREET
EAST 58TH STREET

Fuller Building

EAST 58TH STREET

EAST 57TH STREET

EAST 57TH STREET

EAST 56TH STREET

EAST 56TH STREET

EAST 55TH STREET

EAST 55TH STREET

Central Synagogue

Lever House

Citigroup Center

EAST 54TH STREET

M Lexington Avenue-Third Avenue

EAST 54TH STREET

4

Seagram Building

EAST 53RD STREET

EAST 53RD STREET

Villard Houses

General Electric Building

EAST 52ND STREET

EAST 52ND STREET

M 51st Street-Lexington Avenue

EAST 51ST STREET

EAST 51ST STREET

St Bartholomew's Church

PARK AVENUE

MADISON AVENUE

Waldorf-Astoria

EAST 50TH STREET

LEXINGTON

THIRD AVENUE

SECOND

FIRST AVENUE

EAST 50TH STREET

BEEKMAN PLACE

12

EAST 49TH STREET

EAST 49TH STREET

EAST 48TH STREET

EAST 47TH STREET

Japan Society

HAMMARSKJOLD PLAZA

UNITED NATIONS PLAZA

FRANKLIN D ROOSEVELT DRIVE (EAST RIVER DRIVE)

SUTTON PLACE SOUTH

5

EAST 46TH STREET

Siege des Nations unies

Helmsley Building

EAST 45TH STREET

VANDERBILT AVENUE

MetLife Building

1&2 United Nations Plaza

A | EAST 44TH STREET | B | C

9

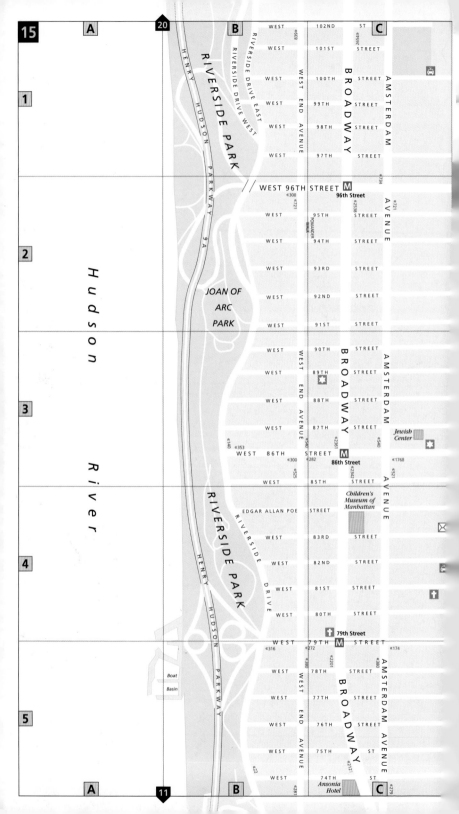

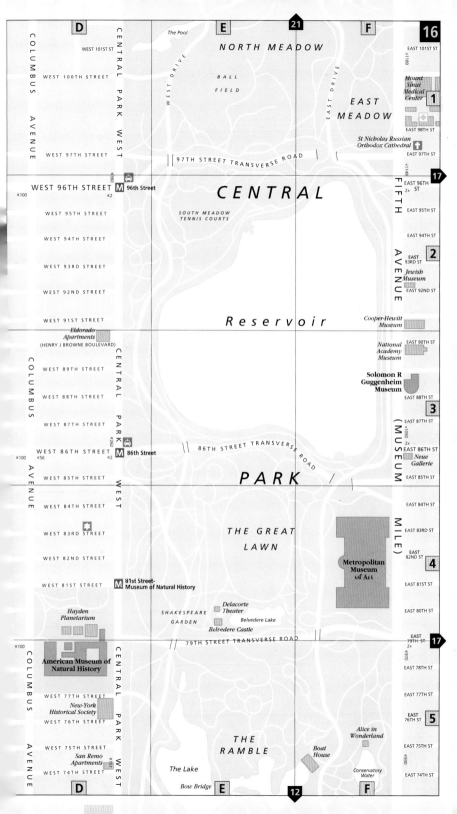

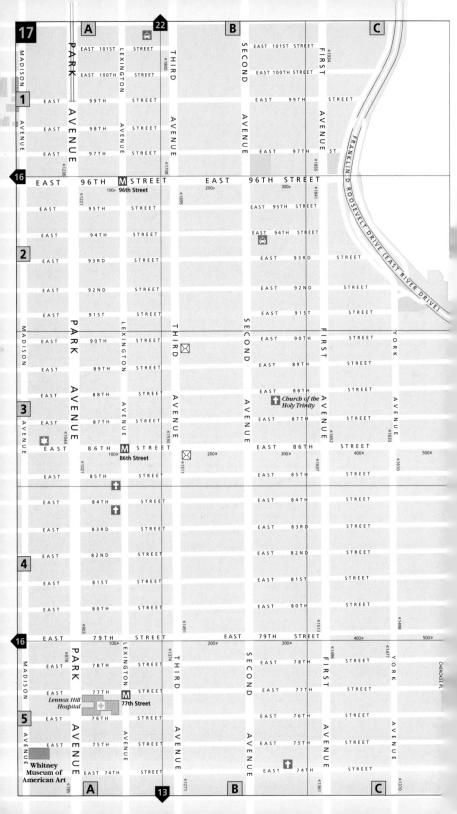

D
E
F

Triborough Bridge

East River

Hell Gate

1

SHORE BOULEVARD

Harlem River

ASTORIA PK SOUTH

Pot Cove

14TH STREET

MILL ROCK PARK

12TH STREET

9TH STREET

AVENUE

26TH STREET

2ND STREET

3RD STREET

4TH STREET

8TH STREET

AVENUE

2

1ST STREET

27TH STREET

28TH AVENUE

ASTORIA BOULEVARD

MAIN AVENUE

EAST END AVENUE

Gracie Mansion

VERNON

30TH STREET

AVENUE

WELLING STREET

30TH ROAD

CARL

SCHURZ

BOULEVARD

30TH DRIVE

3

12TH STREET

PARK

LIGHTHOUSE PARK

Hallets Cove

3101st

31ST AVENUE

GRACIE SQ

GRACIE TERRACE

31ST DRIVE

4

ROOSEVELT ISLAND

BROADWAY

33RD AVENUE

FRANKLIN D ROOSEVELT DRIVE (EAST RIVER DRIVE)

West Channel

33RD ROAD

13TH STREET

JOHN AY RK

MAIN STREET

East Channel

RAINEY PARK

VERNON BOULEVARD

9TH STREET

10TH STREET

11TH STREET

12TH STREET

STREET

34TH AVENUE

3402nd

5

BLACKWELL PARK

35TH AVENUE

D
E
F

A   **B**   **C**

1

WEST 145TH STREET   145th Street Ⓜ   JACKIE ROBINSON PARK   WEST 145TH STREET   145th Street Ⓜ

WEST 144TH STREET   WEST 144TH STREET

WEST 143RD ST   WEST 143RD STREET

HAMILTON TERRACE

Aunt Len's Doll and Toy Museum

WEST 142ND STREET   WEST 142ND STREET

HAMILTON PLACE

AMSTERDAM AVENUE

CONVENT AVENUE

Hamilton Grange National Monument

WEST 141ST STREET   WEST 141ST STREET

Hamilton Heights

WEST 140TH ST   WEST 140TH STREET

2

WEST 139TH ST   WEST 139TH STREET

St Nicholas Historic District

WEST 138TH ST   WEST 138TH STREET

Abyssinian Baptist Church

City

WEST 137TH STREET

WEST 136TH ST   WEST 136TH STREET   Schomburg Center for Research in Black Culture   135th Street Ⓜ

College of

Ⓜ 135th Street   WEST 135TH STREET

WEST 135TH STREET   Harlem YMCA

the

WEST 134TH STREET

3

University

WEST 133RD STREET

of NY

WEST 132ND STREET

WEST 131ST STREET

AMSTERDAM AVENUE

CONVENT AVENUE

ST NICHOLAS TERRACE

SAINT NICHOLAS AVENUE

ST NICHOLAS PARK

EDGECOMBE AVENUE

BRADHURST AVENUE

DOUGLASS BOULEVARD (EIGHTH AVENUE)

FREDERICK DOUGLASS BOULEVARD

POWELL, JR BOULEVARD (SEVENTH AVENUE)

ADAM CLAYTON

LENOX AVENUE

▼ 21

4

Hudson

5

River

A   **B**   **C**

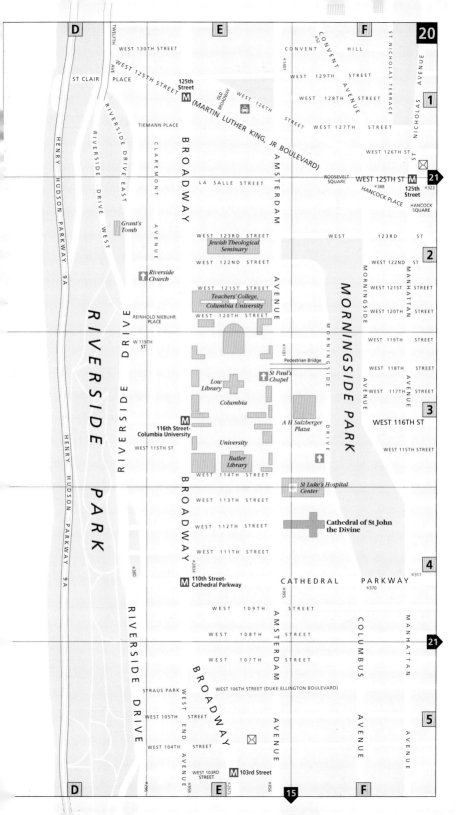

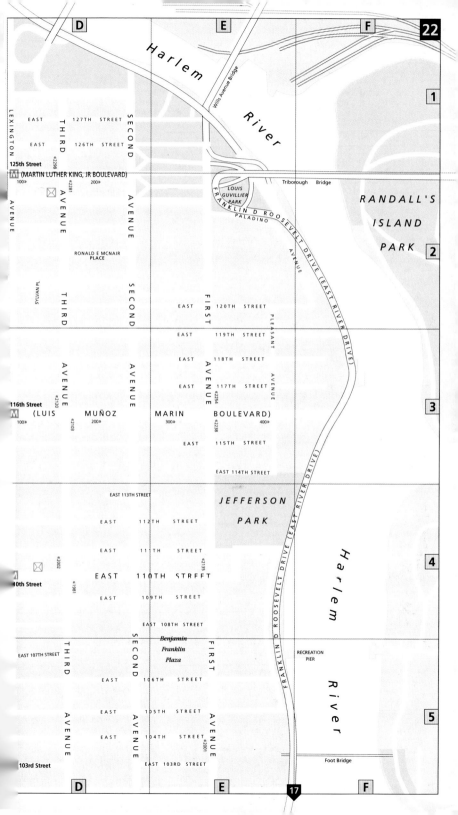

Harlem

River

Wills Avenue Bridge

1

LEXINGTON AVENUE

EAST 127TH STREET

EAST 126TH STREET

THIRD AVENUE

SECOND AVENUE

125th Street
M (MARTIN LUTHER KING, JR BOULEVARD)
«2298
100» 200»

«2281

LOUIS
GUVILLIER
PARK
FRANKLIN D ROOSEVELT DRIVE (EAST RIVER DRIVE)
PALADINO

Triborough Bridge

RANDALL'S

ISLAND

PARK

2

RONALD E MCNAIR
PLACE

SYLVAN PL

THIRD

SECOND

AVENUE

EAST FIRST 120TH STREET

PLEASANT

EAST 119TH STREET

EAST 118TH STREET

EAST 117TH STREET

AVENUE

AVENUE

AVENUE

«2254

116th Street
M (LUIS MUÑOZ MARIN BOULEVARD)
«2120 «2103
100» 200» 300»

FIRST AVENUE

«2238
400»

3

EAST 115TH STREET

EAST 114TH STREET

EAST 113TH STREET

JEFFERSON

PARK

FRANKLIN D ROOSEVELT DRIVE (EAST RIVER DRIVE)

Harlem

River

EAST 112TH STREET

EAST 111TH STREET

«2002
«2135

EAST 110TH STREET

4

«1981

0th Street

EAST 109TH STREET

EAST 108TH STREET

EAST 107TH STREET

THIRD

Benjamin
Franklin
Plaza

SECOND

FIRST

RECREATION
PIER

EAST 106TH STREET

AVENUE

AVENUE

EAST 105TH STREET

AVENUE

EAST 104TH STREET

«2001

Harlem

River

5

103rd Street

EAST 103RD STREET

Foot Bridge

Index

Les numéros de page en **gras** renvoient aux principales entrées.

1 & 2 United Nations Plaza **158**
5ᵉ Avenue voir Cinquième Avenue
12th Street Books 332, 333
14 Wall Street 296
57e et 59ᵉ Rues Est
les plus belles boutiques de New
York 321
5757 Bar 356, 357
60 Thompson 281
70 Park 287
71Clinton Fresh Food 297
75¹/2 Bedford Street **112**
92nd Street Y 278, 279, 347, 357
danse contemporaine 346
musique classique 350, 351
rencontres littéraires 357
théâtre off-Broadway et avant-
garde 344
visite des coulisses 346
visites guidées 369
414 Inn 284

A

ABC-TV 212-213
A Megan Services 277
Abbott, Berenice 253
Abby A. Rockefeller Sculpture
Garden 172
ABC Carpet & Home 339
Abingdon Guest House 281
Abyssinian Baptist Church **229,** 272
plan de quartier 221
visite de Harlem 220
Access Guide to New York City 370
Accommodations Plus 277
Accord du platane 70
Acela 392, 393
Acker, Merrall & Condit 336, 337
Actor's Monument 91
Actors' Studio, The 344, 347
Adams, Franklin P. 145
Adams, John 198
Adorama 338, 339
Adoration des Mages (La Farge)
159
Adventure on a Shoestring 369
Aerial Gardens 147
Aéroport de Newark 381, 382
Aéroports, service information
379, 380
Affinia Dumont Plaza 287
Afro-Américaine, communauté 47
parade de Martin Luther King
Junior 50, 53
mois de l'Histoire noire 53
semaine de Harlem 51
voir aussi p. 229-231
After the Fall (Miller) 215
Âge doré, L' (Twain) 27
Ahawath Chesed 180
Aide aux voyageurs 373
*Aigle (créature ailée à tête d'aigle
pollinisant l'arbre sacré)* 192
Ailey, Alvin 49, 346
Alvin Ailey Dance Center 347
AirTrain 380, 381, 382, 383
Aix 309
Al Hirschfield (théâtre) 345
Alain Ducasse at the Essex House
305
Alamo (Rosenthal) 118, 270
Alan Moss 334, 335

Albee, résidence d'Edward 260
Qui a peur de Virginia Woolf ? 49
Alexander Hamilton Gallery 199
Alexandre le Grand, statue 251
Alexandria Condominium 219
Algonquins, Indiens 18
vente de Manhattan 64
Algonquin Hotel **145,** 285
Lobby Bar et Blue Bar 316, 317
New York la nuit 358, 359
plan de quartier 141
Alice au pays des merveilles
Conservatory Water 209
promenade à Central Park 207
Alice au pays des merveilles
(Carroll) 164
Alice Austen House **255**
Alice Tully Hall 350, 351
Alkit Pro Camera 338, 339
Allemande, communauté 45, 46
Von Steuben Day Parade 52
promenade guidée 265
Allen, Woody 247, 348, 352
Radio Days 247
Aller à New York 378-381
aéroports 379-381
en avion 378
en autocar 378
en bateau 378
en train 378
principales compagnies aériennes
378
Alluye (Jean d'), effigie tombale du
croisé 236, 238-239
Alma Mater (French) 224
plan de quartier pas à pas 222
Alphabet City 117
Altman Luggage Company 328, 329
Alwyn Court Apartments **149**
Ambassador (théâtre) 345
Ambassador Lounge 356, 357
American Academy of Arts and
Letters 234
American Airlines Theater 344, 345
American Academy of Art 186
American Artists' Professional
League 114
American Ballet Theater
George Balanchine 49
Metropolitan Opera 214
American Express 374, 375
cartes perdues ou volées 373
chèques de voyage 374
American Folk Art Museum **171**
boutiques de musées 323, 324
American Inn 282
American Museum of Natural
History **216-217**
boutiques de musées 323, 324
films 349
Histoire naturelle 39
les plus beaux musées de New
York 37
New York des enfants 364
plan de quartier 211
promenade à Central Park 207
Rose Center for Earth and Space
218, 349
American Museum 90
American Radiator Building 145
American Tap Dance Orchestra 346
American Tragedy, An

(Dreiser) 112
American Watercolor Society 114
Americana Inn 282
Ammann, Othmar 235
Amnet PC Solutions 338, 339
Amsterdam Court Hotel 284
Amsterdam Inn 290
Amtrak 378, 382, 392
Amtrak Travel Centers 393
Andersen, Hans Christian, statue
206, 209
Anderson, Laurie 248
Angel Orensanz Center **101**, 258
Angelika Film Center 349
New York la nuit 358
Ann Taylor 326, 327
Annex Antiques Fair and Flea
Market 334, 335
Annisa 300
Anniversaires de Lincoln et
Washington 53
Annonciation, L', triptyque de
Campin 236
Ansonia Building 211, **219**
Anthology Film Archives 349
Antiquaires, salon d'hiver des
53, 187
Antonio Pietri 331
APC 326, 327
Apollo Theater **230,** 272, 273
lieux de concerts 353
plan de quartier 221
Application de la loi, 372
Aqua Beauty Bar 363
Aquagrill 298
Aquarium de New York 77, 249
Aquavit 305
Aqueduct Race Track 360, 361
Arabe, communauté 47
Arbus, Diane 175
Architecture 40-43
Architecture en fonte 38, 40, 104,
105
Architecture moderne
Battery Park City 72
Citicorp Center 177
IBM Building 170
Javits Convention Center 138
Lever House 177
Madison Square Garden 135
MetLife Building 154
MONY Tower 148
Nations unies 160-161
Rockefeller Center 144
Rose Center for Earth and Space
218
Seagram Building 177
Trump Tower 170
United Nations Plaza 158
World Financial Center 69
World Trade Center 72
Arlington Hotel 283
Armani, Giorgio 326, 327
Armani Casa 338, 339
Armurerie de l'escadron 185
Armour, Herman 241
Arrojo Studio 330, 331
Ars Nova 356, 357
Art News 369
Art Now/New York Gallery Guide
369
Artisanal 306

Artisanat (festival de l') 51
Asia 76
Asia de Cuba 306
Asia Society 39, **187,** 350
 cinema 349
 lieux de concerts 351
 plan de quartier 183
Asia Society Bookstore and Gift
 boutiques et marchés 323-324
Asiate 310
Asimov, Isaac 47, 224
Assistance voyageurs 373
Association des dames coloniales
 d'Amérique 198
Assurance voyage 373
Assurnasirpal II 194
Astaire, Fred 126
Astor, famille 170
Astor, John Jacob 25
 Colonnade Row 120
 New York Public Library 146
 St Regis 290
Astor Place 25, 270
 plan de quartier 117
 plan du quartier pas à pas 118
Astor Wines & Spirits 337, 337
At Home in New York 278
Atget, Eugène 175
Atheneum Museum 393
Athletic Club 55
Athlétisme 361
Atlas des rues 394-403
Atlas (Lawrie Lee) 143
AT & T Building **91**
Auden, W. H. 121, 267
Audubon, John James 49, 234
 New York Historical Society 218
Audubon Terrace **234**
 plan de quartier 233
Aunt Len's Doll and Toy Museum 228
 plan de quartier 221
Aureole 308
Austen (Alice) House 255
Autocars et bus 378, 388-389
 aéroports de New York 379-381
 bus du centre-ville 389
 informations et plans 389
 visites guidées en autocar 369
 visiter New York en autobus 389
 voyager en autocar 389
Aveda Institute 330, 331
Avenue de la Presse 90
Avery Fisher Hall 32, **215**
 plan de quartier 211
 lieux de concerts 350, 351
 répétitions du Philharmonic 343
Avion
 aller à New York par avion
 378-381
 aéroports 379-381

B
Bacall, Lauren 218
Baccarat 338, 339
Back Pages Antiques 322, 324
Bacon, Francis 174
Bailey, Pearl 230
Baker, Josephine 49
Balanchine, George 47-48, 49, 346
Baldwin, James 30, 48
Balenciaga, Cristobal 195
Ball, Lucille 171
Balla, Giacomo 174

Ballets 346
Balto, statue de 209
Bang & Olufsen 338, 339
Bank of New York 23, 57
Banque de Manhattan (ancienne)
 57, 155
Banque Morgan 56
Banques 374
 cartes de crédit 374
 change 374, 375
 chèques de voyage 374
 distributeurs automatiques 374
 heures d'ouverture 368
Bar None 361
Bar Six 315, 317
Bara, Theda 128
Barbizon 283, 290
Barnard, George 236
Barnard College 224
Barnes, Edward Larrabee 187
Barnum, Phineas T
 American Museum 90
 voir aussi Ringling Bros and
 Barnum & Bailey Circus 26, 77,
 121, 126
Barracuda 355
Barrymore (théâtre) 345
Barrymore, John 112
Bars 315-317
 bars branchés 316
 bars historiques et littéraires
 315-316
 bars d'hôtels 316-317
 bars pour célibataires 316
 bars pour homosexuels 316
 boissons 315
 boissons alcoolisées, âge
 minimum 315
 cuisine 315
 New York la nuit 358-359
 règlements et usages 315
 sportifs 361
Bartholdi, Frédéric-Auguste 74-75
Baseball 124, 360
 événements saisonniers 50-51
 histoire 25
 voir également Brooklyn
 Dodgers;
 New York Mets; New York
 Yankees 360
Basie, Count 352
 Sugar Hill 228
Basketball 360 *voir aussi*
 Knicks
 événements saisonniers 52
Bataille de Golden Hill, La 22
Bataille de Harlem Heights, La 22
Bateau
 aller à New York en bateau 378
 circuler en bateau-taxi 385
Batterie, La 19
Battery Gardens 296
Battery Maritime Building **77,** 56
Battery Park **77,** 269
 plan de quartier 65
 East Coast War Memorial 55
 promenades guidées 258
Battery Park City **72,** 268
 plan de quartier 65
 New York la nuit 358, 359
Battery Park, ferry 385
Battery Place 268
Baxter, W E 106

Bayard's 296
Bayard-Condict Building **121**
B-Bar 315, 317
Beacon 305
Beacon Theater 352, 353
Beame, Mayor Abraham 33
Beatles 171
Beau Brummel 327
Beaumont (Vivian) Theater 215
 plan du quartier pas à pas 212
Beauvoir (de), Simone 260
Beaux-Arts, architecture 42-43
Becco 304
Beckett, Samuel 215
Bedford Street, n° 75½ **112**
 plan du quartier pas à pas 110
Bedloe Island 74
Beecher, Henry Ward 266
Beekman Bar and Books 317
Beekman Place **180-181**
Beekman Tower 61, 271
Beer Bar 316, 317
Beer Bar at Café Centro 313, 314
Behan, Brendan 139
Belasco (théâtre) 345
Bell Atlantic Telephone Company
 South Street Seaport 59
Belleclaire Hotel 290
Bellevue, L'hôpital 23
Bellini, Gentile 202
Bellini, Giovanni
 Frick Collection 202
 Saint François dans le désert 37
Bellows, George 200-201
Belluschi, Pietro 154
Belmont, famille 170
Belmont Park Race Track 360, 361
Belvedere Castle **208**
Belvedere Hotel 284
Benchley, Robert 145
Benjamin, The 277
Bentley Hotel 289
Bergdorf Goodman 170
Berlin, Irving 47-48
 Beekman Place 180
 Shubert Alley 148
Bernard and S. Dean Levy 334, 335
Bernhardt, Sarah 49, 129, 248
Bernstein, Leonard 49
 Carnegie Hall 149
 Dakota Building 218
 Lincoln Center for the Performing
 Arts 214
 West Side Story 212
Best Buy 338, 339
Best Western Gregory Hotel
 Brooklyn 291
Best Western JFK Airport 380
Best Western President Hotel 284
Best Western Seaport Inn
 Downtown 280
Bethesda Fountain and Terrace
 209
 plan de quartier 205
 promenade à Central Park 206
Betsey Johnson 326, 327
Beuys, Joseph 174
Beyond the Horizon (O'Neill) 49
BFO 325, 327
Bialystoker Synagogue **98**
 plan de quartier 93
Bicycle Habitat 362, 363
Big Apple Circus 52, 365

Big Apple Greeters 369
Big Apple Hostel 278
Big Onion Walking Tours 369
Bill of Rights 68
Billard (salles de) 358, 359
Billings, CKG 29
Billy Martin's 328, 329
Biltmore (théâtre) 345
Biltmore Room 304
Bingham, George Caleb 194
Bird in Space (Brancusi) 172
Bistro du Nord 312, 314
Bite of the Apple Tours 369
Blackwell, ferme de 181
Blake, Eubie 229
Blake, William *(The Song of Los)* 164
Blakelock, Ralph 27
Blakely Hotel 285
Blass, Bill 325
Bliss 363
Blitzstein, Marc 48
Blizzard de 1888, Le grand 27
Block Beautiful **128**
　plan du quartier pas à pas 125
Bloody Angle 95, 97
Bloomingdale, Joseph 181
Bloomingdale, Lyman 181
Bloomingdale's 26, 167, **181**
　boutiques et marchés 319, 330, 331
BLT Steak 307
Blue Fin 305
Blue Hill 300
Blue 9 Burger 301
Blue Note 342
　lieux de concerts jazz 352, 353
　New York la nuit 358, 359
Blue Ribbon 300, 358, 359
Blue Ribbon Bakery 300
Blue Smoke 302
Blues, Soul et World Music 353
Boat Building Shop 82
Boathouse Restaurant Central Park 309
Boccioni, Umberto 174
Body Count 352
Bogardus Building 58
Bogart, Humphrey 218
Bonnard, Pierre 197
Booth, Edwin
　The Players 125, 128
　statue 128
　The Little Church Around the Corner 129
Booth (théâtre) 345
　Shubert Alley 148
Bootleggers' Row 96
Boppard, Vitraux de 236
Borough Hall 267
Boston Comedy Club 356, 357
Bostoniennes, Les (James) 48
Bottino 304
Boucher, François 203
Bouley 299
Boulez, Pierre 350
Bourke-White, Margaret 253
Boutiques et marchés 320-321
　art et antiquités 334-335
arts ménagers 338-339
　bijoux 328, 329
　bonnes affaires 318
　boutiques spécialisées 322, 324
　chapeaux 328, 329

chaussures et bottes 328, 329
équipement électronique et photographique 338, 339
grands magasins 319
horaires d'ouverture 318
jouets, jeux et gadgets 322, 324
lingerie 329
livres et musique 332-333
magasins d'importation 323
marchés aux puces 334-335
New York la nuit 358-359
nourriture 336, 337
mobilier 334-335
paiements 318
parapluies 328, 329
sacs et valises 328, 329
salles des ventes 334-335
souvenirs 322, 324
table de conversion des tailles 326
taxes 318
vêtements 325-327
visites organisées 319
Bouwery Lane Theater 347
Bow Bridge **208**
　plan de quartier 205
　promenade à Central Park 207
Bowery Ballroom 98, 352, 353
Bowery Poetry Club 357
Bowery Savings Bank *voir également* Home Savings of America
Bowling 363, 365
Bowling Green 21, **73**
　plan de quartier 65
　Peter Minuit Memorial 64
Bowlmore Lanes 358, 359
Box Tree 283, 289
　meilleurs hôtels de New York 280
Boxe 360
Bradford, William 68
Brainatarium 219
Brancusi, Constantin 172
Braque, Georges 174
Brasserie (East 33rd St) 312, 314
Brasserie LCB Rachou 307
Brazilian Festival 52
Breakfast at Tiffany's (Capote) 170, 348
Breede Wegh 18
Bremen House 265
Brentano's 332, 333
Bridge Café 296
Brill Building, The 348
Broadhurst (théâtre) 345
Broadway, Théâtres de 345
　visites des coulisses 346, 347
Broadway Bucks 341
Broadway Inn 284
Broadway Plaza Hotel 283
Bronfman, Samuel 177
Bronx 240-241
Bronx Zoo / Wildlife Conservation Park **244-245**
　plan de quartier 233
Bronzino, Agnolo 196
Brooklyn 247-249
　promenade guidée 266-267
Brooklyn Academy of Music (BAM) **248**, 267, 350, 351
　plan de quartier 233
　spectacles de danse 346, 347

Off-Broadway 344, 347
Brooklyn Botanic Garden **249**
　plan de quartier 233
Brooklyn Bridge 27, **86-89**, 267
　fondations (caissons) 86
　Mo' Better Blues 348
　South Street Seaport 59
　plan du quartier pas à pas 83
Brooklyn Bridge mural (Haas) 83
Brooklyn Bridge (Stella) 37
Brooklyn Children's Museum **247, 364**
　plan de quartier 233
Brooklyn Dodgers 32, 267
Brooklyn Ferry 84
Brooklyn Heights
　Éclair de lune 348
　promenade guidée 266
Brooklyn Historical Society 267
Brooklyn Museum **250-253**
　à la découverte du musée 252-253
　en dehors de Manhattan 39
　plan de quartier 233
　plan du musée 250-251
Brooklyn Philharmonic 248, 350
Brooklyn Tower 87
Brooks, Mel 247
Brooks Atkinson (théâtre) 345
Brookstone
　plan du quartier pas à pas 82
Brotherhood Synagogue 125
Brown, Charles Brockden 49
Brown, James 230, 353
Browning, Robert 164
Brownstones 40, 42
Brueghel, Pieter 196
Bryant, William Cullen, statue 145
Bryant Park 10-11, **145**
　plan de quartier 141
　concert en plein air 351
Bryant Park Hotel **145,** 288
Bumble & Bumble 331
Bunac Summer Camps USA 370
Bunche (Ralph J) Park 153
Burden (James) House 265
Burger Joint 306, 313, 314
Burger Shack 313, 314
Burlington Book Shop 332, 333
Burne-Jones, Edward 159
Burnett, Frances Hodgson 209
Burnham, Daniel 43
Burnham, David 127
Burr, Aaron 23, 228, 235
Burroughs, William 48
Bush-Brown, Henry K 85
Buste de Sylvette, Le (Picasso) 115
Butler Library 222
Byer Blinder Belle 156

C

Cadman Plaza West 266
Café at Grand Central Station 316, 317
Café Boulud 308
Café Centro 312, 314
Café des Artistes 310
　Hotel des Artistes 215
Café Fiorello 309
Café Gray 310
Café Pierre 356, 357
Café Luxembourg 309
Café Vienna 313, 314

Cage, John 107, 350
Cagney, James 128
   Columbia University 224
Calder, Alexander 200
Callas, Maria 49, 215
Calle Ocho 309
Calloway, Cab
   Cotton Club 30-31
   Sugar Hill 228
Campbell, Mrs Patrick 128
Camper 329
Camperdown Elm 249
Campin, Robert 236, 239
Cannon's Walk 82
Canton 297
Cantor, Eddie 147
Capa, Cornell 186
Capa, Robert 186
Capote, Truman 266
   petit déjeuner chez Tiffany 170
Caracas Arepa Bar 301
Carapan 363
Caraïbes 20
Carl Schurz Park **198**
   plan du quartier 183
   promenade guidée 265
Carnaval antillais 52
Carnegie, Andrew 37, 49, 265
   résidence 186
Carnegie Corporation
   Cooper-Hewitt National Design
      Museum 186
   Schomburg Center 229
Carnegie Hall 26-27, **148-149**
   architecture 42
   concerts de musique classique et
      contemporaine 350, 351
   meilleurs spectacles de New
      York 343
   plan de quartier 141
   visite des coulisses 351
Carnegie Hill, promenade guidée 265
Carrà, Carlo 174
Carrère, John 43
   Forbes Building and Galleries 114
   Le mât de la lumière éternelle 126
   New York Public Library 146
Carroll, Lewis 164
Cartes de crédit perdues 373
Cartier, Pierre 168, 170
Cartier-Bresson, Henri
   International Center of
      Photography 186
   *Un dimanche sur les bords de la
      Marne* 175
Caruso, Enrico 49, 219
   Brooklyn Academy of Music 248
Carve Unique Sandwiches 304
Casa Spa & Fitness at the Regency
   Hotel 362, 363
Casablanca Hotel 285
Casals, Pablo 248
Casimir 302
Cassatt, Mary 253
Castle Clinton National Monument
   77
   plan de quartier 65
Catcher in the Rye, The (Salinger)
   209
Cathedral of St John the Divine
   27, **226-227**
   lieux de concerts 350, 351
   plan de quartier 221

   plan du quartier pas à pas 223
Caughnawaga Indians 159
Cavaglieri, Giorgio 113
Cavalier polonais, Le (Rembrandt)
   202
CBS 349
Central Park 25, 204-209
   concerts en plein air 351
   jogging et cyclisme 362
   lieux de tournage 348
   Love Story et *Marathon Man*
      348
   meilleurs spectacles de New
      York 343
   New York des enfants 364
   promenade guidée 206-207
Central Park Summer Stage 51
Central Park West, nº 55 348
Central Park Wildlife Center **209**,
   365
   plan de quartier 205
   promenade à Central Park 206
Central Quadrangle, Columbia
   University 222
Central Synagogue **180**
Centre culturel islamique 47
Centres de remise en forme et
   gymnases 362
Century Apartments 213
Ceramica 338, 339
Cézanne, Paul
   Le Baigneur 174
   Les Joueurs de cartes 192
   Metropolitan Museum of Art 196
   Musée de Brooklyn 253
Chagall, Marc
   Autoportrait à la grimace 175
   Paris par la fenêtre 188
   vitrail 163
Chambellan, René 154
Chamber Music Society 350
Chambers 285
Chambre de Commerce, La 67
Chanel 326, 327
Changer de l'argent 375
Chanin, Irwin S 154, 214
Chanin Building **154**
   plan du quartier pas à pas 152
Chanterelle 299
Channel Gardens 141
   plan du quartier pas à pas 142
Chanteur de Jazz, Le 30
Chantier naval 20
Chaplin, Charlie
   Cour d'appel 126
   The Kid 175
Charging Bull (Di Modica) 73
Charles Colin Publications 332, 333
Charlotte Temple (Rowson) 48
Chartered Helicopter 383
Chase Manhattan Bank 374
Chasse et horticulture
   (Boucher) 203
Chat 'n' Chew 302
Chatwal Inn on 45th Street 282, 285
Cheatham, Doc 352
Chefs & Cuisiniers Café 312, 314
Chelsea et le quartier du vêtement
   130-139, 320-321
   architecture 42
Chelsea Historic District **139**
Chelsea Golf Club 362, 363
Chelsea Hotel **139**

   Dylan Thomas 48
   plan de quartier 131
Chelsea Inn 283
Chelsea International Hostel 283
Chelsea Lodge 283
Chelsea Piers Complex **138**
   Sky Rink (patinoire) 360, 361
   bowling 361
Chelsea Savoy Hotel 283
Chelsea Star Hotel 283
Chèque de voyage 374
Cherry Blossom Festival 50
Cherry Lane Théâtre
   Edna St Vincent Millay 112
   plan du quartier pas à pas 110
Chester, Daniel 73
Cheval blanc, Le (Constable) 202
Chez Jacqueline 312, 314
Chez Joséphine 312, 314
Chicago City Limits 356, 357
Children's Adventure Garden 243
Children's Aid Society 199
Children's Museum of Manhattan
   219, 364
   plan du quartier 211
Chinatown 44, **96-97**
   L'Année du dragon 348
   Festival de Chinatown 51
   Nouvel An chinois 53
   plan du quartier pas à pas 94
   promenade guidée 258-259
Chinatown Ice Cream Factory 365
Chinoise, communauté 46
Chip Shop/Curry Shop 311
Christ Church United Methodist
   257, 371
Christ in Majesty (Epstein) 225
Christie's 334, 335
Christina's World (Wyeth) 172
Christmas Spectacular,
   Radio City Music Hall 52
Christy, Howard Chandler 215
Chrysler, Walter P 155
Chrysler Building 10-11, 30, 43, 60,
   155
   l'architecture à New york 41
   plan du quartier pas à pas 153
Churchill, Winston
   Brooklyn Academy of Music 248
   Players, The 128
Church of the Ascension **114**
   plan de quartier 109
Church of the Holy Trinity **199**
   plan de quartier 183
   promenade guidée 291
Church of the Incarnation **159**
   plan de quartier 151
Cid, statue du 234
Cinema Village 349
Cinemas 27, 348-349
   films classiques et musées 349
   films étrangers et cinémas d'art et
      d'essai 349
   premières exclusivités 348
   New York la nuit 358-359
Cinquième Avenue **170**
   plan de quartier 167
   plan du quartier pas à pas 168
   les plus belles boutiques de New
      York 320-321
Circle Line Sightseeing Yachts
   369, 385
   New York des enfants 364

Statue of Liberty ferry 369
visite nocturne 358, 359
Circle Repertory Theater 260
Circus (Calder) 200-201
Cirrus/Mastercard 375
Cisitalia 204' GT (Farina) 173
Citicorp Center 43, 177
plan de quartier 61, 167
Citigroup Center **177**
plan du quartier 61, 167
City Center of Music and Dance **148**, 346, 347
plan de quartier 141
City College of the City University of New York **228**
City Hall, mairie 41-42, **90**
plan de quartier 81
City Hall Park and Park Row **90**
plan de quartier 81
City Island 241
plan de quartier 233
City Seen 277
Civic Fame (Wienman) 85
Clarion Hotel Fifth Avenue 287
Clark, Edward S 218
Clermont, Le, bateau à vapeur 25
Cleveland, Grover 74
Clifford, George 191, 195
Climat et saisons 50-53
ensoleillement 51
précipitations 53
température 52
Cloche de la paix, La, Nations Unies 160
Cloisters, The **236-239**
découverte des cloîtres 238-239
lieux de concerts 351
peinture et sculpture 38, plan de quartier 233
suivez le guide 236-237
Clownesse, La (Toulouse-Lautrec) 173
Cocks, Samuel 112
Cohan, George M., statue 142
Colbert, Claudette 47
College Board Building 212
Colombienne, communauté 46-47
Colonial, Le New York 20-21
Colonial antillaise, 52
Colonial House Inn 283
Colonnade Row **120**
plan de quartier pas à pas 118
Colony Record and Music Center 332, 333
Colt, Samuel 115, 195
Columbia University 32, **224**
Burroughs, William 48
date de fondation 21
Kerouac, Jack 48
plan de Columbia University pas à pas 222-223
Columbus Circle **215**
Columbus Day 53
Columbus Park **97**
plan de quartier 93
Comic Strip Live 356, 357
Comment vivent les autres ? (Riis) 49
Commission des Sites 107
Common Ground 323
Commonwealth Fund 264
Communauté antillaise, 52
Con Edison Headquarters 123, **129**
plan du quartier pas à pas 83

Con Edison Energy Museum 129
Con Edison Headquarters 123, 129
Con Edison, Le mural 59
Concert du Messie 53
Condict, Silas Alden 121
Coney Island **249**
plan du quartier 233
Coney Island Museum 249
Confucius Plaza 12
Congrégation juive éthiopienne 231
Conkling, Roscoe 126
Connecticut Limo 379
Conseils pratiques 368
hôtels 277
restaurants et bars 292
taxis 387
Conservatory Garden **209**
plan du quartier 205
Conservatory Water 209
plan du quartier 205
promenade à Central Park 207
Constable, Arnold 127
Constable, John 202
Consulats (Belgique, Canada, France, Luxembourg, Suisse) 371
Conversion, Table de 370
Coogan, Jackie 175
Cooke, George Frederick 91
Cooper, A Sterling 142
Cooper, James Fenimore 48
Cooper, Peter 119-120
Cooper-Hewitt National Design Museum **186**
arts décoratifs 38
boutiques de musées 323, 324
gravure et photographie 38
plan de quartier 183
plan du quartier pas à pas 184
les plus beaux musées de New York 37
promenade guidée 265
renseignements pratiques 368
Cooper Union **120**
plan de quartier 117
plan du quartier pas à pas 119
Copacabana 354, 355
Copland, Aaron 234
Coral Room 354, 355
Corcoran, Le perchoir de 158
Coréenne, communauté 44, 47
Cornbury, Lord 20
Corner Bistro 299, 313, 314
Corona Park 246
Cort (théâtre) 345
plan du quartier pas à pas 142
Cosby Show, The 112
Cosmopolitan Hotel 281
Cotton Club, The 348
Cotton Club (new) 220, 353
Cotton Club (original) 30-31, 352
Council on International Educational Exchange 370
Council Travel 370
Counter 301
Country et Folk 353
Coupe de l'America 145
Cour d'Appel de l'État de New York **126**
plan du quartier pas à pas 125
Courtyard by Marriott Midtown East 287
Coutan, Jules-Alexis 156

Couvent de l'École du Sacré Cœur 265
Coward, Noël 215
Cowgirl Hall of Fame 299
Cowles (Charles) Gallery 104
Craft 303
Cram, Ralph Adams 226-227
Crime sexuel (urgence) 373
Criminal Courts Building **84**
Crobar 354, 355
Cross & Cross 176
Croton Aqueduct 209
Croton, Le réservoir 24, 146
CROUS 370
Crucifixion : Le Jugement dernier, diptique (Van Eyck) 193
Crystal Palace 25, 145
Cube (Noguchi) 66
Cummings, E 111
résidence 113, 260
Cunningham, Merce 32
Studio 346, 347
Cuomo, Mario 72
Cushman, Don Alonzo 139
Cuxa, cloître de 237
Cyclisme 362, 385
visites guidées à bicyclette 369
Cyprès, Les (Van Gogh) 192

D
d.b.a. 316, 317
Da Silvano 300
Da Vinci Hotel 285
Dahesh Museum of Art 170
Daily News, The 155
Daily News Building **155**
Dairy, The **208**, 351
promenade à Central Park 206
Dakota Building 26, 211, **218**
architecture 43
Rosemary's Baby 348
promenade à Central Park 207
Dalaï lama 254
Dal92, Salvador 201
Damrosch Park 214-215
plan du quartier pas à pas 212
Dance Theater of Harlem 346, 347
Dancings *voir également* Night-clubs et clubs gays et lesbiens
Daniel 309
Danny's Skylight Room Cabaret 356, 357
Danse contemporaine 346, 347
Danube 298
Darling, Candy 33
Dashing Diva Nail Spa & Boutique 330, 331
David Burke & Donatella 309
David, Jacques Louis 193
Davis, Stuart 201
Dawat 306
DB Bistro Moderne 305
De Kooning, Willem 48
Metropolitan Museum of Art 197
Museum of Modern Art 174
De Lancey, James 98
De Peyster, Abraham 56
Dean, Bashford 240
Dean, James 213
Dead Poet, The 358, 359
Déclaration d'Indépendance 90
Degas, Edgar 196, 253
Delacorte, George T 208-209

Delacorte, l'horloge 209
Delacorte Theater 208
  billets gratuits 341
  meilleurs spectacles
    de New york 343
  Off-Broadway 344, 347
Delancey Street **98**
  promenade guidée 258
Delano, la famille 115
Delmonico, la famille 99
Delmonico's 56
Demeure de Frick 41, 43
  promenade guidée 264
Dempsey, Jack 126
Dempsey and Firpo (Bellows) 201
Demuth, Charles 197
Depression Modern 334, 335
Derain, André 174
Devant le miroir (Manet) 189
Devi 303
DeWitt Clinton 83
Diamond Row **144**
  plan de quartier 141
  plan du quartier pas à pas 143
Diana, statue de 183, 186
Dickens, Charles 120
Diderot, Denis, Le buste 191
Dillon's Restaurant and Lounge 356,
357
DiMaggio, Joe 241
Di Modica (Chargin Bull) 73
Diner 24 358, 359
Diner Party, The 251
Dinkins, Mayor David 33
Docfest (New York International
  Documentary Festival) 348, 349
Dodge, William de Leftwich 85
Dog (Bacon) 174
Dollar 386
Doorway to Design 319
Dorilton Building **219**
Doris Leslie Blau 334, 335
Dorset 283, 289
Dos Passos, John 115, 261
Douane et immigration 370
Doubletree Guest Suites 286
Doubletree Metropolitan Hotel 288
Douglas Fairbanks Theater 344, 347
Douze Hommes en colère 85
Draper, John W 115
Dream Hotel 285
Dreiser, Theodore 112
  An American Tragedy 112, 261
Dreyfuss, Richard 214
DSW 329
Du Bois, W.E.B.
  Harlem YMCA 229
  Schomburg Center for Research
    into Black Culture 229
Duboy, Paul E.M. 219
Dubuffet, Jean
  Museum of Modern Art (MoMA)
    174-175
  Quatre Arbres 67
Duchamp, Marcel 48, 115
Duke, James B 264
Duke-Semans House 264
Duke Theater 346, 347
Dumpling Man 301
Duncan, Isadora 212, 215
  Isadora Duncan Dance
    Foundation 346, 347
Dune 338, 339

Dürer, Albrecht 195
Dylan 287

E

Eagle Warehouse 266
E. & J. Frankel 334, 335
Eakins, Thomas 186
Early Sunday Morning (Hopper)
  200
Earth Day Festival 50
East Coast War Memorial 55
East Houston Street 98
East Village 116-121, 320
  les plus belles boutiques de New
    York 320-321
  plan du quartier pas à pas 118-
    119
Easter Parade 50
Eastern States Buddhist Temple 96-
  97
  plan du quartier pas à pas 94
  promenade guidée 259
Eastgate Tower 277
Eating it at Luna Lounge 356, 357
Éclair de lune 348
Edison, Thomas Alva 129
Edson, Le destroyer 149
Église néogothique du Repos
  éternel 184
Église de Notre Dame 223
Église Mother Zion 272
Eiffel, Gustave 74
Einstein, Albert 47
Eisenhower, Dwight D 214
El (métro aérien) 130
El Barrio 45
Elaine's 316, 317
Eldorado 214
Eldridge Street Synagogue **97**, 258
  plan de quartier 93
  plan du quartier pas à pas 95
Election Day 53
Électricité 371
Elephant and Castle 312, 314
Elias Corner 311
Eliot, T. S. 146
Elizabeth A. Sackler Center For
  Feminist Art 251
Ellington, Duke 228, 241, 352
  Apollo Theater 230
  Cotton Club 30
Ellis Island 27, 32, 38-39, **78-79**
  plan de quartier 65
  les plus beaux musées de New
    York 37
  réouverture du musée 33
Ellis Island Ferry 385
Ellison, Ralph 329
Emanuel Ungaro 326, 327
Émaux de Limoges 202
Embassy Suites New York 280
Embouteillages et heures de pointe
  384, 385
Émeutes raciales 32
Émeutes des tailleurs de pierre en
  1833 115
Emmerich (André) Gallery 181
Empire 283
Empire Diner **138**, 304, 313, 314
  plan de quartier 131
Empire State Building 10-11, 60,
  136-137, 359
  architecture 43

King Kong 348
  plan du quartier pas à pas 133
Empire State Building Run-Up 53
Encore 325, 327
Enfants, New York des 364-365
  s'amuser dehors 364-365
  Baby Sitters' Guild 365
  conseils pratiques 364
  musées 364
  restaurants 365
  Studio Museum in Harlem
    230-231, 273
  voyager avec des enfants 279
Engine Company n° 131 **100**
Enid A. Haupt Conservatory 243
Épidémies 24
Epstein, Jacob
  Un Christ en Majesté 225
  Une Vierge et l'Enfant 225
Équipe de base-ball 362
Equitable Building 66
Equitable Center 142
Erbe 330, 331
Ernst, Max 174
Erol Beker Chapel 177
Esca 305
Esclavage 18-20
  abolition 24
  révolte 21
ESPN Zone 147
Essex Street Market **101**
État de New York 12-13
Ethical Culture Society Hall 350,
  351
Étoile des Indes 216
Étudiants, voyages 370
Eugene O'Neill (théâtre) 49, 110,
  113, 345
Eve's 330, 331
Événements saisonniers et
  températures 50-53
Exhale Mind Body Spa 362, 363
Exposition florale 50
Exposition Universelle de 1853
  Bryant Park 145
  Crystal Palace 24-25
Exposition Universelle de 1939
  31, 246
Exposition Universelle de 1964
  32, 246

F

FACE Stockholm 330, 331
Faillite 33
Fairway Market 336, 337
Farina, Pinin 173, 175
Farragut, Admiral David, statue 124,
  126
Farrington, E F 87
Fashion Avenue (avenue de la
  mode) 132
  boutiques et marchés 318
Fashion Row (rue de la mode) 26
  Hugh O'Neill Dry Goods Store
    139
Faulkner, Barry 73
Faulkner, William 260
Federal Hall **68**, 351
  reconstitutions historiques 39
  plan du quartier pas à pas 67
Federal Reserve Bank **68**
  plan du quartier pas à pas 67
Femme aux cheveux jaunes, La

(Picasso) 189
Femme tenant un vase (Léger) 189
Fendi 326, 327
Ferguson, Maynard 352
Fernbach, Henry
  Pace Gallery 105
  Synagogue centrale 180
  White Street 107
Ferries 385
Festival de la Danse noire 346
Festival du Film de New York
  52, 348
Fête de San Gennaro 96, 259
New York multiculturel 44
événements saisonniers 52
Fête du Travail 53
Fêtes de Grand Canal 25
Fields, W.C. 147, 246
Fifth Avenue *voir* Cinquième
Avenue
5ᵉ Avenue (Blakelock) 26
Fifth Avenue Synagogue 371
Filene's Basement 325, 327
Fille à la mandoline, La (Picasso)
174
Fillmore Esat Auditoriim 271
Film Forum 349
  New York la nuit 358
  meilleurs spectacles à New York
  342
Finlandaise, communauté 47
Finlay (John) Walk 198
First Presbyterian Church **114**
  plan de quartier 109
Fisher King, The 348
Fishs Eddy 338, 339
Fisk, James 49
Fitzpatrick Grand Central Hotel 287
Five in One (Rosenthal) 59
Five Points 46
Flagg, Ernest 106, 121
Flatiron Building 29, **127**
  architecture 43
  plan du quartier pas à pas 124
Flavin, Dan 174
Fleet Bank Building 58
Fleur de Sel 303
Florence Gould Hall (à l'Alliance
  française) 350, 351
Florian Papp 334, 335
Flower District 132
Flushing Meadow-Corona Park **246**
  plan de quartier 233
Fonte, architecture en 40, 42
Football américain 52, 360
Forbes, Malcolm 114
Forbes Magazine Building **114**
  plan de quartier 109
Ford Foundation Building
  plan du quartier pas à pas 153
Foss, Bob 49
Foster, Stephen 24
Foto Care 338, 339
Four Chimneys 267
Four Points by Sheraton 283
Four Seasons (restaurant) 307
Four Seasons New York 289
  5757 Bar 356, 357
  Seagram Building 177
Fourrière (Tow Pound) 386
Fragonard, Jean Honoré
  Brooklyn Museum 253
  Progrès de l'amour

(La Poursuite) 202-203
Franklin 289
Franklin, Aretha 230
Franklin, Benjamin 90-91
Fraunces Tavern Museum 39, 76
Fred F. French Building **159**
Frederic Fekkai Beauté de
  Provence 330, 331
French, Daniel Chester 128
  Alma Mater 222, 224
  Church of the Incarnation 159
  sculptures 126
French Embassy 264
French (Fred F) Building 159
French (Fred F) Company 158
French Institute 349
Fresh 330, 331
Frette 339
Frick, Henry Clay 37
  Demeure de Frick 264
  Frick Collection 202-203
Frick Collection **202-203**
  lieux de concerts 350, 351
  peinture et sculpture 38
  plan de quartier 183
  les plus beaux musées de New
  York 37
  renseignements pratiques 368
  promenade à Central Park 206
Friedlander, Lee 175
Froman, Daniel 142
Fuller Building **181**
Fulton, Robert 24-25, 112
  tombeau 68
Fulton Ferry landing 266
Fumer 368
Fur District 132
FusionArts Museum **101**

G

G Lounge 355
Gainsborough, Thomas 203
Galanos, James 325
Galerie Let There Be Neon 107
Galeries d'art 334-335
Galleria River Pavilion 138
Gallery 532 334, 335
Gallo, Joey 95
Gardiner, Julia 114
Gare maritime
  plan des transports 382
Garibaldi, Guiseppe 48
Garland, Judy 218
Garvey, Marcus 49, 231, 271
Garvey (Marcus) Park 231
  plan de quartier 221
Gay and Lesbian Switchboard 355
Gay Yellow Pages 354
Geer, Seth 120
General Electric Building 61, **176**
  plan du quartier pas à pas 169
General Post Office **135**
  renseignements pratiques 377
General Theological Seminary **138**
Gennaro 309
GeoffreyBeene 325, 327
George Gustav Heye Center 73
George III 22, 73
George Washington Bridge **235**
George Washington Bridge
  Terminal 389
Gershwin (théâtre) 345

Gertel's 258
Gianni Versace 326, 327
Giants, équipe de football
  américain 52, 360-361
Giants Stadium 360, 361
Gibson, Charles Dana 198
Gilbert, Cass 49, 235
  architecture 42-43
  New York Life Insurance
  Company 125-126
  US Courthouse 85
  US Custom House 73
  Woolworth Building 91
Gilbert, C.P.H. 186
Gillespie, Dizzy 230
Gimbel Brothers Department Store
  132, 134
Ginsberg, Allen 48
Giorgio Armani 326, 327
Gish, Lillian and Dorothy 218
Givenchy 326, 327
Glass, Philip 248
Golden Gloves (tournoi de boxe)
  342, 360
Goldman Memorial Band Concerts
  51
Goldwyn, Samuel 47
Golf 362
Goodhue, Bertram
  St Bartholomew's Church 176
  St Thomas' Church 171
Gorsky, Arshile 174
Gotham Bar & Grill 301
Gottlieb, Adolph 48
Gould, Jay 49, 393
Gould family 170
Goya, Francisco
  Hispanic Society of America 234
  Metropolitan Museum of Art
  195-196
Grace Church **121**
  plan de quartier 117
Gracie, Archibald 198
Gracie Mansion **198-199**
  mobiliers et vêtements 38
  promenade guidée 264-265
Graham House 184
Gramercy et le quartier du
  Flatiron 122-129
Gramercy Park **128**
  plan de quartier 123
  plan du quartier pas à pas
  124-125
Gramercy Park Hotel 128, **129**
Gramercy Tavern 303
Grand Army Plaza **248**
Grand Central, dépôt de 26
Grand Central Oyster Bar 156, 306
Grand Central Terminal 29, 60,
  156-157, 392
  architecture 43
  plan des transports 383
  plan du quartier pas à pas 152
  Under the Clock et *The Fisher
  King*, lieux de tournage 348
Grand Sichuan 296
Grand Street 338, 339
Grande-Bretagne 19
  le New York colonial 20-21
  le New York révolutionnaire
  22-23
Grande Dépression 30-31
Grant, Cary 112

Grant, Ulysses S. 75
Grant (Ulysses S.), tombeau du président **225**
Grasshopper Pilates 362, 363
Gratte-ciel 41
Great Jones Café 301
Greco (dit le) 196, 234
Grecque, communauté 47, 50
Greek Independence Day 50
Greeley, Horace statue 133
Greeley Square 133
Green Coca-Cola Bottles (Warhol) 200
Greenaway, Kate 38, 164
Greene Street **106**
  plan du quartier pas à pas 104
  promenade 261
Greenwich House Music School 351
Greenwich Savings Bank 133
Greenwich Village 109-115
  plan du quartier pas à pas 110-111
  les plus belles boutiques de New York 320-321
  promenade guidée 260-261
Greenwich Village Society for Historic Preservation 114
Greyhound Lines 378, 389
Grilled Cheese NYC 297
Grimaldi's 310
Gris, Juan 174
Grocery, The 311
Grolier 354
Gropius, Walter 154
Ground Zero 72
Group Health Insurance Building 43, **147**
Grove Court **112**
  plan du quartier pas à pas 110
Growler 149
Guastavino's Restaurant and Club 307
Guerre d'Indépendance 17, 20, 22-23
Guerre de Sécession 25
Guggenheim Bandshell
  Metropolitan Opera House 215
  plan du quartier pas à pas 212
Guggenheim (Solomon R.) Museum
  atrium 182
  Frank Lloyd Wright 49
  guide du musée **188-189**
  ouverture 32
  les plus beaux musées de New York 37
  peinture et sculpture 38
  plan de quartier 183
  plan du quartier pas à pas 184
  renseignements pratiques 368
  promenade à Central Park 207
  Wright, Franck Lloyd 4
Gutenberg, bible de 164
Gymnase du Docteur Rich 24

H

Haas, Richard 48, 59
  Alwyn Court Apartments 149
  Brooklyn Bridge, mural 83
  peinture murale à SoHo 105
  peintures murales de la New York Public Library 146

trompe-l'œil de Greene Street 106
Habitat Hotel 288
Habitations bon marché 41-42
  voir aussi Lower East Side Tenement Museum
Hale, Nathan 22, 90
Hall of Records 85
Halloween Parade 52
Hamilton, Alexander 23
  Banque de New York 57
  Hamilton Grange National Memorial 228
  New York Post 23
  statue 228
  tombeaux 68
Hamilton Grange National Memorial **228**
Hamilton Heights Historic District **228**
Hammarskjöld, Dag, général
  vitrail de Chagall dédié à sa mémoire 163
Hammerstein I, Oscar 147
Hammerstein II, Oscar 49, 148
Hammett, Dashiell 48
Hamptons, The 393
Handicapés, Voyageurs 279, 370
Handy, W C 229
Hanover Square 56
Hanukkah Menorah 53
Hard Rock Café 147
Harde and Short 149
Hardenbergh, Henry J
  The Dakota 43, 218
  Plaza Hotel 181
Haring, Keith 48
Harkness, Edward S 264
Harlem, Morningside Heights 18, 45, 220-231
  Cotton Club (film) 348
Harlem Heights 228
Harlem Week 51
Harlem YMCA **229**
  plan de quartier 221
Harper, James 128
Harper's Magazine 265
Harrison, The 298
Harrison, Rex 180
Harrison, Wallace 160
Harrison Street **107**
Harry Winston 321, 328, 329
Hartfort, Connecticut 393
Harvey Electronics 338, 339
Hastings, Thomas
  Le mât de la lumière éternelle 126
  Forbes Building and Galleries 114
  New York Public Library 146
Haughwout Building **106**
  plan du quartier pas à pas 105
Hawley, Irad 114
Hayden, Charles 218
Hayden Hall Hotel 290
Hayden Planetarium 39, **218**
  plan de quartier 211
Hearth 302
Heartland Brewery 316, 317
Hébergement 276-291
  aéroports de New York (hôtels) 380, 381
  agences de réservation 277
  aménagements 277

auberges de jeunesse et dortoirs 278
bars d'hôtels 316-317
bed and breakfast 278-279
charges supplémentaires 276
comment réserver 278
enfants 279
logements étudiants 278
meilleurs hôtels de New York 280-281
où chercher 276
paiement 278
petits déjeuners 292
pourboire 277
prix 276
service de chambre 277
special week-end 278
voyageurs handicapés 279
utiliser le répertoire 279
Hebrew Religious Articles 322, 324
Heidelberg Café 265
Heins and LaFarge 226-227
  Cathedral of St John the Divine 226-227
Helen Hayes (théâtre) 345
Helicopter Flight Services 380
Hélicoptères 369, 380, 382, 383
Hell Gate 198
Helleu, Paul 157
Hell's Kitchen 44
  communauté irlandaise 46
Helmsley, Harry 49, 158
Helmsley, Leona 49, 158
Helmsley Building 43, **158**
  plan du quartier pas à pas 153
Helmsley Palace Hotel 176
Hemingway, Ernest 260
Henderson, John C. 198
Henderson Place **198**, 20
Hendrick, chef iroquois 20
Hendricks, Harmon 112
Henri Bendel 318, 319, 329
Henrietta Hudson 354, 355
Henry, O
  Last Leaf, The 112
  Gift of the Magi, The 125
Hepburn, Audrey 112, 348
Hepburn, Katharine
  Shubert Alley 148
Hepworth, Barbara 60
Herald Square **134**
  plan de quartier 131
  plan du quartier pas à pas 132-133
  les plus belles boutiques de New York 320-321
Herts, Henry 148
Herts & Tallent 144
Hertz 386
Heter, Les frères 126
Hewitt, Les sœurs 186
Hicks, famille 266
Hill, Joe 47
Hilton (théâtre) 345
Hilton Times Square 286
Hine, Lewis 137
Hip Sing 96
Hirschl & Adler Galleries 334, 335
  plan du quartier pas à pas 104
  promenade guidée 264
Hispanique, communauté 45-46
  parade du Puerto Rican Day 51
  promenade guidée 258

Hispanic Society of America 234
Historic Richmond Town **254**
Historical Society Museum 254
Hockey sur glace 360
Hoffman, Dustin 110
  Actors' Studio, The 344
  San Remo 214
Hoffman, Malvina
  église néo-gothique du Repos
    éternel 184
  Sniffen Court 159
Hofmann, Hans 48
Holbein, Hans 202
Holiday, Billie 230
Holiday Inn Crowne Plaza 282, 286
Holiday Inn Downtown 281
Holiday Inn/Martinique on
  Broadway 283
Holiday Inn New York
  City-Midtown-57th St 285
Holiday Inn Wall Street 280
Holland, George 129
Holland Tunnel 30
Hollandais, *voir également* le New
  York hollandais 19, 38, 42
Home Savings of America (Lower
  East Side) **96**
  plan du quartier pas à pas 95
Home Savings of America (Lower
  Midtown) **154**
  plan du quartier pas à pas 151
Homme au chapeau, L' (Picasso)
  174
Hood, Raymond
  American Standard Building 145
  Group Health Insurance Building
    43, 147
  News Building 155
  Rockefeller Center 144
Hope, Bob 47
Hopper, Edward 261
  American Academy and Institute
    of Arts and Letters 234
  Early Sunday Morning 200
  Forbes Building and Galleries
    114
  The Lighthouse at Two Lights 194
  Washington Square 115
Horloge parlante 377
Hosteling International-New York
  290
Hotel 19 281
Hotel 17 282
Hotel Beacon 290
Hotel des Artistes **215**
  plan de quartier 211
  plan du quartier pas à pas 213
  Hotel Benjamin 283
Hotel Chelsea 283
Hotel Con-x-ions 277
Hotel Edison 285
Hotel Giraffe 282
Hotel Grand Union 287
Hotel Metro 284
Hotel Newton 290
Hotel Roger Williams 282
Hotel 31 282
Hotel Wolcott 283
Houdini, Harry 126
Houdon, Jean Antoine 191
Houseman, John 48
Howard Johnson Express Inn 280
Howe, General William 22

Howells & Stokes 223
Hoyte, Mrs Lennon Holder 228
Hudson, Henry 18
Hudson Hotel Lobby Bar 316, 317
Hudson River Landscape
  (Smith) 201
Hugh O'Neill Dry Goods Store 139
Hughes, l'archevêque John 178
Hughes, Langston 229
Hunt, Richard Morris 42, 68
Hunter College Dance Company
  346, 347
Huntington, Anna Hyatt
  183, 186, 234
Huntington, Archer
  Audubon Terrace 234
  National Academy of Design 186
Huntington, Charles Pratt 234
Hurston, Zora Neale 229
Hyde Park 393

I

I Trulli 303
IBM Building **170**
  plan de quartier 167
  plan du quartier pas à pas 169
Il Bagatto 301
Il Palazzo 297
Immigrants *voir également*
  L'histoire de New York 17
  East Village 117
  Upper East Side 182
Impellitteri, Mayor 32
Imperial (théâtre) 345
Inagiku 307
India House 56
Indian Restaurant Row 271
Indicatifs téléphoniques 377
Indienne, communauté 44, 47
Informations étudiants 370
Inge, William 344
Ingres, Jean-Auguste-Dominique
  Metropolitan Museum of Art 195
  *Portrait de la Princesse de
    Broglie* 191
Inn At Irving Place 282
Inn New York City 291
Inn on 23rd 284
Innovative Audio Video Showrooms
  338, 339
ino 299
Institut du Costume 195
Instruments de musique 197
International Center of
  Photography 38, **147**, 186
  plan de quartier 183
  plan du quartier pas à pas 185
Intrepid Sea-Air-Space Museum **149**
  New York des enfants 364
  plan de quartier 141
  les plus beaux musées de New
    York 36
Irlandaise, communauté 46
  New York multiculturel 44
  St Patrick's 50
Iroquois, Indiens 18, 20
Irving, Washington
  Colonnade Row 120
  Histoire de New York, L' 48
  Salmagundi Papers, The 114
  Sunnyside 393

Irving Barber Shop Antiques
  334, 335
Irving Trust Building 66
Irwin (Jane Watson) jardin 243
Isaacs, John 112
Isaacs-Hendricks House **112**
Isadora Duncan Dance
  Foundation 346, 347
ISIC Student Handbook 370
Isozake, Arata 107
Italienne, communauté 46
  Festa di San Gennaro 52
  Little Italy 94, 96
  New York multiculturel 44
  promenade guidée 259
Ives, H. Douglas 159

J

J. Press 326, 327
Jackson Diner 311
Jackson Hole 313, 314
Jackson, Michael 247
Jacob K. Javits Convention Center
  138
Jacobs, Marc 325
Jamaica Bay Wildlife Refuge Center
  255
  plan de quartier 233
James, Henry 261
  Bostoniennes, Les 48
  Washington Square 115
Japan Society 61, **158-159**
  plan de quartier 151
Jardin botanique de New York
  242-243
Jardins de sculptures
  Brooklyn Museum 253
  Metropolitan Museum of Art 192
  plan de quartier 131
  National Boat Show 53
Jazz on the Park 290
Jazz, rock et world music 352
Jazz Standard 352, 353
Jean, duc de Berry 237, 239
Jean Georges 310
Jefferson, Joseph 129
Jefferson, Thomas 146
Jefferson Market 336, 337
Jefferson Market Courthouse 113
  plan du quartier pas à pas 111
  promenade guidée 260
Jeff's 322, 324
Jerome, Jenny 128
Jerry's 313, 314
Jets, équipe de football américain
  52, 360-361
Jeune Femme à l'aiguière
  (Vermeer) 196
Jewel Bako 302
Jewish Museum 41, **186**
  boutiques de musées 323, 324
  plan de quartier 183
  civilisations extra-occidentales 39
  plan du quartier pas à pas 184
  promenade guidée 258
Jezebel 305
JFK Airport (anciennement
  Idlewild) 31, 380
  plan des transports 383
Jo Jo 300, 304
Jogging 362
Johns, Jasper 174-175
  Three Flags 201

John Masters Organics 331
John Varvatos 325, 327
Johnson, Philip
 Lincoln Center et sa fontaine 214
 New York State Theater 214
 Seagram Building 177
Jolson, Al 47
Jonathan Adler 338, 339
Jones Beach State Park **255**
 plan de quartier 233
 lieux de concerts 352
Jones Beach Theater 255
Joseph Papp Public Theater **120**,
 343, 344, 347
 plan de quartier 117
 plan du quartier pas à pas 118
Jouets 365
Joueurs de cartes, Les (Cézanne) 192
Jour d'Indépendance 53
Jour du sabbat 318
Journal d'Anne Frank, Le (pièce de
 théâtre) 142
Journaux, télévision et radio 371
Journeys 316, 317
Journey's End 282, 287
Joyce Theater 346, 347
Judd, Donald 174
Judson, Adinoram 115
Judson Memorial Church **115**
 plan de quartier 109
 promenade guidée 261
Juive, communauté 18, 46
 Hanukkah Menorah 53
 mémorial des premiers
 immigrés 77
 objets religieux à acheter 322,324
 New York multiculturel 44
 promenade guidée de Lower East
 Side 260
Jungle Alle 273
Jumel, Stephen et Eliza 235
JVC Jazz Festival 51, 352, 353

K

Kadouri Imports 258
Kahn, Otto 265
Kam Man Market 259, 336, 337
Kandinsky, Wassily
 Lignes noires 189
 Metropolitan Museum of Art 197
Karloff, Boris 218
Kate Spade 328, 329
Katz's Delicatessen 258
 Quand Harry rencontre Sally...
 348
Kaufman Astoria Studio **246-247**
 plan de quartier 233
Kaye Playhouse (Hunter College)
 350, 351
Kean, Edmund 90
Keaton, Diane 214
Kehila Kedosha Janina Synagogue
 and Museum 258
Kelly, Ellsworth 37
Kemble, Fanny 90
Kennedy, John F 248
Kent, Rockwell 261
Kerouac, Jack 48, 260
 Chelsea Hotel 139
Kertesz, André 175
Khrouchtchev, Nikita 163
Kidd, capitaine William 21
Kiehl's 330, 331

Kimberly Hotel 288
King, B B 352
King, Jr (Martin Luther) Day 50, 53
King Cole Room 316, 317
King Kong 348
King's College 224
Kinkannon, Joe 226
Kirchner, Ernst Ludwig 174
Kitano 288
Kittichai 298
Klaubert, Mrs Harry 254
Klee, Paul
 Musée de Brooklyn 253
 Metropolitan Museum of Art 197
 Musée d'art moderne 174-175
Kleine Konditorei 265
Kline, Franz 48
Knickerbocker Club 124
Knickerbockers, équipe de baseball
 25
Knicks, équipe de baseball 135,
 360-361
 événements saisonniers 52
 meilleurs spectacles de New York
 342
Knight, Gladys 230
Knoedler & Company 264
Koch, Mayor 33
Koening, Fritz, *The Sphere* 77
Koons, Jeff 48, 107
Krack de Wall Street 30, 71
Krigqa Players 229
Krohg, Per 162

L

L'École 298
L'Imperio 307
La Boîte a Coupe 331
La Boîte en Bois 312, 314
La Bonne Soupe 306
La Palapa 302
La Perla 329
Labor Day 53
Ladies' Mile **127**
 plan du quartier pas à pas 124
Lady Meux (Whistler) 203
LaFarge, John 260
 Adoration des Mages 159
 Church of the Ascension
 (peinture murale) 114
 Judson Memorial Church 115
 Little Church Around the Corner
 (The) 129
La Grenouille 308
La Terrine 338, 339
LaGuardia, Fiorello 30-31, 146, 241
 City Center of Music and Drama
 148, 198-199
 communauté italienne 46
LaGuardia Airport 379
 plan des transports 383
Lamb & Rich 198
Lambert, Phyllis 177
Landis, Kathleen 356
Lange, Dorothea 175
Last Leaf, The (O Henry) 112
Laugh Factory, The 356, 357
Laura Fisher Quilts 334, 335
Laura Spellman Rockefeller
 Memorial Carillon 224
Lawrie, Lee
 Atlas 143
 St Thomas' Church 171

La Sagesse 144
Lazarus, Emma 74
Le Bernardin 305
Le Brun, L'agence 99
Le Brun, Napoléon 135
Le Jardin Bistro 298
Le Palais des Doges à Venise
 (Monet) 251
Le Parker Meridien 286
Le Salon Chinois 331
Le Tableau 302
Leader Restaurant Equipment &
 Supplies 338, 339
Libanaise, communauté 47
Lee, Gypsy Rose 147
Lee, Robert E 225
Lee, Spike 348
Léger, Fernand 189
Leisler, Jacob 19
Lennon, John
 Dakota Building 218
 Strawberry Fields 206, 208
Lenox, James 146
Lenox Lounge 352, 353
Leonard de Vinci 195
Les Demoiselles d'Avignon (Picasso)
 173-174
Letterman, David (show) 349
Leutze, Emanuel 193-194
Lever House **177**, 308
 plan de quartier 167
 plan du quartier pas à pas 169
Lexington Avenue 320-321
Liberty Helicopters 359, 369
Liberty Plaza 55
Liberty Tower 67
Librairies 144, 332-333
Library at the Players, The **128**
 plan de quartier pas à pas 124-
 125
Library Hotel 287
Lichtenstein, Roy 48
 Little Big Painting 200
 Mural au coup de brosse bleue
 142
 Musée d'art moderne (MoMA)
 174
Life Building 133
Lignes noires (Kandinsky) 189
Lil' Frankies 301
Lillian Nassau 334, 335
Lincoln, Abraham 25, 90, 120
 Gettysburg Discours 114
Lincoln Center Festival 51
Lincoln Center for the Performing
 Arts **214**
 concerts de plein air (Lincoln
 Center Out of Doors) 346, 347
 lieux de concerts de musique
 classique et contemporaine
 350, 351
 lieux de spectacles de danse 346
 Nutcracker (Casse-Noisettes) 343
 New York Public Library 146
 plan de quartier 211
 plan du quartier pas à pas
 212-213
 visite des coulisses 351
Lincoln Center Theater **215**
 plan de quartier 212
Lincoln Plaza Cinema 349
Lind, Jenny 77
Lindbergh, Charles 30-31

MetLife Building 154
Lippold, Richard 177
Lissitsky (El) 174
Little Big Painting (Lichtenstein) 200
Little Church Around the Corner
   129
   plan de quartier 123
Little Eric 329
Little India
   New York multiculturel 44
   plan du quartier pas à pas 119
Little Italy **96**
   New York multiculturel 44
   plan du quartier pas à pas 94
   promenade guidée 259
Little Korea
   New York multiculturel 44
   plan du quartier pas à pas 119
*Little Red Lighthouse and the Great
   Gray Bridge, The* (Swift) 235
Little Ukraine 270-271
   New York multiculturel 44
   plan du quartier pas à pas 119
Lobby Lounge 356, 357
Loeb Student Center 261
Lombardi's 298
Lombardo, Tullio 196
Long Island Rail Road (LIRR) 383,
   392, 393
Long Island Sound 198
Lord, James Brown 126
Lord & Taylor 26, 127, 319, 330,
   331
Louise Nevelson Plaza 258-259
   plan du quartier pas à pas 67
Love, La Poursuite (Fragonard) 203
Love Story 348
Low, Seth 224
Low Library **224**
   plan du quartier pas à pas 222
Lower East Side 92-99
   meilleurs boutiques de New York
   320
   promenade guidée 258-259
Lower East Side Tenement Museum
   39, 42, **97**
   plan de quartier 93
   promenade guidée 258
Lower Manhattan 64-79
   skyline 54-61
Lower Midtown 151-165
   plan du quartier pas à pas 152-
   153
Lucerne 290
Luciano, Charles 'Lucky' 47
Lucille Lortel Théâtre 110
Lugosi, Bela 47·
Lupa 298
Lush Essential Hand & Foot Spa
   330, 331
Luxury Collection Hotel 282, 287
Lycée Français de New York 264
Lyceum (théâtre) 28, **144**, 344, 345
   plan de quartier 141
   plan du quartier pas à pas 142
Lynch, Anne Charlotte 260
Lyric Hi-Fi 338, 339

M

M at Mercer 338, 339
McComb Jr, John 42, 90, 107
McKenney, Ruth 111

McKim, Charles 43
   Brooklyn Museum 250
   Castle Clinton Monument 77
   promenade 269
   Columbia University 222, 224
   First Presbyterian Church 114
   gare de Pennsylvanie 135
   General Post Office 135
   Judson Memorial Church 115
   Morgan Library & Museum 164-165
   Municipal Building 85
   Villard Houses 176
McNulty's Tea & Coffee Company
   336, 337
MAC Cosmetics 330, 331
Mac Dougal Alley 260
Macmillan, éditions 114
Macready, Charles 48
McSorley's Old Ale House 271
   plan du quartier pas à pas 119
Macy, Rowland Hussey 134
Macy's 28, **134-135**, 51
   boutiques et marchés 319, 330,
   331
   défilé de Thanksgiving 52
   Pennsylvania 6-5000 133
Madison Avenue 321
Madison Square **126**
   plan de quartier 123
   plan du quartier pas à pas 124
Madison Square Garden 126, **135**
   lieux de concerts 352, 353
   lieux de tournages (*Un Crime
   dans la tête*) 348
   meilleurs spectacles de New York
   342
   plan de quartier 131
   sports 360, 361
Madison Square Theater 126
Madonna 214
Magnolia Bakery 313, 314, 336, 337
Mailer, Norman 267
Make Up for Ever 330, 331
Malevich, Kasimir 174
Malibu Hotel 290
Mall à St James's Park
   (Gainsborough) 203
Manca, Albino 55
Mandarin Oriental New York 291
Manèges et courses hippiques
   360
Manet, Edouard 189
Mangin, Joseph F 42, 90
Manhattan
   Bronx 240-241
   Central Park 204-209
   Chelsea et le quartier du
   vêtement 130-139
   East Village 116-121
   Gramercy et le quartier
   du Flatiron 122-129
   Greenwich Village 108-115
   Lower East Side 92-99
   Lower Manhattan 64-79
   Lower Midtown 150-165
   Morningside Heights et Harlem
   220-231
   présentation de Manhattan 14-15
   promenade 265
   quartier des théâtres 140-149
   Seaport et le Civic Center 80-91
   se rendre à Manhattan depuis les
   différents aéroports 382-383

SoHo et TriBeCa 102-107
Upper East Side 182-203
Upper Midtown 166-181
Upper West Side 210-219
Manhattan East Suite Hotels 277
Manhattan Mall 132
Manhattan Plaza Racket Club 361
Manhattan School of Music 350, 351
Manhattan Theater Club 344, 347
Mannahatta 354, 355
Mannes College of Music 350, 351
Mano a Mano 325, 327
Mansfield 286
Mapplethorpe, Robert 48
Marathon Man 348
Marathon de New York 360
Marble Collegiate Reformed
   Church **134**
   plan de quartier 131
   plan du quartier pas à pas 133
Marc, Franz 188
Marchais (Jacques) Museum of
   Tibetan Art **254**
   en dehors de Manhattan 39
   plan de quartier 233
Marchés *voir* Boutiques et marchés
Marcus Garvey Park **231**
Marine marchande (monument à la)
   55, 269
Marine Midland Bank 66-67
Mario Badescu 363
Maritime, The 284
Maritime Crafts Center 58, 269
   plan du quartier pas à pas 82
Markt 300
Marlborough, Duke of 171
Marquis (théâtre) 345
Marrakech (Stella) 192
Marriott Brooklyn Bridge 291
Marriott New York City Financial
   Center 280
Marsalis, Branford 352
Marseille 305
Marsh, Reginald 73
Marshall Thurgood 228
Martin, Steve 215
Martinez Valero 328, 329
Martins, Peter 346
Martiny, Philip 85
Marvelous Manhattan Tours 359
Marx, Groucho 214
Marx Brothers 185, 246
Mary Boone Gallery 334, 335
Masa 310
Masefield, John 113, 260
Masque beninois 190
Matisse, Henri 197
   Brooklyn Museum 253
   musée d'art moderne 174-175
Matsuri 304
May Center for Health, Fitness, and
   Sport at 92nd Street Y 362, 363
Maya 308
Mayfair Hotel 285
Mayor's Office for People With
   Disabilities 279, 370
Mayor's residence *voir* Gracie Mansion
Mead, William 43
   Brooklyn Museum 250
   First Presbyterian Church 114
   gare de Pennsylvanie 135
   General Post Office 135
   Judson Memorial Church 115

Castle Clinton Monument 77
Morgan Library & Museum 164-165
Municipal Building 85
Columbia University 222, 224
Houses 176
Meadowlands 352, 353
Meatpacking District **112-113,** 320
plan du quartier 109
Megu 299
Meisner, Sandy 344
Mekutra 196
Melville, Herman 241, 260
Moby Dick 48
Memorial Day 53
Meow Mix 355
Mercer Hotel, The 281
Merchant's House Museum 117,
120
mobilier et vêtements 38
plan du quartier pas à pas 118
les plus beaux musées de New
York 36
Mercury Lounge 352, 353
Merkin Hall 350, 351
Mermaid Inn, The 302
Mesa Grill 303
MetLife Building 60, **154**
plan de quartier 151
plan du quartier pas à pas 152
Métro 390-391
Metro-North Railroad 392, 393
Metropolitan Life Insurance
Company **127**
plan du quartier pas à pas 125
Metropolitan Museum of Art (Met)
26, 42, **190-197**
à la découverte du métropolitan
194-197
civilisations extra-occidentales 39
meilleurs musée de New York 37
mobilier et vêtements 38
musique classique et
contemporaine 350, 351
plan de quartier 183
peintures et sculptures 38
boutiques de musées 323, 324
promenade 264
promenade à Central Park 207
Metropolitan Opera Company
214-215
Parks Concert 51
Metropolitan Opera House 140,
214-215, 350, 351
American Ballet Theater 346, 347
Éclair de lune 348
meilleurs spectacles à New York
343
plan de quartier 211
plan du quartier pas à pas 212
Metropolitan Opera Shop 322, 324
Mets équipe de baseball 362
Meyer's Hotel 83
Michael Jordan's The Steak House
NYC 301
Michelangelo 286
Riverside Church 225
étude d'une sibylle libyenne 195
Mid-Manhattan Library 357
Midtown Manhattan 60-61
Mies van der Rohe, Ludwig 49
Milburn 291
Millay, Edna St. Vincent, 112, 260
Millennium Broadway 286

Miller, Arthur 266
After the Fall 215
Miller, Glenn 132
Miller Building 142
Milos Estiatorio 308
Minca 301
Minsky's 147
Minuit, Peter 18-19, 64
monument 64
Miró, Joan 174
Mission Notre Dame du Rosaire 76
Missoni 326, 327
Mitchell, Joni 353
Mitsukoshi 299, 309
Mitzi E. Newhouse Theater 215
plan du quartier pas à pas 212
Mobil Building 152
Moby Dick (Melville) 48
Modigliani, Amedeo 188
Mois de l'histoire noire 53
Molyvos 305
MoMA Design Store 323, 324
Mondrian, Piet 174
Monet, Claude
Brooklyn Museum 251, 253
Metropolitan Museum of Art 196
Les Nymphéas 173
Moneygram 374
Monnaies 374-375
douane et immigration 256
Monk, Thelonius 230
Monroe, Marilyn 176
Actors' Studio, The 344
Eldorado 214
Montague Terrace 267
Montauk Club 248
Montauk Point 393
Montgomery 272
MONY Tower **148**
Moore, Clement Clark 139
General Theological Seminary
138
Moore, Henry 161, 214
Moore, Marianne 112
More, Sir Thomas 202
Morgan Library & Museum **164-165**
bibliothèques 39
boutiques spécialisées 322, 324
plan de quartier 151
les plus beaux musées de
New York 36
bibliothèques 39
gravures et photographies 38
Morgan, J. Pierpont 151
L'Étoile des Indes 216
Morgans 287
Morningside Heights and Harlem
220-231
Morningside Inn Hotel 291
Morris, Lt. Col. Roger 235
Morris, Mark 248, 346
Morris, William 159
Morris-Jumel Mansion 19, 23, **235**
Morse, Samuel 24, 115
Mort de Socrate, La (David) 193
Moses, Robert 31
Flushing Meadow-Corona Park
246
Jones Beach State Park 255
Mostly Mozart Festival 215, 350
Mould, Jacob Wrey
American Museum of Natural
history 216

Bethseda Fountain and Terrace
209
Mount Morris Historical District **231**
église baptiste du Mont des
Oliviers 231
Mount Vernon Hotel Museum 198
plan de quartier 183
mobilier et vêtements 38
Moustache 299
Mouvement des droits homosexuels
113
Moyens de transport 384-393
Mozart, Wolfgang Amadeus 164
Mostly Mozart Festival 215, 350
MTA Travel Information 389
Mulberry Bend
promenade guidée 259
Müller-Munk, Peter 252
Multicultural New York 44-47
Munch, Edvard 175
Municipal Building 43, 59, **85**
Mural au coup de brosse bleue, Le
(Lichtenstein) 142
Murray Hill 151
Hill Inn 282
Musées et galeries 171
à la découverte des musées de
New York 38-39
boutiques de musées 323
heures d'ouverture 368
les plus beaux musées de New
York 36-37
renseignements pratiques 368
Museo del Barrio **231**
civilisations extra-occidentale 39
plan de quartier 221
St François d'Assises 220
Musées pas à pas
plan du quartier pas à pas
184-185
renseignements pratiques 368
Museum, American Folk Art 171
boutiques de musées 323, 324
plan de quartier 211
peintures et sculptures 38
Museum of American Illustration
198
Museum of Arts and Design **149**
arts décoratifs 38
boutiques de musées 323, 324
plan de quartier 141
Museum of the American Indian
les arts décoratifs 38
US Custom House 73
Museum of Broadcasting *voir*
Museum of Television and Radio
Museum of the City of New York
27, 21, **199**
boutiques de musées 323, 324
les arts décoratifs 38
les plus beaux musées de New
York 37
mobiliers et vêtements 38
plan de quartier 183
promenade 268
visites guidées 369
Museum of Jewish Heritage **77**
boutiques de musées 323, 324
plan de quartier 65
Museum Mile Festival 51
Museum of Modern Art (MoMA)
172-175, 247

à la découverte des collections
174-175
concerts 351
boutiques de musées (Design
Store) 323, 324
peintures et sculptures 38
plan de quartier 167
plan du quartier pas à pas 168
les plus beaux musées de New
York 36
suivez le guide 172-173
Museum of Television and Radio
39, **171**
films 349
plan de quartier 167
plan du quartier pas à pas 168
Museum of the Moving Image 39,
246-247, 349
plan des environs de Manhattan
233
Museum, Mount Vernon Hotel 198
plan de quartier 183
mobilier et vêtements 38
Musique (lieux de concerts)
rock, jazz et world music 352-
353
musique classique et
contemporaine 350, 351
Musique contemporaine et
musique classique 350, 351
Mutual of New York 148

N
NA 354, 355
Nadelman, Elie
l'horloge de Fuller Building 181
New York State Theater **214**
Tango 201
Nail, The (Pomodoro) 61
Nast, Thomas 128
Natation 363
Nations unies 60, 160-163
plan de quartier 151
North by Northwest 348
résidence du Secrétaire général
180
National 386
National Academy Museum **186**
peintures et sculptures 38
plan de quartier 183
plan du quartier pas à pas 184
National Arts Club **128**
plan du quartier pas à pas 124
National Boat Show 53
National Dance Institute 346
National Museum of the American
Indian 234
NOW *voir* Organisation nationale
des femmes
Nations unies 60, **160-163**
NBC Studio Tour 369
Neil Simon (théâtre) 345
Nesbit, Evelyn 126
Neue Galerie New York **186**
Nevada Smith's 361
Nevelson, Louise
chapelle Erol Beker 177
Night Presence IV 185
New Amsterdam Theatre **147**, 345
plan de quartier 141
New Dramatists 344, 347
New Haven, Connecticut 393
Newhouse Center for

Contemporary Art 255
New Jersey Performance Arts
Center 350, 351
New Jersey Transit 382
New Museum of Contemporary Art
100
peintures et sculptures 38
plan de quartier 93
plan du quartier pas à pas 105
promenade guidée 261
New Pasteur 297
New Victory (théâtre) 345
New York
aller à 378-381
à ses débuts 18-19
dans son environnement 12-13
d'un coup d'œil 35
événements saisonniers 50-53
les années fastes 26-27
New York entre les deux guerres
30-31
New York après guerre 32-33
New York au début du siècle
28-29
New York au XIXᵉ siècle 24-25
New York colonial 20-21
New York multiculturel 44-47
New York révolutionnaire 22-23
pointe sud de Manhattan 54-57
transports 384-393
Quatre jours à New York 10-11
Quelques New-Yorkais
d'exception 48-49
Voir aussi Manhattan
New York Airport Service 379, 383
New York Bank for Savings
230-231
New York, jardin botanique de
242-243
plan de quartier 233
New York City Ballet 346, 365
George Balanchine 49
New York State Theater 214
plan du quartier pas à pas 212
New York City Cultural Walking
Tours 359
New York City Fire Museum 39,
107
plan de quartier 103
New York City Marathon 52, 360
New York City Opera and Ballet
148
New York State Theater 214
saison de printemps 50
New York City Parks & Recreation
Department 361
New York City Police Museum 39,
76, 84
New York County Courthouse
84-85
New York Earth Room **107**
plan de quartier 103
New York Evening Post 176
New York Film Festival
52, 348
New York Firefighter's Friend 322,
324
New York Gazette 20
New York Hall of Science **246**
plan de quartier 233
New York Helicopter 383
New York Herald 132, 134
New York Historical Society **218**

plan de quartier 211
New York Hospital 23
NY Hotel Urgent Medical
Services 373
New York International
Documentary Festival *voir*
Docfest
New York is Book Country 52
New York la nuit 358-359
New York Life Insurance Company
126
plan du quartier pas à pas 125
New York, Magazine 340-341
guides des spectacles 369
New York Palace 289
New York Philharmonic
Avery Fisher Hall 215
New York Post 23, 265
New York Public Library 26, 29, 39,
43, **146**
for the Performing Arts 215
Schomburg Center for Research
into Black Culture 229
New York Public Library Shop 322,
324
New York révolutionnaire 22-23
New York Shakespeare Festival 120
réservations 341
New York Stock Exchange 57,
70-71
plan du quartier pas à pas 66
New York Theater Workshop 347
New York Times 25, 257
guide des spectacles 340, 369
John Finlay 198
Times Square 147
New York University **115**
maison de la France 114
plan de quartier 109
spectacles de danse 346-347
Summer Housing 278
New York University Institute of
Fine Arts 264
New York Yacht Club **145**, 170
New York Yankees, équipe de
baseball 360
New Yorker 30
guide des spectacles 340, 369
Newark, aéroport de 381
plan des transports 382
Newhouse Center of Contemporary
Art 254
Newman, Paul 247
News Building 155
plan du quartier pas à pas 153
News (Noguchi) 142
Next Wave Festival
Brooklyn Academy of Music 248
Night-clubs, dancings et clubs gays et
lesbiens 354-355
Night Presence IV (Nevelson) 185
Nightingale, Florence 225
Ninth Avenue Street Festival 50
Ninth Circle 260
Nixon, Nicholas 175
Nixon, Richard M 134
Nobu 299
Noguchi, Isamu
Cube 66
News 142
Non-Violence (Reutersward) 161
Norma's 306
Norman, Jessye 215

North Star Pub
  plan du quartier pas à pas 82
  Seaport et le Civic Center 84
North Wind Undersea Institute
  Museum 241
Northern Dispensary, The 111
Northern Pacific Railroad 176
Nouvel An 53
Nouvelle Hollande 17-18
Nu (Modigliani) 188
Nuit étoilée, La (Van Gogh) 173-174
NY Comedy Club 356, 357
(NYC & Co.) New York Convention
  and Visitors Bureau 277, 341,
  368
Nymphéas, Les (Monet) 173

O

Oakley, Annie 83
Oasis Day Spa 363
Objets trouvés 372-373
  dans les bus et métros 373, 389
  dans les taxis 373, 387
Oceana 308
Odeon 298, 315, 317
Odlum, Robert 89
O'Dwyer, Mayor 32
Œuvres universitaires et scolaires
  (CROUS) 370
O'Flanagan's 358, 359
Off SoHo Suites Hotel 280
Officier et la jeune fille, L'
  (Vermeer) 203
O'Keeffe, Georgia
  Brooklyn Bridge 253
  Metropolitan Museum of Art 197
  The White Calico Flower 200
Old New York County Courthouse
  90
Old St Patrick's Cathedral 99
Olden Camera 338, 339
Oldenburg, Claes 174
Olmsted, Frederick Law 249
  Central Park 25, 205
  Grand Army Plaza 248
  Riverside Park 219
Olympia Theater 28
Olympic Tower 168
Omni Berkshire Place 288
On Leong 96
On the Ave 291
Onassis (Alexander) Centre
  d'études helléniques) 260
One if by Land, Two if by Sea 301
Ono, Yoko 49
  The Dakota 218
  Strawberry Fields 208
Opera 350
  Amato Opera Theater 350-351
  American Chamber Opera Co
  350-351
Opéra de quat'sous, l' 110
Orchard Street **98**
Organisation internationale du
  travail 163
Organisation mondiale de la Santé
  163
Organisation nationale des femmes
  (NOW) 373
Origins 330, 331
Orrefors Kosta Boda 338, 339
Orsay 308
Oscar Blandi 331

Osteria al Doge 305
Osteria del Circo 305
Otis (premier ascenseur) 105-106
Otto 300
Ottomanelli's Café 365
Ouest 310
Out-of-Doors Festival 51
Owh! In San Pao (Davis) 201

P

Pace Wildenstein Gallery 334, 335
  Fuller Building 181
  plan du quartier pas à pas 105
Pace University 59
Pacific Grill 296
Pacifico 311
Pacino, Al 344
Palace (théâtre) 345
Palais des Doges à Venise, Le
  (Monet) 251
Paley, William S 171
Paley Park 169
Palm Court 243
Pam Real Thai Food 304
Pampa 309
Pampano 306
Pan Am Building *voir* MetLife
  Building
Panache 325, 327
Papp, Joseph
  Public Theater 118, 343, 344, 347
  Shakespeare Festival 120
Parade de la Lesbian and Gay Pride
  51
Paramount Hotel 285
Paramount Building **147**
Paramount Pictures 246-247
Paris par la fenêtre
  (Chagall) 188
Park Avenue Plaza 169
Park Slope Historic District **248**
Park Theater 91
Park Savoy Hotel 284
Parker, Charlie «Bird» 49
  Apollo Theater 230
Parker, Dorothy 145
Parcs de stationnement et garages
  hotels 277
  Parking Violations Bureau 386
Parrish, Maxfield 317
  St Regis 290
Pasha 309
Passeports et visas 256
Pastis 300, 312, 314
Pastrami King 312, 314
Patchin Place 113
  plan du quartier pas à pas 110
  promenade guidée 262
PATH Trains 392, 393
Patinage 360, 365
Patois 311
Pavarotti, Luciano 215
Pavlova, Anna 248
Pays-Bas (monuments mémoriaux)
  77
Peacock Alley 177, 289
Péages 386
Peale, Norman Vincent 133-134
Peanut Butter & Co. 298
Peanut Butter & Jane 325, 327
Pearl Oyster Bar 300
Pearson's Texas BBQ 308
Peggy Rockefeller Rose Garden 242

Pei, I M 138
Peking 84
Pelli, Cesar 69
Pendule de Foucault, Le 162
Peninsula New York 289
  bar 315, 317
Penn (Pennsylvania) Station 32, 39,
  135, 392
  plan des transports 382
Per Se 310
Performing Garage 104
Perkins, George W 240
Permanence de la mémoire, La
  (Dalí) 174
Perrault, Charles 164
Perry Ellis 325
Peterson, Oscar 352
Peter Luger Steakhouse 311
Petit déjeuner 294
  hôtels 277, 292
Petit, Philippe 72
Pharmacies de garde 373
Phébus, Gaston 165
Philharmonic, répétitions du 343
Philip Morris Building 152
Phillips Club, The 277
Phipps, John 393
Photo Village, The 338, 339
Picasso, Pablo
  Brooklyn Museum 253
  Metropolitan Museum of Art 197
  Museum of Modern Art 175
  Le Buste de Sylvette 115
  Les Demoiselles d'Avignon
  173-174
  La Femme aux cheveux jaunes
  189
  La Fille à la mandoline 174
  L'Homme au chapeau 174
  Gertrude Stein 190
  *Portrait d'un étudiant en
  médecine* 174
  La Repasseuse 188
Picholine 310
Pickford, Mary 253
Pickle Guys, The **100**, 336, 337
Pickwick Arms 288
Pier 19, 58, 269
  plan du quartier pas à pas 83
Pierre, The 43, 289
  salon de thé 313, 314
Pierre de Wiessant (Rodin) 253
Pig Heaven 300, 308
Pilates (méthode) 362
Pilothouse, La 82
Pioneer 83-84
Pioneer Bar 361
Piranese 253
Pisano, Giovanni 197
Pissarro, Camille 253
Pizzeria Uno 312, 314
Place des Antiquaires 335, 336
Planet Thailand 311
Plant, Morton F 168, 170
Plaza Fifty 277
Plymouth (théâtre) 345
Plymouth Church 266
Poe, Edgar Allan 48, 111, 126
Poisons, Centre anti- 373
Police 372
Police Academy Museum 39, 129
  plan de quartier 123

Police Headquarters Building **96**
Police Plaza 59
Pollard, George Mort 215
Pollock, Jackson 48
Museum of Modern Art 174
Pollock, St Clair 225
Polo/Ralph Lauren 264
Polonaise, communauté 47
Pulaski (Casimir) Day Parade 52
Pomander Walk **218**
Pomodoro, Arnoldo 61
Pons, Lily 219
Pont (du) Henry 393
Port Authority Bus Terminal
378, 389
plan des transports 382
Port Authority de Newark Airport
381
Port de Dieppe, Le (Turner) 202
Porter, Cole 177
Portrait de la Princesse de Broglie
(Ingres) 191
Posh 355
Poste centrale 377
Postmasters 334, 335
Pouce, Tom 121
Poussin, Nicolas 196
Powell Jr, Adam Clayton 229
Power Pilates 362, 363
Power, Tyrone 181
President's Day 53
Prohibition 30
Promenades guidées 369, 256-267
Au bord de l'eau 268-269
Brooklyn 266-267
East Village 270-271
Greenwich Village et SoHo
260-261
Harlem 272-273
New York la nuit 358-359
Lower East Side 258-259
Upper East Side 264-265
Prospect Park 26, **248-249**
plan de quartier 233
Provence 298
PS 122 346, 347
PS1 MoMA, Queens 233, **247**
Public 298
Public Service Commission 376
Public Theater **120**
Pucelle, Jean 239
Puck Building 99
Pudd'nhead Wilson (Twain) 165
Puerto Rican Day Parade 51
Porto Rico 231
Pulaski (Casimir) Day Parade 52
Pulitzer, Joseph 264
School of Journalism, Columbia
University 222
Pure Food and Wine 303
Pusterla, Attilio 85
Pyle, Howard 198

Q

QM2 378
Quad Cinema 349
Quality Hotel Eastside 282
Quand Harry rencontre Sally... 348
Quant, Mary 195
Quartier historique de Richmond
21, 254

musées en dehors de Manhattan
39
Richmond County Fair 52
Quartier des diamants C8 259
Quatre Arbres (Dubuffet) 67
Queen Elizabeth Monument 57
Queens 246-247
Queens-Midtown, Tunnel 31
Queensboro Bridge 180
Qui a peur de Virginia Woolf ?
(Albee) 49
Quickbook 277

R

Rachmaninoff, Sergei 248
Radio City Music Hall 144
Christmas Star Show 52
lieux de concerts 352, 353
plan du quartier pas à pas 142
spectacles de danse 346-347
Rainbow Building, The 143
Rainbow Room, The 143
dîner 358, 359
Ramble, The 207
Randall, Robert Richard 255
Randalls Island Golf Center 362,
363
Randel, Plan 24
Rangers équipe de hockey sur
glace 135, 360
meilleurs spectacles de New York
342
Raphael 195
Rapp & Rapp 147
Rashid 267
Rauschenberg, Robert 174
Rawhide 355
Ray, Man 175
Reclining Figure (Moore) 161, 214
Red Cat, The 304
Red Roof Inn 284
Redon, Odilon 175
Reed & Stern 156
Regnaneschi's (site) 262
Règle d'or, La (Rockwell) 163
Rembrandt
Metropolitan Museum of Art
195-196
Autoportrait 193
Remick, Lee 344
Renseignements pratiques
ambassades et consulats 257
assurance de voyage 373
banques et monnaies 374-375
cartes de crédit 374
conseils pratiques 368
conversion de mesure 256
douanes et immigration 256
envoyer une lettre 377
équipement électrique 257
étiquette 368
étudiants en voyage 256
guide des spectacles 369
heure de New York 376
heures d'ouverture 368
journaux, télévision et radio 257
musées 368
sécurité personnelle et santé
372-373
services religieux 371
syndicat d'initiative 368
téléphone 376-377
toilettes publiques 368

visites guidées 369
voyageurs handicapés 256
Renwick Jr, James 121, 178
Renwick Triangle 119
Repasseuse, La (Picasso) 188
Réservations spectacles 349
Résidence Vanderbilt 393
Restaurants 292-317
américains 301-303
budgets modestes 292-293
cafés et pâtisseries 313
chinois 307-308
diners et *luncheonettes* 313
enfants 292, 365
européens et orientaux 310-311
fumer 292
français 303-305
tenue vestimentaire 292
handicapés 292
horaires 293
indiens et afghans 310
italiens 305-307
japonais 308-309
légende des symboles 292
menus 292
New York la nuit 358-359
pourboires 292, 368
prix 292
que manger ? 294-295
repas légers et snacks 312-314
réservations 292
salons de thé 313
sud-américains et caribéens 311
Sud-Est asiatique 309
taxes 292
Restauration Hardware 339
Reutersward, Karl Fredrik 161
Révolte contre les impôts 19
Rhinelander, Serena 199
Rhinelander Children's Center 199
Rice, Elmer 229
Richard Rodgers (théâtre) 345
Richmond County Fair 52
Riis, Jacob
Columbus Park 97
Ringling, John 128
Ringling Bros et Barnum & Bailey
Cirque 135, 365
événements saisonniers 50
Ringo 307
Rise 315, 317, 359
Ritz-Carlton New York,
Battery Park 280
Ritz-Carlton New York,
Central Park 287
River Café 311
promenade à Brooklyn 266
New York la nuit 358, 359
River House 180
Rivers, Joan 224
Riverside Church **224-225**, 371
plan de quartier 221
Riverside Drive and Park **218-219**
Riverside Inn 290
Riverview Terrace 180
Rivington School 258
Rizzoli 332, 333
Robert Lehman Collection 190,
196-197
Robinson, Jackie 32
Robinson, Sugar Ray 228
Rock, jazz et world music 352-353
Rockefeller, John D.

Brooklyn Museum 252
Museum of the City of New York 199
Rockefeller Center 31, **144**
plan du quartier pas à pas 142-143
Rockefeller Center Ice Skating Rink 52, 360, 361
Rockefeller Jr, John D. 160
The Cloisters 236
Riverside Church 224-225
Rockefeller Center 144
Rockefeller III, John D.
Asia Society 187
Japan Society 158-159
Rockefeller, famille 180
Rockefeller (Abby Aldrich)
jardin des sculptures 172
Rockefeller (Laura Spellman)
Memorial Carillon 224
Rockefeller (Peggy) Rose Garden 242
Rockefeller Plaza 349
Rockefeller Plaza Rink (patinoire) 360, 361
Rockettes 144, 346
Rockwell, Norman 212, 215
La Règle d'Or 163
Rodchenko, Alexander 174
Rodin, Auguste
Metropolitan Museum of Art 196
Pierre de Wiessant 253
Roebling, John A. 86-87
Roebling, Washington 87, 267
Roger Smith 288
Rogers, Richard 148
Roosevelt, Franklin D. 393
Roosevelt, Theodore 171
maison natale 38, 123, **127**
Wave Hill 240
plan du quartier pas à pas 124
Roosevelt Hotel 285
Roosevelt Island **181**
Roosevelt Island Tram 181, 364
Rosa Mexicano 307
Rose, Billy 185
Rose Center for Earth and Space 349, 353
Rose's Turn 356, 357, 358, 359
Roseraie 160
Rosenthal, Bernard
Alamo 118
Five in One 59
Ross, Diana 247
Ross, Harold 145
Roth, Emery 154, 214
Rothko, Mark 48, 174
Rowson, Susanna 48
Royale (théâtre) 345
Royalton Hotel 286, 316, 317
Rubell, Steve 287
Rubens, Peter Paul 195-196
Rubyfruit Bar and Grill 355
Rudy's 322, 324
Rue 57 307
Rumor Salon 330, 331
Runyon, Damon 344
Ruppert, Jacob 241
Russ & Daughters 258
Russell, Rosalind 218
Ruth, Babe 30, 126, 241

S

S'Agapo 311
Sahadi Imports 267
Saigon 309
Sagesse, La (Lawrie) 144
Saint's Alp 313, 314
StAmbrose Chapel 227
St Andrew's, église de 254
St Ann Church 267
St Bartholomew's Church **176**, 371
plan de quartier 167
plan du quartier pas à pas 169
Saint François dans le désert (Bellini) 37
Saint-Gaudens, Augustus 260
Church of the Ascension 114
statue de l'amiral Farragut 126
St George's Ukrainian Catholic Church 47
St-Guilhem, cloître de 237
St James (théâtre) 345
St John the Baptist Church **135**
plan de quartier 131
plan du quartier pas à pas 132
St Laurent Rive Gauche (Yves) 326, 327
St Luke's Place **112**
plan du quartier pas à pas 110
St Luke's Roosevelt Hospital 373
St Mark's the House 270
St Mark, église 53
St Mark's Hotel 281
St Mark's-in-the-Bowery Church **121**
plan de quartier 117
boutique 336, 337
plan du quartier pas à pas 119
promenade 271
St Mark's Leather 329
St Mark's Place 270
St Mark's Library 138
St Martin's Episcopal Church 231
St Mary's Garden 61
St Nicholas Historic District **228-229**
St Nicholas Hotel **106**
plan du quartier pas à pas 105
St Nicholas Russian Orthodox Cathedral **199**
plan de quartier 183
communauté russe 47
St Patrick's Cathedral 26, **178-179**, 371
plan de quartier 167
plan du quartier pas à pas 168
St Patrick's Day 44, 50
St Paul's Chapel 22, **91**
plan de quartier 81
lieux de concerts 351
St Paul's Chapel, Columbia University **224**
plan de l'université pas à pas 223
St Peter's Church 61, 371
lieu de concerts 350, 351
St Peter's Lutheran Church 177
StRegis New York 287
St Thomas Church **171**
plan de quartier 167
plan du quartier pas à pas 168
St Vincent's Hospital 373
Saks Fifth Avenue

boutiques et marchés 319, 330, 331
plan du quartier pas à pas 168
Salinger, J. D 260
The Catcher in the Rye 209
Columbia University 224
Salles de sports et gymnases 362, 363
Salmagundi Club **114**
Salmagundi Papers, The (Irving) 114
Salvation Army Memorial 77
Sammy's Roumanian 297
San Remo Apartments 214
promenade à Central Park 207
San Remo Café 48
Sandburg, Carl 248
Sant'Ambroeus 313, 314
Sarabeth's Kitchen 312, 314
Sarafina ! 142
Sardi's 316, 317
Sargent, John Singer 194
Sawyer, Phillip 68
Schaller & Weber 265
Schermerhorn, Peter 84
Schermerhorn Row 42, **84**
plan du quartier pas à pas 82
Schiaparelli, Elsa 195
Schiffman, Frank 230
Schneider, James 171
Schomburg, Arthur 229
Schomburg Center for Research into Black Culture 39, **229**
New York Public Library 146
plan de quartier 221
promenade 272
School of Journalism, Columbia University 222
Schrager, Ian 287
Schreijers Hoek, quai 77
Schultz, Dutch 30
Schultze & Weaver 177
Scorsese, Martin 348
Scruffy Duffy's 358, 359
Seagram Building 41, 167, **177**
Seal of New Netherland 18
Seaport and Civic Center area 80-91
Seaport Plaza 58
Seated Man with Harp 190
Secret Garden, The (Burnett) 209
Sécurité 372
Segal, George 186
Segovia, Andrés 197
Sephora 330, 331
Serra, Richard 174
Service dentaire d'urgence (NYU Dental Care) 373
Service postal 377
Services religieux 371
Services d'urgence des hôpitaux 373
Seton, St Elizabeth Ann 76
plan de quartier 65
St Patrick's Cathedral 179
Seurat, Georges 195
Seventh Regiment Armory 53, **187**
Severance, H Craig 155
Severini, Gino 174
Shanghai Pavilion 308
Shakespeare & Co. 332, 333, 358
Shakespeare, William
à Central Park 51, 343

Delacorte Theater 208
Public Theater 120
Shakespeare Tavern 91
Shank, Bud 352
Shaarai Shomovim First Romanian-
American Congregation 258
Shaw, George Bernard 128
Shea Stadium 360
Shearith Israel 46
Shelburne-Murray Hill 277
Sheraton Manhattan 282, 286
Sheridan, Général Philip 113
Sheridan Square 113
plan de quartier 109
promenade guidée 260
Sherman, Bob 175
Sherman Fairchild Center 223
Sherry-Lehmann 336, 337
Sherry-Netherland 289
Shimamoto, George 159
Shiseido Studio 330, 331
Shops at ColumbusCircle 319
Shrine of St Elizabeth Ann Seton **76**
plan de quartier 65
St Patrick's Cathedral 179
Shu Uemura 330, 331
Shubert Alley **148**
Shubert, Sam S 148
Shubert (théâtre) 345
Shun Lee Palace 307
Siam Inn 299, 309
Sigerson Morrison 328, 329
Silva, Pedro 225
Silvers, Phil 247
Simon, Paul 49
San Remo 214
Simone, Nina 352
Singer Building **106**
plan du quartier pas à pas 105
Singer, machines à coudre 106, 218
Siracusa 306
SJM. Building 132
Skyscraper Museum 55, 72, 268
Slate Billiards 358, 359, 361
Sloan, Adele 265
Sloan, John 115, 260
Sloan & Robertson
Fred F. French Building 159
Smith, Bessie 230
Smith, David 201
Smith, Abigail Adams *voir* Mount
Vernon Hotel Museum
Smithers Alcoholism Center 185
Smithsonian Institution 186
Smithsonian National Museum of
the American Indian 73
Smoke 352, 353
Smyth, Ned 54
Sniffen Court 151, **159**
Snuff Mill 243
Snug Harbor Cultural Center
254-255
festival d'été 51
plan de quartier 233
Society for Ethical Culture Building
212-213
Society of Illustrators **198**
plan de quartier 183
Socrates 333
Sœurs Américaines de la Charité 76
Sofitel New York 286
SoHo et TriBeCa 103-107
Historic Cast-Iron District 42

meilleures boutiques de New
York 320-321
plan du quartier pas à pas
104-105
SoHo Grand Hotel 281
Soins médicaux 373
Soldes 53
Solomon R. Guggenheim Museum
voir Guggenheim Museum
Sondheim, Stephen 181
Song of Los, The (Blake) 164
Sonia Rykiel 325, 327
Sonnabend Gallery 104
Sons of the Revolution 76
Sony Building 169
Sony Style 338, 339
Sony Wonder Technology Lab 365
SOS Fantômes 348
Sotheby's 334, 335
South Cove 268
Sound by Singer 338, 339
South Street Seaport 58-59, **84**, 269
boutiques de musées 323, 324
meilleures boutiques de New
York 320-321
plan du quartier pas à pas 82-83
South Street Seaport Museum 39
Southbridge Towers 59
Soyer, Raphael 186
Spas 363
Spanish Harlem 231
Speakeasies 30
Spectacles (artistiques et sportifs)
340-361
accès aux handicapés 341
cinéma 348-349
billets à prix réduits 340
folk et country 353
billets gratuits 341
boissons alcoolisées
(âge minimum) 354
bonnes adresses 340-354
meilleurs spectacles de New
York 342-343
musique contemporaine et
musique classique 350, 351
night-clubs, dancings et clubs gays
et lesbiens 354-355
opéra 350
paiement 340-341, 354
renseignements pratiques 340
réservations 340
revendeurs à la sauvette 341
rock, jazz et world music 352-
353
sports 360-361
théâtre et danse 344-347
Spice Market 301
Spirit 354, 355
Sphere, The (Koenig) 77
Sports et remise en forme 360-363
Sports en salle 363
Spotted Pig, The 300
Springsteen, Bruce 352
Springwood 393
Stamp Act 22
Standard Oil Building
(anciennement) 54
plan du quartier pas à pas 66
Stanhope 289
salon de thé 313, 314
Starbucks 313, 314
Starck, Philippe

Paramount 280
Staten Island 254
Historic Richmond Town 21
Staten Island Botanical Garden 255
Staten Island Children's Museum
255, 364, 365
Staten Island Ferry 29, **76-77**
New York des enfants 364
New York la nuit 358, 359
plan de quartier 65
transport 369, 385
Statue de la Liberté 27, **74-75**
centenaire 33
ferry 385
musée 74
plan de quartier 65
Statues
Alexandre le Grand 251
Alma Mater 224
Andersen, Hans Christian 206,
209
Angel of the Water 209
Balto, chien de traîneau 209
Battery Park 77
Booth, Edwin 128
Bryant, William Cullen 145
Cid, Le 234
Cohan, George M 142
De Peyster, Abraham 56
Diane (Huntington) 126, 183, 186
Farragut, Amiral David 124, 126
General Slocum incendie 121
Greeley, Horace 133
Hale, Nathan 90
Hamilton, Alexander 228
Sheridan, général Philip 113
statue de la Paix (Yougoslavie)
161
statues de Martiny dans le Hall
of Record 85
Stuyvestant, Peter 129
taureau de Wall Street 65
Washington, George 68
Steichen, Edward
Museum of Modern Art 175
portrait de Mary Pickford 253
Stein, Gertrude 190, 197
Steinbeck, John 234
Stella, Frank 192
Stella, Joseph 37
Stephens General Store 254
Stereo Exchange 338, 339
Stern, Isaac 149
Stern, Rudi 107
Studio 54 (théâtre) 345
Stewart, A. T. 121
Stieglitz, Alfred
Metropolitan Museum of Art 195,
Museum of Modern Art 175
Stokes, William Earl Dodge 219
Stokowski, Leopold 49, 149
Stonewall 355
Stowe, Harriet Beecher 266
Stradivari, Antonio 197
Straight, Willard 186
Strand (maintenant Whitehall
Street) 19
Strasberg, Lee 47, 344
Straus, Isidor 134-135
Straus, Nathan 134
Stravinsky, Leopold 219
Strawberry Fields **208**
plan de quartier 205

promenade à Central Park 206
Streit's Matzoh 98-99, 258
Stride Rite 329
Strivers' Row 272
Stuart, Gilbert 194
Studio Museum in Harlem 230-231, 273
plan de quartier 221
Studio Museum 38
Stuyvesant, Peter 17, 19, 118
statue 85, 129
tombeau 121
Stuyvesant Square **129**
plan de quartier 123
Stuyvesant Fish House 119
Stuyvesant Polyclinic 119
Sueños 304
Sugar Hill 228
Sugar Hill International House 291
Sullivan, Louis 121
Sun Triangle 142
Superman 155
Supper Club 354, 355
Super Shuttle 379, 383
Surma 233
Surrey Hotel 277, 289
Surrogate's Court, Hall of Records 59, **85**
Susan Parrish Antiques 334, 335
Sutton Place **180**
Suzanne Millinery 328, 329
Swann Galleries 334, 335
Sweet Lily Natural Nail Spa & Boutique 330, 331
Swift, Hildegarde Hoyt 235
Swisshôtel New York-The Drake 288
Sylvia's **230**, 273, 310
plan de quartier 221
promenade dans Harlem 220
Symphony Space
musique classique et contemporaine 350
spectacles de danse 346-347
Syndicat international des femmes de l'industrie 28
Synode des évêques de l'église russe orthodoxe hors de Russie 185

T

Tabla 303
Talking Heads 352
Tamarind 303
Tango (Nadelman) 201
Tapisseries de la Licorne 236, 239
Tasting Room, The 297
Taudis 17, 24
Taxes
achats 318
hôtels 276-277
Taxis 387
Taxi & Limousine Commission 387
Taylor, James 353
Taylor, Paul 346
Tchaikovsky, Peter 148
Tea Box, The 313, 314
Teany Café 297
Tekserve 338, 339
Telecharge 340, 341
Téléphones
hôtels 277
longue distance 376, 377

renseignements pratiques 376-377
renseignements inernationaux 377
Téléphones d'urgence 373
Télévision, émissions de 349
Temple Bar 358, 359
Temple Emanu-El **187**, 371
plan de quartier 183
Temple de Dendur 191
Tenniel, John 38, 164
Tennis 360-361
Thackeray, William Makepeace 120
Thanksgiving Day 53
Macy's Thanksgiving Day Parade 52
Tharp, Twyla, 346
Thaw, Harry K 113, 126
Théâtres (quartier des) 140-149
Théâtres 112, 147, 148, 214, 215, 230, 260, 321, 344-347, 365
Delacorte Theater 208
écoles de théâtre 344, 347
Joseph Papp Public Theater 120, 233
Lyceum Theater 144
off-Broadway theatres 344, 347
off-off-Broadway theatres 344, 347
tarifs enfants 365
théâtres de Broadway 344, 345
spectacles 344, 347
visites 346
Thirty Thirty 282
Thomas, Dylan 48, 260
Chelsea Hotel 139
White Horse Tavern 316
Thonet, Gebrüder 175
Three Dancing Maidens (The), fontaine 209
Three Flags (Johns) 201
Three Villages Historic District 393
Tibetan Art Jacques Marchais, Museum of 254
Ticket Central 340, 341
Ticketmaster 340, 341, 360, 361
Ticketron 360, 361
Tiepolo, Giovanni Battista 195
Tiffany & Co. 170, 328, 329
arts ménagers 338, 339
lieux de tournages (*Petit déjeuner chez Tiffany*) 348
plan du quartier pas à pas 169
Tiffany, Louis Comfort
Metropolitan Museum of Art 191, 194
Seventh Regiment Armory 187
Church of the Incarnation 159
Tigre, Le 19
Tigre des Tamany, Le 27
Tilden, Samuel 128
Time 286
Time Out New York (TONY) 340, 364
Time Warner Center for Media 219
Times Square **147**
Times Square Information Center 368
Tisch' Children Zoo 209, 365
Titanic
Mémorial du *Titanic* 58, 82
Titien, Le 202
Tocqueville 303

Toilettes publiques 368
Tompkins Square **121**
plan de quartier 117
Tompkins Square Park 271
Tongs 96-97
Toni & Guy 331
Tonic 353
Tontine Coffee House 23
Torres, Nestor 353
Toscanini, Arturo 49
Ansonia Hotel 219
Carnegie Hall 149
Wave Hill 240
Totonno Pizzeria 312, 314
Toulouse-Lautrec, Henri de 253
La Clownesse 173
Tours jumelles de Central Park West 40, 43, **214**
Toussaint, Pierre 99
Tour de la Chase Manhattan Bank 57, 67
Town Hall 351
Townshend Act 22
Toys 'R' Us 323, 324, 365
Train
aller à New York en train 378
voyager par le train 392-393
Traité de Paris 23
Transformons les épées en charrues (Vuchetich) 161
Transports
à bicyclette 385
à pied 385
aérien 378, 379-381
conduire à New York 386
en autobus 388
en autocar 389
en bateau-taxi 385
en ferry 385
en métro 390-391
en taxi 387
en train 378, 392-393
louer une voiture 386
planifier vos déplacements 385
se garer 386
se déplacer dans New York 384-391
signalisation 386
trouver une adresse 384
Transportation Building 58
Transportation Department 386
Trattoria L'Incontro 311
Tree-Lighting Ceremony 53
Triangle Shirtwaist, incendie de l'usine 28-29, 115
TriBeCa et SoHo 102-107
TriBeCa Film Festival 348, 349
Tribeca Grand Hotel 281
Trinity Building 66
Trinity Church 23, **68**
concerts 351
plan de quartier 64
plan du quartier pas à pas 66
Tru-Tred 329
True, Clarence F 218-219
Trumball, Edward 155
Trump, Donald 33, 49
Plaza Hotel 181
Trump Tower 169-170
Trump International Hotel & Tower 291
Trump Tower 33, **170**
plan de quartier 167

plan du quartier pas à pas 169
Tucker, Marcia 107
Tudor City 60, **158**
 plan du quartier pas à pas 153
Turkish Bath House 271
Turnable Lab 04 271
Turner, J.M.W. 202
Turtle Bay Gardens 181
Twain, Mark 139, 240, 260, 393
 American Academy and Institute
 of Arts and Letters 234
 Cooper Union 120
 L'Âge doré 27
 Morgan Library & Museum 164-165
 Players, The 128
 Pudd'nhead Wilson 165
Tweed, William "Boss" 26
 National Arts Club 128
 Old New York County
 Courthouse 90
Tweed Courthouse voir Old New
 York County Courthouse
Twin Peaks
 plan du quartier pas à pas 110
 promenage guidée 260
TwoDo Salon 331
Tyner, McCoy 352

U

Ukrainienne, communauté 44, 47
Ukranian Institute of America 264
Ukranian National Home 270
Umberto's Clam House 95
Un autre pays (Baldwin) 48
Un Dimanche sur le bord de la
 Marne (Cartier-Bresson) 175
Underground, The 356, 357
Ungaro (Emanuel) 326, 327
UNICEF 163
Union Square **129**
Union Square Greenmarket 129,
 336, 337
 plan de quartier 123
 Union Square Café 303
Union Square Inn 282
Union Square Wines and Spirits
 336, 337
United Nations Plaza, nos. 1 & 2
 60, **158**
 plan de quartier 151
United States Courthouse 59, **85**
United States Custom House 54, 73
 plan de quartier 65
 plan du quartier pas à pas 67
United States General Post Office
 43
Universal Negro Improvement
 Agency 231
Universal News 371
University Club, The 168
Upjohn, Richard 68, 114
Upper East Side 182-203
 promenade guidées 264-265
Upper Manhattan 234-239
Upper Midtown 167-181
 plan du quartier pas à pas
 168-169
Upper Room, The (Smyth) 54
Upper West Side Greenmarket
 336, 337
UPS 377
Urban Archaeology 322, 324
Urban Ventures Inc. 278

Urgences 373
US Custom House **73**
US Open de tennis 51

V

Vache jaune, La (Marc) 188
 47
 American Museum of the Moving
 Image 246
Hotel des Artistes 215
Van Alen, William 155
Van Cortlandt, Frederick 21
Van Cortlandt House Museum 19,
 21, **240**
 plan de quartier 233
Van der Rohe, Mies 177
Van Dyck, Sir Anthony 196
Van Eyck, Jan 193
Van Gogh, Vincent
 Brooklyn Museum 253
 Les Cyprès 192
 Metropolitan Museum of Art 196
 La Nuit étoilée 173-174
Van Wyck, Mayor Robert 28
Vanderbilt, Consuelo 171
Vanderbilt, Cornelius 49, 120
 Grand Central Terminal 156
 le ferry de Staten Island 76
Vanderbilt, Gloria 180
Vanderbilt, William Henry 170
Vaughan, Henry 227
Vaughan, Sarah 230
Vaux, Calvert
 American Museum of Natural
 History 216
 Central Park 25, 205
 Grand Army Plaza 248
 National Arts Club 128
Velazquez, Diego
 Hispanic Society of America 234
 Metropolitan Museum of Art 196
Venerio's 271
Veritas 303
Vermeer, Johannes
 L'Officier et la jeune fille 203
 Jeune Femme à l'aiguière 196
Verrazano, Giovanni Da 17-18
Versace, Gianni 326, 327
Vesuvio Bakery 336, 337
Veterans' Day 53
Veterans' Memorial Hall 255
Via Quadronno 308
Viand 313, 314
Vicious, Sid 139
Victor's Café 312, 314
Vidal Sassoon 331
Vietnam Veterans' Plaza 56, **76**, 269
 plan de quartier 65
Vietnam War 224
Village Voice 340, 369
Villard, Henry 176
Villard Houses 27, 43, **176**
 plan du quartier pas à pas 168
Villon, Jacques
 Museum of Modern Art 174
Vince and Eddie's 312, 314
Violet, Ultra 33
Virgil's Real Barbecue 304
Virginia (théâtre) 345
Visites guidées à bicyclette 369
Visites guidées à pied 369
Visites guidées en autocar 369
Visites guidées en bateau 369

Visites guidées en fiacre 369
Visites guidées en hélicoptère 369
Voitures, Location de 386
Vols et agressions 373
Vong 307
Von Steuben Day Parade 52
von Trapp famille 47
Voorlezer House 254
Voyageurs handicapés
 hôtels 279
 Mayor's Office for People with
 Disabilities 278, 256
 renseignements pratiques 370
Vuchetich, Evgeny 161

W

W. O. Decker 84
W The Court/W The Tuscany 288
W Times Square 286
Wagner, Albert 99
Wagner, Herman 99
Wagner Jr, maire, Robert F. 32, 268
Waldorf-Astoria 26, 28, 61, **177**, 289
 plan de quartier 167
 plan du quartier pas à pas 169
 salon de thé 313, 314
Walker & Gillette 181
Walker, maire, Jimmy 30
 St Luke's Place 112
Walker School of Hair 272
Wall Street 26, 32, 65
 origines 18
 plan du quartier pas à pas 66-67
 promenade 269
Wall Street Inn, The 280
Wallace, Lila Acheson
 aile du Metropolitan Museum
 of Art 197
Wallons (pionniers) 77
Walter, Bruno 49, 149
Walter Kerr (théâtre) 345
Walter Reade Theater 349
Warburg, Felix M 186
Warhol, Andy 33, 48
 Chelsea Girls 139
 Museum of Modern Art 174
 Green Coca-Cola Bottles 200
Warren & Wetmore 43
 Grand Central Terminal 156
 Helmsley Building 158
Warwick 282, 286
Warwick, Dionne 353
Washington, Booker T 225
Washington, Dinah 230
Washington, George 22, 76, 90, 267
 arc de triomphe en marbre 115
 Fraunces Tavern Museum 39, 76,
 316, 317
 Fulton Ferry landing 266
 Investiture 23
 le banc à St Paul's Chapel 91
 Morris-Jumel Mansion 235
 portrait par Gilbert Stuart 194
 statue 68
 Van Cortlandt House Museum
 240
 Washington Crossing the
 Delaware (Leutze) 193
Washington (George) Bridge 235
Washington Heights 46
Washington Market Park 107
Washington Mews **114**, 261
Washington Square **115**

concert en plein air 351
exposition en plein air 50
plan de quartier 109
promenade guidée 261
Washington Square Arch 261
Washington Square Hotel 281
Washington Square Park 348
Water Taxi 385
Watteau, Antoine 196
Wave Hill **240**
WD-50 297
Weill, Kurt 229
Weill Recital Hall 350
Weinman, Adolph 59
Weinstein, Davie 350
Welles, Orson 48
Welles Bosworth 91
Wells, James N. 139
Wells, Joseph C. 114
West, Mae 48, 181
West, Nathaniael 48
West End Studios 290
West Park Hotel 291
West Side Story (Bernstein) 212, 214
West Side Supermarket 358, 359
Westbury 283, 291
Westbury House, Old Westbury 393
Western Union 374
Westin Essex House on Central Park 286
Westin Times Square 142, 286
Westminster Kennel Club Dog exposition canine 53
Westside Brewing Company 316, 317
Westville 300
Wharton, Edith 48, 115, 261
Where 340, 369
Whistler, James Abbott McNeill
Lady Meux 203
Rotherhide 253
White, Stanford 43, 49, 128
arc de triomphe de Washington Square 115
Brooklyn Museum 250
Church of the Ascension 114
Columbia University 222
église Judson Memorial 115, 263
First Presbyterian Church 114
General Post Office 135
Herald Square 134
Home Savings of America 92
Prospect Park 249
Madison Square 126
Gramercy Park pas à pas 124
Morgan Library & Museum 164-165
mort de 29, 113
Municipal Building 85
Pennsylvania Station 135
Players, The 128
St Bartholomew's Church 176
statue de Farragut (piédestal) 126

Villard Houses 176
White Calico Flower, The (O'Keeffe) 200
White Street **107**
Whitehall Street 19
Whitman, Walt 89, 266
Coney Island 249
Whitney, Gertrude Vanderbilt 260
statue de Stuyvesant 129
Washington Mews 114
Whitney, Payne 264
Whitney Museum of American Art **200-201**, 349
boutiques de musées 323, 324
premier emplacement 262
information générale 368
musique classique et contemporaine 350
Philip Morris Building 152
peinture et sculpture 38
plan de quartier 183
les plus beaux musées de New York 37
rétrospective Warhol 33
Whiskey Bar 316, 317
Whiskey Blue Bar 316, 317
Wholefoods Market Café 309
'wichcraft 302
Wienman, Adolph 85
William Poll 336, 337
Williams, Robin 215
Williams, Tennessee 139
Williams-Sonoma 338, 339
Williamsburg Savings Bank 267
Wilson, Lanford 260
Wilson, Woodrow 171
Windsor, Duke and Duchess 169, 177
Winter, Ezra 73
Winter Garden (théâtre) 69, 345
plan du quartier pas à pas 142
lieu de concert 351
Winterhur, Delaware 393
Wolfe, Thomas 267
Wollman Memorial Rink, sport et remise en forme 360, 361, 362, 363
promenade à Central Park 206
Wood, Grant 197
Woodlawn Cemetery **241**
plan de quartier 233
Woolcott, Alexander
Algonquin Hotel 145
Woolworth, Frank 91, 241
Woolworth Building 29, 43, 58, **91**
plan de quartier 81
Work s Projects Administration (WPA) 31
World Financial Center 40, 54, **69**
Battery Park City 72
plan de quartier 65
spectacle de danse 346-347

World music, jazz et rock 352-353
World Trade Center 33, 43, **72**
Lower Manhattan 54
New York au jour le jour 51
plan de quartier 65
Worth (General William J.)
Monument **139**
plan de quartier 131
Worth (institut du Costume) 195
Wright, Frank Lloyd 49
Guggenheim Museum 37, 184, 188-189
Louis Sullivan 121
Metropolitan Museum of Art 194
National Academy of Design 186
Wright, Wilbur 29
Wyatt, Greg 128
Wyeth, Andrew
American Academy and Institute of Arts and Letters 234
Christina's World 172
Wyeth, N C 198
Metropolitan Life Insurance Company 127
Wyndham 285

Y

Yale Club, The 322, 324, 328, 329
Yale University 393
Yankee Stadium **241**, 360, 361
Yves St Laurent Rive Gauche 326, 327
YMCA 278, 279, 363
Sport et remise en forme 362, 363
gymnase 362
Yoga 362
YogaMoves 362, 363
Yohji Yamamoto 326, 327
Yonkers Raceway 360, 361
York, Edward 68
York & Sawyer 152, 154
Yorkville 45
promenade guidée 265
Yoshimura, Junzo 159
Younghee Salon 330, 331

Z

Zanetti, peinture murale 163
Zenger, John Peter 21, 46
Ziegfeld, Florenz 49
Ansonia (Hotel) 219
New Amsterdam Theater 147
Ziegield Follies 29, 344
Zoë 303
Zona 104
Zoos
Central Park Wildlife Conservation Center 209
International Wildlife Conservation Park 365

Remerciements

L'éditeur remercie les organismes, les institutions et les particuliers suivants dont la contribution a permis la préparation de cet ouvrage.

Auteur

Habitant New York, Eleanor Berman est l'auteur de nombreux guides de voyage. Son ouvrage *Away for the Weekend : New York* est un best-seller depuis 1982. Parmi ses autres guides, citons, dans la collection *Away for the Weekend : Mid-Atlantic, New England* et *Northern California* ; aussi les ouvrages *Travelling on Your Own* et *Reflections of Washington DC*.

Collaborateurs

Michelle Menendez, Lucy O'Brien, Heidi Rosenau, Elyse Topalian, Sally Williams.

L'éditeur exprime également sa reconnaissance aux documentalistes et chercheurs de Websters International Publishers : Sandy Carr, Matthew Barrell, Sara Harper, Miriam Lloyd, Ava-Lee Tanner, Celia Woolfrey.

Photographies d'Appoint

Rachel Feierman, Edward Heuber, Andrew Holigan, Eliot Kaufman, Karen Kent, Dave King, Norman McGrath, Howard Millard, Ian O'Leary, Susannah Sayler, Paul Solomon, Chuck Spang, Chris Stevens.

Illustrations d'Appoint

Steve Gyapay, Kevin Jones, Arshad Khan, Dinwiddie MacLaren, Janos Marffy, Chris D. Orr, Nick Shewring, John Woodcock.

Cartographie

Cartographie dessinée (Cheshire), Contour Publishing (Derby), Europmap Ltd. (Berkshire). Plan de l'atlas des rues : ERA-Maptec Ltd. (Dublin) adapté à partir des cartes originales Shobunsha (Japan), avec leur autorisation.

Recherche Cartographique

Roger Bullen, Tony Chambers, Ruth Duxbury, Ailsa Heritage, Jayne Parsons, Laura Porter, Donna Rispoli, Joan Russell, Jill Tinsley, Andrew Thompson.

Collaboration artistique et éditoriale

Keith Addison, Eleanor Berman, Vandana Bhagra, Ron Boudreau, Jan Paul Buchmeyer, Linda Cabasin, Rebecca Carman, Sherry Collins, Carey Combe, Maggie Crowley, Guy Dimond, Simon Farbrother, Fay Franklin, Tom Fraser, Anna Freiberger, Jo Gardner, Alex Gray, Emily Green, Michelle Haimoff, Marcus Hardy, Sasha Heseltine, Rose Hudson, Pippa Hurst, Kim Inglis, Jacqueline Jackson, Maite Lantaron, Jeanette Leung, Shahid Mahmood, Susan Millership, Helen Partington, Pollyana Poulter, Leigh Priest, Nicki Rawson, Marisa Renzullo, Amir Reuveni, Ellen Root, Liz Rowe, Sands Publishing Solutions, Anaïs Scott, AnneLise Sorensen, Anna Streiffert, Clare Sullivan, Andrew Szudek, Shawn Thomas, Ros Walford, Lucilla Watson.

Avec le Concours de :

Beyer Blinder Belle, John Beatty du Cotton Club, Peter Casey de la New York Public Library, Nicky Clifford, Linda Corcoran de l'International Wildlife Conservation Park, Susan Ely de la Morgan Library, Jane Fischer, Deborah Gaines du New York Convention and Visitors Bureau, Dawn Geigerich du Queens Museum of Art, Peggy Harrington de St John the Divine, Pamela Herrick de la Van Cortlandt House, Marguerite Lavin du Museum of the City of New York, Gary Miller du New York Stock Exchange, Fred Olsson de la Shubert Organization, Dominique Palermo de la Police Academy Museum, Royal Canadian Pancake House, Lydia Ruth de l'Empire State Building, David Schwartz de l'American Museum of the Moving Image, Joy Sienkiewicz de South Street Seaport Museum, Pam Snook du New York City Transit Authority, staff du Lower East Side Tenement Museum, Mgr Anthony Dalla Valla de St Patrick's Cathedral.

Assistance Recherche

Christa Griffin, Steve McClure, Sabra Moore, Jeff Mulligan, Marc Svensson, Vicky Weiner, Steven Weinstein.

Références Photographiques

Duncan Petersen Publishers Ltd.

Crédits Photographiques

L'éditeur remercie les responsables d'institutions qui ont autorisé la prise de vues dans leur établissement : American Craft Museum, American Museum of Natural History, Aunt Len's Doll and Toy Museum, Balducci's, Home Savings of America, Brooklyn Children's Museum, The Cloisters, Columbia University, Eldridge Street Project, Federal Hall, Rockefeller Group, Trump Tower.

h = haut ; hg = en haut à gauche ; hc = en haut au centre ; hd = en haut à droite ; chg = centre haut à gauche ; ch = centre haut ; chd = centre haut à droite; cg = centre gauche ; c = centre ; cd = centre droit ; cbg ; centre bas à droite ; bg = bas à gauche ; b = bas ; bc = bas au centre ; bd = bas à droite.

Les œuvres d'art ont été reproduites avec l'aimable autorisation de : © ADAGP, Paris et DACS, London 2006 : 67cg (*Quatre Arbres,* avril 1971-juillet 1972, par Jean Dubuffet), 107cg, 172bg, 188hg, 189cbd, 201cbd ; *Alice In Wonderland,* 1959 © Jose de Creeft/DACS, London/VAGA, New York 1993 : 53cg, 207cl ; © DACS 1993 : 36hd, 115hc, 162hd (don du gouvernement norvégien, 1952), 173cb, 174cd, 188bg, 189cdh, 189bg, 190cgh ; © Estate of STUART DAVIS/DACS, London/VAGA, New York 1993 : 201cd ; DK IMAGES : Judith Miller/Wallis & Wallis, Sussex 58bd ; © MARISOL ESCOBAR/DACS, London/VAGA, New York 2006 : 55bc, 268bd ; © JASPER JOHNS/DACS, London/VAGA, New York 1993 : 201ch ; © ROY LICHTENSTEIN/DACS London 2006 : 175hg, 200cbg ; © Estate of DAVID SMITH/DACS, London/VAGA, New York 2006 :

201bg. © 1993 THE GEORGIA O'KEEFFE FOUNDA-TION/ARS, New York and DACS, London 2006 : 200c ; © 1993 FRANK STELLA/ARS, New York and DACS, London 2006 : 192hd. Avec la permission de ELLSWORTH KELLY : 37cd. Avec la permission de E. JAN NADELMAN : 201bd. Imprimé avec la permission de la NORMAN ROCKWELL FAMILY TRUST © 1961 THE NORMAN ROCKWELL FAMILY TRUST : 163bd. © Licensed by THE ANDY WARHOL INC. Foundation of the Visual Arts, Inc/ARS, New York and DACS London 2006 : 200cgh. © THE WHITNEY MUSEUM OF AMERICAN ART, NY : 37br, 200bg.

L'éditeur remercie les particuliers, les organismes ou les agences de photos qui l'ont autorisé à reproduire leurs clichés :

AGENCE FRANCE PRESSE : Doug Kanter 33hd ; Alamy Images : Ambient Images Inc./Joseph A. Rosen 171c ; E J Baumeister Jr. 387hg ; Comstock Images 295c ; Wendy Connett 96cd ; Kevin Foy 73hg ; Jeff Greenberg 268cgh ; Bob Jones 111b ; PCL 287hg ; Yadid Levy 366-367 ; Pictures Colour Library 108 ; Alex Segre 286cgh ; tbkmedia.de 340bc ; ALGONQUIN HOTEL, NY : 280bg ; AMERICAN AIRLINES 379hg ; AMERICAN MUSEUM-HAYDEN PLANETARIUM, NY : D. Finnin 218h ; AMERICAN MUSEUM OF THE MOVING IMAGE : Carson Collection © Bruce Polin 247h ; AMERICAN MUSEUM OF NATURAL HISTORY, NY : 39bg, 216ch ; D. Finnin 216bg ; ANGEL ORENSANZ CENTER : Laslo Regas 101cg ; AQUARIUS, UK : 171hd ; ASHMOLEAN MUSEUM, Oxford : 17hc, 16c ; ASIA SOCIETY, NY : 187cg ; AVERY FISHER HALL : © N. McGrath 1976 351hd.

© GEORGE BALANCHINE TRUST : Apollo, chorégraphie de George Balanchine, photo de P. Kolnik 5hc ; Concerto pour violin de Stravinsky, chorégraphie de George Balanchine, photo de P. Kolnik 340hc ; Casse-Noisette, chorégraphie de George Balanchine, SM, photo de P. Kolnik 343cb ; BETTMANN ARCHIVE, NY : 18bcg, 19cgh, 19cd, 19bg, 20cg, 22cbd, 22bg, 22-23, 25bd, 27cdh, 28cgh, 28cdh, 28cdb, 32cgh, 33hg, 43hg, 45cbg, 49c, 54-55b, 71hg, 74cgh, 79cdb, 79bd, 111bg, 177cgh, 185bd, 209h, 212cgh, 225cd, 231h, 241hd, 267hd ; BETT-MANN NEWS-PHOTOS/REUTERS : 33hd ; BETTMANN/UPI : 29cdh, 29bc, 30bcd, 31bd, 32cdh, 32bg, 32bd, 46cg, 48cg, 49bg, 72c, 72ch, 78cg, 153c, 163c, 266bd, 267cd ; BLOOMINGDALE'S : 29cbd ; © Roy Export Company Establish-ment 173hd ; BRITISH LIBRARY, London : 16 ; BROOKLYN HISTORICAL SOCIETY : (détail) 89hg ; BROOKLYN MUSEUM : 38bg, 39c, 250c, 250cdh, 250bg, 251h, 251cdh, 251c, 251bg, 251b, 252h, 252bd, 253cd, 253bg ; Lewis Wick Hine, Climbing Into The Promised Land, 1908 – 36cgb ; photo de J. Kerr 250c, 252bg ; photo de P. Warchol : 253cd ;Cantor Collection 251cg ; Adam Husted 250h. BROWN BROTHERS : 67bd, 71bg, 82cdh, 90h, 106bd. CAMERA PRESS : 30cbd, 30bg, 33cb, 127cd ; R. Open 48hd ; T. Spencer 32cb ; CARLYLE HOTEL, NY :

281hd, 340bc ; CARNEGIE HALL : © H. Grossman 343bd ; J. ALLAN CASH : 33bg, 378cd ; CATHEDRAL OF ST JOHN THE DIVINE : Greg Wyatt 1985, 227 hg ; CBS ENTERTAINMENT/DESILU TOO : « Vacation from Marriage » 171bd ; CHELSEA PIERS : Fred George 33 bg ; Children's Museum of the Arts : 107 cg ; COLORIFIC ! : A. Clifton 389cg ; Colorific/Black Star 79cdh ; T. Cowell 223cd ; R. Fraser 74h ; H. Matsumoto 384cd, 387hd ; D. Moore 31bg ; T. Spiegel 15cd, 364hd ; CORBIS : Bettmann 137cg, 273ch, 383c ; Jacques M.Chenet 272hg ; Randy Duchaine 99cg ; Kevin Fleming 271hg ; Bob Krist 10cdh ; Todd Gipstein 75h ; Gail Mooney 207b, 269hd, 271bd ; Bill Ross 12h ; Michael Setboun 268hd ; Steven E. Sutton 51b ; Mike Zens 262-263. CULVER PICTURES, INC. : (médaillon) 9, 19cdb, 20cbg, 21bg, 23hg, 23bd, 26hg, 26cg, 29cb, 29bg, 48bd, 49hd, 74bg, 75cd, 75cb, 76hg, 78cdb, 83c, 121bg, 124hc, 127bg, 137cd, 147c, 149cg, 229h, 229bc, 229cd, 261cdb. DAILY EAGLE : (détail) 89cg ; DAILY NEWS : 370hg, 370hd. ESSEX HOUSE, NY : 276cd ; ESTO : P. Aaron 342bg ; MARY EVANS PICTURE LIBRARY : 24bd, 87bd, 106bg.

CHRIS FAIRCLOUGH COLOUR LIBRARY : 385bcg ; FORBES MAGAZINE COLLECTION, NY : 114hg ; FOUR SEASONS HOTEL : Peter Vitale 281cd ; FRAUNCES TAVERN MUSEUM, NY : 22cgh ; Copyright THE FRICK COLLECTION, NY : 37bg (Saint François dans le Désert par Giovanni Bellini), 202ch, 202cg, 202cgb, 202b, 202hd, 203ch, 203cd, 203bc, 203bd.

GARRARD THE CROWN JEWELLERS : 145c ; SOLOMON R. GUGGENHEIM MUSEUM, NY : photo de D. Heald 188tg, 188bg, 188bc, 188bd, 189h, 189cdh, 189cdb, 189bg.ROBERT HARDING PICTURE LIBRARY : 378hc ; HARPERS NEW MONTHLY MAGAZINE : 87hg ; HARPERS WEEKLY : 367c ; MILTON HEBALD : Prospero and Miranda 205h, Romeo and Juliet 343cd ; HOTEL MILLENIUM, NY : 277hg. IMAGE BANK : 89bd ; P. McConville 393c ; M. Melford 393bd ; P. Miller 383hd ; A. Satterwhite 75bd. JEWISH MUSEUM, NY : 184hd, 186c. Copyright © 1993 K-III MAGAZINE CORPORATION : tous droits réservés ; reproduit avec la permission du New York Magazine 368hd ; KOBAL COLLECTION : 213hc ; LEBRECHT MUSIC : Toby Wales 149h ; FRANK LESLIE'S ILLUSTRATED NEWSPAPER : 86bd, 87hd, 275c ; LIBRARY OF CONGRESS : 20bc, 23cgh, 27bg, 27bd ; LIFE MAGAZINE © Time Warner Inc./Katz/A. Feininger : 8-9 ; GEORG JOHN LOBER : Hans Christian Andersen, 1956, 206bd ; LOWELL HOTEL, NY : 281cg ; MARY ANN LYNCH : 318bc, 372cg. MADISON SQUARE GARDEN : 134d, 342cd ; MAGNUM PHOTOS : © H. Cartier-Bresson 175c ; Erwitt 35cd ; G. Peres 14bd, 92 ; JACQUES MARCHAIS CENTER OF TIBETAN ART : 254bc ; MASTERFILE UK : Gail Mooney 33bd ; METRO-NORTH COMMUTER RAILROAD : F. English 156hdh, 156cg ; METROPOLITAN MUSEUM OF ART, NY : 35bg (Jeune

448

Femme à l'aiguière par Johannes Vermeer), 37cdb (*Figurine d'Hippopotame*, faïence, Égypte, 12e dynastie), 182hc, 190cg, 190cgb, 190bc, 190bd, 191hg, 191hd, 191cd, 191bg, (photo Al Mozell) 191bd, 192hd, 192c, 192bg, 192bd, 193hg, 193hd, 193c, 193bg, 194hg, 194hd, 194b, (détail) 195hg, 195hd, 195b, 196h, 196cg, 196cd, 196b, 197hg, 197cd, 197bg, 236hd, 236cg, 236cd, 236b, 237ch, 237cd, 237bg, 237bd, 238hg, 238hd, 239hd, 239c, 239b ; METROPOLITAN TRANSIT AUTHORITY : 388bch, 390hg, 391cgh/ch, 392c ; collection de la MORGAN LIBRARY, NY : 36cd (*Blanche de Castille et le roi Louis IX, écrivain dictant à un scribe*, Bible, v. 1230), 164bd, *Song of Los* David A.Loggie (don de Mme Landon K. Thorne 164gb, *Biblia Latina* David A.Loggie 164gb, 165hg, 165c, 165bg, 165bd ; MORRIS-JUMEL MANSION, INC. NY : 19hg ; A. Rosario 23cdb ; MUSEUM OF THE CITY OF NEW YORK : 17b, 18cdh, 18-19, 19hd, 20ch, 21cdb (photo J. Parnell), 22hg, 22cbg, 24hg (attribuée à Samuel Lovett Waldo), 24cgh, 24cgb, 25cd, 25cdb, 25bc, 26cb, 27hg, 27cdb, 27cb, 28bg, 29hd, 30hg, 30cd, 31hc, 31c, 32hd, 37hd (écuelle en argent), 87cd (Talfour) ; MUSEUM OF MODERN ART, NY : 172c, 172bg, 173hc, 173cdh, 173cdb, 173cb, 173bg, 174cg, 174cd, 175hg, 175b ; *Le Baigneur*, v. 1885, Paul Cézanne 174be ; Cisitalia « 202 « GT (voiture) 167hc ; © 2004 Photo Elisabeth Felicella, rendu architectural Kohn Pedersen Fox Associates, composé numérique Robert Bowen 172hg ; © 2005 Timothy Hursley 168cd, 172hd ; *La Chèvre* par Pablo Picasso, 1950, 36h ; *La Nuit étoilée* par Vincent Van Gogh, 1889, 35ch.
NATIONAL BASEBALL LIBRARY, Cooperstown, NY : 4hd, 25bg, 30cg ; NATIONAL MUSEUM OF THE AMERICAN INDIAN/SMITHSONIAN INSTITUTION : 18c ; NATIONAL PARK SERVICE : Ellis Island Immigration Museum 78ch, 78bd ; NEW MUSEUM OF CONTEMPORARY ART, NY : 107cg ; NEW YORK BOTANIC GARDEN : Tori Butt 242b, 243h, 243cg, 243b ; Jason Green 242cd. Muriel Weinerman 243b ; NEW YORK CITY FIRE DEPARTMENT : 359bd ; NEW YORK CITY TRANSIT AUTHORITY : 390bc ; Phil Bartley 391hc, 391ch, 391cg ; NEW YORK POLICE DEPARTMENT : Photo Dept 372cg ; NEW YORKER MAGAZINE INC : dessin de couverture de Rea Irvin, © 1925, 1953, tous droits réservés, 30bcg ; NEW YORK PALACE, NY : 27hd ; NEW YORK POST : 370hg ; NEW YORK PUBLIC LIBRARY : Special Collection Office, Schomburg Center for Research in Black Culture 30ch, 31cgh ; collection Stokes 23hd ; NEW YORK STATE DEPARTMENT OF MOTOR VEHICLES : 386b ; NEW YORK STOCK EXCHANGE 71DH ; NEW YORK TIMES : 370hg ; NPA : © CNES 1993 12b. THE PENINSULA, NY : 279bc ; PERFORMING ARTS LIBRARY : Clive Barda : 212bg ; THE PICKLE GUYS : Alan Kaufman 100bg ; POPPERFOTO : 31cdh, 31cd, 262cgh ; PLAZA HOTEL, NY : 280hd.
COLLECTION DU QUEENS MUSEUM OF ART : achetée grâce aux fonds de la fondation George et Mollie Wolfe 31cbd ; souvenir officiel, achat 32cbd. RENSSELAER POLYTECHNIC INSTITUTE : 86-87, 87bg ; REX FEATURES LTD. : 392hg ; Sipa-Press 52hd,

52bd ; avec la permission de ROCKEFELLER CENTER © The Rockefeller Group, Inc. : 31cbg. LUIS SANGUINO : *Les Immigrants*, 1973, 258b ; ST REGIS, NY : 278c ; SCIENTIFIC AMERICAN : édition du 18 mai 1878, 86hd ; édition du 9 novembre 1878, 88bg ; SKYSCRAPER MUSEUM : Robert Polidori 268bg ; SOCIETY OF ILLUSTRATORS : 198hg ; SOUTH STREET SEAPORT MUSEUM : R.B. Merkel 83bg, 84bg ; SPECTRUM COLOUR LIBRARY : 392bg ; FRANK SPOONER PICTURES : Gamma 160cg ; Gamma/B. Gysenbergh 383hg ; Liaison/Gamma/ Anderson : garde avant cgb, 160hg, 161cgh ; Liaison/Levy/Halebian : 44hd, 47c ; THEATER DEVELOPMENT FUND : David Le Shay 340cg ; TURNER ENTERTAINMENT COMPANY : 137bd, 185bd. UNITED NATIONS, NY : 161cdh, 162hd, 162bc, 163hc, 163cg, 163bd ; UNITED NATIONS PHOTO : 160hd ; © US POSTAL SERVICE : 377h, © US POSTAL SERVICE 1981 : 377ch, © US POSTAL SERVICE 1991 : 377c. Avec la permission de UN PLAZA HYATT HOTEL, NY : 281bg.

© JACK VARTOOGIAN, NY : 61bc, 158h. JUDITH WELLER : *Ouvrier du vêtement* 130h ; LUCIA WILSON CONSULTANCY : Ivar Mjell 2-3, 15bd, 166 ; collection du WHITNEY MUSEUM OF AMERICAN ART, NY : 200cgh, 200c, 200cgb, 201h, 201ch, 201cd, 201cdb (grâce aux fonds recueillis lors d'une campagne de souscription en mai 1982. La moitié de ces fonds a été donnée par le Robert Wood Johnson Junior Charitable Trust. D'autres sommes importantes furent offertes par les Lauder Foundation, Robert Lehman Foundation, Inc., Howard and Jean Lipman Foundation, Inc., un et mécène anonyme, TM Evans Foundation, Inc., MacAndrews & Forbes Group Incorporated, DeWitt Wallace Fund, Inc., Martin & Agnes Gruss, Anne Phillips, Mr et Mrs Laurance S. Rockefeller, Simon Foundation, Inc., Marylou Whitney, Bankers Trust Company, Mr et Mrs Kenneth N Dayton, Joel et Anne Ehrenkranz, Irvin et Kenneth Feld et Flora Whitney Miller. Plus de 500 personnalités provenant de plus de 26 états et de l'étranger ont également contribué à cette campagne), 201bg, 201bd (achetées grâce aux fonds du Mr and Mrs Arthur G. Altschul Purchase Fund, du Joan and Lester Avnet Purchase Fund, du Edgar William and Bernice Chrysler Garbisch Purchase Fund, du Mrs Robert C. Graham Purchase Fund en souvenir de John I.H. Baur, du Mrs Percy Uris Purchase Fund et du Henry Schnakenberg Purchase Fund en souvenir de Juliana Force) ; WHEELER PICTURES : 78h ; WILDLIFE CONSERVATION SOCIETY, BRONX ZOO : Dennis DeMello 244bg ; Julie Maher 244hd, 244cg, 245bd, 245bg ; ROBERT WRIGHT : 43h, 140b, 142hd, 142cd, 142bg, 143hg, 143bd, 156bd, 157hg, 157d, 293hd, 372cg, 373c. YU YU YANG : *Sans titre*, 1973, 57bd.

COUVERTURE : 1re de couverture et dos : ©Heeb Christian.
Toutes autres photographies : DK images.

GUIDES  VOIR

PAYS

AFRIQUE DU SUD • ALLEMAGNE • AUSTRALIE • CANADA • CHINE
COSTA RICA • CROATIE • CUBA • ÉGYPTE • ESPAGNE • FRANCE
GRANDE-BRETAGNE • INDE • IRLANDE • ITALIE • JAPON • MAROC
MEXIQUE • NORVÈGE • NOUVELLE-ZÉLANDE
PORTUGAL, MADÈRE ET AÇORES • SINGAPOUR
SUISSE • THAÏLANDE • TURQUIE

RÉGIONS

AQUITAINE • BALÉARES • BALI ET LOMBOK
BARCELONE ET LA CATALOGNE
BRETAGNE • CALIFORNIE
CHÂTEAUX DE LA LOIRE ET VALLÉE DE LA LOIRE
ÉCOSSE • FLORENCE ET LA TOSCANE • FLORIDE
GRÈCE CONTINENTALE • GUADELOUPE • HAWAII
ÎLES GRECQUES • JÉRUSALEM ET LA TERRE SAINTE
MARTINIQUE • NAPLES, POMPÉI ET LA CÔTE AMALFITAINE
NOUVELLE-ANGLETERRE • PROVENCE ET CÔTE D'AZUR
SARDAIGNE • SÉVILLE ET L'ANDALOUSIE • SICILE
VENISE ET LA VÉNÉTIE

VILLES

AMSTERDAM • BERLIN • BRUXELLES, BRUGES, GAND ET ANVERS
BUDAPEST • DELHI, AGRA ET JAIPUR • ISTANBUL
LONDRES • MADRID • MOSCOU • NEW YORK
NOUVELLE-ORLÉANS • PARIS • PRAGUE • ROME
SAINT-PÉTERSBOURG • STOCKHOLM • VIENNE • WASHINGTON

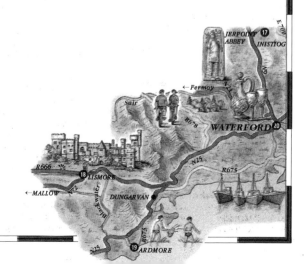

Le métro de Manhattan

COMMENT UTILISER CE PLAN

Les transports en commun fonctionnent 24 h /24, mais cela ne concerne pas toutes les lignes. Les lettres ou numéros de lignes situés sur cette carte sous le nom des stations indiquent les horaires standard d'ouverture (de 6 h à minuit). Une lettre ou un numéro en **gras** signifie que toutes les rames s'arrêtent à cette station entre 6 h et minuit. Une lettre ou un numéro normal signifie que la ligne ne fonctionne pas en permanence ou que certains trains ne s'arrêtent pas à la station. Les répercussions de l'attentat du World Trade Center sur le réseau de métro ne sont pas connues dans l'état actuel des choses. Pour des destinations précises, renseignez-vous auprès du NYCTA Travel Information Center au (718) 330-1234 (24 h /24), au (718) 330-4847 si vous ne parlez pas l'anglais ou sur son site : www.mta.nyc.ny.us/nyct/. Pour chaque site, dans ce guide, la station de métro la plus proche est indiquée. Pour plus de détails, voir p. 390-391.

Stations accessibles aux handicapés

Les stations suivantes sont accessibles en fauteuil roulant. Pour plus d'informations, téléphonez au (718) 596-8585 ou au (718) 596-8273 (6 h-21 h t.l.j.).

Routes   Station

MANHATTAN

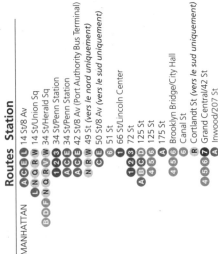

- A C E L 14 St/8 Av
- L N Q R W 14 St/Union Sq
- B D F N Q R V W 34 St/Herald Sq
- 1 2 3 34 St/Penn Station
- A C E 34 St/Penn Station
- A C E 42 St/8 Av (Port Authority Bus Terminal)
- N R W 49 St (vers le nord uniquement)
- C E 50 St/8 Av (vers le sud uniquement)
- 6 51 St
- 1 66 St/Lincoln Center
- 1 2 3 72 St
- A B C D 125 St
- 4 5 6 125 St
- A 175 St
- 4 5 6 Brooklyn Bridge/City Hall
- Canal St
- R Cortlandt St (vers le sud uniquement)
- 4 5 6 7 Grand Central/42 St
- A Inwood/207 St
- E V Lexington Av/53 St

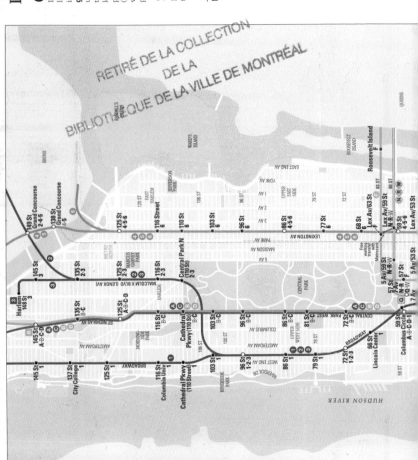